教育部人文社会科学重点研究基地项目成果
（项目名称：百年清史研究学术史，项目批准号：11JJD770002）

百年清史研究史

政治史卷

黄兴涛 夏明方 杨念群 主编

刘文鹏 杨 瑞 著

国家出版基金项目
NATIONAL PUBLICATION FOUNDATION

中国人民大学出版社
·北京·

总　序

清史研究早在清王朝存在之时就已经开始。即便从清朝灭亡算起，以整个朝代为时间范围的清史研究也已有一百多年。2012 年上半年，为纪念辛亥革命推翻清朝统治、结束帝制一百周年，中国人民大学清史研究所精心筹划主办了“清帝逊位与民国肇建”国际学术研讨会，自觉从“清史”与“民国史”的转换视角着眼，聚焦和探究那一特定时期的复杂历史内容。这次国际学术会议取得了圆满成功，达到了预期效果。会议期间，学者们纷纷表示，清史研究已然进入一个新的时间节点，应该对百年以来的既有研究进行系统的梳理和深度的总结，在此基础上再开始新的航程、扬帆远行。对此，专职人员较多的清史研究所自当责无旁贷。

思考并确立这一学术史课题，还得到了国家清史纂修工程的推动。2002 年，经国家批准，戴逸先生领衔主持的国家清史纂修工程正式启动，至 2012 年已开展十年。展望未来，也需要对以往的清史研究进行一番整体的回顾。于是，2012 年年底，在戴逸、李文海两位先生的指导下，清史研究所特别在京郊召开了一次全所会议，专门研讨这一问题，确定将“百年清史研究史”作为教育部人文社会科学重点研究基地下一阶段的重大项目来展开集体攻关，并按领域筹划分工，分别安排各领域的学术骨干来承担编撰任务。

大家商定，“百年清史研究史”的撰述，旨在较为系统地勾勒、梳理百年以来清史研究的基本线索，揭示其突出的问题意识和主要关切，总结其研究成绩，尽量有别于以往那些通行的研究“综述”，避免单纯罗列和一般性概述清史研究成果，力图归纳和提炼出政治、经济、社会、思想文化等清史研究领域中的若干重要进展、关注焦点和特色问题，围绕这些进展、焦点和问题对以往研究的特点及得失展开分析，并尝试寻找出某些具有共识的研究范式来进行反思，从而为今后清史研究的开展提供有益的借鉴。经过多年的努力，如今总算有了结果。

全书共分十卷，包括导论卷、政治史卷、经济史卷、思想文化史卷、社会史卷、中外关系史卷、边疆民族卷、历史地理卷、文献档案卷、海外研究卷。各卷因内容有别，故在掌握和运用体例方面会有所不同。特别值得一提的是海外研究卷的设置，我们特别邀请了国外清史研究名家森正夫、岸本美绪、狭间直树、岩井茂树、罗威廉、巴斯蒂、钟鸣旦、萨莫伊洛夫、杉山清彦、金成修、巴德妮、何娜来专门撰写，体现出真正的国际性交流与研究视野。在这里，我们要郑重地对他们，以及各卷的编撰者，表示由衷的感谢。此外，本书的出版还得到了国家出版基金的资助，这也是应该表示感谢的。

清史研究向为显学，学术成果异常丰富，对其百年历程进行全面系统的总结存在相当难度。我们秉承对前辈学者的崇敬之心和对学术的虔敬态度，努力进行此种学术史的探索，实在深感忐忑。限于视野、学力和时间的不足，分析、总结难免存在疏漏、缺失和不当之处，敬请同道学人不吝指正。

中国人民大学清史研究所

2020 年 4 月

目　　录

导　论 …………………………………………………………………… 1

第一章　从部落到国家：清代八旗政治变迁研究 ………………… 15

第一节　八旗创建与变革问题研究 …………………………………… 20

第二节　清朝从八旗体制到国家构建的相关问题研究 ……… 50

第三节　国家制度之下的八旗官僚体制研究 ……………………… 70

第四节　清末八旗制度的存废问题研究 …………………………… 92

第二章　专制的顶峰：清代皇权政治研究 ……………………… 97

第一节　清代皇帝研究 ………………………………………………… 98

第二节　清代中枢权力机制研究…………………………………… 128

第三节　清代宫廷与皇权政治研究………………………………… 171

第四节　清代皇位继承制度研究…………………………………… 176

第三章　清代官僚政治研究……………………………………… 184

第一节　铨选考核：清代官员选任与监督研究………………… 184

第二节　清代督抚政治研究………………………………………… 206

第三节　清代州县政治研究………………………………………… 227

第四章 “近代史”还是“王朝史”？两种视域下的晚清政治与制度变革研究……252
第一节 “近代史”视野下晚清制度变革研究的宏观趋势……253
第二节 作为“王朝史”的晚清政治变革研究……270

第五章 革命史观与晚清民间起事、革命百年话语之嬗变……299
第一节 由“造反”到“革命”——新话语的引入……299
第二节 新中国成立初期革命的话语表述（1949—1979）……312
第三节 改革开放以来研究的多样化走向（1980— ）……327

第六章 清末政治变革与近代国家构建……349
第一节 地方军事化与晚清军政集团研究……349
第二节 清末新政研究……377
第三节 清帝逊位及皇帝制度终结研究……382

第七章 回到“国家”：中国学术界对“新清史”的回应及对清代政治史研究方向之思考……403
第一节 交锋：“新清史”的兴起与国内外的数次论争……403
第二节 争鸣：“新清史”争论中的主要观点……421
第三节 以“国家构建”为路径，推进清代政治史研究……453

主要参考文献……460
后 记……560

导　论

要对百年清史研究中的政治史研究进行学术史梳理，是一项非常艰难的工作，主要是因为“政治史”所涉及的内容太多，太复杂。而要确定梳理范围，首先要解决的问题就是如何界定“政治史”的概念，也就是要弄清楚，这里的“政治”的内涵应该是什么，以此确定学术史梳理的范畴。

“政治”有狭义、广义的层级不同的概念之分。最狭义的“政治”，专指一个政权权力运行的制度、实践等内容。广义的“政治”，则可以将政权运行、军事、外交、边疆民族等内容全部涵盖在内。长期以来，无论是在传统的帝王将相历史中，还是20世纪以来在各种思潮形成的历史叙事中，政治史一直是中国历史的主体内容。百余年来，有关清代政治史研究的著作、论文等成果浩如烟海，如何进行筛选、梳理，再有所评述，确非学识浅陋的我们能够驾驭得了的。故此，我们只能采取一种“守拙”的办法，按照最狭义的“政治”的概念，即在政权运行与实践的范畴内，对清代政治史的研究成果进行筛选、采择，设置研究专题，略加评述，以期能够对内在的学术规律有所把握，大政治史范围中所涉及的边疆民族、军事外交等内容，将纳入别的卷本中，本卷之中不再涉及。

十余年来，学术界对政治史研究的重要性有了新的认识。20世纪90年代以来，由于社会史、文化史潮流的冲击，在帝王将相历史受到冷落的同时，政治史的研究呈现出边缘化的趋势。但近年来，在社会史研究大规模流行多年以后，很多学者呼吁重新回归政治史，或者重新思考政治史的研究路径。

何龄修指出："史学是以具体史实为基础的学问。上世纪最后阶段的清史研究，出于对空洞的僵化的教条式论著的反感，微观化、具体化倾向较明显。但理清史实只是研究的重要一步、深入分析的前提，如果只停留在此，则对历史的认识仍没有完成。上世纪末清史史籍、档案大量问世，为理清史实准备了比较充分的条件。新世纪的清史研究，在马克思主义理论指导下，将在宏观研究与微观研究、理论与历史实际相结合的基础上得到大发展，达到新的高度。"①

杨念群对社会史、文化史研究影响下政治史碎片化的倾向提出了尖锐批评："进入 20 世纪 80 年代末期，'政治史'这块'帝国版图'迅速被'文化史'和'社会史'等新兴学科所吞噬和肢解，最终沦落成为边缘学门。"政治史研究开始转向关注下层日常生活的社会史，"其严重程度几乎到了任何政治现象似乎只有涵化到'地方史'的框架里才能得到更为精细与合理的解释"，中国的"政治史叙事基本是'制度史'研究的一种翻版"。杨念群认为，人们在政治史的表述中根本无法感受到中国政治运作奇诡多变的态势与人们日常生活的关联意义。"'政治史'终于还是被碎片化了，碎化到似乎只能是一种地方文化实践的表达形式。"② 几年后，他又进一步提出，回到"大一统"的形成，应该是研究清代政治史的根本路径。③

和卫国也指出，历史学研究大有再次走向另一极端之势，即偏重了"社会"，忽视了"国家"和政府，特别是国家政治的运作、政府政策等问题的研究被淡化，提出"政治史研究需要认真反思"，呼吁政治史研究的回归。④

向政治史的回归已经成为一种共识，并显得越发明显，甚至急切。无论如何，越来越多的学者认识到，在中国这样一个以政治为核心的传统社会中，对历史上诸多社会经济问题的解释终究要回到政治上，否则便如无源之水、无根之木，缺少了源头与根基。

---

① 何龄修．清史研究的世纪回顾与展望．中国史研究动态，2002（1）．

② 杨念群．为什么要重提"政治史"研究．历史研究，2004（4）．

③ 杨念群．重估"大一统"历史观与清代政治史研究的突破．清史研究，2010（2）．

④ 和卫国．中国政治史研究的反思．北方民族大学学报（哲学社会科学版），2009（2）．

对政治史重要性形成的新认识，还表现在很多学者在思考寻找研究政治史的新路径、新方法，而不是再次回到帝王将相的历史叙事上。在这一方面，宋史研究大家邓小南教授在反思宋代政治史研究中，提倡走向“开放”的政治史。她强调认识论的重要性，一则需要将制度、事件、人物等多重关系脉络置于“氛围、机制、网络”之下，进行细致而“到位”的研究；二则不对学科门类的定义纠缠太过，而是从研究议题的内在需要，寻求多学科的理论、方法、视角的支持。① 这无疑对清代政治史研究具有启发意义。

近些年来，不断有学者对清代政治史的研究状况进行归纳、总结和反思。其中，最值得借鉴的有两个作品。

一是刘凤云的《观念与热点的转换：清前期政治史研究的道路与趋势》一文。作者在文中将民国以来清代政治史的研究归纳为三个方面：一是重大史实的考订及旧史学的奠基作用，二是唯物史观指导下的政治叙事体系的建立，三是在史料与史实的考据中建立起问题史学。她提出，未来的清代政治史研究应该在三个方面努力：第一，将国家政治与权力重新放置在政治史研究的核心地位；第二，从国家与政府的行政作用出发，将国计民生等经济问题纳入政治史的视野中，也就是将政治史研究的触角伸向经济等领域，以多种范式来处理政治史的题材；第三，让政治制度背后的“人”走出来，使其成为制度史研究中的主角。②

二是崔志海的《近十年来的国内晚清政治史研究》一文。其对近十年来的国内晚清政治史研究做了一番细致归纳和总结。他认为，从学科史角度来说，晚清政治史研究始于1912年清朝灭亡之后，并从属于断代史清史和中国近代史两个不同学科。中华人民共和国成立之后，晚清政治史完全被划入中国近代史学科范畴，并经历了四个发展阶段：1950—1966年构建革命史体系阶段；1966—1976年遭“影射史学”破坏阶段；1977年至20世纪90年代事件史研究臻于成熟阶段；20世纪90年代之后趋于多元化并回归清史学科阶段。他主张提升史学研究与理论、学术与政治、历史与现实的有机统一，进一步加强史料的挖掘、考辨和利用，正确看待和处理晚清政治史研究中的各种范式，在吸取既

① 邓小南．宋代政治史研究的“再出发”．历史研究，2009（6）．

② 刘凤云．观念与热点的转换：清前期政治史研究的道路与趋势．清史研究，2015（2）．

往成果的基础上，建立一个与清史和中国近代史两个学科既有联系又有区别的独立的晚清政治史学科。①

这些学术总结与归纳对我们分析和梳理百年清史政治史具有很大的借鉴作用。在此基础上，笔者将全书分为七章，分别对清代八旗政治、皇权政治、官僚政治、晚清政治制度、晚清民间起事、清末政治变革与近代国家构建、“新清史”等问题进行学术脉络的梳理。

在马克思主义唯物史观的主导下，清代结束百余年来，对清代政治史的研究大致受到过以下五种思维范式的影响。

一是“封建专制思维”的影响。所谓“封建专制思维”，是指从批判清代作为中国最后一个封建王朝、其专制主义集权政治达到顶峰的角度进行的研究。在这种思维之下，以皇帝为核心的皇权政治成为清代政治史研究的一个焦点问题，“言必称专制”成为学术界研究清代以皇帝为核心的各种政治制度、事件、人物的标志性话语。

从研究思想上来说，整体而言，百余年来清代政治史的研究是以马克思主义唯物史观为主导的。这其中虽然有民国时期的30余年，但与中华人民共和国成立以后的成果相比，这一时期的清代政治史研究成果较少，在百余年中所占分量较小。而且，民国时期的清代政治史研究受到“革命”和“排满”思潮的影响，能够客观述史者仅孟森、郑天挺等人。

20世纪，清代政治史的研究主要受到两方面因素的影响。首先是政治环境的变化，其次是学术思潮的转变。这两者又常常是交融在一起的，共同作用于清代政治史研究的方向、内容和叙事方式，使清代的政治史在20世纪前70年受到各种思潮、各派政治力量层累式的合力作用的影响。辛亥革命的民族主义和政治变革、五四以后的思想解放、红色的“土地革命”、社会主义建设等，都是以对封建社会政治、思想、经济基础的坚决批判为前提的。清朝则是中国封建社会的最后一个阶段，

---

① 崔志海．近十年来的国内晚清政治史研究．兰州学刊，2020（5）.

代表着专制、愚昧、保守和落后，自然要承受革命者的批判。①

20 世纪之初的革命者致力于推翻清王朝的统治，并构建中国的资产阶级政治。他们将以汉族为中心的民族主义作为武器，视满族为外夷，大加挞伐。他们认为，以康雍乾为代表的清朝皇帝对汉族实行愚民政策，这个异族统治的王朝曾给中华大地带来了巨大的灾难。远不论“嘉定三屠，扬州十日”，近不论一系列丧权辱国的条约和大片国土的沦丧，仅清朝全盛时期、史家所称的“康乾盛世”，留给后人更多的也只是血淋淋的“文字狱”。孙中山说：“中国四万万之众等于一盘散沙，此岂天生而然耶？实异族之专制有以致之也。在满清之世，集会有禁，文字成狱，偶语弃市，是人民之集会自由、出版自由、思想自由皆已削夺净尽，至二百六十余年之久。种族不至灭绝亦云幸矣，岂复能期其人心固结、群力发扬耶!”② 他认为，清廷愚弄汉人的统治、压制中国的民族性、禁止与外国相通的主导思想是致使晚清一盘散沙的罪魁祸首。章太炎对清之文字狱和文化钳制政策所带来的严重后果给予了毫不留情的揭露，同时他还对康雍乾时期的政策，诸如减赋、外交、军事、汉学、修订《四库全书》等，做出新的评论。③ 廖仲恺对清朝统治蒙古的民族政策极为不满，“由康熙一弄，蒙古人几乎要亡种了。……故用宗教来亡人的国，非只是满洲人才有这样（的）办法”④。邹容认为“康乾南

① 清朝的政治中，唯有一点让民国时期的政治家、学者非常怀念和认可，那就是清朝在疆域和武功上的表现。孙中山认为，以往清朝的统治虽然带有强烈的民族压迫色彩，但是它的盛世却给中国带来了民族自豪感：“中国受欧美政治力的压迫将及百年。百年以前，满人据有我们的国家，仍是很强盛的，当时英国灭了印度，不敢来灭中国，还恐中国去干涉印度。”（孙中山．三民主义．长沙：岳麓书社，2000：15）20 世纪 30 年代，在民国政府开发西北部的号召下，一些受官府指派或者自愿赴西北考察的文人，比如吴蔼宸、谢彬、魏明章、萧离、王志文、叶祖灏等，他们身临其境，目睹天山南北的广阔，因而感慨清朝在边疆建设方面的功绩。“清初讨平准噶尔之乱，明代天山北路之四卫拉特全部尽入版图，拓地二万余里……当时西域之广大……自汉唐以来，未有若斯之盛也。”（吴蔼宸．新疆纪游//中国西北文献丛书：第 110 册，1990：479）谢彬也感慨道：“当盛清时，我国势力十倍于今日，不禁掩卷而长太息也。”（谢彬．新疆游记//中国西北文献丛书：第 131 册，1990）

② 孙文．建国方略．刘明，沈潜，评注．郑州：中州古籍出版社，1998：331.

③ 章太炎．訄书//章太炎全集：第三册．上海：上海人民出版社，1984：322－324.

④ 广东省社会科学院历史研究室．廖仲恺集．2 版．北京：中华书局，1983：264.

巡如同隋炀帝”①。汪精卫指出，清朝实行闭关政策的原因是由于清朝统治者有少数民族的自卑心理，害怕汉人与外部势力联合反清。“盛世表面宁幂，实则内乱不断。”② 章太炎则说：“虏有封豕之德，卖官鬻爵，著在令典，简任视事，率由苞苴。在昔大酋弘历常善用贪墨，因其籍没其家，以实府藏……以官为卖，以法为市，子姓亲属，因缘为奸，幕僚外嬖，交伍于道。”③

如果说革命者们对清朝进行口诛笔伐是出于革命需要的话，那么五四运动以后新文化运动的代表人物的批判则是从否定传统的角度出发，将清朝视为传统社会的代表，通过史学、文学等各种方式将清朝塑造成为反科学、反民主、独裁专制、愚民落后、封闭无知的形象。吴虞称文字狱“令人发指眦裂”④，钱玄同视乾隆皇帝为与秦始皇等同的独夫民贼。张君劢则批判康乾时代在中西科学交流方面甚至不如明朝开放。“欧洲科学发达，由文艺复兴以开其端，而利玛窦到东方来，只有少数人物如徐光启、康熙还能赏识他。到了乾隆以后，士大夫还是麻醉于考古之学，无人感觉世界新潮流之来袭，此亦政府与学人缺少先见之故。”⑤ 鲁迅说：“现在不说别的，单看雍正乾隆两朝的对于中国人著作的手段，就足够令人惊心动魄。全毁，抽毁，剜去之类也且不说，最阴险的是删改了古书的内容。乾隆朝的纂修《四库全书》，是许多人颂为一代之盛业的，但他们却不但捣乱了古书的格式，还修改了古人的文章；不但藏之内廷，还送之文风较盛之处，使天下士子阅读，永不会觉得我们中国的作者里面，也曾经有过很有骨气的人。（这两句，奉官命改为‘永远看不出底细来。’）”⑥

---

① 邹容．革命军//张枬，王忍之．辛亥革命前十年间时论选集：第一卷：下册．北京：生活·读书·新知三联书店，1960：661.

② 精卫．民报（1906）·驳革命可以召瓜分说//张枬，王忍之．辛亥革命前十年间时论选集：第二卷：上册．北京：生活·读书·新知三联书店，1963：466.

③ 章太炎．讨满洲檄//章太炎全集：第四册．上海：上海人民出版社，1984：191.

④ 吴虞．康有为“君臣之伦不可废”驳议//赵清，郑城．吴虞集．成都：四川人民出版社，1985：143.

⑤ 张君劢．立国之道//黄克剑，吴小龙．张君劢集．北京：群言出版社，1993：331－332.

⑥ 鲁迅．病后杂谈之余//鲁迅全集·且介亭杂文：第六卷．北京：人民文学出版社，1981：183.

自清朝末年，梁启超倡导“新史学”，他于1901年在《清议报》上发表《中国史叙论》，紧接着，1902年又在《新民丛报》上发表《新史学》，以进化论和近代资产阶级自由主义为思想武器，对封建旧史学进行批判。梁启超认为，旧史学是以帝王个人为中心的君史，他主张变君史为民史，“知有朝廷而不知有国家”①。对于清史，梁启超主张客观看待。他认为，清前期是中国古代最辉煌的历史时期：平定西北准部、回部、西藏、青海、缅甸、安南各地，帕米尔高原以东诸部落，全部纳入中国版图，数千年来亚洲之形势，为之一变。“满洲势力，几掩覆亚洲、南亚之全部，然极盛之后难为继矣”②。“国朝因用明制，故数百年来大臣重镇，不闻他变，天下虽大，戢戢奉法，而又文网颇疏，取民极薄，小民不知不识，乐业嬉生，此其治效中古所无也。若使地球未辟，泰西不来，随后此千年，率由不变可也”③。梁启超认为，康乾盛世之所以出现的一个重要的原因在于，康雍乾三帝能够不断地改革。“使圣祖、世宗生于今日，吾知其变法之锐，必不在彼得（俄皇名）、威廉第一（德皇名）、睦仁（日皇名）之下也。”④ 同时，梁启超指出，专制与腐败是导致清朝由盛转衰的主要原因，君权的过度集中使清朝的政治缺乏生机和活力，对皇帝来说，军机大臣“则如写字机器将留声机器所传之声，按字誊出耳”⑤。另外，八股取士制度是中国“致弱之根源”⑥。他认为，乾隆皇帝好大喜功，为博十全老人之头衔，不惜穷兵黩武，四处用兵，只是为图虚名而已。“惟然，则虽属国遍天下，而与我国民曾无丝毫之益，反而蒙莫大之累。”⑦

孟森在谈到清代历史的地位时说：“后代于前代，评量政治之得失以为法戒，所以为史学。革命时之鼓煽种族以作敌忾之气，乃军旅之事，非学问之事也。”⑧ 直接批判政治对清代历史研究的片面影响。

---

① 李伯重．20世纪初期史学的“清华学派”与“国际前沿”．清华大学学报（哲学社会科学版），2005（5）．

② 李华兴，吴嘉勋．梁启超选集．上海：上海人民出版社，1984：384．

③ 梁启超．饮冰室合集：六册．北京：中华书局，1989：116．

④ 梁启超．变法通议．何光宇，评注．北京：华夏出版社，2002：8．

⑤ 梁启超．饮冰室合集：三册．北京：中华书局，1989：16．

⑥ 同③25．

⑦ 同③15－17．

⑧ 孟林．清史讲义．上海：上海书店出版社，1947：3．

马克思主义史学的出现并逐渐占据主导地位是20世纪中国史学界的显著特征。从民国时期出现第一批马克思主义史学家，到中华人民共和国的建立，马克思主义史学的发展与政治联系密切。从其研究重点可以看出。新中国成立后，有关清朝的历史，形成了三个研究热潮：第一，关于康熙帝的历史定位；第二，关于《红楼梦》的历史背景以及资本主义萌芽问题；第三，关于农民起义问题。但“这个时期的史学研究未突破以生产关系为中心的格局，方法上亦呈现出教条化与简单化的倾向。这些问题到‘文革’时期发展到极端，演变为‘路线斗争决定论’等荒谬理论，和无视史实乃至捏造史实的恶劣手法。把史学演变成以阶级斗争为中心的政治史，倒退到旧史学偏重政治史的状况，与鲁滨逊所说的旧史学依附于神学的特点有相似之处”①。这一时期对清代政治史的“黑暗”塑造也达到了一个顶峰。

冯尔康于2005年撰写《清史研究与政治》，认为自清朝结束以来，清史研究就一直受到诸多政治因素的影响，包括反满革命、反帝爱国、反苏联“修正主义”等多次政治革命和运动。虽然这些政治因素在一定程度上促进了对清代历史某些问题的研究，但也造成了一些问题，如观念上的偏颇和研究领域的不平衡，因此呼吁：“史学研究，排除政治干扰，独立思考，实事求是，以历史经验的总结服务于社会。”②

无论哪一种政治思潮，对清代政治史研究的影响都是不断强调清代政治的“专制”，强化人们对清朝皇帝“乾纲独断”这一“本朝家论”的印象。以教科书为代表所形成的标准话语就是，清朝是中国专制主义中央集权制度的顶峰。这一思维在实际的研究中有两种表现，一是把清代的政治制度变革置于整个中国古代史的框架之中，努力构建清朝与明朝在政治上的继承关系。如以“清承明制”的视角看待清代的内阁、六部、督抚等制度，以中外朝视角看待军机处的产生等。二是清代的政治制度演变很容易被构建出一个从议政王大臣会议到内阁，到南书房，再到军机处这一清代专制主义集权不断强化的线性过程，这已成为清代政治变革的一个标准化、教科书式的研究范式。

---

① 李伯重．20世纪初期史学的“清华学派”与“国际前沿”．清华大学学报（哲学社会科学版），2005（5）．

② 冯尔康．清史研究与政治．史学月刊，2005（3）．

这是我们设定第二章研究“皇权政治”的原因。但实际上，这其中难免包含一种先入为主的，知道结果反思过程、原因的循环论证。而当一切都指向极端专制时，清朝作为一个“国家”的其余部分就都被遗忘了。

二是在盛世观念与中国中心观的激荡下，“改革开放”史观的形成。这种思维一改将清朝定位于落后的“封建专制制度”的特点，正视清代的官僚体系在边疆拓展、国家动员、社会发展、文化成就等各方面取得的成就，希望能够客观地看待这些成就，并由此重新思考清代中国的全球史地位及其背后源自中国内部的原因。

关于“中国中心观”对清代历史研究的影响，学界已有很多成果。在这一方面，孔飞力（Philip Alden Kuhn）的《中华帝国晚期的叛乱及其敌人》（*Rebellion and Its Enemies in Late Imperial China*）《叫魂》（*Soulstealers*：*The Chinese Sorcery Scare of* 1768），罗威廉（William Rowe）的《救世》（*Saving the World*：*Chen Hongmou and Elite Consciousness in Eighteenth-Century China*）等欧美著作被引入国内，为国内政治史的研究带来巨大启发。这一思潮在政治史方面的主要反映就是由对政治制度的静态勾勒，到对人物政治实践的动态探讨，清代政治史的研究也趋向“活”的历史。具体而言，很多官制研究，最初主要依赖《清会典》《实录》等文献资料，对制度的条文进行描述。但随着大量档案资料的发掘与使用，学者们逐渐有能力对清代各级官员们修河治水、司法审判、钱粮征收、边疆管理等各种政治实践活动进行更深入的追踪和展示。对这些研究思想学界的归纳较多，笔者不再过多赘述。笔者想从现实关照这个层面对清代政治史的研究进行一些阐述。

从现实环境来看，20 世纪 80 年代以后中国改革开放事业大规模地展开，中国迅速发展，走向强大，为清代政治史的研究提供了新视野，也提出了新的课题要求。从研究视角来看，“改革开放”已成为一种历史学研究的重要思维，一些与改革开放有着重要渊源关系的历史事件得以被重新审视，如随着中国经济、文化、政治领域改革的不断推进，清代重要的政治变革及相关人物受到更多的重视，相关评价也开始发生逆转。最突出的一个例子就是清朝在边疆地区的开拓得到更深入的研究，这方面以戴逸对中俄《尼布楚条约》的研究最具代表性，表现了清朝在政治上的成功。另外一个具有代表性的例子就是对雍正皇帝的研究。自民国以来一直到“文化大革命”时期，雍正皇帝是被批判得最为严重的一个政治人物。但在20世纪80年代，冯尔康出版的《雍正传》，将雍正这个无恶不作的残酷的封建帝王，在应对时代危机时所做出的重大改革描述了出来，将其塑造成为一个有血有肉、有魄力的改革者。

这一成果后来通过文学影视作品得到充分的放大，获得了巨大的社会影响，在很大程度上反映了当时的中国人期盼改革、期盼发展的心态。由此，“改革”成为研究清朝帝王将相的一个重要思维，引导学术界更多地关注这些重要历史人物的成就，相应地也就加强了对清代政治成就的探讨。虽然在康乾时期是不是盛世这个问题上还存在不同的认识，甚至存在很多争论，但确实反映出中国的政界、学界以及普通百姓对改革开放以后，随着国家不断进步，中国历史发展趋向的思考。大概每个人心里都有一个“盛世”，因而才有了对“盛世”政治的反复推敲和争论，表现了中国社会深厚的“盛世情结”。

还有一个极受关注的事例，就是马戛尔尼使团访华问题。在1993年由清史研究所主办的“纪念马戛尔尼使团访华200周年国际研讨会”上，国内外名家云集，既有资深的如佩雷菲特（Alain Peyrefitte）这样按照西方中心论的思维撰写了《停滞的帝国——两个世界的撞击》（*L'Empire Immobile ou le Choc des Mondes*）一书的学者，也有像罗威廉等有着明确“中国中心观”的新一代学者。而国内则有戴逸、张芝联、朱雍等新老学者。这个历史话题受到热捧，反映出当时学界对中国如何走向开放、走向世界的反思。随后，清史研究所出版的9卷本《18世纪的中国与世界》（辽海出版社，1999年），引领了学界对中国“开放”问题之现实与历史关系的思考。

然而，无论是这种到中国内部寻找发展动力的研究，还是对18世纪“盛清”的褒扬，终究也无法寻找到中国发展的近代路径。正如茅海建所说：政治史学者对历史的描述是不断进步，而社会史学者的描述则是原地踏步。无论政治史学者如何构建清代在政治上的成就，终究无法改变历史发展的停滞性。但为政在人，官僚体系与制度，仍是学者们探讨清代政治进步还是落后，中国中心观下内在动力的主要出入口，仍是清代政治史研究的重点内容。这是我们设计第三章“清代官僚政治研究”的原因。

三是“革命史观”与“近代史观”受到重塑“王朝史观”的挑战。晚清历史的发展，在很长一段时间之内都被纳入革命史、近代史的叙事范畴之中，更多地从革命发展、近代转型的线性历史角度，来看待清代的政治。一则中国的制度因为内外因素的激发而发生了巨大变动，二则晚清时期，来自民间的反抗官方事件和起事不断发生，因此在学术研究中，反清的革命力量拥有了“主角光环”，作为国家主导者的政府自身的政治行为被虚化、模式化，站在了革命历史发展的对立面。百余年来，人们对于这一时期民间起事的话语表述，经历了较为复杂的历史演变。即便同处一个时代，因话语表述者的各自立场、出发点或阶级感情分歧之故，对其称谓乃至评判也迥然有别，其结果是割裂了政治与社会发展之间的内在联系。20 世纪 90 年代以来，学界对晚清史的研究开始出现重塑“清朝史观”的趋向，晚清时期的国家政治、清朝统治者内部斗争、政治变革，以及清朝向民国的转变等重大政治问题，林则徐、奕䜣、慈禧、奕劻、曾国藩、李鸿章、左宗棠、袁世凯等重要政治人物，都得到更深入的研究。其中，一个重要的研究范式的转变就是，清朝一直被视为中国的最后一个封建王朝，是封建专制的顶峰，新的研究则更多地探讨在由清朝向民国转变的过程中，近代国家是如何得以构建的，晚清的半个世纪中蕴含了哪些近代国家的因素和向近代国家转变的动力，由此有清一代的历史往往被看作“早期近代”。这样做不是仍以鸦片战争为界把前清史和晚清史划分到两个截然不同的学科体系中，而是说与清前期的历史相比，晚清政治的变化确实出现了“质”的不同，这种不同并非原来意义上的“近代史”的一部分，而是中国走向近代化的必然历程，需要我们用不同的视角去观察。正如隋唐历史的研究，“安史之乱”前后，它的政治状况完全不可同日而语，唐前期的政治状况更多地通过与南北朝时期相联系来得到解释，唐后期的政治则需要与五代、宋时期的政治状况相联系才能更好地把握其去向。在这一方面，邓小南对宋代“祖宗之法”的研究提供了一个很好的例证。[①] 因此，我们设立了第四章“‘近代史’还是‘王朝史’？两种视域下的晚清政治与制

① 邓小南．祖宗之法：北宋前期政治述略（修订版）．北京：生活·读书·新知三联书店，2014.

度变革研究”、第五章“革命史观与晚清民间起事、革命百年话语之嬗变”、第六章“清末政治变革与近代国家构建”。

四是受到满族国家政治起源与“族群主义”思维的影响。研究清代历史有一个不可回避的问题：满人作为一个从东北一隅发展起来的小部族，为何能够成功入主中原，并实现中国的大一统和盛世辉煌？这个问题可以有多个侧重点，当然也会形成很多不同的答案，当这个问题的侧重点放在“满人”这个概念上时，满族在入关前到底经历了哪些发展阶段，及如何迅速壮大就成为研究者关注的重点。八旗制度的形成，努尔哈赤、皇太极、多尔衮等人物之间的恩怨纠葛，八旗政治的演进，后金—清国家制度的建立等，都是关系到深刻了解清代政治特点的重要问题。很明显，对这些问题的研究，有利于我们从单纯的“清承明制”思维中跳出来，借鉴满族国家起源研究的民族史路径，实事求是地对清朝政治进行溯源性探讨。

从20世纪60年代到70年代，中国在经历了十多年的学术萧条之后，作为清史研究的基础，八旗政治研究开始取得突飞猛进的发展。这主要得益于两个因素：第一是史料上的发掘极大地丰富了研究对象，支撑起很多学术问题的研究与讨论。一方面，清朝官修的《八旗满洲氏族通谱》《八旗通志》《满洲源流考》《清朝开国方略》《清史列传》等都被整理、公布了出来。另一方面，《满文老档》开始被应用于大陆学界。《满文老档》在清代并没有被公之于世，清亡后，从1918年到1929年满族学者金梁最早开始组织整理、翻译《满文老档》，但并没有引起学界的重视。到20世纪五六十年代，日本学界、中国台湾学界对《满文老档》的整理、译注工作取得重大进展。神田信夫、冈田英弘等人出版了《满文老档》，台湾学者出版了《清太祖朝老满文原档》和《旧满洲档译注》。这些珍贵资料也开始影响到大陆地区的八旗政治研究。1989年，光明日报出版社出版了《清初内国史院满文档案译编》。1990年，中华书局印行大陆学者译注的《满文老档》。另外，台北故宫和中国第一历史档案馆的档案也渐次开放和投入使用，涉及清入关前历史的一些满文档案如《历朝八旗杂档》也得到学者们的重视。

第二是大学本科与研究生人才培养体系恢复并正常化后，开始形成学术力量梯队。王锺翰、李洵、戴逸、王戎笙、周远廉等成为清史研究、满族史研究、八旗制度研究的代表性学者。他们主编或撰写的《满族简史》（中华书局，1979年）、《明清史》（人民出版社，1956年）、《简明清史》（人民出版社，1980年）、《清代全史》（辽宁人民出版社，1991年）等断代史著作在很大程度上促进了八旗政治问题的研究。这一时期，对清入关前历史的撰写也成为一个学术亮点。周远廉在20世纪80年代先后出版了《清朝开国史研究》（辽宁人民出版社，1981年）、《清朝兴起史》（吉林文史出版社，1986年）、《清代八旗王公贵族兴衰史》（辽宁人民出版社，1986年）。阎崇年撰写的《努尔哈赤传》（北京出版社）和孙文良、李治亭所著的《清太宗全传》（吉林人民出版社）均在1983年出版。而张晋藩、郭成康所撰的《清入关前国家法律制度史》（辽宁人民出版社，1988年）一书更是成为这一时期八旗政治研究之翘楚。随着学术梯队建设的发展，杜家骥、定宜庄、刘小萌、郭成康等成为这个时代八旗政治研究的中坚力量。这两方面的结合使清在入关前的历史，特别是八旗政治研究出现一个跨越八九十年代的高潮，成为清史，甚至是整个中国史研究中的一个热点问题。

因此，第一章的内容拟抓住“八旗政治”这一核心概念来梳理学术界在这一方面的研究。

五是关于“新清史”的挑战。当满族国家政权的起源问题遇上欧美国家的“内陆亚洲”理论时，便促成了“新清史”的滥觞，并在21世纪最初的20年在中国学界形成一股研讨热潮。因此，第七章聚焦“新清史”问题在中国的热议，专门对其进行梳理。

“新清史”在美国之发展由来已久，是内亚史研究理论运用到清史上的结果，代表了自费正清以来西方学界以“现代化”探讨清代历史之后的一种新的学术转型。它对非汉民族历史文化的重视和挖掘，可以给我们“多民族统一国家”的历史观念很多启发。毕竟，中国历史大多数时间与内陆亚洲历史有着“无法分割不可分离的重叠”，受到内陆亚洲的影响并不断把内陆亚洲的因素吸收到中国历史中来，是中国历史自身的重要特点。从这个角度看，“新清史”的研究会让我们的历史叙述更加丰富和立体化。① 但把中国想象成为一个单纯的汉民族国家是“新清史”研究者们的一种假设，并非历史实际。中国自古以来一直是一个超

---

① 罗新．黑毡上的北魏皇帝．北京：海豚出版社，2014：90－91.

越某种单一民族认同的国家，多民族走向统一是一种逐渐强化的发展趋势。中国边疆各个民族与汉族之间是一种既互相矛盾又互相依存的关系，并不存在不可逾越的鸿沟，更不是截然对立的。对中国历史的解释需要立足于中国历史本身的实际情境，需要西方学者走出西方中心论的固有窠臼。

过去十余年间，“新清史”在中国学术界引起激烈的争论，支持者有之，反对者更多；政治批判者有之，学术反思者更多。现在看来，在经历了这些年的震荡之后，经过进一步的译介，中国的学术界经历了一个由批判到构建的过程，即由最初对“新清史”威胁到中国历史话语权的激烈反应，到反思我们该如何应对这种威胁。一方面，“新清史”著作在概念、理论、史料运用等方面的很多缺陷、不足甚至是严重错误，逐渐被中国学者挖掘出来，包含其中的意识形态观念问题以及政治化的历史叙事问题也被揭示出来。另一方面，很多中国学者也在反思如何弥补我们以往历史研究中的缺陷，如何进一步牢筑我们的历史叙事话语权。例如，近几年，中国的清史学界，特别是研究生在满、蒙等语言的学习方面大大加强，新一代学者在非汉文档案文献的使用的能力与自觉方面大大提高，再加上国际交流的普及，中国学者、学生在这一方面的研究能力、话语权已经获得长足进步，与以往不可同日而语。

以上我们分别对近百年来清代政治史研究所依据的基本方法和理论视角以及现实关照，进行了概要梳理。希望我们的这些工作能够起到一点抛砖引玉的作用，能够对清代政治史的研究起到一点微薄作用。不足之处，还请学界方家多多批评，不吝赐教。

第一章 从部落到国家：清代八旗政治变迁研究

八旗制度是清代政治制度中重要的议题之一。清朝能从满洲一隅之地，举兵而起，席卷中原，进而开疆拓土、奄有华夏，立国近300年，实系于八旗劲旅。同时，八旗制度作为一种社会组织，形塑了旗人社会这样一个独特的社会群体，并对满族的形成起到决定性作用。故对八旗政治的研究，是探究满人何以在16—17世纪迅速崛起的不可逾越的一个问题，对于了解清代历史、探究中国历史的民族因素，有着密切关系，更是理解清朝历史的关键。百余年来，学界对八旗政治与制度的研究，肇始于民国时期，至20世纪80年代以后，渐臻发达。对这个问题的重要性，孟森早已点明：

> 清以特殊制度兴，亦以特殊制度之崩溃而败。……特殊势力在八旗，而八旗之根底，汉人不知，满人亦不能言，官书不悉载，此不能不深加探讨以明之也。①

韩国学者任桂淳也认为："中国东北边境的满族，之所以能从一个种族共同体发展到建立后金政权，入主中原，并统治在文化方面优秀于己的汉民族达二百六十八年之久，就是因为它有一个重要的制度——八旗制度。"②

八旗政治是指清朝自清太祖时期开始的满族政权内部以八旗为基础

---

① 孟森．清史讲义．上海：上海书店出版社，1947：26－27.

② 任桂淳．清朝八旗驻防财政的考察//北京市社会科学院满学研究所．满学研究：第一辑．长春：吉林文史出版社，1992：104.

的权力机制的运行，包括各派政治势力围绕八旗的控制权而进行的制度变革、政治角逐，及由此而产生的势力消涨。八旗制度是一个融政治、军事、社会、经济等方面为一体的综合性制度，因此，对它的研究也可以纳入政治、军事、社会、经济等不同范畴，特别是入关后的八旗制度，主要被当作军事制度、社会制度和经济组织来研究，重点集中在八旗驻防、八旗生计、旗地经济等问题上。然而，八旗制度首先是一种关系到女真—满洲政权组织形式的政治制度，是清代皇权专制制度形成的起点，也是诸多国家政治制度的渊源。八旗制度的形成本身也是一个动态的过程。清朝自太祖时期开始，诸多的政治斗争、政治制度变革、政治势力的兴衰都以八旗为场域，对八旗的控制权更是各方政治势力极力角逐、争夺的对象。因此，在本章中，笔者将着重关注百年来学界对清朝历史上八旗制度在政治方面的作用，对其在经济、社会生活中的特点与影响则不着过多笔墨。

民国初年的一些清史著作仅简单勾勒了八旗发展的过程，对八旗制度亦无专门且系统之研究。萧一山所撰《清代通史》完成、付梓于1923年，为国人所著第一部清代断代史。但萧氏关于满洲政权内部政治变迁与八旗制度演变的看法，基本借鉴了孟森的观点，即认为八旗实乃“封建王国之规模，八旗旗主，乃诸侯也。其封邑无疆土之胙，以在旗者为之奴属，故旗人对帝王称奴才，非仅包衣为然”。萧氏认为孟森之研究“所述甚详，可供参考。惟结论亦有未允者，可善读之”，但他并未阐明孟森所述之结论有何不妥之处。① 稍晚的谢国桢在当时就发出感慨：“唯清初之兵制（指八旗——笔者注），则注意及之者尚鲜，此不可不研究者也。”② 正如孟森所说，即使是《清史稿》，“于八旗之本体，究为何物，茫然不辨”，“则以其蜕化之迹已为清历代帝王所隐蔽”③。1936年，孟森的《八旗制度考实》出版，为开学术之先、系统研究八

① 萧一山．清代通史：卷上．北京：中华书局，1986：54.

② 谢国桢．清开国史料考．北京：北京出版社，2014：23. 按：该书最早于1931年1月由国立北平图书馆铅印出版。

③ 同②.

旗制度的一篇奠基性文章。[①] 如果说孟森能够被视为清史学科的开创者[②]，那么这篇《八旗制度考实》在其中所占分量颇大。

孟森在文章的开头提出了“国中之国”这个重要概念。他强烈地意识到八旗在清代中国的特殊性，指出“即中国之中涵一满洲国，未尝一日与混合也”[③]。他对此没有做更多的解释，虽然寥寥数语，但在现在看来却包含了丰富内涵。这一命题至今都还为很多学者所利用，尤其成为“新清史”学者研究清史、论证清朝之满洲特性的一个出发点，如欧立德（Mark. C. Elliott）、张勉治（Michael Chang）都明确使用了这个命题。

孟森对八旗制度的探讨，以“谁是八旗旗主”这个问题为核心，基本按照从努尔哈赤编牛录到雍正时期这样的时间顺序展开。他对贯穿八旗制度变革及其背后的皇（汗）权与旗主之间的政治斗争，逐一考证，详加阐述，开辟了一条以旗主变化为核心线索的八旗制度研究路径。他开门见山地指出，从太祖时期的“（旗下）属人对旗主有君臣之分”，到太宗时期“逐次变革各旗之主，使不能据一旗以有主之名，使各旗属人不能于皇帝之外复认本人之有主”，再到世宗时期，“法禁大备，纯以汉族传统之治体为治体”，太祖时期旗民私属、八王共治的祖训，被世宗以儒家孔孟之道完全破解。可见，所谓八旗制度，不过是皇（汗）权与旗主既共生又斗争状态的一种动态反映，是一种动态的存在，不断被规定又不断被打破、叠加，直至世宗时期宗室诸王丧失了八旗中的所有重要权力。因此，现在看来，旗主因革是探索八旗制度变革的研究路径，抓住了这个问题，八旗的很多问题便可纲举目张，迎刃而解。例如，孟森发明了通过研究《八旗通志》中下五旗包衣佐领身份变化，来探寻诸王在各旗中遗迹的方法。由此，他认为“八固山惟正红尚保存代善之系

---

① 孟森．八旗制度考实//孟森．清史讲义．北京：中华书局，2010：18. 孟森先生所撰《八旗制度考实》一书出版于1936年，此后仅一年多，孟森先生去世。由此也可反观此文撰写应该是难度很大，颇费功夫的。

② 这方面具有代表性的评价主要有：何龄修．中国近代清史学科的一位杰出奠基人：试论孟森的清史研究成就，为纪念他的诞辰一百二十周年而作//中国社会科学院历史研究所清史研究室．清史论丛：第八辑．北京：中华书局，1991；刘会文．“列清史为学科”：孟森史学的展开过程．北京大学学报（哲学社会科学版），2014（1）。

③ 同①.

统，次则镶蓝旗亦留济尔哈郎遗迹，其余皆尽属后起之王公。盖自顺治八年后，已尽破太祖八固山分立之制。上三旗既永为自将，下五旗亦故主罕存，强宗各拥所属之弊，已扫除矣。”① 这种方法至今仍为一些学者所借鉴。

孟森所撰《八旗制度考实》一文的内容虽极为宏富，但其利用、可利用的资料却极为有限，孟森所依赖者，主要是《明实录》《东华录》《武皇帝实录》《高皇帝实录》《八旗通志》等几部寻常官书，也没有《满文老档》等非汉文史料。他自己坦言，“但言清事，非从清官书中求之不足征信，于官书中旁见侧出，凡其所不经意而流露者，一一钩剔而出之，庶乎成八旗之信史矣”②。故，《八旗制度考实》一文中处处可见孟森把几部官书互相比对的细致功夫。

民国时期，辅仁大学学者赵光贤于《辅仁学志》第十二卷一、二合期上发表《清初诸王争国记》一文，其利用大量史料，突破“诸王推贤让国，为三代圣王之难能”的传说，阐述“太祖不立储贰”“代善有继位之望”“太宗与多尔衮之争”“太宗与诸王之争”“多尔衮与豪格之争”“多尔衮夺位之阴谋”“阿济格争位之传说”七个重要问题。作者除了利用太祖实录等资料，还对太宗得位、八固山、多尔衮与豪格之争等问题多有考证，特别是使用了一些朝鲜使者的记录作为史料根据。其对太祖难立储而给清朝造成的不良后果亦有瞻望，特别是孝庄太后下嫁多尔衮问题，其对孟森所述深不以为然，其以张煌言《仓水集》之诗为证，认为二人必有暧昧关系。但赵氏所述多为某个事件，其对八旗政治整体演变之认识，难与孟森之系统性研究相提并论。③

民国时期研究八旗政治的另外一位成就突出的学者为郑天挺。郑天挺自 20 世纪 30 年代起在北大任教，至抗战时期辗转至西南联大，先后撰有《多尔衮称皇父之臆测》（1936 年）、《多尔衮与九王爷》（1936 年）、《墨勒根王考》（1936 年）、《清世祖入关前奏章程式》（1936 年）、《清史语解》（1943 年）、《清代包衣制与宦官》（1944 年）、《清代皇室之氏族与血统》（1944 年）、《满洲人入关前后几种礼俗的变迁》（1945 年）

① 孟森：八旗制度考实//孟森．清史讲义．北京：中华书局，2010：65.

② 同①19.

③ 郑莉，等．民国清史研究史料三种．北京：全国图书馆文献缩微复制中心，2004.

等论文与杂谈，皆关涉清朝入关前后之八旗制度与政治，后于 1947 年以《清史探微》之名结集出版。其中，郑天挺对有关多尔衮执政时期的几个重要史事进行了考证，包括他的"墨勒根王"的称号，他称"皇父摄政王"的含义，入关前后所谓"九王"到底为谁等问题。郑氏对包衣制度研究的贡献尤为突出。他强调包衣虽然被编入八旗成为八旗制度的一部分，但包衣制度的产生早于八旗制度。作者提出包衣职掌家务、差役、随侍，清初的宗室贵戚勋旧全有包衣。包衣的性质属私家的世仆，这只是对他们的主人而言的，他们可能另有自己的官阶、财产、奴仆。在旗制创立后，包衣成为一个法定组织，更加制度化。同时作者还比较详细地考证了顺治时期宫内宦官制度的恢复，"清朝三百年无宦官之祸，这是包衣制的赐予"①。此文在当时的影响广泛，成为研究清初内务府包衣制度的奠基性文章。

进入 20 世纪 50 年代，清史研究的学者分布在大陆与台湾两种不同的背景之下。此时的史学界对八旗政治的研究虽不显赫，但以郑天挺、王锺翰、李洵等为代表的重要学者做出了很多开拓性的研究，资料储备、人才储备正在奠基。1956 年，李洵的《明清史》出版，王锺翰则于 1957 年出版《清史杂考》（人民出版社），又于 70 年代完成《清史稿》点校版的出版工作（中华书局，1977 年）和《满族简史》的出版工作（中华书局，1979 年）。郑天挺则出版了《清史简述》（中华书局，1980 年），并将民国时期的《清史探微》重新修订，以《探微集》为名再次出版（中华书局，1980 年）。由此，国内对八旗体制的研究终于步入正轨，进入了一个快速发展的时期。

下面本章将从八旗创建与变革问题研究、从八旗体制到国家构建的相关问题研究、国家制度之下的八旗官僚体制研究三个方面，对百余年来关于八旗制度变革的研究状况进行梳理与归纳。

---

① 郑天挺．清代的包衣制度与宦官//郑天挺．探微集（修订本）．2 版．北京：中华书局，2009：108 - 134.

第一节 八旗创建与变革问题研究

八旗制度是以牛录的编设为前提的。八旗制度的创立是后金—清发迹的根本，作用巨大。周远廉在谈到八旗制度建立的历史条件时认为，在面对辖地广阔、明朝的大兵压境、女真内部的分裂这一严峻形势时，努尔哈赤不得不创设八旗制度来巩固女真的统一事业。[①] 而对于牛录—旗制的创立的历史功用，学界也基本达成了共识。牛录的改编，使传统的牛录组织性质发生了变化，使其由一种族寨范围内自愿结合的临时组织，向军政经一体的常设性组织转变，也降低了族党对于基层牛录成员的把控力度，加强了牛录职官的农业管理职能、行政职能、军事职能。可以说，牛录改编是八旗最终建立的基础。八旗的建立有力地促进了满族的形成与发展，打破了女真依族寨而居的旧习，加强了八旗—女真内部的联系。在八旗制度之下，生产迅速发展，改变了部分女真族以渔猎为生的习惯；对满族从低级向高级社会阶段的发展，尤其是对满族由奴隶制过渡到封建制，产生了巨大影响；最终，依靠八旗力量，清王朝得以建立并入主中原。[②]

但对于努尔哈齐如何编设牛录、创制八旗，由于资料的局限性，这一过程中的几个时间点一直是极具挑战性的研究课题。各家观点纷呈，其间的讨论与争鸣也非常活跃。

一、关于八旗制度的渊源

牛录是八旗成立之基础，八旗又影响着女真—后金—清朝的发展。因此，许多学者在争论八旗创建过程的同时，也在探讨牛录制度的形成

---

① 周远廉．关于八旗制度的几个问题//中国社会科学院历史研究所清史研究室．清史论丛：第三辑．北京：中华书局，1982.

② 刘小萌．论牛录固山制度的形成．东北地方史研究，1990（4）；姚念慈．论满族八旗制国家的建立//中国社会科学院历史研究所清史研究室．清史论丛．沈阳：辽宁古籍出版社，1993；周远廉．关于八旗制度的几个问题//中国社会科学院历史研究所清史研究室. 清史论丛：第三辑．北京：中华书局，1982.

以及牛录制度和八旗制度对于女真人崛起的重要影响。学者们对于牛录制度来源于女真社会原有的围猎之“牛录”并无异议，争议主要集中在努尔哈赤何时改造女真传统牛录从而编造新的牛录制度等问题。

民国时期的几位学者对最早从牛录编设向八旗的演变略有陈述，但都语焉不详。汪荣宝的《本朝史讲义》将八旗视为兵制，认为“太祖削平诸国，创定兵制。每三百人设一牛录额真（今佐领），五牛录设一甲喇额真（今参领），五甲喇设一固山额真（今都统），每固山额真左右设两梅勒额真（今副都统）。初设有四旗，旗以纯色为别，曰黄曰红曰蓝曰白。其后增设四旗，幅之黄、白、蓝者缘以红，幅之红者缘以白，共为八旗”①。这一笼统的叙述为后人所承袭，蔡郕的《清代史论》、日本学者稻叶君山的《清朝全史》②，亦仅仿效汪荣宝之说交代八旗创建的大致过程，对其来源以及创建背景、具体时间等并未深入探讨和解释。金兆丰的《清史大纲》稍有创见，认为清太祖创建旗制之前，女真人出兵校猎以牛录为单位，以牛录额真统之。至万历二十九年（1601）始编三百人为一牛录，设牛录额真统之。五牛录设一甲喇额真，五甲喇设一固山额真。初设黄、红、蓝、白四旗，至万历四十三年（1615）增设四旗，“自此始有八旗之组织”③。该书当是较早明确提出“1601年创建四旗，1615年创建八旗”的观点的著作，后世大多数学者均沿袭了这一观点。

孟森的《八旗制度考实》中也遵循了这两个重要的时间点，一是在万历二十九年辛丑建四色旗，二是万历四十三年乙卯，太祖征服更广，招纳更多，于是始设八旗。此处论证了八旗创建的过程，亦指出了它的渊源，但惜之于未能给出详细论证。值得注意的是，孟森提出万历二十九年创建四种旗色时，乃扩一牛录为三百人，而“牛录额真”遂为官名。当时有四牛录，分黄、红、蓝、白四色为旗。他认为牛录额真以上无统辖之上级官，所以“知其初即以一牛录为一旗。后来牛录之数滋

---

① 屠寄，等．京师大学堂史学讲义合刊．刘开军，编校．上海：上海古籍出版社，2018：155. 按：该书的最早版本为1906年京师大学堂京师学务处官书局本，后于1909年增加篇幅，题名为《中国历史教科书》(原名《本朝史讲义》) 出版。1913年许国英增补内容后再版，更名为《清史讲义》。

② 蔡郕．清代史论．上海：上海会文堂书局，1915：20a；稻叶君山．清朝全史．但焘，译订．上海：上海社会科学院出版社，2006：101. 该书于1915年由中华书局出版。

③ 金兆丰．清史大纲．上海：开明书店，1935：23.

多，甲喇、固山，层累而上，亦不必俟乙卯而始有上级之统辖，特至乙卯始勒定制度耳”①。稍晚的郑天挺也赞同“1601年创建四旗，1615年创建八旗”的观点。而且他提出八旗制度不是满族原有的，而是与金朝的猛安谋克制度有内在联系的。②

20世纪50年代以后，随着满文资料的发掘，学术界对牛录制度的研究逐渐深入。对于何时开始编牛录、创设牛录制度有了不同的认识，其间的争论也一直持续到21世纪，主要存在四种观点：（1）起兵初[万历十一、二年（1583或1584）]即已创编牛录；（2）万历二十九年（1601）改组牛录；（3）万历二十一年（1593）编设牛录；（4）牛录正式成立于万历四十三年（1615）。

持第一种观点者，以莫东寅、陈佳华、傅克东、关克笑为代表。20世纪50年代，莫东寅首先对“1601年说”表示质疑。他认为，努尔哈赤改制牛录之前，牛录只是女真围猎的一种临时制度。他据《满洲实录》在万历十二年即有“赐牛录之爵”的记载，认为此时牛录已经不再是传统的围猎制度，“牛录额真”也成为一种官名。对于八旗制度的渊源，莫东寅进一步指出“满洲八旗盖始于出猎制度生产组织，也就是从氏族的组织形式演化而来的，是以部落组织方法为根据的”，“八旗制度与原始狩猎制度密切地结合着”，并且还提出虽然1601年分设四固山（旗），但“旗”作为军队编制的单位早在万历十三年（1585）即存在了。《朝鲜王朝实录》所载女真“分其军四运”之“运”字疑为“军”字，这四军就是后来四旗、八旗的基础。③

---

① 孟森．八旗制度考实//孟森．清史讲义．北京：中华书局，2010：21. 对于孟森的这一观点，后世学者分歧较大。孙文良、李治亭，以及韩国学者任桂淳均赞同此观点。分别参见：孙文良，李治亭．明清战争史略．北京：中国人民大学出版社，2012：11；任桂淳．清史．陈文寿，译．香港：香港社会科学出版社有限公司，2003：19－20。但很多后世史家对此提出不同观点，详见下文。

② 郑天挺．清代的八旗兵和绿营兵．历史教学，1955（1）；郑天挺．清代的八旗制度//郑天挺．及时学人谈丛．北京：中华书局，2002：137. 按：该文是郑天挺于1962年在北大的讲课记录稿。首先注意到八旗制度与辽金兵制之间联系者，当为陈寅恪。据谢国桢回忆，“吾师陈寅恪先生云．清之八旗，与辽、金之纠军有相似之处”。参见：谢国桢．清开国史料考．北京：北京出版社，2014：22－23。

③ 莫东寅．明末建州女真的发展及其建国、八旗制度：清初的社会结构//莫东寅．满族史论丛．北京：人民出版社，1958.

20 世纪 80 年代，陈佳华、傅克东赞同莫东寅的观点，认为入关前满洲的民爵与实官基本一致，此时的牛录之爵当是实职，并非虚衔。说明在太祖起兵时，即 1583 年牛录制度（佐领）已经编设。① 90 年代的关克笑则根据《太祖高皇帝实录》于 1584 年 9 月有擢鄂尔果尼、罗科为牛录额真的记载，认为努尔哈赤起兵不久就建立了牛录组织，即大致在 1583—1584 年。不过，此时的牛录与 1601 年厘定制度后的牛录大不相同，多有乌合之众之嫌。②

从民国时期延续下来的第二种观点，即“万历二十九年（1601）”说在 20 世纪后半期得到学界多数学者的支持。20 世纪 60 年代，李旭认为，1601 年创建四旗时，努尔哈赤改编牛录，牛录额真已为官名，成为统治旗人的下级单位。他将历史上北方民族的兵制纳入考虑范围，认为八旗“与辽、金、元时代‘分镇边圉’的少数部族军队或乡兵有着因袭沿革的关系”。“辽之纠军、纠户；金之猛安、谋克；元之正军户、贴军户；清之旗兵、旗民；都起源于‘兵民为一’的部族组织。蒙古灭金，置斡朵怜军民万户府，女真军仍保存纠军旧制，而建州女真中的斡朵里族，正是努尔哈赤的祖先”③。

20 世纪 80 年代，这一观点得到郭成康的支持，他认为在辛丑年（1601）之前，还没有比较整齐划一的牛录组织，这种组织还是一种临时的军事组织。改编以后的牛录是固定的、军政合一的基层政权。④

---

① 陈佳华，傅克东．八旗建立前满洲牛录和人口初探．中央民族大学学报，1981（1）；傅克东，陈佳华．清代前期的佐领．社会科学战线，1982（1）；傅克东，陈佳华．佐领述略//中国社会科学院民族研究所．满族史研究集．北京：中国社会科学出版社，1988：307-311.

② 关克笑．牛录、固山（旗）编建时间考．满族研究，1997（3）.

③ 李旭．论八旗制度//中华书局上海编辑所．中华文史论丛：第五辑．北京：中华书局，1964：350，354.

④ 郭成康．清初牛录的类别．史学集刊，1985（4）；张晋藩，郭成康．清入关前国家法律制度史．沈阳：辽宁人民出版社，1988：133-141. 在 20 世纪 80 年代，日本学者的观点也被引入国内。三田村泰助认为，十人之牛录是本来的军士，而三百人之牛录是招来之部众。十人牛录之牛录额真的性质是行军官，三百人牛录可以说是一种民兵组织，管理者牛录额真具有行军官与治民官的双重性质。为避免与后者名称混淆，作为行军官的牛录额真，天聪八年（1634）改称为“牛录章京”。正是由于部众的增加才产生了新的牛录制度。因此可以说“即使是认为辛丑年即万历二十九年存在着牛录的组织变更，也并非不自然”。（三田村泰助．初期满洲八旗的形成过程//刘俊文．日本学者研究中国史论著选译：第六卷．北京：中华书局，1993：406-407）

90 年代以后，“1601 年说”得到更多学者的阐释。刘小萌不赞同万历十一、二年编设牛录的观点，认为该观点所持“太祖初起兵”只是一个模糊的时间概念，并不能以此作为编设牛录的证据。而万历十二年（1584）《满洲实录》所记载的“赐以牛录之爵”的说法，也不足为凭。其认为，牛录组织的初步改造在万历二十九年（1601），在此之前努尔哈赤归附者日众，各部落人口多寡不均，难以管理，容易形成尾大不掉之势。因此，对陈旧的部落组织进行改造以适应新的社会形势要求，变得十分必要。1615 年由于人口增加，牛录得以被再改造，编设职官。①

姚念慈分析了 1601 年前后两种不同“牛录”的说法。他认为，在万历二十九年之前，满洲社会也存在牛录组织，不过这种牛录还是以原有的隶属关系为基础的，各酋长在放弃自己的称号归于努尔哈赤的同时，也获得了“牛录额真”的名号，从而保持对旧部的部分权力。1601 年，努尔哈赤改编牛录、创建四旗，从而实行 300 丁为一牛录的新编制，改变了以前不改动内部关系的牛录组织。②

王景泽认为，起兵初即建牛录的观点有“倒踩年月”之嫌，所引用的《清太祖高皇帝实录》赐牛录之爵之人“统辖三百人”的记载，当是后世史官所添加，不足为凭；且当时努尔哈赤的兵力不足以编建 300 人的牛录，也不足以赐他人牛录，在 1601 年前后努尔哈赤的归附者越来越多的情况下，方才编设 40 牛录。③

到 21 世纪，任玉雪更进一步丰富了姚念慈关于牛录概念分析的方法。她认为，“牛录”的含义经历了三个阶段的发展。首先，在 1601 年之前，牛录是一种临时性的狩猎组织，牛录额真亦属临时性的，牛录以十人为单位，事毕即散。“牛录”由此得其名，可谓“狩猎之牛录”。其次，是努尔哈赤政权的基层军政组织的雏形。归顺的酋长被任命为牛录额真，这些人以国家职官的身份继续保持其对原有族寨的控制权，努尔哈赤亦通过各酋长管理其民众。在此过程中，努尔哈赤开始以各部落为单位，进行有限度的整编，牛录由此得其形，可称为“部落之牛录”。

---

① 刘小萌．论牛录固山制度的形成．东北地方史研究，1990（4）．

② 姚念慈．论满族八旗制国家的建立//中国社会科学院历史研究所清史研究室．清史论丛．沈阳：辽宁古籍出版社，1993．

③ 王景泽．关于努尔哈赤起兵时之牛录：与陈佳华、傅克东先生商榷．佳木斯师专学报，1995（3）；王景泽．论早期满洲牛录．东北师大学报（哲学社会科学版），1998（2）．

这一阶段大致以 1601 年为始，牛录制度开始最初的制度化。最后，1615 年，每 300 丁编为一牛录，下设代子、章京及村拨什库，辅助牛录额真管理，牛录由此得其实，真正成为“八旗之牛录”以及满洲政权的基层军政组织。①

进入 21 世纪后，关于牛录编设时间的问题又产生了滕绍箴的第三种观点。他的观点有一个递变的过程。2001 年，他发表了《努尔哈赤时期牛录考》一文，根据《八旗通志》中对佐领创建的追述、当时归顺努尔哈赤的酋长数目、重要古出成员、宗室成员的总数，推断万历十五年（1587）创建 40 牛录。② 在其最新研究成果中，他根据《历朝八旗杂档》镶蓝旗满洲偏图佐领先祖投归努尔哈赤后有“天命元年以前二十三年，创制四十个佐领”的记载，进一步确认努尔哈赤最开始编创的四十牛录在万历二十一年（1593），而其他关于这四十牛录的记载也印证了这一观点。③

除了牛录的编设时间，学术界对八旗的起源也有不同的观点。如前所述，郑天挺、李旭等都阐述了八旗制度起源于辽金猛安谋克制度的观点。莫东寅也将其追溯到女真人自身早期的狩猎组织。但另一位重要学者蔡美彪则希望从另外一种视野探讨满族文化的起源。蔡美彪在谈到大清国的国号、族名变化时认为，努尔哈赤时期所建金国政权，并非与 12 世纪的金政权存在渊源关系，他认为，清朝太祖时期的很多制度如努尔哈赤称“汗”，是受到蒙古文化影响的结果，是为了表明自立之志。④ 他虽然没有谈及太多八旗制度，但这种把清朝早期的政治文化与蒙古文化相联系、寻找渊源的做法还是给学界带来了新思路。美国、日

① 任玉雪．八旗牛录起源时间问题再探．满族研究，2004（1）．

② 滕绍箴．努尔哈赤时期牛录考．民族研究，2001（6）．这一观点也得到《清代前史》编纂者的认同，该书认为，编设牛录应该是在外来归附人员急剧增加的背景下实施的。努尔哈赤起兵后，大规模的归附应是在万历十六年（1588），为安置这些人众，加之开国“分四十佐领”的记和女真向明廷的汇报，以及万历十五年（1587）定国政等情况来看，他们推定万历十五年为编设牛录之始。参见：袁闾琨，蒋秀松，滕绍箴，等．清代前史：上卷．沈阳：沈阳出版社，2004：255－258。

③ 滕绍箴．满洲牛录与四旗制创立新考：兼论八旗军制中满汉文化元素认同问题．沈阳故宫博物院院刊，2016（1）．

④ 蔡美彪．大清国建号前的国号、族名与纪年．历史研究，1987（3）．

本学界在这一方面的研究取得的成就更加突出。① 另外一种起源说目前影响很大，即八旗制度起源于女真人本身的氏族部落的社会组织，这种观点以刘小萌、姚念慈等人为代表。刘小萌虽然认为女真人的八旗制度也在文化上吸收了蒙古人的传统，但认为其主要还是植根于女真人母体社会的氏族部落组织。姚念慈则强调牛录、八旗的编设更主要的是为了构建服务于努尔哈赤家族的人身依附关系。②

受美日学界影响，蔡伟杰将努尔哈赤创设八旗制度视为一种努力构建"满洲特性"的表达。他从清太祖努尔哈赤建立金国后与明朝的关系，金国内部女真人与汉人的关系，来探讨满洲文化制度化与女真本位主义的形成，从而认为八旗制度奠定了日后满洲文化制度的基础。满文、八旗制度与萨满信仰的宫廷化等满洲文化制度皆创立于此时。努尔哈赤的动机则是为了塑造一种与汉文化、蒙古文化相平等的文化，以彰显女真文化的优越性。③

二、关于八旗制度的创建时间

关于八旗制度创建时间，自民国时期以来所谓"1601年创建四旗，1615年创建八旗"的观点一直占据主流，得到多数学者的认同。④ 至

---

① 美国哈佛大学教授戴维·法夸尔（David Farquhar）也认为满族人的汗号、天命观、早期制度等很多来源于蒙古，详见：戴维·法夸尔．满族蒙古政策的起源//费正清．中国的世界秩序：传统中国的对外关系．北京：中国社会科学出版社，2010。（该书英文版由哈佛大学出版社，出版于1968年。）日本学者三田村泰助提出"不能认为固山—牛录制就是直接地沿袭了金代的猛安谋克制，反之，应当理解为，由于它们社会构造的同一性，在国家形态出现的同时，就会有近似的组织"。他认为"固山"（gusa）这种称谓应该是沿袭了元朝在水达达路五万户府的军制称呼。参见：三田村泰助. 初期满洲八旗的形成过程//刘俊文．日本学者研究中国史论著选译：第六卷. 北京：中华书局，1993：416。

② 刘小萌的《满族从部落到国家的发展》、姚念慈的《满族八旗制国家初探》，以及郭成康、杜家骥等也持这一观点，详见下文。

③ 蔡伟杰．论金国初期满洲文化制度化与女真本位主义的形成．中国边政，2006（168).

④ 戴逸．简明清史：第一册．北京：人民出版社，1980：46－47；陈佳华，傅克东．八旗建立前满洲牛录和人口初探．中央民族大学学报，1981（1)；张德泽．清代国家机关考略．北京：中国人民大学出版社，1981：87；周远廉．关于八旗制度的几个问题//中国社会科学院历史研究所清史研究室．清史论丛：第三辑．北京：中华书局，1982；陈佳华．清初四百牛录考释．黑龙江文物丛刊，1984（3)；孙文良．论满族的崛起．民族研究，1986（1)；孙文良，李治亭．明清战争史略．北京：中国人民大学出版社，2012：11；阎崇年．满洲八旗定制考析//支运亭．八旗制度与满族文化．沈阳：辽宁民族出版社，2002；李燕光，关捷．满族通史．沈阳：辽宁民族出版社，2003.

20世纪80年代初，这一主流观点在延续的同时，开始受到一些质疑与挑战①，秦国经、李鸿彬、郭成康和李新达等人是较早的代表。

秦国经提出，1601年努尔哈赤创建黄白红蓝四旗，到1614年（甲寅）创设八旗。② 李鸿彬、郭成康认为，1615年前并无四旗建置，清太宗天聪、崇德之际修纂的《满洲实录》和《清太祖武皇帝实录》还保留着关于建旗历史的较原始的记载，特别是满文版《满洲实录》中的记载尤为明确。但由于汉语中“固山”一词逐渐被“旗”所取代，“旗”的含义又逐渐模糊了满文“旗纛”的本义，因此后人阅读《满洲实录》《清太祖武皇帝实录》的汉文版时，就难免产生误解。这种误解导致在撰写康熙重修本、雍乾改订本汉文体《清太祖实录》时，将乙卯年（1615）之前已建四旗的观点写入其中。不过，这种错误可能仅仅是由于语言上的差异才产生的，所以，满文版雍乾本《清太祖实录》关于建旗的记载，经过文字上的润色，较之《满洲实录》更加细致、明确，但并未失原意。到乾隆中期修纂《钦定大清会典则例》时，乾隆帝出于某种目的，利用以前敕修的汉文版《清太祖实录》中已形成的错误，将错就错，臆造辛丑年（1601）始建四旗的新说，并无视此前满文体清太祖实录的本意，竟依据错译的汉文，重新撰写满文建旗历史。三年后，二人所作《八旗建立年代考异》则对八旗建立之“甲寅”“乙卯”二说做出了详细考证。该文认为（乾隆）《钦定大清会典则例》“甲寅”说并不成立，（乾隆）《钦定大清会典则例》所据可能源于《八旗通志初集》，而撰写《八旗通志初集》时，史官将“乙卯”误改为“甲寅”，遂造成“甲寅”说之流行。“乙卯”说之成立，不仅因为《清太祖武皇帝实录》记载在前，而且其能够从各种档案史料中得到印证。③ 二人上述观点在《清入关前国家法律制度史》一书中得以重申，并提出八旗制度从酝酿

---

① 日本学者三田村泰助就提出万历十六、七年（1588—1589）之时四旗制已经创设的观点，详见：三田村泰助．初期满洲八旗的形成过程//刘俊文．日本学者研究中国史论著选译：第六卷．北京：中华书局，1993。阿南惟敬认为，牛录编制最早应该出现在万历十一年（1583），而中山八郎认为是在万历十二年（1584）。但刘小萌认为，在1588年三部长归附努尔哈赤之前，努尔哈赤兵不足500人，不足以编牛录，更不足以编旗，参见：刘小萌．满族从部落到国家的发展．北京：中国社会科学出版社，2007：124－125。

② 秦国经．清代的八旗制度．历史教学，1981（4）．

③ 李鸿彬，郭成康．努尔哈赤一六〇一年建旗考辨．故宫博物院院刊，1981（4）；李鸿彬，郭成康．八旗建立年代考异．社会科学辑刊，1984（1）．

到草创经历了一个过程：万历十一年（1583）至万历二十九年（1601），以族党屯寨组织全体社会成员；万历二十九年至万历四十三年（1615），编设牛录代替族党屯寨；万历四十三年，草创八旗制度，此后不断完善。① 李鸿彬、郭成康等人的观点的重要性不仅在于对 1601 年创建四旗说的质疑，以另提出新说，而且也厘清和解构了后世之人特别是在乾隆时期朝廷如何构建八旗制度的政治话语，可谓拨云见日。

李新达也注意到《李朝实录》所载女真部落存在以黄白红蓝旗帜的“环刀”“铁锤”“串赤”“能射”四军，他依照满族“出兵入民”“以旗统兵”的习俗，认定这四军就是后来的黄、白、红、蓝四旗。万历十六年（1588），苏完部长索尔果、董鄂部长何和礼和雅尔古寨主扈喇虎归附努尔哈赤，人数增加，旗制初定。②

白新良则提出一个过程说，认为努尔哈赤起兵至八旗建立之前的三十多年间，满洲政权经历了从一个固山向两个固山、三个固山以至四个固山的发展过程。③

20 世纪 80 年代还有学者提出“十固山”的论点，但多是个别学者之假说，并未引起学界的讨论。④

进入 20 世纪 90 年代，对八旗创建时间的讨论有了一些新思路。

刘小萌虽然赞成 1601 年后建成旗制的观点，但其对此给予了不同解释。刘小萌认为，万历二十一年（1593）初建旗制的观点依据该年史料即有“固山”一词并据此论证此时旗制初建，是存在疏漏的。“固山”一词除了“旗”的含义外，尚有原始意义“部落”。该处记载的“固山”实是“部落”之意，非后来之“旗”，且当时努尔哈赤势力并未如此之大，应没有创建旗制的条件。刘小萌认为：“1601 年前后厘定牛录制度，1607 年以前初建固山（旗）之制，至 1615 年八旗定制，基本完成

① 张晋藩，郭成康．清入关前国家法律制度史．沈阳：辽宁人民出版社，1988：127－159.

② 李新达．关于满洲旗制和汉军旗制的始建时间问题//中国社会科学院历史研究所清史研究室．清史论丛：第四辑．北京：中华书局，1982.

③ 白新良．满洲政权早期前四旗考．南开史学，1983（1）.

④ 姜相顺．有关清代前期佐领编设的两个问题．北方文物，1986（1）；孟森对所谓的“十固山”有一个合理的解释，参见：孟森．八旗制度考实//孟森．清史讲义．北京：中华书局，2010：26－27，36。

了由牛录制向固山制的过渡。”①

孟昭信基本赞同白新良的过程说，但又有不同见解。他认为，1601年四旗虽未明确成立，但也并非直到1615年才有固山之设。从1601年到1615年的15年间，是八旗即八固山逐步建立的过程。首先，舒尔哈齐之死是以四固山的建立为背景的，正因为女真政体由原来的两头制发展为四固山，舒尔哈齐认为本属自己的很多部众被转给了褚英和代善，才对其兄有越来越强烈的不满和分离倾向。也就是说，在努尔哈赤兄弟反目之前，努尔哈赤、舒尔哈齐、褚英、代善已经各领一固山属众，其时间应在17世纪的最初几年。此后褚英执政，随着其他儿子的长成及建州女真势力的扩大，努尔哈赤进一步析分家产的倾向日渐明确。但褚英坚决反对将四旗扩展为八旗，反对将自己的部众分给其他兄弟。努尔哈赤最终只能以极端手段解决这种难以调和的矛盾。1615年，褚英死后，他的部众被改编为其子杜度所领的镶白旗和皇太极所领的正白旗。八旗制度最终成立。②

此外，也有学者将创建旗制的时间提前到16世纪。高凤岐将四旗的建置年份提前到万历十五年（1587），认为万历十五年太祖定都佛阿拉，制定国策，改革军制必定也在其中。该年很可能就初步建立了四旗，扩大了牛录编制。③ 关克笑则提出新说，他认为早在1585年（万历十三年）史料中即有“旗”之记载，故认定在此时或更早就有位于牛录组织以上之建置“旗”，即“固山”。1587年，努尔哈赤始“定国政”，固山必定在其改制范围之内。朝鲜使者1596年所见女真用五色旗，即说明此时已有五个固山。因此，他主张1585年初有固山，1587年创四固山，1596年增至五固山，1615年定为八固山。④ 王景泽虽然赞同郭成康关于“旗纛”的分析，但他认为八旗的建立也并非无根之木。他对白新良认为“穆昆”就是“固山”的观点提出质疑，认为努尔哈赤时代的四穆昆不是四固山或是前四旗，其与牛录这一固山之基础是

---

① 刘小萌．论牛录固山制度的形成．东北地方史研究，1990（4）；刘小萌．满族从部落到国家的发展．北京：中国社会科学出版社，2007：146.

② 孟昭信．八旗初创期旗制考略．史学集刊，1992（4）.

③ 高凤岐．关于八旗若干问题考//傅波．清前史论丛．沈阳：辽宁人民出版社，1994，97－98.

④ 关克笑．牛录、固山（旗）编建时间考．满族研究，1997（3）.

属于不同组织的，与牛录同时并存，直至1615年，努尔哈赤在四个穆昆的基础之上析置八固山。① 这一观点虽也不主张存在前四旗，但论证的路径不同于李鸿彬和郭成康，他认为“穆昆—塔坦”制是八旗制度的前身。

滕绍箴起初赞同1601年创建四旗之说，“辛丑年是在已经创建牛录制十余年之后，进行厘定牛录，同时组建四旗制；五牛录体制是建立旗制之前的最高组织形式，它是产生四旗制的基础或胚胎”②。2016年，他发表新文修正了前述观点，主张万历二十一年（1593），努尔哈赤创制四十牛录。而四旗的创建与牛录的创制是同步的，皆创建于该年。③以十牛录为一组，每组分设两个五牛录，合称一旗。四十牛录总共组成四旗。从此牛录—旗制成为努尔哈齐王权下的最初国体。④

通过以上的梳理，我们可以看到学界对于入关前“牛录—八旗”成立的时间问题，众说纷纭，争论激烈。虽然最终并没有形成一个统一观点，但这些研究已经使一些概念的动态变化明确起来，使学界对影响八旗创建的种种因素、此一过程中交织的内部矛盾以及八旗建立的历史影响有了更明确的了解。

三、关于八旗旗主与清初的四次改旗

八旗旗主之考订。清初八旗旗主、旗色几经易换，使清初历史人物的旗籍极其混乱。乾隆朝以后，为开国诸王立传时，也往往以最后确定的旗籍为准，而前朝史书为掩饰满洲贵族集团明争暗斗的内幕，也对诸王各时期的不同旗籍讳莫如深。因此只能通过对清初官书中钩稽爬梳，才可以求得清开国初期八旗旗主在政治风云变幻中不断演化的历史真相。⑤ 这方面的研究成果主要集中在考订天命、天聪、崇德各朝的八旗

---

① 王景泽．关于穆昆与满洲“前四旗”问题：兼析八固山的建立．佳木斯大学社会科学学报，1998（4）．

② 滕绍箴．努尔哈赤时期牛录考．民族研究，2001（6）．

③ 滕绍箴．满洲牛录与四旗制创立新考：兼论八旗军制中满汉文化元素认同问题．沈阳故宫博物院院刊，2016（1）．

④ 滕绍箴．论满洲皇权形成中的两蓝旗//白文煜．民族融合与发展：纪念八旗制度创建400周年学术研讨会论文集．沈阳：辽宁民族出版社，2016：37－56．

⑤ 张晋藩，郭成康．清入关前国家法律制度史．沈阳：辽宁人民出版社，1988：164．

旗主及其演变、旗主何以被封等问题。

孟森、陈捷先、李鸿彬、郭成康、孟宪刚、刘小萌、杜家骥等多位学者对清初八旗旗主的流变进行了详细而缜密的考证。①

陈捷先的《后金领旗贝勒略考》一文，对后金八旗的领旗贝勒做了初步分析。他通过《建州闻见录》《朝鲜王朝实录》等朝鲜史料记载的天命五、六年（1620—1621）的八旗各旗的领属以及历朝清实录和《旧满洲档》等资料进行综合分析，认为天命五六年间努尔哈齐（努尔哈赤）辖两黄旗，代善辖两红旗，皇太极、杜度分别辖正、镶白旗，莽古尔泰与阿敏分别辖正、镶蓝旗；天聪年间皇太极辖正黄旗、阿巴泰辖镶黄旗、多铎辖正白旗、多尔衮辖镶白旗、代善辖正红旗、岳托辖镶红旗、莽古尔泰和德格类辖正蓝旗、阿敏与济尔哈朗辖镶蓝旗。②

但是该文将旗主和旗内领牛录的贝勒一并作为“领旗贝勒”讨论，常有容易混淆之处。因此，大陆学者在研究此一问题时，要么改换专主一旗贝勒的名称，要么直接讨论八旗“旗主”而略谈八旗内其他领有牛录的贝勒。

李鸿彬、郭成康就将史学界通常使用的专主一旗的贝勒（即旗主），改称为“主旗贝勒”，认为“使用主旗贝勒一词，不仅将旗内诸贝勒划清了界限，而且和各旗的管旗大臣——固山额真也有了明确的分别”③。

关于旗主问题存在一个核心的争论点，即天命七年（1622），当努尔哈赤宣布八王共治制度的时候，是否存在八个旗主，八个旗主到底是谁？在现有研究中，对于四大王代善、阿敏、莽古尔泰、皇太极毫无争议，但对于四小王是谁则争论较多。

民国时期孟森通过梳理清入关前后几十年间的史料，提出四大王为代善、阿敏、莽古尔泰、皇太极，四小王为济尔哈朗、多尔衮、多铎和岳托的观点，其最主要的史料依据是以《国史列传》之“阿巴泰列传”中皇太极所说“阿济格、多尔衮、多铎，皆先帝分给全旗之子”一句，

---

① 陈捷先．后金领旗贝勒略考．故宫文献，1969（1）；李鸿彬，郭成康．清入关前八旗主旗贝勒的演变．社会科学战线，1982（1）；孟宪刚．八旗旗主考实．满族研究，1986（2）；刘小萌．满族从部落到国家的发展．北京：中国社会科学出版社，2007：179；杜家骥．天命后期八旗旗主考析．史学集刊，1997（2）．

② 陈捷先．后金领旗贝勒略考．故宫文献，1969（1）．

③ 李鸿彬，郭成康．清入关前八旗主旗贝勒的演变．社会科学战线，1982（1）．

但孟森那时并没有用到满文材料。①

郭成康等学者不仅利用满文材料，还将入关前的旗主进行了一番考订。作者找到了“阿济格、多尔衮、多铎，皆先帝分给全旗之子”这句史料的满文出处。他指出，其满文原意为“阿济格阿哥、多尔衮阿哥、多铎阿哥皆汗父亲的完整旗把使专主诸子矣”（即阿济格阿哥、多尔衮阿哥、多铎阿哥皆系令其专主汗父之整旗的诸子）。很明显，这是指阿济格三人拥有努尔哈赤的两黄旗，而非分得三旗。这一解释非常为学术界信服。关于入关前的八旗旗主，作者考证天命年间努尔哈赤掌两黄旗、莽古尔泰掌正蓝旗、阿敏掌镶蓝旗、皇太极掌正白旗、杜度掌镶白旗。天聪年间，皇太极掌两黄旗、代善掌正红旗、岳托掌镶红旗［至迟在天聪五年（1631）］、莽古尔泰掌正蓝旗［天聪六年（1632）改为德格类，天聪九年（1635）为太宗兼并，后重建改为豪格］、阿敏掌镶蓝旗［天聪四年（1630）改为济尔哈朗］、多铎掌正白旗、阿济格掌镶白旗［天聪二年（1628）改为多尔衮］。崇德年间，除了崇德四年（1639）镶红旗主旗贝勒因岳托战死旗王改为其子罗洛宏外，其余不变。②

刘小萌借鉴日本学者神田信夫的观点，认为天命七年所确立的八位旗主是代善（正红旗）、莽古尔泰（正蓝旗）、阿敏（镶蓝旗）、皇太极（正白旗）、阿济格（镶白旗）、多尔衮（镶黄旗）、多铎（正黄旗）、岳托（镶红旗）。此八人也是天命末年金国地位最显赫的八和硕贝勒。③不过杜家骥对天命末年的八旗旗主另有一番考证。他认为，天命七年三月努尔哈赤训谕中的“八和硕贝勒”应为旗主八人，也就是说该年之前的八旗归属状况正如李鸿彬、郭成康考证之结果，而在此之后的天命末期八旗应该有八个旗主。他以《满文老档》中有关1624年八旗贝勒元旦贺仪班次的一则关键性材料为突破口，证明当时的四小贝勒应该是正黄旗旗主阿济格、镶黄旗旗主多铎、镶红旗旗主岳托、镶白旗旗主杜度。杜文还证明，天命九年（1624）以后至努尔哈赤去世以前，努尔哈赤为了厘清白旗的关系，为防止皇太极与杜度之间出现矛盾，杜度被调

① 孟森．八旗制度考实//孟森．清史讲义．北京：中华书局，2010：37.

② 张晋藩，郭成康．清入关前国家法律制度史．沈阳：辽宁人民出版社，1988：161；李鸿彬，郭成康．清入关前八旗主旗贝勒的演变．社会科学战线，1982（1）.

③ 刘小萌．满族从部落到国家的发展．北京：中国社会科学出版社，2007：176－179.

到镶红旗下，镶白旗旗主则代之以皇太极之子豪格。这一证明解答了李鸿彬、郭成康关于杜度何时调入镶红旗、豪格何时成为镶白旗旗主的“不可考”的疑问。[①] 该文考证详细，推理缜密，确为的论。

20 世纪 90 年代以后的研究没有停留在谁是旗主这个问题上，而是更加深入地探讨旗主的来源问题，如部分学者对莽古尔泰入封正蓝旗之前的旗分提出疑问。姚念慈认为，正蓝旗与两白旗都是出自原褚英之白旗。他认为莽古尔泰与阿敏是同母异父的兄弟，阿敏之母富察氏先侍舒尔哈齐，再侍努尔哈齐（努尔哈赤）。[②] 王景泽从“和硕”乃“四隅”说入手，认为四大和硕贝勒当是“掌管”同色旗的贝勒。他认为，阿敏是曾“掌管”两蓝旗的正蓝旗旗主。莽古尔泰先在正黄旗，以汗之和硕贝勒的身份，参加议政，但并不是正黄旗的旗主。天聪五年（1631），莽古尔泰弑母邀功，引起努尔哈赤反感，遂被逐出正黄旗，至其弟德格类的镶蓝旗。后借代善废储一案，莽古尔泰因完全站在太祖一边，而得势力压阿敏，与其调换旗色入封正蓝旗旗主，阿敏改封镶蓝旗旗主。这一过程大致出现在天命五年（1620）至天聪七年（1633），即太祖决心确立八和硕贝勒共治国政体制的这一期间。[③] 滕绍箴赞成莽古尔泰正蓝旗出自褚英的白旗的观点，他以天命六年（1621）的八旗牛录数目为依据，认为当时正蓝旗二十一牛录，加上两白旗三十三牛录才刚好与两红旗数目持平，遂得出前面结论。他并不赞同姚念慈关于莽古尔泰与阿敏是同母异父的兄弟的观点，但他认为阿敏、莽古尔泰成为两蓝旗旗主还是受到了努尔哈齐（努尔哈赤）继妃富察氏的影响，因为当时努尔哈齐（努尔哈赤）家族与富察氏政治联姻，而富察氏衮代也是一度具有影响力的大福晋。[④]

在旗主来源这个问题上，日本学者杉山清彦则另寻他径，着重分析了各旗主为何会成为该旗旗王，或者说是为何封入该旗的问题。他认为八旗旗王封入某旗而执掌某旗，是与其本身的母系、妻系的姻亲关系存

---

① 杜家骥．八旗与清朝政治论稿．北京：人民出版社，2008：12－28.

② 姚念慈．满族八旗制国家初探．北京：燕山出版社，1996：65－66.

③ 王景泽．清朝开国时期八旗研究（1583—1661）．长春：吉林文史出版社，2002：42－50.

④ 滕绍箴．论满洲皇权形成中的两蓝旗//白文煜．民族融合与发展．纪念八旗制度创建400周年学术研讨会论文集．沈阳：辽宁民族出版社，2016：37－56.

在很大关联的。作者经过严密考证认为：(1) 努尔哈赤大妃属正黄旗乌喇那拉氏，因此大妃所生阿济格、多尔衮被封入正黄旗；(2) 皇太极母系是正白旗叶赫那拉氏杨佳努系，因此皇太极被封入该旗；(3) 旗王代善的夫人是正红旗叶赫那拉氏清佳努系，因此其掌管正红旗；(4) 旗王莽古尔泰的夫人属正蓝旗哈达那拉氏，故其被封入正蓝旗；(5) 镶蓝旗旗王阿敏的夫人属镶蓝旗辉发那拉氏，故其掌镶蓝旗。①

清初的四次改旗事件。清太宗一朝，是满族社会从八旗贵族分权向中央集权过渡的重要时期。在这场权力斗争的过程中，皇太极为了加强自己的实力，巩固其继任汗的统治地位，采取了一系列政治措施，抑制各旗旗主的权力，其中“改旗”是一项重要的决策。这主要体现在太宗继位之初更换旗色、天聪九年（1635）兼并正蓝旗并改组新正蓝旗两件大事上。而多尔衮与多铎互换旗色、多尔衮兼并豪格正蓝旗而自将也反映了清入关前后八旗内部的权力斗争。

孟森围绕八旗旗主的人选变化，对贯穿太祖、太宗、世祖三朝的宗室斗争、八旗的兼并问题进行了翔实的考证。孟文对努尔哈赤杀舒尔哈齐、褚英，皇太极整肃阿敏、莽古尔泰，吞并正蓝旗，多尔衮之扩充势力及被追论，皇室控制上三旗等事件均予以关注，尤其是首次证明了皇太极兼并莽古尔泰正蓝旗并改组成立新正蓝旗的史事。该文认为，太宗兼并正蓝旗之意，非利其财产，而特欲并其人众，以去一逼，明示八固山公议国政之制当除，甚至认为“太宗之罪状莽古尔泰，不必符于事实，不过欲杀兄以殖己之势耳”②。

至20世纪80年代初，白新良所撰两文对皇太极互换两黄、两白旗色进行了详细的论述。作者认为，努尔哈赤并没有把自己的两黄旗交给皇太极，而是交给了阿济格、多尔衮、多铎，皇太极并没有继承努尔哈赤的两黄旗，而是将努尔哈赤时期的两白旗改为两黄旗。努尔哈赤时期的两黄旗和皇太极时期的两黄旗，虽然旗色相同，但其基本部众，却大不相同。这次改旗促进了皇太极实力的增长，使满族政权形成了新的核心和中坚，初步取得了稳定形势的效果。此外，这次改旗导致的努尔哈

---

① 杉山清彦．八旗旗王制的成立．N. 哈斯巴根，吴忠良，译．吉林师范大学学报（人文社会科学版），2016（5）．

② 孟森．八旗制度考实//孟森．清史讲义．北京：中华书局，2010：43．

赤时期黄、白各旗在后金政权中地位和作用的变化，也构成了皇太极继位后相当长时期存在的黄、白矛盾的特殊历史根源。① 白新良的这一发现的学术意义重大，为学界广泛认同。

姚念慈对于皇太极时期的换旗问题也有独到的观点。他认为，天命末年，努尔哈赤所确定的八旗旗主中，镶白旗旗主初为杜度，后努尔哈赤以阿巴泰替换杜度。天聪时期，皇太极将阿巴泰的镶白旗改为镶黄旗。到天聪六年（1632），皇太极南面独坐时，豪格被封入镶黄旗，阿巴泰不再是旗主，且被置换到镶红旗下。天聪九年（1635），皇太极吞并正蓝旗，豪格成为新正蓝旗旗主，至此，皇太极才真正一人独领两黄旗。这其中，姚念慈也揭示出清朝的官书中对这些问题的极力隐饰。②

日本学者杉山清彦认为，天聪九年，是因当时正蓝旗莽古尔泰、德格类兄弟俩死后，该旗并无旗王之际，皇太极并不同意莽古尔泰遗子袭封旗王，并乘机以谋反罪处置正蓝旗相关人等从而得以兼并、改组正蓝旗。该事件表面上看是汗权的强化，但是若要介入其他旗，谋反的罪名和暴力手段是必不可少的。以此来看，倒不如说是体现了汗权的不稳定性。该事件之后，皇太极名副其实地确立了汗权，不过也应该明白他仅仅是确立了他个人和有他一代的汗权。他死后，汗权（皇权）对三旗的支配立即瓦解，到顺治朝则开始了以多尔衮为轴心的新一轮抗争。③

佟悦也认为，皇太极为了实现专权，预谋并成功吞并正蓝旗，所谓的莽古尔泰谋反一案当是冤狱。皇太极吞并正蓝旗之后，“八和硕贝勒共治国政”体制在形式上已经不复存在了。④ 滕绍箴则认为，在皇太极吞并正蓝旗后，形成了皇太极兼辖两黄旗、正蓝旗的强大核心凝聚力。“上三旗”的出现，是满洲皇权道路上的最初奠基石，这是满洲八旗制

---

① 白新良．论皇太极继位初的一次改旗．南开史学，1981（2）；白新良．关于皇太极改旗问题的考察．光明日报，1982-12-22.

② 姚念慈．清初政治史探微．沈阳：辽宁民族出版社，2008.

③ 杉山清彦．关于天命、天聪朝的正蓝旗//阎崇年．满学研究：第五辑．北京：民族出版社，2000：112-122；杉山清彦．清初正蓝旗考：从姻亲关系看旗王权力的基础构造．包国庆，译//阎崇年．满学研究：第七辑．北京：民族出版社，2002：91-131.

④ 佟悦．皇太极吞并正蓝旗始末//白文煜．民族融合与发展：纪念八旗制度创建400周年学术研讨会论文集．沈阳：辽宁民族出版社，2016：128-142.

度的根本性变革，在某种程度上是对八家分隶的否定。①

由于太宗兼并正蓝旗，其掌握了三旗势力，因此诸家也在此基础上探讨所谓入关前的“上三旗”问题。王育济认为，正蓝旗被兼并后，八旗已经成为“七旗”。② 高山认为，正蓝旗人马并未被拆分编入两黄旗，而是自成一系，以两黄旗固山为统帅。正因如此，后人称其为新两黄旗，而当时人则仍称其为正蓝旗。③ 大多数论著则认为太宗兼并正蓝旗之后辖有“上三旗”，即正黄、镶黄、正蓝三旗。对于皇太极如何吞并正蓝旗、如何换旗这个问题，杜家骥利用《八旗通志》，通过分析正黄、镶黄、正蓝三旗佐领的旗分变化，揭示了这一问题的真相。他认为太宗兼并正蓝旗的方式是将已辖正黄旗的一半与正蓝旗的一半组成新正黄旗，将正黄旗的一半与正蓝旗的一半组成新镶黄旗。豪格原掌之镶黄旗改换旗帜，变为新正蓝旗。而由于豪格已经成为一旗旗主，所以当时皇太极并未辖有三旗，而仅仅辖有两黄旗。所以入关前并不存在“上三旗”之说，或可称之为“上二旗”。在顺治八年（1651）顺治帝兼并正白旗时，才形成了所谓的“上三旗”。他认为此次改旗第一次打破了后金八旗八主的“八分”体制格局，对于八和硕贝勒共治国政制及共举新汗旧制的破除，使后金汗由八旗共主而成为集权王朝的皇帝，也有一定影响。此次改旗也成为后世皇帝为强化皇权、削弱宗王藩权而继续兼并强藩领旗的先例。④

同样，对于多尔衮时期的换旗目的、手段与方式问题，杜家骥也做了深入分析。据其考证，在皇太极去世后，多尔衮为提高自己在八旗中的政治地位，将多铎十五牛录归于己，将阿济格及其所领牛录归于多铎旗下，并将正白旗、镶白旗互换旗色，从而使自己得以掌握一个完整的固山牛录，成为正白旗旗主。这既削弱了多铎的势力，使自己掌握更多牛录，又提升了自己在八旗中的排序，打压了济尔哈朗一派。此次改

---

① 滕绍箴．论满洲皇权形成中的两蓝旗//白文煜．民族融合与发展：纪念八旗制度创建400周年学术研讨会论文集．沈阳：辽宁民族出版社，2016：37-56.

② 王育济．关于“上三旗”问题的一个考辨．中国史研究，1989（1）.

③ 高山．“上三旗”到底是哪三旗．中国史研究，1990（1）.

④ 杜家骥．关于清太宗兼并正蓝旗问题的考察//南开大学古籍与文化研究所．纪念南开大学建校八十周年暨古籍所成立十六周年文史论集．天津：南开大学出版社，1999.

旗，可能就是在崇德八年（1643）十月惩罚多铎、调出阿济格的同时进行的。①

顺治五年（1648）五月始，多尔衮打压豪格，兼并正蓝旗。顺治六年（1649）三月多铎病逝后，镶白旗亦被多尔衮兼辖。多尔衮兼并正蓝旗的手段与皇太极兼并正蓝旗的手段如出一辙，由此形成多尔衮兼辖三旗的局面。顺治八年（1651）二月，追论多尔衮罪行，顺治帝将多尔衮的正白旗收归己有，形成所谓的“上三旗”。而豪格后裔、多铎后裔，并未做出旗籍调整，分别属于最后划归的镶白旗、正蓝旗。至此，清初几次重要的改旗事件结束。杜家骥认为，改旗事件结束后，帝系势力在八旗中已经占绝对优势。这一结果为以八旗立国的清政权转化为历代汉族王朝式的中央集权体制创造了条件。②

对于顺治朝八旗领属关系变化，姚念慈的分析与杜家骥的论述有同有异。他认为，豪格死后，多尔衮确曾实际控制正蓝旗，但并非该旗旗主。在豪格死后至顺治七年（1650）年底，正蓝旗处于旗主悬缺的状态。多铎的正白旗与多尔衮的镶白旗两旗之间人员互调，多尔衮兼并正白旗后，两旗名号虽异，实则一体。多尔衮死后，顺治帝封多尼入正蓝旗，安置豪格之子于镶白旗，正白旗归于自将。他推测，正蓝旗、镶白旗皆在福临控制之下，且由此不设旗主。康熙十四年（1675）首次以皇子带牛录出旗就是在镶白、正蓝二旗，即是例证。③

四、关于八旗蒙古、八旗汉军的变迁

孟森曾对八旗蒙古、汉军的发展，特别是对汉军八旗的重要性略有阐述，惜未做更多分析，只胪列《汉军佐领考》为文章之结尾。④ 但这个问题仍值得后世学者进行更深入的研究。

（一）八旗蒙古的建立及其相关问题

关于蒙古八旗的创立时间问题，除了王天平在其所著《清代八旗制

---

① 杜家骥．清初两白旗主多尔衮与多铎换旗问题的考察．清史研究，1998（3）．

② 杜家骥．顺治朝八旗统领关系变化考察．南开史学，1996（5）．

③ 姚念慈．多尔衮与皇权政治//中国社会科学院历史研究所清史研究室．清史论丛．沈阳：辽宁古籍出版社，1996．

④ 孟森．八旗制度考实//孟森．清史讲义．北京：中华书局，2010：87－94．

度》一文中提到的“天聪十年（1636）四月”说外[①]，学界基本上采取天聪九年（1635）说。研究者的争论主要集中在蒙古二旗的编设年份上。蔡郕所著《清代史论》较早地谈到了“天聪九年复分设蒙古八旗”[②]，但作者仅仅是依照史料指出观点，并未进行相关论证。王锺翰的《清初八旗蒙古考》当是第一篇系统研究八旗蒙古的文章。该文认为，随着金国蒙古人口的逐渐增加，1621年始编设蒙古牛录，辖于八旗满洲之下。而其何时编设成旗已不可考，不过至少在1633年（天聪七年）已经存在“蒙古二旗”，当时称为“左营”“右营”（后分别改称为“左翼兵”“右翼兵”）。到天聪九年正式编设八旗蒙古，其人员主要来自原属八旗满洲内的大部分蒙古牛录人员和新俘虏、归降的蒙古人员。但该文也注意到，并不是所有被俘、被迫归降的蒙古人员都被编入八旗蒙古之下。他总结道，有清一代不被编入八旗组织，只编佐领不编旗的编制被称为“佐领制”；既编佐领又编旗的编制被称为“旗佐制”；只有“蒙旗制”乃是清廷为了达到分而治之的政治目的，才在旗佐制的基础上套上一个表面看似蒙古族原有的民族传统形式，而实际上受八旗制度约束的一种区别于其他各族的社会组织形式。[③] 该文对蒙古牛录、八旗蒙古制度的梳理以及相关认识、论断对后世学者影响不可谓不大。郑玉英赞同王锺翰的分析，且认为“旗佐制”与“蒙旗制”形式虽相同，但本质上却不一样，不过二者之间有继承性与联系性。[④]

《简明清史》则稍有不同，其将蒙古二旗建设时间定在天聪八年（1634）：“一六三四年（明崇祯七年，后金天聪八年），又把八旗中勇敢善战的蒙古人拨出，编成蒙古二旗。一六三五年，扩编成蒙古八旗，旗色和建制也同满洲八旗一样。”[⑤]

郭成康认为，蒙古左右翼两旗建置年代已不可考，但至晚在天聪三年（1629）十一月以前。蒙古左右翼初称“左营”“右营”。天聪八年（1634）五月改称“左翼兵”“右翼兵”。蒙古左右翼各辖本翼四旗下的蒙古牛录，随着人口增加，牛录之上增设“五牛录”组织，其大致时间

---

① 王天平．清代八旗制度．辽宁档案，1993（5）.

② 蔡郕．清代史论．上海：上海会文堂书局，1915：20a.

③ 王锺翰．清初八旗蒙古考//王锺翰．清史杂考．北京：人民出版社，1957.

④ 郑玉英．试论清初八旗蒙古问题．辽宁大学学报（哲学社会科学版），1983（1）.

⑤ 戴逸．简明清史：第一册．北京：人民出版社，1980：84.

始于天聪四年（1630）。当时共编四十蒙古牛录分辖于左右两翼，战时从各蒙古牛录征调披甲，汇集成左右两翼，分别由本翼蒙古固山额真统辖，还师后即各归本旗。因此，在蒙古八旗编设之前，蒙古左右两翼偏重于军事职能。但辖有四十蒙古牛录的蒙古左右两翼实是日后蒙古八旗的前身。至天聪九年（1635）将蒙古认定编设为“十一旗”，其中三旗为外藩蒙古三旗，剩余人丁即组成同于满洲八旗的蒙古八旗。[①]

傅克东则认为，后金将喀尔喀、察哈尔两部来归部众分别设立左营（翼）、右营（翼），天命七年（1622）始设蒙古二旗。天聪五年（1631）七月，在扩大右翼兵丁的基础之上，于蒙古二旗之外另设“乌鲁特一旗”，由此形成蒙古三旗的局面。天聪六年（1632）九月，乌鲁特一旗被裁撤。至天聪九年，蒙古八旗正式成立，蒙古二旗因之消亡。[②]

陈生玺认为，早在努尔哈赤称后金汗以前建立八旗时即已吸收蒙古人参加，编为牛录。当时这些蒙古人都被编在满洲八旗下，直到天命七年科尔沁乌鲁特部明安率众来归，才别立乌鲁特蒙古一旗，开蒙古单独编旗之先例。皇太极继位之初，以武纳格总管蒙古军。不久后，分蒙古军为左右营，以武纳格[③]、鄂本兑为固山额真。天聪八年（1634）五月又将蒙古左右营改为左右翼，武纳格为左翼固山额真，鄂本兑为右翼固山额真，自此蒙古军正式分为两旗。天聪九年，蒙古八旗正式成立，其主要是由内喀喇沁男丁和原武纳格、鄂本兑之蒙古左右翼以及八旗满洲中的旧蒙古兵组成的。[④]

姚念慈认为，虽然太祖建国前即有蒙古人来归，但当时人数并不多，直到天命六年（1621）才编设蒙古牛录，划归满洲八旗下。他也主张天命七年设蒙古二旗，旗主当是明安贝勒与恩格德尔台吉。但该二旗尚是金国的附庸，并未能同八旗满洲融为一体。天聪年间，经皇太极不断对蒙古诸部征讨，除察哈尔之外的漠南蒙古诸部已经基本臣服于后金国。因此，皇太极将该二旗部众划归满洲八旗之下的吴讷格、鄂本兑所

---

① 郭成康．清初蒙古八旗考释．民族研究，1986（3）.

② 傅克东．后金设立蒙古二旗及漠南牧区旗新探．民族研究，1988（2）.

③ 该术语有诸多译法（“乌讷格”“吴讷格”“吴纳格”等），因每篇文章作者所依据的史料来源不一，史料中的汉译名称各不相同。本文从作者。下文的“乌鲁特”与“兀鲁特”等与此情况相同，不再赘述。

④ 陈生玺．蒙古八旗与汉军八旗建立的过程．史学月刊，1988（6）.

管牛录之下。直到天聪九年（1635）二月，才正式成立与八旗满洲并列的八旗蒙古。其人众来自原八旗满洲内的蒙古牛录以及该年新归附的内喀喇沁壮丁。同时他还指出，史料中所载吴讷格、鄂本兑“二旗”乃是属于八旗满洲内的蒙古牛录，只是作战之时由二人统率，并未拨出另立系统，故虽名曰“二旗”（或称“二营”即蒙古左右营，后又称左右翼），实际上又经常被称为“八旗蒙古”。也就是说，在他看来，天命、天聪两朝存在着两个蒙古“二旗”，它们的概念并不相同。①

赵琦提出一个全新说法，他注意到了前人未注意的“八旗游牧蒙古”。他认为金国早期就有蒙古人众来归，他们被编入八旗满洲之下，当时称之为“八旗游牧蒙古”，因其仍从事游牧生活而得名。他们平时从事生产活动，战时出征，所以又称“满洲移营蒙古”“蒙古兵”。其基层组织应该是牛录，蒙古牛录的成立应当早于天命六年（1621）。天命九年（1624）金国采取满洲八旗每旗各附设五个蒙古牛录，共由四十蒙古牛录组成“八旗蒙古”（即满洲八旗蒙古）的管理形式。八旗蒙古成立后，出于作战需要，在天聪二年（1628），分成两翼，组成蒙古二旗。左翼固山额真是吴讷格，右翼固山额真是鄂本岱（鄂本兑）。蒙古二旗常常被称为“旧蒙古二旗”，或者被称为左、右营，天聪八年改称“蒙古左翼兵”和“蒙古右翼兵”。此时，八旗游牧蒙古发展为八旗蒙古，但仍属于满洲旗下，并不单独设旗。直到天聪九年，太宗建立八旗蒙古，才成为与八旗满洲、八旗汉军并列的组织。该文也注意到了后金曾对喀尔喀、兀鲁特来归部众，单独设立附属于八旗的两个蒙古旗，也就是姚念慈注意到的天命七年（1622）编设的“蒙古二旗”。后金为示优渥，没有把他们分散入八旗，而是采取了八旗内按部落所属，另外编排蒙古旗的方式。但是，这也逐步暴露出他们自由散漫、征战不力、不服从命令等缺点。为了有效地控制这两旗，后金在天聪六年（1632）取消了二旗的建制，由蒙古二旗管理其属下人众，喀尔喀、兀鲁特两旗贝勒散入满洲八旗各旗下。天聪九年编设蒙古八旗时，这两旗的蒙古人并未被编入八旗蒙古，而是被永久地留在了满洲旗下。②

① 姚念慈．略论八旗蒙古和八旗汉军的建立．中央民族大学学报，1995（6）．

② 赵琦．试论后金时期蒙古八旗的形成．内蒙古大学学报（人文社会科学版），1997（3）．

阎崇年主张："天命六年（1621）始设蒙古牛录，天命七年，始分设蒙古旗。天聪三年（1629），已有'蒙古二旗'。天聪九年始设蒙古八旗，旗色与满洲八旗相同。"① 由此可看出，虽然阎崇年将蒙古八旗最终形成时间也定在了天聪九年（1635），但他认为在天命七年（1622）就已开始分设蒙古旗，到了天聪三年（1629）方编"蒙古二旗"。

达力扎布认为，皇太极即位后，把分隶八旗之下的蒙古台吉及其属人编为牛录，在八旗满洲左、右两翼各组成一支蒙古军，史称左、右翼蒙古二营（或二旗）。至天聪九年二月，后金编审内外喀喇沁壮丁，在此基础上，合旧蒙古（原八旗蒙古左、右翼二营兵丁），重新编为十一旗。其中三旗以外喀喇沁壮丁编立，不隶八旗，崇德元年（1636）成立外藩札萨克旗。其余壮丁编入八旗序列，称"八旗蒙古"。原已被编入满洲和汉军佐领的蒙古人仍在原旗未被编入八旗蒙古。②

在建立八旗蒙古之前，由于后金对归附蒙古人众采用了两种不同的管理方式，由此形成了一是吴讷格、鄂本兑统领下的蒙古二旗，二是"喀尔喀""乌鲁特"二旗。姚念慈、赵琦已经注意到这一点，宫健泽、王景泽则进一步探讨了这二者之不同。他们认为蒙古贝勒组成的"喀尔喀""乌鲁特"二旗在天命七年设立。吴讷格、鄂本兑统领下的蒙古二旗分别在天命八年（1623）、天聪初年即已经设立，但他们仍属于满洲旗分下，是后来"蒙古两翼"的前身。"喀尔喀""乌鲁特"二旗在天聪六年九月并入了吴讷格、鄂本兑统领的满洲旗分下的蒙古二旗。至此，后金政权管辖内附蒙古的两种方式，终于合而为一，最后融于八旗蒙古体制之中。天聪九年二月初六日，八旗蒙古正式成立。③

可以看到，在前人的研究成果中，蒙古"左右营"、"左右翼"以及"蒙古二旗"等问题交织在一起，多数学者将三者定为前后相继的关系，或是三者就是等同的关系。该问题的最新研究成果是李文益的专文，他将上述三个关键问题进行了进一步的细致分析。他再次分析了后金汗国内存在的两类蒙古人：其一为八旗满洲内的蒙古人，他们由建元天命之

---

① 阎崇年．满洲八旗定制考析//支运亭．八旗制度与满族文化．沈阳：辽宁民族出版社，2002：42.

② 达力扎布．蒙古史纲要．北京：中央民族大学出版社，2011.

③ 王景泽．清朝开国时期八旗研究（1583—1661）．长春：吉林文史出版社，2002：80-89；宫健泽，王景泽．早期蒙古旗制再探．黑龙江民族丛刊，2007（6）.

前即已来归者和建元天命后零散来归者为主，被散编于八旗满洲下，与各主旗贝勒之间有直接的领属关系。其二为天命七年（1622）所编立的蒙古两旗人，他们仍然保持着旧有的领属关系，独立于满洲旗分外，与各满洲主旗贝勒之间没有明确的隶属关系。来归的蒙古人大多按“八旗均分”的原则被散编入满洲旗下，因此每当出征作战时，便需要将散布于各旗中的蒙古人重新集结起来，组成一支蒙古军。因此，史料中所载“八固山蒙古”“八旗蒙古”实际上是指来自八旗满洲下的蒙古人组成的军队。“左右两营蒙古军”是按照八旗满洲左右翼原则分设的左右两营军队，左营对应满洲八旗左翼，由乌讷格统领；右营对应满洲八旗右翼，由苏纳统领，时在天聪二年（1628）。“左右两营蒙古军”是为了配合出征作战时八旗满洲左右翼甲兵而设置的，它统括了满洲旗内的“左右两营蒙古军”和满洲旗外的“蒙古二旗兵”，也即包括了当时后金全部蒙古军。满洲旗分内，左营入左翼，右营入右翼；满洲旗分外，乌鲁特部蒙古应入右翼，而喀尔喀旗则入左翼。至迟在天聪三年（1629）就有左右翼的称呼出现。天聪五年（1631）之前，很少有将蒙古二营称“旗”者，所谓“蒙古二旗”皆应指喀尔喀蒙古旗和乌鲁特蒙古旗。天聪五年，由于对左右营的称呼出现变化，导致“蒙古二旗”所指代的对象出现了多元化倾向。“左右两营蒙古军”也被称为“旗”，因此“蒙古二旗”可指代左右营；“左右两营蒙古军”皆可分别被称作“蒙古二旗”。这主要是由于入关前对“旗”的使用较为随意造成的。不过这些“旗”的概念，并不等于满洲八旗的“旗”。天聪六年（1632），皇太极将喀尔喀、乌鲁特两部归并于吴纳格、鄂本兑旗下管理。这样便形成了“新蒙古二旗”，即“新蒙古二营”，当时被称为“蒙古左右旗”。这两旗的人被称为“旧蒙古”，后来归附于满洲旗分下的蒙古人被称为“新蒙古”。天聪九年（1635），太宗正式编设八旗蒙古，其人员主要来自“旧蒙古”“新蒙古”以及当年归附的内喀喇沁蒙古。① 这一研究成果，详细地分析了诸概念之间的不同及演变，对于我们重新理解八旗蒙古成立的过程有至关重要的意义。

随着归附金国的蒙古人众不断增加，金国不断更新蒙古人众的管理

---

① 李文益．再论八旗蒙古编建中的“左右营”、“左右翼”与“蒙古二旗”：以乌讷格的主要事迹为中心//李世愉．明清论丛：第十七辑．北京：故宫出版社，2017.

体制。先是编设蒙古牛录，后是成立八旗蒙古。蒙古人众的归附，不仅使金国人口逐渐增加，而且也增强了金国的国家实力，其历史作用不言而喻。郭成康认为，蒙古八旗创立之作用主要表现为“蒙古八旗是融合内附零散蒙古的最好社会组织形式”“蒙古八旗的建立增强了八旗的军力”。“蒙古八旗从社会组织方面讲，解决了旗下蒙古的生计问题，为战争源源不断地提供了兵员、装备和给养；从军事组织方面讲，蒙古八旗不仅战斗力迅速接近满洲八旗的水平，而且在战争中还常常担负向导全军的特殊任务。编立蒙古八旗是满洲统治集团稳定在东北地区的统治、增强国家实力的一项重要决策。蒙古八旗的创建史，是清王朝入关前政治制度、军事制度建设上饶有特色的一页。”①

陈生玺则扩大视野，将八旗蒙古与札萨克旗的历史作用置于北方游牧民族发展史的角度来进行评判。他认为“蒙古八旗与外藩蒙古札萨克的建立，对结束我国北方游牧民族长期战乱的局面很有意义”。皇太极统一蒙古各部之后，一反过去中原王朝的羁縻政策。一方面他吸收其上层参加他的政权；另一方面他用清朝的法律制度来严格地治理蒙古各部，这样就有效地永远结束了蒙古内部长期的战乱局面，也清除了历史上中国北方的不安定因素，使蒙古民族在政治、经济、文化的发展上赶上其他民族，互相化为一体，进一步成为中国多民族大家庭中不可分割的一部分。②

佟佳江指出：“清朝将蒙古族划分为八旗蒙古、外藩蒙古、内属蒙古三种管辖体制，实行不同的政治制度、司法制度以及不同的法规。因此，它们呈现不同的社会风貌和发展趋势。”“清代蒙古族中，在政治上地位显赫，在军事上功勋卓著，在学术上和文学艺术上造诣深邃的，大多数是八旗蒙古。总之，清朝统治者引为股肱列在亲信的是八旗蒙古。”③

林士铉从不同角度阐述了八旗蒙古编设的意义，即当这部分蒙古人被编入八旗时，“八旗满洲内含蒙古牛录，以及八旗蒙古的建立，都是打造新兴满洲民族共同体的结果，这一部分的蒙古人成为满洲民族的重

---

① 张晋藩，郭成康．清入关前国家法律制度史．沈阳：辽宁人民出版社，1988.

② 陈生玺．蒙古八旗与汉军八旗建立的过程．史学月刊，1988（6）：99.

③ 佟佳江．八旗蒙古在清朝的历史地位．黑龙江民族丛刊，1999（3）.

要成员”，而且逐渐趋向“满洲化”，通过联姻实现与满人的“一体化”。①

（二）八旗汉军的形成及其相关问题

关于八旗汉军成立的原因，学界主要认为是由于汉人擅长使用火炮，能够提高八旗军队战斗力、缓和民族矛盾及加强中央集权等。刘家驹则更侧重于缓和民族矛盾这一目的，认为清初汉人主要来源于俘获抢掠的奴隶，其中的优秀分子被编入旗籍，享有和旗人同等的待遇。这种做法不仅安抚了降民奴隶的不满情绪，而且也鼓励其他汉人对满洲统治者效忠，客观上起到了缓解民族矛盾，辅佐满族统治的效果。② 赵绮娜从军事、社会、政治三个方面分析了成立汉军的背景。其认为，在军事上，运送及操作红衣大炮要求建立汉军，这也是为什么汉军被称为“乌真超哈”（意为重兵）的原因；社会上，太宗为安抚汉官对其在满洲社会中因受到不公平待遇而产生的不满，防止汉人发生反叛，才设立汉军；政治上，皇太极为了建立一套中央官僚制度，打压宗藩，实现集权，故而提高汉官的政治地位，将他们单编一旗。③《满族简史》认为，除军事考虑外，经济上，汉人民户为皇太极对并立旗主的斗争提供了经济基础也是导致皇太极另编汉军的原因之一。④ 陈佳华、傅克东主张汉军独立成旗，并非历史的偶然，实由当时其所肩负的历史使命所决定。他们着重强调汉军编旗实起源于重炮兵。⑤ 谢景芳认为，汉军之编立如果仅仅强调是因为红衣炮的使用显然失之轻率，因为早在编设汉军之前就已经在使用大炮了。八旗汉军建立的过程与满洲社会向封建化过渡相辅相成，是与皇太极加强君权的中央集权化过程相始终的。⑥ 姚念慈则对上述观点进行了总结，认为笼络汉人、加强中央集权是组建八旗汉军的原因，同时也肯定了组建八旗汉军是由于其擅长使用火炮等观点。⑦

---

① 林士铉．清代蒙古与满洲政治文化．台北：台湾政治大学历史学系，2009：64.

② 刘家驹．清初汉军八旗的肇建（上、下）．大陆杂志，1967，34（11/12）.

③ 赵绮娜．清初八旗汉军研究．故宫文献，1973（3）.

④《满族简史》编写组．满族简史．北京：中华书局，1979：46.

⑤ 陈佳华，傅克东．八旗汉军考略．民族研究，1981（5）．陈生玺也表达了相同观点：陈生玺．蒙古八旗与汉军八旗建立的过程．史学月刊，1988（6）。

⑥ 谢景芳．八旗汉军的建立及其历史作用．社会科学辑刊，1987（3）；谢景芳．八旗汉军的名称及含义沿革考释．北方文物，1991（3）.

⑦ 姚念慈．略论八旗蒙古和八旗汉军的建立．中央民族大学学报，1995（6）.

黄一农虽也提及建设汉军在于缓和民族矛盾与扩大对明朝降顺精英的怀柔与恩养，以及借此增强自己在八旗中的实力，但该文深度分析了铸炮与汉军建立的关系，在总结了天聪四年（1630）滦州之役失败的原因后，皇太极即开始注重大炮的铸造，说明八旗汉军的组建应归因于其擅长使用火器。[①] 陈力也做了类似总结，他认为八旗汉军诞生于皇太极时代并不是偶然的，除了汉军的火器技术优势之外，汉军成军与皇太极缓和满汉之间的矛盾与不平等地位、加强中央集权与皇权的需要有着密切联系。汉军的成立有着复杂的历史背景，不仅有汉军本身的技术优势，还有皇太极的个人因素及清朝发展的大趋势所致之影响。[②]

关于八旗汉军的创立时间问题，早期研究多认为汉军八旗成立于崇德七年（1642）。[③] 这些研究成果并未注意到汉军旗成立的历史渊源。经过百年的争论与发展，学术界普遍认为八旗汉军组建于皇太极时期，并经历了一旗、二旗、四旗和八旗四个发展阶段。关于二旗、四旗和八旗的组建时间均有明确记载，学界并无异议，争论的焦点主要在于汉军一旗的设立时间。

“天聪七年（1633）说”。孟森《八旗制度考实》认为，《八旗通志》记载所谓汉军成立，实是汉军由一旗转变为二旗，汉军之设尚在此前。他根据《贰臣传·马光远传》考订，汉人在满洲军中自成为牛录者，名“乌真超哈”。天聪七年，始编为一旗。[④]

“天聪五年（1631）说”。汉军编设于天聪七年说的影响较大，至今得到大多数学者沿用。刘家驹认为，天聪七年，皇太极先编汉军为一旗。崇德二年（1637）分设两旗，以石廷柱、马光远为固山额真，其组织完全与满洲八旗相同。崇德四年（1639）分设四旗，崇德八年（1643）创建八旗。至此，八旗汉军之建制与组织才完全确定下来。[⑤] 陈文石认为，天聪五年正月，命佟养性管理汉人一切事物，这是编组汉

---

① 黄一农．红夷大炮与皇太极创立的八旗汉军．历史研究，2004（4）．

② 陈力．八旗汉军成因考论．兰台世界，2013（21）．

③ 蔡郕．清代史论．上海：上海会文堂书局，1915：20a．

④ 孟森．八旗制度考实//孟森．清史讲义．北京：中华书局，2010：70－71，86．

⑤ 刘家驹．清初汉军八旗的肇建（上、下）．大陆杂志，1967，34（11/12）；刘家驹．清史拼图．济南：山东画报出版社，2006：85．

军的第一步。直到天聪七年才有明确称汉兵为旗的记载。① 王锺翰在其主编的《中国民族史》一书中认为，“1631 年（天聪五年）将汉人降兵编为一旗（后称旧汉兵）。1633 年（天聪七年），正式编汉军为一旗”②。陈生玺认为，天聪四年（1630）皇太极命佟养性掌管汉人事务，应视为汉人独立的开始。直到天聪七年八月汉军始编成一旗。③ 孙静不同意“天聪五年说”的观点，她认为，以汉官抚汉人是后金统治者的惯用政策，不能据此来判定汉军一旗的成立。汉官管理汉人的方式应该在具有相对的独立性与完整性的基础上，才能够成为单独编设的汉军旗。天聪七年，皇太极从满洲佐领中拨出汉人单独编组，汉军在形式上获得了独立存在的空间，以此为汉军一旗成立的标准，似更为可信。④

郑天挺先后撰写两文逐步提出汉军之设始于天聪五年的观点。他认为，天聪五年，皇太极将满洲旗内的汉人拨出，另编一旗，以佟养性为昂邦章京，石廷柱副之。此为汉军之始。⑤

台湾学者赵绮娜反驳了陈文石的观点，认为在天聪七年以前即有关于“汉兵称旗”的记载。大约在天聪四年编设汉兵，至天聪五年成立汉兵牛录时就已经有一旗。⑥ 陈佳华、傅克东层层剥茧，否定了孟森“天聪七年说”的观点，推定汉军一旗正式成立当在 1631 年（天聪五年）农历正月，而准备工作则是约于 1630 年后半年着手。汉军一旗的统辖人是佟养性。⑦ 李新达亦赞同过此种观点，认为天聪五年正月皇太极宣布将汉人从满洲八旗中分离出来，另编一旗。⑧ 谢景芳从汉军名称的前后变化中讨论了汉军八旗创立的时间，认为天聪五年尚未编旗之前称为“黑营”；单编成旗后一度又名“旧汉兵”；到后来于天聪八年（1634）

---

① 陈文石．清太宗时代的重要政治措施．“中央研究院”历史语言研究所集刊，1968（1）.

② 王锺翰．中国民族史．北京：中国社会科学出版社，1994：749.

③ 陈生玺．蒙古八旗与汉军八旗建立的过程．史学月刊，1988（6）.

④ 孙静．清代八旗汉军研究．北京：民族出版社，2017：59.

⑤ 郑天挺．清代皇室之氏族与血系//郑天挺．探微集（修订本）. 2 版．北京：中华书局，2009：40－77；郑天挺．清代的八旗兵和绿营兵．历史教学，1955（1）.

⑥ 赵绮娜．清初八旗汉军研究．故宫文献，1973（3）.

⑦ 陈佳华，傅克东．八旗汉军考略．民族研究，1981（5）.

⑧ 李新达．关于满洲旗制和汉军旗制的始建时间问题//中国社会科学院历史研究所清史研究室．清史论丛：第四辑．北京：中华书局，1982.

五月称“乌真超哈”；最后一直到顺治十七年（1660）后才有了“汉军”之称。由此看出他实际上也是以天聪五年正月作为汉军八旗成立之时间的。①

王景泽认为，八旗的产生与发展比较曲折，天聪五年，皇太极以“天命旧汉臣”为骨干，建立一旗汉军。天聪七年（1633）以后，皇太极开始扩建汉军，这是一个持续了几年的过程。至崇德七年（1642）六月，以松锦之战胜利为背景，皇太极将大凌河降官吸收入旗，正式成立八旗汉军。最后，他断言“综合史料和研究者的成果，汉军始建于天聪五年（1631）年之说，已能立足”②。

“天聪五年以前说”。此说以赵志强为代表，他认为，汉军一旗应当成立于天聪五年正月以前：“天聪五年正月初一日，金国君臣举行元旦盛典时，额驸佟养性已任总兵官之职，率领汉官、生员朝贺。因此，汉军旗创设的时间，非始于天聪五年正月，而应在此之前。”③

汉军成立乃一过程说。这一派主张，在汉军建旗的过程中，史料中记载的“固山”“旗”“汉军”等与后世的“八旗汉军”之间存在很大的差异性，其性质上也不尽相同。八旗汉军的成立是在这些基础上逐渐演变而成的。

日本学者细谷良夫根据《八旗通志初集》《清史稿》中“固山”“旗”之混用，以八旗汉军为例，也探讨了“固山”“旗”之含义。他发现，天聪十年（1636）《满文老档》中就有“乌真超哈的八固山”的记载，而这显然并非后来对应之八旗。所以他进一步认为天聪年间至崇德元年“固山”与“旗”并不对应，在固山制度发展成八旗制度以前，固山是作为纯粹的军事集团的性质而存在的。汉军固山的成立，也源于组织使用红衣大炮的炮兵队之需。八旗满洲行动时以各个旗为单位行动，则红衣炮军、乌真超哈也就是由八固山编成的。乌真超哈由八固山编成因而也继承了军事集团固山的传统组织，这是和八旗满洲以牛录和甲喇为基础的组织完全不同的。到汉军四旗制度成立以后，各旗才分别制定

① 谢景芳．八旗汉军的名称及含义沿革考释．北方文物，1991（3）.

② 王景泽．清朝开国时期八旗研究（1583—1661）．长春：吉林文史出版社，2002：90－131.

③ 赵志强．清代中央决策机制研究．北京：科学出版社，2007：121.

印务，固山才成为与旗对应的组织。①

细谷良夫的这一观点也得到杜家骥的赞同，他认为清入关以前“旗”与“固山”并不一定对应，至晚在天聪朝才出现以“旗”代指“固山”这一汉语的用法。八旗汉军成立以前，有一、二、四固山（旗）的阶段，但此时的汉军旗（固山）下的汉军人仍隶属于原来的满洲八旗各旗主之下，其一、二、四固山，应是重炮兵——乌真超哈之军事职能为主、兼具行政管理职能的固山组织，不是具有旗籍、隶属关系等职能的固山组织。② 这些研究对于理解八旗汉军正式编立前的“汉军”性质有极大助益。以此而论，八旗汉军在崇德七年（1642）正式成立以前的各种所谓的“汉军固山”组织，它应该更偏向于一种军事组织，而非一种“旗佐制”的八旗制度。

在上述两位学者的研究基础上，更多学者注重分析所谓的汉军的前身组织与汉军之间的本质差异。滕绍箴认为，旧汉兵与汉军旗并非一回事，但两者之间存在一定的沿革关系，即诞生于天聪五年（1631）的六甲喇为旧汉兵组织，也就是八旗汉军的前身。他认为，笼统而言，汉军旗的诞生可定为天聪七年（1633）正月十二日或八月二十八日，但它有非旗籍“旧汉军”之嫌，并非真正意义上的“汉军”。科学而名副其实的汉军旗诞生在天聪八年（1634）五月初五日。该年皇太极正式改“旧汉兵为汉军”。不过当时的汉军旗大部分没有编牛录，两翼六甲喇仍是其基本组织形式。③

徐丹俍则对汉军起源诸说进行了逐一检讨，并提出了自己的观点。他认为，“天聪五年正月”和“天聪五年正月以前”二说难免存在缺漏，即当时的金国政权内是否存在一个能够由佟养性总理的、基本具备了作为军政合一组织的实质内容的单一的汉族人口结构的独立单位（即所谓汉军一旗），佟养性的总理之权能否完整地涉及金国治下汉族人口包括军事、行政、司法、社会等职能等问题，如同八旗满洲一样，都是可疑的，甚至可以直接予以否定。尤其是在天聪六年（1632）至天聪九年

① 细谷良夫．清朝八旗制度的“gūsa”和“旗”//阎崇年．满学研究：第二辑．北京：民族出版社，1994：47－57.

② 杜家骥．清代八旗领属问题考察．民族研究，1987（5）.

③ 滕绍箴．清初汉军及其牛录探源．满族研究，2007（1）.

（1635）的奏疏中，均有明确表明汉族人员尚归属在满洲旗下的记载，这都是天聪五年（1631）正月或天聪五年正月以前二说所不能解释的。“天聪七年（1633）”说所依据史料即该年正月首次出现官书“旧汉兵一旗”关于“旗”的记载。但他认为入关前“旗”与“固山”常常混用，其含义或有重大区别。所以“首见”一说，不足以证明“初创”。“天聪八年”说所依据的《清太宗实录》关于天聪八年（1634）五月初五日记载的改“旧汉兵为汉军”的首次记载也存在可疑之处。他认为该处记载只是皇太极为了分辨军队名色，即各营伍依兵种分类固定名称。虽说这对后来八旗汉军的成立不能说全无影响，但并不意味着汉军正式成立，其仅仅是局限于承担战争任务的军事领域。崇德二年（1637）七月二十九日皇太极分汉军为两旗，“照满洲例编壮丁为牛录”足以证明此前之乌真超哈的结构性质并非严格意义上的满洲八旗体制。他认为，崇德二年七月旧汉兵组织与八旗满洲完全一样的观点虽有些绝对，但该说较诸其他学说更具说服力。崇德四年（1639），增设四旗，崇德七年（1642）汉军四旗再分为八旗，完全与八旗满洲对应。最后他总结道：“在汉军制度发展过程中寻找其始设的关节点，首先要确立汉军制度本质特征的标准，单纯的武装组织单位（营伍），尽管有‘旗’‘固山’乃至‘汉军’之名，其与作为一种特定制度规定的汉军制度的丰富内涵要求距离甚大，指认其为汉军制度显然距事实甚远，而从单纯武装组织单位（营伍）到十足的汉军八旗体制过程中，于任何一个关节点上断言其是或不是，均可见其合理，亦能证其荒谬。也许八旗汉军制度的建立为一渐进的过程说，才是最为恰切的结论。”①

总体而言，关于入关前八旗制度的创立与发展问题的研究，从 20 世纪 30 年代孟森的《八旗制度考实》一文开始，至今已取得了相当丰硕的成果。由于八旗制度是满族特有的社会组织形式，而不单单是一种兵制或土地制度，因此关于它的研究也是同满族社会和清朝的政治、经济、军事、文化等多方面的研究相统一的，而且两方面的研究也互相推动并促进彼此研究情况的向前发展。但是，由于清初史料的缺失和后来官修史书时的有意篡改，对于政治演变的很多细节问题的研究还远远不

① 徐丹俍．八旗汉军制度始设诸说议//赵志强．满学论丛：第一辑．沈阳：辽宁民族出版社，2011：84－101.

够，还有待于后来学者们的不懈努力。

第二节　清朝从八旗体制到国家构建的相关问题研究

现在的研究表明，在太祖以后的八旗激烈的政治变革中，其总体趋向是走向以皇权制度构建为核心的国家化。由旗制到国家制度的转变，也就是旗制逐渐弱化、国家制度逐渐确立的过程。孟森对八王共治国政格局之形成与破解有初步阐述。他认定八王共治国政乃金国的国体，“八旗共治，可以无领袖”①。到天聪五年（1631），皇太极废除四大贝勒并坐之制，“于是君臣之分定，八固山共治之法除矣”②。顺治时期，八旗已非努尔哈赤所定“八固山分立”之系统，皇族势力已全面渗入八旗制度的主干之中，旗人尽为皇帝臣仆。③

一、关于八和硕贝勒共议国政体制的研究

努尔哈赤在天命七年（1622）创建了独一无二的八和硕贝勒共议国政制度，这一制度对于后金的政治走向产生了至关重要的影响，因此也成为学界探讨前清史的重要议题。学界主要的关注点在于该制度设立的背景原因及皇太极为突破该制度而采取的措施。

台湾学者陈文石较早地探讨了该制度的产生原因。他认为正是由于继承人问题难以解决，清太祖尝试调和诸子之间彼此争斗的局面才实施的四大贝勒按月分值制度。一年后的天命七年，在此基础之上实施“八家共理国政”制度。后金政权正式有了八旗组织，由此才有了后来的八家干国的合议政体，以维系八旗共事分权的组织。该文还分析了清太宗继位后冲破多头政体的束缚，建立了一个强有力的中央政权，将八旗近似独立状态的权力，收归“汗”的手中的一系列整治措施。于八旗中增设固山额真、佐管大臣、调遣大臣；取消三大贝勒共坐议政制度；文

---

① 孟森．八旗制度考实//孟森．清史讲义．北京：中华书局，2010：32.

② 同①67.

③ 同①65.

馆、内三院、六部、都察院等政治机构的建立；兴科举，重教育；编设八旗蒙古、八旗汉军；与诸贝勒之间的直接斗争，以上这一系列的措施都是皇太极打破八和硕贝勒共治国政体制，进行中央集权的种种努力。[①]

改革开放后，大陆学界逐渐深化研究，纷纷探讨该制度成立的原因及其具体内容。周远廉的《后金八和硕贝勒"共治国政"论》[②] 是大陆首篇专论该制度的文章。文章从多方面论证了努尔哈赤创立的八旗制度，使各旗的和硕贝勒（固山贝勒）拥有很大的权力，是本旗的所有者和军事统帅，与旗下人员的关系是君臣（民）关系，甚至是主奴关系。正是由于和硕贝勒拥有强大的权势，努尔哈齐（努尔哈赤）首立褚英、次立代善为继任者的计划均告失败后，才决定不沿袭自己的国主独尊的旧制，而采用八和硕贝勒共治国政的制度。文章认为，努尔哈赤去世后，后金国正式进入了八和硕贝勒共治国政的阶段。通过打压诸旗贝勒，皇太极的势力迅速壮大，管辖后金的实力不断增强，其地位也日益巩固。正是在这种条件下，天聪十年（1636）四月，皇太极被拥立为帝，这就标志着努尔哈赤于天命七年三月规定的八和硕贝勒"共治国政"制的废止，开始进入帝权独尊、八旗王公贵族佐治国政的阶段。

白新良认为，在努尔哈赤加强汗权的同时，四大和硕贝勒佐理国政制度出现危机，四大贝勒之间矛盾愈演愈烈，后金政权面临军事上、政治上生死存亡的问题，努尔哈赤因而才有八和硕贝勒之命。不过事实上，与他提倡的八和硕贝勒共治国政相反，后金举凡军国大政无一不是努尔哈赤自作主张。努尔哈赤理想中的八和硕贝勒共治国政制度，在他生前并没有真正地实行过。[③]

郭成康认为，努尔哈赤并未选定继承人并不是因为褚英、代善、皇太极等人有缺陷或野心，其确立"八王共治"的根本原因在于权势均衡的诸子侄间势同水火，决不允许任何一个人为树立的权威崛起，凌驾于众人之上。该政体并不反对权威，而是以八旗诸贝勒的集体权威代替国

---

① 陈文石．清太宗时代的重要政治措施．"中央研究院"历史语言研究所集刊，1968（1）.

② 周远廉．后金八和硕贝勒"共治国政"论//中国社会科学院历史研究所清史研究室．清史论丛：第二辑．北京：中华书局，1980.

③ 白新良．论皇太极继位初的一次改旗．南开史学，1981（2）.

君个人的专制权威、建立八旗诸贝勒共同管理国政的法治国家为其两大特点。该文还将天聪年间分为前后两段来看待“八王共治”向君主集权的演变。天聪五年（1631）以前，“八王共治”名实相副。至天聪五年，皇太极改革礼制、官制，汗权与“八王”之间的权力结构出现变化。天聪六年至十年（1632—1636）皇太极登帝位，这是“八王共治”向君主集权过渡的阶段。①

徐凯进一步将八旗制度变革和清初政治相结合，考察皇帝是如何通过调整八旗制度，削弱“八王共治国政”以及清初王公权贵的影响力，达到巩固皇权的目的的。文章认为，努尔哈赤为了既调动八固山执政的积极性，又监视君主，防范同室操戈，由此形成了以汗为首的八和硕贝勒共议国政体制。“共议国政”制度建立在各旗绝对均等的基础之上，是八旗诸王分权共治的组织形式。在天命后期，对稳定政局，维护后金统治有一定的促进作用。但这对于皇权集中来说是消极的，皇太极通过换旗、废除大贝勒月值惯例、南面独坐等等措施，打压满洲权贵力量。作者还抓住了清初分立“上三旗”“下五旗”这一历史进程，指出：由于侍卫及拱卫宫城的部队均在上三旗中遴选，皇帝已经成功地建立了自己的亲卫武力，从而取得了巨大的政治优势。②

王思治、吕元骢分析了两立太子及阿敦事件对于努尔哈赤改变指定继承人想法的重要性，两人认为，努尔哈赤正是因此才确立了八王共议推举国君的汗位继承与八王共议国政的政治体制。而代善争立、阿敏欲据一方以自立、莽古尔泰要夺御座等等，均反映了八王共治国政体制下三大贝勒与国君之间的权力斗争。③

杨珍更深层次地分析了“八王共治国政制”诞生的历史因素及其历史影响。她认为，当时存在三大历史背景：天命后期后金进占辽沈地区，统治地域扩大、封建化程度更高，但部分错误政策加剧了汗国内民族之间的矛盾，八旗分权倾向更加严重，此外，储位计划失败、阿敦离间等反映储位之争的事件、努尔哈赤本人的心理因素与思想动机等都推

---

① 张晋藩，郭成康．清入关前国家法律制度史．沈阳：辽宁人民出版社，1988：14－25.

② 徐凯．清代八旗制度的变革与皇权集中．北京大学学报（哲学社会科学版），1989（5）.

③ 王思治，吕元骢．清代皇位继承制度嬗变与满洲贵族间的矛盾//阎崇年．满学研究：第三辑．北京：民族出版社，1996.

动了该制度的出台。更为重要的是，努尔哈赤在出台该制度时也在采取一切措施监督八王，加强汗权。“只有进一步集中、加强汗权，在汗权十分稳固的前提下，努尔哈赤才能放手进行政权建设的大胆尝试，宣布并部分实施八王共治制。从表面上看，八王共治制的部分实施提高了八和硕贝勒的权力，但所取得的实际效果，则是通过使八王互相监督、牵制，在一定程度上遏制了他们的分权倾向，有利于汗权的加强与巩固。”该文还揭示了前人未注意到的皇太极继位与八王共治国政之间的关系。文章指出，该制度所营造的天命后期的政治氛围，使皇太极能够保持较高的政治道德品行，从而免于成为众矢之的；同时，也有助于他消除或减少主客观不利因素，为其登上汗位创造条件。对于八旗共治国政制度的历史作用，她认为该制度缓解了四大贝勒之间的矛盾，促进了后金最高统治层的团结，维护了后金进入辽沈地区后的统治地位，是其最终战胜明朝并取而代之的决定性步骤。但它将后金的最高权力分化，使后金政权在向清朝皇权的转化过程中，出现了一个较大的回旋。而这种“议政”观念也得以在满洲统治集团成员头脑中根深蒂固，这是清入关以后抵制清帝乾纲独断的根源，成为集中、加强皇权的阻碍力量。整体来看，在天命后期八旗共治国政制度的利大于弊，但从清朝入关前后的整体历史审视而言，其弊大于利。①

高进在前人研究的基础上，进一步以努尔哈赤的内在心理来分析其出台“八王共治”制度的原因。作者通过阐释努尔哈赤对继承制的认识结构，分析其在立储走向失败过程中的情绪和情感，以判明他对不同政体形式的抉择和实施设想的意志与行为。满洲传统的推立制、八旗制度的社会权力结构与财产分配制度，加上汉文化的影响，这两种文化通过多种途径交融而成的认知结构是努尔哈赤最终确立八王共治制度的心理前提和基础。而储君设立的失败，只是让努尔哈赤在心理上有了储君难立的切身感受，背后的深层次原因是努尔哈赤无法调解八旗制度与确立储君的尖锐矛盾冲突，难以摧毁女真社会中具有很强稳定性和惯性的推立制的传统意识。确立八王共治制度进行推立储君，是生活在特定历史条件下的努尔哈赤主观意志思辨的结果，而这种结果正是努尔哈赤个人

---

① 杨珍．后金八王共治国政制研究．中国史研究，2000（1）．

的内在心理机制和人的社会属性最有效的契合点。①

不同于其他学者大多从立储失败等角度考虑八王共治国政制度的实施原因，刘小萌认为“努尔哈赤的这一设想并不像有的学者所认为的，是他在晚年试图有所作为而采取的革新政治之举，或者由于立储屡受挫折不得不采取的权宜之计，事实上这一设想并没有脱离金国政治的传统轨迹……更难摆脱旧制度的束缚”，共治国政的诸多内容“均体现了部落时代民主制度和平均分配原则的遗风”。其基本宗旨是以集体的权力制约个人的权力，以合作共议限制个人专断。这种共治建立在八旗分庭抗礼、互不相让的基础之上，背后孕育着分裂内讧的危机。共治国政无力平抑统治集团内部的矛盾，也无法适应日益复杂的国家组织的需求，无法满足金国社会进一步发展的需要。这就是皇太极即位后打压八旗旗主势力，进一步汉化的原因。② 这一论断深化、拓宽了共治国政制度施行及其被逐渐打破的原因。

《清朝前史》认为，囿于“八和硕贝勒共治国政”的体制，以及努尔哈赤的遗训，皇太极继位之初虽主政金国一切决策，但他与诸大贝勒的社会等级基本居于同一层面，在形式上没有明显的实质性差异。直到天聪六年（1632），原有大贝勒阶层解体后，作为一国之君的汗王才真正居于等级金字塔的顶端。皇太极通过一系列手段与措施，最终实现了皇权集中，登基即皇帝位。其中，罢黜阿敏、吞并正蓝旗，都是皇太极借机通过栽赃、诬告等方式实现的，阿敏一案、莽古尔泰谋反一案均是得不到强有力证据的诬告案件。③

可以看到，以上诸位学者都已注意到共治国政制度对于后金存在的分裂风险，皇太极又是如何打破该体制，进而彰汗权，称皇帝，巩固汗（皇）权的。姚念慈则提出了异于他人的观点，他认为在崇德年间，皇权的根基依然十分脆弱。称帝之后，皇太极依然无力改变八旗分立的格局——天聪九年（1635）编设八旗蒙古和崇德七年（1642）编设八旗汉军，仍分隶于八旗旗主之下，就是明证。皇太极也承认八旗诸王贝勒对

---

① 高进．努尔哈赤确立八王共治制度心理问题研究．北方文物，2003（2）.

② 刘小萌．满族从部落到国家的发展．北京：中国社会科学出版社，2007：185－186.

③ 朱诚如，白文煜．清朝前史：第三卷．大连：辽宁师范大学出版社，2016：309－354，510－532.

属员拥有相对独立的领辖权。天聪一朝，皇太极依靠诸小贝勒的支持而战胜三大贝勒。崇德改元之后，虽然每次斗争在表面看来都是皇太极胜利，但是皇太极并不能真正削夺诸王贝勒的权力。崇德末年，皇太极不立嗣君，而以四王共理国政，这并不是病重期间的权宜之计，它与四大贝勒值月听政有一脉相承之处，是满族国家政权更替之际出现的特殊形式。这也反映了所谓的崇德皇权仍未发生本质性的改变。他总结道：建立在八旗制基础上的崇德皇权，实际上并没有牢固的根基，只不过是由父权制向君王集权制过渡阶段的产物。其根基脆弱的根本原因，在于缺乏强大的国家经济。皇太极掌握的全部经济杠杆，不过是八旗征战掠杀的部分“归公财务”。①

二、关于议政王大臣会议的研究

议政王大臣会议的建立，与后金五大臣、八和硕贝勒共议国政制度有着密切的渊源。在入关以前，议政王大臣会议占据着中央决策机制中的重要地位。入关后，随着内阁以及军机处等新的中枢机构的建立，其地位日趋下降、职掌日渐减少，最终在乾隆五十六年（1791）被裁撤。这既反映了清初皇权的集中，也反映了清初中央政务管理的日趋行政化。对于议政王大臣会议的研究，主要集中在两个方面：一是关于该项制度建立的背景与缘由；二是关于其具体职掌及其地位的演变。周力农较早地注意到，议政王大臣会议萌芽于理政听讼五大臣制度，至太宗崇德二年（1637），“每旗设议政大臣三员”，是为该项制度的最终确立。②冯元魁认为，天命十年（1625），太祖勘定辽沈地区，迁都盛京，将议政王大臣制度作为后金的主要制度确立下来。为稳定身后政局，太祖将其扩大为八和硕贝勒共议国政制度。从形式上看，这是权力的分化，是由集权到分权的倒退，但其实际上维护了天命朝晚年的政局，对巩固后金政权有积极作用。③ 杜家骥认为，议政大臣会议应该追溯到努尔哈赤

---

① 姚念慈．多尔衮与皇权政治//中国社会科学院历史研究所清史研究室．清史论丛．沈阳：辽宁古籍出版社，1996：247－253.

② 周力农．清朝的“议政大臣”．辽宁师院学报，1981（6）.

③ 冯元魁．清朝的议政大臣制．上海师范大学学报，1987（1）.

诸贝勒五大臣议政时期。① 同时，他也对议政王大臣会议的处所“议政处”的地点进行了考证，认为入关后确有衙署“议政处”的存在，即昭德门外东庑。入关前的十王亭并非入关前议政王大臣会议的议政处所，而是大政殿。而且，大政殿只是议政处所，并非后来的“议政处”衙署。② 李鹏年等认为，议政王、大臣参与议政的制度起源于太祖努尔哈赤建国之初，理政听讼五大臣的设立即为渊薮。随后，随着八和硕贝勒共议国政制度的设立，太祖又设八旗大臣佐理各旗旗主，亦为参政人员。太宗时又设总管旗务八大臣，与诸贝勒共议国政。后太宗又不断扩大议政大臣参与人员，各旗贝子、大臣陆续拥有参政议政资格。作者认为，议政王大臣的设立与后金氏族社会的军事民主制度有关，它的设立反映了后金奴隶主专制制度建立时，氏族社会的制度仍在产生影响，该项制度的建立只不过是沿袭“习惯”而已。③ 赵志强的观点与上述观点不同，他通过相关满汉档案分析认为，理政听讼大臣即是议政处的渊源，它的建立并非在 1615 年、1616 年，而是在 1587 年“定国政”之时。这与当时客观形势发展、管理疆域扩大、行政与司法管理必须要专人管理的背景有关。④ 姚念慈也主张，议政会议作为一种君臣共同决策的制度，是从五大臣的设置开始的。他对五大臣设置的时间有一个新观点，认为其设置当在 1608 年。它的设置与努尔哈赤极力提高自己与舒尔哈齐的争斗中的实力有关，是从部落联盟走向国家过程中的必然产物。⑤

对于议政大臣会议的集会形式，多数学者认为议政王大臣会议五日举行一次。⑥ 姚念慈对此有新见，认为“五日一集”并非议政会议，而是司法审断会议。议政会议其实是每日举行的，与司法审断会议不可混

---

① 杜家骥．对清代议政王大臣会议的某些考察//中国社会科学院历史研究所清史研究室．清史论丛：第七辑．北京：中华书局，1986：115.

② 杜家骥．清代“议政处”考略．清史研究，1991（3）；杜家骥．清入关前的议政处所及八旗亭．北方文物，1998（4）.

③ 李鹏年，朱先华，秦国经，等．清代中央国家机关概述．哈尔滨：黑龙江人民出版社，1988：43－44.

④ 赵志强．清代前期的军国议政与满洲贵族//阎崇年．满学研究：第一辑．长春：吉林文史出版社，1992（1）.

⑤ 姚念慈．清初政治史探微．沈阳：辽宁民族出版社，2008：63－69.

⑥ 同④.

淆。而且，十扎尔固齐只参加司法审断会议，并非议政大臣。①

议政王大臣会议作为清初最重要的决策机构，其所掌管的政务繁多，在中央所处地位极为重要。刘小萌梳理了金国时期议政会议的主要权责：执掌司法、选举大汗、议处军国大事。② 杜家骥系统梳理了顺治朝至康熙初年，议政王大臣会议权力处于顶峰时期的职掌，主要在于 9 个方面：(1) 谳断刑狱，议处宗室王公及满汉大僚，复审重大刑名案件；(2) 议处宗室王公、满洲大臣爵职的承袭；(3) 商讨军务，议定对策及出兵方略；(4) 对汉藩王及其属下的处理；(5) 议处少数民族问题；(6) 调处满汉矛盾，维护满洲统治者的经济利益；(7) 奉旨铨选重要官员；(8) 惩治渎职官员，整饬吏治；(9) 议定典章制度，改革、完善行政制度。③ 孙琰认为，议政王大臣会议在太祖时期初步成型。太宗一朝，议政王大臣会议的权力在六部之上，权倾部议。他们的议论可以否定部议，但是这个会议的权势还是没有超过皇帝。大凡军国大事，有皇帝在场，就可以当场决定，如若皇帝不在场，都要议政王大臣会议把议论的结果奏请皇帝进行最后决裁。显然，在后金向封建国家迈进的过程中，议政王大臣会议起到促进作用。④

当然，上述这种笼统的概述并不能描摹议政王大臣会议的地位及其演变。赵志强认为，入关前议政王大臣会议在国家决策机制中占据主要地位，虽然皇太极不断采取种种措施巩固汗权（皇权），但是并非针对议政王大臣会议，而是针对几大贝勒。入关后，随着内阁、九卿科道等的设立，国家议处政务的形式增多，但是议政处几乎参与了所有议处。在清代前期的中央决策机制，以皇帝为核心，由议政处、内阁、各部院首脑组成。三者之中，议政处最为重要，是最高决策机制，非内阁以及其他部院机构所能比拟。简而言之，议政处处理重大机密，六部处理一般庶务，阁臣以备顾问为主。⑤ 姚念慈注意到，皇太极一直在不断扩张皇权，使议政王大臣会议屈服于皇权。首先，对议政会议的召集、形式

---

① 姚念慈．清初政治史探微．沈阳：辽宁民族出版社，2008：75－76.

② 刘小萌．满族从部落到国家的发展．北京：中国社会科学出版社，2007：173－175.

③ 杜家骥．对清代议政王大臣会议的某些考察//中国社会科学院历史研究所清史研究室．清史论丛：第七辑．北京：中华书局，1986.

④ 孙琰．清初议政王大臣会议的形成及其作用．社会科学辑刊，1986（4）.

⑤ 赵志强．论议政处与清代前期之决策．历史档案，1992（4）.

与内容，皇太极都会进行事先预决；其次，皇太极会利用议政会议中的小贝勒打压大贝勒。皇太极称帝以后，议政会议的性质发生改变，皇太极可以在不触动八旗的根本利害关系的同时，按照自己的意志调整议政的结构。同时，他还将议政的范围扩大到一般的八旗大臣。整体来看，崇德年间的议政王大臣会议的权力与天命、天聪时期相比大为削弱。但这并不意味着皇太极将其抛弃，这是当时的社会结构所决定的。八旗仍然是国家的根本，皇太极不能从根本上废除八旗制度，也就不能废止议政王大臣会议。只有在入关后，经过康雍乾三朝不断努力消解八旗势力对皇权的威胁，才使议政王大臣会议最终消失。① 杜家骥对于入关后议政王大臣会议的地位有一系统梳理，他认为顺治朝沿袭前朝八旗领主、大臣联旗会议，仍为“八分”议政。至顺治十二年（1655）济尔哈朗去世，八旗领主入八分议政之制方才消失。康熙元年（1662），各旗平均添设的异姓议政大臣被取消，标志着八旗联旗合议制的最终废止。康熙朝通过降低预议贵族的议政身份、品级资格，增加与议政内容相关的旗人职官，精减预议人员等措施，进一步削弱了议政王大臣会议的权力。军机处成立后，议政处的职权被不断削减，最终于乾隆五十六年（1791）被裁撤。同时，他还总结了入关后议政王大臣会议的特性。首先是贵族政治性，议政王大臣会议及其前身——八旗领主大臣联旗会议，从其产生时就以贵族作为议政的主要成员，入关后这一特性仍然存在。其次是民族性，其组成人员始终以满族为主。再次是议处事务的机要性。相对于阁部事务，其所处理的政务属于少而“要”。最后是非正规性。作为中枢机构，它不像内阁那样属于决策机关，而是进行某些具体政务的处理，诸如审案、调兵遣将等，行使某些部院职能，但又不像部院那样负责具体政务。议政处虽属衙署，但是并无明确职掌，更无正规的行政规制，议政王、大臣都不是官而是职。因此，议政王大臣会议是一个以满洲宗室贵族与旗、部院旗人要员联合组成的带有贵族性、民族性的非正规性的议处国家机要重务的权力机构。②

也有学者将议政王大臣会议与清初内阁、军机处等机构的权力地位进行对比，认为内阁在清代逐渐成为处理日常事务的衙门，而不是中枢

① 姚念慈．清初政治史探微．沈阳：辽宁民族出版社，2008：177－208.
② 杜家骥．八旗与清朝政治论稿．北京：人民出版社，2008：335－349.

辅政机构，前期的议政王大臣会议和后来出现的军机处才是真正的权力中心。[①] 尹树国一书总结了清人对议政王大臣会议、内阁、南书房、军机处这四大中枢机构的关系的看法，并提出了自己的观点：康熙年间设立南书房并未取代内阁举足轻重的行政作用，四者之中议政王大臣会议是最有实权的行政机构。[②] 杜志明分析了内阁与议政王大臣会议、南书房、军机处的关系，认为在内外朝的双轨制辅政格局中，内阁始终运行于权力较小且受压制的另一条轨道上。议政王大臣会议的存在使内阁从一开始就没有机会真正参与到国家最高机密的讨论与决策中去。[③]

三、关于八旗制度官僚行政化变革的研究

孟森《八旗制度考实》一文的落脚点是雍正时期的八旗制度改革。雍正帝通过把八旗制度变革纳入儒家思想的意识形态之下，彻底打破了旗人的主属名分，使八旗制度成为一种国家官僚体制。孟森认为，雍正帝禁止文士与诸王的交际、明禁旗人乱称宗室王爵等等都是提防宗室之手段。而“至旗人主属之分，太祖所遗之迹，及世宗而尽破除之。八旗之军政，先已移归都统。其户婚田土之事，都统虽亦理之，尚不足以尽掣诸王之肘，亦并不欲旗人旗产尽隶于本旗都统。于是逐事谕禁之，设御史稽察之，令各旗交互代管之。于是一旗自为主属之界限尽去”。“都统为八旗行政官，不为臣属。于是旗之行政，尽数都统，该旗王贝勒只受其分得之包衣，受俸饷于旗内。于是旗主不但无耦国之嫌，并不预旗之内政矣”。“自是八旗为政府以下之八衙门，非各自为政之八国矣。”[④] 所谈皆可为定论。

实际上，自皇太极执政并获得与其他几大贝勒的斗争胜利后，引入官僚化的国家制度是皇太极由汗权走向皇权，以及后世几代皇帝抑制八旗旗主权势，实现皇权强化的关键因素，国家制度官僚化和“去八旗化”成为贯穿太宗、世祖、圣祖、世宗几朝政治变革的核心线索。孟森指明了这条线索，并意识到帝室权威的确立，仅仅有军事上的优势、政

---

① 吕丽辉．从内阁到军机处看中枢机构的变化．黑龙江档案，2003（4）．

② 尹树国．盛衰之界：康雍乾时期国家行政效率研究．合肥：黄山书社，2008．

③ 杜志明．明清内阁制度比较研究．兰州：兰州大学，2006．

④ 孟森．八旗制度考实//孟森．清史讲义．北京：中华书局，2010：76－79．

治制度上的变革还不够，思想上彻底解构诸王与八旗旗众的主属关系才是最根本的，正如王阳明所谓“去山中贼易，去心中贼难”。而要解决这个问题，皇帝所能借鉴的也仅有儒家忠孝不能两全、舍小家为大家的忠君报国之思想。20世纪80年代以后，学术界在这一方面的研究比较丰富。

徐恒晋分析了清初八旗都统的职掌内容，认为随着清朝封建君主专制主义中央集权的加强，以及八旗兵丁转化为封建国家常备兵，下五旗诸王公与本旗旗分佐领（府属佐领即包衣佐领除外）人员的隶属关系已经日益削弱。到了雍正朝，下五旗诸王已徒具领旗旗王之名，对旗分佐领人员已不能任意支配役使，不能擅自治罪。下五旗王公逐渐丧失支配旗分权力的过程，也正是八旗都统权力加强的过程。雍正元年（1723）正式设立都统衙门，都统、副都统逐渐改由皇帝委派，并可越旗委派，办理旗务，直接对皇帝负责，再也不是秉承各旗诸王的意旨办事了。至此，“八旗制度的性质已转化为封建地主经济基础的上层建筑的特殊构成部分，也就是清朝封建专制主义中央集权政治体制的一部分”①。

冯尔康的《雍正传》专辟一章分析雍正帝继位后改革旗务的问题。他认为雍正继位后，不再派遣诸王“管理旗务”，而是改派诸王“管理都统事务”，以此确定诸王八旗行政长官的身份，而削弱他们与旗民的主从关系。改“固山额真”为“固山昂邦”、改部分旗缺和翼缺为公缺、取消原管佐领和世管佐领的世袭罔替、禁止王公对属人的任意使用权和处罚权、设立宗学等等措施，都是雍正帝打击宗王势力的措施。这些措施在雍正初年又具有特殊意义，即雍正将打击宗王势力与整治吏治、打击朋党联系起来，以巩固他在政治上的胜利。②

李燕光、关捷主编的《满族通史》阐述了入关后八旗王公分封体制的演变。该书指出，入关后下五旗都统、参领、佐领管辖本旗兵丁，还要依照旧例听从所属王公的约束，旗内兵丁也要为王公服役。尤其是入关后分封王爵，赐予田庄、钱粮，分拨佐领，这些使八旗王公声势依然显赫，还保持着政治上的尊严、经济上的利益。从17世纪后期开始，逐渐形成了以王府为中心的几个争夺皇位的集团。雍正即位后，首先就

① 徐恒晋．八旗都统在清朝政治机构中的地位和作用．满族研究，1985（2）．

② 冯尔康．雍正传．北京：人民出版社，2014：294－300．

是禁止王公扰累旗分佐领人丁，防止王公滥用刑罚，在审判权力上加以限制。其次是加强皇帝统治旗分佐领的力量，使都统掌管一旗事务，集中于皇帝，削弱八旗王公力量。最后是逐步清理王公的包衣佐领，减少下五旗王公府属包衣佐领数目，并平均每旗设五参领、七佐领，从而直接统治王公包衣人丁。八旗制度的这种变革，与满族奴隶占有制残余形态的消除相适应，乃上层建筑中的一次重大变革。①

杜家骥对这方面的研究成果显著。他认为，皇太极称帝以后，通过增选较低宗室贵族加入议政行列、扩大每旗旗人官员议政人数、皇太极不再以旗主身份直接参与议政而是以会议结果的裁决者身份参与议政等措施，逐渐减少了八旗王公的掣肘。② 关于顺治朝各旗之间的斗争、"上三旗"的形成已见前述杜家骥的相关研究。入关后，八旗制度的最明显的变化就是逐渐官僚制度化，成为清朝的一种政治制度，而非一种"国体"。清帝的改革措施主要集中在裁撤八旗联旗合议制、调整宗室封爵制度、改革基层牛录体制等方面。杜氏认为，入关后八旗"八分"体制的实质内容以及领主王公在本旗的旗权逐渐消失，主要体现在以下几个方面。一是八旗均分财物制度的取消及八旗领主王公入八分经济特权的消失，整个八旗体制施行国家俸饷制度，这严重削弱了八旗王公的领主身份的独立性。二是八旗"八分"议政体制的结束。到康熙元年（1662），各旗平均员额的议政大臣全部被裁掉，八旗各自作为独立的政治单位参与议政、各旗旗主王贝勒预议这一八旗联旗合议制彻底结束。乾隆五十六年（1791），议政王大臣会议被裁撤，标志着这种旧有议政体制的最终消亡。三是八旗驻防的建立、京城旗营的设置，导致八旗宗室王公领主对本旗军队的统领权也受到严重削弱。四是八旗各置官属制度的取消，以及领主王公对本旗人任官控制权的消失。都统、副都统开始越旗任官。宗室对本旗人任官只在本旗人任本旗官、选任本王公府属官两方面进行干预。五是从康熙六年（1667）开始，皇子分封入下五旗，这也打击削弱了下五旗宗室王公的势力。③ 此外，杜家骥还从八旗的具体职官入手分析入关后八旗制度管理的正规化与中央化。他在总结

① 李燕光，关捷．满族通史．沈阳：辽宁民族出版社，2003：439－455.

② 杜家骥．八旗与清朝政治论稿．北京：人民出版社，2008：128－142.

③ 同②255－276，335－350.

了上述一系列中央集权化的措施后，认为雍正朝开始设置的值月旗（值年旗）、查旗御史就是在此基础之上为使八旗管理正规化，以及皇帝强化对八旗的管理而设的。这是八旗行政史上的重要事件，值年旗、查旗御史的设置是八旗行政管理系统化、规范化及强化的重要措施。①

杜家骥对八旗官僚制度的研究成果集中体现在他后来所著的《清代八旗官制与行政》一书中。该书系统、全面地研究了八旗职官与行政制度，涉及官制、营制、宫廷侍卫制度、文武官员选任制度、世官制、内务府制度等等，由此将清代八旗官僚制度的一隅呈现给学术界。②

另外，自20世纪七八十年代开始，日本学界有关八旗的研究成果开始陆续被译介到中国国内，产生了很大影响。这其中尤以细谷良夫的研究颇具影响。他认为，清入关后八旗制度并未直接变成官僚统治机构，而是通过雍正朝的牛录均齐化改革和《八旗通志·旗分志》的编撰等措施，将旗王权力下统辖的牛录收编到皇权下，并纳入官僚统治制度轨道，至此，八旗制本身已经转变为皇权下的官僚性组织。③ 孙静沿着细谷良夫的思路，也对雍正朝汉军佐领的均齐化进行了类似的分析。她认为雍正继位后，对京旗与驻防八旗的汉军都进行了均齐化处理，也对这一过程中出现的错误做出了调整。通过此次改革，八旗汉军佐领在各旗、各参领的分布数量都得到了大致均衡，各佐领亦有效地被清廷管辖起来。④ 永莉娜则以雍正帝对三阿哥允祉、十四阿哥允禵以及弘皙领属的包衣佐领数目的调整为切入点，分析了雍正即位后打击异己、巩固地位的措施。此次佐领调整是雍正帝后续改革八旗分封制的预演，调整的目标是让入八分王公们无论何等爵位，其分得的包衣佐领数大致相近。⑤ 这也可以看作王公领属佐领均齐化的表现，也是雍正打压下五旗王公势力的手段。

---

① 杜家骥．清代八旗制度中的值年旗．历史教学，2011（11）；杜家骥．清代的查旗御史//赵志强．满学论丛：第一辑．沈阳：辽宁民族出版社，2011.

② 杜家骥．清代八旗官制与行政．北京：中国社会科学出版社，2015.

③ 细谷良夫．清代八旗制度之演变．武永尚子，译．故宫文献，1972（3）；细谷良夫．雍正朝汉军旗属牛录的均齐化．冬哥，大鹏，译．社会科学战线，1986（2）；细谷良夫．《八旗通志·旗分志》的编纂及其背景：雍正朝佐领改革之一．陈佳华，刘世哲，译．世界民族，1989（2）.

④ 孙静．清代八旗汉军研究．北京：民族出版社，2017：87-100.

⑤ 永莉娜．从王公包衣佐领的调整看雍正帝初政．清史研究，2018（4）.

四、关于八旗与满族国家构建的研究

满族人的政治组织经历了一个从编设牛录到组建八旗，再到形成国家政权的过程。入关前以八王共治为精神的八旗体制，终究是要演变到以皇权专制为内核的国家体制的，而清初国家构建也必以八旗政治为基础。到底应该如何阐述这种转变？"国家"的概念到底该如何被应用到入关前后的政治演变过程中去？如何认识清初国家体制的特点？这些都成为八旗政治研究者们必须要面对和解释的重大问题。不解决这些问题，八旗政治研究的意义就要大打折扣。解决这些问题的关键是在对八旗政治的研究基础上，能够跳出八旗，从"国家"的层面，审视满族国家的构建问题。这种研究，并非一篇论文能够完成的，需要借助专门的著作才能够系统表达。笔者在此着重探讨以下四部著作在这一方面的重要成就，即张晋藩、郭成康的《清入关前国家法律制度史》，刘小萌的《满族从部落到国家的发展》，姚念慈的《满族八旗制国家初探》，杜家骥的《八旗与清朝政治论稿》。

（一）张晋藩、郭成康：《清入关前国家法律制度史》

张晋藩、郭成康所著之《清入关前国家法律制度史》被视为中国第一部全面地反映清入关前国家制度与法律制度的史学专著。[①] 之前，虽有《清朝开国史研究》（辽宁人民出版社，1981 年）、《努尔哈赤传》（北京出版社，1983 年）、《清太宗全传》（吉林人民出版社，1983 年）、《努尔哈赤评传》（辽宁人民出版社，1985 年）、《明清战争史略》（辽宁人民出版社，1986 年）、《清朝兴起史》（吉林文史出版社，1986 年）等关于清入关前历史的专著问世，也都对八旗政治历史有所涉及，但专门研究满族国家政治法律制度的专著还没有，《清入关前国家法律制度史》一书可谓开风气之先。该书在各种碎片化的满汉文献中，提炼出满族"国家"的各个要素，分章讨论了清朝入关前国家的建立历程、中央官制、八旗制度、蒙古地区的军政制度、立法、行政管理法规、民事与经

---

① 相关评价详见：那荣利．清王朝"龙兴东土"的新探索：评《清入关前国家法律制度史》．社会科学辑刊，1989（4）；孟昭信．清开国史研究的最新成果：读《清入关前国家法律制度史》．史学集刊，1990（1）；林剑鸣．《清入关前国家法律制度史》评介．政法论坛（中国政法大学学报），1990（6）。

济法规、刑法、诉讼制度等，这些都属于构建国家时整体层面上的国家制度和法律建设问题。在笔者看来，这也是第一部紧紧围绕“国家”各项要素，讨论满族人最初的国家构建问题的著作。

《清入关前国家法律制度史》一书将满族国家政体的发展历程分为三个阶段，总的趋势是由努尔哈赤的君主专制转移为八和硕贝勒共同执掌国政，再由“八王共治”过渡到新形式的君主集权。① 作者非常客观地分析了满族国家政体的历史定位。然后，作者在各章中分别阐述了这一整体认识：第一，清开国之初权力的高度集中，无疑保证了国家的巩固和对外征服战争的胜利，这在客观上有助于新的满族共同体的形成。第二，八王共治确立了八旗主贝勒集体权威代替国君个人的专制权威，建立起八旗贝勒共同管理的法治国家。在此，作者指出，所谓“八王共治”，严格地讲，只有天聪朝前五年，才称得上名实相副。天聪六年（1632）到天聪十年（1636）是从“八王共治”向君主专制的过渡阶段，这一阶段的特点是君权与诸贝勒集体权威相持不下，双方围绕着是坚持还是改变汗父“八王共治”遗训的基本原则进行了反复较量。皇太极摆脱对他的种种束缚，终于取得了决定性的胜利。

作者认为，由于发展迅速，“奴隶制因素还没来得及充分发展便开始向早期封建制过渡”②。它既区别于蒙古，又有别于明帝国。与成吉思汗以后陷于长期封建割据的蒙古不同的是，清初的国家存在着集权和统一的政治需要和经济基础，经过“八王之治”不但没有四分五裂，反而走上了统一强盛的康庄大道。与明帝国的不同是它还不具备完善的专制主义中央集权制的条件，无论是在经济、政治方面，还是在历史传统方面，都有许多分裂、离心的不稳定因素。从起兵到入关，其政体经历了半个世纪曲折发展的历程，因此不能把它与明帝国等同观之，对其估计过高，也不要把它同蒙古政权等同，对其估计过低。其专制主义政体还要经过入关后很长一段时间的反复斗争才能臻于完善。统一与分裂、集权与分权是清初国家的内在矛盾，而统一与集权总是居于矛盾的主要方面，这一矛盾运动的必然趋势，则是君主集权取代贵族共议制政

① 张晋藩，郭成康．清入关前国家法律制度史．沈阳：辽宁人民出版社，1988：14．
② 同①25．

体。[①] 这种认识与分析即使放在30余年后的现在，也可谓精辟。

在各章之中，作者通过对中央官制、八旗制度、蒙古地区的管理制度、立法司法体制的专门探究，提炼出“国家”要素，厘清了八旗与国家的关系，使清初满族国家的整体轮廓比较清晰地展现出来。例如，作者认识到入关前的固山额真不仅管理着本旗的事务，“而且是决定整个国家军政大计的国家最高统治集团的成员”[②]。编立蒙古不仅是八旗发展的表现，还“是清王朝入关前政治制度、军事制度建设上饶有特色的一页”[③]。作者还专门提到早期的满族国家对蒙古地区的管理，捕捉到早期满族国家权力向外藩地区的延伸。该著作尤见功力的是对八旗制度的研究，这一部分在书中所占篇幅最大，从牛录编设，到八旗成立，再到八旗蒙古、汉军的组建，作者对其中的重要问题都进行了系统阐述，勾勒出八旗制度发展的历史脉络。相对孟森的《八旗制度考实》一文，该书因为使用了满文档案，因而在一些问题上的考证更加详尽。如对牛录、旗的编设时间，作者提出了自己的独到见解。

（二）刘小萌：《满族从部落到国家的发展》

刘小萌的《满族从部落到国家的发展》是非常系统地研究女真社会早期的氏族部落演变历程的一部著作。作者非常注重对国家的概念和理论的应用，基本按照私有制、阶级、国家的发展历程展开对满族国家形成过程的论述。在其看来，随着私有制在女真氏族、部落中的产生，阶级逐渐形成，女真人实现了从氏族部落到部落联盟，再到国家构建的发展过程。“政权机构越来越脱离氏族部落组织而转变为统治者维护特权和治理国家的工具。”[④]

刘著用了两章的篇幅来阐述女真人原有的社会组织形态，及其是如何向满族国家的早期形态——八旗过渡的，又用两章的篇幅分别阐述努尔哈赤时期和皇太极时期的国家特点。在作者看来，固山（旗）是区别于原有女真人氏族社会组织的政治组织，固山的形成是阶级分化、等级划分的需要。狭小的牛录组织显然无法容纳日益发达的等级制度，以及

---

① 张晋藩，郭成康．清入关前国家法律制度史．沈阳：辽宁人民出版社，1988：25.

② 同①187.

③ 同①299.

④ 刘小萌．满族从部落到国家的发展．北京：中国社会科学出版社，2007：403.

由此而引发的统治阶级和被统治阶级的矛盾斗争，八旗则为金国等级专制制度的建立奠定了组织基础。因此，固山制度的建立，最终破坏了传统的部落组织。

在作者看来，满族国家制度的来源有二：一是八旗制度植根于女真人固有的渔猎文化及其社会组织变革，是从女真人社会母体文化中发展而来的，是对原有氏族制度的改造；二是对汉文化的吸收，由此才能形成新的统治机构，这是形成成熟国家制度的必要条件。努尔哈赤时期完成了创文字、建都城、立法制、编八旗、设职官等，达成了国家机构所必备的各种条件，基本完成满族从部落到国家的发展历程，并于 1616 年正式建立国家。但努尔哈赤建立的国家，制度粗疏，仍带有部落制度的残痕。由于国家制度不完备，努尔哈赤必须凭借“父汗”的双重身份实现对国家的统治，既是国家的权力的最高执有者，又是统治家族中地位显赫的家长。他以子侄为和硕贝勒分掌八旗控制国人，构建议政会议，完成对军政大权的独占，有明显的血缘色彩和国家原始形态的标记，是一种贵族君主制。天聪、崇德时期，皇太极逐步摒弃扎尔固齐汗号等蒙古制度，积极取仿汉族政治制度，于 1636 年称帝，实现了国家制度的汉化趋向。这实际反映了满族国家由贵族君主制向专制君主制的推移。前者更依赖于血缘纽带，具有不稳定性。在作者看来，“特殊公共权力的出现，是国家形成的重要标志，按地域原则而不再按氏族部落划分居民是国家形成的另一重要标志”①。至此，满族从部落到国家的历史变革基本完成。

（三）姚念慈：《满族八旗制国家初探》

姚念慈的《满族八旗制国家初探》比刘小萌的著作出版稍晚，研究内容和主题有很大的重合，也聚焦于从天命时期到崇德时期的国家构建问题。虽然姚著没有像刘著那样专门去研究氏族部落的发展历史，但姚念慈也充分运用了恩格斯关于国家起源的理论，去探讨“国家”这一概念在满族国家构建历史上的适用性。

与刘著不同的是，姚著更加重视探讨八旗与满族国家之间相互依赖与矛盾斗争的关系。他称满人的国家是一种带有鲜明民族色彩的“八旗制国家”。“八旗既非如人们想象的那样，是各个不受国家干预的社会集

① 刘小萌．满族从部落到国家的发展．北京：中国社会科学出版社，2007：213.

团；而满族国家也不是一个简单的八旗集合体，或所谓‘联旗制’国家。事实上，在旗形成的同时，就伴随产生了凌驾于各旗之上的国家。”①

作者深入探讨了从“牛录”到“旗”的发展过程，并提出不同的观点。他认为“牛录”的编设是为了笼络，更是为了削弱强宗大族，不管是世袭佐领还是非世袭的佐领，其任免权都在汗或皇帝手中。而“旗”的作用是“赡养其仆”，代替国家调节、维持旗内各级成员和各牛录经济的更高一级政权实体，旗主通过掌握劳动力和生产资料的分配权，巩固对属人的强制占有关系。这是旗得以产生的根本原因，而不是军事战争的需要。因此，旗的基本国家职能表现为，统辖牛录各部众。而且，在阶级关系上，这种八旗奴隶主分养国人的方式，解决了诸申与八旗奴隶主之间的阶级矛盾，这是八旗制国家不同于其他民族国家的本质区别所在。

相对于其他学者把八旗视作一个“分权制”政体的观点，姚氏认为，努尔哈赤时期的八旗制国家已经建立起了专制制度。在这里，姚著并不同意刘著中将天命时期的整体表述为一种“贵族君主制”的观点。他认为努尔哈赤建立八旗并称汗之后，他与诸贝勒之间的关系是父子之外，又加上君臣关系，贝勒是汗所授的官职，汗可以随时进行废斥。这表明八旗确立时的金国政权是一个专制政体，而不是分权制贵族政治。

姚氏在书中也论述了从天命到天聪时期后金的国家官制的进步，包括各旗贝勒、固山额真处理本旗事务，五大臣、十扎尔固齐、众都堂与八旗贝勒共同组成后金最高统治集团。八旗官职与国家官职之间既判然有别，又多有兼领，体现出家国一体的特点。都堂衙门的建立与撤销，表明八旗共治的格局严重阻碍了后金国体制的发展。因此，在皇太极称帝后，皇帝与贝勒们之间君臣关系强化、内三院中满汉官员作用加强，仿明朝设置六部都察院等机构形成对八旗的限制，崇德时期的大清国政权已经朝着君主专制集权国家转化。

姚著与刘著在观点上的另一不同之处在于，姚念慈不认为崇德时期皇权体制的建立实现了满族国家由贵族君主制向专制君主制的转变，完成了由部落到国家的历史变革。他从对经济资源的把控角度论证了崇德

① 姚念慈．清初政治史探微．沈阳：辽宁民族出版社，2008：自序．

皇权的脆弱性，他指出终皇太极之世，清朝并未能建立起强大的国有经济。由于国家缺乏有力的经济财政基础，故国中一有缓急，皇太极也只有仰仗八家调剂。皇太极虽然牢牢控制了国家权力机构，但“我国虽一，而旗则分”的格局没有改变。限制各旗贝勒，又依赖于他们，是崇德皇权的一大特点。入关前皇太极未能将八旗诸王、贝勒的实力彻底削弱，其根本原因即在于此。只有入关后，清廷掌握了全国经济，方才有可能最终战胜旗王、贝勒。可见，崇德时期的皇权向君主集权迈出了重要的一步，由于其社会基础仍然是八旗制，这一转变终皇太极一朝仍未能完成，皇权依旧脆弱。①

姚著有很强烈的问题意识，回应了学术界有关八旗政治的一些观点。他对张、郭著作中有关八旗的一些问题的论证，如四旗到八旗的产生时间等进行了商榷，不同意杜家骥提出的领主分封制和联旗制下的议政制度。如果说刘著更注重满族国家的“来”，着力探讨满族国家的各项制度是如何植根于女真人的母体社会组织的，那么姚著则更注重满族国家的“去”，着力探讨建立在强制性人身依附关系基础之上并依赖各旗供养的八旗制国家在崇德帝制还远未成熟，帝室与八旗旗主之间的关系的不稳定性还会对入关后的皇权政治产生极大的负面影响，而这成为顺治时期和入关后清朝政治的起点。

（四）杜家骥：《八旗与清朝政治论稿》

杜家骥所撰《八旗与清朝政治论稿》也是在研究八旗政治方面的一本极具代表性的著作。对于以八旗为主体的后金政权的政体特点，杜家骥将其归纳为中央集权制下的使八旗成员具有主属性、私隶性的以领属关系为基础的“领主分封制”。他认为，太祖太宗时期的八旗制，“有类于西周时期姬姓周王分封王族的诸国，以及蒙古博尔济吉特氏成吉思汗家族的分封汗国与分支部落”，其主要特点就是“家族世袭私领性及领主贵族特征”②，但同时受到中央集权的控制。由此，对国家大政的讨论也必须以“联旗合议制”的方式来掌握。八旗内部的等级关系，从皇帝到大臣到诸申到奴隶，都以一种自上而下的人身隶属关系展开。这在政治上表现为带有宗支派别的旗间政治斗争，以及各旗宗支势力与中央

① 姚念慈．满族八旗制国家初探．北京：燕山出版社，1996.

② 杜家骥．八旗与清朝政治论稿．北京：人民出版社，2008：2.

集权之间的矛盾。其趋势是中央集权不断强化，旗主分权不断被削弱，最终消失。作者的研究还放眼有清一代近三百年的历史，认为领主分封制对清代产生了重要而长期的政治文化影响，成为这个王朝“满族因素”的重要内容。①

以上四部著作，自20世纪80年代以来，在研究清初八旗政治方面与满族国家构建方面极具代表性，分别做出了自己的建树。张、郭之著在将八旗纳入满族国家系统之下做出了开创之举。相对于张、郭的天命时期即已形成专制集权的观点②，几乎同一时期的杜氏虽然承认汗（皇）权集中已经存在，但其着眼八旗的相对独立性，提出了“八旗领主分封制”的国家政体概念。而且杜氏将早期满族国家类比于西周分封制或蒙古的分封制，这与张、郭之论也非常不同。稍晚的刘著，则着重探讨满族八旗制在女真人社会自氏族部落时期以来的发展渊源，构建了满族从部落到国家历程的体系，将八旗政治研究向前推进了一步。对于满族国家政体，刘氏提出了从贵族君主制向专制君主制的过渡，与张、郭观点不同。而姚氏在一些八旗具体问题上提出需与张、郭商榷之处，但他赞成努尔哈赤时期专制集权的强势存在，而非像领主分封制那样松散。相对于张、郭对牛录军事职能的阐述，杜、刘、姚则更着重从社会组织的角度，强调牛录、八旗的本质在于维持强制性人身依附关系。几位学者都看到入关后八旗与满族国家的发展还有更大的空间，张、郭指出，清朝皇权专制政体的完备尚需时日，姚著中对崇德政权在经济资源掌控方面根本性弱点的分析一针见血，杜氏则将八旗的领主分封制视作满洲政治文化的核心内容，制度虽然不存在了，但文化影响贯及整个清代，成为“满族特色”的重要内涵。总之，继民国时期孟森等前辈学者的研究之后，几部著作各有所长，成就突出，有力推进了八旗政治的

---

① 杜家骥．八旗与清朝政治论稿．北京：人民出版社，2008．这本著作汇集了作者自20世纪80年代以来从事八旗研究的论文成果，所以他的很多观点的表达并不以这本著作的出版时间为准，“领主分封制”的观点至少在作者的《清代八旗领属问题考察》（《民族研究》，1987年第5期）一文中就已经得到比较充分表达。专著出版时，作者重新系统地阐述了这一观点。另外，杜家骥曾于1998年出版的《清皇族与国政关系研究》（台湾五南图书出版有限公司）一书中多次涉及八旗政治问题，但《八旗政治与清朝政治论稿》一书的总结更加系统，影响也更大，故采用该书。

② 孟昭信对这一观点也表示质疑，详见：孟昭信．清开国史研究的最新成果：读《清入关前国家法律制度史》．史学集刊，1990（1）。

研究。

第三节 国家制度之下的八旗官僚体制研究

一、关于八旗封爵制度的研究

清代八旗封爵制度是关系到八旗政治的重要问题，其演变复杂，内容庞杂，在清朝文献记载上多有混乱、不清，甚至错讹，是学术界重要的研究课题。清代八旗封爵制度的研究成果虽有相当数量，但比起其他研究方向，仍属冷门，具体表现在其起步晚，专著少，研究学者少等方面。现有的研究成果主要集中在宗室封爵制度与异姓封爵制度两个方向，其中尤以宗室封爵制度研究为重。

（一）对宗室封爵制度的研究

20 世纪 80 年代是清代八旗封爵制度研究的起步时期，主要有两部力作：杨学琛、周远廉的《清代八旗王公贵族兴衰史》① 和张晋藩、郭成康的《清入关前国家法律制度史》②。以前书为最早，开始出现对有清一代八旗王公贵族的专门介绍，但该书仅为清代宗室贵族、异姓贵族的兴衰历史做了一般性描述。后书则系统研究了清初的国家法律制度，其中对八旗封爵制度的源流、演变也进行了初步的探讨，为此后的八旗封爵制度研究奠定了坚实的基础。

到了 20 世纪 90 年代，学术界关于八旗封爵制度的研究成果逐渐增多。1990 年，雅路发表《谈清代宗室封爵等级》③ 一文，初步介绍了清代宗室封爵的等级及其大致的演变历程，尤其是介绍了爵称的满文内容，具有一定的开创性。

20 世纪 90 年代清代宗室封爵制度研究以晏子友和杜家骥成果最著。晏子友的《清朝宗室封爵制度初探》对宗室爵制进行了相对系统和

---

① 杨学琛，周远廉．清代八旗王公贵族兴衰史．沈阳：辽宁人民出版社，1986.
② 张晋藩，郭成康．清入关前国家法律制度史．沈阳：辽宁人民出版社，1988.
③ 雅路．谈清代宗室封爵等级．满语研究，1990（2）.

科学的研究，较为详细地梳理了清朝宗室封爵制度，将宗室封爵制度的演变划分为三个阶段，对功封、恩封、袭封、考封四种宗室爵位的封赐方法进行了初步研究，并评价了清代宗室封爵制度的作用及局限性。[①]

杜家骥对清代宗室爵位制度的研究着力亦勤。在《清代宗室分封制述论》[②] 一文中，杜家骥把宗室封爵制度纳入宗室分封制度的框架内进行研究。他介绍了清代宗室分封制度中分与封的性质及其特征、影响，认为清代宗室分封制有两个特点：一是封爵较严，高爵不滥；二是封而不建、聚居京城，领有属人、统辖中央。在《清代的宗室封爵及其等级差别的特殊性》[③] 一文中，杜家骥以"八分"这一概念为核心，再次梳理了清代的宗室封爵制度，介绍"八分"体制以及"入八分"与"不入八分"的概念，进而探讨了清代宗室封爵制度"大五等"与"小五等"的等级差别。在接下来的研究中，杜家骥缩小研究时段，追本溯源，把目光转向清朝入关前，发表了《清入关前的分封制综论》[④]。这篇文章把宗室封爵制度纳入广义的清朝分封制度中，认为入关前的后金（清）政权，对征服或来附的女真、汉人军民、蒙古各部、朝鲜都以分封来确定他们与本政权的统属关系。这种分封的实行，确定了各受封者与属人或属民不同的领属关系，以及他们对满族政权不同的统辖关系，形成当时满族政权复杂而又远近分明的统治体制，这种旧制在入关后的延续，也给清王朝的统治带来一定的影响。这实际上探讨了清初宗室爵和异姓爵的领属特权。杜家骥在 1998 年出版的《清皇族与国政关系研究》是一本涉及清代宗室封爵内容相对全面的专著，该书对清代宗室封爵、分封、教育、任官及其与社会政治、经济的关系进行了全面而系统的考察，是杜家骥本人乃至整个 20 世纪 90 年代宗室封爵制度研究的总结之作。[⑤] 其《清入关前皇族之尊称、爵名及相关诸问题考述》一文则延续

---

① 晏子友．清朝宗室封爵制度初探．河北学刊，1991（5）．按：原文所刊作者名为"晏子有"，疑有误。此处依据《中国百科学者传略》进行修正，参见：刘茂才．中国百科学者传略．成都：巴蜀书社，1998：763。下文同改。

② 杜家骥．清代宗室分封制述论．社会科学辑刊，1991（4）．

③ 杜家骥．清代的宗室封爵及其等级差别的特殊性．满族研究，1997（1）．

④ 杜家骥．清入关前的分封制综论．学习与探索，1998（3）．

⑤ 杜家骥．清皇族与国政关系研究．台北：五南图书出版有限公司，1998．

了这一思路，对入关前宗室封爵的源起等问题进行了相关探讨。[①]

这一时期还有其他问题引人注意，如程大鲲关于清代宗室贵族谥号的系列研究，其利用“玉牒”的记载，分别介绍了亲王、郡王及其他贵族的谥号，其中也涉及清代宗室贵族的封爵制度。[②]

此外，在爵制演变的研究中，有两个概念为学界所重视：一为“八分”，一为“世子”“长子”。在20世纪八九十年代，关于“八分”这一具体问题的讨论成为宗室封爵制度中的热点。“世子”“长子”问题的讨论则在21世纪成为重点议题。

景和的《清朝封爵中的“入八分”与“不入八分”所指为何?》最早关注了宗室封爵中的“八分”问题，认为“入八分”与“不入八分”的区别在于八种标识：朱轮、紫缰色缰绳、宝石顶、双眼花翎、牛角灯、茶塔子、马坐褥和门钉。[③] 雅路的《谈清代宗室封爵等级》则转引了《清朝文献通考》的材料来解释“不入八分”，认为“八分”的概念来源于天命年间的八和硕贝勒共治国政制，天聪以后，“其有功加至贝子，准入八分；如有过降至公，仍不入八分”[④]。杜家骥也专门考订了这一问题，首先介绍了后金时期在政治上和经济上的八分体制，享受这些政治和经济特权的宗室贵族属于“入八分”；“八分体制”解体后，“入八分”与“不入八分”的等级差别仍然存在，具体表现在爵级中的“大五等”和“小五等”的诸多特权差别上，但这些特权与以前的“入八分”特权相比，性质和内容都已大不相同。他总结道，“八分”就是八旗国家的一种政权体制，即各旗各置官署、八旗共议国政、人口等战利品八家均分。“入八分”是满族政权八分体制下其政治、经济权力在皇族内的分配与再分配的形式。具体而言，崇德元年（1636）定封爵制度后，此前其诸贝勒全封亲王，非旗主贝勒封郡王、贝勒，未参与议政之入八分诸台吉则封贝子、公爵。这些人都被称作“八分内王公”，即

---

① 杜家骥．清入关前皇族之尊称、爵名及相关诸问题考述//柏桦．庆祝王锺翰教授八十五暨韦庆远教授七十华诞学术论文合集．合肥：黄山书社，1999.

② 程大鲲关于清代宗室贵族谥号的系列文章共有四篇：清代宗室亲王之封谥．满语研究，1997（2）；清代宗室贵族的封爵与谥号．兰台世界，1997（4）；清代宗室郡王封谥考．满语研究，2000（1）；清代宗室贵族谥号考．满族研究，2004（3）。

③ 景和．清朝封爵中的“入八分”与“不入八分”所指为何？．历史教学，1989（5）.

④ 雅路．谈清代宗室封爵等级．满语研究，1990（2）.

“入八分”。而此前庶出的不入八分宗室，则封镇国将军以下爵位。庶出的不入八分者，即使特恩封为公爵，也不入八分之列，此即“不入八分公”之由来。[①] 程大鲲认为，“八分”是一个权力概念，起源于努尔哈赤时期八旗宗室贵族分享政治经济特权的“八家均分”原则，在镇国公、辅国公一级有的领有牛录，有的没有，有权按自身牛录数分享权益的称“入八分”，没有这种权力的称“不入八分”。[②] 李宝臣同意“八分”起源于后金的八和硕贝勒共治国政制度，八分体制解体后，“八分”的名称被保留下来，作为“礼制权力从优”的代名词。但他认为，清入关后“八分”成为八种权力标识，并考订了最可能被列入“八分”的标识是亮红顶（红宝石顶）、紫缰、朱轮、门钉、茶壶（茶搭子）、团龙褂、家将和东珠。[③]

进入21世纪以后，关于宗室封爵的研究也有进一步的探讨。朱诚如把明代封藩制度与清代宗室封爵制度进行了对比，认为清代不分藩王的政策是清王朝能够维持三百年统治的重要因素之一。[④] 李宝臣则详细地描述了清朝宗室王公封爵制度，介绍了其请封、承袭、推封（考封）制度，八分等特权，适用宗室的四小世职，以及限制约束等方面的制度内容，认为辅国公以上称“爵”，镇国将军以下称“职”。他特别提到并非专为宗室设的四等小世职（轻车都尉、骑都尉、云骑尉、恩骑尉），把它们也纳入宗室封爵体系中。[⑤] 杜家骥的专著《八旗与清朝政治论稿》则介绍了与八旗封爵相关的各种政治制度及特权。[⑥] 朱洪梅在研究方法上别具一格，不拘泥于制度规定，而重视实际运转，以封爵范围、爵位等级、封爵袭爵等方面为中心，用表格、实证的形式梳理了清代宗室封爵制度。[⑦] 日本学者杉山清彦的成果被介绍到中国，他总结了八旗

① 杜家骥．清代的宗室封爵及其等级差别的特殊性．满族研究，1997（1）.

② 程大鲲．清代宗室贵族的封爵与谥号．兰台世界，1997（4）.

③ 李宝臣．清代宗室王公封爵制度考析//恭王府管理中心．清代王府及王府文化国际学术研讨会论文集．北京：文化艺术出版社，2006.

④ 朱诚如．明代的封藩与清代封爵制之比较研究//恭王府管理中心．清代王府及王府文化国际学术研讨会论文集．北京：文化艺术出版社，2006.

⑤ 同③.

⑥ 杜家骥．八旗与清朝政治论稿．北京：人民出版社，2008.

⑦ 朱洪梅．浅论清代宗室封爵制度//邹爱莲．清代档案与清宫文化：第九届清宫史研讨会论文集．北京：中国档案出版社，2010.

分封制度的意义。他认为，当时的八旗等同于国家本身，所以八旗分封意味着将国家整体进行分配统治，属于皇室内部同姓分封。也就是说，满洲国是努尔哈赤一族共同领有、分配统治的总体，八旗八分体制就是其形式。这样的一族分封以及引申出的分配统治的国家结构，以及衡量其内部主从关系的原则和属人编成原理，既非模仿明朝，亦非满洲独有，而是以蒙古人的制度为源流的。从中可以看出，这是以蒙古为代表的中央欧亚大陆各国共有的组织原理。①

宗室封爵制度中“世子”“长子”的问题更加复杂，也更加引人关注。人们关注的焦点是世子、长子究竟算不算爵，是否应被列入爵等之中。很多学者如雅路、晏子友、程大鲲都把世子、长子列入爵等之中，但是他们对此并未进行过多的探讨。

杜家骥认为，“世子”“长子”只是某些人的暂时性封爵，且不符合爵位的升降制度，因此不应被列入清代的宗室封爵之中。② 李宝臣考订了世子、长子制度的实际执行情况：这一爵位在康熙朝以前使用较多，雍正以后基本上被废止了。③ 朱洪梅延续了这一思路，继续从实证的角度出发进行研究：在范围上，清代 2000 余有爵者中只有 14 人被封为“世子”，而“长子”一个也没有；在时间上，多数人都是在乾隆十三年（1748）以前被封的，乾隆十三年以后没有人是在世时被封为世子、长子的，“世子”“长子”这两个等级形同虚设。但朱洪梅并没有指出世子、长子到底应否列入爵等。④ 郑永华认为，清代宗室世子制度不仅在清中前期得到较长时间的实施，清后期亦存而未废。在统称整个清代宗室封爵的情况时，仍采用乾隆十三年钦定的“十四等爵制”说法相对较妥。⑤ 郑永华的文章在《清史研究》发表后，杜家骥随后撰文进行反驳。他从四个方面陈述了世子、长子不应被列入清代爵制的理由：首先，他认为世子、长子并非爵称，而是资格性身份，清朝以前并不把它

① 杉山清彦．八旗旗王制的成立．N. 哈斯巴根．吴忠良，译．吉林师范大学学报（人文社会科学版），2016（5）．

② 杜家骥．清代的宗室封爵及其等级差别的特殊性．满族研究，1997（1）．

③ 李宝臣．清代宗室王公封爵制度考析//恭王府管理中心．清代王府及王府文化国际学术研讨会论文集．北京：文化艺术出版社，2006．

④ 朱洪梅．浅论清代宗室封爵制度//邹爱莲．清代档案与清宫文化：第九届清宫史研讨会论文集．北京：中国档案出版社，2010．

⑤ 郑永华．清代宗室世子考．清史研究，2013（1）．

作为爵位；其次，清代虽然曾将所封的世子、长子列入爵级中，但其并不具备爵之可承袭、可升降的性质因素；再次，册封世子、长子并赋予其特权的制度仅实行于乾隆中期以前，并非清代通制；最后，清官方对于将世子、长子是否列入爵等，也一度模棱两可，但通观清代，是以不列入的做法为主的。①

（二）对异姓封爵制度的研究

20 世纪 80 年代，日本学者松浦茂发表了《天命年间的世职制度》一文，最早研究了清代的异姓封爵制度，但仅涉及天命时期。② 徐凯的《清代史籍中满名汉释的演变》一文较早地阐述了清初官名、爵名的混一、演变情况，为后来厘清八旗异姓封爵制度提供了条件。③ 晏子友的《清朝世爵世职制度》一文初步探讨了异姓世爵世职问题。他还梳理了清代给内外蒙古札萨克的封爵问题，认为这有利于笼络蒙古各部，对于中华民族大家庭的形成及中国疆域版图的确定起到了极其重要的作用。④

进入 21 世纪后，对清代异姓封爵制度的研究获得了较大发展，尤其以雷炳炎为代表。他曾围绕此问题发表了一系列论文，2006 年，雷炳炎把零散的研究成果系统地进行了梳理，出版专著《清代八旗世爵世职研究》⑤。该书以八旗异姓封爵制度为研究重点，兼论宗室封爵制度，系统地考订了关于八旗封爵的演变、封赠、晋升、承袭、特权、阶段变化、内部差异以及与清朝政治的关系，是 30 年来八旗封爵研究领域最为重要的一项研究成果。

雷炳炎针对异姓封爵制度进行了一系列的研究：他剖析了清初异姓

---

① 杜家骥．清代的世子长子问题．清史研究，2013（4）．

② 松浦茂．天命年間の世職制度について．东洋史研究，1984，42（4）．

③ 徐凯．清代史籍中满名汉释的演变．清史研究通讯，1987（1）．

④ 晏子友．清朝世爵世职制度//中国社会科学院历史研究所清史研究室．清史论丛．沈阳：辽宁古籍出版社，1996；晏子友．清朝外藩封爵制度．社会科学战线，1999（3）．按：原文所刊作者名为“晏子有”，疑有误。此处依据《中国百科学者传略》进行修正，参见：刘茂才．中国百科学者传略．成都：巴蜀书社，1998：763。

⑤ 雷炳炎．清代八旗世爵世职研究．长沙：中南大学出版社，2006．后又相继发表多篇论文：雷炳炎，李昌运．清代五等爵形成问题试探．湖湘论坛，2007（5）；雷炳炎．试说清代五等爵．文史知识，2007（10）；雷炳炎．清初军功封爵制度述论．湖湘论坛，2009（4）；雷炳炎．清代八旗贵族世家的死罪豁免特权及其演变．湘潭大学学报（哲学社会科学版），2013（3）；雷炳炎．清代世爵世职承袭人择选探论．求索，2009（8）。

封王这一独特而短暂的制度的背景和历史影响；把清代的异姓爵位封赠划分为开国、清中期与咸同之际三个阶段，探讨了这三个阶段的封赠特征；专门考察了清前期异姓世爵世职群体的入仕及特权问题；探讨了清代五等爵的源流，爵称、爵序演变，五等爵升降之法，揭示了清代爵制形成过程中浓郁的八旗制度特色，还对顺治朝的恩诏加爵这一清朝特殊情况加以研究，并厘定了文献记载的大量错谬。他指出，实际上，清朝利用封赠世爵世职这一手段，从政治上维系了勋臣势力的核心统治地位，故清廷给予勋臣及其家族的优遇，非普通八旗官兵和绿营子弟所能比拟。雷炳炎具体分析了清初的军功封爵制度，特别是介绍了先登授爵、按城分等授爵、功牌授爵等具体的军功封授办法，其军功封爵制度体现了官兵差异，介绍了清朝八旗贵族的死罪豁免特权的演变过程，即在天命、天聪年间，主要反映为直接给功臣颁发明载免死次数的敕书，崇德以后，则多为针对八旗功勋世家子弟应死罪犯的直接赦免。据此，他也进一步研究了世爵世职承袭人的选择，犯罪世职人员的爵位传袭，敕书与诰命的凭证性质，及承袭手续的办理。

清代八旗封爵制度的研究方兴未艾，以往的研究已经将八旗封爵制度从复杂、混乱的文献记载与浅显的理解中解放出来，得到了系统的梳理，为未来更深入的研究奠定了基础。

由异姓封爵制度延伸出的一个重要问题是八旗贵族作为一个群体也得到了学界比较充分的关注。王锺翰、杜家骥对这个问题关注得较早，且已多有论述。还有一些学者专门研究了某一个满洲贵族家族，如黄培对钮钴禄氏家族，薛柏成对叶赫那拉氏家族，定宜庄、胡鸿保和祁美琴等对内务府高佳氏，陈铁欧对富察氏等都进行了专门研究。① 比较具有代表性的成果有这样几部著作：刘小萌的《清代北京旗人社会》分析了清代北京旗人的社会生活的各方面，同时也展示了旗人贵族子弟累世把持朝廷高官显职、封疆大吏的政治状况②；赖惠敏的《清代的皇权与世

① 黄培．清初的满洲贵族（1583—1795)：钮钴禄氏//简牍学会编辑部．劳贞一先生八秩荣庆论文集．台北：台湾商务印书馆，1986；薛柏成．叶赫那拉氏家族史研究．长春：吉林文史出版社，2005；定宜庄，胡鸿保．清代内务府高佳世家的婚姻圈．清史研究，2005（3)；祁美琴．内务府高氏家族考．清史研究，2000（2)；陈铁欧．八旗满洲官宦世家探论：以富察氏家族为例．大连：辽宁师范大学，2010.

② 刘小萌．清代北京旗人社会．北京：中国社会科学出版社，2008.

家》探讨了清代满汉几大世家大族与皇权之间的密切关系，以及乾隆时期满汉结党的问题①；雷炳炎于 2016 年出版了《清代社会八旗贵族世家势力研究》，从“贵族”这个概念在中国历史上的适用性出发，界定清代八旗贵族的概念，分析这一群体的成因、特点、社会关系，特别是这些“世家”的政治、社会特权地位②；常越男的《家国之间：清初满洲八“著姓”研究》更深入地以专论的形式分析了清代瓜尔佳氏、钮钴禄氏、舒穆禄氏、赫舍里氏、他塔喇氏、觉罗氏、佟佳氏、纳喇氏八个“著姓”家族的来源、旗籍分布、事功等问题，作者认为这八大家族依靠祖上的军功、政治和文化方面的重要作用，为皇室所倚重，由此形成“家”与“国”之间错综复杂的密切关系。③ 可见，对满洲世家大族群体的研究也已经成为洞悉八旗政治及整个清代政治的一种重要路径。

二、关于八旗驻防制度的研究

八旗驻防是清入关后最为重要的政治制度与军事制度，这一制度的出现有效地维护了清朝的政治统治，是清朝实现中央集权的工具。由于驻防八旗人丁远离北京，且驻防八旗都是从京旗各个旗分中抽调组成新的协领、佐领，因此各旗旗主难以对其进行实际掌控。驻防各地的八旗军皆用皇帝上三旗旗色，清楚地表明了驻防八旗归属皇帝统辖。由此最大限度地防范了分裂的潜在危险。

八旗驻防制度的研究从起步到现在大致沿着四条路径进行。其一，主要集中于宏观论述清代八旗驻防及其作用。这方面，马协弟、任桂淳等人的开拓比较早。④ 其二，注重八旗驻防个案研究，考察该驻防与地方政治的关系。这是最为流行的研究路径，研究对象涉及清代全国各地

---

① 赖惠敏．清代的皇权与世家．北京：北京大学出版社，2010.

② 雷炳炎．清代社会八旗贵族世家势力研究．北京：中国社会科学出版社，2016.

③ 常越男．家国之间：清初满洲八“著姓”研究．北京：中国社会科学出版社，2019.

④ 马协弟．驻防八旗浅探．满族研究，1985（2）；马协弟．浅论清代驻防八旗．社会科学战线，1986（3）；任桂淳．清朝八旗驻防兴衰史．北京：生活·读书·新知三联书店，1993；定宜庄．清代八旗驻防将军兼统绿营的问题．中国史研究，2003（4）；彭陟焱．成都将军的设置及其在治理川西藏区中的作用．西藏研究，2010（1）.

的八旗驻防。① 其三，从城市规划、历史地理等角度探讨驻防满城的分布及其在城市规划中的位置。② 其四，偏重驻防八旗的社会生活、风俗、经济及其“地方化”的探讨。③ 后两类研究属于社会史、人类学的分析，本书不再具体讨论。

定宜庄的《清代八旗驻防研究》是国内第一本系统研究八旗驻防制度的专著，分析了清代八旗驻防的形成过程与地理分布、管理机构与官员和基层士兵的生活状况。作者指出，为有效掌控地方驻防将领及平衡其与地方官的相互关系，清廷规定地方官与驻防将领互不干预，二者相互监督，且将军下属都统等官也与将军互相监督；驻防将领不兼管绿营；驻防将领不掌财权，如此就避免了三藩之弊的出现。该书还对八旗兵丁与京城旗分的联系、兵丁生计来源、武力整备、生计问题、生活区域、旗人内部等级差异、京旗与地方驻防等级差异、出旗、旗人与民人的交流等方面进行了很多社会史角度的分析。最终作者指出，入关之初，八旗驻防确实发挥了重要作用，但是，随着全国政局的稳定与驻防体系的完备，八旗驻防逐渐僵化，严重阻碍了社会的发展。作者认为，原因有二：客观上受汉族封建专制制度的影响；最为重要的就是八旗制度本身带来的不可克服的束缚。④ 该书至今仍是八旗驻防研究中最为全面的著作。

但八旗驻防遍布全国各地，各地情况不一，因此，特别需要进行个

---

① 任玉雪．从八旗驻防到地方行政制度：以清代盛京八旗驻防制度的嬗变为中心．中国历史地理论丛，2007，22（3）；潘洪钢．杭州驻防八旗与太平天国．江汉论坛，2013（12）；顾松洁．清代八旗驻防协领刍议．吉林师范大学学报（人文社会科学版），2017（1）；定宜庄．清代八旗驻防研究．沈阳：辽宁民族出版社，2003.

② 马协弟．清代满城考．满族研究，1990（1）；谭立峰，张玉坤．清代旗城探析．天津大学学报（社会科学版），2005，7（6）；黄平．清代满城兴建与规划建设研究．成都：四川大学，2006；朱永杰．清代驻防城时空结构研究．北京：人民出版社，2010；等。

③ 潘洪钢，郭福亮．清初福州、广州八旗驻防的哗变事件．中南民族大学学报（人文社会科学版），2009（2）；潘洪钢．八旗驻防族群土著化的标志．中南民族大学学报（人文社会科学版），2011，31（5）．潘洪钢的系列研究后来被整理出版，参见：潘洪钢．清代八旗驻防族群的社会变迁．北京：人民出版社，2018。此外，还有：麻健敏．清代福州满族萨满信仰与本土巫文化的结合．中央民族大学学报（哲学社会科学版），2007，34（1）；许淼．荆州八旗驻防婚丧习俗比较研究．内蒙古电大学刊，2016（5）；刁书仁．清代八旗驻防与东北社会变迁．北京：科学出版社，2017。

④ 定宜庄．清代八旗驻防研究．沈阳：辽宁民族出版社，2003.

案研究，这就形成了八旗驻防研究遍地开花的局面。诸如陈一石等对成都八旗驻防的研究；潘洪钢对江南、福建和湖北八旗驻防的研究；蒙林对绥远城八旗驻防的研究；刘小萌、赵云田等人对东北地区驻防的研究；王希隆、赵云田、吴元丰、佟克力对新疆地区驻防的研究；滕绍箴、锋晖对甘肃、宁夏地区八旗驻防的研究等等。① 尤其是近年来，各地的八旗驻防都开始成为博士论文的选题，并表现出一种从内地驻防向边疆驻防转移的趋势。这其中的一个内在动因就是很多涉及边疆地区驻防的非汉文资料得到大规模的开发和利用，如新疆满文档案的整理就极大地促进了这一方面的研究。

三、关于八旗旗籍管理制度的研究

入旗、改旗、抬旗、降旗、出旗是八旗系统内部户口改动的几种形式。入旗是指非旗员经一定途径被编入八旗户籍体制。王锺翰初步梳理了入旗的两种不同情况：一是汉人投充满洲或满洲契买民人入旗；二是明末清初的降清将领或因罪受罚，分旗安插，拨入内务府三旗。王锺翰还对孔有德的天佑兵及“三藩兵”何时入旗进行了考证。② 滕绍箴详细

① 陈一石．清代成都满蒙族驻防八旗概述．西南民族学院学报（哲学社会科学版），1981（3）；陈一石．清代成都驻防八旗再探．西南民族学院学报（哲学社会科学版），1983（2）；潘洪钢．清代驻防旗人的民族关系与民族认同：以福建长乐市琴江满族村为例．中南民族大学学报（人文社会科学版），2016，36（2）；潘洪钢．清代驻防八旗军与太平天国．人文论丛，2014（2）；潘洪钢．杭州驻防八旗与太平天国．江汉论坛，2013（12）；潘洪钢．清代驻防八旗的民族关系问题研究：从荆州旗、民的几次斗殴事件入手的探讨．江汉论坛，2005（2）；蒙林．绥远城驻防八旗考源．内蒙古社会科学（文史哲版），1994（5）；蒙林．绥远城八旗蒙古初探．内蒙古社会科学（汉文版），2000（6）；刘小萌．满族的社会与生活．北京：北京图书馆出版社，1998；綦岩，刘小萌．清代柳条边外驻防城镇的修葺．学习与探索，2016（6）；赵云田．清代东北的军府建置．清史研究，1992（2）；赵云田．中国治边机构史．北京：中国藏学出版社，2002；王希隆．清代西北屯田研究．乌鲁木齐：新疆人民出版社，2012；吴元丰．满文档案与历史探究．沈阳：辽宁民族出版社，2015；佟克力．锡伯族历史与文化．乌鲁木齐：新疆人民出版社，1989；佟克力．清代伊犁驻防八旗始末．西域研究，2004（3）；佟克力．清代伊犁驻防索伦营始末．新疆大学学报（哲学·人文社会科学版），2006，34（1）；滕绍箴．论清代宁夏八旗驻防及其历史贡献．北方文物，1997（4）；锋晖．甘肃八旗驻防的历史变迁及战略地位．宁夏社会科学，2018（1）．

② 王锺翰．清代八旗中的满汉民族成分问题（上、下）．民族研究，1990（3/4）．

考释了“三藩”加入旗籍的相关问题。[①] 刘小萌对清代东北瓦尔喀、虎尔哈、索伦三部徙民的编旗及其入旗原因与历史作用进行了详细考证。[②] 杜家骥对锡伯一族在清代各个时期的编旗形式进行了研究。[③] 余瑞华则对入旗的情况进行了进一步分类，认为入旗的情况较为复杂：就入旗人员来说，有各民族成员，上至达官贵人，下至家丁奴仆；就自愿性而言，有主动与被迫之别；就原因而言，有出于政治需求，有出于经济原因，亦有战争被俘等情况。此外，他还指出入旗多发生在入关前与入关初。[④] 最新的研究成果当属徐法言的《金川“番目”入旗：清代中后期八旗制度的开放与封闭》，该文着眼于学界较少关注的金川战役降人入旗事件，以扎克塔尔与桑吉斯塔尔两人为例，分析了两人在八旗体制内的升迁与待遇。在此基础之上，作者认为，清中期清廷在面对“西番”时已然以华夏自居。“‘入旗’并不仅仅意味着社会地位的提升或政治待遇的改善，尤为重要的是八旗作为满洲的主要载体，能够进一步消解地域、文化、血统等因素造成的隔阂，令‘边夷’更快地融入‘皇清中夏’的政权之中”，这种举措则进一步说明了“边夷”既然能够越过重重隔阂融入华夏体制之中，满洲也能在保持自我认同的同时拥有华夏身份。“番目”入旗使以往八旗是一个封闭性组织的观点有所改观，这是作者的一大创见。但作者同时承认，清代中叶的八旗制度尚兼具开放与封闭的两面性，且这两种特质在不同的层面又有交织错位，并不容易清楚地辨析。具体而言，当面对汉人群体时，则严守满汉藩篱，同时试图保持“满洲特色”，又跨越“夷夏之别”的鸿沟，改变自身“夷”的身份；当面对金川这样的少数群体时，则更多地表现出八旗制度开放的一面，吸纳他们成为旗人。[⑤]

抬旗是指将旗人的低等旗分抬入更高旗分。杜家骥的《清代八旗制

---

① 滕绍箴．清代“三藩”旗籍研究//滕绍箴．明代女真与满洲文史论集．沈阳：辽宁民族出版社，2012.

② 刘小萌．清前期东北边疆“徙民编旗”考察//刘小萌．满族的社会与生活．北京：北京图书馆出版社，1998.

③ 杜家骥．清代东北锡伯族的编旗及其变迁．求是学刊，2006 (3).

④ 余瑞华．清朝八旗户籍制度研究．郑州：郑州大学，2012：42-44.

⑤ 徐法言．金川“番目”入旗：清代中后期八旗制度的开放与封闭//四川大学中国藏学研究所．藏学学刊．北京：中国藏学出版社，2015：159-177.

度中的“抬旗”》是关于抬旗制度的研究中最有影响力的一篇文章，他指出所谓抬旗就是将某旗佐领下某家族人，抬入地位较高的旗分中。另外，由包衣佐领奴仆组织抬为本旗非奴仆的旗人组织——旗分佐领者，虽未出原旗，也谓之“抬旗”。该文认为，抬旗有旗人官员因军功、政绩抬旗和后妃抬旗之分。抬旗的目的则是笼络官员与维护帝王尊严。① 王锺翰则认为，除了上述抬旗形式外，依照八旗排列次序由下一旗抬入上一旗亦可算是抬旗的一种。② 张玉兴认为，抬旗除包衣汉姓改变为八旗汉军，也包括由八旗汉军改变为八旗满洲，乃至由下五旗改变为上三旗。③ 杨珍更为细致地列出抬旗的六种形式：一是“脱包衣籍而入八旗”；二是由内管领拨归本旗包衣佐领；三是由满洲下五旗抬入满洲上三旗；四是由蒙古下五旗抬入蒙古上三旗或满洲上三旗；五是由汉军下五旗抬入汉军上三旗；六是由汉军下五旗抬入满洲下五旗。④ 李云霞提出了不同观点，认为八旗“旗分”改隶“包衣”三旗及“包衣”三旗改隶八旗“旗分”的情况应该属于“改旗”，而不是“抬旗”，并指出八旗组织的成员之间“改旗”和“抬旗”的情况时有发生，民族成分也会相应地发生变化。⑤ 陈力则着重论述了下五旗抬上三旗；内务府籍抬外八旗籍；八旗汉军、八旗蒙古抬入八旗满洲三种抬旗形式。其认为包衣旗人达到一定的官阶品级也可以抬旗。⑥ 以往学界多就某族、某支、某家抬旗进行研究，孙静则另辟蹊径，揭示了清代独特的整佐领抬旗的现象。她认为，八旗本身具有的这种级差性的组织结构是抬旗得以产生的根本前提，并指出抬旗无论出于何种缘由，维护和巩固专制皇权的政治诉求都是其重要的推动力，此外，特殊时期的政治形势也是动因之一。佐领抬旗促进了八旗基层组织的完善。⑦ 此外，有学者注意到抬旗不只是在心理上激励旗人上进，也是集中经济、人才资源的一种方式。抬旗

---

① 杜家骥．清代八旗制度中的“抬旗”．史学集刊，1991（4）.

② 王锺翰．清代八旗中的满汉民族成分问题（下）．民族研究，1990（4）.

③ 张玉兴．包衣汉姓与汉军简论：八旗制度兴衰的一个历史见证．辽宁大学学报（哲学社会科学版），2003，31（4）.

④ 杨珍．清朝后妃母家的抬旗//中国社会科学院历史研究所清史研究室．清史论丛 2014 年号．北京：中国广播电视出版社，2014：61－79.

⑤ 李云霞．从改旗和抬旗看八旗中民族成分的变化．满族研究，1999（3）.

⑥ 陈力．清初改旗制度研究．黑龙江民族丛刊，2017（2）.

⑦ 孙静．清代佐领抬旗现象．史林，2012（2）.

是八旗实现流动的一种手段，加强了八旗的纵向联系，从而增强了八旗的整体意识。①

出旗是指旗人豁除旗籍，成为民人或者奴仆。学界关于出旗的研究主要集中于开户出旗为民及八旗汉军的出旗。谢景芳较早地研究了八旗汉军出旗，其认为汉军出旗是迫于八旗生计，而其背后的实质则是“清政权企图摆脱行将到来的八旗制度的危机，摆脱作茧自缚的窘境，拔出已陷入泥潭的双足的徒劳努力”②。孙静则梳理了在“满洲”这一共同体的形成历程中，满族民族思想的发展过程。从民族思想上也可以看出，满洲统治者民族意识的加强也是乾隆朝汉军出旗的原因之一。③

定宜庄着重关注驻防汉军出旗。她认为，八旗生计艰难、军事重心的转移、汉军作用的削弱是促使八旗汉军出旗的原因，并指出根据各驻防地在军事上的重要性不同，汉军出旗也具有不同的特点。④ 罗桂林、王敏从“自下而上”的视角以清代赖氏家族为例，展示了驻防福州汉军旗人“奉文出旗”的过程及出旗后的生计。文章结合具体事例，加深了对于驻防汉军出旗的具体印象。⑤ 孙守朋的研究表明，清廷推行汉军官员出旗的本意不在于从根本上解决所有旗人的生计问题，而是“首崇满洲”，主要解决京师满洲旗人生计，同时反映出清廷的“重内轻边”观念。⑥ 范传南的《乾隆朝八旗汉军出旗标准刍议》一文明确了乾隆时期汉军出旗的标准问题。该文分析了清廷有序地组织汉军出旗，有选择性地按地域和军种采取不同的出旗政策。他认为，限定汉军出旗的标准包括：禁旅还是驻防，降清时间先后及归降后的功绩多寡，出身地位及日常表现情况，出旗后的生存能力及适应性。⑦

---

① 陈力．清初改旗制度研究．黑龙江民族丛刊，2017（2）.

② 谢景芳．清代八旗汉军的瓦解及其社会影响：兼论清代满汉融合过程的复杂性．中央民族大学学报（哲学社会科学版），2008，35（3）．该文最早作于1985年，后收入：谢景芳，赵洪刚．明清兴替史事论考．长春：吉林人民出版社，2008：218－241。

③ 孙静．“满洲”民族共同体形成历程．沈阳：辽宁民族出版社，2008.

④ 定宜庄．乾隆朝驻防汉军出旗浅议．清史研究通讯，1990（3）；定宜庄．清代八旗驻防研究．沈阳：辽宁民族出版社，2003：224－235.

⑤ 罗桂林，王敏．清代驻防旗人的生活与认同：以福州洋屿赖氏为中心．清史研究，2014（2）.

⑥ 孙守朋．乾隆朝驻防汉军官员出旗探析．中州学刊，2015（12）.

⑦ 范传南．乾隆朝八旗汉军出旗标准刍议．历史教学，2010（6）.

除了汉军出旗外，旗人也有其他类型的出旗。屈成关注了雍乾时期另记档案人的出旗，认为出于解决八旗生计问题的考虑，清廷逐渐区分“开户另户”与“正身另户”，直至乾隆二十一年（1756）下令另记档案人出旗。①

旗人出旗对八旗制度的影响不可忽视。谢景芳指出，出旗是清代八旗制度的重要转折：一是最终肯定了汉军的族属就是汉人；二是八旗内部的满蒙汉军之间的区别进一步淡化；三是对于汉军来说，功劳的大小作为留旗与出旗的标准，已经代替了清初的“以汉攻汉”“以汉治汉”的需要；四是说明了“旗、民”区别的绝对化已经不复存在，也标志着旗人特权并非绝对化。② 孙静认为，汉军出旗对清代社会产生了重要影响：其一，对解决和改善汉军旗人的生存状况不无裨益；其二，汉军的出旗有助于维护满洲正身旗人的利益和八旗制度；其三，汉军出旗为民对满族民族共同体本身而言具有深刻的影响。③ 孙守朋认为，汉军官员出旗必然会产生一些消极影响：其一，汉军官员数量减少，其地位进一步下降；其二，进一步加重汉军、汉人官员升迁壅滞；其三，增加汉军、汉人对满洲的不满；其四，弱化边疆治理。④ 定宜庄认为，对于开户人来说，出旗意味着身份地位的提高，而对八旗自身来说则使驻防兵丁成分发生变化，武力衰退，同时也加强了对驻防满蒙兵丁的束缚。⑤郑小悠进一步认为，出旗活动在“减负”方面的作用大于旗内满汉利益再分配的作用。乾隆年间的出旗活动虽对八旗生计问题有一定程度的缓解，但并未触及八旗“包养”政策，因此也必然无法彻底解决旗人生齿日繁与八旗军费有限的根本矛盾。⑥ 屈成认为，另记档案人的清查与出旗，是清代八旗户籍制度的进一步完善，暂时缓解了八旗生计问题。而另记档案人的出旗，使他们获得了更多的谋生路径，同时也加剧了旗人与民人之间的区隔。不过从长远来看，另记档案人的清查、出旗并不能

---

① 屈成．清雍乾时期的“另记档案”清查．清史研究，2018（3）．

② 谢景芳．清代八旗汉军的瓦解及其社会影响：兼论清代满汉融合过程的复杂性．中央民族大学学报（哲学社会科学版），2008，35（3）．

③ 孙静．乾隆朝八旗汉军身份变化述论．黑龙江民族丛刊，2005（2）．

④ 孙守朋．乾隆朝驻防汉军官员出旗探析．中州学刊，2015（12）．

⑤ 定宜庄．清代八旗驻防研究．沈阳：辽宁民族出版社，2003：238－243．

⑥ 郑小悠. 核心—边缘：乾隆朝“出旗为民”研究. 文史，2016（4）．

彻底解决八旗生计问题。①

四、关于内务府的研究

清代内务府是一个管理宫禁事务，服务皇室的机构。其源自包衣制度，是在包衣制度的基础上逐渐演化形成的。包衣，满语 booi，意为“家里的”。努尔哈赤时期，即有包衣的存在，其来源或为战争俘虏，或为主动降附之人，抑或为贫苦之家自愿归附者。清朝内务府的官员主要是由上三旗包衣所组成的。关于内务府设立的具体时间，史籍中语焉未详，只载“国初设内务府”一句。学者对内务府的设立时间进行了许多考证，比较主流的观点是在入关前内务府即已设立。当然，内务府的完善直至最后的定型经历了一个历史过程。清代内务府是一个具有满族特色的机构。1912 年清朝覆灭，清帝虽退位但仍居后宫，内务府被原封不动地保留了下来，直至 1924 年冯玉祥发动北京政变，驱逐溥仪出宫，内务府方退出历史的舞台。可见，内务府是与清王朝的发展相始终的。通过对内务府的研究，可以更深入地了解满族的文化及满汉文化的相互影响。

（一）对内务府包衣的研究

包衣，源于满洲旧俗，内务府制度是在包衣制度的基础上逐渐产生的，成为定制则是在康熙时期。上三旗的包衣为内务府属，下五旗的包衣为王公府属（虽然顺治年间方才形成上三旗，而内务府则在入关前就已经出现了）。包衣作为内务府的基本人员构成，对它的研究成为内务府研究的基本问题。

1. 对包衣的整体概述

作为研究内务府的基本问题，学界对包衣问题的研究不断深入。从整体上把握包衣的来源、社会地位、与内务府的关系及其旗下组织等方面是学者们关注的对象。

郑天挺就包衣的性质、产生、来源及与宦官的关系做了较为系统的论述。包衣的性质是私家的世仆，但这只是对他们的主人而言，他们可能另有自己的官阶、财产、奴仆。其产生于旗制创立之前，清初的宗室

---

① 屈成．清雍乾时期的“另记档案”清查．清史研究，2018（3）．

贵戚勋旧全有包衣。在旗制创立后，包衣成为一个法定组织，更加制度化。包衣的来源较多，或战争俘获，或罪犯子孙，或分拨，或占取，抑或投充。包衣职掌家务、差役、随侍，这就取代了中国历代封建王朝所倚用的宦官。清代无宦官专权之祸，包衣制发挥着重要作用。① 陈国栋认为，内务府包衣分为佐领下人、管领下人、庄头人三类。佐领下人依据民族成分可分为满洲佐领、旗鼓佐领、朝鲜佐领、回子佐领。在论及旗下组织时，他认为，内佐领、管领是内务府的基本组成单位，后又设参领统辖。与外八旗不同的是，内佐领不世袭，而管领则可以世袭。此外，该文也对汉姓包衣与汉军的关系、辛者库等问题进行了细致的考订。② 佟永功、关嘉录对盛京上三旗包衣佐领的由来、职责、升迁调补、奖罚以及待遇等方面，做了较为系统的论述。③ 关于盛京上三旗包衣佐领的内容，清官书语焉不详，佟永功与关嘉录爬梳史料，还原盛京上三旗包衣佐领的历史面貌，对我们了解这一机构有很大裨益。

2. 汉姓包衣

汉姓包衣及其与八旗汉军的关系也是学界的一个研究热点。在清官书及清人笔记上明确记载，汉姓包衣是汉人出身的包衣，指旗鼓佐领或管领下人，隶属于满洲八旗，分为内务府属与王公府属，八旗汉军与八旗蒙古均无包衣组织。

赵凯考订了旗鼓佐领的产生及社会地位。他认为，旗鼓佐领即包衣汉人，是辽东地区较早归附或俘获的汉人。之所以称之为“旗鼓佐领”，而不像朝鲜佐领、回子佐领那样被称为“尼堪佐领”，是因为满族中没有与之对应的词，是对汉语的音译。从“旗鼓佐领”这一名称中即可看出其创立之初的职掌是扈从王公，掌金鼓、旗帜。在论及旗鼓人的社会地位时，赵凯认为旗鼓佐领并不像一般的旗下奴仆，处于“阿哈”（即“奴仆”）的低贱地位。④ 徐法言则持不同看法。他认为汉姓包衣的社会地位应从自我认同与他者认同两个方面来考察。从整体来看，汉姓包

---

① 郑天挺．清代的包衣制度与宦官//郑天挺．探微集（修订本）．2版．北京：中华书局，2009：108-134.

② 陈国栋．清代内务府包衣三旗人员的分类及其旗下组织：兼论一些有关包衣的问题//陈国栋．清代前期的粤海关与十三行．广州：广东人民出版社，2014：381-418.

③ 佟永功，关嘉录．盛京上三旗包衣佐领述略．历史档案，1992（3）.

④ 赵凯．清代旗鼓佐领考辨：兼论有关清代包衣的若干问题．故宫博物院院刊，1988（1）.

衣的社会地位处于变动之中，地位不高。① 张玉兴论述了包衣汉姓与八旗汉军的发展历程，指出两者各自成体系，迥然有别，之所以会混淆两者，是因为两者都是汉人出身、都需参加科举等共同点，以及抬旗与出旗这些统治政策。②

3. 辛者库问题

辛者库，是满文“sin jeku”的汉语音译，其义为“斗粮”“斗米”。在众多的文献资料中，也可经常见到“打入辛者库”“发与辛者库”之语。“辛者库”到底指代什么？其与内佐领，管领的关系如何？其社会地位较包衣有什么不同？发与辛者库的又是何人？为何事？这些问题均得到了学者的讨论。

王道瑞解释了“辛者库”的含义，认为内三旗与下五旗均有辛者库人，管领与包衣佐领也均有辛者库人，并且指出其是“罪籍奴仆”，其地位比一般的包衣更为低下。③ 傅克东论述了内佐领和管领的区别，认为内管领负责保卫皇室，随清开国而设。“管领”，满语称之为“珲托和”，意为“半个佐领”，这是就其规模而言的，他们受皇家役使，负责皇室的日常生活。在谈到辛者库的问题时，王道瑞指出，辛者库属管领，分为内在和因犯罪而被“发入辛者库”的外入两种来源。与王道瑞观点相左，傅克东认为内佐领与辛者库二者之间并无实际上的牵连关系。④ 叶志如认为，辛者库是收编汉族降民和管束罪籍奴婢的地方，“辛者库人就是被管束的罪奴”。其身份地位较旗下家奴高，在法律上是良人，有考科举、为官等权力。⑤ 杜家骥对“辛者库”做了进一步的考订，更为全面地揭示了其内涵。根据乾隆年间的《钦定大清会典则例》所载，“辛者库，即内管领”，“管领，即辛者库”，他认为辛者库就是管领。辛者库人分为管领下原有和“缘罪入辛者库人”两种，并且原管领

① 徐法言．内务府汉姓包衣的社会地位及其族属认定．社会科学研究，2008（3）．

② 张玉兴．包衣汉姓与汉军简论：八旗制度兴衰的一个历史见证．辽宁大学学报（哲学社会科学版），2003，31（4）．

③ 王道瑞．清代辛者库．历史档案，1983（4）．

④ 傅克东．从内佐领和管领谈到清代辛者库人．清史研究通讯，1986（3）．

⑤ 叶志如．康、雍、乾时期辛者库人的成分及人身关系．民族研究，1984（1）．

下辛者库人是管领成员的主体。[①] 这是对叶志如的《康、雍、乾时期辛者库人的成分及人身关系》一文中观点的回应。

关于辛者库的最新研究是王子涵和卓越的《康雍时期缘罪辛者库人权利地位考——以内务府档案为中心》一文，以及李文益的《清代辛者库身份考——以康熙时期内务府辛者库人为中心》一文。[②] 前文延续了叶志如的观点，但认为康雍时期缘罪入辛者库之人不是八旗中最低贱的罪籍奴仆，他们仍然拥有与其他旗人相同的政治、经济权利，其地位不一定低于包衣佐领人。而且，罚入辛者库这一惩罚措施除了体现雍正帝打击政治、经济犯罪的决心，还体现了其对旗人与汉人惩罚相区别的原则。后文则对杜家骥的"辛者库就是内管领"的观点提出质疑，认为内管领下"有俸饷者，不给口粮"是判定辛者库身份的重要依据，即上三旗包衣管领下诸披甲人、有自耕田之皇庄庄头人，或通过发放饷银、饷米，或依靠田产，并非辛者库人；而康熙时期，将无力为生、需依赖内务府按月给口粮的管领下人，依赖"按月食斗粮"为生者（包括鳏寡孤独、无田或无力耕种者；内管领下诸匠役；无自耕田之庄头人；因罪被没收家产的旗人），称作"食辛者库人"。作者进一步解释道，"辛者库"有广义和狭义之分，广义的"辛者库"概指管领下人；狭义的"辛者库"专指管领下人中无披甲及无地亩、奴仆等无以为生之食官粮人。在管领下人中，辛者库人的地位最低，且以汉人为主。从康熙年间开始，管领下人入辛者库者渐众，使辛者库人在管领下人中的比重日益增高。在旗人生齿日繁、奢靡日盛、生计日艰的历史大势下，管领下人还是不可遏制地加入了辛者库内，最终在嘉庆年间狭义"辛者库"与广义"辛者库"实现了重合。

4. 内务府包衣世家

内务府包衣是皇帝的家仆，对皇帝忠心不二，也正是由于这种特殊关系，使他们深得皇帝信任，令其有机会出任肥差，充当皇帝的耳目，并因而权威势大，一时显赫。

---

① 杜家骥．清代八旗管领与"辛者库"问题//支运亭．八旗制度与满族文化．沈阳：辽宁民族出版社，2002：89－114.

② 王子涵，卓越．康雍时期缘罪辛者库人权利地位考：以内务府档案为中心．满族研究，2018（4）；李文益．清代辛者库身份考：以康熙时期内务府辛者库人为中心．中国史研究，2019（1）.

王锺翰的《内务府世家考》一文按时代先后，列举了顺、康、雍、乾、嘉及光、宣各朝24家内务府世家，共100余人，指出虽然他们是皇帝的奴仆，但实际上这种主奴关系是君臣关系，内务府包衣可出任诸如织造、榷关、盐政的肥缺。① 祁美琴在《内务府高氏家族考》② 一文中，列举了高氏家族的八位显赫人物，对他们的生平事迹进行了概述。他们生活在清朝由盛转衰的乾嘉时期，其个人命运与时代也不无关系。通过对高家履历的梳理，可以看出内务府包衣尤其是包衣世家对清代政治、经济乃至军事上发挥的重要作用，并得出结论：虽然内务府包衣为皇帝家仆，但正是由于他们与皇帝特殊的密切关系，因而深得皇室信任，从而功高位显，势大权重。徐凯的《论金简》③ 严密地考订了金简其人其事。金简，朝鲜人，初隶内务府汉军正黄旗，因其妹升为乾隆贵妃，于嘉庆年间抬入满洲旗。他历任总管内务府大臣等官职，在乾隆朝的经济、军事、政治等方面发挥了重要作用，是一位股肱之臣。史景迁的《曹寅与康熙：一个皇帝宠臣的生涯揭秘》④ 一书所讨论的并不局限于曹寅一人，而是从他的曾祖父一直到他的孙子曹雪芹都有涉及，还讲到他的内兄李煦。史景迁通过勾勒包衣曹家，以曹家为线索来探讨那个时代，以及当时的制度架构，将人物纳入政治、社会环境中考察，通过曹家的起伏来动态地把握清代的历史。

从以上所述中可见学界对于包衣旗人的研究已经有所起色，祁美琴的《清代包衣旗人研究》则对上述研究成果进行了总结，并提出许多新的见解，从而使对“包衣旗人”这一群体以及“包衣组织”的组织结构的研究更具整体性与系统性。在这本书中，一方面，作者着重分析包衣群体的基本内容与特征，论述了清代包衣旗人的出身及其来源的属性原则，辨析了包衣的概念，分析了包衣群体的人口结构与姓氏分布；另一方面，作者对包衣组织进行了具体分析，对其起源、演变及特征，以及

① 王锺翰．内务府世家考//王锺翰．王锺翰学术论著自选集．北京：中央民族大学出版社，1999：491-508.

② 祁美琴．内务府高氏家族考．清史研究，2000（2）.

③ 徐凯．论金简//朱诚如．清史论集：庆贺王锺翰教授九十华诞．北京：紫禁城出版社，2003，285-294.

④ 史景迁．曹寅与康熙：一个皇帝宠臣的生涯揭秘．温洽溢，译．桂林：广西师范大学出版社，2014.

对该组织的类别与具体管理都进行了深入研究；此外，作者还对包衣人群的培养机制、社会职业与社会身份及其转变，也进行了全面分析。更重要的是，作者还将包衣群体与皇权之间的紧密关系扩大化，从而发现清代所谓“内朝”与“外朝”之间的关系与以往朝代明显不同。作者认为，到了清朝，随着皇权的膨胀，在外朝地位急剧下降、内廷的核心权力枢纽地位凸显的同时，又出现了两个明显的历史现象：一是外廷机构的内廷化趋势，二是外朝大臣的近侍化趋势。内务府、南书房、军机处的出现是其机构变革的标志，“内廷行走”这一职衔的出现，是职官变革的标志。无论是文武百官、宗室王公，还是画家诗人，均有条件在“内廷行走”，成为皇帝的“近侍”。他们不仅负责皇家教学，还议政草诏、供奉文学。作者总结道，清代君臣语境下以“奴才”自称的“近臣”与王公朝臣以“内廷行走”而“近侍化”为特征的“官群”的出现，实质上都是清代皇权高度集中并在官僚体制上发生的重要变化和特征。①

（二）对内务府机构的研究

内务府作为掌管“宫禁”事物的机关，负责皇室的衣食住行等各种事务。皇室尊贵，且人员庞大，要供应这一大群体的日常生活所需，面面俱到，这就要求内务府的组织细致而全面，机构设置庞大而繁杂。考诸史籍，内务府设立的具体时间不甚明了，只言“国初设内务府”。基于此，在对内务府的各项机构进行研究的同时，其设立时间问题也成为学界关注的对象。

唐益年的《清代内务府沿革初探》② 将清代内务府演变和发展的过程分为三个阶段。从顺治元年（1644）到顺治十年（1653）是第一阶段。他据 1943 年由日本人泷川政次郎影印的《盛京内务府顺治年间档册》、王氏《东华录》，推断出清代内务府的设立时间可能是在顺治元年九月以后。唐益年并不敢断言，表示“也不排除关外时期就已经设立内务府的可能性”。这一时期，宦官仍存在，是因为初入关的内务府机构职能还不健全，不能完全满足皇室所需。第二阶段是从顺治十年到顺治

① 祁美琴. 清代包衣旗人研究. 北京：人民出版社，2019.

② 唐益年 . 清代内务府沿革初探//中国第一历史档案馆 . 清代档案史料丛编：第九辑. 北京：中华书局，1983：289－300.

十七年（1660），顺治皇帝设立十三衙门，裁撤内务府。第三阶段是从顺治十八年（1661）到雍正元年（1723），在十三衙门的组织基础上复设内务府，确立了完整的新体系，之后的内务府体制没有发生太大变化。钟安西从满语与汉语比对的意思以及《八旗满洲氏族通谱》中在入关前即有入直该机构的记录，推断内务府机构在崇德年间即已成立。① 祁美琴的《清代内务府》一书，对内务府做了全面的解读。她认为，内务府的成立是在包衣牛录的基础上演化而来的，在清军入关前就已经成立了。顺治十年（1653），设十三衙门，裁撤内务府；顺治十八年（1661），裁十三衙门后仍设内务府。康熙朝内务府是在原有内务府的基础上吸收了十三衙门的组织机构后形成的，康熙十六年（1677）基本上确立了七司三院组织。该书对内务府的机构职能，与部院机构的关系及任官制度进行了详细的介绍。② 杜家骥与张振国合撰之《清代内务府官制的复杂性及其特点》一文，认为清代内务府职掌具有多面性及综合性，官制与外朝官制有很大的区别，异常复杂。其特点是文武官俱设，有互兼及混乱的现象；职官品级、等次划分具有多样性；同一名称之官，在不同档次，不同性质的机构中，品级亦不同。不仅如此，在官缺设置上也颇为复杂，分"公缺""直缺""占缺"等十种官缺。③ 此外，他还在《清代八旗官制与行政》一书中专辟一章"庞杂特殊的内务府官制"对清代内务府的官制与官缺、内务府职官人数、内务府职官选任及其考绩与回避制度，都进行了全面的梳理。④ 杜家骥等对此复杂的官缺做了梳理与解释，对我们理解内务府的机构职掌大有裨益。

内务府负责皇室的日常生活所需，其职务庞杂，除直属的七司外，另设有许多府属机构。学界对内务府机构的研究，不仅关注其内部的七司，对府属机构的研究成果也颇丰。最惹人关注的是对江南三织造的相关研究。

周汝昌、严中的《江宁织造与曹家》一书，介绍了江宁织造的沿革、机构设置、职能及其与康熙南巡的互动。此外，该书对江宁织造与

---

① 钟安西．清代内务府初探．北京：北京大学，1985.

② 祁美琴．清代内务府．沈阳：辽宁民族出版社，2009.

③ 杜家骥，张振国．清代内务府官制的复杂性及其特点．南开学报（哲学社会科学版），2008（4）.

④ 杜家骥．清代八旗官制与行政．北京：中国社会科学出版社，2015.

曹雪芹的《红楼梦》也做了较为细致的研究。[①] 刘盛的《康熙中晚期的江南三织造》一文认为，康熙二年（1663）以前的织造，多由六部侍郎等官员担任，属于一般事务性机构。尔后，到康熙三十一年（1692）之前，虽改由皇帝亲自委派内务府司官管理，使织造成为皇室直接控制的机构，织造仍仅仅是督理江南丝绸织造的机构。直到康熙三十一年以后，织造才成为清皇室在江南的一个重要政治代表，他一方面向督抚转达皇帝谕旨，一方面为皇室监督地方大员的活动，以密折奏事的方法，向皇帝汇报，作为皇帝处理日常政务的参考。江南三织造的职责性质之所以会发生这样的变化，与康熙想要进一步稳定在江南地区的统治，扩大江南地区的赋税收入有关。李煦、曹寅、孙文成在康熙三十一年到康熙六十一年（1722）中，作为玄烨的亲信和代表，常驻江南，基本上完成了皇帝交给他们的任务：密折奏事，监督江南地方大员，报告雨雪情况，笼络江南士人。然而，他们自身亦有劣迹，造成了许多恶果。雍正年间，随着清政府对这一地区统治的稳定，江南三织造的使命完成，又因其自身原因，于雍正五年（1727）被革职。[②] 吕健的《供奉皇家的江南三织造》和郭琪的《身兼数职的江南三织造》都从职掌角度对江南织造进行了详细的介绍。[③]

林子雅分析了清代中期苏州织造局的财政结构，厘清了清代政府以苏州织造兼管浒墅关之制度，阐明了苏州织造与内务府的财政关系。苏州织造具有双重职责，一为办理织物，二为管理税官。浒墅关处于交通要冲，税收丰富。苏州织造局的经费来源一部分是苏州藩司，另一部分则是浒墅关税收，分为办差银、罚料银、管关养廉银、平余银、动拨扣存银等五项。在浒墅关的税收中，仅30%用于苏州织造局本身，70%都流入内务府。苏州织造兼管浒墅关，使原属于户部的税收，成为内务府财政上的贡献。[④]

其他关注内务府所属机构的研究，主要是王芷章利用朱希祖所捐北

---

① 周汝昌，严中．江宁织造与曹家．北京：中华书局，2006.

② 刘盛．康熙中晚期的江南三织造．史学集刊，1991（4）.

③ 吕健．供奉皇家的江南三织造．紫禁城，2014（4）；郭琪．身兼数职的江南三织造．中国档案，2014（12）.

④ 林子雅．清代中期（1723—1850）苏州织造与内务府财政关系之研究：以浒墅关为中心．台南："国立"成功大学，2004.

平图书馆《清升平署档案》，对升平署这一机构做的严密的考证。该书不仅介绍了升平署的沿革，亦分总管、内学、中和乐、钱粮处、档案房叙述其制度，将任职官员太监制成年表，考证其本署及圆明园、热河行宫、张三营行宫、盘山行宫、颐和园行署所在。① 张莉的《清代上驷院简论》就清宫所存的上驷院档案，对上驷院进行了研究。张莉认为，由于上驷院职掌渗入到一些重要的政务活动中，发挥着提供军需、联络蒙古王公的感情、促进与边疆各民族的交往等作用，所以其地位较高，弥补了学界对这一机构研究的不足。②

由于档案开放的问题，有关内务府研究最为丰富的内容主要涉及与盛京内务府密切相关的社会经济问题。代表性学者有佟永功、关嘉禄、定宜庄、赖惠敏，以及李中清、康文林等，这些学者利用盛京内务府档案，对清代盛京地区皇庄经济、人口等问题进行了深入研究，成为内务府相关研究中的亮点。但由于距政治史较远，此处不再赘述。

第四节　清末八旗制度的存废问题研究

学界研究八旗制度，大多关注于八旗制度的创建、运行、衰败等内容，而对于其在清末的变革，尤其是八旗制度在清末存废、最终消亡等问题的关注稍显不够。不过，相关问题还是引起了部分学者的注意。他们研究的重点集中在八旗驻防、八旗军制改革和八旗生计三大板块。本节无意综述这些内容，仅将牵涉政治性较强的八旗制度的存废问题做一梳理。

清末“平满汉畛域”是一个比较受关注的研究话题，代表性学者有迟云飞、李细珠、郭卫东等人。迟云飞认为，裁撤旗制和筹措八旗生计是立宪时期清廷平满汉畛域的四大措施之一。作者注意到旗户编入民籍即意味着裁撤驻防八旗，但是裁撤驻防却遇到重重困难，除了统治者的决心外，客观上的大问题是旗民的生计。如果不解决生计问题，旗民终

① 王芷章．清升平署志略．上海：上海书店，1991.
② 张莉．清代上驷院简论．清史研究，1991（1）.

究还是要靠国家财政供养，从而难以编入普通民籍，驻防也就难以彻底取消。除了东三省旗营建制实际上已经取消外，其他省份之驻防裁撤并未取得相当效果。① 李细珠则集中分析了光绪三十三年（1907）清廷发布的化除满汉畛域懿旨所引起的调整满汉关系与政策实践的大讨论。其总结了当时各方讨论的政策，其中裁驻防、改旗籍与筹八旗生计是最为重要的方面。而在落实过程中，虽然各地情况不一，但是各地裁撤驻防与筹旗人生计的工作业已开始陆续实行。随着预备立宪的进行，平满汉畛域的各项措施也被纳入宪政改革的轨道。但结果并不尽如人意，这主要是源自载沣改变了慈禧的平衡满汉政策而导致重满排汉、清政府高层权利分配满汉不均、旗人生计问题没有得到很好的解决。② 郭卫东简要分析了清末平满汉畛域的措施，并分析了其失败的原因。他认为，清廷改革八旗制度（包括裁撤八旗驻防）的效果不佳，一方面并未达到平满汉畛域，抵御反满宣传的目的；另一方面也使旗籍人士对清廷失去信心，从而使清廷在两边都未取得信任，最终失去民心基础，被民族共和的民国所替代。③ 何凯则以成都驻防八旗为例，指出清末“化除满汉畛域”改革，未能裁撤成都的八旗驻防，也未能彻底消除旗汉之间的隔阂和解决旗人生计问题，但成都旗人平民化的趋势、成都旗人职业多样化的发展和成都旗汉关系的变化皆由此显现。④ 戴迎华指出，清末各界人士要求“平满汉畛域”的呼声越发高涨，裁八旗与散旗籍的措施被提出。清廷最终也采纳了将旗民编入民籍的建议，但遭到了旗民的反对，因此旗户并未真正地编入民籍，驻防也未被裁撤。⑤

清末，为了改革八旗制度，专门设置了“变通旗制处”这一机构。吕柏良对该机构进行了全面且丰富的研究。他认为，由于中央无力再发放旗饷，清廷便希望通过政府的力量，以“变通旗制”的方式来筹划八

① 迟云飞．清末最后十年的平满汉畛域问题．近代史研究，2001（5）.

② 李细珠．清末预备立宪时期的平满汉畛域思想与满汉政策的新变化：以光绪三十三年之满汉问题奏议为中心的探讨．民族研究，2011（3）.

③ 郭卫东．困厄的处境：晚清政府平复满汉畛域政策的矛盾//赵志强．满学论丛：第二辑．沈阳：辽宁民族出版社，2012.

④ 何凯．政治变动与旗汉交往：清末“化除满汉畛域”改革期间的成都旗人社会．社会科学家，2016（8）.

⑤ 戴迎华．清末民初旗民生存状态研究．北京：人民出版社，2010：73－80.

旗生计与融化满汉畛域，因此将裁撤旗营与预筹八旗生计两者相提并论，这也是清廷设置“变通旗制处”的最主要的目的。但事实上，此项政策一出，随即就遭到极大的反对与抵制，辛亥革命爆发、清朝被推翻之后，全国各处旗营仍旧免不了走上被裁撤的命运，八旗制度彻底消亡。吕氏对这一机构的设立评价颇高，认为在其统筹下的各项改革措施富有条理，具有可操作性。① 连振斌的态度较为悲观，认为在这个以旗人群体为主体的机构中，变通旗制处对清除旗弊、裁撤官缺和筹划八旗生计等事议论颇多，但多未能实施。作者总结了当时存在的两种改革声音：一为裁旗留制，即裁撤旗籍而保持旗制；一为留旗裁制，即变通旗制而不裁撤旗籍。不过，清廷最终还是决定变通旗制而不裁撤旗籍，以存团体。这无疑表明，清廷的态度还是不愿意裁撤八旗。可以说，变通旗制处的设立非但没有解决满汉畛域问题，反而使这一问题更为突出，反映了清末改革的困境。②

尹立芳则分析了国内旗籍人士组成的政治团体对改变八旗制度的政治呼吁。其认为，裁旗撤防引发了如何解决八旗生计的问题，清政府为筹划八旗生计，特设立变通旗制处。但变通旗制处的成立受制于旗人抵制、驻防官员不满、旗制大臣敷衍等因素，并没有取得多大的成绩。因此，八旗宪政团体对变通旗制处进行了严厉的批判，他们发表舆论，希冀以此唤醒沉沦的旗人，自立生存。③ 黄圆晴分析了在日留学的满蒙旗人在东京所创办的《大同报》，认为这些旗人以该报为喉舌，发表了许多关于改革八旗的建言。留日旗人认为八旗制度有三弊、裁撤八旗有六利，因此强烈要求清廷裁撤八旗制度。作者认为，留日旗人不拘泥于旗制对旗人的优惠之处，反而指出旗制存在的三大弊病，这应与这些撰写者大多有海外留学的背景有关，留学使他们相较其他基层旗人的政治眼光更为开阔。④

清末裁撤八旗制度在各地得到响应，但是各地的成效并不相同。其

---

① 吕柏良．晚清“变通旗制处”之研究//赵志强．满学论丛：第二辑．沈阳：辽宁民族出版社，2012.

② 连振斌．清末变通旗制处考述．南昌航空大学学报（社会科学版），2014（1）.

③ 尹立芳．清末新政时期八旗团体的参政活动．满族研究，2010（1）.

④ 黄圆晴．清末八旗制度存废讨论：以（东京）《大同报》为中心的考察．军事政治学研究，2013（3）.

中以东三省成果最为明显。王景泽和刁书仁早已注意到清末东三省旗制的变化。王景泽认为，在清朝的最后十年中，清廷在东北裁减制兵，废除八旗军事职能；裁减旗官，废其民政管理职能；谋划生计，广开旗人自立之路。此次改革使黑龙江八旗驻防体制彻底瓦解，八旗军事职能被完全取消。[①] 刁书仁认为，旗制改革使东三省由旗制体制转为民治体制，有利于清除积弊。东三省体制改革后，八旗组织的管理形式基本被废弃，其设立的民政官员专门管理地方行政事务，以清除腐朽的八旗制度带来的弊病。[②] 连振斌梳理了锡良主政东三省时期的旗制改革，认为锡良是非常认真地在筹办旗制变通的事宜，他在裁撤旗官、筹措八旗生计等方面做出显著成绩，使奉天成为当时旗制变通最有系统、成效最著的地方。[③] 潘洪钢专门论述了清末关于八旗驻防裁撤问题的论争。他逐一分析了清廷、革命党、立宪派以及社会舆论对于八旗驻防裁撤的争论，指出"革命排满"的声浪在很大程度上具有压倒性优势，革命党人将驻防八旗视为民族不平等的标志，加以痛斥批判，在社会上造成很大的影响。在这种社会舆论之下，部分满族开明之士也在催促裁撤驻防八旗。光绪三十三年（1907），清廷连发两道谕旨下令裁撤八旗驻防，从制度层面讲，裁撤令一下，驻防八旗制度也就走到了尽头。这撼动了清朝统治的基础，突破了最高统治当局的心理防线，也为清帝退位，宣告放弃统治权力做铺垫。[④]

常书红与戴迎华也从裁撤八旗旗籍的角度论述了晚清八旗废除的问题。常书红认为，清末关于八期户籍的松动包括两层含义，其一是通过使部分旗人出旗为民，对旗人的数量和范围予以调整；其二是消除旗籍与民籍之间的界限，改变旗人在社会体系中与民人相对立的角色。尤其是后者，意味着八旗制度的瓦解。[⑤] 戴迎华指出，清末各界人士要求"平满汉畛域"的呼声越发高涨，要求裁八旗与散旗籍。清廷最终也采纳了旗民编入民籍的建议，但遭到了旗民的反对，因此旗户并未真正编

---

① 王景泽．清末黑龙江八旗之变迁．中国边疆史地研究，1995（1）.

② 刁书仁．试论清末东北八旗体制的变化．吉林师范学院学报，1995（2）.

③ 连振斌．锡良与奉天的旗制变通．满族研究，2013（3）.

④ 潘洪钢．清光宣之交朝野关于裁撤驻防八旗的论争．军事历史研究，2014（4）.

⑤ 常书红．辛亥革命前后的满族研究：以满汉关系为中心．北京：社会科学文献出版社，2011：81－84.

入民籍，驻防也未被裁撤。[①]

可以看到，清末清廷的一系列八旗制度改革措施并未取得整体上的成效，八旗制度并未被废除。而对于八旗制度最终的消亡时间，许多学者以为随着清王朝的覆灭，八旗制度也一并消亡了[②]，其实不然。佟佳江探索了这一问题，其认为，八旗制度在中华民国北洋政府统治时期还继续存在。原因在于八旗生计的特殊性，而《清室优待条件》则是八旗制度得以延续的法律依据。其提到八旗驻防自南向北依次裁撤，直到民国十七年（1928）北洋政府被推翻，《清室优待条件》被国民党废除，八旗制度也就随之消亡了。[③] 前面介绍的吕柏良一文和美国学者路康乐（Edward J. M. Rhoads）也持相同观点。路康乐认为，到冯玉祥驱赶溥仪小朝廷，国民政府进入北京之后，旗人的饷银终结，八旗制度也彻底消亡了。[④]

制度史的构建往往会遭遇一个重大难题：有关制度起源资料的碎片化。任何一个组织、人物、事件及相关规定的意义，都是后世之人，从不同角度构建出来的。历史当事人对某种制度的追求和后世之人对这些制度的解释，很可能是完全不同的两件事情。而且，越是一个朝代的根本性制度，后世之人对它的理解、解释和构建就越是具有多重性。清代的八旗制度，作为清朝的立国之基和根本制度，在这一方面表现得尤为突出。资料和对资料的解读能力对八旗政治研究的影响非常明显。

进入21世纪后，八旗政治的研究受到越来越多国外思潮的影响，尤其美国学界与日本学界对满族国家的兴起与八旗制度非常重视，这构成了“新清史”思潮的一个重要内容。对此，第七章将做更多论述。

---

① 戴迎华．清末民初旗民生存状态研究．北京：人民出版社，2010：73-80.

② 郑川水．辛亥革命与八旗制度的崩溃：略论辛亥革命对满族的影响．辽宁大学学报（哲学社会科学版），1982（1）.

③ 佟佳江．清代八旗制度消亡时间新议．民族研究，1994（5）.

④ 路康乐．满与汉：清末民初的族群关系与政治权力（1861—1928）．王琴，刘润堂，译．李恭忠，审校．北京：中国人民大学出版社，2010：309-326.

第二章　专制的顶峰：清代皇权政治研究

“皇权政治”在中国政治史中占有核心地位，把清代看作中国历代专制主义中央集权制度发展的顶峰，是研究清史、清代政治史的一种重要思维，这一判断形成的根据则是清代统治者在政治和行政制度方面的变革，特别是军机处的设置，更是成为君主专制制度得到空前强化的标志。在这种思维之下，学术界对大多数政治制度、政治问题、政治人物的探讨，都与皇权专制的不断加强相联系，都是君主专制制度强化过程中的一个环节，或者说都被涂上了君主专制的色彩。通过对这些碎片化历史的描述与研究，人们一直试图描绘出清代皇权专制走向顶峰的线性过程和必然趋势。而学术界对清朝皇权的观察，除了从中国中原王朝的传统皇权观念出发，也极力揭示清朝历代皇帝的政治行为中所包含的“满族特色”。因此，就清朝而言，笔者在这里把“皇权政治”当作一个最狭义的概念，专指皇帝为维护皇权而展开的各种政治实践。本章以学术界最流行的“皇权专制”为视角，就学术界对清代历朝皇帝、中枢机构、皇位继承制度和宫廷政治等相关问题的研究进行归纳和梳理。皇权政治应该还包括宗室内部的斗争，中枢机构中也应该包括议政王大臣会议，但这两个问题的相关研究已经在上一章中详细阐述，不再赘论。①

---

① 关于对清朝皇权进行的专门研究，以杨珍的《历程　制度　人——清朝皇权略探》（学苑出版社，2013 年）最具代表性。该著作从三个维度对皇权展开讨论，即“清朝皇权发展历程”、“清朝若干宫廷制度的建立与变化”和“与皇帝关系密切的一些人物”。对此，笔者非常赞同。

第一节　清代皇帝研究

皇帝制度，并非仅仅是一种政治制度，它也包含“皇帝”这一政治人物。“历史是人类自觉活动的产物……离开了人，就无所谓历史”①。“人”才是历史的核心，历史活动的开展均离不开人的参与，有了人才有了历史。但是“就单个个人而言，在多数场合下影响总是很微小的，几乎可以忽略不计……只有集中和代表着许多个人的意志和行动，亦即阶级的、集团的意志和行动才是强有力的，才能够在历史的戏盘中显示出分量”，这其中“杰出的历史人物最善于体察历史发展的规律和群众的意愿，最能够反映本阶级的利益，把社会发展已经成熟了的任务提到日程上来，并且能够动员和组织群众，为实现某个历史目标而努力奋斗。个人的行动可以在历史上发生巨大的作用，加速或延缓社会的发展”②。由此来看，在历史长河中纵横捭阖的关键人物对于历史的进程与方向起着重要的引导作用，尤其是作为古代社会最高统治者的皇帝，其无疑是影响这一进程、方向的关键性因素，对于皇帝的研究可以说是了解古代社会发展的一个重要切入点。

清朝是中国古代的最后一个王朝，自太祖起兵直至宣统退位，一共存在十二位皇帝。而围绕着这十二位帝王又存在着许多类似于“皇帝”的政治人物，如多尔衮曾追封皇帝，孝庄太后、慈禧太后也对清朝的政治发展产生了重要影响，尤其是慈禧太后，其成为清末中国的实际掌权者，更是成为学者们研究的重点人物。因此，本章在考察清代帝王的研究成果中，也将上述三位影响清朝历史发展的重要人物一并囊括在内。学界对于这十二位皇帝及相关人物的研究成果显著，由于时代的变迁与社会的发展，史家各自的立场、政治理念、史学观念等迥然不同，导致对于清代皇帝的评价自然也呈现一种难以下定论的局面。百余年来，清代皇帝研究逐步走过了三个阶段，每个阶段都具有不同的研究特点。民

① 戴逸．清代人物研究．北京：故宫出版社，2013：7.

② 同①7-8.

国时期是清代皇帝研究的第一阶段，自宣统退位之后，清代皇帝即已经引起部分史家的关注。但是此时期由于政治宣传的需要，对于清代帝王的评价并不甚高，虽有史家进行反驳，但是并未形成主流。中华人民共和国成立后至“文化大革命”前的“十七年史学”期间，中国史学界百家争鸣，在马克思主义史学理论的大框架下客观地讨论了清代帝王的历史评价问题。“文化大革命”期间，由于极“左”思潮的出现，史学界受到严重影响，影射史学主导着历史研究，对于清代皇帝的评价也受到波及，此近三十年时间是为第二阶段。改革开放以来的四十年，史学研究回归正轨，在继续坚持传统的史学研究之外，由于各种史学思潮与方法的兴起，对于清代帝王的研究逐渐呈现多元化发展的趋向，是为第三阶段。各阶段的研究成果，以待下文。

一、由清入民：清代皇帝研究的学术化

（一）清朝史书与革命派论述中的清代皇帝

历朝历代对于本朝君主的评价均是赞美讴歌之词，清代亦如是。无论是官修史书、私人著述，还是个人笔记，均是如此。例如，在清代历朝实录中，篇尾之辞多是美化帝王，绝无贬抑之语。即便是对于时处国运维艰，在位时间较短的咸丰帝，《清文宗实录》也做出如下评价：

> 上在位十一年，圣寿三十有一。上诞膺天命，临御万邦。缵列圣重熙之绪，际四方多事之时，旰食宵衣，勤求上理，终始一德，罔或倦勤，用能新景，命巩丕基，骏烈丰功，日星彪炳，至于若斯之盛也。……昔我高宗论为君之难，以为创业难，守成更难。上膺艰大之任，当通变之时，以创为守，其势尤难。是故兵不足而兼用勇，漕不继而改海运，饷不足而更制大钱。改口岸以整鹾纲，输米石以实仓庾。裁河员之冗浮，减京饷之成数。凡此新章之更革，无不与时为推迁。至矣哉。德昭宥密，业炳寰瀛。恩泽浃人心，仁风翔域外。宜乎任其劳者食其报，为其难者享其成，而乃大功未蒇。遽弃臣民，于戏痛哉。①

从这段论述中明显可以感到，实录的纂修者对于咸丰帝的评论均为溢美

① 清文宗实录：卷356. 北京：中华书局，1987：1258－1263.

之词，并无任何失败经验的总结。而这种论调在官员的私人著述以及笔记中也比比皆是。举例来说，魏源的《圣武记》①《啸亭杂录》② 中记载了有清一代的武功及皇帝的私人趣闻，毫不吝啬地夸赞各代皇帝的成就与伟大。

当世之人对于君主的推崇是可以被理解的，然而，这种美化的词句随着革命思想的兴起与清王朝的灭亡而发生了根本性的扭转。由于革命宣传的需要，革命党人在评价清代帝王时多是大加讥讽，毫无赞词。章太炎在《訄书·哀清史》中即对康雍乾三世的黑暗统治，及康雍乾三帝的大兴文狱、焚毁书籍、诛杀前明旧裔等行为做出严厉批判，认为康雍乾之时“君臣以监谤为务”，国家社会被笼罩在一片惊肃黑暗之中。三帝为得民心，所施仁政，均为谎言，“宽假之令，免赋之诏，皆未施行也”③。在《訄书·哀焚书》中，章太炎更是直接将乾隆焚书比作暴秦，“乾隆焚书，无虑二千种，畸重记事，而奏议文献次之，其阴鸷不后于秦矣！”并将之上升到灭亡种族与国家历史的高度，认为“今夫血气心知之类，惟人能合群。群之大者，在建国家、辨种族。其条列所系，曰言语、风俗、历史。三者丧一，其萌不植。俄罗斯灭波兰而易其言语。突厥灭东罗马而变其风俗。满洲灭支那而毁其历史。自历史毁，明之遗绪，满洲之秽德，后世不闻”④。在章太炎看来，康雍乾三帝全无正面形象，皆以残暴、寡仁的面目示人。其他革命党人所发言论亦大抵如此，如笔名“寄生”者在《民报》上发表的《法国革命史论》一文就将康熙帝与法国暴君路易十四相比，认为“（路易十四）讨欲纵情，豪奢无极”。而当世“学者，率皆识寡见陋，惟知长歌短韻，夸耀王室……所以然者，路易之养成之也。路易一代雄主，战胜攻取，杀敌之余，威行其下，尝曰：国家，朕也。……赏罚百姓，一喜一怒操于君主”。而康熙帝与路易十四大致相同，武功显著而文学不佳，社会习气一片阿谀，“路易十四之世与清康熙最相类。康熙内平三藩，外著噶尔丹之役，武绩之相类也。路易十四，已不知文学，惟宠被知名之士，结其欢心。

---

① 魏源．圣武记．长沙：岳麓书社，2011.

② 昭梿．啸亭杂录．何英芳，点校．北京：中华书局，1980.

③ 章太炎全集：第三册．上海：上海人民出版社，1984：325，327.

④ 同③323－324.

玄烨号称能文，而偶作歌诗，令人气绝。至若字典、韵府，拉杂失伦，自谓旷代伟编，适弥见其浅陋耳。然其用心则欲举一世之聪明才力埋没于断烂时艺之间，正路易十四之俦也。而一时文人学士堕溺陷穽，剽廉灭耻，忘其天职，习为谀颂之辞，隐销敌忾之气”。文人“仅及言志，未尝敢明辨夷夏，指摘朝政也”。在作者看来，康熙帝学识浅陋，文人阿谀谄媚，社会一片死气沉沉。①

无论是清朝史书的赞颂还是革命党人的刻意抹黑，这些言论显然并非一种纯粹学术理路上的客观探讨。对于清朝帝王的非理性认识，尤其是革命党人的言论，正如孟森所批判的，“近日浅学之士，承革命时期之态度，对清或作仇敌之词”②。革命话语意在黑化清朝历史，渲染满洲入主中原之后对于中国社会发展的阻碍，从而达到倡导革命、推翻清朝、驱除鞑虏的革命目的。这种黑化清朝历史、“驱除鞑虏”的革命论调，在革命成功后虽然被“五族共和”的国家建构言论所取代③，但对于人们认识清代历史与清朝皇帝仍带来了不可避免的消极影响。

（二）清帝秘闻与民间传言

辛亥鼎革之后，对帝王的评价不再是传统社会下的讴歌，也与激烈批评清帝的言论不同，民间社会逐渐转向探究清代帝王秘辛，以为茶余饭后谈资。这一方面是因为清代帝王历史剧目、戏曲的广泛演出，使原有的秘密话题成为人们公开讨论的谈资。如关于世传顺治皇帝是否出家、如何钟情董鄂妃的故事，已被编排为历史剧目广为演出，《申报》1916 年刊登了《顺治皇帝出家》十二本剧目的演出消息，剧目演出之后获得民众的一致好评。④ 同年亦有《雍正皇帝篡位》一剧公开演出，至 1925 年仍有名为《雍正皇帝》的剧目在公演。⑤ 另一方面，则是由

① 寄生．法国革命史论．民报，1906（13）：62－67.

② 孟森．清史讲义．北京：中华书局，2010：3.

③ 饶权．从“革命排满”到“五族共和”：清末民初中国民族国家建构路径转换的政治学分析．南京：南京大学，2011.

④ 申报，1916－09－11，15655 号，16.

⑤ 申报，1916－10－07，15681 号，16；申报，1925－01－16，18639 号，本埠增刊（1）.

于杂志、小说多为关注有清一代皇帝的私人作为，如太后下嫁、顺治出家、世宗夺嫡等宫廷秘闻，其刊发、出版的文章、作品也成为民间社会了解清代皇帝的主要途径。关于太后下嫁之说，自清初即有传言，以至民初人人皆能言之。文章著作中也多认为孝庄太后曾下嫁摄政王。《满清外史》《满清十三朝宫闱秘史》均以为多尔衮迎福临进关登基，举朝文武咸为福临思所以报之。多尔衮与范文程密谋，倡言于朝，以太后下嫁摄政王。后福临下诏宣示天下，至乾隆朝纪昀见此明诏，奏禀乾隆后，焚毁无遗，后世难晓。张煌言所作《满洲宫词》一诗已成为其重要依据。[①]《多尔衮轶事》亦持此立论，但论述则有不同，书中认为多尔衮权倾朝野，孝庄为维护母子地位，答应于天下一统之后下嫁多尔衮。然定鼎中原之后，太后格于礼制并未履行诺言，多尔衮屡次以死相逼，孝庄出于无奈，密谋下嫁。先于宫内宣布太后驾崩，不日宫内即降旨以帝之乳母某氏指婚多尔衮，然“空前之大典”举世皆惊，“于是天下臣民莫不心知其故”。[②] 更有甚者，认为多尔衮功高盖世，清廷无以为偿，众议以守寡之太后下嫁摄政王，一举两得，并举出所谓太后下嫁摄政王的上谕，称此谕出自钱谦益之手。[③] 罗惇曧的观点可以说是时人认为太后下嫁摄政王最具代表性的言说，在《宾退笔记》中，他认为太后确曾下嫁，主要证据有三：一是顺治年间礼部旧案中有太后下嫁的礼仪及群臣奏章；二是多尔衮在顺治三年（1646）后称“皇父摄政王”，且奏章中书写在皇帝之前并抬写两格；三是摄政王死后太后出居王府，死后迟至雍正五年（1727）方才下葬，且并未与太宗合葬，以示“绝于太宗之意”。[④] 罗惇曧的观点为当时大多数人所认可，所依证据也成为后世反复讨论之处。

顺治出家又为一民间所乐道之秘闻。世间多认为顺治出家确有其

---

① 天嘏．满清外史//陆保璇．满清稗史．新中国书局，1913：8b－9a．燕北老人．满清十三朝宫闱秘史．上海：上海春明书店，1936：12－13．《满清外史》，亦名《清代外史》，收录于《清代野史》，参见：辜鸿铭，孟森．清代野史：第一辑．成都：巴蜀书社，1987。

② 杨公道．多尔衮轶事．上海：中华书局，1920：23－27．

③ 忏庐．清太后下嫁摄政王之上谕．复兴月刊，1937，5（8）：3－4．

④ 罗惇曧．宾退笔记//沈云龙．近代中国史料丛刊三编：第26辑．台北：文海出版社，1987：270．

事。尤其是在《顺治演义》[①]《清朝四大秘记》[②] 这类历史演义著作中，顺治帝出家已经是一种历史事实，如前者第八十回的题目为“脱黄袍披上紫袈裟，袭旧套辅立新幼主”。关于顺治帝出家的原因，多数人认为与董鄂妃的去世有关。《清朝野史大观》认为“世祖入五台山之原因”源自董鄂妃去世，为避世言，清廷“谬谓世祖病殁，而以十四罪自责之遗诏下矣”[③]。《顺治演义》第七十九回“多情帝无计驻芳魂，高行僧有心示禅意”写道董鄂妃一死，顺治便心灰意冷，请五台山高僧前来开导，高僧示以一僧人画像称其为顺治帝前身，“顺治帝听着觉得心地凉爽，顿时明白，便有出家之想”[④]。而关于顺治帝出家原因的另一解说来自一个关于顺治帝是汉人的传闻。朱扬善的《顺治皇帝是汉人》一文说道顺治帝生父为山西潞氏县人，朱姓，在满洲经商，其妻貌美，为清太宗所掳，婚后不足半年即生下顺治帝。及顺治成年，始觉其母为山西汉人，遂离宫前往潞氏县寻找生父，无果而返，“便转道儿到五台山上出了家了”[⑤]。顺治帝与董鄂妃的情深意切，又牵涉另一传闻，即董鄂妃的身世问题。世间多传董鄂妃实为冒辟疆之妾董小宛，演义、期刊发表论著多从此说。据相关考证，最早将董小宛与董鄂妃直接联系者为易顺鼎，其将《董贵妃行状》与《影梅庵忆语》相连刊印，以为董贵妃即为董小宛，“是为始作俑者”[⑥]。而较早提出该说并付诸笔端者为罗惇曧与陈衍。罗惇曧在《宾退笔记》中援引吴梅村的《清凉山赞佛诗》推测诗中所指即为顺治因董妃逝世而入五台，董妃即冒辟疆妾董小宛。[⑦] 陈衍在《石遗室诗话》中亦通过解读吴梅村的《清凉山赞佛诗》认为文中所指即为顺治出家与董妃即董小宛之事。同时他还进一步提到“然满洲

---

① 李龙公，陈燕方．顺治演义．上海：上海广益书局，1924.

② 该书分四部分：“顺治皇帝出家秘记”“雍正皇帝夺嫡秘记”“乾隆皇帝休妻秘记”“同治皇帝嫖院秘记”，但笔者尚未查到原书，只有报纸售卖书籍信息，参见：申报，1922-05-02，17667号，19。

③ 小横香室主人．清朝野史大观：清宫遗闻．石家庄：河北人民出版社，1997：13. 该书初版由中华书局于1915年出版。

④ 同①52-55.

⑤ 朱扬善．顺治皇帝是汉人．少年，1931，21（2）.

⑥ 舒湮．董小宛考证．董小宛特刊，1944（4）：6-8.

⑦ 罗惇曧．宾退笔记//沈云龙．近代中国史料丛刊三编：第26辑．台北：文海出版社，1987：267-270.

蒙古并无董姓，于是有以《董贵妃行状》与《影梅庵忆语》相连刊印者”。即认为董鄂妃与董小宛即同一人，二者合刊当有益于了解清初一疑案。① 王梦阮和沈瓶庵的《红楼梦索隐》对董鄂妃与董小宛之关系叙述得更为清楚，其在援引上述二人证据的同时，谓《红楼梦》专为世祖与董鄂妃而作，而董鄂妃即冒辟疆之妾董小宛。初清军南下，豫王闻知董小宛名，掳掠北上，后经世祖纳入宫中。因汉人无入宫之例，遂伪称内大臣鄂硕之女为董鄂氏。世祖对其恩爱非常，立后废后皆为其故。后董鄂妃去世，世祖入五台山。②《清朝野史大观》沿袭以上诸家之说。③此说大为流行，很有市场，直至民国三十余年仍为人所认同。宛序所作《梅村诗中的董小宛与顺治》即再以吴梅村诗文推测董小宛即董鄂妃。④

世宗雍正夺嫡继位，更是为人所乐道之秘闻。相关的文章期刊、演义小说数不胜数，皆谓雍正乃夺嫡继位。杨公道编《雍正帝轶事》谓圣祖属意于十四阿哥允禵，时受顾命者某大学士倾心雍正，遂篡改遗诏，“改十为于”，雍正从而继承大统。或谓雍正要挟该大学士篡改遗诏，唯恐事迹败露，后赐毒该大学士。⑤《清朝野史大观》更认为助力雍正夺位者为年羹尧，雍正母先私于年羹尧，后入宫不足八月即生雍正，雍正一朝年羹尧权倾朝野，以其乃雍正身父之故也。⑥《雍正谋皇秘史》一书认为允祯（按：原文以雍正名“允祯”）并非醉心佛法不理世事，而是暗自广纳天下奇人异士助己谋夺皇位。实际上，康熙属意于允祯继位，但允礽的谋士要挟康熙更改遗诏以允礽继统。后允祯谋士复篡改遗诏，允祯方得乘大统。⑦ 此虽系小说家之言，但作者已经注意到雍正与诸皇子之间的公开夺嫡竞争关系，而且不同于以往传言仅仅谓雍正并非继承人而是改诏继位，其认为其实是康熙有意让雍正即位，而迫于其他皇子之争斗最终使雍正不得不篡改遗诏以继承大统。

---

① 陈衍．石遗室诗话．沈阳：辽宁教育出版社，1998：153－154.

② 王梦阮，沈瓶庵．红楼梦索隐．上海：中华书局，1916：6－12.

③ 小横香室主人．清朝野史大观：清宫遗闻．石家庄：河北人民出版社，1997：14－15.

④ 宛序．梅村诗中的董小宛与顺治．万象，1944，4（4）.

⑤ 杨公道．雍正帝轶事．上海：大华书局，1918：49－50.

⑥ 同③25－26.

⑦ 刘建翁．雍正谋皇秘史．上海：中国第一书局，1923：40－62.

宫廷秘辛的流传一方面反映了社会言论的自由，另一方面也弥补了革命言论对于清代帝王的抹黑。部分作者已经注意到不应该只是一味地抹黑清朝皇帝，而是应更为全面地进行评价。如《雍正帝轶事》所谓“世俗所传大半不经之说与当时之情事相径庭”，“雍正乃一代之奇主于前古未有所匹，英情怪思不得以其篡国而少之”。① 这一认识清代皇帝的思路，相对于各种溢美之词、革命言论来说已经进步不少。但不可否认的是，此时的大多数作者还是依靠传闻来认识清代帝王的，各种书籍、期刊虽称所撰史事确为可靠，且不信不录，如《雍正帝轶事》称该书为作者多年来研读《东华录》所辑录的成果，谓其“无一字无来历，而就事论事，褒贬并施，不似坊刻之道听途说，语无根据”②，但是实际上，该书还是将大量传言著入书中，雍正篡改遗诏，“改十为于”即是一例。而“顺治帝前世为僧”“顺治帝是汉人”“世宗乃年羹尧之子”等等皆是小说家坊间传言，不足为凭。

（三）对清代皇帝的学术性研究

相伴于各种社会传言，“学院派”史学家将各种清帝传闻纳入历史学科的讨论范畴。在“列清史为学科”③ 这一过程中，他们一方面摒弃革命派的故意抹杀态度，强调“不应故为贬抑”④，“随排满之思潮以俱出者，岂可阑入补史之文耶！”⑤ 另一方面，也不仅仅据传闻而著述，而是依据各种清代档案史料进行缜密的考证，“总使史书为征信而作，不容造信生事之小说家破坏历史大防”⑥。其中尤以孟森、陈垣、郑天挺、王锺翰等人的著述最丰，论证最力。孟森相继发表了大量文章，对上述各种传言进行学术探讨。早在 1915 年，孟森即发表《董小宛考》一文，他通过历史学方法考证顺治、董小宛、冒辟疆等人史事踪迹的时间脉络，发现董小宛实际比顺治帝年长 15 岁，力证董小宛并非董鄂妃。⑦ 陈垣赞成孟说，董鄂妃并非董小宛，而是来自满洲董鄂部，为顺

---

① 杨公道．雍正帝轶事．上海：大华书局，1918：1.
② 同①1－2.
③ 孟森．清朝前纪．北京：中华书局，2008：3.
④ 孟森．清史讲义．北京：中华书局，2010：3.
⑤ 孟森．明清史论著集刊：下册．北京：中华书局，2006：438.
⑥ 同③.
⑦ 心史．董小宛考．小说月报，1915，6（9/10）.

治弟襄亲王之妻。[①] 世祖出家一案，孟森的《世祖出家事考实》从《玉林国师年谱》、王熙的《自撰年谱》、康熙朝《东华录》，以及最为重要的时人王宸所记述顺治大丧前后事的《杂记》等史料得证，顺治帝死于宫中，出家五台山全为小说家之言。[②] 陈垣亦认为，顺治帝并未出家。顺治沉溺佛法，确属史实，而且曾一度剃度，但是出家未遂。其认为顺治帝是死亡，并且被火化，而非出家。[③]

孟氏所撰《清初三大疑案考实》，对清初三大疑案逐一进行学术考证。除了上述《世祖出家事考实》外，尚有《太后下嫁考实》《清世宗入承大统考实》两篇。[④]

对于太后下嫁一案，孟森于 1934 年发表了《太后下嫁考实》[⑤]，历数社会传言，对其一一进行辩驳。论者谓：第一，摄政王多尔衮曾先后冠以“皇叔父摄政王”“皇父摄政王”称号，可证太后的确下嫁；第二，而张煌言所作“大礼恭逢太后婚”一句，亦可证明；第三，世传主持太后婚礼者为时任礼部尚书钱谦益，而后世高宗恨之，遂将其著述焚毁，亦可旁证确有其事；第四，孝庄死后不与太宗合葬，实乃有愧，亦可证其下嫁摄政王。孟森认为，其一，“父之为称，古有‘尚父’‘仲父’，皆君之所以尊臣”，多尔衮被尊称“皇父摄政王”，“盖为覃恩事项之首，由报功而来，非由渎伦而来，实符古人‘尚父’‘仲父’之意”；其二，张煌言所作诗文为“远道之传闻，临敌之口语”，且“苍水自必有成见，且诗之为物，尤可以兴到挥洒，不负传信之责”，其所言不可作为孤证而为定论；其三，钱谦益从未出任清朝之礼部尚书，实为弘光朝事，且钱谦益诗文多触时讳，自当受到乾隆之焚毁，不可以此论定太后下嫁；其四，太宗已与孝端皇后合葬，第二后之不合葬者历代有之，非独孝庄一人而已。世传种种，皆不可明证太后下嫁。

孟森文章发表之后，引起学界广泛关注。尤其是关于多尔衮称“皇父摄政王”一点，引人热议。郑天挺于 1936 年专门发表《多尔衮称皇

---

① 陈垣．顺治皇帝出家//陈垣．陈垣学术论文集．北京：中华书局，1980：536－538.

② 孟森．世祖出家事考实//孟森．明清史论著集刊：下册．北京：中华书局，2006.

③ 同①533－541.

④ 同②.

⑤ 该文孟森曾以笔名“心史”以《清太后下嫁摄政王事考》为题，于 1914 年刊于《时事汇报》。1934 年，孟森据旧作再重新增删修订公开发表。

父之臆测》一文，考证详密，论说精辟，进一步证实孟森之说。郑文认为多尔衮称“皇父摄政王”之由来，源自称尊者为父的满洲旧俗。且“皇父摄政王”“叔父摄政王”“叔王”各为一级王爵，并无其他实际含义。三爵位各依次递减，均在亲王爵位之上。总而言之，多尔衮之称皇父摄政王绝无其他不可告人之隐讳原因。[①] 郑文通过考证“皇父”之称实为一爵位，力证世传多尔衮以称“皇父摄政王”为太后下嫁之证为诬妄。

当然，并非所有学者都同意上述解释。胡适在研读孟森之文后对文中“皇父”之由来的解释，尚不满意。[②] 陈任中曾撰文反驳孟文，他曾于清末发现一份顺治年间进士殿试策一本，颂圣处，先颂皇父摄政王，在皇上之前，并双格抬写。他认为此足以表明称“皇父”定有深意。孝庄迟至雍正三年方才下葬，世宗亦未亲临送葬，即表明孝庄有惭德，不敢与太宗合葬，此即太后下嫁之一证。吴宗慈撰《“太后下嫁考实”驳议》反驳孟文，认为古之“尚父”之“父”音“府”，与“皇父”之“父”其字音不同，且“尚父”之“父”字应为尊称，与“皇父”之“父”之义不同，孟氏解释稍显牵强。同时在赞成陈任中的观点的基础上，作者再进一步阐释，雍正年间即以旧暂奉安殿因陋就简改称为陵，且送葬仪文均无有载，即清廷对孝庄不慊之表示。作者还从民族风俗入手进行考察，认为兄娶弟妻为满洲民族常见之事，不足为奇。世祖入关以后，及康雍之际汉化已深，因此逐渐意识到旧俗为耻，所以才将多尔衮治罪，太后之暂奉安殿草草改称为陵。[③]

关于雍正继位的问题，孟森在学术领域内首倡夺位说。《清世宗入承大统考实》一文通过《东华录》《清实录》以及各种朱批奏折等档案史料认为康熙实属意于十四子允禵，雍正实乃夺位。其主要依据有四：其一，《清实录》《东华录》对于康熙弥留、雍正继统之际的记载前后抵牾不明，其中必有隐情；其二，《大义觉迷录》有雍正谋父的记载；其三，“年羹尧为雍邸心腹。雍正之立，内得力于隆科多，外得力于年羹尧，确为事实”；其四，各种史料表明，康熙早已属意于允禵继位。王

---

① 郑天挺．多尔衮称皇父之臆测．国学季刊，1936（1）.

② 孟森．明清史论著集刊：下册．北京：中华书局，2006：443.

③ 吴宗慈．“太后下嫁考实”驳议．史学专刊，1937，2（1）.

锺翰紧随其后，于1949年、1950年相继发表《清世宗夺嫡考实》《胤祯西征纪实》力证雍正夺位之说。前文认为，雍正夺位证据确凿，主要有三：其一，年羹尧抚川时所上奏折有谓"他日不肯负王爷"一语，即可断定此前雍正与年羹尧即有密谋夺位之心；其二，《大义觉迷录》中雍正之辩驳不足置信；其三，《清实录》对继位之际的记载有意删改，其中必有曲隐。此外，诛戮年羹尧、允禩、允禟，囚禁隆科多皆为雍正灭口之计。同时，该文还注意到允禵原名允祯，若不见于《皇清通志纲要》，后世亦难知之。这为后世此一议题的探讨，提供了更进一步的论点。① 该文发表后，影响深远，洪煨莲为之"拍案叫好"，叶恭绰也认为此论可成定论。② 后文即专以新发现之钞本《抚远大将军奏议》为依据，继续证明雍正实乃夺位。该文认为，圣祖以允禵出征的目的在于定储位，因为圣祖曾言"朕万年之后，必择一坚固可托之人，与尔等作主"。从圣祖特命允禵（允祯）为大将军即可看出，"圣祖所指望之人，舍胤祯而谁属"。再者，针对雍正所言"独不思皇考春秋已高，岂有将欲传大位之人，令其在边远数千里外之理"的辩驳，王锺翰认为此为圣祖赋以允禵军事大权，将来可承大统之据。然而实际上，得益于年羹尧在西陲牵制允禵，雍正因此而夺位成功。③

可以说，民国时期各位历史学者通过历史学专业方法，将世所传言的各种清帝秘闻纳入正常的学术讨论范围，进行逐一的细致考证，解决了部分难以破解的疑案。这些前辈学者的努力，为今后的清代皇帝研究奠定了坚实的基础。

二、唯物史观与影射史学指导下的清代皇帝研究

新中国成立初期的历史研究，宏大命题大行其道，"历史的细节完全受控于对历史长程演变的趋势解读"④。实证派学人的主导地位，被

① 王锺翰．清世宗夺嫡考实．燕京学报，1949（36）．

② 岑大利．雍正皇帝是否夺嫡//刘小萌．世纪存疑：历史考古卷．太原：山西人民出版社，2001：330．

③ 王锺翰．胤祯西征纪实．燕京学报，1950（38）．

④ 杨念群．中国历史学如何回应时代思潮（1978—2008）//山西大学中国社会史研究中心．中国社会史研究的理论与方法．北京：北京大学出版社，2011：1．

唯物史观派史学家所取代。① 史学界开始以马克思列宁主义、毛泽东思想为指导原则，运用历史唯物主义和阶级分析法重新评价历史人物。即便是像清代皇帝这样的人物研究，也不再仅仅是民国时期对于各种人物疑案的考证，而是着重于分析历史人物的历史作用及对其宏观的历史评价与定位。但是由于史学家对所运用的分析方法尚缺乏一定的统一认识，从而在评价人物时各有各的标准，因此对历史人物的评价存在巨大争论。其中尤以对康熙的历史地位评价争议最大。

1961 年刘大年发表的《论康熙》一文引来学界的广泛关注。在该文中，刘大年首先批判了章太炎等革命党人为了宣传革命而一味抹黑康熙的言论，同时也对钱穆、萧一山等人对康熙帝的过度赞誉表示并不赞同。他对当时许多教科书仅将清政府入关的统治看作外国对中国的征服，就是不讲清初统治的进步作用、取得哪些功绩的观点感到不满。他认为应该用历史唯物主义的观点看待康熙帝及其统治，即：(1) 以康熙帝的活动是否促进社会的发展为评价标准；(2) 康熙是处在资本主义因素普遍存在、中国社会发生显著变化的时期，还是处在封建经济牢固统治的时期，他努力建设、巩固的是地主阶级国家，还是其他什么国家。从这两方面来看，康熙帝的统治促进了中国的统一、抵制了西方殖民者的侵略，推动了历史的进步。而康熙时代是封建主义经济时期而不是资本主义萌芽因素普遍的时代，康熙帝所努力建设、巩固的是地主阶级的国家而不可能为资本主义的出现开辟道路。作者还历数了康熙帝的政绩，并借此认为清初的反满斗争虽有正当性，但是与康熙帝统治的进步与否并不存在必然的联系。尤其是康熙帝闭关锁国政策的出台完全是为了维护本国利益，防止外国与本国反动势力的勾结，这对本国利益来说无疑是进步的。作者主张“个人的才能性格只有在当时当地社会关系容许的范围里才成为社会发展的活动力量，不是在任何条件下都能成为社会发展的活动力量。正是依照这个观点，我们说康熙是位英明君主，是位应当肯定的历史人物”。这种从历史唯物主义观点出发，客观评价历史人物的分析方法对康熙帝乃至历史人物的重新评定产生了至关重要的

---

① 李凌翔．新中国的旧史学：建国初期的中国历史学与现代实证传统．济南：山东大学，2008：124．

影响。①

《论康熙》发表之后，一石激起千层浪，将当时的历史人物评价的讨论推向了高潮。北京史学会先后组织了两次关于康熙评价的讨论会。讨论会上的大多数学者都同意刘大年关于康熙帝的正面评价，但是在关于清初社会的主要矛盾、康熙帝的个人作用或有无消极方面等问题上存在较大争议。在康熙帝的个人作用方面，大部分学者都从政治、经济方面给予了较高的评价。商鸿逵认为，康熙在政治方面的活动是更为有力的；袁良义认为，康熙在改进封建生产关系、发展生产力上所做的贡献是巨大的，这是后来平定准噶尔的基础。② 商鸿逵还发表了《论康熙平定三藩》一文，认为平定三藩是清朝政权稳固的第一步，是康熙为加强中国的统一所打的头一场胜仗，也是清代经济全面走向恢复的重要转折点。康熙帝功不可没。③

杨树森认为，《论康熙》一文过多地夸大了康熙的个人作用。他指出，康熙帝的一系列改革措施是在长时期的阶级斗争、农民起义的推动下才产生的，推动历史进步的依然是人民群众。不可否认，康熙帝个人对于历史的推动作用，但是仅谈康熙的个人作用而不谈人民群众是不妥的。④ 袁良义对刘大年的《论康熙》进行了比较系统的讨论。不同于刘大年的观点，他认为当时的阶级矛盾与民族矛盾关系复杂，不应单纯地将其归于地主阶级的内部斗争。而且，根据当时的中西方客观形势，作者认为刘大年过高地估计了当时西方的殖民势力。刘大年关于如果康熙帝再英明一点，便能够改变当时中国的面貌以及历史走向的假设，袁良义也认为不妥。虽然袁良义对刘大年的许多观点提出质疑，但是他仍然从正反两面客观地评价康熙，认为“康熙是清初的一位杰出政治家，在当时国内外形势下，开展了上述一系列具有进步意义的活动，这些活动有一部分到今天仍然保留它们的深刻影响。至于他的一些缺点，那是由于时代和阶级的局限性所造成的，只要它们不影响他的主要成就和贡

① 刘大年．论康熙．历史研究，1961（3）．

② 以上讨论观点均见：李原．中国古代史教研室部分教员参加康熙评价问题的讨论．北京大学学报（人文科学），1962（1）。

③ 商鸿逵．论康熙平定三藩．历史教学，1963（8）．

④ 杨树森．关于清政权入关后战争性质问题的商榷：兼说康熙个人和人民群众的作用．中国民族，1961（1）．

献，我们就不必过分苛求于古人了”①。

以上关于康熙的评价，尚在历史唯物主义观点的指导之下进行争论。随着“文化大革命”的开始以及“批林批孔”等运动的开展，学术界的争论逐渐受到政治斗争的影响，为其所左右，史学研究成为现实政治斗争的工具。影射史学大行其道，现实政治的“儒法斗争”成为清代帝王研究中的主要前提。

1974年，“批林批孔”运动兴起，其表面上是对儒家思想的批判，实际上是借古喻今，意有所指。康熙帝的评价问题，在这一政治环境下也脱离了正常的学术讨论轨道，康熙俨然成为法家的代表人物，为实现统一、推动历史进步做出了重要贡献，凡是与此相对的都是落后的、倒退的儒家思想的践行者。同年，《辽宁大学学报》即刊登了历史系大批判组的《统一进步必胜　分裂倒退必败——评康熙平定三藩之乱》一文，该文开宗明义地讲：“中国自秦始皇以后，统一始终是历史的主流。法家人物在客观上都是顺应这个主流，做出了积极贡献，而儒家和一切行将灭亡、尊儒反法的反动派，总是逆着这个主流，自取灭顶之灾。清入关后第二个皇帝康熙同当时的南方三藩就是代表坚持统一与大搞分裂的法家同儒家两派，双方起了不同的历史作用，各自得到了不同的历史结论。”文章细数了康熙在平三藩过程中始终坚持大一统的决心，批判了三藩的分裂举动，认为“坚持统一的法家必然战胜大搞分裂的儒家”。文章最终结合现实，批判林彪分裂国家的叛国行为，“清初的三藩完蛋了，林彪步其后尘搞分裂，也没有逃出覆灭的下场”②。

次年，庆思亦发表了《论康熙》一文，论述了康熙在擒鳌拜、平三藩、抵抗西方侵略过程中的集中皇权、维护国家统一与安全中的进步行为，批判了三藩等分裂势力。作者认为，康熙具有明显的尊法反儒的思想倾向，上述行为是对法家思想传统的继承，也是康熙最终成功的关键所在。文末，作者还从另一角度来看待康熙，认为其在一定程度上出于政治形势的需要不得不做出尊儒的选择，这是其最大的局限所在，应该

---

①　袁良义．论康熙的历史地位：对刘大年同志《论康熙》一文的商榷．北京大学学报，1962（2）.

②　历史系大批判组．统一进步必胜　分裂倒退必败：评康熙平定三藩之乱．辽宁大学学报（哲学社会科学版），1974（6）.

予以批判。① 同年，阎崇年也发表了《评康熙》一文，作者认为，“历史是现实政治斗争的一面镜子”。该文的写作意图即在于“用马克思主义的观点评论康熙，驱散儒家和修正主义者散布的迷雾，这对于巩固无产阶级专政，深入批林批孔，反修防修，是有现实意义的”。文章认为“安定统一还是分裂割据是康熙统治时期儒法两条路线斗争的一个焦点”，康熙擒鳌拜、平三藩、收台湾、平噶尔丹、抵抗沙俄均是在法家思想的指导下，进行坚决的统一、抵抗侵略的历史进步之举。② 以上两文交相呼应，是当时现实政治儒法斗争投射于史学研究中的产物，是政治影响学术的一个具体事例。此时的学术研究带有一种政治立场的先见，已经不再是纯粹的学术探讨。康熙帝的所作所为，已经不再是简单的历史，而是作为当下现实的需要而拿来就用的题材，成为当时“批林批孔”、批判“苏修”的重要依据。

当然，第二阶段的清代皇帝及相关人物研究并不限于康熙帝一人，尚有努尔哈赤、雍正、光绪帝、慈禧太后的相关研究发表。1964 年，吴文燦发表《论载湉与戊戌变法研究》，给予封建社会晚期的皇帝光绪以较高的评价，认为他“能够顺应当时客观的形势，不顾以西太后为首的守旧势力的阻挠，坚决地接受了康有为维新派的主张，实行了变法维新，并且在变法过程中，殚精竭虑，确实尽了最大的努力”。戊戌变法在民族危机空前严重的情况下，一度占据政治舞台主导地位，取得了一定的成绩，光绪从中起到一定程度的促进作用。③ 马天增虽然赞同吴文燦用历史唯物主义观点客观评价光绪帝并给予其肯定的观点，但是认为吴文燦的评价太高了，主张还要从光绪皇帝对列强的态度以及光绪帝支持变法的全面性等方面来综合评定光绪皇帝。在《论光绪皇帝》一文中，他明确指出在肯定光绪皇帝进步作用的同时，还要看到他起到的具体作用。光绪帝毕竟是封建统治阶级利益的代表，因此在甲午战争过程中，他不是从爱国主义的民族感出发的，没有明确提出反抗侵略的主张，只是为了争权，才站到了“主战派”一方。在戊戌变法中，他也只是为了争夺实权与维护封建统治才支持变法，这与资产阶级改良派的变

---

① 庆思．论康熙．北京师范大学学报（社会科学版），1975（1）．

② 阎崇年．评康熙．北京师院学报（社会科学版），1975（2）．

③ 吴文燦．论载湉与戊戌变法研究．江海学刊，1964（3）．

法目的不同。这并非否定戊戌变法或否定光绪皇帝对中国近代发展的作用，而是主张要全面地看待光绪帝的历史地位。[1]

努尔哈赤作为清朝开国之君，历史地位不言自明，但是此前并无专门研究他的论著。1977年，阎崇年发表了《论努尔哈赤》一文，系统综说了努尔哈赤的崛起。他认为，努尔哈赤是我国满族封建主阶级的杰出政治家。努尔哈赤在阶级斗争和民族斗争的推动下，在统一女真各部、促进满族由奴隶制向封建制转变和巩固祖国东北边疆的历史过程中，起到进步的历史作用。努尔哈赤促进女真各部统一和社会制度转变的政治活动，顺应了历史发展的趋势，也符合各族人民的意愿。同时，作者也对努尔哈赤把大量汉民降作奴仆、编入庄田的政策进行了批判。[2]

而关于雍正、慈禧的讨论，在反思总结“文化大革命”“四人帮”所带来的消极影响的环境下，也出现了矫枉过正的局面，即将雍正、慈禧这一类历史人物视作反动的、倒退的代表，并将江青在“文化大革命”中的所作所为与之相比拟。这种否定慈禧等人的论调，其实在新中国成立初期即有所反映。袁定中在《那拉氏反动的一生》中认为慈禧勾结外国势力发动辛酉政变，从而登上权力的宝座。而为了维持自己的奢靡生活，她不惜签订卖国条约、勾结帝国主义镇压农民起义，将中国禁锢在半殖民地半封建社会中。清末新政的实施，也是为了阻止革命的爆发、抵制中国近代史上第三次革命高潮，而维护自己反动统治的一种“政治欺骗”。因此，他认为，“那拉氏是中国近代史上黑暗的、反动的、半殖民地半封建的典型代表”[3]。

粉碎“四人帮”之后，这种论调也成为批判江青等人的最好的素材。有人认为慈禧是“中国近代史上极端反动”的代表人物，是“一个地主阶级的大野心家”，她垂帘听政，害死同治、光绪二帝，独掌大权；她也是一个卖国贼，签订各种丧权辱国的条约；她更是一个镇压农民运动的刽子手，而“在慈禧这面历史镜子里能够清楚地映出当今白骨精江

---

① 马天增．论光绪皇帝．科学研究论文集（社会科学），1964.

② 阎崇年．论努尔哈赤．中央民族学院学报，1977（4）.

③ 袁定中．那拉氏反动的一生．历史研究，1958（10）.

青的魔影”[①]。此外，尚有古工、郭毅生、祁建、季岩等人，他们都将江青比作慈禧太后，认为其抢班夺权是一种历史的倒退。[②] 同样，在《雍正与江青》的评论中，作者视雍正为两面派，暗自谋划，篡改遗诏，抢班夺权，而现实中的江青则与雍正毫无差别。[③]

很显然，第二阶段后期的研究已经脱离了正常的学术讨论轨道，更加歪曲了唯物史观。随着改革开放、解放思想政策的出台，实事求是重新成为学术讨论的基点。

三、改革开放以后清代皇帝研究的多面相

改革开放以后，历史学迎来了新的发展。清代皇帝研究呈现出多面相的发展特点，主要有二：其一，对于传统疑案的再考证与论争；其二，对于清代皇帝的系统化研究。

（一）传统疑案的再考证与论争

1. 世祖出家案的论争

关于清顺治帝出家疑案，除了各类小说以及部分历史普及读物多采用顺治出家一说，学术界很少赞同这一观点。邓小军长期关注董小宛入宫与顺治出家疑案，2018 年，其专著《董小宛入清宫与顺治出家考》出版，该书收集了大量官修史书、私人文集以及碑刻铭文，认为顺治七年（1650）三月末清军南下掳走董小宛，归于摄政王多尔衮，后诸王分取多尔衮家人，董小宛归和硕承泽亲王硕塞，为其第二庶福晋。后董小宛与顺治相遇，顺治杀硕塞并将董小宛纳入宫中，封为贵妃。后董贵妃死，直接导致顺治出家，不过其根本原因还是在于其沉溺佛法之感召。顺治十八年（1661）正月，顺治帝假死并出家五台山。康熙二十一年（1682）前后，顺治锡止河南睢州白云寺。现存白云寺大量题匾，均能

---

① 谢云飞．慈禧太后与江青．贵阳师院学报（社会科学版），1977（1）．

② 古工．那拉氏（慈禧）祸国殃民的罪行．文物，1977（3）；郭毅生．那拉氏（慈禧）是怎样篡权的？．中央民族学院学报，1997（2）；祁建，季岩．江青效法的偶像：慈禧．吉林大学社会科学学报，1977（2）．

③ 秀明．雍正与江青．厦门大学学报（哲学社会科学版），1977（Z1）．除此之外，李英庭从那拉氏如何篡夺国家权力入手，来论证慈禧“大阴谋家”“大野心家”“大卖国贼”的历史形象，参见：李英庭．那拉氏的三次篡权．广西大学学报（哲学社会科学版），1979（2）。

证明康熙四十九年（1710）顺治帝圆寂于此。① 其后，作者又发现新史料《敕住善果旅庵月和尚奏对录》，该奏对录载顺治十七年（1660）十二月二十七日顺治皇帝对旅庵和尚所说发愿早日正式出家，旅庵劝说其不要舍弃皇位出家为僧，顺治回答“恐朕未能若此”；顺治十八年（1661）四月十七日，景山顺治梓宫火化时旅庵恭述两偈，言顺治因彻悟而决定舍弃皇位出家，火化只不过是烧了个空梓宫而已，顺治应不会违背速脱帝王家的出家誓愿。以上内容，均足以弥补玉林琇、木陈忞、溪森诸禅师语录、年谱相关记载之不足，是有关顺治出家史事之有力旁证。② 但是该作者的一系列观点及支撑观点的证据也得到了部分学者的反驳，认为所引用的证据尚缺乏足够的说服力。③

其实，目前学界大多数的学者都认为孟森、陈垣二位前辈的论证已经十分完备④，诚如阚红柳所言，“清史学界有关顺治的研究成果，较为一致的看法是，顺治晚年确实信佛、好佛，也有出家之念，但终究未成事实。‘顺治出家’不过是民间哀悼年轻皇帝早亡的命运，并叹惋皇帝与爱妃之间凄凉而美好的爱情，而选择的一个摄动人心的美丽结局而已”⑤。

2. 太后下嫁案的论争

民国时期的争论在改革开放后得到延续。熊克、王锺翰、王思治等学者继续坚持太后确曾下嫁之说。熊克援引刘文兴的《皇父摄政王起居注》中的题跋，再次申说太后下嫁，认为既有诏书的存在，则太后下嫁可成铁案。⑥ 王锺翰依然抓住太后下嫁案的核心——多尔衮称“皇父摄政王”问题，撰写《释汗依阿玛》一文。该文再度解释“皇父摄政王”的满文原文 doro be alihahani ama，只能拆分为汉文“皇父”与“摄政

---

① 邓小军．董小宛入清宫与顺治出家考．上海：华东师范大学出版社，2018.

② 邓小军．《敕住善果旅庵月和尚奏对录》：有关顺治出家的重要原始文献．云南大学学报（社会科学版），2019（3）.

③ 王敬雅．王敬雅评《董小宛入清宫与顺治出家考》：清代疑案与疑案考据．（2018-11-26）[2019-06-23]. https://www.thepaper.cn/newsDetail_forward_2661990.

④ 大多数学者的分析均未超过孟、陈二人的分析维度，参见：周远廉．清朝兴亡史：第二卷．北京：北京燕山出版社，2016：425-432；陈捷先．顺治写真．北京：商务印书馆，2011：88-97。

⑤ 阚红柳．顺治王朝．北京：中国青年出版社，2009：240.

⑥ 熊克．清初《皇父摄政王起居注》原本题记．四川师院学报，1981（1）.

王”两个词组，满文则拆分为 han i ama 和 dorobe aliha 两个词组，并且认为从满文意义来讲“生我者之谓父”。顺治帝在宫内一定是直接称呼多尔衮为 ama 而不是 ama wang 或者 han i ama。如果太后没有下嫁多尔衮，顺治帝断不会称多尔衮为“父”。① 王思治在去世前一年发表《“太后下嫁疑案”辨证》一文，他并不认同孟森的解释，也认为若无“太后下嫁诏书”，此案当在两可之间。不过他还是倾向于孝庄太后权衡利弊为了维护顺治帝的皇位而下嫁多尔衮，也就是说并非基于感情，而是险恶的政局促成了太后的下嫁。②

与上述观点截然对立，陈捷先、许曾重、许鲲、杨珍等人继续支持孟森等人太后并未下嫁的观点。台湾学者陈捷先继续论证“皇父摄政王”不是由太后下嫁所引起的，而是由于崇其功勋。③ 许曾重的《太后下嫁说新探》突破以往研究的视角，将“太后下嫁”放置于清入关前后的国家大局势、八旗内部各旗之间的斗争中进行考察。他认为在清初的政治斗争中，两黄旗、清皇室拥有不可忽视的实力，证明了此一时期并不存在太后为保住福临皇位而下嫁的政治需要。“皇父摄政王”是完全出自多尔衮自封，这是其为行使皇帝之实而做出的举动，意在以福临为储君，自己为君。因此由“皇叔父摄政王”变为“皇父摄政王”自然顺理成章了。多尔衮封皇父摄政王与太后下嫁并无实际联系。④ 孟昭信的观点与其有异曲同工之处，认为太后是两黄旗的女主人，如果下嫁多尔衮，不仅不利于维护顺治帝的地位，反而增强了多尔衮在八旗中的势力。因此，太后必不能下嫁。⑤ 许鲲则从清初入关前后的婚姻法律及其执行情况出发，认为自太宗朝开始，清廷即制定禁止族内成婚的法令，尤其是入关以后的顺治朝，清廷还大力表彰节妇、烈父，更是倡导满族妇女守节。在这种环境下，孝庄不敢公然宣布下嫁，颁布下嫁诏书，违

---

① 王锺翰．释汗依阿玛//王锺翰．王锺翰清史论集：第 2 册．北京：中华书局，2004：1318－1335.

② 王思治．“太后下嫁疑案”辨证．历史研究，2011（2）.

③ 陈捷先．多尔衮称“皇父摄政王”研究．台湾故宫文献，1970，1（2）.

④ 许曾重．太后下嫁说新探//中国社会科学院历史研究所清史研究室．清史论丛：第八辑．北京：中华书局，1991.

⑤ 孟昭信．辅佐大清三代帝君的幕后女人：孝庄皇后．北京：中国华侨出版社，2003：240－272.

背清廷法令。[①] 杨珍进一步阐释“皇父摄政王”的概念，她利用大量满文档案对“皇叔父摄政王”“皇父摄政王”等称号的满文进行逐一考辨，认为满文原文与汉译称号之间存在错译，导致后人对于“皇父摄政王”的理解出现偏差。“皇父摄政王”的满文为“dorobe aliha hani amawang”，直译为“摄政的汗的父王”，也就是说满文中“ama wang”应是汉文“父王”的对译，实际上人们所理解的汉文“皇父”的满文对译为“han ama”。将“dorobe aliha hani amawang”翻译成“皇父摄政王”是错误的。这种翻译的结果，是多尔衮为突出自己的至高地位所授意执行的。总之，从“皇父摄政王”来论证太后确曾下嫁并不可取。[②] 该文旁征博引，论证精密，辩驳有力，为太后下嫁一案的最终辨清铺平了道路。

相比于通过各种史事来判定太后是否下嫁，朱家溍对太后下嫁诏书的存在予以彻底否定。刘文兴回忆乃父于清末任职内阁，曾亲眼见到太后下嫁诏书。在刊行的《皇父摄政王起居注》的跋语中，刘文兴将这一掌故记录其中。但是多年以后，当朱家溍与刘文兴聊起此事时，刘文兴道出实情称“不过为了题几句，加一点噱头，容易卖出去而已”[③]。

3. 世宗继统的“篡位”与“合法”论争

清世宗继位的合法性问题，得到多元化的讨论，一家独大的“雍正篡位”说受到新挑战，即雍正“合法继位”说的出现。

篡位说仍炽，部分学者仍在继续发掘各种史料证明雍正夺位。海外学者金承艺对清世宗夺位颇有研究，其观点影响甚大。其先后发表多篇文章，论证胤禵本名胤禛，为清世宗夺位后强迫其改名为“胤禵”，而雍正原名尚待继续考证，其名“胤禛”者，实为改遗诏中“胤禛”方便起见方采此举。朱批奏缴等制度的确立也是为了掩饰雍正自己更名矫诏的一种手段。[④]

许曾重认为康熙属意十四子允禵继统，特命其为抚远大将军，以提高其在朝内外之威望。这也是康熙在多次立储失败后以一种新的方式培

---

① 许鲲．清初有关法令与“太后下嫁”传说．满族研究，1995（1）.

② 杨珍．“皇父摄政王”新探．清史研究，2017（1）；杨珍．清前期宫廷政治释疑．北京：中国社会科学出版社，2018：1－37.

③ 朱家溍．研究清代宫史的一点体会//清代宫史研究会．清代宫史求实．北京：紫禁城出版社，1992：12－16.

④ 上述文章均载：金承艺．清朝帝位之争史事考．北京：中华书局，2010：82－203。

养继承的选择。而在实际中，朝臣将大将军王抬格书写也反映了此时允禵与诸皇子地位之不同。他认为雍正夺位之另一证据即《清圣祖实录》相比于各朝实录而言，体量实在过于简略，与其长达61年的统治时间不符，且《清圣祖实录》中对于允禵西征的奏折、上谕等内容几乎不载，这些均表明雍正对于该段历史记载的删削，以隐讳其夺位的证据。而《清圣祖实录》的编纂者张廷玉则因迎合雍正圣意，删削实录，得以获得配享太庙的殊荣，这也旁证了雍正对于该段历史的隐瞒。① 《简明清史》认为雍正乃夺位继统，尚有三因：一是雍正所言“八人受谕”与史籍所载不符，纯属其为掩饰夺位所作虚词；二是雍正继位后即处死康熙晚年近侍赵昌，同时谕令大臣缴回康熙朱批谕旨，显然是另有隐情；三是，雍正另建圆明园、清西陵以及未去避暑山庄，均可旁证雍正继位定有问题。②

王锺翰通过对比新发现的满汉康熙遗诏与《上谕内阁》、《起居注》、实录等官方史书，认为所谓的圣祖遗诏实系雍正改写康熙面谕而成，足以证明世宗篡位。③ 杨珍认为，康熙晚年已经在陆续实施秘密建储计划，允禵是康熙传位的意中人。允禵出任大将军，康熙委之以重任，即是秘密建储计划中的一部分。作者还从允禵的才干、德行、年龄等方面入手分析，都足以表明允禵才是康熙眼中最佳的继承人选。④ 金恒源极力主张雍正夺位，其主要证据有：自康熙五十六年（1717）起，圣祖已经猜忌胤禛，往往每逢大事便将其远离身边，其派胤禛南郊祭天、调换八旗都统即是防范胤禛的一项举措；胤禛进参汤、故意迟到进园，从而刺激康熙精神，使康熙最终逝世；康熙遗诏实为雍正联手隆科多、张廷

---

① 许曾重．清世宗胤禛继承皇位问题新探//中国社会科学院历史研究所清史研究室．清史论丛：第四辑．北京：中华书局，1982；许曾重．雍正得位前后．文史知识，1983（3）．

② 戴逸．简明清史：第二册．北京：人民出版社，1984：70－78．后戴逸又发文，综合各家观点再次论证雍正实乃夺位，参见：戴逸．清代人物研究．北京：故宫出版社，2013：74－83。

③ 王锺翰．清圣祖遗诏考辨//王锺翰．王锺翰学术论著自选集．北京：中央民族大学出版社，1999：380－403．

④ 杨珍．满文档案中所见允禵皇位继承人地位的新证据．中国史研究，1990（3）；杨珍．清朝皇位继承制度．北京：学苑出版社，2001：304－352．

玉伪造，不能作为雍正合法继位的证据。①

吴志良、金国平利用西方传教士的历史资料来论证雍正的继位问题。他们认为，耶稣会高尚德的报告，内容与官方口径一致，这完全是高尚德为了耶稣会在中国的安全而隐瞒了雍正夺位的真相。西方史料记载的与皇九子关系密切的康熙宠臣传教士穆敬远以及康熙近侍赵昌先后被处置，表明了雍正继位的非法性。② 此外，罗冬阳发表两篇文章，注重利用朝鲜方面的史料记载与本土史料的结合，从雍正矫诏召回大将军允禵入手，论证雍正假传圣旨，解除允禵的西北军事大权，谋夺皇位。③

针对上述"篡位"说的立论，坚持"合法"说的学者一一予以反驳。最早提出雍正合法继位观点的是吴秀良，他综合分析了各皇子之间的政治力量，认为康熙晚年，诸子争位，各植党羽，其中太子几废，允祉、允禩等人以不孝等缘由而被排除在继位考虑之外，最终雍正得以继承大统，从而首次提出雍正合法继位，绝非阴谋夺取皇位。④ 其后，冯尔康相继发表《康熙朝的储位之争和胤禛的胜利》、出版《雍正传》等论著，他把雍正继位放在康雍之际的政治斗争中考察，在康熙对雍正的一贯态度，以及与康熙对其他皇子态度的比较中，更加全面地考察雍正继位问题。他认为，康熙帝废太子后，欲在皇四子、皇十四子二人中选一人为皇储。皇四子参与国家大事和宫中事务最多，尤其是从康熙派他祭天以及平时对他较高的评价来看，其在康熙帝心目中的地位比诸皇子都高。最终康熙帝属意皇四子胤禛继承大统。⑤

大约同一时期，杨启樵出版了《雍正帝及其密折制度研究》一书，

---

① 金恒源．正本清源说雍正．杭州：浙江人民出版社，2005；金恒源．雍正称帝与其对手．上海：上海人民出版社，2008.

② 吴志良，金国平．西方文献对雍正继位的记载．国际汉学，2009（2）.

③ 罗冬阳．雍正帝矫诏召回抚远大将军王允禵考：附论康雍之际西北军权的转移//朱诚如，王天有．明清论丛：第十二辑．北京：故宫出版社，2012；罗冬阳．朝鲜使臣见闻记述之康雍史事考评：以争储及雍正继位为核心．东北师大学报（哲学社会科学版），2013（2）.

④ 该书原名《通向权力之路——康熙和他的法定继承人》，于1979年出版英文版。中文版于1988年出版，参见：吴秀良．康熙朝储位斗争记实．张震文，吴伯娅，译．北京：中国社会科学出版社，1988。

⑤ 冯尔康．康熙朝的储位之争和胤禛的胜利．故宫博物院院刊，1981（3）；冯尔康．雍正传．北京：人民出版社，2014：4－138. 按：该书首次出版于1985年。

该书最大的贡献即在于否定了康熙遗诏作为雍正继位的合法与非法的证据，因为遗诏由继位皇帝书写实为清朝惯例，无关乎继位的合法性问题。该书对篡位说各种论据的反驳，合情合理，具有很强的说服力。① 随后，他进一步否定了允禵继位的可能性，而提出新说，即康熙属意雍正继位，而以允禵辅佐，康熙同时重视雍正、允禵，二者并非势难两立。这一观点令雍正合法继位说得到了进一步发展。② 陈熙远也认为“遗诏已是权力分配或斗争底定之后的产物，因此从现存的康熙遗诏来廓清雍正继位之谜，无异缘木求鱼”③。

闫学仁认为康熙赏赐雍正多处园子，证明了雍正在康熙心中的重要地位。康熙处理军国大事均将雍正带在身边，是有意在培养接班人。④ 史松主张允禵与康熙深恶痛绝的皇八子胤禩关系密切，康熙命允禵西征，其主要目的在于分割皇八子胤禩的同党，而把帝位顺利传给胤禛。弘历与康熙的亲密关系，也成为康熙传位给雍正的一个重要原因。⑤ 金性尧认为雍正谋父说，实出于政敌捏造的诬陷之词，不足为凭。而隆科多篡改遗诏，“改十为于”亦不符合清代国语满文的书写，实属谣传。⑥

张双志结合朝鲜史料及本土史料推测同受康熙末命的尚有马尔赛、马齐、王掞、隆科多等大臣。而这四人在传位过程中起着重要的作用，尤其是王掞误听、误写汉文遗诏才导致后世一系列的传闻。作者认为，康熙帝口述遗旨是先以满语述之，再以汉语复述一遍。满文遗诏可能由马齐写就，大概是“传位于第四子胤禛”之类，王掞在听汉文遗诏时，在慌乱之际，大有可能误听、误写“胤禛为胤祯，第四为十四”。故鸿胪寺官正式公读遗诏时，只有满文，而无汉文，这才引起御史杨保等人的参奏指责。而胤禛却不能道出真实情况，来证明自己。迟至十六日，胤禛才公布了汉文的遗命诏。康熙帝最终选择胤禛，是从胤祯不在京师

① 杨启樵．雍正帝及其密折制度研究．香港：三联书店，1981；杨启樵．雍正帝及其密折制度研究．增订本．长沙：岳麓书社，2014.

② 杨启樵．揭开雍正皇帝隐秘的面纱．上海：上海书店出版社，2002.

③ 陈熙远．皇帝的最后一道命令：清代遗诏制作、皇权继承与历史书写．台大历史学报，2004（33）.

④ 闫学仁．雍正并非篡权：雍正即位考辨．河北大学学报，1983（2）.

⑤ 史松．康熙朝皇位继承斗争和雍正帝继位//清史研究集：第四辑．成都：四川人民出版社，1986．又参见：史松．雍正研究．沈阳：辽宁民族出版社，2009。

⑥ 金性尧．都是权力惹的祸：清宫政变录．北京：故宫出版社，2012.

的现实出发，以避免二十余日皇位空虚危及社稷。① 这一解释无疑丰富了雍正合法继位的论点。

关于雍正继位合法性的论证的最新研究成果来自常建华与董建中。常建华否认了雍正打击魏珠等人有什么深层含义。作者则认为，打击魏珠实际上是因为魏珠确实与允禩一党交往过密，为了切断允禩集团与宫中的联系，维护自身的安全，雍正才出此计策。② 其《从西方文献看雍正帝继位的合法性》一文虽然与吴志良、金国平等利用的资料相同，但是给予的解读却完全相反，认为这些西方史料信息来源可靠，且都无疑表明康熙将皇位传给胤禛，雍正继位确实合法。③ 董建中于 2016 年发表了《从大统授受看雍正继位之谜》一文，引起学界广泛关注。作者从三个层面重新审视雍正继位的问题。首先，康熙的传位形式问题。作者再次强调康熙的“遗诏”只为口头“末命”，而且其传位时使用的乃是满文，并非汉语，并无传世的书面“遗诏”。其次，康熙末命的内容问题。作者避开了探讨末命到底是传位十四子还是四子的问题，而是通过“口衔天宪”的隆科多是否真的将康熙末命如实公布的问题来论证雍正继位是否合法。作者认为隆科多当时权贵已甚，不必态度急转矫诏拥戴。总的来说，隆科多与雍正继位没有密切关系，在康熙去世时，无论哪个皇子继位，其都是顾命大臣，首功在握，他所能做的就是如实传达康熙末命。最后是末命见证人的问题。作者认为，面承末命者并非只有隆科多及七位皇子，尚有魏珠、赵昌等人。而魏珠、赵昌获罪均与雍正继位问题无关。而这也证明了雍正帝所言传位时众人皆在，雍正并未撒谎，康熙也并非被毒死的。④

上述三大疑案至今仍然为社会所熟知，由于各自言说的论据均有不足，且难以解释对立观点的论据，因此双方的争论久持不下。这一方面需要史料的新发现与解读，另一方面需要持论者能够理解对立观点的合理性，不执于己见，达成共识，这样才能最终推动疑案的破解。

---

① 张双志．雍正继位新解．清史研究，2007（4）．

② 常建华．雍正帝打击太监魏珠原因新探：魏珠其人其事考．清史研究，2013（3）．

③ 常建华．从西方文献看雍正帝继位的合法性．天津师范大学学报（社会科学版），2017（2）．

④ 董建中．从大统授受看雍正继位之谜//杨念群．澹澹清川：戴逸先生九秩华诞纪念文集．北京：中国人民大学出版社，2016：33－63．

（二）清代皇帝研究的系统化

改革开放以后，对于清代皇帝的研究逐渐转入正常的学术轨道上。关于历史人物评价的问题再次引起史学界的关注。戴逸总结了“文化大革命”以来历史人物研究存在的错误，认为评价历史人物必须实事求是。一是要注重历史人物的复杂性，必须进行细致的具体分析，切忌简单化、一刀切；二是要平衡历史与现实、学术与政治之间的关系；三是不要不问历史条件而用过高的标准苛求古人，指责古人，或者任意地美化、拔高古人。[①] 在这一思想解放的背景之下，清代皇帝研究的成果如雨后春笋，骤然丰富。其中最主要的表现体现在以下两点：（1）关于清代皇帝的总论文章增多，人物传记出版且速且丰；（2）新方法与传统实证方法的齐头并进。

1. 传记文章、著作的丰富

改革开放以后，关于清代皇帝研究的论文、著作数量极多。关于清代皇帝总论的文章有樊树志的《论清世宗》（《复旦学报》，1979 年第 4 期）、商鸿逵的《论康熙》（《社会科学辑刊》，1980 年第 2 期）、叶林生的《论光绪》（《社会科学》，1981 年第 3 期）、陈克进和滕绍箴的《略论皇太极的历史作用》（《社会科学辑刊》，1982 年第 2 期）、金成基的《论顺治》（《文史哲》，1984 年第 5 期）、戴逸的《论乾隆》（《清史研究》，1992 年第 1 期）、冯尔康的《从历史长河看雍正帝地位》（《清代人物三十题》，岳麓书社，2012）等。这些文章、著作都从一种宏观的历史角度，分析了各位皇帝的所作所为，并给予了一种积极、客观的历史评价，纠正了此前“文化大革命”时期的错误认识。

相比于论文来说，关于清朝皇帝的著作更是丰富，据《清史书目》统计，海峡两岸暨香港、澳门自 1911 年至 2011 年共有清朝十二帝传记 413 部，此外，有孝庄、多尔衮、慈禧的传记以及各位人物的合传、总传 164 部，共有人物传记 577 部。[②]（参见表 2－1）

---

① 戴逸．清代人物研究．北京：故宫出版社，2013：3－4.

② 黄爱平．清史书目（1911—2011）．北京：中国人民大学出版社，2014：414－523.

表 2-1 1911—2011 年清代皇帝及相关人物传记统计表 单位：部

皇帝	传记数量	其他	传记数量
太祖	63	孝庄	11
太宗	23	多尔衮	10
世祖	21	慈禧	70
圣祖	61	合传、总传	73
世宗	54		
高宗	40		
仁宗	15		
宣宗	15		
文宗	16		
穆宗	5		
德宗	32		
宣统	68		

从表 2-1 中我们可以看到，百年间清朝皇帝研究主要集中在清前中期，清中后期的皇帝研究著作尚少，且多集中在德宗、宣统以及慈禧三个人物身上。因此，清中后期皇帝的研究著作也就显得十分可贵了。比如，1993 年吉林文史出版社出版的“清帝列传系列”丛书中的《嘉庆帝》《道光帝》是较早的嘉道二帝的人物传记。① 在作者看来，以往的清史研究多集中于康雍乾三朝盛世，而对嘉道中衰之事关注得不够，甚至是被过分地忽略了。关于嘉庆朝的以往研究也只是在涉及白莲教起义、天理教起义的时候才会探讨嘉庆皇帝。人们对于时处衰世的嘉道二帝印象并不佳，认为清代中衰的原因主要在于嘉庆帝，并将禁烟失败、中英鸦片战争失败，中国落后于西方、开始沦为半殖民地半封建社会的主要原因归咎于道光帝。其实在作者看来，这些看法都有失偏颇。大量事实表明，清代中衰的根源不在嘉道时期而在乾隆盛世。嘉道二帝其实很有作为，在治理国家方面十分勤勉，虽然他们并不是什么明君圣主，

① 关文发．嘉庆帝．长春：吉林文史出版社，1993；孙文范，冯士钵，于伯铭，等．道光帝．长春：吉林文史出版社，1993.

但亦非什么庸碌之君，而是兢兢业业的守成之君。从这一点来说，嘉道二帝的形象得到改观，学界对嘉道二帝以及嘉道时期的国家社会有了一个更加新颖的、全面的认识。同样是该系列丛书的《咸丰・同治帝》（上、下）两册，则分别为咸丰帝、同治帝作传记，也是咸同二帝最早的人物传记。在作者看来，咸同二帝是两个乱世皇帝、两个悲剧人物。身处大变局时代，他们既不是时代的旗帜，也不是历史的巨人，求治不治，欲衰未亡，在风雨飘摇中苟安，继而短命早逝。该书以传记主人公的社会活动为主线，但是也并不限于此，而是与时代相结合，与其他诸如慈禧、奕䜣、肃顺等人物联系起来，共同烘托时代群像。该书全面描绘了咸丰、同治两朝的巨大历史场面，填补了之前二帝人物传记研究的空白。①

在过去三十多年中，海外学者以"异域之眼"观察中国，他们关于清代皇帝的传记著作一直十分引人注意，尤其是自 2011 年之后，海外学者的研究大量翻译出版，将国外学术界的不同视野、方法，甚至新史料带进国内。②

2. 新方法与传统实证方法的齐头并进

值得一提的是，在如此之多的清代皇帝研究论著中，学界一方面坚持传统的实证主义史学研究方法，细化考订人物史实；另一方面则不断运用新方法来书写清代皇帝。关于新方法，主要体现在将心理学等学科的研究方法纳入史学研究范畴以及兼顾学术与通俗的笔调书写人物传记两个方面。姚念慈的《康熙盛世与帝王心术——评"自古得天下之正莫如我朝"》一书即是运用心理分析法的典范，该书借鉴了心理学的研究方法，从康熙的虚矫心态与侥幸心理入手，就康熙朝的满汉关系、太子废立、统续厘定、准噶尔之役等重大事件进行分析，批判康熙所营造的"盛世"假象。以往人们心目中的"其仁如天"的圣祖明君，在这本书里更多地呈现为一心维护满洲特权利益，利用自己的威权竭力迫使汉人

---

① 徐立亭．咸丰・同治帝．长春：吉林文史出版社，1993.

② 白晋．康熙皇帝．赵晨，译．刘耀武，校．哈尔滨：黑龙江人民出版社，1981；史景迁．康熙：重构一位中国皇帝的内心世界．温洽溢，译．桂林：广西师范大学出版社，2011；宫崎市定．雍正帝：中国的独裁君主．孙晓莹，译．北京：社会科学文献出版社，2016；欧立德．乾隆帝．青石，译．北京：社会科学文献出版社，2014；加藤徹．西太后：大清帝国最后的光芒．董顺擘，译．北京：社会科学文献出版社，2015.

承认清朝统治合法性的假仁假义的满洲主子。在作者看来，康熙所构造的满汉一体、内亚版图的扩展这些盛世之举，不过是为其论证“自古得天下之正莫如我朝”命题的手段。① 冯尔康则从康雍两朝殿试策问的题目入手，分析康雍两帝的人物性格，认为他们都勤政不倦、睿智，善于把握时局和发现问题。但是康熙为人仁厚、宽容；雍正帝则为人严酷，察察为明。因此，反映在施政方针上，康熙施宽仁之政，反对更新；雍正则力主革新除弊，实行严威治国的方针。② 相比于康雍，乾隆帝的性格宽严相济，他不时讲求实行宽仁之政，臣下对此也多有体会，但是他并不像乃祖一样以慈爱的面目出现于世，他的严酷一面也是十分明显的。他是宽中有严，柔中有刚。这种性格运用到政治当中，就能够做到宽严相济，刚柔相济。这也是乾隆初政期间的政治氛围特色。③ 王子林一改以往的皇帝研究内容，注重探讨乾隆帝个人的精神境界与心理世界。通过乾隆帝的诗文，以及与他相关的文物、建筑、文献、档案等，对乾隆帝的精神世界进行了一个全面的解读。④ 冯尔康从道光、咸丰二帝召见臣下的奏对内容入手，分析二帝的人物性格及其施政特色。作者认为，道光皇帝是一位有见识而缺乏刚毅性格的君主，他锐意整顿说明他是有主见的，但是他并不能坚持己见，这反映了他性格中软弱的一面。咸丰帝则是好学之人但却不太成熟。⑤

对嘉庆帝的研究在这一时期也有了一些新的亮点。袁飞通过大量档案资料研究嘉庆时期漕运改革最终失败的详细过程，对嘉庆帝的思想进行了深刻的揭示。他认为，嘉庆的守成论表明，他对前朝制度有着严重的路径依赖，并进入了锁定状态，对改变旧有制度所要付出的代价具有畏惧心理。⑥

---

① 姚念慈．康熙盛世与帝王心术：评“自古得天下之正莫如我朝”．北京：生活·读书·新知三联书店，2015.

② 冯尔康．康雍间殿试策问之题目与时政：兼述康雍二帝性格．社会科学战线，2008（1）.

③ 冯尔康．乾隆初政与乾隆帝性格．天津师范大学学报（社会科学版），2007（3）.

④ 王子林．在乾隆的星空下：乾隆皇帝的精神境界．北京：紫禁城出版社，2011.

⑤ 冯尔康．从召见臣工看道光帝、咸丰帝的理政和性格：以召见张集馨、段光清为例．江汉论坛，2005（4）.

⑥ 袁飞．困境中的挣扎：嘉庆朝政治与漕运治理研究．北京：中国社会科学出版社，2019.

此外，关于慈禧太后的心理对于历史事件的影响也成为这一时期学界的关注点。欧阳跃峰即考察了义和团运动时期慈禧的心态。欧阳跃峰认为，戊戌政变后，慈禧心中的“仇洋”情结不断膨胀，终于完全外化为其思想主张，并在一段时间内支配着她的行动。向列国开战，实质上是她“己亥建储”的继续，是她在极度膨胀的权力欲望的驱使下，为实现“废立”而设计的“短、平、快”战术。慈禧于“宣战”五天后表示，由于义和团在京城“蔓延已遍”，“只可因而用之，徐图挽救”。其实，清廷利用义和团、对外主战的内外政策并无实质性的改变。北京失陷后，她立即撕下虚伪的面具，把“肇祸”的责任全部推给义和团。同时把“纵容拳匪，启衅友邦”的责任推给了“首祸王大臣”。[①] 这一心理分析，对于我们理解当时慈禧个人心态以及国家政治的影响有重要意义。黎俊祥分析了慈禧太后的心理变化对清末新政出台的影响，认为慈禧于庚子巨变后具有愧疚心理和振兴意识，慈禧心态的变化，成为清末新政启动的契机。[②] 这种分析也不失为理解清末新政的思路之一。

茅海建的《苦命天子——咸丰皇帝奕詝》，该书以通俗的、细腻的笔法，描绘了咸丰皇帝的一生，可读性较强。作者不仅将咸丰视作一位皇帝，而且还把他看作一个“人”，一个普普通通的“人”。作者评价道，咸丰帝“他直身躺在时代的分界线上，手和脚都已经进入了新时代，但指挥手脚的头脑却留在旧时代”。但是作为皇帝的他，必然要为那个时代负责，而他的种种表现“不仅仅是他个人的悲剧了，而是当时中国的道德和价值观念的悲剧”。作者以通俗易懂的写作手法，将一个生逢乱世的悲剧皇帝呈现在读者面前，通过这个历史人物也展现了那个时代的悲剧。这种介乎学术与普及读物之间的历史著作，既丰富了人们对于咸丰皇帝的认知，也很好地推动了今后历史人物传记的书写方式。[③] 此外，台湾学者陈捷先以一人之力撰写了清代多位皇帝的传记，包括《努尔哈齐写真》《皇太极写真》《顺治写真》《康熙写真》《雍正写真》《乾隆写真》《慈禧写真》，以一种“写真”式的手法为七位人物作

---

① 欧阳跃峰．义和团运动时期慈禧太后心态剖析．史学月刊，2003（4）.

② 黎俊祥．清末新政启动前慈禧心态的变化．安徽师范大学学报（人文社会科学版），2006，34（4）.

③ 茅海建．苦命天子：咸丰皇帝奕詝．上海：上海人民出版社，1995.

传。每部传记均分为50个左右的专题，专题涉及前人所关注的各种疑案以及传主的政治作为、社会生活，这种短而小、专而精的写作方式，以及清晰通俗的文字语言不失为人物传记的一种新的表达方式。这并非一种简单的历史普及，而是作者在大量史料及多年治史积淀的前提下深入浅出而写就的，其中饱含着作者对于历史问题的思考与论述。这七部传记为丰富清代皇帝研究起到了推动作用。

继续坚持传统实证研究方法的学者虽不多见，但仍有星火之光。姚念慈的《多尔衮与皇权政治》将多尔衮个人置于清初皇权加强与八旗制国家转型这一政治动荡与权力斗争激烈之中，还原了当时的时代面貌。文章认为，有清一代的皇权专制空前加强，实际上发轫于多尔衮摄政期间，并非通论之雍正朝。多尔衮的集权并非对皇权的削弱，反而是皇权的集中，多尔衮实际上已经是当时清朝的实际统治者。以此思路梳理下去，则多尔衮称“皇父摄政王”就可以得到解释，即在于为自己的登基做铺垫。这一研究，一方面加深了对清初政治演变的认识，另一方面也对多尔衮的人物形象有了更进一步的理解。① 另文《皇太极入关机缘与得失——明金己巳之役若干问题考辨》是姚念慈的最新力作，该文结合了大量史料，对皇太极己巳出兵的原因、明廷应对的失策、金军长驱直入，以及最后撤兵的全部经过进行了详细的考证。作者认为，此次出兵并非后世官书所写为“伐明”，而是在皇太极得知林丹汗众叛亲离内外交困之实情，故远征察哈尔部，消灭多年宿敌，这才是皇太极入关的初衷与首要目的。② 此外，在《康熙初年四大辅政刍议》中，姚念慈对康熙擒拿鳌拜有一番新解释。作者并不赞同旧有的关于鳌拜专擅，弱化皇权而导致被擒的观点，实际上是因为康熙等不及辅臣归政，而违逆孝庄的意见，私自处理鳌拜，剥夺孝庄之权源并归于己。此后，玄烨对孝庄超乎寻常地孝敬，似乎也就能够得到解释了。③

杨珍也通过大量满文档案，结合相关正史、官书、档案资料重新考

---

① 姚念慈．多尔衮与皇权政治//中国社会科学院历史研究所清史研究室．清史论丛．沈阳：辽宁古籍出版社，1996.

② 姚念慈．皇太极入关机缘与得失：明金己巳之役若干问题考辨//中国社会科学院历史研究所清史研究室．清史论丛．北京：社会科学文献出版社，2017.

③ 姚念慈．康熙初年四大臣辅政刍议//中国社会科学院历史研究所清史研究室．清史论丛2006年号．北京：中国广播电视出版社，2006.

证了顺治末年、康熙初年辅政体制的形成、四大辅臣之间的争斗，以及康熙帝与四大臣之间的权力纠葛与斗争。作者认为，四大臣辅政体制在推进清初统一战争中功效显著，但是在制定文化政策、处理满汉关系等方面出现明显倒退。辅政后期康熙亲政，难以容忍辅臣代行皇权状况的长期存在。他希望辅臣主动辞政，但是鳌拜一直在徘徊犹豫，不愿主动放权。双方僵持不下，康熙帝便寻找借口清除鳌拜，结束辅政体制。鳌拜等借助辅政权力，确实存在打压异己的情况，诸如冤杀苏纳海、苏克萨哈等人。在这一系列过程中，确实体现了康熙一定的软弱性，与辅臣对皇权的倾轧。这也是康熙末年，康熙帝极力解释自己当时是受鳌拜等人的逼迫的原因。而当时为了快速废除辅政体制，擒拿鳌拜，集中皇权，在罗织鳌拜罪名的过程中也不乏大量不实之词，可能还有替人受过之处。康熙与辅臣尤其是鳌拜之间，虽然在处理满汉关系等问题上存在严重不同，但是这并非康熙清除鳌拜、结束辅臣的直接原因。说到底，康熙帝与鳌拜的冲突是权力斗争，双方在维护、巩固清朝统一的方面是一致的。这也是康熙后来给鳌拜平反的重要原因。①

第二节　清代中枢权力机制研究

清代中央机构复杂，有负责参议国政的议政王大臣会议、内阁、军机处，也有负责具体执行的中央六部与各院监寺，也有负责连接各职能衙门的通政使司、奏事处等机构。鉴于议政王大臣会议、内阁与军机处的重要历史地位，百年来关于三者的研究数不胜数，成为中央机构研究的重点。议政王大臣会议已述于前章，因此，本节无意于综述中央的其他机构，仅着重梳理内阁、军机处这两个中枢机构的百年研究脉络。

一、关于内阁体制的研究

清承明制，于中央设内阁，处理题本、奏本等重要上奏文书。在军机处创设以前，内阁是皇帝身边处理行政文书的最重要的机构。这两点

① 杨珍．清前期宫廷政治释疑．北京：中国社会科学出版社，2018：38－99．

结论，基本可以描述我们今天知识谱系中对清代内阁制度的定位。作为军机处成立之前中央的重要中枢机构以及军机处建立之后重要的中央政务机构，清代内阁研究自民国伊始便受到重视。

最早将内阁作为一个专门研究对象的是民国时期的法学学者高一涵。他在1925年撰写了一篇长文，梳理了中国历史上的“内阁”历史，也简要归纳了清代内阁的职能。这篇文章的开头将研究对象称为“中国的内阁”，反映出作者对内阁制度的关注点在于中西政治制度的比较研究，而非历史学的考证。这令内阁制度的研究带有一丝“近代知识”的色彩。[①] 1940年，政治学家萨师炯刊发了《清代内阁的组织及其职权》一文，该研究考证了清代内阁的官缺、职守，并对大学士的选任情况进行了简要统计，最后对清代内阁制度实际运行情况进行了分析，指出内阁权力渐衰的背景有三：满洲权臣介入政治、大学士兼职过多、皇帝力图集权。虽然仍是政治学视角下的研究，但其将内阁制度变迁的过程进行了简单的梳理，在历史视野下考察了内阁制度运行过程中的诸多矛盾因素，这令该研究具有浓重的政治制度史意味，开清代内阁史研究之先河。1946年，萨师炯将该文扩充为《清代内阁制度》一书，把清代内阁纳入中国古代宰辅制度发展史中，是清代内阁制度研究的第一本专著，虽然疏率，亦不无价值。[②] 其后，1977年，台湾学者凌林煌撰《清代内阁制度》一书，较萨师炯的研究更进一步。凌林煌的研究以《清实录》、光绪会典等史料为基础，结合《内阁小志》《国朝宫史》等史书，对清代内阁制度进行了较为全面且具有一定深度的研究，关注内容不仅限于考订员额、罗列职守，还结合内阁官署、官员仪制等情况，讨论了内阁行政事务的运作方式。[③] 此外，该研究在统计工作上也有所深入，对内阁官员中满汉比例问题给予了一定的分析。整体而言，该书是一部较为典型的历史（尤其是制度史）视角下的内阁研究，注重制度上的讨论，带有20世纪70年代台湾清史研究的典型特征。

---

① 高一涵．中国内阁制度的沿革．国立北京大学社会科学季刊，1925，3（4）．后因该文销行不多，传播不广，遂交由商务印书馆出版。参见：高一涵．中国内阁制度的沿革．上海：商务印书馆，1930。

② 萨师炯．清代内阁的组织及其职权．新政治，1940，4（5）；萨师炯．清代内阁制度．上海：商务印书馆，1946．

③ 凌林煌．清代内阁制度．台北：台湾商务印书馆，1977．

20世纪80年代以后，中国大陆的清史研究逐渐走上正轨。这一时期出现了多部对清代政治制度的整体介绍，其中都会依据《清史稿》等文献对内阁制度进行简单介绍，内容亦大同小异。① 专题性的研究有王湘云的《清代内阁》一文，也属简介性质。② 最值得关注的是赵希鼎的《清代内阁制的变迁》一文，其对有清一代内阁制度的发展演变进行了宏观梳理，是该时期对内阁制度研究较为全面的一篇论文。③ 此外，白钢采用政治学的分析视角，将内阁制度纳入中国古代政治制度发展的脉络中，对内阁制度在政治组织中的地位进行了解读，但白书本身是作为政治制度通史编著的，留给清代内阁的篇幅很短，内容也并不丰富。④直到20世纪90年代中后期，关于内阁制度的研究才逐渐丰富与深化。90年代之后，史学界在继承前人的研究成果的基础上，对清代内阁制度进行了全面而深入的研究，聚焦的内容主要集中在清代内阁的沿革演变，内阁的职掌、职官及运行机制，内阁的性质与地位，清代内阁档案等几个方面。

（一）关于清代内阁的沿革

关于清代内阁的沿革，其中一个经典的说法即是“清承明制”，认为清代内阁是承袭明代内阁而来的。稍有不同的是，近期，诸多学者也注意到了清代内阁制度产生的内在理路及其特色。白新良认为，入关之初清朝政权虽效仿明制，但为了确保对政权中枢机构的控制，统治者不仅在使用汉官方面有诸多禁忌，也对明朝原有的中枢机构进行了必要的调整。内阁就是一个典型的例子。⑤ 陈捷先从满洲汉化的角度来分析内阁设置的反复，认为清统治者并非“悉仿明制”，其不但有所变革，而

① 张德泽．清代国家机关考略．北京：中国人民大学出版社，1981；李鹏年，朱先华，秦国经，等．清代中央国家机关概述．哈尔滨：黑龙江人民出版社，1988；郭松义，李新达，李尚英．清朝典制．长春：吉林文史出版社，1993；王戎笙．清代全史：第2卷．北京：方志出版社，2007.

② 王湘云．清代内阁．历史教学，1985（4）.

③ 赵希鼎．清代内阁制的变迁//中国古代史论丛：第一辑．福州：福建人民出版社，1981.

④ 白钢．中国政治制度通史．北京：人民出版社，1996：总论.

⑤ 白新良．清代中枢决策研究．沈阳：辽宁人民出版社，2002.

且有自己汉化的标准和目的。① 郭松义从内阁的建置沿革中总结了清代典制的特点：突出皇帝权力；偏护满洲和八旗利益；体现多民族的特色；注重前代的经验教训；制定系统完整的条规法令。② 姚念慈认为，从内三院到内阁的建立，这一演变是清初国家机构中变动最频繁、职掌最不确定的过程，并将原因归结为满汉之间的矛盾与联合，是明清嬗替之际时代特征的反映。③ 杜志明揭示了内阁“清承明制”的实质是后金所创设的机构——文馆在自身演进过程中结合明代旧制的结果，随后通过考察文馆到内三院再到内阁的发展过程，认为集权与分权制衡的思想在明清两代得到了充分的继承。④ 此外，高翔、杜家骥、冯元魁、程翌康等则从明清内阁的具体职掌、品级等内容分析了明清内阁之不同。⑤

至于内阁的发展演变，赵希鼎对有清一代内阁制度的发展演变——“文馆—内三院—内阁—清末新内阁”——进行了一次宏观的梳理。⑥ 张德泽认为，内阁权势的演变经历了几重起伏：顺治十五年（1658）初设内阁时，内阁权势低于内三院，到雍正八年（1730），大学士升为正一品，虽设军机，但军机大臣首领必为大学士。此时的内阁可称“宰辅”，可以说是“表率百僚”，“掌议天下之政”的最高执政机关。而后乾隆二年（1737）机要章奏都下到军机处，颁发诏旨亦由军机大臣撰拟，职掌内阁的变成寻常吏事，此时，内阁沦为办理例行政务、颁发文告的机关。⑦ 杜志明与此观点有所不同，他认为内阁总体呈衰落趋势，过程可分为四个阶段：（1）因袭期：从入关到康熙除鳌拜（1669 年），阁权较高；（2）轻度发展期：到军机处设立时，主要表现在有几个权倾一时的大学士；（3）完善期：到嘉庆亲政（1799 年）时，内阁处理日

---

① 陈捷先．从清初中央建置看满洲汉化//陈捷先．清史论集．台北：东大图书股份有限公司，1997.

② 郭松义，等．清朝典章制度．长春：吉林文史出版社，2001.

③ 姚念慈．清初政治史探微．沈阳：辽宁民族出版社，2008：378－396.

④ 杜志明．明清内阁制度比较研究．兰州：兰州大学，2006.

⑤ 高翔．略论清朝中央权力分配体制：对内阁、军机处和皇权关系的再认识．中国史研究，1997（4）；杜家骥．杜家骥讲清代制度．天津：天津古籍出版社，2014；冯元魁，程翌康．略论清朝内阁的职掌与机制．上海师范大学学报，1989（2）.

⑥ 赵希鼎．清代内阁制的变迁//中国古代史论丛：第一辑．福州：福建人民出版社，1981.

⑦ 张德泽．清代国家机关考略．北京：中国人民大学出版社，1981.

常政务的职能更加明确，内阁大学士开始有内外中堂之分，中央权力分配出现新格局；（4）衰落期：嘉庆四年（1799）后，尤其是鸦片战争爆发后，内阁在朝中的地位日趋衰落。[①]

除了上述专门探究内阁本身的沿革及其发展阶段的著述，学界还普遍关注作为内阁前身的文馆、内三院以及跟内阁关系密切的翰林院。

清初，御前文书处理机构曾多次变换。努尔哈赤时期设立“文馆”（亦称“书房”），专司文案之事，兼以处置文人。皇太极执政时，于崇德元年（1636）将文馆改为内三院。此后内三院即作为中央文书行政的重要机构而存在，顺治时一度并入内阁、翰林院，但顺治帝去世后又改回。直到康熙初期，内三院才正式撤除，重又拆分为内阁、翰林院。关于“文馆”的设立时间，国内学者多援引《清太宗实录》，认为文馆创设于天聪三年（1629），邱雪静考察了《清会典》的成书过程，认为这一判断基本可信。[②] 但日本清史学者神田信夫对此表示否定，认为天命年间文馆便已出现。张晋藩、郭成康对此进行了辨析，认为双方均有不严谨之处，但并未就此发表更多的看法。[③] 刘小萌则比较了《满文老档》中对“文馆”的记载，认为天聪三年的“文馆”并非正式的国家机构，直到天聪六年（1632）“bithe yamun”这一指代“文馆”的用法出现，文馆才成为正式的国家机构。[④]

关于内三院的官员组成，学者们已达成共识，认为内三院实为满汉混杂的机关，汉儒臣虽然地位并不一定很高，但作用却很重要，是满洲统治者与汉文化之间的纽带。一些汉族文臣，如范文程等，参酌机务，进纳大计，对满人入主中原起到了重要作用。在清初的历史演变过程中，内三院及其文臣的性质也在不断发生着变化，它越来越深地被卷入清初的政治斗争中。内院文臣的权力，在入关前不断得到提升，这些文臣也更为积极地替皇帝出谋划策，巩固皇权。经过皇太极执政后期和多尔衮时期的格局调整，到顺治帝亲政时，内院文臣已经积聚了相当大的政治权力，成为清代政治结构中不可忽视的组成部分，完成了由辅政机

---

① 杜志明．明清内阁制度比较研究．兰州：兰州大学，2006.

② 邱雪静．清入关前文馆、内三院述论．北京：中央民族大学，2007.

③ 张晋藩，郭成康．清入关前国家法律制度史．沈阳：辽宁人民出版社，1988：83－84.

④ 刘小萌．满族从部落到国家的发展．北京：中国社会科学出版社，2007.

构向权力机构的转变。[①] 另外，裴燕生利用档案学的基本知识，考察了入关前清朝的文书档案工作，认为内院已初步具备了处理国家档案文书的能力。[②] 这是清朝国家制度发展的一个重要侧面。

清代在继承明代的内阁制度的同时，也继续设置翰林院，不过，自康熙朝以后，翰林院不再附属于内阁，而是单独构成一个机构。翰林官多来自馆选，职司文字，掌编纂、文衡等事。清人雅重翰林，以文苑而通显者甚多。不过学界对翰林院的研究比内阁要少得多。萧一山的《清代通史》中有一个介绍翰林院基本框架的表格，是为翰林院在通史类论著中的第一次记载。[③]

第一篇对翰林院制度的专题研究，是高厚德、许梦瀛在 1941 年发表的《翰林院制度考》一文。该文综述了历代翰林制度之简要情况，在叙述清朝翰林院制度时，该文主要利用《词林典故》中的记载，给出了翰林院的职官组织，并罗列了翰林院的数个职能。同时还利用丁韪良等人的回忆史料，考证出清末翰林院坍圮不修的状况，以此表现翰林院的衰落不振。整体而言，这篇研究比较单薄，但筚路蓝缕，亦属难得。[④]

从 20 世纪 70 年代后期开始，两岸学界零星发表了一些关于翰林院制度的简介，均属短文。[⑤] 此外，20 世纪 80 年代以后出现的清代政治制度史著作，对翰林院制度一般也会有所介绍。张德泽将翰林院看成一个广义的机构，而詹事府则作为翰林院的相关机构附带进行说明；而李鹏年则将两个机构分别列入“承理国政的行政机构”一组当中，无疑是将两部分并列地看成了国家行政机关的一部分。当然，这两部书都并非专门针对翰林院的研究，因而也只能是简要介绍而已。[⑥] 依目前所见，学界对清代翰林机构和官员较为深入的正面讨论，主要有五：其一为香

---

① 张晋藩，郭成康．清入关前国家法律制度史．沈阳：辽宁人民出版社，1988；徐凯．清初摄政、辅政体制与皇权政治．史学集刊，2006（4）；艾丽．从文馆到内三院看清初政治选择．武汉：华中师范大学，2008.

② 裴燕生．清入关前文书撰制与处理工作的特点．档案学通讯，2002（2）.

③ 萧一山．清代通史：卷上．北京：中华书局，1986：516－518.

④ 高厚德，许梦瀛．翰林院制度考．教育学报，1941（6）.

⑤ 谢浩．漫谈翰林的沧桑与荣宠．台北文献，1976（35）；严文郁．清代翰林和翰林院．东方杂志，1980，13（10）；吴仁安．清代的翰林院和翰林．历史教学，1981（2）.

⑥ 张德泽．清代国家机关考略．北京：中国人民大学出版社，1981；李鹏年，朱先华，秦国经，等．清代中央国家机关概述．哈尔滨：黑龙江人民出版社，1988.

港学者吕元骢于1981年发表的研究。该研究用英文写成，分为两个部分，第一部分利用《清会典》《清史稿》等政典文献，较为细致地梳理了翰林院的相关制度，剖析了翰林院的日常职能、翰林官的主要事务。第二部分利用《词林辑略》中的翰林院庶吉士名单，结合部分传记和政典史料，就庶吉士的宦途进行了分析。① 该研究的一个重要特点是从翰林院庶吉士的角度来描述翰林官群体，而非正式散馆授职的翰林。从整体上讲，该研究非常细致，政典文献使用较为全面，但对制度运行中的变迁关注得较少，比较静态，而且缺乏档案史料作为支撑。统计学方法仅局限于描述性统计，未能有所深入。

其二为邸永君于1997年完成的博士论文（后经补充、修订出版）及其延伸。该研究将翰林、詹事两衙门看成一个整体，依托政典史料，梳理了清代翰林机构的制度，并简要介绍了翰林官员的政治表现。该研究在考察顺治、康熙时期翰林院制度的起源方面用力颇多，但对康熙以后的翰林院制度则颇为省略；而关于翰林官之政治、文化表现更是匆匆数语便作收结，疏漏之处颇为明显，不知何以至此。邸氏后来运用传记、文集、年谱等史料考证了数十位旗籍翰林的生平事迹，尝试归纳旗人翰林的整体风貌；该研究亦试图比较满汉翰林的地位，但仅仅列举了道光时期几位翰林出身官员（不是真正的现任翰林）的事迹，并未进行深入分析。②

其三为台湾学者宋秉仁的专门研究，该研究较之吕元骢的研究又进了一步，利用了相当数量的档案史料，对清前期的翰林院制度给予了深入的考证。该研究的一大突破，是对清前期翰林官在政治、文化上的作用有较多的描绘。③

其四为王云松于2003年完成的硕士论文《清初翰林院研究》及其若干延伸，主要关注康熙中期以前清代翰林院制度的调整及其政治背景，梳理制度沿革及人物事迹，对清初复杂政治环境下翰林院的政治作用进行了考察。该研究认为，翰林官员在清初通过推动经筵日讲、编纂

---

① Adam Yuen-chung Lui, The Hanlin Academy: Training Ground for the Ambitious, 1644 - 1850, Archon Books, Shoe String Press Inc., U.S., 1981.

② 邸永君．清代翰林院制度．2版．北京：社会科学文献出版社，2007；邸永君．清代满蒙翰林群体研究．哈尔滨：黑龙江人民出版社，2005.

③ 宋秉仁．清初翰苑体制与翰林流品．台北：花木兰文化出版社，2010.

汉文化背景的图书、入直南书房等方式，令皇帝对儒学等汉文化知识的了解大大加深，对清朝统治者的汉化起到了重要的作用；清朝翰林院制度的不断调整、巩固，翰林官队伍的不断充实，令大量汉族士人进入清朝的官僚队伍中，巩固了清朝的统治。① 王云松对于制度变迁的论述着力颇多，但对史实考订则措意不定，给人以明显的“以论代史”感。

其五为近年来邹长清的研究，其主要关注清代翰林院庶吉士，对清代朝考制度的发展过程、馆选庶吉士的人数、翻译庶吉士制度的情况进行了考察。其中对馆选庶吉士人数的考察有较大的学术意义，该研究比较了《馆选录》《词林辑略》等文献，考证出了清代庶吉士的总数，并对有疑问的几名庶吉士的具体馆选情况进行了考证。② 此外，夏卫东曾讨论清代翰林院官员的出路问题，认为捐纳、军功对清代中期以后的翰林官出路造成了严重冲击。③

清代内三院、内阁与翰林院制度在清代历史中是相互联系、有所传承的，但它们的学术谱系却大为不同：对内三院的研究，有着鲜明的满族史知识谱系，构成了清前史的一部分；而内阁制度研究，则脱胎于中西比较政治学研究，具有“近代知识”的属性，直到 20 世纪 80 年代中期才因清代政治史研究的转向而进入历史学的视野；与此相比，翰林院研究则更为冷门——西方政治制度中并无翰林，因而政治学对此不感兴趣，满族史亦因其汉文化属性而对翰林机构并不重视。对翰林院的研究，在很大程度上是科举制度史的延续。学术谱系的区别，决定了学界对这三个机构研究的问题意识存在较大差异。内三院的研究，重点在于清初皇权与满洲亲贵之间的冲突、满汉矛盾等问题；内阁制度的研究者则大多将内阁与军机处联系起来，比较清代中枢决策机制的变化，是在行政制度的范畴内进行讨论的；而翰林院制度的研究则多属制度考证。

---

① 王云松．清初翰林院沿革考略．中国社会科学院研究生院学报，2002，增刊；王云松．清初翰林院研究．北京：中国社会科学院研究生院，2003；王云松．从顺康政局看清初翰林院的政治地位．社会科学战线，2012（11）；王云松．论清初翰林院的社会文化职能．云南师范大学学报（哲学社会科学版），2012（4）.

② 邹长清．清代翻译庶吉士制度研究．历史教学，2010（10）；邹长清．清代翰林院庶吉士人数考辨．清史研究，2013（3）；邹长清．清代翰林院庶吉士制度研究．天津：南开大学，2011.

③ 夏卫东．论清代翰林官的出路问题．石油大学学报（社会科学版），2003，19（6）.

三者之间的问题意识差别非常明显。如果从清代的政治制度框架来看，上述三个机构，构成了清代中央文书行政组织的一个具有时间属性的整体。对这个整体采用同一问题意识进行考察，应该是未来研究的重要方向。

（二）关于内阁的职掌、职官与运行机制

几乎所有研究清代内阁的成果都会对此项内容有所涉及。对清代内阁之职掌论述最为详细的要数凌林煌的《清代内阁制度》① 了。这本书用相当长的篇幅将内阁职掌的职责总结为“主持典礼、拟宣纶音、进批本章、勾选重囚、储奉御宝、考著谥号、稽察事件、修典书史、掌典试务”等九个方面。冯元魁、程翌康将内阁常务概括为四个方面：宣布丝纶，草拟谕旨；办理本章；筹办典礼和祭祀；组织修书，收贮档籍。②孟姝芳则用四个词概括内阁职掌的性质：秘书班子，顾问集团，通信处，文教司。③ 王建中将清初承袭明制设置内阁并进一步明确内阁所掌日常政务职能的原因归纳为三点：其一，不想在朝廷更迭的动荡之际有更多政策制度的转换；其二，统治者注重对档案的管理，需要一个部门来处理和保存日行公事档案、官修实录经典以及老档等；其三，使初期官员的分配更为合理。④

有所不同的是，赵志强在介绍内阁建置和职官职掌之余，对大学士会同议奏政务的五种形式做出了详细归纳，结合实录等记载举例说明了大学士会同中枢行政机关、九卿翰詹科道、九卿、行政司法监察机关、司法机关议奏政事的情形。并且，作者提到，在阁臣之中，满洲大学士实为辅弼重臣，汉族大学士及学士作用甚微。⑤ 对于大学士常有兼衔的情况，尹树国认为，兼职工作可以避免人员的恶性膨胀，但抑制了内阁在政务运转中的活力。⑥ 郭松义等人也认为，清代大学士长期兼任各部尚书，对皇帝而言可借此加强对各部的管理，协调内阁和诸部关系，但

---

① 凌林煌．清代内阁制度．台北：台湾商务印书馆，1977.

② 冯元魁，程翌康．略论清朝内阁的职掌与机制．上海师范大学学报，1989（2）.

③ 孟姝芳．清内阁地位下降原因初探：读康熙朝和乾隆朝会典有感．内蒙古电大学刊，2001（1）.

④ 王建中．明清中枢机构转换的实质意义何在．黑龙江社会科学，2006（2）.

⑤ 赵志强．清代中央决策机制研究．北京：科学出版社，2007.

⑥ 尹树国．盛衰之界：康雍乾时期国家行政效率研究．合肥：黄山书社，2008.

对于内阁来说，却使其工作失去重心，因而有“内阁为百僚之长，中书实办事之官”的说法。① 另外，杨树藩对大学士的地位与选任，内阁学士、侍读学士、内阁中书的选任与出路进行了详细论述，并比较了满汉之不同。②

清代内阁是综理国家政务的最高机构，其一项重要的职掌就是处理文书。处理题本，便是内阁一项重要职掌。票拟是处理题本的关键环节，因此又成为研究的重中之重，所谓“言内阁必及票拟”。朱金甫认为，票拟制度作为内阁的一大主要职能，其发展变化几乎可以说明内阁权力的起伏。③ 白新良创造性地梳理了清朝政府信息输送及保存与整理制度，并认为内阁在其中承担了极为重要的作用。④ 徐莉则依托中国第一历史档案馆所藏《内阁满票签部通本式样》一书的形制、内容及特点，结合清代内阁题本处理程序，揭示了清代题本票拟的重要性，为研究票拟制度提供了更多的思路。⑤ 题本制度原本承载了传递清代政治信息的职责，但由于其效率低、程序烦琐、不易保密，奏折制度应运而生并得以发展。王湘云认为，“改题为奏”使内阁成为闲曹。⑥ 持类似观点的还有黄才庚，他认为，清末题本制度式微，到光绪二十七年(1901)八月十五日清廷正式下令“改题为奏”，题本制度的效率低下加之内阁汉本房等部门的拖延成性，是促使军机处办理奏折制度发展的一大原因。⑦ 刘文鹏则从中央集权的补偿性政治控制的角度分析了清代政治信息的传递。他认为，奏折制度和军机处的产生改变了政治信息的传递方式，使内阁丧失了对政治信息的控制，直达御前的政治信息系统被建立起来，实施补偿性政治控制的条件已成熟。⑧ 关于清代内阁票拟权的最新研究是郑旦的硕士论文《清朝内阁票拟制度研究》，该文上宗明代内阁职权，下展清代内阁票拟制度的承袭、确立与执行过程，并分析

---

① 郭松义，李新达，杨珍．中国政治制度通史：清代卷．北京：人民出版社，1996：113.

② 杨树藩．清代中央政治制度．台北：台湾商务印书馆，1982.

③ 朱金甫．明清内阁票拟制度的来历与演变．历史档案，1981（1）.

④ 白新良．清代中枢决策研究．沈阳：辽宁人民出版社，2002.

⑤ 徐莉．《内阁满票签部通本式样》概略及其价值．历史档案，2016（4）.

⑥ 王湘云．清代内阁．历史教学，1985（4）.

⑦ 黄才庚．清末“改题为奏”研究．档案，1987（4）.

⑧ 刘文鹏．论清代中央集权中的补偿性政治控制．学术界，2002（3）.

了阁权与皇权的互动关系，探讨了清代内阁票拟制度运行中的困境，展现出了清朝中央决策机制乃至整个中枢政权的结构变迁，明确而清晰地考察了清代内阁票拟职权的运作机制与程序。①

（三）关于内阁的性质与地位

内阁的性质、地位，换言之即其在国家机构、中枢决策机制中扮演的角色，其中最为核心的问题是内阁的出现对于清初的皇权集中意味着什么。由这一问题又细化出“内阁有无决策之权?”“内阁权力在清初是如何变化的?”“内阁与军机处的关系如何?”并且，这三个问题紧密相连，学者往往并联讨论。

关于内阁与皇权的关系，有学者认为，清初阁权与皇权之间存在紧张关系。林乾将明珠案与内阁制度的变迁结合起来，认为内阁权力的消逝意味着传统政治的终结，极权统治不断攀升。康熙中叶前期，内阁在总体上呈发展态势，明珠罢官前可以说是清代内阁发展的高峰。康熙朝内阁建制日趋完备，职权的发展也十分突出。不仅特旨预议军机、参加会推，阁臣也在一定程度上拥有荐人权和代阅奏章的权力，确有中枢机构的作用，明珠借此结党营私引起了皇帝的不满。因此，皇帝罢免了明珠，以及他所代表的阁臣集团。此次大换班标志着“强臣”政治的结束，也是因袭明代以来内阁权力较大的最后终止。② 但是，在大多数研究者看来，内阁与皇权并不对立，甚至认为内阁是从属于皇权，为皇权服务的。凌林煌直言内阁“为清帝实行独裁专制之一大厉器也”③。高翔认为，清初内阁是在皇权与满洲议政势力的斗争中逐渐引入和完善的，其根本任务是协助皇帝摆脱满洲议政传统对皇权的制约，建立以专制皇权为核心的官僚政治体制。在皇帝与保守满洲贵族的权利斗争中，内阁，尤其是汉族阁僚往往是皇权的坚定支持者。④ 尹树国认为，清代的行政机构设计将明太祖想要实现的乾纲独揽落到实处，诸如内阁等行政中枢机构的设置都是为了防止太阿倒持，并促进行政效率提高而进行

---

① 郑旦．清朝内阁票拟制度研究．北京：中国人民大学，2018.

② 林乾．康熙惩抑朋党与清代极权政治．上海：复旦大学出版社，2013.

③ 凌林煌．清代内阁制度．台北：台湾商务印书馆，1977：177.

④ 高翔．也论军机处、内阁和专制皇权：对传统说法之质疑，兼析奏折制之源起．清史研究，1996（2）.

的分工，是皇权的附属品。[①] 赵志强认为，清代内阁只是为皇帝办理文牍、聊备顾问的官僚机构，尽管其最终成为中枢行政机构，但实际上其书房的“胎记”终未消退，是辅佐皇帝处理国家庶政的秘书衙门。内阁始终没有成为权力核心，皇权对内阁的控制一直保持着绝对优势。[②] 杜志明进一步否定了内阁是拥有较大决策权的中枢机构的观点，认为作为外朝的内阁，不仅缺乏主动、稳定而全面的议政权，而且没有监督百官执行的权力，具有明显的非宰相性质。[③] 不可否认，清初确实存在着拥有较大权力的阁臣，但正如王建中所言，“阁权的轻与重及其参与中枢决策的广度和深度，都取决于它同皇权的关系，换言之，取决于皇帝对阁臣的信任程度及使用方式”[④]。

关于内阁与议政王大臣会议、南书房、军机处等其他中央机关的关系，有一个比较传统的观点，即认为内阁在清代逐渐成为处理日常事务的衙门，而不是中枢辅政机构，前期的议政王大臣会议和后来出现的军机处才是真正的权力中心。[⑤] 尹树国一书总结了清人对议政王大臣会议、内阁、南书房、军机处这四大中枢机构之间关系的看法，并提出自己的观点：康熙年间设立南书房并未取代内阁举足轻重的行政作用，四者之中议政王大臣会议是最有实权且最具威胁性的行政机构。[⑥] 而后，许多研究者更合理地将清代的辅政格局概括为“双轨制辅政格局”。万昌华将清代的行政体制概括为以六部为中央公开政务机关的内阁、军机处双重内朝辅政体制，认为《清史稿》中的“大学士掌钧国政”等语，明显与史实不合，相比而言，军机处在参与政事方面作用更大一些。[⑦] 杜志明分析了内阁与议政王大臣会议、南书房、军机处的关系，认为在内外朝的双轨制辅政格局中，内阁始终运行于权力较小且受外朝压制的轨道上，亦即外朝的内阁始终受到身居内朝的议政王大臣、南书房和军机处的压制。议政王大臣会议的存在使内阁从一开始就没有机会真正参

---

① 尹树国．盛衰之界：康雍乾时期国家行政效率研究．合肥：黄山书社，2008.
② 赵志强．清代中央决策机制研究．北京：科学出版社，2007：378.
③ 杜志明．论清代内阁制度的非宰相性质．广西社会科学，2011（7）.
④ 王建中．明清中枢机构转换的实质意义何在．黑龙江社会科学，2006（2）.
⑤ 吕丽辉．从内阁到军机处看中枢机构的变化．黑龙江档案，2003（4）.
⑥ 同①.
⑦ 万昌华．秦汉以来中央行政研究．济南：齐鲁书社，2012.

与到国家最高机密的讨论与决策中去。① 而对于南书房的成立来说，大多数学者都认可南书房具有政治职能，它的成立是为了加强皇帝的集权。吴秀良认为，南书房的建置与康熙朝的政治发展和雍正朝军机处的设立有密切的关系，它已经成为清初的重要中央机构。② 高翔对内三院到翰林入直、南书房到军机处的设立进行了制度变迁方面的考察，认为清代政治制度是从非制度化向制度化转变的过程，南书房的非制度化特征在其中极具意义。③ 李娜认为，南书房在军机处设立之前起到过渡作用，南书房的设立和运行是清代政治机构由外廷转往内廷的开始。④ 此外，陈金陵、王戎笙、常建华、佟博等人都认为南书房翰林都直接参议国政，撰写谕旨。⑤ 甚至有部分学者认为南书房的设立是为了制衡议政处与内阁，从而更好地集中皇权。军机处实际上与内阁有着一定的渊源，军机处既架空了议政处和内阁，又将南书房的政治职能全部继承下来。可以说，南书房的建立是清朝统治者摸索如何集权的具体实践。⑥ 朱金甫并不赞同上述观点，其认为南书房就是陪皇帝讲解经史、文娱活动的机构，并非中枢机构，因此并不构成对内阁的分权。⑦

军机处的特殊性和其与内阁的密切联系促使研究者将目光集中于两者的关系上。在很长一段时期，清史学界存在一个明显的倾向，就是将内阁与军机处这两个机构完全对立看待，认为军机处的设立侵夺了内阁权力，使之成为“闲曹”。早在 1937 年燕京大学历史学会召开的史学座谈会上，邓之诚就表示康雍时期先有南书房、后有军机处，大学士形同虚设。⑧ 钱穆认为，“最初皇帝为要保持军事机密，有许多事不经内阁，

---

① 杜志明．明清内阁制度比较研究．兰州：兰州大学，2006.

② 吴秀良．南书房之建置及其前期之发展．思与言，1968 (6).

③ 高翔．从翰林入直到南书房的设立：略论清初非制度化决策机构．中国社会科学报，2007-04-19.

④ 李娜．清初南书房述论//中国社会科学院历史研究所清史研究室．清史论丛 2008 年号．北京：中国广播电视出版社，2008.

⑤ 陈金陵．南书房．清史研究通讯，1985 (2)；王戎笙．清代全史：第 2 卷．北京：方志出版社，2007：50-52；常建华．康熙朝的翰林轮值南书房．紫禁城，2011 (7)；佟博．朱彝尊与清初南书房党争．北京档案，2015 (2).

⑥ 杜志明．论南书房与康雍时期的政治．湖北第二师范学院学报，2011，28 (7).

⑦ 朱金甫．论康熙时期的南书房．故宫博物院院刊，1990 (2).

⑧ 王锺翰．王锺翰清史论集．北京：中华书局，2004：1345-1351.

径由南书房、军机处发出。后来变成习惯，政府实际重要政令，都在军机处，不再在内阁”[①]。赵希鼎认为，二者在性质上无甚不同，同是中枢机要组织，不过军机处是为应付军事、临时应变而成立的机构，更为机要、集中，其权力逐渐扩大，影响到内阁的职权和作用，有取内阁地位而代之的趋势。[②] 此后，这种观点成为学术界主流，学者们更是将与皇权的关系纳入内阁与其他中枢机构的关系的讨论之中。李鹏年等人认为，内阁虽品高位崇，但实际只是为皇帝办理例行事务的枢秘机构，军机处的产生是为了解决“君权”与“相权”的矛盾，削弱了内阁。尽管内阁的权力始终不如明代，但仍然是国家的最高行政机构，这一套沟通上下的行政制度对皇权的集中起了一定的阻碍作用。所以统治者借秘密奏折制和军机处的设置改变了文书制度，从而破除了“传统形式”的束缚和“祖宗成法”的限制，内阁便成为“闲曹”。[③] 郭松义等也秉持这一观点，认为统治者为了防范内阁权力过大，遂用南书房、军机处等夺去内阁的部分权力。[④] 他进一步解释道，为了防范大学士结党营私，统治者先后用“议政王大臣会议”“南书房”等机关削夺内阁权力。而后军机处的建立，把本应属于外朝的许多权力侵夺，其中影响最大的也是内阁。因军机处“其权属于君”，内阁“则权属于臣”。[⑤] 高一涵指出，军机处侵夺内阁权力的真正原因是内阁在太和门外，离宫远因而易泄露事机，而军机处便于宣召，大臣皆亲臣、重臣。[⑥] 郭成康则重新审视了内阁权力在清初的盈缩过程，指出顺治中期以后，由于皇帝不断改革决策制度，内阁对中枢行政文书的操控能力大为增强，阁臣权力扩张，与明季情况较为相似；康熙时期的内阁文书工作不断规范化，但大学士仍不能插手议政会议，仅能在御前讨论中发表意见、影响君主。而当奏折的作用不断扩大时，皇帝对内阁的倚赖程度就越来越低了。这一研究重

---

① 钱穆．中国历代政治得失．北京：生活·读书·新知三联书店，2001：146.

② 赵希鼎．清代内阁与军机处．开封师院学报，1962（3）.

③ 李鹏年，朱先华，秦国经，等．清代中央国家机关概述．哈尔滨：黑龙江人民出版社，1988.

④ 郭松义，李新达，杨珍．中国政治制度通史：清代卷．北京：人民出版社，1996：113.

⑤ 郭松义，等．清朝典章制度．长春：吉林文史出版社，2001.

⑥ 高一涵．中国内阁制度的沿革．国立北京大学社会科学季刊，1925，3（4）.

视行政文书的制度变化对内阁政治地位的影响，点出了内阁在政治制度中地位下降的决定性因素。①

上述观点受到部分学者的挑战。实际上，清代内阁从未具备制约皇权的权力，军机处的创立也并非为了削弱内阁权力。在清时，就有不少学者对两者关系有所论述，军机处被视为内阁的分支。赵翼说“军机处本内阁之分局”②，龚自珍也认为“军机处为内阁之分支，内阁非军机处之附庸也”③，就连光绪帝也言“军机处为行政总汇，雍正年间本由内阁分设”④。现代学者关于这一问题也有许多看法。萨师炯论述了内阁与军机处由于官吏兼任的关系，颇有在一个大机关内组织一个小机关的意味，认为军机处是内阁六部的结晶，是缩小以后的内阁。⑤ 季士家认为，军机处是从内阁中诞生并逐渐独立发展成为“行政总汇”的机构的，且军机大臣多是大学士中的亲信者。⑥ 赵志强赞同内阁与军机处在建制上不是相互对立的两个机构，两者各司其职，互不对立，甚至认为从中枢决策的角度来看，军机处设立后对内阁大学士参与决策产生了积极影响。⑦ 古鸿廷也表示军机处的设立并未对内阁大学士的权力造成过多影响。由于军机处成员多为兼职而非专职，军机大臣多由大学士、部院大臣兼任，且军机大臣对“奏折”的处理以共同商讨为原则，因此，兼任军机大臣的大学士位尊且具有强大的影响力。担任军机大臣的尚书、侍郎之仕途的最后目标，仍是进入内阁成为殿阁大学士。故终清之世，内阁大学士仍居清代官员之最高位置。⑧ 对此论述较为系统的要属高翔。他主张从设立军机处的偶然性和雍正七年至八年（1729—1730）清朝的政治形势来看，雍正设立军机处并非为了加强独裁，而是为了方便独裁。军机处的出现绝非针对内阁，而是试图将已然形成的皇帝“乾纲独断”的局面制度化和规范化。内阁并未成为“闲曹”，仍处理着大

---

① 郭成康．18世纪的中国与世界：政治卷．沈阳：辽海出版社，1999.

② 赵翼．檐曝杂记：第一卷．北京：中华书局，1982.

③ 龚自珍．龚自珍全集．上海：上海人民出版社，1975：322.

④ 上海商务印书馆编译所．大清新法令（1901—1911）：第1卷．九月二十日上谕．上海：上海古籍出版社，2010：38.

⑤ 萨师炯．清代内阁制度．上海：商务印书馆，1946：90.

⑥ 季士家．清代内阁．历史教学，1963（4）.

⑦ 赵志强．清代中央决策机制研究．北京：科学出版社，2007：387-396.

⑧ 古鸿廷．清代官制研究．台北：五南图书出版公司，1999：47.

量繁重的日常事务，这是军机处无法取代的。两者毫不矛盾，都是在完善独裁体制原则指导下进行的政务分工，这反过来也微妙地改变了清廷内部的权力关系，军机处的设立甚至让大学士获得了比较固定的参与最高决策的权力。他总结道：清朝专制皇权的形成与加强，绝非军机处或内阁一两个官僚机构所能促成的，它是历史传统、思想文化和制度改革等多种因素共同作用的结果。① 王建中更通俗地表示：如果军机处的出现是为了抑制内阁，那依此逻辑，势必将会出现一个新的官僚机构来抑制军机处并如此往复循环下去，但事实却并非如此。②

就两派观点来说，白新良对清代中枢决策机构的认识似乎更为立体。他认为，清朝中枢决策机构的建置一直呈现多中心的特点，如康熙时期内阁权力有显著提升，但议政王大臣会议仍旧在军事、外交、皇家等事务中发挥着重要作用，而同样发挥着重要作用的还有九卿科道会议，这一机构拓宽了信息输入的渠道，对政局的健康发展十分有利。此外，还有御门听政等在日常国务决策中发挥重要作用的手段。各个机构之间权力的此起彼伏在有清一代从未平息，但犹如一碗未端平的水，无论孰高孰低，水的总量从未变过，端水的人也从未变过，权力始终被最高统治者把持着。③

在年轻一代学者中，林士铉对清代内阁的地位特点也有独到的见解。他通过研究内阁的满文文书，认为清代内阁与明代非常不同，不但地位、品级提高，而且在雍正时期通过职掌票拟职责而“统摄百辟”。军机处成立后，外朝内阁与内廷军机处职能对应，皇权稳固，真正落实了“光辅一人”，“清代内阁与军机处可谓一体成为政府”，既承袭明太祖的皇权设计理念，又具有满洲统治特色。④

关于内阁中的权力斗争问题。学界主要从两个方面入手探讨：其一，内阁中的满汉关系。内阁的建置体现了清朝统治者对待满汉关系的

① 高翔．也论军机处、内阁和专制皇权：对传统说法之质疑，兼析奏折制之源起．清史研究，1996（2）；高翔．略论清朝中央权力分配体制：对内阁、军机处和皇权关系的再认识．中国史研究，1997（4）.

② 王建中．明清中枢机构转换的实质意义何在．黑龙江社会科学，2006（2）.

③ 白新良．清代中枢决策研究．沈阳：辽宁人民出版社，2002.

④ 林士铉．统摄百辟：旗人与清代内阁及其文书//旗人与国家制度工作坊．“参汉酌金”的再思考：清朝旗人与国家制度．台北：文史哲出版社，2016：81.

态度，内阁建立的曲折过程即是满汉关系的矛盾与联合的体现。[①] 王湘云从内阁大学士的设置来认识满汉关系，认为尽管满汉并列，但满人的位次在汉人之前，满官专权，汉官唯命是从。[②] 王亿超则以满族内阁大学士群体为样本论述了笔帖式的设置与职能，分析了笔帖式仕进与迁转路径的特点，与汉官“非进士不入翰林，非翰林不入内阁”的旧制形成鲜明对比。他认为满族统治者采取了折中的方法，将汉族传统与满族旧制结合起来，创造性地实行了满汉复职制度和双轨制的选取方法，维护了满官集团的稳定，平衡了各方势力。[③] 陈捷先以内阁建置为线索看满洲汉化，认为从顺治十五年（1658）初设内阁、顺治十八年（1661）停罢内阁、康熙九年（1670）重设内阁、雍正年间设军机处的反复可看出满汉两种文化的消长竞争，也说明了清代汉化的态度是理性的、有限度的。[④] 其二，内阁中的“南北”斗争问题。梁希哲、孟昭信在叙述内阁的重建和整饬的过程中用一定的篇幅梳理了大学士的选用情况，并将满汉、南北官员在内阁中所占比例作为一个讨论重点详加分析。该书以“排除权臣干扰，平衡南北、满汉比例”为叙述中心分析内阁体制，认为康熙废除辅臣体制后，为纠正过去打击压制江南士人之弊端，在继续团结北人的基础上，对江南士大夫给予较多关注。[⑤] 王思治的《清承明制说内阁》不仅考证了制度的变化，也讨论了人员、风气的嬗变。该文解构了作为整体组织的内阁，将内阁中诸多派系在清初政治中的作用进行了分析，认为与清初的政治形势相对应，内阁中也存在满汉阁臣之间的矛盾，这导致内阁商议时经常满汉异议。同时，内阁中的汉官也不团结，“南党”和“北党”互相倾轧，斗争十分激烈。直到康熙初政以后，这一轮政治斗争才渐告休止。[⑥]

总之，相对于明代内阁制度的研究状况来说，清代内阁制度的研究

---

① 姚念慈．清初政治史探微．沈阳：辽宁民族出版社，2008：378.

② 王湘云．清代内阁．历史教学，1985（4）.

③ 王亿超．清代笔帖式仕进与迁转路径分析：以满族内阁大学士群体为样本．研究生法学，2014（5）.

④ 陈捷先．从清初中央建置看满洲汉化//陈捷光．清史论集．台北：东大图书股份有限公司，1997.

⑤ 梁希哲，孟昭信．明清政治制度述论．长春：吉林大学出版社，1991：431.

⑥ 王思治．清承明制说内阁//中国社会科学院历史研究所明清史研究室．清史论丛 2000 年号．北京：中国广播电视出版社，2000.

尚属冷门。明代内阁制度自20世纪70年代以来一直有人讨论，研究者对明代内阁与宰相权力的关系有着激烈的争论，至今不息。① 事实上，清代内阁制度在很长一段时间内是作为明代内阁制度的附属问题而被研究的，例如朱金甫对票拟制度的研究，其重点是明代的制度设计情况，对清代仅是一带而过。秦国经对内阁制度的梳理，亦是明清并列。② 近年来，虽有杜志明等学者连续发文关注清代内阁制度，使清代内阁制度逐渐受到重视。但是这种局面还有待进一步地开拓与发展。尤其是清朝末期出现了"皇族内阁"与赵秉钧等主持的"责任内阁"，为时甚短，目前对它们的研究仍处于起步阶段，未成系统，尚待学界持续关注，从而完善清代"内阁"制度变迁的研究。③

二、关于军机处体制的研究

军机处作为中国最后一个王朝的政治中枢权力机构，是继明朝以内阁制度取代在中国延续1500年之久的丞相制度之后，对传统社会政治中枢机构的又一次和最后一次变革，也是满人入关后，对其原有中枢机构议政王大臣会议的自我超越，在中国传统政治制度变迁中具有"终结者"的重要地位。自民国以来，凡关乎清代政治制度的研究，必言及军机处。以往史学界在研究军机处时主要集中于以下六个主题：第一是军机处的设立问题，包括设立的时间与缘由；第二是军机处的政治特征，包括其职官构成、职责、地位等诸多方面；第三是军机处与内阁的关系，以及军机处对专制皇权的意义；第四是现存军机处档案文献的整理

---

① 朱金甫．明清内阁票拟制度的来历与演变．历史档案，1981（1）；田澍．八十年代以来明代政治中枢模式研究述评．政治学研究，2005（1）.

② 秦国经．明清内阁沿革与职掌．历史档案，2009（1）.

③ 肖光辉．清末民初关于责任内阁制的理解、运用与争论．江苏社会科学，2005（2）；彭剑．"皇族内阁"与皇室内争．华中师范大学学报（人文社会科学版），2011，50（2）；董力．近现代中国责任内阁体制研究．武汉：武汉大学，2012；李凤凤．清末责任内阁的设立与利益集团博弈．武汉：华中师范大学，2014；杨猛．"争权"抑或"卸责"：再论皇室亲贵与皇族内阁的出台．人文杂志，2019（8）．此外，还有熊元彬的系列文章：论中国宪政发展之路：以清末"满族内阁"向"完全责任内阁"之嬗变为例．天府新论，2013（2）；论清末官绅在筹建政党与责任内阁中的活动．暨南学报（哲学社会科学版），2016，38（7）；历史的再审视：清末"皇族内阁"研究．理论月刊，2018（4）；论清末责任内阁"筹划试行"中的奕劻．暨南史学，2018（1）。

与利用问题；第五是对军机大臣与军机章京群体的研究；第六是对随军机处而建立完善的文书管理与密折制度相关问题研究。

（一）民国时期军机处的资料整理与研究情况

当前学术界广泛使用的与军机处相关的史料文献大致可分为三类：一是《清会典》《清实录》《起居注》等基础文献；二是清代官员与学者的相关记载；三是军机处经手处理并存留的奏疏、谕令、档案、官员往来文书等传世史料。

清代官员与学者的相关记载主要包括曾入直军机处的官员自传、奏疏集、文集、著述等。其中比较重要的有军机章京王昶的《军机处题名记》、赵翼的《檐曝杂记》、梁章钜的《枢垣记略》、翁同龢的《翁文恭军机处日记》。此外还有在朝任官、有机会接触第一手档案资料，但无入直军机处经历的“边缘人物”席吴鏊的《内阁志》、叶凤毛的《内阁小志》等。一些清代文人笔记中亦见相关记载，但既因分散凌乱而难于辑录，又考虑作者身份与身处时代，相关内容多系听闻，因此可信程度与可利用价值相对较低。

截至 2019 年已公开的军机处传世史料共有八种，分别是《军机处照会档》《清代军机处电报档汇编》《清代军机处满文月折包》《军机处录副奏折》《清代军机处随手登记档》《军机处满文准噶尔使者档》《清代军机处满文熬茶档》《乾隆朝满文寄信档译编》。[①] 在此基础上整理的地方性史料还有《军机处奏折录副台湾原住民史料汇编》（上、中、下）与《清代琉球史料汇编：军机处档奏折录副》（上、下）两种。2009 年中国第一历史档案馆馆藏清代军机处上谕档实现全文数字化，2013 年清代军机处满文录副奏折实现数字化检索，2017 年中国第一历史档案馆向社会开放 24 万条军机处奏折并实现标题的数字化检索。

值得注意的是，除上述档案外，晚近以来的许多报刊作为军机处颁布政令的载体，亦留存了许多相关可用资料。自 19 世纪 60 年代开始，《上海新报》、《万国公报》[②]、《字林西报》（*The North-China Daily News*）、《益闻录》、《字林沪报》、《华北捷报·最高法院与领事公报》

---

① 其中《清代军机处随手登记档》，乾隆朝部分独立编册发行的《乾隆朝军机处随手登记档》、《军机处满文准噶尔使者档》与《清代军机处满文熬茶档》已有编译。

② 其中，《万国公报》中的大量内容转或选自《京报》，《京报》现已不存。

(*The North-China Herald and Supreme Court & Consular Gazette*)等6种报刊连续转载了大量光绪时期的谕旨、公牍、电文等内容；《集成报》《中国官音白话报》《北京新闻汇报》《浙江五日报》《江南商务报》《绍兴白话报》等报刊亦有收录，选载内容不尽相同，可互为参考；1900年起，《新闻报》与《时报》成为军机处公开电文和政令的主要载体，直到1911年前后仍然发挥着重要的作用，且目前保存较全。1900—1904年的《外交报》《同文沪报》《政议通报》《浙江新政交儆报》，1904—1911年的《东方杂志》《广益丛报》，1909年前后的《现世史》《重庆商会公报》《华商联合报》，以及1911年以来的《四川警务官报》《北洋官报》《吉林司法官报》《浙江官报》《湖北官报》《政治官报》《两广官报》《铁路协会会报》等地方性报刊亦大量地、连续地刊载相关内容，留下数量众多的可用资料。①

学术界对于军机处材料的整理与利用，主要停留在君臣诏令奏议的层面上，对军机处臣僚之间往来文书及清人非专门性著述中的散碎材料的使用略有不足，目前能够还原的仍是制度层面的军机处，对其成立时间、缘由、性质等重大问题暂未得出共识性结论，其内部实际运行情况与具体细节亦有待进一步研究。

清人已开始尝试从学术视角对军机处进行考辨，从前文所述清代官员与学者的相关记载中可见时人对军机处已有较为成熟的审视。总体而言，清人观念中的军机处地位近似于内阁的分支，二者在建置上并非对立；军机处经办事务多涉朝廷机密，因此相关记载与考辨主要侧重于其政务流程，言辞大多经过有意识的甄选与保留。

清灭亡后，自1926年开始，清代军机处档案分批次移交故宫博物院整理收藏，刘儒林先后数次撰文记述移存经过并梳理《清军机处档案一览表》。② 此后有学者据此档案对清代一些具体问题展开研究，或以

① 此外还有《世界繁华报》、《商务报》（北京）、《新民丛报》、《大陆报》、《通问报》、《宪政杂识》、《大同报》、《学部官报》、《直隶教育杂志》、《新世纪》、《半星报》、《四川官报》、《女报》、《天铎》、《国风报》、《协和报》、《奉天劝业报》等报刊有所刊，数量相对较少，内容相对零散，可做补充参考。

② 刘儒林．军机处档案移存故宫博物院．图书馆学季刊，1926，1（2）；刘儒林．清军机处档案一览表．中华图书馆协会会报，1928，3（6）；刘儒林．纪载：国内之部：清军机处档案移存故宫博物院后整理之经过（附表）．图书馆学季刊，1928，2（3）．

照片形式公开其中的札、牍、奏片等具体内容，陆续发表于《掌故丛编》、《故宫周刊》、《史料旬刊》、《文献丛编》和《庠声》等处。其中可见近代最早关于军机处的专门性研究是1933年朱师辙辑《清军机处设置沿革考》，由于篇幅原因分为三篇陆续发表于《庠声》杂志上，文章虽自称主要利用此次整理的档案材料，实际却依赖王昶与梁章钜的著述，从雍正七年（1729）因“青海军事兴”而始设军机房述至乾嘉时期而止，罗列军机处建制、规章制度与人员任免等事，相较于清人记述并无重大突破。[①] 瞿兑之的两部文史掌故笔记《杶庐所闻录》与《养和室随笔》中辑有军机处相关内容，其视角、观点、写作方法与清代文人笔记大致相同。颇为有趣的是，国民党第四路军总司令部刊物《四路军月刊》上亦曾刊载名为《清史拾遗：（一）清代军机处轶闻》[②] 的文章，简要介绍了军机处的递嬗、值庐、银印、晚面、满蒙汉三种文体以及“小军机赶乌墩”六个细节问题，似可说明时人对军机处的重视与兴趣。

20世纪三四十年代集中出现了一批有关军机处的较为重要的研究成果，包括邓文如演讲，王锺翰的《谈军机处》[③]，学朴的《清代军机处撰拟谕旨：较内阁翰林重要承旨施政系于“明发”、“寄信”、“廷寄”为前代所无》（《北华月刊》，1941年第1卷第2期），以及伯琦的《瓮牖杂辍》（《社会日报》，1942年7月23、24、25日）与《军机处专门名词》（《社会日报》，1943年6月14日）。其中《谈军机处》一文立意宏大，意图直接采访曾经亲身入直军机处的清末遗老，但因“惜年俱老，旧事恐已遗忘，仓卒间亦无从领教”而憾未实现。[④]

（二）新中国成立以来关于军机处的学术研究成果概况

20世纪五六十年代史学界又开始了对军机处相关问题的探索。相关研究以80年代末的大规模史料披露工作为界，呈现出不同特征。

20世纪50年代至80年代的研究仍以晚近时期整理的军机处档案为基础材料，主流研究思路是从整体出发，综合梳理军机处职能，评价

---

① 朱师辙的《清军机处设置沿革考（未完）》《清军机处设置沿革考（续）（未完）》《清军机处设置沿革考（续十九）》分别见《庠声》，1933年第18、19、24期.

② 清史拾遗：(一）清代军机处轶闻.四路军月刊，1935，1（3).

③ 王锺翰.王锺翰清史论集：第2册.北京：中华书局，2004：1345－1351.

④ 白彬菊.君主与大臣：清中期的军机处（1723—1820).董建中，译.北京：中国人民大学出版社，2018：19.

其作用。此类主题专著有傅宗懋的《清代军机处组织及职掌之研究》1 种[①]；文章 10 种，最早的一篇论文是 1952 年何国梁的《清代的军机处》，单士元、钱实甫、刘子扬、季士家等学者对此均有重要论述，1985 年，台湾学者黄培著《清代的军机处——一项史学研究》(*The Grand Council of the Ching Dynasty*：*A Historiographical Study*) 一文对既有研究成果进行综述。[②] 这一时期的研究数量虽然不多，但已经开创性地提出了军机处研究的五个重要主题。

自 1989 年以来，中国第一历史档案馆满文处与北京社会科学院满学研究所陆续整理并向社会公开了前文所述清代军机处传世史料。其中较早的、综合性的评述文章有屈六生的《清代军机处满文档案综述》(《历史档案》，1989 年第 1 期) 和王云庆、王新立的《清代军机处档案概述》(《档案》，1992 年第 1 期) 等，屈六生、吴元丰、王云庆、王新立、吕坚、雁旭、赵令志、王光越、栗维健、郭美兰、王金龙、李国荣、吕文利、徐莉等专家学者共发表文章 20 种，对这些史料的整理经过、价值评析、利用情况等内容进行了具体论述。近年来，军机处相关史料的编译与披露工作仍在进行。

随着可用史料的不断丰富，有关军机处的学术研究也日益深入、多样化。2000 年后，林文仁、袁灿兴、熊剑平、宋希斌等陆续出版以军机处为研究主体的专著共 5 种，译介美国学者白彬菊 (Beatrice S. Bartlett) 的《君主与大臣——清中期的军机处 (1723—1820)》(*Monarchs and Ministers*：*the Grand Council in Mid-Ching China*，*1723-1820*) 1 种。[③] 受众群体不仅限于学术界内部，也面向社会大众，均引起相当大的反响，反映出时人对清代军机处的兴趣较之晚近时期有增无减，军机处相关问题亦成为当下"史学公众化"现象中涌现的热点问题之一。

此外，从整体角度论述清代政治而兼有论及军机处的专著还有

---

① 傅宗懋．清代军机处组织及职掌之研究．台北：嘉新水泥公司文化基金会，1967.

② Pei Huang. The Grand Council of the Ch'ing Dynasty：A Historiographical Study. Bulletin of the School of Oriental and African Studies，University of London，1985 (3).

③ 林文仁．南北之争与晚清政局 (1861—1884)：以军机处汉大臣为核心的探讨．北京：中国社会科学出版社，2005；袁灿兴．军机处：第一部．北京：民主与建设出版社，2015；熊剑平．权力的掌控：军机处．北京：中华书局，2015；袁灿兴．军机处二百年．武汉：华中科技大学出版社，2016；宋希斌．清代军机处职权的来源及其演变：以公文运转程序与政局变动为核心的考察．北京：中国社会科学出版社，2018；白彬菊．君主与大臣：清中期的军机处 (1723—1820). 董建中，译．北京：中国人民大学出版社，2018.

4 种，分别是李鹏年、朱先华、秦国经等的《清代中央国家机关概述》（黑龙江人民出版社，1988 年）、张德泽的《清代国家机关考略》（中国人民大学出版社，1981 年）、白新良的《清代中枢决策研究》（辽宁人民出版社，2002 年）和艾永明的《清朝文官制度》（商务印书馆，2003 年），其中艾永明从法制史角度对清代文官制度加以分析，视角、结论、研究方式皆与前三者有所区别。纵论中国古代政治史而兼有论及军机处的专著主要有韦庆远、柏桦的《中国政治制度史》（中国人民大学出版社，2011 年）和白钢主编的《中国政治制度通史》（人民出版社，1996 年）两种。其他专著内容论及清代军机处者不胜枚举。

其他聚焦于清代军机处职官、规制、权责等政治特征的论文还有 8 种。[①] 军机处的职官可分为两类，一类俗称“大军机”，即满汉军机大臣，均系兼任，内部有等级差别；另一类俗称“小军机”，即军机章京，系军机处僚属与实际办事人员，以军机章京为主题的研究中比较重要的是赵蕙蓉、李文杰等人的研究[②]，内容包含其日常工作内容、流程、考选、群体特征及其与诸中央机构的关系等方面。据冯元魁、刘灵芝、郑伦班等学者总结[③]，军机处的最根本职责是总汇纪要，陈旨出政，具体工作则包括：供皇帝顾问和咨询；草拟谕旨并明发谕旨与密谕（这是军机大臣最核心的工作）；参与议政审狱；计划军事，提供作战部署、兵马粮草调拨方案等；推荐官吏；掌记成宪，作为皇帝的机要秘书，记录日常事务处理的经过与结果以备参考。与清代其他政治机构相比，军机处最大的特点在于其非正规性，即不设专官，方便皇帝控制，自身不构

---

① 冯元魁．军机处与清朝的封建专制制度．学术月刊，1981（10）；赵蕙蓉．清廷军机处与军机章京．故宫博物院院刊，1986（3）；刘灵芝．清朝军机处权限述论．历史教学，2005（8）；郑伦班．军机处与清末中枢机构改革初探．北京：北京师范大学，2008；周晓梅．避暑山庄军机处寻踪：以避暑山庄为例谈军机处职能转变．明清论丛，2014（2）；宋希斌，杜晓燕．嘉庆朝军机处规制的完善与成熟．陕西学前师范学院学报，2016（6）；李文杰．清代军机章京的考选．中华文史论丛，2017（2）；哈恩忠．《清代军机处职权的来源及其演变：以公文运转程序与政局变动为核心的考察》出版．历史档案，2018（4）．

② 赵蕙蓉．清廷军机处与军机章京．故宫博物院院刊，1986（3）；李文杰．清代军机章京的考选．中华文史论丛，2017（2）．

③ 冯元魁．军机处与清朝的封建专制制度．学术月刊，1981（10）；刘灵芝．清朝军机处权限述论．历史教学，2005（8）；郑伦班．军机处与清末中枢机构改革初探．北京：北京师范大学，2008．

成独立的权力系统，不能主动地、实际地参与清廷的最高决策。周晓梅、宋希彬、杜晓燕、哈恩忠等学者则更关注军机处职权完善与演变的过程，认为这一机构虽草创于雍正年间，但主体结构和规制基本定型于乾隆前期，嘉庆时期才得以完善并趋于固定，此时军机大臣的人数、选任资格渐成定例，军机章京的职责也渐趋明确、考选日益严格，军机处主要职责渐趋确定。① 近年来，有关亲王入直军机处的问题也引起了学术界的重视，军机处建立之初以亲王大臣领班，嘉庆朝禁止亲王入军机，但1861年奕䜣被任命为军机大臣打破了这一成规，标志着清末亲王参政现象的开端，并形成了清朝“从摄政王始，从摄政王终”的政治命运，许多探讨清代政治史的著述中均提及了这一情况，但目前只有王超的《关于清代亲王不得入直军机处的一点思考》对此进行了专门论述。②

最后一类重要研究主题是清代军机处的文书管理与密折制度问题，相关论文有14种。张德泽最早梳理清代军机处档案的登记、录副、汇编、运转、清查、修缮工作流程及其保密制度③；黄才庚论述了军机处文书档案官员回避制度④；郭成康将军机处置于康雍两代建立“秘密政治”的历史背景中，详细解析了雍正时期以军机处为载体的密谕制度⑤；宋希斌以乾隆朝上谕档为主要材料，探究这一时期的军机处“公启”与题本批答。⑥ 单士元、吕坚、何仲为、岳宗伟、裴燕生、周海生、宋希斌、赵彦昌，唐莹、杨文刚、张凤丽等学者亦有相关论述。⑦

① 周晓梅．避暑山庄军机处寻踪：以避暑山庄为例谈军机处职能转变．明清论丛，2014（2）；宋希斌，杜晓燕．嘉庆朝军机处规制的完善与成熟．陕西学前师范学院学报，2016（6）；哈恩忠．《清代军机处职权的来源及其演变：以公文运转程序与政局变动为核心的考察》出版．历史档案，2018（4）．

② 王超．关于清代亲王不得入直军机处的一点思考．赤峰学院学报（汉文哲学社会科学版），2010，31（7）．

③ 张德泽．清军机处的文书处理与档案工作．档案工作，1956（12）．

④ 黄才庚．清朝军机处文书档案官员回避制．浙江档案，1991（5）．

⑤ 郭成康．雍正密谕浅析：兼及军机处设立的时间．清史研究，1998（1）．

⑥ 宋希斌．乾隆朝军机处“公启”初探．历史档案，2007（4）；宋希斌．清代军机处与题本的批答：以乾隆朝上谕档为中心的考察．历史档案，2009（4）．

⑦ 单士元．清代奏事处考略．文献论丛．1948（10）；吕坚．内阁大库及其档案．文献，1984（4）；何仲为，岳宗伟．清代军机处档案缮写制度浅探．档案，1999（2）；裴燕生．从清代军机处“随手簿”看清代文书档案一体化管理．档案学通讯，2005（4）；周海生，宋希斌．乾隆朝军机处与奏折的处理：以《乾隆朝上谕档》为核心的考察．齐鲁学刊，2007（3）；赵彦昌，唐莹．从《枢垣记略》看清代军机处的文书管理工作．文化学刊，2009（1）；杨文刚．浅谈清代军机处的档案管理．兰台世界，2011（7）；张凤丽．雍正与清朝军机处档案管理工作研究．兰台世界，2013（5）．

尤其是关于奏折制度的研究，学者们争论激烈，故下节专论相关研究，此不赘述。

除上述内容外，利用军机处档案材料考证具体史实或论及军机处细节问题的文章不胜枚举，本文不再赘述。

（三）学界关于军机处的争论焦点

军机处作为中国最后一个王朝的政治中枢权力机构，是继明朝以内阁制度取代在中国延续 1500 年之久的丞相制度之后，对传统社会政治中枢机构的又一次和最后一次变革，也是满人入关后，对其原有中枢机构议政王大臣会议的自我超越，在中国传统政治制度变迁中具有“终结者”的重要地位。凡关乎清代政治制度的研究，必言及军机处。以往学界对军机处的研究大多集中在有关其起源的两个方面：

一是关于军机处的成立时间。关于这个问题的争论非常激烈，有“雍正四年（1726）说”“雍正七年（1729）说”“雍正八年（1730）说”等三种说法。持“雍正四年说”的学者主要包括李宗侗、俞炳坤。① 持“雍正七年说”的最早可追溯到清人王昶的《军机处题名记》和刘锦藻的《清朝续文献通考》，后世学者则有钱实甫、季士家、南炳文、冯元魁、张德泽、冯尔康、庄吉发等人。庄吉发在《清代奏折制度》一书中指出，军机处从雍正七年初设至雍正八年、十年（1732）经历了一个逐渐完善的过程，认为雍正七年时军机处已具雏形。② 持“雍正八年说”者有刘子扬、吕钊、李鹏年、赵志强等人。③ 尤其是赵志强在《历史档案》连续刊发《军机处成立时间考订》《雍正朝军机大臣考补》两篇论

① 李宗侗．办理军机处略考．幼狮学报，1959，1（2）；李宗侗．清代中央政权形态的演变．历史语言研究所集刊，1967（37）；俞炳坤．军机处初设时间新证：兼与七年说和八年说商榷（上）．历史档案，1991（3）．

② 钱实甫．清代的军机处．历史教学，1962（9）；季士家．浅论清军机处与极权政治//季士家．明清史事论集．南京：南京出版社，1993：223－240；南炳文．军机处设立时间考辨//中国人民大学清史研究所．清史研究集：第四辑．成都：四川人民出版社，1986；冯元魁．军机处与清朝的封建专制制度．学术月刊，1981（10）；张德泽．清代国家机关考略．北京：中国人民大学出版社，1981；冯尔康．雍正传．北京：人民出版社，2014．庄吉发．清代奏折制度．台北“故宫博物院”，1979．中都持此说。

③ 刘子扬．清代的军机处．历史档案，1981（2）；吕钊．清代军机处的设立及其性质：兼与钱实甫同志商榷．历史教学，1963（3）；李鹏年，朱先华，秦国经，等．清代中央国家机关概述．哈尔滨：黑龙江人民出版社，1988；赵志强．军机处成立时间考订．历史档案，1990（4）；赵志强．雍正朝军机大臣考补．历史档案，1991（3）．

文，通过使用大量未刊之军机处满汉文议覆档案，详细论证了军机处应该正式成立于雍正八年（1730）十二月。[①] 所用史料更直接，对当时军机处成立的场景描述最为真实。

二是关于军机处出现的背景与意义。有一种结论在学界已具有很高的共识，以至于被写入从大学到中学的历史教材中，即强化皇权专制，抗衡满洲贵族，或消除其他制约皇权的因素，“军机处是封建专制主义中央集权高度发展的产物”，“这标志着中国的封建专制主义从此到了高度发展的阶段”。[②] 这已在清代历史乃至整个中国历史的叙事中成为一种标志性话语。从维护皇权专制一统的角度来看，研究者对军机处职能关注最多的是这个机构在上谕起草和廷寄方面的作用，“只供传述缮撰，而不能稍有赞画于其间”[③]，以此衬托出军机处对皇权的依附和维护的特殊关系。同时，军机大臣为兼职、无定员、无衙署、无属员，职权不固定等特点，也使研究者得出结论：清朝借军机处消除了以往历史上影响皇权顺畅运行的各种阻碍。

显然，这样的研究是以中国历代皇权与相权、内朝与外廷关系为出发点的，是把军机处放在中国古代皇权专制往复发展、不断强化的过程中进行审视的，我们不妨称之为“专制思维”。在这种思维中，皇权是主体，军机处是“附庸”或“附属者”，是专为论证“专制集权强化”这条主要历史线索而服务的。在这种“专制思维”的影响下，对军机处的研究表现出两个方面的不足：一是重最初起源、轻后期发展。学者们热衷于争论这个机构何时设置、为何设置，这些问题决定了军机处研究的主要时段集中在清代的雍正、乾隆时期，而对乾隆以后从 18 世纪后半期到 19 世纪直至清末军机处在国家政治生活中的地位和作用鲜有涉足。二是重视军机处与皇权的关系，缺少对其在国家层面作用的分析。

---

① 赵志强．军机处成立时间考订．历史档案，1990（4）；赵志强．雍正朝军机大臣考补．历史档案，1991（3）.

② 戴逸．简明清史：第一册．北京：人民出版社，1980：272；郑天挺．清史：上编．天津：天津人民出版社，2011：252；季士家．浅论清军机处与极权政治//季士家．明清史事论集．南京：南京出版社，1993：223－240；吕钊．清代军机处的设立及其性质：兼与钱实甫同志商榷．历史教学，1963（3）；冯元魁．军机处与清朝的封建专制制度．学术月刊，1981（10）；赵小平，胡永刚．军机处与清朝的封建专制制度．阴山学刊，2004，18（2）.

③ 赵翼．檐曝杂记：第一卷．北京：中华书局，1982：3.

在这种有皇权无国家的“专制思维”之下，军机处被当作皇帝的心腹机构和皇权的附庸机构。虽然嘉庆、光绪朝的《清会典》中有专章介绍军机处的各种职责，学界也时而进行引用①，却很少有人分析军机处为什么会具有这些职责，又是如何获得这些职责的。进一步而言，我们看不到乾隆以降军机处在国家发展中的政治作用，也看不到它作为一个政府中枢机构的主体性，不知道19世纪的军机处如何运转，也无法理解《清史稿》“职官志”中为何将军机处视作清末责任内阁的前身，而原来的内阁则被合并到翰林院之中。

除了以上这些研究，能够跳出“专制思维”来思考军机处政治作用的，有以下三种观点。

第一种观点以台湾学者庄吉发为代表，他充分利用台北“故宫博物院”的档案，在《清代奏折制度》一书中阐明军需房之设立是为适应办理西北军需需要，而不应过多强调独裁政治的背景。②

第二种观点认为军机处的产生是为了保证皇权行使的有效性，而不是强化独裁。这种观点出现在20世纪90年代，主要代表学者有白彬菊、高翔。白彬菊是首位利用台北“故宫博物院”和北京中国第一历史档案馆的原始档案研究军机处的西方学者，她对以往诸多学者试图构建“军需房—军机房—军机处”这种军机处线性发展过程的观点进行了批评，认为军机处是清朝皇帝维系国家统治的内廷机构。雍正时期的军机处规模小，权力不固定。到乾隆时期，在战争频繁、皇帝出巡、大臣擅权和秘密政治的推行等因素的推动下，军机处开始拥有更为广泛的法外权力，清朝的政治统治也由君主专制让位于君主与大臣的合作，君主的独裁受到军机大臣的限制。直到嘉庆以后，军机处在清朝政治体制中还一直保持着霸权地位，“皇帝和国家都已离不开它”。然而，白彬菊并没有讨论军机处在“国家”中的作用是如何展开的，而是更倾向于回到

① 戴逸先生试图对军机处做一个新的解释，即“有清一代处理政务的最高权力机关，负责决策法令，撰述谕旨，综理军国大计”，而且引用清会典材料述其职能：掌书谕旨；参赞军国机务；参议重要政务及刑狱；用兵时则考其山川道里、兵马钱粮之数，以备顾问；文武官员的简放、换防、引见、记名、赐予；拟定对外藩朝觐者的颁赐；等等。但他并没有做更多阐述。（戴逸．清史．北京：中国大百科全书出版社，2010）

② 庄吉发．清代奏折制度．台北“故宫博物院”，1979.

"内朝"与"外朝"这样一个以皇权为核心的视角。① 高翔也反对将军机处的建立视为强化君主专制的必然。他认为，雍正设立军机处主要是为了完善或方便皇帝独裁，而不是加强独裁权威；清初的内阁不同于晚明，它和皇权不存在根本性的利害冲突，也无力与皇权相抗衡；军机处设立以后，清廷的决策规范化，内阁大学士能比较固定地参与机密，清廷的权力分配出现微妙变化。②

第三种观点的代表人物是郭成康，他没有将关注重点放在军机处和其他权力机构之间的关系上，而是具体而动态地论证了朱批奏折、朱批谕旨、军机处廷寄的发展过程，通过大量案例论证奏折体系的发展是如何推动以军机处为中枢机构的国家的政治变革的，并将这种变革置于明代以来君主独裁政治强力发展的历史脉络中进行观察。他认为，庄吉发将军机处的产生归结于西北战争的这种偶然性难以成立。不同于白彬菊、高翔关于军机处淡化君主独裁、使之更加合理化运转的观点，他将军机处的产生重新拉回到君主专制政治必然性的轨道上来，以更为宏观的视野对 18 世纪清朝政治中枢权力的运转进行进一步描述。③

在以往研究的基础上，刘文鹏探讨了军机处对于新疆等藩部地区驻防将军、大臣的选任与权力设计以及负责藩部地区与行省之间官员的调任、整合内外政治力量的突出作用，认为 18 世纪下半叶清廷开始的国家建构是要在西北两路建立一套强权政治而非实行一种间接性的管理，这就带来了国家制度的一系列变革，主要包括新疆军府体制对传统理藩院体制的超越，以及军机处职能的全面发展，而其起点恰恰应该是对雍乾之际藩部地区驻防大臣的统辖。作者认为，军机处之权力起源于清朝在 18 世纪国家构建过程中"中央集权"在经营西北、走向内亚边疆的过程中逐渐走强的趋势，是强化西北藩部地区管理之政治要求反作用于

① 白彬菊．君主与大臣：清中期的军机处（1723—1820）．董建中，译．北京：中国人民大学出版社，2018.

② 高翔．也论军机处、内阁和专制皇权：对传统说法之质疑，兼析奏折制之源起．清史研究，1996（2）.

③ 郭成康．雍正密谕浅析：兼及军机处设立的时间．清史研究，1998（1）；郭成康．18 世纪的中国与世界：政治卷．沈阳：辽海出版社，1999.

国家中枢权力的结果。[①]

咸丰帝以后，军机处的运行机制发生重大变化。年幼的同治帝登基后，慈禧太后与恭亲王奕䜣联手发动了辛酉政变，夺取了辅政大权。从此，在太后垂帘的体制下，亲王入直军机处，军机处从幕后走向台前，主导着晚清政局的走向。对19世纪后半叶军机处的研究，多集中在军机处内部的派系斗争、军机大臣处理政务的情况、军机处与总理衙门等新设机构之间的关系等方面。

最早关注军机处内部的派系斗争的是石泉的《甲午战争前后之晚清政局》一书。该书源自20世纪40年代末石泉在陈寅恪的指导下创作的研究生论文。这本书从清朝体制内部入手，探寻甲午战争中国失利的原因。作者发现，军机处内部的派系斗争严重影响了军机处作为中枢决策机构的效能的发挥，导致清廷因应着复杂多变的战场形势，无法做出科学的决策，进而导致了甲午战争中的惨败。[②] 陈寅恪是清末湘抚陈宝箴之孙，以此特殊的家世背景，在20世纪40年代撰写了《读吴其昌撰梁启超传书后》一文，继而又在新中国成立后的20世纪60年代创作了《寒柳堂记梦》这一带有家族回忆性质的著作。[③] 陈寅恪的这两篇文字，尤其是《寒柳堂记梦》，勾勒出清季枢廷清与浊、南与北的派系斗争的线索。其中，陈寅恪在《寒柳堂记梦》中还特别提到丙午官制改革以及随之而起的丁未政潮，他将以枢臣瞿鸿禨、粤督岑春煊为首的言官作为主体的清流势力，与把持枢廷的庆邸、直督袁世凯为首的浊流势力之间的斗争，作为丁未政潮的一条斗争主线。陈寅恪在这两篇作品中表达出对清流派别的深刻同情。其祖父陈宝箴曾任湖南巡抚，与湖广总督张之洞关系密切，遂与清流势力一直维持着良好的关系。其立场应当也与其这种特殊的家庭背景所带有的清流底色有关。林文仁的《南北之争与晚

---

① 刘文鹏．军机处与18世纪清朝的国家构建：以新疆纳入版图为核心//杨念群．澹澹清川：戴逸先生九秩华诞纪念文集．北京：中国人民大学出版社，2016：64－88.

② 石泉．甲午战争前后之晚清政局．北京：生活・读书・新知三联书店，1997.

③ 陈寅恪的《读吴其昌撰梁启超传书后》，现已收入：陈寅恪．陈寅恪集：寒柳堂集. 2版. 北京：生活・读书・新知三联书店，2009。陈寅恪的《寒柳堂记梦》未定稿。此文在陈寅恪去世后有所散佚，其残稿后经蒋天枢于1979年整理，后单独成册，后又载于：纪念陈寅恪百年诞辰学术论文集．江西：江西教育出版社，1994。现收入：陈寅恪．陈寅恪集・寒柳堂集. 2版．北京：生活・读书・新知三联书店，2009。

清政局（1861—1884）：以军机处汉大臣群体为核心的探讨》《派系分合与晚清政治：以“帝后党争”为中心的探讨》对同光两朝以军机处汉大臣为核心的派系争斗进行了细致考察，并结合着官方正史、笔记小说史料，以“南北之争”为切入点，对从中法战争前后清流派与洋务派之间的争斗，再到戊戌之前以翁同龢为首的南派清流人士和以李鸿章为首的淮系北洋势力之间的权力角逐进行了细致的观察，注意到这一系列的政治角力甚至深刻影响了中法战争、甲午中日战争的走向。① 不难发现，研究者对晚清军机处派系之争的关注集中在其对军机大臣处理政务的实际效果的影响上。

对于军机大臣处理政务的情况，袁野的《晚清变革视域下的咸同朝军机大臣研究》一书给予了充分关注。作者注意到，咸同以降，虽然军机大臣的职权相比前朝并没有什么变化，但在辛酉政变之后太后垂帘的体制下，亲王入直军机处，军机大臣由幕后走向台前，面临着中国前所未有之大变局，其重要性越发凸显。作者详细描述了军机大臣在咸同两朝国家事务决策过程中的参与情况，指出尤其到了同治时期，相比于清中期，军机大臣参与决策环节的主动性更加明显，参与决策的具体事务的复杂程度也远非乾嘉时期所能比拟的。②

虽然乾嘉以后军机处作为中枢决策机构的职权与地位趋向稳固，但也有学者认为，晚清因应着时局变动设立的新的职能部门，尤其是咸丰末年设立的总理衙门，侵夺了军机处的职权，并取代军机处成为晚清另一个中枢决策机构。③ 对此，吴福环在《清季总理衙门研究》一书中指

---

① 林文仁．南北之争与晚清政局（1861—1884）：以军机处汉大臣群体为核心的探讨．北京：中国社会科学出版社，2003；林文仁．派系分合与晚清政治：以“帝后党争”为中心的探讨．北京：中国社会科学出版社，2005.

② 袁野．晚清变革视域下的咸同朝军机大臣研究．北京：人民出版社，2014.

③ 持此论者有萧一山、傅宗懋、钱实甫、王锺翰等。萧一山认为，“总署且有渐夺军机处实权之趋势”，总署“职权直加乎军机处”。台湾学者傅宗懋认为，“总署之权，实与军机处相埒。盖以同光以来，对外之交涉，重于对内之施政，事繁而势重，殆属必然”。钱实甫认为，总署地位不同于其他部院，已具有“洋务内阁”的性质，总署和军机处“虽无明显的对等关系，却有实际上的分工”。王锺翰认为，“迄于咸丰十年，军机之权，转而移于总理衙门”。可参见：萧一山．清代通史：卷下．北京：中华书局，1986：1351，1354；傅宗懋．清代总理衙门与军机处之关系//“中华文化复兴运动”推行委员会．中国近代现代史论集：第七编．台北：台湾商务印书馆，1985；钱实甫．清代的外交机关．北京：生活·读书·新知三联书店，1959：278；王锺翰．清史杂考．北京：人民出版社，1957：51。

出，总理衙门素有“洋务内阁”之称，作为中国近代以来第一个外交机构，事实上分担了军机处的外交职能，在洋务运动中也总揽一切与洋务有关的改革事业，但总署大臣多由军机大臣兼任，总署的规制也是仿照军机处设置的，总署的官员只有在军机处兼职，才能够查阅军机处存放的机密档案，确保总署所办理政务的有效运行。① 宋希斌在其《清代军机处职权的来源及其演变：以公文运转程序与政局变动为核心的考察》一书中，从历朝“上谕档”入手，通过清代公文的运转程序来探讨清代军机处职权的构成及其演变，并以此为切入点，探讨军机处在清廷中枢决策体系中的地位，及其与内阁、总理衙门之间的行政关系。尤其是根据军机处与总理衙门之间的文书往来，作者揭示了二者之间的行政关系：军机处依然是决策机构，总理衙门仅是一个执行机构，并非决策机构。② 此外，茅海建的《戊戌政变的时间、过程与原委：先前研究各说的认知、补证、修正》一文虽然研究的是戊戌变法，但在对百日维新期间“随手登记档”所涉及之臣工上递奏折的清查过程中，也注意到康有为戊戌期间所上之奏折是经过总署上递军机处，然后才由军机处转交到光绪帝手中的。③ 因此，从文书运转的程序来看，军机处位于总理衙门之上。

通过以上梳理可以看出，有关清代军机处的研究已十分丰富、深刻。相关资料数量充足，并仍在不断整理披露，整理方法与研究思路亦较为完备。军机处的研究重心呈现出由清前期向晚清转移的趋势。考虑到清代军机处在清代历史和中国古代政治史上的特殊性与重要性，日后对与军机处相关问题的深入剖析仍将是国内外学者的重点研究课题。

三、关于奏折制度的研究

清代的奏折，按书写文字可分为满文折子、汉文折子和满汉文合璧折子，按内容及功能可分为奏事折、谢恩折、请安折和庆贺折。奏折经由专差或驿站直达御前，由皇帝亲自拆阅，并用朱笔批答，称为朱批。

① 吴福环．清季总理衙门研究．乌鲁木齐：新疆大学出版社，1995：51.

② 宋希斌．清代军机处职权的来源及其演变：以公文运转程序与政局变动为核心的考察．北京：中国社会科学出版社，2018.

③ 茅海建．戊戌政变的时间、过程与原委：先前研究各说的认知、补证、修正//茅海建．戊戌变法史事考．北京：生活·读书·新知三联书店，2005.

作为军机处处理的最为重要的文书，奏折从康熙朝开始，就与清代通行的题本、奏本一样，成为部分官员向皇帝奏事的上行官文书。尤其是在雍正朝以后，其作用与地位日趋重要，直至光绪二十七年（1901）废除题本制度，奏折成为臣工向皇帝奏陈政务的唯一文书。明乎此，便可理解奏折文书、奏折制度对清代皇权政治、政治信息传播与政务运作的重要性，亦能解释清亡之后不久，学界即开始整理、研究清代奏折档案与奏折制度之缘由。奏折档案的整理应该始于 1925 年故宫博物院文献部的成立，自此开始统一保管并整理清代文献。

（一）奏折资料的编译出版

军机处的档案，起于雍正八年（1730），止于宣统三年（1911）。满、汉文兼备，数量巨大，据 1930 年文献馆统计，仅录副奏折的数量即有 80 万件之多，内容极其丰富。军机处档案现分存在台北“故宫博物院”和中国第一历史档案馆中。以文种区分，共有月折包、档册、舆图、来文、照会、清册、电报、函札、奏表、杂件等十种。①

民国时期，故宫博物院已经开始整理奏折档案。如《雍正朱批谕旨不录奏折总目》（故宫博物院，1930 年）、《清代军机处档案及附录》（故宫印刷所，1930 年）、《清军机处档案目录》（故宫博物院，1931 年）、《苏州织造李煦奏折》（故宫印刷所，1937 年）等。②

中华人民共和国成立后，原来故宫所藏奏折档案分藏于北京中国第一历史档案馆和台北“故宫博物院”。20 世纪七八十年代以来，台湾地区和大陆地区分别开始整理编译清代奏折原件，出现了一系列成果，如《裕寿泉奏折》（台湾学生书局，1966 年）、《袁世凯奏折专辑》（台北“故宫博物院”，1970 年）、《年羹尧奏折》（台北“故宫博物院”，1971 年）、《李煦奏折》（北京中华书局，1976 年）、《孙文成奏折》（台北文史哲出版社，1978 年）等一系列专门性奏折。

自 20 世纪 80 年代后期开始，两岸对清代奏折档案整理、出版的规模和速度都得到很大的提升，从专门性奏折开始向整体性奏折转变。台

---

① 屈六生．清代军机处满文档案综述．历史档案，1989（1）；吴元丰．清代军机处满文月折包及其史料价值．满语研究，2007（1）.

② 也有学者发文对整理的军机处档案进行说明、研究，如单士元发表《清代军机处档案》《清代军机处档案释名前言》《清代军机处档案编年目录说明》等。以上均载：单士元．史论丛编：单士元集：第四卷．北京：紫禁城出版社，2009。

北“故宫博物院”整理出版的清代奏折有《宫中档康熙朝奏折》、《宫中档雍正朝奏折》、《宫中档乾隆朝奏折》和《宫中档光绪朝奏折》。1984年至1985年，中国第一历史档案馆编、北京档案出版社出版《康熙朝汉文朱批奏折汇编》，是为大陆第一次大规模整理出版奏折。1989年起，由中国第一历史档案馆编、江苏古籍出版社出版《雍正朝汉文朱批奏折汇编》。该套丛书将中国第一历史档案馆馆藏的雍正朝汉文奏折进行编辑整理，同时与台北“故宫博物院”出版的《宫中档雍正朝奏折》中的汉文奏折文献加以整合，共计三万余件，至1991年先后共计出版40册。1996年，由中国第一历史档案馆编、中国社会科学出版社出版《康熙朝满文朱批奏折全译》。① 1998年，中国第一历史档案馆将馆藏雍正朝满文奏折及台湾《宫中档雍正朝奏折》中的满文奏折进行翻译并出版，即《雍正朝满文朱批奏折全译》，翻译整理雍正朝满文奏折及相关档案资料（上谕）共计5434件，其中满文奏折数量为5340件，有明确日期标注的有4978件。

2002年开始的清史纂修工程，大大推动了清代奏折档案的整理与出版工作。在2000年由中国第一历史档案馆和广西师范大学出版社合作出版的《乾隆朝军机处随手登记档》的基础上，清史纂修工程组织于2013年出版《清代军机处随手登记档》（国家图书馆出版社影印出版）共180册。此档册是清代军机处每日处理文档的原始登记簿，著录的每日处理的谕旨、奏折、奏片、清单等档案原件，始于乾隆元年（1736），止于宣统三年（1911），逐日登记，按年月日登记成册。除乾隆朝缺失十一年、同治朝缺失九年以外，其他五朝均系完整。此次出版补齐了嘉庆至宣统一百余年的军机处随手登记档。

还有一些专题类、分类目录类奏折，如《中国第一历史档案馆馆藏清代朱批奏折财政类目录》（共5册，中国财政经济出版社，1990—1992年）、《清内府奏折档——东三省练兵奏议》（全国图书馆文献缩微复制中心，2002年）、《盛京将军奏折档》（全国图书馆文献缩微复制中心，2004年）、《民政部奏折汇存》（全国图书馆文献缩微复制中心，

① 白新良．已刊康熙朝满汉文奏折正误．清史研究，2003（4）．此文对《康熙朝满文朱批奏折全译》和《康熙朝汉文朱批奏折汇编》两书中的翻译错误，拟题不确及目录排列错误，编年错误，对内容重复条目、衍文、脱文未做处理及注释错误等问题进行了订正。

2004 年)、《清代奏折汇编：农业·环境》(商务印书馆，2005 年)、《清宫珍藏海兰察满汉文奏折汇编》(辽宁民族出版社，2008 年)、《晚清湖南新政奏折章程选编》(岳麓书社，2010 年)、《清宫珍藏杀虎口右卫右玉县御批奏折汇编》(中华书局，2010 年)、《清代福建大员巡台奏折》(九州出版社，2011 年) 等等。易管的《江宁织造曹家档案史料补遗——康熙三十五至五十九年的曹家奏折一一五件》(上、中、下)(《红楼梦学刊》，1979 年第二辑、1980 年第一辑、1980 年第二辑)，依据《宫中档康熙朝奏折》增加了《关于江宁织造曹家档案史料》[①] 遗漏的一百一十五件奏折。此外，大量清代人物的奏折辑录成果也相继面世，不再赘举。

对清代奏折档案的发掘、整理和利用无疑是 20 世纪史学界的一件大事。作为原始档案，奏折以其数量上的绝对优势，内容上无可替代的真实性和无所不包的广泛性，在清代历史各个方面的研究中发挥出越来越不可替代的作用。而且，奏折档案的大量整理与利用，也进一步推动了对奏折制度本身的揭示。

(二) 奏折制度研究之发展状况

自 20 世纪 30 年代以来，关于清代奏折的研究开始出现。如邓诗熙的《清代本章制度之改题为奏考》(《史学集刊》，1937 年第 3 期) 就较早地提及了清代的奏折制度。单士元的《清代奏事处考略》(《文献论丛》，1948 年) 和王善端的《雍正朱批奏折略述》(《文献专刊》，1944 年 10 月) 等文章都曾先后简略论及清代的奏折制度。

台湾地区的学者对奏折研究也起步较早，黄培先后发表《说“朱批谕旨”》(《大陆杂志》，1959 年第 18 卷第 3 期) 和《雍正时代的密奏制度》(《清华学报》，1962 年第 3 卷第 1 期) 等文章，对清代的奏折制度率先进行了研究。此外，吴秀良的《清初奏折制度的发展》(*Communication and Imperial Control in China*，哈佛大学出版社，1970 年)，陈捷先的《雍正硃批谕旨》(《中央图书馆馆刊》，1971 年新 4 卷第 2 期)，庄吉发的《清初奏折制度起源考》(《食货月刊》，1974 年复刊 4 卷第 1、2 期)、《清代奏折制度》(台北“故宫博物院”，1979 年) 等文章及著作最具代表性。杨启樵对雍正朝的奏折研究的成果颇丰，先

---

① 故宫博物院明清档案部. 关于江宁织造曹家档案史料. 北京：中华书局，1975.

后出版两部专著：《雍正帝及其密折制度研究》（香港三联书店，1981年；长沙岳麓书社，2014年）、《揭开雍正皇帝隐秘的面纱》（商务印书馆香港有限公司，2000年）。陈捷先的《雍正写真》（商务印书馆，2011年）也专论了雍正奏折。

对于奏折的政治功能，学界普遍认为，与原有的题本所代表的公开政治相比，密奏所代表的是非公开的秘密政治。奏折在雍正时期成为控制官员的一种手段，是推行专制政治的工具。奏折制度使内阁的职能受到极大的削弱和限制，较彻底地避免了阁臣专权的弊病，也使中国专制主义发展到了最高峰。因此有学者认为奏折的出现使清代步入“奏折政治”[①]。目前来看，奏折的起源、奏折制度作为文书的运作机制是现有研究中的主要关注点。

关于奏折的起源问题，主要涉及两个方面：一是奏折是具体什么时间产生的及如何断定它的产生时间；二是奏折是从什么行政文书转变而来的。对于这两个相互交织的问题，清代学者，甚至是民国时期的学者都没有一个准确的说法。受乾隆年间发行的《雍正朱批谕旨》的影响，晚清刘坤一、张之洞等人认为，奏折起源于雍正时期，而《清史稿》圣祖本纪则认为，奏折起源于康熙五十一年（1712）。但在民国时期，随着康熙时期奏折的大量整理，这些说法被证明无法成立。

20世纪中叶以后，奏折的起源问题逐渐为学界所关注。台湾学者黄培专门对雍正时期的朱批谕旨进行了研究，他认为，大概从顺治时起，清朝的公文除题本、奏本两种以外，又增用奏折。[②] 70年代以后，台北“故宫博物院”和北京中国第一历史档案馆开始大规模整理奏折档案，使学者们能够直接接触到奏折实物，进一步推动了奏折制度的研究。很多学者希望通过奏折实物找到一个最早使用奏折的确切时间。由于现存实物奏折多在康熙年间，因此奏折出现于康熙年间的观点得到大多数学者的认可。

最早对奏折制度进行系统和专门研究的美籍华人学者吴秀良认为，奏折起源于八旗满洲属人向旗主或皇帝请安时用的请安折，其根据是康

---

① 宫崎市定．雍正帝：中国的独裁君主．孙晓莹，译．北京：社会科学文献出版社，2016：176.

② 黄培．说“朱批谕旨”．大陆杂志，1959，18（3）.

熙三十二年（1693）至康熙三十九年（1700）间李煦等人的请安折，他认为李煦在请安折内奏报雨水、粮价的行为具有重要意义，表示奏折制度开始正式被运用到清代官僚政治上。①

庄吉发认为，奏折出现于康熙初年，但并非起源于请安折，他认为臣下向皇帝请安并非满人独有之习，在明代也很普遍。因此，他在奏折起源问题探究上更加关注明清制度的延续性，倾向在“传统的本章制度里寻找答案”。庄吉发从折奏权的放宽、奏折的类别和使用、奏折和奏本的关系等方面进一步论述了上述观点。关于奏折的产生，庄吉发注意到《清世祖实录》中有一条非常关键的史料：“向来科道及在京满汉各官奏折俱先送内院，今后悉照部例，径诣宫门陈奏。其外省所送通政使司题本及在京各官本章，仍照旧送通政使司转送内院。”他认为这里提到的“奏折”，“似出自史馆儒臣之手”，并非后来的奏折，而是明代以来的奏本。清代真正意义上的奏折，应该出现在康熙初年。他利用自己在台北“故宫博物院”工作的优势，用大量实例，比较了明代以来的奏本和清初奏折在格式上的近似性，并探讨了满汉文中“奏折”的原始意义。而所谓“奏折”，最初是指附在奏本中的清单，臣工为求简便而将清单写入奏本的正文内，不再另附清单，逐渐改称“奏折”，成为在题本、奏本之外的一种独立的行政文书。因此，奏折是奏本与折子的结合。而满文奏折除了语言表达方式不同外，在格式上与汉文奏折没有实质差别。②

杨启樵综合性地论述了密折的起源及其内涵、密折的缴批、密折的内容、密折的限度等方面问题。其认为密折最早应该出现在顺治时期，但现存最早的奏折实物出自康熙三十二年（1693）的李煦之手，故应以康熙三十二年李煦实物奏折作为康熙朝密折产生的标志。奏折在康熙时期被真正使用于政治生活，到雍正时期，终于趋向制度化。作者从折纸与封套、书写、折匣、递送、奏事处等五方面内容来证明密折在雍正朝

---

① Silas H L Wu. Communication and Imperial Control in China. Cambridge, Massachusetts: Harvard University Press, 1970: 36 - 37.

② 庄吉发．清初奏折制度起源考．食货月刊（复刊），1974，4（1/2）；庄吉发．清代奏折制度．台北“故宫博物院”，1979. 秦国经亦赞同此说，参见：秦国经．清代的奏折//中国社会科学院历史研究所明清史研究室．清史论丛 2000 年号．北京：中国广播电视出版社，2000。

已成为制度。[1] 对于奏折的起源，杨启樵对吴秀良的观点也持异议，认为不应该是发源于请安折，因为请安折的使用在康熙时期并不普遍，数量亦有限。他认为最早使用密折的是李煦、曹寅等这些包衣亲信，所以，“与其说密折导源于请安折，不如说君臣间原有通讯习惯，最初只具奏天候雨水及零星琐事，渐次发展为监视官场、密告民情的通讯工具”[2]。在其最新的文章中，他进一步提出了应该区分“密折”与“密折制度”，认为密折的出现并不代表密折制度的出现。因此顺治朝虽然有密折出现，但多属零星，且无规章，称不上制度。康熙朝密折粗具雏形，可以称之为密折的试行期，直到雍正朝密折制度才算完备。[3] 冯尔康在《雍正传》中有关奏折起源问题方面表达了与杨启樵基本一致的观点：秘密奏折最早应该出现于顺治时期，代表着清朝与明朝不同的奏事方式，但有证可寻还是在康熙时期，以李煦的奏折为最早。雍正时期趋于制度化。[4]

鞠德源、季士家、傅礼白等也都认为可以将奏折的产生时间确定在康熙时期。[5] 在中国第一历史档案馆工作的学者们再次发挥出近水楼台的优势。《康熙朝汉文朱批奏折汇编》的编者认为，奏折的出现似乎不在康熙三十九年（1700）以后，而很可能是在康熙二十年（1681）至康熙二十九年（1690）。[6] 朱金甫也不同意奏折制度起源于满洲的请安折一说，其最开始反驳的理由是现存最早的请安折是康熙三十二年（1693）的。他后来又发现了中国第一历史档案馆保存着一件康熙二十八年（1689）二月二十七日大学士伊桑阿的《奏谢温谕赐问平安折》，并参照《康熙起居注》内的相关记载，认为清代奏折文书的出现，是在康熙二十年（1681）。改变了他原来的“康熙三十二年说”。以此来看，

---

① 杨启樵．雍正帝及其密折制度研究．增订本．长沙：岳麓书社，2014：160－191.

② 同①164.

③ 杨启樵．清代密折制度探源//朱诚如，王天有．明清论丛：第四辑．北京：紫禁城出版社，2003.

④ 冯尔康．雍正传．北京：人民出版社，2014.

⑤ 鞠德源．清代题奏文书制度//中国社会科学院历史研究所清史研究室．清史论丛：第三辑．北京：中华书局，1982；季士家．清代题奏制度沿革考释．历史档案，1984（3）；傅礼白．康雍乾时期的奏折制度．文史哲，2002（2）.

⑥ 中国第一历史档案馆．康熙朝汉文朱批奏折汇编：编辑说明．北京：档案出版社，1984：3.

清代奏折文书最早出现在康熙二十年，所以折子产生在前，正是因为有了折子的使用，才导致派驻外省的内府奴才在得到康熙恩准的情况下，使用折子来请安，并由此而伴生出密折制度。而且，奏折的“恭缴”规定也起源于康熙。几年后，同样在中国第一历史档案馆工作的李国荣也发表了类似的观点。① 也有学者以中国第一历史档案馆所藏的康熙朝满文奏折为考察对象，概述了其尺寸款式、朱批特点及使用时间等问题，认为可借奏折档案中满语文字的使用特点，来分析清初的满语发展情况。在康熙朝奏折的使用之初，在京衙门满洲官员先于汉官取得用折子奏事之权。关孝廉论证了康熙十二年（1673）已有满文奏折文书的存在，满文奏折文书的始用时间早于汉文奏折文书，驻外少数亲信满洲高级官员获得密折奏事之权是在康熙二十年前后。②

然而，考虑到清初奏折的缴回、存档还没有制度化，有大量佚失，以实物奏折的发现来断定奏折起源时间的方式带有很大的偶然性。因此，另外一些学者延续黄培等人的观点，认为奏折应该起源于顺治时期的密奏制度。

任青认为，顺治朝是明代题奏本章制度向清代奏折制度演变的重要开端，科道及京官“奏折”的机密性及“径诣宫门陈奏”的方式，已具备了日后通行的奏折的实质性内容，部院本章尽管尚无“奏折”之名目，但其内涵已与日后的奏折无实质性差异。③ 关孝廉也对顺治十三年（1656）实录中有关“径诣宫门”的那条史料提出己见，修正了此前他的观点。他认为此条史料是可信的，此处的“奏折”不是误译，当时实有折子，只不过此时试用的折子，与顺治十三年以后使用的密折不同。④ 关氏新论的关键，是提出了“试用折”和“实用密折”两个不同的概念。但关氏的新论一出，杨启樵即提出了质疑，表示不赞同。⑤ 郭

---

① 朱金甫．清代奏折制度探略．历史档案，1981（2）；朱金甫．清代奏折制度考源及其他．故宫博物院院刊，1986（2）；李国荣．《康熙朝汉文朱批奏折汇编》的编纂及其史料价值．清史研究，1992（2）．

② 关孝廉．清康熙朝满文朱批奏折刍议．历史档案，1994（1）．

③ 任青．清初奏折探析．清史研究，1996（3）．

④ 关孝廉．再论奏折起源及其特点//中国第一历史档案馆．明清档案与历史研究论文集：上册．北京：中国友谊出版公司，2000．

⑤ 杨启樵．清代密折制度探源//朱诚如，王天有．明清论丛：第四辑．北京：紫禁城出版社，2003．

成康从明清时代长时段整体演变的高度对这个问题做了进一步研究。他认为，顺治时期虽无奏折实物留下，但从官方文献和私人记载来看，顺治时期确实已经存在不通过内阁、径诣宫门，直接向皇帝密奏的体制，奏折也必然存在。对于奏折可以“径诣宫门陈奏”的那条史料，与庄吉发关注明清体制延续性不同的是，郭成康看到的是明清奏事制度的变革与不同。这种变化的意义在于“是明代本章制度向清代奏折制度演变的重要开端”，走向机密性是其主要发展趋势，是明清六百年间乾纲独断专制政体逐渐强化过程中的一个重要环节。①

为了更好地探究奏折的起源、性质问题，白新良对康熙朝进折人员进行了一个全面的量化分析，包括奏折数量、已刊奏折件数、时间分布特点、使用范围、奏折种类和内容等。他把康熙朝进折人员分为五大类：其一是宗室姻亲、汉族异姓王公及内务府等皇室服务系统；其二是中央官员系统；其三是地方官员系统；其四是内外蒙古各部王公及青藏、准噶尔蒙古外藩系统；其五是难以归入上述各类的其他人员。其中，内务府及其皇室服务机构在进折规模和数量上占有突出地位。② 白新良在对康熙时期进折人员的量化分析中，重新探讨了奏折的起源及发展路径。针对奏折是否起源于满洲人请安折的争论，白新良利用《康熙起居注》《清圣祖御制诗文集》《清圣祖实录》等资料证明，该制度起源于顺治朝，是仿效奏本而专为皇室人员设计的上行文书。其内容多是请安、谢恩、庆贺。在康熙初年的宫廷之中逐渐形成了明确的制度，康熙皇帝本人也是力行此制度的典范，皇帝每每出巡便通过奏折向太后、太皇太后具折请安。而皇子、宗亲向皇帝请安一类的奏折的始用也应该不晚于康熙二十三年（1684）康熙帝初次南巡，且直至康熙帝去世一直存在。这些情况说明，初期奏折尚具有鲜明的家族书信特色。到三藩之乱之后，奏折的具奏人员的范围逐步扩大、奏事内容逐渐宽泛，使奏折发生了实质性的突破。③

高翔的观点也极具代表性，他认为，奏折起源于关外的奏议传统，在顺治朝时已经初步形成。同时他也比较了明清两代的秘密奏事之制，

---

① 郭成康．雍正密谕浅析：兼及军机处设立的时间．清史研究，1998（1）.

② 白新良．康熙朝进折人员考略．历史档案，2005（2）.

③ 白新良．康熙朝诸皇子奏折考辨．南开学报，2005（5）.

认为臣僚向皇帝密疏言事，并非清朝首创，至晚在明宣德年间，就出现了所谓的文渊阁银印，它赋予亲信重臣以密疏言事，章疏直达御前的特殊权力。清朝奏折制度和明代的密疏制在形式上极为相似。①

奏折制度的研究多在其起源问题上存在争论，此外，关于奏折制度的内容、作用、评价问题，各学者虽表述不一，但是结论大致相同。②而关于奏折制度的运作问题，起初也仅仅聚焦于作为文书的奏折是如何呈递、派送等常规的制度性梳理。③总体来看，此前的奏折制度研究大多集中于就事论事的层面，基础性地探讨了奏折制度“是什么”的问题，而忽略了奏折制度“怎么样”的问题。尤其是对于奏折怎样反映当时的政治局势、如何通过该机制的运作而影响政局、清廷到底是如何运用奏折处理政治问题等等涉及“活的制度史”方面的研究十分稀少。可喜的是，这种局面在近年来得到改观，学者们逐步聚焦于奏折制度在清代的变化、奏折制度与其他官僚制度之间的紧密关系、奏折文书与清廷的政务运作之间的关联等问题。

有学者关注奏折制度在晚清的变革。晚清电报的出现对于近代中国社会的政治领域和社会生活领域都有深远的影响。夏维奇认为，电报的出现导致晚清新型的政务文书形式“电奏电旨”的出现。电奏电旨的出现，缩短了地方与中央的沟通时间，提升了清廷在处理政务过程中的效率，尤其是在军情奏报、灾荒赈济中作用明显，这是传统的奏折奏报制度所不能比拟的。④不同于从外部物理技术的引进对传统奏报制度的影响分析奏折制度，部分学者也注重从文书奏报制度内部的转变入手分析奏折制度。其中，光绪二十七年（1901）“改题为奏”事件最为引人注意。邓诗熙、庄吉发、黄才庚等人都对该事件有过分析，认为“改题为奏”是近代文书史上的一次大变革，其简化了文书种类与烦琐的文书处

① 高翔．也论军机处、内阁和专制皇权：对传统说法之质疑，兼析奏折制之源起．清史研究，1996（2）；高翔．略论清朝中央权力分配体制：对内阁、军机处和皇权关系的再认识．中国史研究，1997（4）．

② 具体研究成果参见：王剑．近50年来清代奏折制度研究综述．中国史研究动态，2004（7）。

③ 臧廷秋．雍正朝奏折文书运行轨迹．历史档案，2008（4）．其他关于奏折制度的呈递程式散见于各种奏折制度研究之中。

④ 夏维奇．晚清电报的引入对清代谕旨奏折制度的影响．历史档案，2009（1）．

理手续，精简了机构，节省了大量财力、物力、人力，加速了文书运转时间，提高了办事效率。① 不过他们仅仅关注光绪二十七年“改题为奏”事件，并未过多分析这一历史过程。“改题为奏”其实是一个渐进发展的过程，我们今日理解的，例行公事用题本，重要公事用奏折，就是这一发展过程的结果，只是这个过程一直不曾为学者所注意。刘铮云从“改题为奏”入手窥探清代奏折制度的演变，弥补了这一缺失。他认为，光绪二十七年废除题本并非“改题为奏”的开始而是最终结束。他梳理了自康熙朝起至光绪年间“改题为奏”的全过程，认为乾隆朝时地方督抚已然是“改题为奏运动”的推动者，乾隆帝也并非向乃祖乃父一样严格区分奏折与题本，在乾隆朝，奏折的作用不再限于其与官员间的个人通讯，而是关系民瘼与一切重要事件的通报。在这种情况下，乾隆皇帝关注的是地方督抚采取“改题为奏”在公文处理上是否有简化流程，也就是加速办理的必要，而非此举是否破坏了“题奏有别”的体制。乾隆帝的默认对“改题为奏”起到了推波助澜的作用，这个重大转变成为日后清廷处理“改题为奏”问题的基调。乾嘉以降，“改题为奏”的相关事件、内容不断增多，中央部院也加入“改题为奏”运动之中，直到光绪年间彻底废止题本。以上历史进程的出现，均与奏折文书的性质转变有关，即康雍时期其是一种私人通信，乾隆以降逐渐成为一种公开文书，其时效性远远超过题本。②

奏折制度的出现，由于其特殊的呈递方式、在实际政务中的作用，势必引起清朝中枢权力机制的再整合。郑小悠通过分析雍正朝奏折的推行与中央、地方官制的紧张关系，认为奏折文书引导政务运行后，影响最大的是通政使司、内阁与六科。内外奏折皆由宫门封进，直递御前，通政使司被彻底排斥在奏折运作的流程之外；内阁的票拟职权完全不能施之于奏折，其对重大事务的知情权与建议权锐减；六科的封驳复核权更无从谈起——三机构原有的权力改由具奏人和皇帝分别承担。因此，皇权的加强在所难免，而具奏人的权力也受到影响，改变了固有的政治

① 邓诗熙．清代本章制度之改题为奏考．史学集刊，1937（3）；庄吉发．清代奏折制度．台北“故宫博物院”，1979；黄才庚．清末“改题为奏”研究．档案，1987（4）．

② 刘铮云．具题与折奏之间：从“改题为奏”看清代奏折制度的发展．四川大学学报（哲学社会科学版），2017（2）．

权力格局。特别是全权代理辖地内所有文武官员题奏事宜的督抚，在兼用奏折后，与其他层级官员群体之间产生了权力的博弈。[①] 清朝皇帝“乾纲独断”所凭依的重要手段就是召见制度与奏折制度，到宣统年间《内阁官制》拟制时，情况发生了重大改变。借着预备立宪的“政治正确”，朝野内外产生了变革召见制与奏折制的意愿与行动。刘文华借助官书、日记等史料，对当时各方对召见和奏事有何认识，倾向于扩大阁权还是倾向于维护皇权，如何进行博弈，责任内阁成立后阁权的建立与实施会如何影响皇权等问题进行了进一步厘清。最终，作者认为，宣统二年（1911）年底、三年（1912）年初，清廷决定仿行责任内阁制，在设制内阁官制时，加强内阁总理大臣责任，缩小召见、奏事官员范围是这一制度的应有之义。直到辛亥革命爆发后，袁世凯内阁成立，要求完全恢复内阁权力，停止了除国务大臣之外官员的入对、奏事，召见制度、奏折制度产生巨大变化，甚至触动了皇权的根本。可以说，停止官员具奏及召对标志着清廷丧失了朝政掌控权。[②]

关于奏折制度的运作，一个关于军机处与奏折制度的“常识”就是军机处与奏折制度结合，维护皇权，军机大臣协同辅助皇帝处理批答奏折。但是在军机处未成立之前，是否所有奏折均由皇帝直接批答，值得进一步研究。宋希斌通过考察康熙朝奏折制度的批答流程，认为康熙帝通过谕令内阁持奏折与相关部门商议回奏、内阁暂贮奏折、内阁大学士直接批答无关紧要的奏折等方式来提高批答奏折的效率。尽管康熙朝时内阁大学士参与奏折批答之事甚少，也没有形成完备的制度，但却开启了皇帝亲信大臣辅助批阅奏折的先河。随着奏折的使用范围的逐步扩大，到乾隆朝时，已有专职辅助皇帝批阅奏折的机构——军机处。军机处专办奏折之权正是源于康熙朝内阁大学士对奏折批答的参与，这也奠定了军机处在中枢决策体系中的地位。[③] 同样，他还对军机处批答题本这一特殊的文书处理形式做了考察[④]，对于我们理解清廷中央文书流转

① 郑小悠．雍正朝奏折制度对督抚权力的影响．历史档案，2014（3）.

② 刘文华．大权将何以总揽?：从召对、奏事的改变看预备立宪时的皇权．近代史研究，2019（4）.

③ 宋希斌，杜晓燕．康熙朝大学士在奏折批答过程中之作用．山西档案，2012（3）.

④ 宋希斌．清代军机处与题本的批答：以乾隆朝上谕档为中心的考察．历史档案，2009（4）.

与政务决议有所助益。

关于奏折文书的流转，尤为引人注意的是李文杰主持的课题“清季中央政府的文书流转、政务运作与制度变迁研究”对于这方面研究取得的突破性进展。他先后发表了数篇文章探讨奏折文书在运转中如何与清廷制度相结合、奏折文书的批答与流转又反映了皇帝或中央各政治势力之间的何种政治态度，内容较为新颖。御门听政是清代皇帝直接处理政务的一种特殊制度，充分体现了清代皇帝的乾纲独断与勤政爱民。在《清代的“早朝”——御门听政的发展及其衰微》一文中，作者以清代文书流转的沿革来看待御门听政制度的流变。该文认为人们对题奏本章运作的传统印象，即先由上奏衙门或官员上奏题奏本章，经由通政使司（外省）或直接（京内）递至内阁，由阁臣票拟意见，然后交皇帝定夺的观点并不妥当。实际上，这是雍乾之后才成形的做法，顺康时期多是由皇帝直接处理题奏本章。这一做法的成立也与奏折制度的产生有关。因奏折直达御前，雍正之后多采取直接处理奏折的方式，御门听政直接处理题本的频率降低。题奏本章则直接呈递内阁票拟，然后交由皇帝阅览，再交六科抄发职能部门付诸实施，只有少数折本才以御门听政的形式最终讨论决定。至此，御门听政从实际上的处理政务转变为一种“勤政”的象征和国家仪式。最终在同治帝即位后被废止，这反映了清代政治日益注重实际效用及君主权力日重的大趋势。① 而随着御门听政制度的式微，新的京中部院轮值、军机处见起的早朝制度形成，其核心内容就是奏折处理。在《清代同光年间的早朝》一文中，作者聚焦于晚清五十年间的早朝形式，运用大量朱批奏折、《军机处随手登记档》、《早事档》，以及官报和日记，展现了京中部院轮班奏事、军机处见起奏折处理的具体流程，以及太后垂帘听政时期特殊的奏折处理流程。文中初步分析了在奏折处理流程的不同模式下，清代皇帝、军机处与皇太后权力之间的关系，进一步推动了对于晚清高层权力结构、政务运作与决策机制的研究。② 而在《光绪帝亲政前的习批奏折探析》一文中，作者又进一步研究了前人并未过多关注的皇帝如何学习奏折批答这一现象，弥补

---

① 李文杰．清代的“早朝”：御门听政的发展及其衰微．故宫博物院院刊，2016（1）．

② 李文杰．清代同光年间的早朝．文史，2018（2）．

了奏折运作研究中的不足。[①]《垂帘听政、训政、归政与晚清的奏折处理》一文则着重关注了太后垂帘制度出现前后，太后权力与赞襄政务大臣、军机大臣、皇帝权力之间的斗争。文章主要分析了清晚期的奏折运作机制是如何在各政治制度、政治人物的作用影响之下发生变动的，从而反映了晚清高层政局的变化。[②]

总而言之，李文杰的系列研究改善了关于奏折制度实际运作及清代文书的研究局面，其并非局限于制度的具体考订与梳理，而是着眼于制度的实际运作，并将现实的政治权力斗争纳入其中，既探讨了现实政治对于奏折文书运作的影响，又展现了奏折文书运作所反映的政治时态，是活的制度史研究的范例。这种方法下的清代文书运作机制的研究之推广，尚待来者。

第三节　清代宫廷与皇权政治研究

自古以来，由于皇帝有着庞大的宫廷侍从团队和严格的宫廷制度，因此，宫廷政治一直是皇权政治研究的一个重要方面。宫廷内部有着庞大的侍从群体，他们往往能够成为最接近一个朝代权力中心的人，无论是后妃、外戚，还是内监、侍卫等，都很容易因为靠近皇权而获得巨大的政治权力和利益，不仅有宦官专权、后妃干政等问题的出现，更有尚书、中书、门下、内阁、军机处等等这些新权力机构的产生，历朝历代的皇权体制变革多从宫廷内部开始。同时，宫廷制度的很多方面也往往成为国家制度的一部分，它们之间有时壁垒森严，但大部分时候混杂难分。清朝曾建立起一套独具特色的宫廷制度，从政治上，清朝的宫廷制度几乎排除了以往中国历史上宦官、后妃等各种对皇权干扰的因素，但仍有很多宫廷因素对皇权的影响引起了宫廷史学者们的关注。更有学者在此基础之上提出“宫廷政治史”“宫廷典制史”的概念，并以之为深

① 李文杰．光绪帝亲政前的习批奏折探析．近代史研究，2015（6）．

② 李文杰．垂帘听政、训政、归政与晚清的奏折处理．近代史研究，2018（2）．

化明清宫廷史、政治史、制度史研究的新视域。[①]

截至目前，专门的清代宫廷史的整体性研究仅有万依等合著的《清代宫廷史》，该书于1990年由辽宁人民出版社出版，2004年由百花文艺出版社再版。另有罗友枝（Erelyn S. Rawski）的《清代宫廷社会史》（*The Last Emperors: A Social History of Qing Imperial Institutions*）一书，该书注重分析清廷深宫社会生活、物质文化、宗教信仰、宫廷礼仪以及家族政治等内容。[②] 林永匡所著《清代宫廷文化通史》，则全面分析了清廷所存在的一系列物质、精神、娱乐以及管理等方面的文化内容。[③]

具体涉及清代宫廷政治问题的研究，大概可以分为对清代相关宫廷群体的研究和相关宫廷制度两个方面、四类制度的研究。

一、关于宫廷女性群体及皇室婚姻制度研究

每个朝代的宫廷都以皇帝为中心，皇帝周围则遍布后妃、侍卫、太监、宫女等各类群体。在清代宫廷后妃及皇室婚姻制度方面，王树卿较早地研究了清代皇后、后妃的相关制度，尤其是入关前后妃制度的形成问题。[④] 吴美凤也研究了清代后宫嫔妃构成的具体制度及隐藏其间的满洲旧俗，并据此回顾了明代的后妃制度，试图从多重角度与诸多面相略探明清两代的后妃现象所反映的民族特色、两者的后妃制度有何差异。[⑤] 刘潞曾撰文考述清代皇后册立制度问题[⑥]，并专门研究了清太祖、太宗时期与蒙古联姻的问题。[⑦] 徐广源曾研究了清代后妃谥号制度。[⑧] 在清朝皇室与蒙古联姻方面，杜家骥的《清代满蒙联姻研究》可谓集大

---

① 王素．故宫学学科建设初探．北京：故宫出版社，2016：1-14.

② 罗友枝．清代宫廷社会史．周卫平，译．雷颐，审校．北京：中国人民大学出版社，2009.

③ 林永匡．清代宫廷文化通史．上海：上海文艺出版社，2014.

④ 王树卿．清代后妃制度中的几个问题．故宫博物院院刊，1980（1）；王树卿．清代皇后的册立．故宫博物院院刊，1980（3）.

⑤ 吴美凤．明清后妃制度略考．故宫学刊，2015（1）.

⑥ 刘潞．清代皇后册立与八旗大姓氏族．故宫博物院院刊，1997（1）.

⑦ 刘潞．清太祖太宗时满蒙婚姻考．故宫博物院院刊，1995（3）；刘潞．对清太祖太宗时期满蒙婚姻的再认识．清史研究，1995（3）.

⑧ 徐广源．清朝帝后妃谥号浅议．清史研究，1997（4）.

成者，其不但详细考证了从入关前到康熙时期清皇室与蒙古科尔沁、喀喇沁、敖汉、巴林、喀尔喀等各部联姻的历史过程，归纳了满蒙联姻的特点，更以宏观视野阐述了满蒙联姻在清代维护国家统一、民族融合方面的政治作用。[①] 毛立平的新近论文《金枝玉叶与收支困局——清代中后期公主经济境遇考察》则探讨了清代皇权制度下清代公主们的经济状况，极大地推进了对清代公主制度的研究。其认为，从乾隆朝起，公主都居住在京城，由皇室负责其家庭的一切开支，而囿于制度规定和儒家规范，皇室又没有赋予公主与皇子同等的经济待遇和社会地位，公主府第的经济状况常常捉襟见肘，导致公主们既背负着融合满、汉、蒙的政治使命，又挣扎于满汉文化之间。这也是当时制度困局的一个缩影。[②] 沈玲萍的硕士论文《清代后妃晋升研究》则集中深化研究了清代后妃制度中仍不为人所熟知的晋升制度，作者通过大量档案史料认为，清宫大部分后妃晋升呈现出起点较低、时间较长、逐级晋封、集体晋封、高级别妃嫔少的特点，从而论证了清代后妃晋升制度并非一般所认知的充满纷繁复杂的斗争，而是呈现出晋升的规律性与宫廷的有序性。[③] 清代宫廷女性除了清宫后妃这一群体之外，尚有清廷宫女这一群体。清代宫女研究成果相对较少，多数文章主要介绍了宫女的宫廷生活。学术专论中，则有滕德永的《从档案看清代宫女的因故出宫》（《沈阳故宫博物院院刊》，2016 年第 1 期）以及金易、沈義羚的《宫女谈往录》（紫禁城出版社，1992）。前者着重分析了清代宫女因故出宫的类型以及原因；后者是现今唯一一部宫女回忆录，涉及清代宫女制度的管理、运行以及宫女的社会生活。罗阳的最新研究则集中论述了清代宫女制度，认为清宫宫女是宫廷生活中不可或缺的组成部分，并非传统观点所认为的“边缘群体”，其在清代历史上产生了一定作用。她们不仅是联结朝廷和臣属的纽带，还为家庭或家族带来了利益和荣耀，更重要的是为自己赢得了独立的经济来源和地位，一定程度上摆脱了男性附庸品的固化形象，不可不谓一种进步。[④] 赵玉敏则综合研究了清代宫廷的后妃与宫女两大

---

① 杜家骥．清朝满蒙联姻研究．北京：人民出版社，2003.

② 毛立平．金枝玉叶与收支困局：清代中后期公主经济境遇考察．历史研究，2019 (4).

③ 沈玲萍．清代后妃晋升研究．北京：中国人民大学，2019.

④ 罗阳．清宫宫女研究．北京：中国人民大学，2018.

群体，其认为后妃制度等级森严，衣食住行规矩繁多，这些都是围绕着高度集中的皇权在运作的。后妃的命运、活动无时无刻不受到皇权的影响。宫女为服侍后妃而被选入，政治上地位低下决定了宫女生活的艰辛。虽然有宫女成为后妃，但这毕竟是少数。此外，清代虽有“宫内不蓄汉女”之说，但实际上在势不可挡的民族融合的趋势下，汉女也成为清宫中重要的组成部分，这一点十分引人瞩目。[①]

二、侍卫群体与相关制度研究

侍卫在清朝政治体制中的地位很特殊，侍卫不但是八旗子弟的重要入仕途径，很多高官大员都出身于侍卫，而且，这个群体还经常被派出执行皇帝交办之事，很多时候在皇权政治中扮演着很重要的角色。

在清朝侍卫起源问题上，陈章的研究成就突出。他系统探讨了清代侍卫体制之架构，考察了御前大臣、领侍卫内大臣、内大臣、散秩大臣的缘起、职责、来源及授予方式，厘清了上述职位尊卑有别之原因，重新统计了有清一代满蒙大学士和军机大臣中的侍卫比例，揭示出清代“近御治国”之政治特色。他还从朝鲜史料出发，考证出爱新觉罗皇族之先世清肇祖猛哥帖木儿及其家族曾长期在李氏朝鲜任侍卫，这在当时的女真部落中乃普遍现象。而李氏朝鲜与王氏高丽之侍卫制一脉相承，或源于蒙古怯薛制。作者认为，清代侍卫制乃杂糅蒙古、明朝与朝鲜传统之产物，这亦与满洲崛起之前，在地理上身处这三股政治势力之间的历史事实相符。侍卫研究的一大争论在于如何认识宫廷侍卫群体中的汉侍卫。[②] 黄圆晴认为，清代的侍卫中，除了三旗侍卫与宗室侍卫之外，还有汉侍卫。奕赓在《侍卫琐言》中谈到汉侍卫是通过武举选拔的侍卫，但考察清代官书档案，会发现除通过武举选拔汉侍卫以外，还包含遣子入朝、督抚荐举、水师侍卫等多种方式，汉侍卫选拔方式呈现多元化。这些选拔方式与绿营制度相结合，使中央提高了对于绿营的掌控

① 赵玉敏．清代后妃与宫女研究．北京：中国人民大学，2010.

② 陈章．东亚视野下的“侍卫”：清代侍卫制探源．南京大学学报（哲学·人文科学·社会科学），2018（3）；陈章．满汉殊途，近御治国：侍卫系统与清代中枢政治关系初探．北京社会科学，2019（4）.

力。[①] 而陈章则从满洲的“入侍”传统入手，探析清廷设立“汉侍卫”之动机。在汉侍卫群体中，某些武举世家逐渐形成侍卫家族，如甘州韩家、河间哈家、宁夏马家、宣化袁家、泰州刘家等，作者据此探讨了汉侍卫群体在清代政治运作中扮演的角色。[②]

三、宫廷礼仪、礼乐制度研究

近些年来，围绕着清朝的“满族特色”，满族人宫廷之中的萨满教、祭祀礼仪、服饰制度、礼乐制度等问题都受到关注与研究。如刘潞、常晓辉等人对清宫服饰政治的研究，揭示了皇帝服饰在区别政治等级、维护皇权方面的重要作用。[③]

邱源媛的研究非常具有代表性，其认为，清朝的宫廷礼仪是一种满汉并重的双轨制。从努尔哈赤到皇太极、顺治时期，清政权对汉人礼仪制度、文化的接受，经历了一个循序渐进的过程，是在坚持自己原有礼制的前提下逐渐接受汉人礼制的。“孰主孰辅，满洲统治者并没有一个清晰、成熟的认识”，“正是这种统治文化的不确定性，促使清王朝初步形成了满、汉两种礼乐制度并行的格局”。康雍乾时期，清朝在逐渐接受汉人礼仪文化、制度的过程中，也强烈地保留了满人的礼仪文化，并经过改造使之上升到与汉礼并立的国祀地位。[④] 美国学者克礼（Macabe Kieliher）在《在礼者，行政法也：十七世纪政治分层与清朝行政秩序的构建》一文中也阐明，在皇太极建立清朝时，礼仪制度成为他塑造政治秩序的文化体制，有助于厘清现存的权力关系，创造新的政治地位，塑造出新的特权阶级，由此而形成清代的政治体制。[⑤]

---

① 黄圆晴. 试论清代汉侍卫与绿营. 历史档案，2014（1）；奕赓. 侍卫琐言//奕赓. 佳梦轩丛著. 北京：北京古籍出版社，1994：59－78.

② 陈章. 论清代 hiya 与 giyajan. 满语研究，2016（1）；陈章. 试论清代的“汉侍卫”家族. 史林，2018（2）；陈章. 清代回回侍卫家族考略：以仪真杨家、河间哈家、宁夏马家为例. 青海民族研究，2018（4）.

③ 刘潞. 服饰与皇权：为故宫博物院赴澳大利亚“清宫服饰展”而作. 故宫博物院院刊，1989（2）；常晓辉. 满族服饰与皇权. 满族研究，1994（3）.

④ 邱源媛. 清前期宫廷礼乐研究. 北京：社会科学文献出版社，2012：230.

⑤ 克礼. 在礼者，行政法也：十七世纪政治分层与清朝行政秩序的构建//孙笑侠. 复旦大学法律评论：第三辑. 北京：法律出版社，2016：112－114.

四、对宫廷绘画等艺术的政治功能的探讨

马雅贞对清朝宫廷战勋绘画的研究是这一方面研究的代表。作者结合艺术史与文化史，以长期以来位处中国画史与正史边缘地带之战勋图绘为中心，讨论了清朝的尚武文化。作者借用葛兰西“文化霸权”的概念，跳脱“汉化说”与“新清史”的框架，重新思考了满族何以统治中国的课题。作者勾勒出明清战勋图像从个人事迹到帝国武功的发展轨迹——从明代流行的个人勋迹图、皇太极时制作的“太祖实录图”、康熙朝的武勋文化，到乾隆朝建构帝国战图的历程；论证了明代官员盛行的视觉文化，在清朝皇权的统治下被转化收编，到乾隆朝终建立起“文武双全”的文化霸权之过程。①

清朝所建立的独具特色的宫廷制度，涉及政治、文化、社会、宗教等诸多内容。显然对于宫廷制度的研究涉及政治史、制度史、经济史、社会史以及宗教史等诸多学科门类。除了研究后妃宫女、侍卫等“政治史”含义较为浓厚的制度外，如何从政治史视野出发，对文化、社会、礼制、宗教等内容给予新的解释，尤其是将所涉及的内容与皇权政治相联结，值得研究者进一步思考。这既可以丰富宫廷文化、社会、礼制、宗教信仰的研究内容，又可以拓展政治史研究的范围，将“宫廷政治史”“宫廷典制史”等概念的提倡落至实处，继续深化明清宫廷史、政治史、制度史研究的新视域，最终再次提升政治史研究的影响力。

第四节　清代皇位继承制度研究

皇帝制度最为核心的一点即是皇位的传承问题。清朝皇位继承制度自 20 世纪 30 年代以来就一直受到学者关注，清朝作为一个关外少数民族，其本身具有其特殊的民族历史与传统，入关后亦面临着满汉文化交流融合等复杂的情况，体现在皇位继承制度上即出现了与汉族王朝不同的嗣位制度，并对几千年来沿袭的嫡长子继承制度进行了改革创新。

① 马雅贞．刻画战勋：清朝帝国武功的文化建构．北京：社会科学文献出版社，2016.

一、学术脉络

前文已经提及，孟森在1935年发表了《清世宗入承大统考实》一文，他通过大量史料分析，得出雍正矫诏夺位的结论，揭开了清朝皇位继承制度研究的序幕。① 在《清史讲义》中，他对康雍之际皇位继承问题进行了较为详尽的论述。②

杨珍在《清朝皇位继承制度》中对清朝皇位继承制度研究成果进行了一个简要梳理，可谓精炼而中肯綮。③ 兹略谓曰：

20世纪80年代以前，史学界对于清朝皇位制度的研究主要集中在皇太极和顺治的嗣位问题上，即清入关前的汗位（皇位）继承问题，论述内容主要包括皇太极和顺治嗣位的历史过程、各大贝勒和满洲贵族与皇权之间的博弈以及清朝极具特色的八旗制度的演变。此时的成果以个案为主。当然，80年代以后依然有对清初皇位继承的研究，比如杜家骥的《清太宗嗣位与大妃殉葬及相关问题考辨》和《清太宗出身考》，杨珍的《后金八王共治国政制研究》等等，是在前代学者研究成果上的进一步补充和完善。④

20世纪80年代至今，史学关注的焦点转向皇太极去世后清朝统治危机问题，即对多尔衮、孝庄问题的研究，同时康雍之际的秘密建储研究亦成为热点。顺治一朝皇位继承制度研究集中在多尔衮和孝庄身上，主要内容包括顺治继位问题、多尔衮与太后之间的关系及其所隐含的满洲贵族之间的矛盾冲突、摄政体制的探讨、孝庄个人研究等等。此阶段研究亦是以个案为主。康雍之际的皇位继承问题及秘密建储制度一直都是清朝皇位继承问题研究的热点所在，从20世纪30年代至今一直陆续有相关论文发表，研究高潮出现在80年代以后。经过如此长时段的讨论，学术界主要出现了两种观点：一种是孟森、王锺翰、杨珍、金承艺、庄吉发等人所持的雍正篡位说，认为康熙所属意的皇帝人选是皇十

① 孟森．清世宗入承大统考实//孟森．明清史论著集刊：下册．北京：中华书局，2006：519－572.

② 孟森．清史讲义．北京：中华书局，2010.

③ 具体论著请参看：杨珍．清朝皇位继承制度．北京：学苑出版社，2001：15－21。

④ 杜家骥．清太宗嗣位与大妃殉葬及相关问题考辨．清史研究，1997（3）；杜家骥．清太宗出身考．史学月刊，1998（5）；杨珍．后金八王共治国政制研究．中国史研究，2000（1）.

四子允禵；另一种则是冯尔康、杨启樵、郭成康、史松、吴秀良等人所持的雍正合法继位说。由于能够直接证明雍正嗣位的史料已经无存，所以两方都是通过目前所存史料做推断性的研究，故两种观点还会僵持下去。与雍正继位之谜不相伯仲的是关于秘密建储制的研究，研究内容主要是秘密建储制的原因、内容、实行过程、评价等问题，对乾隆时期传位问题亦有撰述，主要是对乾隆训政的探讨。

20 世纪 90 年代以后，关于晚清皇位继承问题进入研究者的视野，主要内容包括慈禧的三次立储和晚清所特有的外国势力的干预问题，相对来说，论著较少。

二、整体性研究

目前对清朝皇位继承制度做整体性研究的论著较少。冯元魁对入关前的皇位继承制度到雍正秘密建储制的建立做了梳理。他认为，清初满族政权因为没有确立储君制度而导致宗室内部常常发生争夺嗣位的斗争，对雍正建立的秘密建储制在稳定统治、减少贵族宗室斗争方面给予了积极评价。入关后，满洲贵族的进一步封建化使其逐步建立起比较固定的皇嗣制度，巩固中央集权，是满族历史发展的必然。①

胡建华不仅对清前期的汗位推举制、皇位制度改革进行了研究，而且对清后期列强对立储问题的干涉进行了讨论，并且分析了不同阶段皇位继承制度出现和变化的原因。外国势力介入皇位继承，是以往朝代中都不曾出现的，是清朝所特有的现象，是一个值得探讨的问题。作者在第三部分从辛酉政变和戊戌政变入手对列强介入皇位继承的论述极具价值。②

张玉芬的《清朝皇嗣制度》作为史学界第一部研究清朝皇位继承的专题性著作，内容相对较浅。其以清朝皇嗣制度的演变为主线，从努尔哈赤建立后金开始一直到清朝灭亡，对整个清王朝的每一代皇位继承历史进行了纪实性的叙述和评论。虽然该书以纪实性描述为主，评论分析相对较少，但是开创之功不可磨灭。③ 随后，杨珍的《清朝皇位继承制

① 冯元魁．清朝皇嗣制度的演革．社会科学，1982（7）．

② 胡建华．略论清朝的皇位继承制．中南民族学院学报（社会科学版），1986（4）．

③ 张玉芬．清朝皇嗣制度．大连：大连出版社，1991．

度》一书的出版，则弥补了该书的不足之处。杨珍的《清朝皇位继承制度》运用了大量档案材料，从有清一代皇位继承制度的特点、形态变化、择嗣标准的反复变化和储君、储权的时有时无等多个方面来探讨，将清朝的皇位继承分为汗位推举制、嫡长子皇位继承制、秘密建储制和懿旨确立嗣君四种形态，认为清朝出现完全不同于嫡长子继承制的皇位继承制度，其根源在于以满、汉文化为主的多种文化的有机结合、相互补充。她从文化层面来解析皇位继承制度，肯定了清朝统治者善于学习其他民族经验和勇于创新的精神。这是对以前学者论述的进一步深化和补充，亦为史学界所赞扬。此外，她充分肯定了康雍乾三帝对于皇位继承制度演变的重要作用，他们都具备较为深厚的满汉两种文化素养，因而能够多视角考虑如何促进皇权集中、改革皇位继承制度问题。最后，杨珍认为，中国皇帝制度近两千年的发展演变，积累了大量统治经验，清朝统治者在此基础上变革清朝皇位制度是水到渠成之事，是中国封建政治已趋成熟的体现，清朝作为封建社会最后一个王朝，历史性地扮演了对中国古代皇位继承制度总其成的角色。当然，作者也注意到了秘密建储制的两面性，皇帝制度终究是为维护皇帝的绝对专权，是严重阻碍中国封建社会晚期社会转型的一大因素，使中国进一步落后于西方，造成鸦片战争以后中华民族很长一段时期的深重灾难，需要辩证看待。①

杜家骥的《清朝满族的皇家宗法与其皇位继承制度》一文从皇家宗法的角度来分析秘密建储前皇位继承制度的演变，利用玉牒进行了大量数据分析，对清朝参与皇位之争的皇室宗族出身进行了比较，从嫡庶长幼的角度来分析清前中期所出现的激烈的皇位之争。此前史学界一直认为清朝之所以能够实行皇位制度改革，是因为满族社会嫡庶观念不强，没有受到汉化影响，但杜家骥得出了完全不同的结论，他认为“清初满族皇家的宗法，并非嫡庶不分，相反，其嫡庶之别却相当严格，家庭成员之间等级森严，高低相差悬殊”，清入关前，庶出者是没有争夺汗位、皇位的资格的。清入关后在汉化影响下，皇家嫡庶差别由“悬殊”“区分严格”向“差别缩小”方向发展，庶出皇子的地位迅速提高。但是作者也指出，这种嫡庶之分主要是由社会文明程度所决定的：文明程度低时，嫡庶区别就较为严格，随着社会文明程度的进化发展，嫡庶之间的

① 杨珍．清朝皇位继承制度．北京：学苑出版社，2001.

等级差别也逐渐缩小，至近现代社会而消失。这是社会发展的规律，即使没有汉化因素影响，清朝自身也会发生这种进化性变化，只不过没有那么迅速罢了。①

三、各阶段研究的焦点

清朝皇位继承制度在不同时期表现为不同形态，主要有汗位推举制、嫡长子皇位继承制、秘密建储制和懿旨确立嗣君制，下面将介绍各个阶段研究焦点问题和主要观点。

汗位推举制主要被应用于皇太极、顺治的嗣位问题上，这一阶段的研究焦点是太宗与诸王之争、多尔衮与豪格之争、多尔衮与世祖之争，以及与之密切相关的八旗制度和八王共治国政制。如赵光贤的《清初诸王争国记》② 就详细描述了清初诸王之间的政治斗争，认为清初出现的兄弟相争、叔侄相残，都是因为太祖没有立储之缘故，幸好当时清朝处在国立方张之际，没有出现大规模的变乱已属大幸。周远廉通过对皇太极嗣位的分析，提出共治国政的前提条件就是八和硕贝勒在八旗制度下所拥有的巨大权势，努尔哈赤曾经两次欲立储位，但是都以失败告终。接着他梳理了八王共治国政的基本内容和实行的大致情况，重点阐述了莽古尔泰和皇太极之间的矛盾，指出八王共治国政体制是一种落后、倒退的制度，挑起了八和硕贝勒之间的纷争，引起国家动荡。最后，皇太极采取集中皇权、削弱各贝勒旗主权利等一系列措施，成功进入帝权独尊、八旗王公贵族佐治国政的阶段。③ 杨珍对汗位推举制的产生、实行、消亡进行了全过程的探讨，并且提出顺治时父死子继的皇位继承意识已经成为当时朝臣的共识，虽然福临继位看似是诸大臣共同商议的结果，但其实与八王共治的规定已经相去甚远。顺治立储基本靠个人喜恶，虽然不具代表性，但康熙的继位基本可以说明此时决定皇位继承人的权力完全掌握在皇帝、皇太后手中，汗位推举制已经消亡。④ 王思治、吕元骢中对摄政王体制和四大辅臣制进行了对比，认为后者对皇位

---

① 杜家骥．清朝满族的皇家宗法与其皇位继承制度．清史研究，2005（1）.

② 赵光贤．清初诸王争国记．辅仁学志，1943，12（1/2）.

③ 周远廉．后金八和硕贝勒“共治国政”论//中国社会科学院历史研究所清史研究室．清史论丛：第二辑．北京：中华书局，1980.

④ 杨珍．清朝皇位继承制度．北京：学苑出版社，2001：22－119.

的威胁远不如前者。因此，清入关前对皇位继承制度的探讨离不开对八旗制度、八王共治国政的分析。①

嫡长子皇位继承制主要施行于康熙朝，这一阶段研究的焦点主要是诸皇子争夺嗣位、皇权与储权的矛盾冲突和雍正继位之谜问题上。朱诚如从康熙、雍正两朝的宫廷内部矛盾和斗争，探索皇嗣制度改革的根源。他将康雍年间皇位继承所带来的一系列斗争做了一个史实梳理，从而指出秘密建储出台的背景和原因。② 李宪庆、白新良对皇权与储权问题进行了分析，并指出该问题主要是康熙因年轻和统治经验不足而做出的摸索，也与康熙在位时间过长有关。③ 杨珍对两废太子过程和诸皇子参与嗣位斗争的详细描述，指出了皇权与储权之间不可调和的矛盾和冲突，这也是雍正鉴于此等惨剧而进行秘密建储计划的重要原因。④ 对于雍正继位之谜，笔者在上节中已经有过论述，兹不赘述。

秘密建储制研究的问题相对集中，主要包括康熙是否进行了秘密建储、雍正秘密建储制的确立、乾隆内禅和训政问题、秘密建储制的评价等几个方面。许曾重、李宪庆、白新良、杨珍都认为，康熙将允禵作为皇位继承人加以考察、检验。许曾重并未上升到秘密建储的高度，李宪庆、白新良则认为康熙晚年已经有秘密建储的计划，但未成功，直到雍正年间秘密建储制才最终确立。杨珍认为，康熙拟定并实施了秘密建储计划，是清朝秘密建储制度的开创者。雍正建立秘密建储制是有史料作为直接支撑的，正史中即有记载，因此争议较少。⑤ 但张玉芬、白新良和杨永康对乾隆建储过程进行分析，认为乾隆此前虽然效仿雍正实行秘密建储，但其原本对此并不赞同，直到经历两次立嫡建储失败和晚年皇子们窥测皇位的问题才转变思想，实行秘密建储制，还颁布了《钦定古

---

① 王思治，吕元骢．清代皇位继承制度嬗变与满洲贵族间的矛盾//阎崇年．满学研究：第三辑．北京：民族出版社，1996.

② 朱诚如．清康雍朝宫廷内部矛盾与皇嗣制度改革．故宫博物院院刊，1999（3）.

③ 李宪庆，白新良．康雍之际继嗣制度的演变．社会科学辑刊，1983（3）.

④ 杨珍．清朝皇位继承制度．北京：学苑出版社，2001：121－368.

⑤ 许曾重．清世宗胤禛继承皇位问题新探//中国社会科学院历史研究所清史研究室．清史论丛：第四辑．北京：中华书局，1982；李宪庆，白新良．康雍之际继嗣制度的演变．社会科学辑刊，1983（3）；杨珍．康熙晚年的秘密建储计划．故宫博物院院刊，1991（1）.

今储贰金鉴》，最终将秘密建储作为一项制度确定下来。① 关于乾隆内禅和训政的问题研究主要有白新良、朱诚如。他们对乾隆禅位和训政的过程进行了描述，指出乾隆为建储费尽心机，为训政之事权谋算尽，最终都是为了“皇权”二字。乾隆希望帝位落到他满意的皇子头上，选来选去，虽不满意，但又无可奈何地选择了颙琰。乾隆训政三年，虽年老体迈，但就是不撒手大权，宁可信用和坤，也不信用他选择的儿皇帝，结果为嘉庆亲政埋下了祸根。② 秘密建储制总体来说是积极作用大于消极作用的，对此，诸多学者在文章中皆有论述。但李宝臣认为秘密建储制增加了皇子间的冲突和身后致乱的危险，并没有明显的选贤迹象，且没有脱离嫡长子继承的窠臼。而且秘密建储制也更加依赖道德人治，全凭皇上一人的标准判断，难免掺杂个人喜恶。③

晚清皇位继承问题研究起步较晚，论著也相对较少，郭卫东的《略论慈禧的三次立嗣》《“己亥建储”若干问题考析》《光绪帝位危机与外国干预》等文章对慈禧在光绪朝继位问题中所起的作用，以及列强干预等问题进行了深入的专题研究。④ 杨珍在《清朝皇位继承制度》中认为晚清皇位继承已成为懿旨确立嗣君，其核心为传位不传权，慈禧采取种种措施保证权力掌握在自己或者说具有叶赫那拉氏血缘关系的宗室手中，从而满足其权力欲望。晚清时期号称“天下至尊”的皇帝其实并不掌握皇权，且多为幼主继位，皇位继承已经变得有名无实。⑤

综上所述，学界对清朝皇位继承制度的研究有着明显的阶段性：20 世纪 80 年代以前，主要集中在清入关前期的皇太极、顺治嗣位问题的探讨上，诸王斗争和个别突出人物的研究占据了主流；80 年代以后，

① 张玉芬．乾隆建储始末．辽宁师范大学学报（社科版），1988（2）；白新良．论乾隆的秘密建储．故宫博物院院刊，1989（2）；杨永康．《钦定古今储贰金鉴》与乾隆帝之立储思想．史学月刊，2006（12）.

② 白新良．乾隆传位和太上皇生活．紫禁城，1989（1）；朱诚如．乾隆建储与训政述评．故宫博物院院刊，2000（4）.

③ 李宝臣．制度比皇帝更重要：论清代秘密立储制度的缺陷//北京满学会．第二届国际满学研讨会论文集．北京：民族出版社，2000：329－345.

④ 郭卫东．略论慈禧的三次立嗣．社会科学战线，1990（2）；郭卫东．“己亥建储”若干问题考析．北京大学学报（哲学社会科学版），1990（5）；郭卫东．光绪帝位危机与外国干预．故宫博物院院刊，1993（4）.

⑤ 杨珍．清朝皇位继承制度．北京：学苑出版社，2001：532－593.

康雍乾三朝皇位制度的变革成为显学，特别是涌现了对雍正继位之谜的大讨论，对秘密建储制的研究也是热点；90 年代以后，晚清皇位继承制度引起了学者们的关注。笔者以为，晚清面临着以往朝代都不曾面临的复杂形势，如外国势力的介入、近代思想的传播，其中，皇位继承与皇权发生了怎样的变化是十分值得研究的问题。杨珍的《清朝皇位继承制度》是研究该问题的集大成之作，书中提出了许多值得注意的观点，对有清一代皇位继承制度的演变从其形态、特点、皇权与储权等多个方面进行探讨，并且从文化层面解析清朝皇位继承制度演变的原因，其学术价值是非常值得肯定的。清朝皇位继承制度已经取得了许多成果，但随着档案材料的进一步开发、思维方法的进一步创新，留给我们的研究空间还有很多，学者任重而道远。

第三章　清代官僚政治研究

官僚政治是与专制政治相伴而生的必然产物，是专制政治的副产物与补充品。① 中国封建社会的皇权专制与中央集权在明清时期达到顶峰，这与明清时期的官僚体系的发达亦密不可分。为维持大一统王朝的运转，清朝设置了庞大的官僚体系，皇帝必须依靠这些官僚组织才能更为有效地控制整个国家，维护政权的稳定。要想更好地理解中国古代中央集权与皇权专制，探讨清代庞大的官僚系统的特点与作用非常必要，这也是百年来清代政治史研究的重点内容。百年来，这一方面的研究浩如烟海，限于篇幅，根本无法求全。反复斟酌后，笔者考虑到官僚政治“科层制”的特点，认为还是应该从制度出发，紧扣狭义“政治”之概念，从朝廷为控制官僚体系而设置的选拔、考核、监督机制，督抚政治与州县政治三个层级，对成果进行筛选采择，庶几对清代政治史研究之脉络把握得更准确些。

第一节　铨选考核：清代官员选任与监督研究

清代官僚机制复杂、官员群体庞大，而官员内部的流转迁升机制更是复杂，加之晚清官制改革，官员选任方式亦随之发生改变。因而，清代官员的铨选机制具有整体上呈现方式多样而复杂、晚清铨选机制出现

① 王亚南．中国官僚政治研究．北京：商务印书馆，2017：10.

近代化转变这两大特点。而在官员铨选机制中，由于具有“卖官鬻爵”性质，捐纳制度更是成为历来学者研究铨选制度中的重点。因此，本节在综述现有清代官员选任制度之外，对捐纳制度单独做一综述。

一、清代官员选任制度

清代官员选任制度虽然在清人的各种官书、笔记中屡有记载，但是真正意义上的学术研究始于晚清日本学者对于中国行政官僚制度的考察，于1905年刊印出版第一卷，名为《清国行政法》，次年，由中国学者翻译出版。[①] 该书第三编《官吏法》的第一、二、三章对清代的文官、武官的升转制度进行了初步梳理，为今后的研究奠定了基础。但是在民国时期，对于清代官员的选任制度一直阙如，并未引起学界的重视。直到20世纪50年代，学界方才将注意力集中到该项研究中。从研究形式上来说，可分为宏观研究与专题研究，在成果形式方面表现为论文多而专著稀缺。

（一）宏观研究

清代官员选任制度的宏观研究以徐道邻的《清代考试与任官制度》一文为先河，该文对清代的考试与选官制度进行了宏观分析，并从官制、品级、任期、升转原则、任官制度等细节层面进行了考察。[②] 胡建国的《清代满汉任职文官之比较》一文则比较了满汉文官任职之不同，认为清廷虽倡导满汉一家，但是处处首崇满洲、“右满而外汉”[③]。傅宗懋的《清代文官内升外补制度之研究》一文以官书、档案为依据，对清代文官的选任方式与补授办法进行了细致探讨，认为内则大学士、京堂，外则督抚等高级官员，以外补为主，中下层文官的选任方式则较为多样，规则细致。[④] 此后，大陆学者逐步开展相关研究，且呈超越之

① 织田万．清国行政法．陈与年，梁继栋，郑篪，译．上海：广智书局，1906.

② 徐道邻．清代考试与任官制度//张其昀，等．中国政治思想与制度史论集（三）．台北：“中华”文化出版事业委员会，1954.

③ 胡建国．清代满汉任职文官之比较．中山学术文化集刊，1975（15）.

④ 傅宗懋．清代文官内升外补制度之研究．中国行政，1980（30）.

势。舒顺林、乔润令对清代文官的考核、升转与惩罚机制进行了初步研究。[①] 杜家骥对清代官员的选任制度的阐述也比较宏观，他从官员的选择途径、官缺以及正异途之分和回避制度等多个方面，对清代官员的选任制度进行了初步分析。他认为，清朝“参汉酌金”形成了自己独特的选任制度，但是满汉复职、官位价值公开化，则加重了政府负担且助长了贪污之风。[②] 关晓红对清代科举选士与官员铨选进行了区分，认为通过科举取士而获得生员、举人、进士出身，只是具备了参与铨选的一种资格；铨选有多种途径、多种出身，不必皆由科举产生。但相对而言，汉人科甲出身者，在清中叶前的铨选中往往可以获得较好的职位与拔擢机会，这与顺治至乾隆时期的几位皇帝重视科甲出身不无关系。只是清中叶以后，随着清廷内忧外患迭起，社会变动频繁，行政事务不断扩展与增加，用人行政更强调官员自身的办事能力。加之捐纳事例持续增多，保举又频频破格，铨选规制不断改变，这一情况才有了较大改变，甚至出现了异途崛起、正途受抑的趋势。[③]

上述专论文章对于清代铨选制度有一个初步的研究，但不成系统。近年来，多部清代官员选任制度研究成果的出版，使相关研究得以系统化发展。艾永明的《清代文官制度》是首部对清代文官制度进行系统研究的著作，该书第一、二章对清代官员的选拔、任用进行了具体分析，研究已经涉及清代官员选任的全部内容。作者认为，科举、学校、捐纳与吏员考试是清代主要的选拔形式，整个选拔机制存在重视科举与正途，维护满人入仕特权两大特点。[④] 刘为勇的《清末文官制度变革研究》是在前者的基础上，对晚清的文官制度改革的系统研究。该书对清末的科举改制等涉及官员选拔的机制进行了全面的梳理，尤其是关于新式选拔机制学堂选官、游学生选官、议员选举、司法官考选、直省提法司与巡警道属官考选等内容的研究较为新颖。作者认为，清末文官选举

① 舒顺林，乔润令．清代文官制度概论：文官的考核、升转与惩处．内蒙古大学学报（哲学社会科学版），1989（3）；乔润令，舒顺林．论清代文官的选拔录用、资格限制与品级待遇．内蒙古师大学报（哲学社会科学版），1990（2）.

② 杜家骥．清代官员选任制度述论．清史研究，1995（2）.

③ 关晓红．清代取士选官辨异．学术研究，2017（11）.

④ 艾永明．清代文官制度．北京：商务印书馆，2003.

有重学堂、重专业以及新制与旧制并存的特点。[①] 迄今为止，关于清代官员选任制度的系统研究有博士论文两篇以及研究专著四部，现摘要介绍如下。

张振国的博士论文《清代文官选任制度研究》，是迄今为止对清代文官选任机制的制度概念、制度程序梳理得较为全面、系统的研究。该文对清代文官选任的方式：开列、遴选、月选、留授等内容分章节进行了梳理，并最终总结了清代官员选任制度的发展阶段，认为清初至雍正朝前期是高级官员选任方式不断演变直至确定的时期；雍正中期至乾隆初期主要是中下级官员中紧要官缺选任制度变化并最终确定的时期；乾隆中期至光绪朝后期，主要是中下级官员中职简官缺选任制度逐渐变化的时期，其中以留授制度的推广为主要内容；清末官制改革开始了选任制度向近代文官制度转化的时期，月选制度被取消，而被特简、简任、奏任、委任等任官方式所取代。总而言之，该文是对清代选任制度最为全面的梳理，拓展和深化了以往选任制度的宏观研究，纠正了一些传统认知中的错谬观点。不过，该论文注重制度考订，忽略了制度的实际运作以及制度运作所带来的实际效果，也并未与理论相结合，削弱了文章的立体感。[②]

杨立的博士论文《清代文官升转制度研究》则与张振国的研究稍有不同，虽也涉及官员选任的方式，但是重点在于探讨清代官员升转的方式与路径。文中对中央、地方各层级官员的授职方式以及各职官的升迁办法及其升迁途径都进行了细致的梳理。尤其是该文对《品级考》中记载的京内外官员的升转线路的梳理，有利于进一步把握清代官员升转的路径、方式，以及官员的最终去向。[③]

此外，几部关于清代官员铨选制度的专著也十分引人注意。王志明的《雍正朝官僚制度研究》一书颇具影响力，是第一部对清代官员的升转制度进行系统研究的专著。作者将雍正朝官员的选任制度纳入官僚人事制度的研究之中，从各项选任制度透视帝国的官僚政治特点。雍正朝

---

① 刘为勇．清末文官制度变革研究．南昌：江西人民出版社，2018.

② 张振国．清代文官选任制度研究．天津：南开大学，2010. 关于这方面的研究，张振国博士还发表有：张振国．清代文官选任制度．历史教学（高校版），2008（2）；张振国．清代前期文官选任制度之演变．史学集刊，2009（2）；等等。

③ 杨立．清代文官升转制度研究．上海：上海师范大学，2018.

的引见、题补、保举、捐纳制度都有着深刻变革，在对这些制度的实证研究基础之上，作者有一定的理论提升，认为多数学者过多地强调科举取代察举制的大趋势，并未注意到此后也有向察举回归的倾向，清代保举题补制度即是具体体现。这表明了官僚制中的非理性因素不是在削弱而是在增强，保举制度的回归仅仅是官僚制非理性化的一种表象。雍正对官制的改革使“康乾盛世”有了组织保障，但是也增强了政治和行政的非理性因素，使中国的官僚转型更为困难。① 肖宗志的《候补文官群体与晚清政治》一书则跳脱传统的制度考订，以候补文官群体为研究对象，对这一群体的人事制度、群体特征与活动、晚清文官候补现状与影响进行了系统分析，并与晚清政治大背景相结合，加大了研究深度。作者认为，晚清候补文官以署缺和差使的形式直接参与各种事务，这是清朝独有的现象。他们通过职事活动，在政治、经济、社会诸多方面起到了不可替代的作用。但是随着这一群体的逐渐庞大，候补冗官问题没有得到根本解决，统治集团内部因而损耗严重，削弱了晚清的政治统治力，成为致使清王朝瓦解的潜在力量。② 张靖的《晚清选官制度变革研究》则将晚清选官制度变革主张的起点提到鸦片战争前后，对龚自珍、魏源等人批判科举八股、改革选官制度的思想进行了分析。其认为选官改革分为前后三个时期：洋务运动时期、戊戌变法和百日维新时期、清末“预备立宪”时期。其认为晚清选官制度变革是整个国家政治构架的大变革、大调整的具体反映，彰显了一种历史趋势，这一变革也扩展、完善了政府职能，加强了国家对社会的管理，最为重要的是促进了国家体制的近代化。同时，这些改革又具有以加强集权为目的，以重用皇亲勋旧以及取法西方为手段，以制衡为原则的特点。③ 张季的《清季铨选制度流变》一书重点关注咸同以降清代官员铨选制度的改革，书中既注重晚清铨选制度的结构性变化，也注重铨选本身的制度变更。张季认为，清季铨选制度变更以咸同之际为起点，在内忧外患的情况下，清廷不得不广开捐纳、大开保举。这一方面造成科举出身的正途反被异途所倾轧局面的出现；另一方面，也更为重要的是，清廷给予各地督抚的权

① 王志明．雍正朝官僚制度研究．上海：上海古籍出版社，2007.

② 肖宗志．候补文官群体与晚清政治．成都：巴蜀书社，2007.

③ 张靖．晚清选官制度变革研究．北京：中国检察出版社，2010.

宜行事权在战后难以收回，最终导致督抚用人权开始突破既定铨选定章。光宣之际，是清季铨选制度改革的深化期，更加注重对铨选制度本身的改革。清廷开始废科举、办学堂，奖励实官、游学取士，停捐纳、控保举，尝试将选官与取士相结合。同时效法西方，采取文官考试制度，并设立练兵处，裁撤兵部，设立陆军部、海军部，试图建立新的武官铨选机制。这一点是以往研究的薄弱点。①

（二）专题研究

由于清代官员选任制度涉及科举、引见、保举、题补、开列、捐纳、回避、正异途、论俸、署理等一系列具体制度，以及一些特殊地区、不同层级官员的选任等问题，现有的专题研究也是就这些方面展开的。

引见制度至清代得以强化，自顺治十二年（1655）起即开展引见制度。黄十庆较早地专门关注了清代的引见制度，对清代引见制度的演变、程序以及作用进行了详细论述。黄十庆认为，引见制度既是政治制度的重要组成部分，也是清代皇帝控制用人权的重要手段之一，这一制度加强了皇帝集权，同时该制度也对官员起到了激励作用。但是引见制度全靠皇帝的个人热情，并无其他制度作为保证，到清后期完全流于形式。② 王志明对雍正帝改革引见制度进行了专门分析，认为通过雍正帝的一系列改革，皇帝对于文武官员的选任、调配和考察权得到加强。但以雍正一人之力要对所有官员严密监控则完全不可能，他主要控制的是少数高层官员、八旗官员及承办重要事务的官员，中下层官员经他调配的不多，多由吏兵二部安排确定，他只是进行象征性的考察。当然，雍正通过引见和八旗选官的改革，进一步打破了八旗的选官特权，推动了八旗的官僚进程，这一点是毋庸置疑的。③ 其另一部著作《清代职官人事研究——基于引见官员履历档案的考证分析》则以清代官员的履历档案为基本史料，运用计量史学的研究方法对清代引见文武官员进行实证研究，为以后的相关研究奠定了数据基础。④

① 张季．清季铨选制度流变．广州：世界图书出版广东有限公司，2015.

② 黄十庆．清代的引见制度．历史档案，1988 (1).

③ 王志明．雍正引见绿营武官的相关问题．故宫博物院院刊，2004 (4).

④ 王志明．清代职官人事研究：基于引见官员履历档案的考证分析．上海：上海书店出版社，2016.

在保举制度的研究方面，刘凤云探讨了督抚的保举和题补权，认为督抚的保举和题补属员的权力，给清代的官僚体制带来了新的生机，但也产生了官僚政治的流弊。① 王志明着重对雍正朝的文官保举制度进行了论述，认为雍正朝是文官保举制度的完善期，督抚和部臣的人事权得到加强，他们在保题人才时不必回避血缘、亲缘等人事关系。同时，雍正帝也对保题者的连带责任进行了规定，严惩徇私和滥举行为，这既保证了保举制度的健康运行，也提高了行政效率。② 此外，他还对武官群体中的保举制度有所关注。王志明以督抚的人事权能为标准，将各类保题行为归为非经制性保举、经制性保举和坐缺保举三大类。其认为非经制性和经制性保举是由督抚向皇帝和兵部推荐人才，选用权主要在皇帝和兵部；坐缺保举主要表现为题补和拔补千把，是针对具体缺位而保用人才，选用权主要在疆臣。在雍正朝到嘉庆朝的百余年中，清代督抚对绿营武官的题用权呈持续缓慢增长的趋势。③ 由于政治形势的变化，晚清时期的保举制度得以被进一步推广。茅海建通过考察戊戌变法期间清廷的数次保举诏令、各方的态度及其与时局的关系，揭示了保举作为光绪帝擢用臣子的特殊之举在政治中的地位和作用。④ 肖宗志认为，晚清时期文官保举制度和运行机制，在动态和静态两个方面体现了文官保举的基本特征：文官保举制度不断地调整，文官保举的外在状况发生了多维变动，保举权在诸多人事权中的地位提升；文官保举对政治和社会的负面影响很大，甚至超过其有益面。⑤ 张季、林浩彬都认为咸同之际的保举破格，致使候补人员众多，铨法芜杂，对铨选制度造成了很大冲击。虽然清廷采取众多措施限制地方督抚保举，但是效果不佳，由此导致了清季铨选制度的一系列变革。⑥ 此外，林浩彬认为，清季以来，朝野上下对于文官考试、任用制度与保举的关系处理方案几经变通，从引

---

① 刘凤云．权力运行的轨迹：17—18 世纪中国的官僚政治．北京：党建读物出版社，2013.

② 王志明．雍正朝文官保举和题补制度．清史研究，2003（1）.

③ 王志明．清代督抚保题绿营武官的人事权．安徽史学，2005（5）.

④ 茅海建．戊戌变法期间的保举．历史研究，2006（6）.

⑤ 肖宗志．论晚清时期文官保举的基本特征．湖北大学学报（哲学社会科学版），2014，41（5）.

⑥ 张季．咸同之际保举破格及其对铨选制度的冲击．山东师范大学学报（人文社会科学版），2012（5）；林浩彬．咸丰年间军营保举的破格与限制．学术研究，2016（11）.

入文官考试、任用制度完善保举，到最终形成以文官考试、任用制度取代保举的过渡举措，展现了外来制度在引入过程中的本土化以及中西新旧制度因素的碰撞。这也为民国时期文官考试、任用制度与保举并存的现象埋下伏笔。① 杨国强认为，始于咸同之际的保举和捐纳制度，造就了一大批冗官，造成晚清官场和吏治的节节失范和失范后的无序。②

官缺是清代官制中的创举，清廷将全国各个官职进行了区分，从族属上来说分为满洲、蒙古、汉军、汉人等缺，从官职的重要程度分为“冲繁疲难”四缺。针对不同的官职，拣选不同能力的人去任职，体现了清廷对不同出身官员的态度。何平认为，首先，官缺制度遵循“首崇满洲”原则，确保了满洲的利益，保证了满洲贵族在政治中的优越地位。其次，官缺制度也保证了汉族地主阶级的职任数量，加强了满汉联合。最后，官缺制度保证了满汉之间的互相牵制，维护了皇权。③ “冲繁疲难”四种缺分的划分彰显了清廷对于国家治理中政区划等与官僚资源合理分配的理性思考，引人注意。张振国对清代“冲繁疲难”的演变历史有一概述。④ 他特别关注了苗疆官缺和海疆官缺制度，认为“苗疆缺”是集选任方式、历俸办法与升转规则为一体的选任制度，至乾隆中期成为定制，体现了朝廷对边疆地区的重视，对边疆统治产生了深远影响。但受主客观因素的制约，在制度实践过程中出现诸多问题，执行效果并不理想。“苗疆缺”这类边疆缺分的设置，一方面标志着中国古代边疆人事管理政策日趋完善，王朝中央和边疆地方间逐渐形成新型的行政格局和权力关系；另一方面标志着边疆统治理念和管理模式的日渐成熟，边区治理由防备、控制向有效施政、长治久安转移。此为清朝边疆统治日益深入、成熟的表现，也是清朝边疆统治迥异于前代的特殊之处。⑤ 在关于“海疆缺”的讨论中，他认为“海疆缺”应自康熙五十年（1711）至康熙五十九年（1720）初步创立，至乾隆中期趋于稳定。“海

---

① 林浩彬．清季文官考试、任用制度的引入与保举命运．社会科学，2018（12）.

② 杨国强．捐纳、保举与晚清的吏治失范．社会科学，2009（5）.

③ 何平．清代的官缺制度．文史杂志，1990（1）.

④ 张振国．论清代“冲繁疲难”制度之调整．安徽史学，2014（3）.

⑤ 张振国．论清代“苗疆缺”的演变：以贵州省所属文官为中心．清史研究，2017（2）；张振国．从优升到久任：清代边疆缺之演变：以云贵二省文官历俸为中心的探讨．中国边疆史地研究，2019（2）.

疆缺”既体现了清朝对沿海州县选任的重视和变通，也与海防体系相辅相成，共同维系清代东部的海疆秩序与国防安全。① 胡恒的《清代政区分等与官僚资源调配的量化分析》一文，即以此为着眼点入手，将官缺制度与国家治理结合起来。胡恒认为，清代以“冲繁疲难”四字对政区进行分等，并依据各府厅州县分等的不同将其划分为“最要缺”“要缺”“中缺”“简缺”，分别将其选任权力交予地方督抚与吏部。作者通过对“冲繁疲难”及“最要缺”、“要缺”、“中缺”、“简缺”分别予以制度梳理、量化统计、GIS（Geographic Information System，地理信息系统）分析认为，清朝将千差万别的地理状况按照“冲繁疲难”四字予以标准化，作为替代性指标反映各地交通位置、行政事务、赋税征收、地方治安的空间差异，且有针对性地依据治理难度来调配有限的官僚资源，包括在大一统体制下有意擢升边疆地区的级别以吸引行政能力更强的官员前往赴任。该文进一步探究了政区分等是如何影响到官员的出身、选任以及晋升的，为理解当代中国官员选拔制度提供了长时段的观察视角。②

关于回避制度，韦庆远对其较早地予以关注进行研究。他认为，回避制度包含地区回避、社会关系回避和特定职务回避三个方面的内容，其涉及国家机器的各个环节，起到了一定的防微杜渐的效果。③ 袁昌顺探讨了官员铨选中的回避制度，包括籍地回避、姻族回避、师生回避和拣选人员回避四项内容。他认为，清代加强选官中的回避制度一是加强集权，二是防范汉人。回避制度虽有利于澄清吏治，但是也有远距离赴任耗费较大、新官上任难以清政的弊病。总的来说，铨选中的回避制度不是澄清吏治的根本方法。④

总体来看，现有的清代官员选任制度的研究主要集中在相关制度的梳理与考订方面，研究方向呈现出多样性特点，很难形成相关对话。而且，大多数论著尚是专注考订，而很少将铨选制度与其他诸如国家治理、政治运动等层面的问题，以及相关政治学理论相结合，从而忽视了

① 张振国．清代海疆缺考论．史学月刊，2015（9）.

② 胡恒．清代政区分等与官僚资源调配的量化分析．近代史研究，2019（3）.

③ 韦庆远．论清代人事回避制度．历史档案，1989（2）.

④ 袁昌顺．试论清代铨选回避制度．华中师范大学学报（哲社版），1990（1）.

制度的实际运作及其运作与具体的时代背景、政治局势之间的关联。在这一方面，茅海建、王志明、胡恒等人的研究做出了很多有益的探索。

在清代捐纳制度研究方面，最早从学术角度研究捐纳制度的文章是1931年汤象龙的《道光朝捐监之统计》，该文以统计的方法开创了清代捐纳研究的先河。[①] 之后出现了该问题研究长期空白的局面，直到1950年许大龄的《清代捐纳制度》问世，该书将清代捐纳制度的沿革分为开创（顺治及康熙朝）、因袭（雍正至道光中期）、变更（道光后期至宣统）三个阶段叙述了整个清代的捐纳运行状况，并对各阶段的开捐内容（军需、河工、赈灾、营田等项目）进行了说明，又从组织、影响等方面探讨该制度在整个清代的发展。许氏之研究因其内容的系统性和考证的翔实性而成为经典之作，直到现在，学者在研究该问题时还会多方引用许氏之观点。[②] 20世纪六七十年代对捐纳制度的研究主要集中在台湾地区和日本，近藤秀树于1963年发表的『清代の捐納と官僚社会の終末』（《清代的捐纳与官僚社会的终结》）一文较早地剖析了捐纳与清代社会阶层变动之间的关系；陈宽强于1968年发表的博士论文《清代捐纳制度》按朝代分别论述了顺治到宣统十朝的捐纳运行状况，重点分析了捐纳制度在清代财政上的重要性、主捐官吏的贪污舞弊、人民利用捐纳从中取利等不同方面的内容，并在捐纳内容的研究上有了明显拓展，如清代捐纳制度的实施范围、捐生资格限制等。[③]

迄今为止，对捐纳制度的关注与研究日渐增多。研究内容涉及捐纳制度实施的原因、运行机制及其政治、社会影响等问题，研究时段也覆盖了自清初到晚清的整个清代。随着伍跃所撰《中国的捐纳制度与社会》[④] 一书的中译本在国内发行，以及中国人民大学清史研究所江晓成博士论文《清代捐输制度研究（1644—1850年）》[⑤]的完成，学术界对这一问题的研究达到一个新高度。伍跃的著作从捐纳制度、报捐和印结、捐纳出身者的铨选和候补制度、官僚晋升和捐升、官僚惩戒处分和捐复

---

① 汤象龙．道光朝捐监之统计．社会科学杂志，1931，2（4）.

② 许大龄．清代捐纳制度．燕京大学哈佛燕京学社，1950. 后收入：许大龄．明清史论集．北京：北京大学出版社，2000。

③ 陈宽强．清代捐纳制度．台北：台湾政治大学政治研究所，1968.

④ 伍跃．中国的捐纳制度与社会．南京：江苏人民出版社，2013.

⑤ 江晓成．清代捐输制度研究（1644—1850年）. 北京：中国人民大学，2017.

制度、赈捐几个方面对有清一代的捐纳制度进行了全方位的研究，做出了许多具有开创性的分析，比如印结银与京官收入的关系，清代官僚对于捐纳入官的价值认同以及商人群体在捐纳制度运行中所起的重要作用，等等。作者利用大量史料，进行了十分详尽的考实，做了大量统计分析工作，填补了捐纳研究的某些空白部分，并得出了许多创新性结论，可以说该书是近年来关于捐纳制度研究的集大成者。江晓成的博士论文则试图努力辨析“捐输”与“捐纳”之不同，并阐述清代捐输制度之形成与演变，在很大程度上补以往研究之不足。

捐纳制度研究取得了以下几方面成就：一是对捐纳概念的梳理与辨析。目前学界对“捐纳”一词的定义大多引用许大龄的概括：“捐纳事例者，定例使民出赀，给以官职，或虚衔，或实授，用以充朝廷之急需也。”[①] 江晓成的博士论文《清代捐输制度研究（1644—1850 年）》对“捐纳”与“捐输”的含义与内容进行了细致考辨，是这方面的最新研究成果。他认为，“捐输”与“捐纳”存在五大区别：其一，从政策依据和政府的反馈途径来看，捐纳是由政府事先定例，捐纳者遵照政府的定例购买相关资格；捐输是事先并无定例，在捐输者自行捐输之后，政府采取事后请奖的方式奖励捐输者。但是须注意，捐输虽不事先定例，但是并不代表没有任何规定。其二，从“收益”来看，捐纳的收益是确定的，而捐输的收益是不确定的；捐纳是明码标价的买卖行为，而捐输者并不清楚自己事后所得到的是何种奖励。其三，从款项的数额特征来看，捐纳者根据规定款项来缴纳，因而都是定额；而捐输是酌情捐献，所以款项数据并不规整。其四，从道德主义色彩来看，捐纳具有卖官鬻爵的性质，常常受到非议；而捐输则在本质上属于善举与义举，具有道德上的正义性。其五，从国家财政管理来看，捐纳收入是政府的正式财政收入，由政府负责管理，有严格的奏销程序；而捐输收入则是非正式财政收入，收支未必需要政府经手，部分捐输收入在使用后无须奏销。此外，二者的区别还有：捐纳需要“身家清白”者，而捐输则不限身份；捐纳是个人化行为，而捐输的主体可以是个人，也可以是团体；捐纳与捐输原因有别；等等。[②] 伍跃通过考察“国家—商人等代办者—报

---

① 许大龄．清代捐纳制度．燕京大学哈佛燕京学社，1950：13.

② 江晓成．清代捐输制度研究（1644—1850 年）．北京：中国人民大学，2017：9-16.

捐者”之间的关系，认为捐纳制度在社会上之所以能够维持和运用，主要是得益于代办报捐的商人及其行会的存在，并指出，“在清代，捐纳固定成为国家的一项制度，其最大的原因就是清朝皇帝，其中尤其是乾隆皇帝本人的积极推动”①。

二是对捐纳制度的实行情况的研究取得更多进展。这表现在很多学者归纳了清朝各阶段捐纳制度运行的特点②，对晚清捐纳制度不良政治和社会经济后果的深入分析③，对清代诸多捐纳案例的分析与研究。④

目前关于捐纳制度的影响评价学界基本达成共识，即它的负面作用更为突出，总体来说弊大于利，带来了相当大的弊端，加速了清王朝的灭亡。⑤ 此外，在对捐纳制度的研究方法上不乏亮点的出现。首先，定量分析与数据统计开始被运用到研究中，学者对捐纳官员的覆盖面进行了详细的数据统计。捐纳与清朝财政亦息息相关，捐纳究竟在清朝的军事政府、赈灾活动以及河工水利等事项中起到怎样的作用，捐纳制度与中央和地方财政运行之间的动态关系等问题的研究，也都需要数据来支

---

① 伍跃．中国的捐纳制度与社会．南京：江苏人民出版社，2013：123.

② 刘凤云．清康熙朝捐纳对吏治的影响．河南大学学报（社会科学版），2003（1）；王志明．康熙雍正时期捐纳考析//李国章，赵昌平．中华文史论丛：第七十九辑．上海：上海古籍出版社，2005；尹航．晚清捐纳制度研究．长春：吉林大学，2005；赵晓华．清代赈捐制度略论．中国政法大学学报，2009（3）；赵晓华. 晚清的赈捐制度．史学月刊，2009（12）.

③ 刘次涵，张学明．晚清捐输初探．兰州大学学报（社会科学版），1984（4）；谢俊美. 捐纳制度与晚清吏治的腐败．探索与争鸣，2000（4）；李银涛，柳岳武．论晚清捐纳制度下的官民关系．辽宁教育行政学院学报，2004（5）；杨国强．捐纳、保举与晚清的吏治失范．社会科学，2009（5）；张季．咸同时期的捐纳与铨选．河北经贸大学学报（综合版），2011（1）；滕德永. 咸丰年间内务府捐输述论．满族研究，2014（1）；宝音朝克图．清代蒙古捐纳初探．西部蒙古论坛，2010（2）.

④ 刘凤云．战事中的非常规捐纳：论康熙朝平三藩开启的捐纳事例．中国人民大学学报，2010（1）；和卫国．从广西捐垦案看清代垦政．清史研究，2007（4）；卢经．乾隆朝甘肃捐监冒赈众贪案．历史档案，2001（3）；晏爱红．乾隆九年福建捐监案研究．清史研究，2007（3）；牛敬忠．清代同治、光绪年间赈灾中的捐纳．内蒙古师大学报（哲学社会科学版），2001，30（5）；薛瑞录，郝艳红．清廷镇压太平天国期间中央官员的捐输活动．清史研究，1996（2）；肖守库．甲午战争前后捐纳舆论的宏观情势．河北师范大学学报（哲学社会科学版），2006，29（4）.

⑤ 鲁子健．捐纳：清代的卖官鬻爵制度．文史杂志，1999（6）；王胜国．清代捐纳制度及其影响新论．吉林师范大学学报（人文社会科学版），1990（3）；张学强．清代官学教师捐纳制度研究. 西北师大学报（社会科学版），2005，42（3）；梁仁志．明清徽商与捐纳//吴克明．徽商精神：徽商研究论文选．合肥：中国科学技术大学出版社，2005：196－199.

撑，但目前的研究尚缺此方面的统计。其次，捐纳研究呈现出跨领域性特点。捐纳的作用渗透在吏治、财政、教育等方面，因此捐纳制度的研究应该与相关领域研究保持同步更新，比如灾荒史、教育史、官制史、经济史等等。但目前我们看到较多的是与官制、经济研究相关的讨论，教育、灾荒、商人群体等方面看到的成果较少，研究也尚待深入。这是目前捐纳制度研究的不足，也是学者将来努力的方向。

二、清代官员监察制度研究

民国时期学术界对清代监察制度史研究虽较为基础与粗疏，但为后期研究搭建了“骨架”。而且，因民国政府将“监察权”列为“五权”之一，所以此时的研究还有着很强的资政功能。20 世纪 80 年代至 21 世纪初，研究的资政取向减弱，学术性增强。更重要的是，研究队伍及研究资料都有了进一步扩充与丰富，使这一时期的研究不仅完善了民国时期的“骨架”，还以丰富的史实使其“血肉”丰满。21 世纪以来，清代监察制度史研究开始转型与深化，并且探索仍未结束。有的学者依据现有基础努力将研究细化、深化，并更加重视制度的现实层面，使清代监察制度史更具丰富性、准确性。也有部分学者对现有研究范式进行反思，着力于发现清代监察制度的核心元素（如满汉关系、监察权与皇权矛盾、中央与地方关系、信息渠道与政治权力等），以建立自己的解释框架，深化对清代监察制度及清代政治的理解。

民国时期研究者主要着力于政治方面的朝代史研究，专门考察清代监察制度的论著较少。朝代史类著作的代表为赵尔巽的《清史稿》、萧一山的《清代通史》等。《清史稿》介绍了都察院左都御史、左副都御史，十五道掌印监察御史，各道监察御史及六科给事中等监察官员的职掌、员缺与流变，并指出左都御史既负责监察又预参刑名，在朝政中作用极大。《清代通史》较《清史稿》简略明晰，它以表格形式介绍了都察院官员的满汉员缺、品秩、职掌等情况，并认为在中央官署中都察院的重要性仅次于内阁六部，是专制时代的一大特色制度。① 部分研究古代监察制度史的论著亦涉及清代，如文公直的《监察制度之研究》、徐

① 萧一山．清代通史：卷上．北京：中华书局，1986：511－512.

式圭的《中国监察史略》等。[①] 他们价值立场鲜明，对监察制度评价较高，有较强的资政意图，认为清朝监察官既可以监察百官，又可以反映民情。其中，文氏还就监察制度进行了中西比较，指出清代的监察制度是中国宝贵的政治遗产。在专门研究方面，汤吉禾的《清代科道之职掌》综合运用上谕、实录等史料，指出清代科道制度始于崇德元年(1636)，定制于乾隆初叶，并关注到清朝朝廷对科道官的“保障与禁忌”，如“民人辱殴科道官罪罚加等”、科道官享有“言论自由”等“保障”；监察官若奏事不实、徇私举劾、收赃舞弊等均会受到重惩。[②] 曾纪蔚的《清代之监察制度论》是民国时期唯一一部专门研究清代监察制度的学术著作。该书先介绍了都察院的历史沿革、组织概况及在政府中的重要地位，后又具体论述了都察院御史的情况，如职权以监察为主，官员考选严格且满汉差别明显，俸给之薄等。[③] 总的来看，民国时期已经对监察机构的组织情况、监察官员的职掌、监察官的选任等情况进行了奠基性整理与探索。

1949 年至 1978 年，两岸分治隔绝，学术交流中断。这一时期的清代监察制度研究，有陶希圣的《明清政治制度》一书涉及清代监察制度。[④] 该书将《清史稿》《清朝文献通考》中的记载摘出，按时间顺序重新排列，梳理了都察院各御史与六科给事中的流变、职掌等情况。

1978 年以后，中国大陆学术界重新回到正轨，清代监察制度史研究渐有起色，主要表现在一些清代断代史、政治或行政制度的研究都涉及监察制度。[⑤] 专门研究监察制度历史的则有邱永明的《中国古代监察制度史》和贾玉英的《中国古代监察制度发展史》。[⑥] 以上各书有以下

---

① 文公直．监察制度之研究．中央半月刊，1931，3（5）；徐式圭．中国监察史略．北京：中华书局，1937.

② 汤吉禾．清代科道之职掌．东方杂志，1936，33（1).

③ 曾纪蔚．清代之监察制度论．兴宁书店，1931.

④ 《清史书目（1911—2011）》显示该书为陶希圣独著，由台湾商务印书馆于 1972 年出版，而笔者只找到该出版社于 1983 年出版的陶希圣与沈任远合著版本（第四版）。

⑤ 杨树藩．清代中央政治制度．台北：台湾商务印书馆，1982；张德泽．清代国家机关考略. 北京：中国人民大学出版社，1981；李鹏年，朱先华，秦国经，等．清代中央国家机关概述．哈尔滨：黑龙江人民出版社，1988；郭松义，李新达，杨珍．中国政治制度通史：清代卷. 北京：人民出版社，1996.

⑥ 邱永明．中国古代监察制度史．上海：华东师范大学出版社，1992；贾玉英．中国古代监察制度发展史．北京：人民出版社，2004.

基本共识：(1) 都察院是清朝的中央监察机构，其仿明制，设于崇德元年。(2) 都察院以左都御史、左副都御史执掌院务，右都御史、右副都御史为地方总督、巡抚之兼职。雍正时将六科并入都察院，此后六科给事中与十五道监察御史分别负责京内外官员的监察与弹劾，合称“科道”。(3) 都察院既可监察百官，也可向皇帝谏言。(4) 都察院还兼具司法职能，遇重案要案则与刑部、大理寺组成“三法司”进行会审。

除以上共识外，部分研究颇具特色，主要有以下方面：(1) 研究方式。杨树藩的《清代中央政治制度》在对科道官的职掌进行梳理之余，还从正史中拣选相关事例加以补充，反映出制度条文在实际操作中的执行情况。贾玉英的《中国古代监察制度发展史》以通史的角度展现了清代监察制度的变化逻辑，认为清代监察制既是中国古代监察制度发展的成熟阶段又是监察权力被严重削弱的时期。(2) 机构研究。除都察院都御史及科道官外，张德泽的《清代国家机关考略》首次论及五城察院及兵马司、宗室御史处、稽察内务府御史处等监察机构，并将都察院的办事机构：经历厅、都事厅、值月处、督催所等也纳入考察。(3) 中央监察与地方监察。白钢主编的《中国政治制度通史》第十卷采用了“中央—地方”二元视角进行论述。与多数研究不同的是，该书明确地将都察院所辖二十道监察御史归入中央监察机构，而将各省总督、巡抚、漕运总督、河道总督及各地按察使、道员、巡漕御史、督粮道、管河道、盐法道等视为地方监察之内容。(4) 法律史视角。张晋藩的《清朝法制史》在法律史的脉络中考察清朝的都察院，主要关注都察院在司法监察中的作用，为法律史学者研究该领域打下了基础。①

相较于专著，相关论文更注重进行理论分析与评价。邢早忠的《清代监察制度的特点》一文认为，清代监察制度集历代监察制度之大成，不仅可以监察百官，还可以对皇帝的谕旨进行谏诤。但他对清代监察制度是否能够反映民情持保留态度。② 吴观文的《论清初的监察制度与吏治》一文则质疑了清代监察的效果。他运用历史唯物主义研究方法进行分析，认为清代是一个以满洲贵族为核心的封建王朝，又是中国封建专制主义中央集权制度的最高发展形态。这种政治的特殊性削弱了监察制

① 张晋藩．清朝法制史．北京：中华书局，1998．

② 邢早忠．清代监察制度的特点．贵州社会科学，1985 (3)．

度对于官僚政治的自我调节功能，从而导致了吏治的败坏。[①] 刘凤云的《清代督抚及其对地方官的监察》一文指出，清代监察制度保留了明朝的形式，但实质内容却与明朝大不相同，其中最突出的是督抚既是行政体制上的封疆大吏，又具有“察举官吏”“考核群吏”的职能。该文还认为，督抚监察行为受制于时代的背景，其监察效果在康乾时期比较显著，之后便呈颓势。[②]

自 2008 年始，清代监察制度史研究逐渐开始将研究深化并努力转型。其具体表现为以下四方面。

1. 重视具体事件研究

首先是对清代监察机构始建的研究。这方面研究多集中于对建置时间的讨论。针对都察院的建置时间，学界一般依《清史稿》的记载，视崇德元年（1636）为其建置之始。[③] 刘玉杰对此提出异议，他对比上谕、实录等史料发现，都察院很可能在天聪十年四月丁亥（1636 年 5 月 17 日）之前就已设立，而非崇德元年五月丁巳（1636 年 6 月 16 日）设立。[④] 至于六科设立的时间，过去通常认为其在天聪年间业已设立。[⑤] 马子木的《顺治朝六科制度述略》则认为，清入关前虽有辽东汉官倡设六科之议，但清廷实无六科机构。直到顺治元年（1644），福临谕六部、都察院等衙门官员照原汉官与满官一体办事，六科才正式出现。[⑥]

关于“台谏合一”问题的研究。清代中前期，监察制度最重要的改革莫过于“台谏合一”。对于“台谏合一”的经过，之前的研究已经比较充分了，如冯尔康的《雍正传》介绍了改革的过程：雍正将六科给事中的考核交由都察院掌管，使其成为都察院的属吏，进而融为一体。“台省合一，削弱六科谏议权，加强都察院对臣工的监察，两者相辅相

---

① 吴观文．论清初的监察制度与吏治．求索，1986（6）．

② 刘凤云．清代督抚及其对地方官的监察．明清史论丛，1999（1）．

③ 如杨树藩在《清代中央政治制度》中称“都察院作为监察机关之名称，乃创自前明。太宗崇德初，盖仿明制亦置之”。参见：杨树藩．清代中央政治制度．台北：台湾商务印书馆，1982：160。

④ 刘玉杰．清关外时期都察院初探．齐齐哈尔工程学院学报，2013，7（1）．

⑤ 杨树藩在《清代中央政治制度》中认为，天聪六年（1632）十一月马光远“请上指挥，并议置六科，立八道言官，翌日再疏，申言六科职掌”后，六科便自为一署。

⑥ 马子木．顺治朝六科制度述略．清史研究，2013（3）．

成，是强化皇权的两个侧面”①。当前研究对这点并无重要突破。然“台谏合一”改革之原因与成效却是现阶段研究重点关注的方面。在改制的原因方面，传统研究多认为雍正帝推行“台谏合一”是吸取了明末党争的教训，为了消除科道互纠的弊端。② 现阶段分析较之更显综合，伍优政的《清雍正朝台谏合一之研究》则关注内外因的综合作用，认为“台谏合一”既有外因（职官角色混同、晚明清初党争、谏官失职、政府成长），又有内因（涤清政治、改革部署、加强绩效、雍正帝性格与思想等）。③ 何涛的《雍正朝“台谏合一”原因探究》将台谏合一的原因归为三类：给事中的监察化使之与御史职能趋同，这是历史因素；清统治者着力建立非制度性决策机制，这是社会背景；给事中在康熙末年储位之争中表现拙劣，这是雍正帝进行该项改革的直接推动力。④ 张世闯的《清代“科道合一”的历史镜鉴》从政治文化角度进行分析，认为中国儒家传统的“道统论”将制约皇权寄希望于皇帝的自觉自律，从而缺乏强制力，因此“六科”才会轻易被雍正纳入都察院体制中。⑤ 张世闯、程天权指出了“台谏合一”的弊病，他们认为改制使六科给事中转隶都察院，在客观上造成了我国古代监察制度中谏议制度的终结，而皇权专制下的“科道合一”则在一定程度上加剧了清中后期的官场腐败。⑥ 徐明一的《清代六科行政监控机制研究》认为，“科道合一”后，六科并未与监察御史完全融合，六科不仅对六部进行对口监督，还分工监督各部院衙门，这与监察御史的职责大不相同。⑦

关于清末新政中的都察院改革。学界大多从现代化转型的视角来研究该问题。李启成梳理了清末民初围绕设立行政裁判所引发的长期争议：在晚清主要集中于传统的都察院与新式的行政审判院的关系，民初

① 冯尔康．雍正传．北京：人民出版社，2014：294.

② 杨树藩的《清代中央政治制度》（台湾商务印书馆，1978 年）、张晋藩的《中国古代行政管理体制研究》（光明日报出版社，1988 年）、白钢主编的《中国政治制度通史》（人民出版社，1996 年）和冯尔康的《雍正传》（上海三联书店，1999 年）均从此说。

③ 伍优政．清雍正朝台谏合一之研究．台北：台北大学，2003.

④ 何涛．雍正朝“台谏合一”原因探究．大连：辽宁师范大学，2015.

⑤ 张世闯．清代“科道合一”的历史镜鉴．法学杂志，2015（9）.

⑥ 张世闯，程天权．清代“科道合一”得失之再认识．北方法学，2015（5）.

⑦ 徐明一．清代六科行政监控机制研究．天津：南开大学，2009. 该论文于 2012 年由中国社会科学出版社同名出版。

则主要围绕是选择参照西方的一元制还是二元制来建立行政审判模式这个问题展开的。李启成还从法学的角度指出，争论的焦点在于改革后的行政审判衙门当以司法权为主还是以行政权为主。① 刘涛则论述了清末变法过程中都察院被废与检察厅引进的过程。他认为，清末新政中对西方三权分立体制的引进促成了司法独立的迅猛发展，从而引发了诉讼模式的转变，并导致了对都察院存废的争论。随着都察院监察权的分化，部分法律监督权流向了检察机构，促成了检察院代替都察院。② 郑云波认为，都察院改革之争既是不同集团间的利益之争，更是一次思想交锋，它反映的是传统的官僚专制国家在效仿西方政体过程中存在的矛盾与困难。③ 林剑从“风宪”对于皇权体制的重要性的角度出发，认为都察院难以转型为宪政“中央”机构的原因，不仅在于时人对都察院重新定位的认识纠葛不清以及高层派系纷争，更在于风宪衙门与立宪体制不相匹配。④

2. 重视对具体职掌及制度运作进行研究

关于清代监察官员的职掌及制度运作情况，老一辈学者多重于系统梳理、整体把握，材料多限于政书。近年来的一些论著则趋向于分时段、分层级、分职掌进行研究，并逐步重视档案史料，将研究深化细化不少。马子木的《顺治朝六科制度述略》即依据现存档案，考证了诸多顺治朝制度的细节：（1）清代六科出现于顺治元年（1644）；（2）顺治朝给事中并未实行严格的满汉复职制，六科给事中由汉人专任，但满官可以副理事官的身份进行“监临”；（3）顺治朝给事中的选任途径有科试授职、铨选、举荐等；（4）六科升转在常规之外亦有特例。⑤ 刘丽君研究了顺康两朝科道官员的不同作用，认为顺治朝科道官对缓解清初的民族矛盾做出了积极努力，康熙朝对“风闻奏事”禁而复开，体现了皇帝与言官之间的复杂关系。刘文还辅以充分的个案研究，指出顺康两朝

---

① 李启成．清末民初关于设立行政裁判所的争议．现代法学，2005（5）.

② 刘涛．从督察院到监察厅．北京：中国人民大学，2008.

③ 郑云波．论清末新政中都察院改革之争．长白学刊，2016（6）.

④ 林剑．风宪与立宪：清季都察院裁改的冲突．学术研究，2016（11）.

⑤ 马子木．顺治朝六科制度述略．清史研究，2013（3）.

科道官的主要特色就是对皇权俯首帖耳。[①] 刘文鹏着重通过案例来分析科道官“风闻奏事”权在清前中期的变化脉络：顺治朝开禁；康熙朝初期严禁，后又反复讨论及至康熙中期皇储矛盾日渐尖锐时，才终得复开；雍正朝又严禁风闻奏事；到乾隆朝虽无明令禁止，但风闻奏事的政治风险加大。该文同时指出，风闻奏事之开禁是反映清代政治斗争、政治制度演变的一条重要线索，也是洞悉宋明以来权力格局变化走向的关键落脚点。[②] 徐明一从政治学的角度全面梳理了自清初到清末六科在政务中的监控作用及其局限，并认为清代六科既是传统政治制度的重要组成部分，又融入了民族色彩，体现出满洲的主体性。[③]

除科道官外，都察院还辖有五城察院及兵马司、宗室御史处、稽察内务府御史处等机构，这方面的研究相对薄弱，目前仅有周勇进的《清代五城察院职官吏役构成及其选任》。徐佳伟的《清稽察内务府御史衙门略考》专门研究了相关机构的沿革、职掌及选任等情况。周文认为，清代的北京沿袭明代旧制，把全城分为中、东、西、南、北五城，分区管理，都察院分派御史巡城，各城巡城御史所设公署即“五城察院”。巡城御史为临时差遣，但清初新资御史都要先在该岗位磨炼。[④] 徐文指出，稽察内务府御史衙门为雍正四年（1726）设立，又于雍正十三年（1735）裁撤，复于乾隆三年（1738）恢复，主要负责稽察内务府事务，皇室重地闲杂人等及稽察兵员的挑选工作，但该机构受制于皇权未能起到显著的监察作用。[⑤]

早期研究对清代地方监察做了基本梳理。[⑥] 新近的研究则更多地关注地方监察制度的设计与运行效果，尤其是督抚系统与科道系统的关系。赵春萍的《清代地方监察制度初探》提出了清代地方监察呈网络化

---

① 刘丽君．清代顺治朝科道官员作用受限的初步探讨．内蒙古社会科学（汉文版），2007，28（2）．

② 刘文鹏．清代科道“风闻奏事”权力的弱化及其政治影响．中州学刊，2011（4）．

③ 徐明一．清代六科行政监控机制研究．天津：南开大学，2009．

④ 周勇进．清代五城察院职官吏役构成及其选任．兰州学刊，2009（6）．

⑤ 徐佳伟．清稽察内务府御史衙门略考．北京文博文丛，2014（4）．

⑥ 如白钢主编的《中国政治制度通史》（清代卷）即指出，清廷主要依靠各地的按察使、道员、巡漕御史、督粮道、管河道、盐法道等进行地方监察。同时，各省的总督、巡抚，以及漕运总督、河道总督又兼都察院右都御史、右副都御史的官衔，所以他们对下属不仅有节制权，还有监察权。

的观点，该文认为，清朝的地方监察制度主要靠六道网络：(1) 中央派遣的巡按御史和钦差；(2) 巡盐御史、巡漕御史、巡台御史；(3) 专司监察的十五道监察御史；(4) 地方督抚大员；(5) 按察使；(6) 道员进行分层覆盖、相互连接来进行监察。而保证监察效果的关键则在于监察官的素质。[①] 林乾认为，顺治末年废除巡按制度后，督抚权重，难以监督。雍正帝虽又以密折、巡察官等监察地方，但始终无法保证行政与监察的平衡，这逐步加深了清中期以来的社会危机。[②] 陈晨专门研究了雍正朝巡察御史制度的演进始末与运作状况，以及巡察御史的地方政治参与度及其与制度设计的差异，并指出巡察御史的非制度性与官僚体系的制度性之间的紧张是该制度存废的关键。[③] 明晨认为，清代虽形成了一个完整的地方监察体系，但由于十五道监察御史与督抚监察并行的“双轨制”，使地方监察在实际运行中存在明显的“失监”与“虚监”问题，导致了监察功能的弱化与转移。[④] 魏光奇则认为，督抚监司并非“治事之官”，而是主要针对州县官的“治官之官”，但督抚监司的实行结果，一方面给州县带来沉重的经济与行政负担；另一方面却未能阻止他们剥削平民，实际上并未起到督导与监督地方官的作用。[⑤]

3. 研究视野的扩大

学界过往多关注清朝的行政监察及其执行情况等方面。近年来的研究视野有所扩大，涉及财政、海关监察及监察官员考选、监察规则等情况。王新龙的《清代财政监察制度研究》指出，清朝取消专职财政审计机关，而以科道代之，是财政监察体制的倒退；稽查、日常审计、弹劾三权都集中于都察院，打乱了三者职权，削弱了监察力度，是为清代财政弊案多发的原因之一。[⑥] 罗亮亮的《清代前期粤海关监察制度特点简析》认为，粤海关先后形成了督抚稽查、税收考核、三簿册考核、禁令规定等监察制度，具有强大的权力制约功能，也是当代海关监察制度发

---

① 赵春萍．清代地方监察制度初探．福州：福建师范大学，2015.

② 林乾．巡按制度罢废与清代地方监察的缺失．国家行政学院学报，2015 (4).

③ 陈晨．巡察御史与雍正朝政治．清史研究，2017 (3).

④ 明晨．反思与借鉴：清代地方监察制度探析//里赞．法律史评论：第 10 卷．北京：法律出版社，2018.

⑤ 魏光奇．清代督抚监司监察制度的弊端与异化．河北学刊，2010，30 (2).

⑥ 王新龙．清代财政监察制度研究．湘潭：湘潭大学，2013.

展的雏形。[①] 监察法律方面，焦利的《清代监察法研究》考察了《钦定台规》《都察院则例》《五城巡城御史处分例》《巡方事宜》等清代监察法规及其他配套的法律法规，指出清代监察制度存在法规化、系统化的趋向，但清朝专制主义政治最终使监察法规成为僵死的条文。[②] 陈光中、杨芹在《中国古代监察法律的历史演变——以清代“台规”为重点的考察》中研究了《钦定台规》的编纂程序、体例内容等基本情况，并将其与历代监察法相联系比较，肯定其在稳定政治、遏制腐败中的积极作用。[③] 在临时监察方面，清代的钦差制度是一个亮点。杨春君的《钦差与清代政治变迁（1644—1850）》一文认为，钦差多由京官担任，仍以满洲人为主，体现满洲的主体性。派遣钦差多是案情重大或皇帝不信任地方官所致。钦差能够较好地弥补地方监察的缺失，但由于清朝的专制制度，钦差也难以遏制清朝的腐败之风。[④] 王国朋在《清代钦差大臣的监察权研究》中指出，清朝派遣钦差的次数较明朝增多，这是清朝监察制度的缺失及地方督抚的权力过大导致的中央与地方权力形成对峙造成的。此外，钦差大臣具有临时性，并不能在地方监察中起到稳定作用。[⑤] 陈晨指出，盛京巡查官设于雍正三年（1725），乾隆十二年（1747）时重新界定其职司权力，将其延展职权合法化，使之正式成为清廷监临盛京的重要渠道之一。但是盛京巡察官以品秩较低的外来官员身份，难以真正介入盛京政务，并易与本地官员发生龃龉，进退维谷，导致其最终被废于嘉庆二十三年（1818）。[⑥]

4. 对清代监察制度成效的新评价

学界早期研究清代监察制度运行成效时，多将其放入封建社会发展阶段的框架中进行考察，视之为封建监察制度的完善阶段。现阶段研究跳出阶级分析法，倾向于认为清代科道官的监察权严重萎缩，未能履行监察职能。王为东认为，到了清代，给事中制度从形式到内容各个方面

---

① 罗亮亮．清代前期粤海关监察制度特点简析．海交史研究，2018（1）.

② 焦利．清代监察法研究．北京：中国政法大学，2006.

③ 陈光中，杨芹．中国古代监察法律的历史演变：以清代“台规”为重点的考察．甘肃社会科学，2018（5）.

④ 杨春君．钦差与清代政治变迁（1644—1850）．天津：南开大学，2014.

⑤ 王国朋．清代钦差大臣的监察权研究．兰州：甘肃政法学院，2018.

⑥ 陈晨．清代盛京巡察官考述．历史档案，2018（3）.

都明显式微，尤其是职权方面，言谏职能丧失、封驳无从行使、稽核成为具文，使其不得不由“言官”向“监官”转变，而原因则在于君主专制集权的强化对监察权力的侵蚀。① 李巧认为，清朝监察制度虽在澄清吏治、调节制衡统治集团内部矛盾中发挥着一定作用，但监察制度却不断被削弱。该文归纳了清代监察机能萎缩的表现，并指出其原因不仅在于君主专制的影响，还在于监察制度自身建设的内在不足。② 刘文鹏指出，清代科道官员在清朝皇帝眼中主要是一种政治信息渠道，而不是一种政治力量，以达到“去壅蔽”的目的。而“风闻奏事”权则是其中的关键。作者还认为“风闻奏事”权在清中期几经波折，但最终难免弱化，其原因在于奏折制度对科道官监察权的侵夺，以及皇帝保护满洲贵族利益的考虑。③ 马子木认为，六科的封驳与科参权在清初顺治年间就已经被削弱，其原因有二：（1）中央政权权力结构变化，特别是满洲政治体系确立后，由贵族政治模式演变而来的议政处处于决策的核心位置，内阁在权力结构中的地位大为下降，作为连带机构的六科，亦随之如此；（2）清朝恐科道进言而漫无约束，蹈明季党祸覆辙。④ 还有部分研究重视以新的分析思路评析清代监察制度。马艳丽从明清比较的角度出发，认为清代的君权专制强化及密折制度的施行破坏了士大夫政治，进而使清朝御史的政治自觉参与程度大大降低，监察效果亦随之降低。⑤

总的来看，清代监察制度史研究已在材料搜集、制度梳理、史实重建等方面取得较多成果，推动了清代监察制度研究由体制研究向机制研究转变，但仍有值得进一步探索的空间。学界目前对清代藩部地区监察，以及一些非常规性的监察研究不足，如对清代钦差大臣监察权的研究，成果尚鲜。现阶段研究依然多从制度史、法律史的角度出发，导致研究同质性较强。因此，清代监察制度史研究在研究范式和构建多元视角方面，尚待更多创新。

---

① 王为东．清代六科给事中制度之式微．南都学坛（人文社会科学学报），2004，24（6）．

② 李巧．试论清代监察制度的建置及其监察机能萎缩的原因．郑州：郑州大学，2004．

③ 刘文鹏．清代科道“风闻奏事”权力的弱化及其政治影响．中州学刊，2011（4）．

④ 马子木．顺治朝六科制度述略．清史研究，2013（3）．

⑤ 马艳丽．明清御史制度比较研究．长春：东北师范大学，2008．

第二节　清代督抚政治研究

总督、巡抚是清代各行省的最高行政长官，上承皇命，下摄全省文武官员，集地方行政、司法、军事、监察、教化等权力于一身，在国家的政治生活中扮演着极为重要的角色。总督、巡抚常合称“督抚”。督抚之制起源于明朝，初为临时性的差遣官，之后逐步向常设的地方官转化。清朝建立之后，因政治、军事的需要，不但全面继承了这一制度，而且通过不断地调整，使总督、巡抚逐渐成为总掌地方军政要务的封疆大吏。

督抚体制曾在清朝历史上起着关键性作用，中央集权的皇权体制之所以得到充分发展，与督抚制度的建立和完备密不可分。因此，研究清代的督抚制度对我们深入了解清代社会及其政治制度，以及进一步把握清代地方政府的有效运作是有帮助的。除一些总括性的清代制度史的书籍会涉及督抚制度外，至今有关清代督抚制度的重要专著有 8 部。台湾学者傅宗懋的《清代总督巡抚制度之研究》（“国立”政治大学，1963 年）、朱沛莲编著的《清代之总督与巡抚》（德志出版社，1977 年）都是有关清代督抚制度的奠基性综合论著，涉及督抚制度的沿革、职掌、督抚与中央之关系等重大问题，是从政治制度的角度对督抚加以研究的典型著作。此外，大陆学者刘伟著有《晚清督抚政治——中央与地方关系研究》一书，对晚清督抚制度进行了综合论述。该书通过探讨督抚制的起源及晚清时期的地方改革、涉外职权以及权力扩张方面的演变，最终回应了督抚地方权力与中央的关系。虽然以督抚制度为研究对象，但是该书也重点研究了行省中的财政与军事制度。[①] 贾小叶的《晚清大变局中督抚的历史角色——以中东部若干督抚为中心的研究》一书，并非关注督抚制度，而是聚焦于晚清督抚这一群体，对他们在晚清时期应对政治变革的态度、举措以及条约签订、近代教育等方面进行了综合论述。不同于以往的著作，该书还注重研究晚清督抚群体的思想层面，探

---

① 刘伟．晚清督抚政治：中央与地方关系研究．武汉：湖北教育出版社，2003.

究他们在面对西方文化冲击时，是如何转换自身价值观念的，这种转换又对晚清政治变革产生了何种影响。[①] 同样，李细珠的《地方督抚与清末新政——晚清权力格局再研究》一书是作者多年研究的结晶，也并非专论督抚制度，而是关注督抚人物在晚清历次政治动荡中的作为，从而探讨晚清中央与地方的权力关系。[②] 邱涛的《咸同年间清廷与湘淮集团权力格局之变迁》《同光年间湘淮分野与晚清权力格局变迁（1862—1895）》两书跳脱“内轻外重”“督抚专政”的视野，考察咸丰、同治、光绪三朝在镇压太平天国运动的后期和镇压捻军起义的过程中，以及战后承平时期和对外战争中，以曾国藩、李鸿章等为首的湘、淮督抚军政实力集团趁势崛起，清中央统治集团与湘、淮集团在行政人事、财政税收、军队控制、司法外交等权力问题上的激烈争夺，进一步论证了晚清中央与地方的权力关系。[③] 陈德鹏的《晚清河南巡抚研究》是唯一一部以巡抚制度为题材的专著，该书对晚清时期河南巡抚在军事斗争、政治变革、社会改革、思想观念转变等方面进行了全面考察。[④] 总而言之，现有对清代督抚制度以专著这种成体系的形式的研究成果并不丰富，大多数都是硕博论文以及各类期刊文章。总的来看，除上述著作外，现有的研究成果主要集中在对督抚制度本身的考订、督抚制度在清朝权力结构中的位置这两个方面。

一、关于督抚制度设置问题的研究[⑤]

关于督抚制度本身的研究着重于考察督抚制度的流变沿革及其选任职掌两大方面。1963 年，赵希鼎发表了《清代总督与巡抚》一文，对清朝的督抚制度进行了概括性的阐述，涉及督抚设置、督抚职权、督抚

---

① 贾小叶．晚清大变局中督抚的历史角色：以中东部若干督抚为中心的研究．上海：上海书店出版社，2008.

② 李细珠．地方督抚与清末新政：晚清权力格局再研究．北京：社会科学文献出版社，2012.

③ 邱涛．咸同年间清廷与湘淮集团权力格局之变迁．北京：北京师范大学出版社，2010；邱涛．同光年间湘淮分野与晚清权力格局变迁（1862—1895）．北京：社会科学文献出版社，2018.

④ 陈德鹏．晚清河南巡抚研究．北京：中国社会科学出版社，2017.

⑤ 一些制度史的著作对清代督抚制度多有涉及，如张德泽的《清代国家机关考略》、刘子扬的《清代地方官制考》、白钢主编的《中国政治制度通史》都有所介绍，此处不再赘述。

同城、满汉督抚人数、中央与地方关系等方面。他认为，清代督抚为地方常设之官，与明代因事而设、事毕复命大为不同，且巡抚成为一省的最高行政长官，此外督抚制度还体现了清朝“重内轻外，先满后汉”的政治格局，这种格局直到清末才有所改变。① 对于赵希鼎的观点，王跃生认为，“明代督抚是‘因事而派，事毕而返’的临时性地方官员，直至清代才成为固定设置于一方的最高地方长官——封疆大吏”的说法是不妥的。他提出，在明代中后期，督抚基本上已成为固定设置的封疆大吏，而在明朝的相关典章制度和清初典章制度中，并未将督抚视作地方官员，作者认为这是由于“尊奉祖制”的呆板政策特征导致明朝的相关典章制度没有进行更改，而清朝初年在修撰会典时参照的是明代的典章制度，对于督抚的记载也全套照搬。② 真水康树则对晚清督抚制度的变革提出了新观点。他对戊戌维新时期及其之后清廷改革地方督抚互相掣肘的局面进行了论述，认为督抚兼置实为冗官、督抚同城易生矛盾是晚清改革督抚制度的两大诱因。出于提高行政效率的目的，清廷抛弃了传统的“二省一总督二巡抚”的旧体制，而采用“二省一总督一巡抚”的新体制，这给近代中国的地方治理指明了方向。③

千禧年后，学者们仍旧不乏此类探讨。史云贵认为，清朝初年的督抚制度与明代督抚制度没有本质的区别，也是“出于监察地方和督察军事的初衷而署置的”，而这种制度起源于周秦以来的监察制度。作者将督抚制度的内涵上溯到周秦，认为“政治制度的衍生从来都有其历史的继承性，新制度一般都以旧制度为母体，在承袭旧制度的传统中不断变异，即在制度的承袭中不断地进行否定和扬弃”，而清朝对明朝督抚体制的继承和发展正反映了这一过程。④ 徐春峰也探讨了清代督抚制度确立的标准：最初的督抚制度，是作为一种差遣制度而形成的，这不能作为督抚制度成为地方官制的标志。督抚制度成为地方官制，必然伴随着对地方的统辖的逐渐加强，如辖区相对固定，建立其衙署，拥有办事机构和办事人员，确立了对布政使、按察使两司的统属关系和对地方的

① 赵希鼎．清代总督与巡抚．历史教学，1963（10）．

② 王跃生．关于明清督抚制度的几个问题．历史教学，1987（9）．

③ 真水康树．戊戌维新与对督抚制度的新思维．江苏社会科学，1998（6）．

④ 史云贵．承袭与变异：明清督抚制度述论．中国矿业大学学报（社会科学版），2006（2）．

职责。①

(一)关于督抚的选任问题

任何政策的决策或执行，其中都包括一个把政策与地方实际相结合的问题，为了使政策施行的效率更高，这种“结合”是必不可少的。中央的政策如何与当地情况结合，就成为督抚的独立职能，也就是他们为数不多的自主性之一，所以也可以说这种“自主性”的大小是地方督抚对地区发展影响大小的尺度。② 由此可见，督抚在中央政策与地方实际结合中的重要性。因此，督抚等封疆大吏的选任已成为职官管理的重中之重。20 世纪 70 年代，魏秀梅发表的《从量的观察探讨清季督抚的人事嬗递》一文，用计量学的方法对清代督抚的满汉任用比例、任职年限的长短、出身何地等情况进行了统计，这为后人研究督抚提供了一种新的研究方法。③ 王思治的《康熙重视督抚的选任》一文认为，康熙帝极为重视督抚的个人品质，在九卿会推督抚人选之后也注重考察候选人的操行。④ 王雪华则具体探讨了地方督抚的选派是如何产生的，认为在清代督抚甄选有“特旨”补放、廷臣会推保举、吏部开列具题请旨三种途径。作者根据所收集的清代 465 名督抚的资料进行分析，认为在清朝所任督抚中，一半以上选自布政使，次为六部侍郎及学士、都御史等职。督抚在任职前的历官经验上，兼有中央和地方官历者占 61%，由此可知，清朝在督抚的选任上非常审慎，既使督抚任职前后的地位相当，同时也注重实际经验，以保证其能担起封疆之责。这两个方面，应该说起到了保证督抚质量的作用。由此可见清朝皇权高度集中的事实，这也反映出督抚的人选关系到吏治民生，于国家的治乱兴亡有切实之责，因而皇帝必然干预其中，重视其人选。⑤ 但是在论证时，作者认为宣统朝满人督抚竟占到 67%，证明清朝在将亡之际，防备汉人之心又一次高涨。

---

① 徐春峰．清代督抚制度的确立．历史档案，2006 (1).

② 李洵．清前期广东督抚及其对地区发展的影响．东北师大学报（哲学社会科学版），1988 (1).

③ 魏秀梅．从量的观察探讨清季督抚的人事嬗递．“中央研究院”近代史研究所集刊，1973 (4).

④ 王思治．康熙重视督抚的选任//中国社会科学院历史研究所清史研究室．清史论丛 2006 年号．北京：中国广播电视出版社，2006.

⑤ 王雪华．关于清代督抚甄选的考察．武汉大学学报（社会科学版），1989 (6).

但从数据来看，宣统朝仅统计了3人，样本数量未免太少，说服力不足。刘凤云的《有关康熙朝西北三省的满洲督抚》一文就康熙朝将山西、陕西、甘肃西北三省的督抚设为“满缺”这一特例进行考察，认为首崇满洲、满洲文武兼修、满员经政干练重效率等原因是西北三省督抚设置满缺的主要原因。在《清初汉军旗人督抚的特性地位》一文中，她认为清初汉军督抚人数众多，该群体“亦旗亦民”的双重身份在清初的特殊政治环境下成为清廷委任汉军旗人出任督抚的重要原因。① 另文《从康雍乾三帝对督抚的简用谈清代的专制皇权》探讨了督抚为人与清代皇权集中的问题，指出康雍乾三朝对督抚的简用体现出三个皇帝的不同风格，其个性特征在一定程度上说明了他们对专制权力与官僚体制之间关系的不同理解，也是其个性与权力结合的产物。但是，无论个性给予权力以怎样的影响，都需要以制度与道德等普遍原则对官员实行有效的控制，以确保官员们能够按照体现皇权意志的法规秩序去行事。与此同时，为了保持皇权的至高无上，他们往往又都要随时去破坏既定的法制秩序，只是程度不同，内容和方式有别而已。也就是说，皇权的个性化特征并不影响专制的本质。而官员们在丧失了秩序感之后，或盲从于专制权力，或明哲保身无所作为，表现出官僚制度与君主专制体制这一矛盾复合体的特征。②

（二）关于督抚的职掌问题

王跃生探讨了清代督抚的职权及承上治下的政治功能，同时对总督与巡抚之间互相渗透、补充的职责也进行了简要分析。③

传统观点认为总督侧重于军事，巡抚侧重于民政，即“兵事归总督、民事归巡抚，或总督主军事，巡抚主吏事”，这在杜家骥的《清代督、抚职掌之区别问题考察》一文中有十分详细的阐述，作者认为清代总督与巡抚长期并设，其职掌必应有所区别。大致来看，刑名案件、钱粮财务、乡试等主要掌于巡抚，文官之选任、考绩，也以巡抚为主。巡抚之军权，各省不一，且因时而异。总之，巡抚职掌偏重于民事及文职

① 以上参见：刘凤云．权力运行的轨迹：17—18世纪中国的官僚政治．北京：党建读物出版社，2013。

② 刘凤云．从康雍乾三帝对督抚的简用谈清代的专制皇权．河南大学学报（社会科学版），2004，44（3）．

③ 王跃生．清代督抚体制特征探析．社会科学辑刊，1993（4）．

官员的管理。而总督职掌则偏重于军事，以及与兵事相关的政务，节制所辖省份之巡抚、提督、总兵及其所统兵马，掌武官之选任、考绩及沿边重要官员之选用。总督也职掌或参与巡抚所掌的某些事务，且总督品级地位高于巡抚，因而造成督抚并设的省份二者存在权责矛盾或推诿现象。咸同以后，总督之职权又显著扩展、提高。① 徐春峰则对这一传统说法做出了检讨，认为这是督抚制度以典制的形式确立之后的描述。在此之前，不同时期和地区的督抚职掌是有变化的。太平时期，督抚职能的军事色彩减弱，刑民风俗的色彩增强。巡抚军权的剥夺，是太平时期社会的发展需要文武官员职掌明晰的结果。以上所述表明，战争结束以后，社会经济的发展要求总督在经济民事方面职能的增强和巡抚在军事方面职能的削弱，成为督抚制度的一大特点。此外，总督巡抚职掌文武，体现在不同时期督抚尤其是巡抚的加衔上。清代的总督职掌为“统辖文武”，其加衔基本固定为“兵部尚书”。与其情况不同，巡抚的加衔随着不同时期职掌的不同而出现明显的变化。同时，作者还注意到由于边区的特别位置，边区与内地的总督巡抚职掌是有一定区别的。边区的防御地位，始终要求其总督巡抚具备提举军务的权力。② 李霞的《清前期督抚制度研究》讨论了清朝前期总督职务的建置沿革、群体等基本信息，尤其使用大量篇幅讨论了总督的各项职权状况。③ 傅林祥的《晚明清初督抚辖区的“两属”与“兼辖”》聚焦于明末清初时期总督在其所辖区域的两种特殊现象，从另一个层面提供了观察总督制度在清初发生变化的一种新视野。④

刘凤云的《清代督抚与地方官的选用》一文具体论述了督抚的保举和题补权。清代，官吏的铨选和除授例归中央，为吏部职责。然而，督抚作为地方的最高长官，通过保举和题补的形式获得了一定的属员任用权。作者认为，督抚的保举和题补属员的权力，给清代的官僚体制带来了新的生机，但也产生了官僚政治的流弊。其弊端主要是督抚题补官员的条例不能如制实行；滥举滥题现象严重；题补官员时重才轻守现象严

① 杜家骥．清代督、抚职掌之区别问题考察．史学集刊，2009（6）．

② 徐春峰．清代督抚制度的确立．历史档案，2006（1）．

③ 李霞．清前期督抚制度研究．北京：中央民族大学，2006．

④ 傅林祥．晚明清初督抚辖区的“两属”与“兼辖”．安徽大学学报（哲学社会科学版），2010（5）．

重。该文为以后研究督抚对地方官员的任用权奠定了基础。① 另文《清代督抚对地方官的监察》认为在顺治与康熙初年，通过罢巡方、抑言官，最终确立起督抚对地方的监察权力。②

二、关于督抚权力运行及其与中央关系问题

关于督抚制度的此类研究，现有成果跳脱原来的督抚制度内容的考订与史实还原，将督抚放置于清代政治权力网络中进行考察，进而分析督抚作为承接中央、治理地方的关键环节，是如何在权力网络中做出因应的。在这一方面，郭成康的《康乾之际禁南洋案探析——兼论地方利益对中央决策的影响》一文极具代表性。通过对康熙、雍正、乾隆三朝清政府对南洋贸易政策变迁的分析，作者指出，在禁南洋案问题上，中央决策受到东南沿海封疆大吏的直接影响。清廷历次禁南洋案的中央决策所依据的原则依次为：帝国的长治久安、全国财政经济的正常运行和闽广等东南沿海地区的社会稳定。禁海在这一时期被一而再、再而三地定为国策，不仅因为受传统的政治体制和文化观念的制约，中央决策活动缺乏法制化、民主化和科学化，甚至有时完全由皇帝的个性和作风决定；而且，在这个政策出台的过程中，广东、福建、浙江等沿海各省督抚都参与了讨论，甚至地方缙绅也想方设法将自己的诉求通过督抚反映上去。由此表明督抚政治在国家决策事务中的重要性。③

刘凤云的系列成果可作为这方面研究的代表，作者认为权力运行本身是一个过程，在这个过程中体现着不同群体的利益，而权力与利益的统一往往决定着权力运行的轨迹。清代督抚集地方权力于一身，在权力网络中占据重要地位。因此，作者长期以来便关注地方督抚是如何在这个权力网络中纵横捭阖，影响政务运作与权力运行轨迹的。在关于18世纪的“技术官僚”的系列探讨中，作者将以督抚为首的地方官员视作技术官僚，认为他们具备“政务官僚”不具备的专业知识和专业技术，将政务与技术集合于一身。而这种技术的来源并非学校，而是官僚在具

---

① 刘凤云．清代督抚与地方官的选用．清史研究，1996（3）.

② 参见：刘凤云．权力运行的轨迹：17—18世纪中国的官僚政治．北京：党建读物出版社，2013。

③ 郭成康．康乾之际禁南洋案探析：兼论地方利益对中央决策的影响．中国社会科学，1997（1）.

体的行政运作中历练所得。以两江总督介入河务为例，作者具体探讨了督抚在实际政务运作中是如何习得、运用专业技术来治理河务的。作者认为，18 世纪集权政治的强化，官僚体制的不断调整与梳理已成为经常化的事情，两江总督介入河务就是在官僚体系及其职官制度的变动过程中逐步形成的。这表明 18 世纪的社会环境需要有才干的经世官僚，需要能够解决在人类与自然环境斗争中求得生存与发展的技术人才；在官僚政治体制下，官僚的作用及其个人素质的重要性是不容忽视的；最为重要的是，官僚体系在国家与社会之间承担着无可替代的中介作用，专制皇权正是通过这些复合型的官僚来把握国家与各级政府的行政命脉的。此外，作者集中精力对康、雍、乾、嘉四朝清理亏空案进行了系统论述。作者并非仅仅关注亏空清理的动态过程，而是将督抚与皇帝个人的治国理念、地方利益、中央与地方和国家与官僚之间的利益均衡等方面结合起来，讨论在这些因素的影响下，地方督抚是如何因应国家亏空清理政策，从而避免简单的事件性分析的。作者认为，亏空的形成并非仅仅由于官僚政治的腐败，它还涉及地方财政体系、仓储制度、奏销制度、监察机制等一系列行政体制及运行机制问题。制度缺陷为贪婪等欲望的生成提供了条件。虽然从根本上说代表地方政府的督抚与象征国家的君主之间政治目标和总体利益是一致的，但是，皇帝与督抚在认知上也存在差异，尤其是涉及经济利益时。因此，在清查亏空案的过程中，就算是清官督抚也一直挣扎在无法逃避的钱粮亏空的制度缺陷中，亏空依然存在。而督抚作为监察责任人既需要查核揭报，又要承担赔补的连带责任，其监管的自身矛盾也是亏空难以控制的原因所在。①

刘文鹏在对乾隆时期的伪稿案进行专门考察时，通过详细的档案资料证明每个省的督抚大员都在用不同的方式来对待这场政治风暴。他们或者屈打成招、草菅人命以图尽快结案，或者嫁祸于人、借机倾陷政敌。他们在伪稿案处理上与皇帝之间博弈的种种都是因为这个案件是由

① 以上参见：刘凤云．权力运行的轨迹：17—18 世纪中国的官僚政治．北京：党建读物出版社，2013；刘凤云．嘉庆朝清理钱粮亏空中的艰难抉择：兼论君臣在地方财政整饬中的不同认识．中州学刊，2013（5）；刘凤云．清代督抚在清理“钱粮亏空”中的权力、责任与利益．中国人民大学学报，2016（2）；刘凤云．乾隆初政与钱粮亏空案的清理．求是学刊，2018（4）。

皇帝直接处理的。如此种种乱象揭示出盛世背后危机的积累。①

除此之外，关于督抚在清朝国家权力网络中的地位尚有督抚制度与中央的权力关系这一重大议题。中央集权、君主专制在明清时期达到顶峰，其皇权专制空前强大。不过自鸦片战争之后，尤其是太平天国运动之后，这一局面被打破，在湘、淮军地方势力崛起之后，中央集权受到挑战，中央权力不断下移，出现“督抚专政”的政治局面和“内轻外重”的权力结构。清王朝的最终崩溃，也是这种地方分权局面的最终结果。这是自罗尔纲发表《清季兵为将有的起源》一文以来，被大多数学者继承的观点。② 林乾认为，咸丰以前，清朝的权力高度集中于中央。地方督抚的权力表面上看既多且繁，但实际权力不大。而且，总督主军政，巡抚掌民事，互不统属又多牵制，且以布、按二司分割巡抚权力，以提、镇武职牵制总督权力。因此，地方督抚的权力不但分散，而且被极大弱化。咸丰以后，以皇权为核心的中央集权制发生了逆转，督抚的权力不但得到强化，而且得到集中乃至恶性膨胀，形成了以督抚为核心的地方分权体制。③ 王雪华相继发表了《论清代晚期督抚制度的变化》和《督抚与清代政治》，前文也认为督抚制度与清朝政局发生了由“重内轻外，先满后汉”向“外重内轻，先汉后满”的转变，并将清代督抚制度分为前、后两个不同时期，而这个转折点发生在咸丰年间；后一文则提出，纵观整个清代，督抚权力一直在上升，至清末达到高峰，虽然形成了“外重内轻，先汉后满”的局面，但是并未形成威胁皇权和中央集权的地方割据势力。④ 刘伟注意到虽然晚清中央在与地方势力的争斗中，一直采取各种措施集中权力，以防地方坐大，难以管控，但实际上效果并不明显。19 世纪后期，清廷中央的一系列措施未取得效果，最终导致地方权力的逐渐扩大，这也为 20 世纪初地方权力进一步扩大，

---

① 刘文鹏．盛世背后：乾隆时代的伪稿案研究．北京：人民出版社，2014.

② 罗尔纲．清季兵为将有的起源．中国社会经济史集刊，1937，5（2）；罗尔纲．湘军新志．上海：上海书店出版社，1945. 其实在罗尔纲之前，沈乃正已经注意到清末督抚集权的现象，认为清末除民政外，军政司法大权皆操诸督抚。参见：沈乃正．清末之督抚集权、中央集权与“同署办公”．社会科学（北平），1937，2（2）。

③ 林乾．咸丰后督抚职权的膨胀与晚清政治．社会科学战线，1989（1）.

④ 王雪华．论清代晚期督抚制度的变化．湖南社会科学，1990（3）；王雪华．督抚与清代政治. 武汉大学学报（社会科学版），1992（1）.

中央权力进一步削弱奠定了基础，导致该阶段中央采取收权的措施也未达到效果。虽然最终结果是地方督抚无法取代中央，形成地方割据，但是晚清地方势力过大，已经形成“内轻外重”的局面却是事实。[①]

不过，历史现象是复杂的，如何更加全面而丰富地解释历史，推动历史研究的发展是历史学家的任务。晚清督抚确实存在权力逐渐扩大的趋向，但清廷并不是一味地纵容地方督抚权力扩大，或是对于督抚权力扩大这一问题无可奈何。揆诸史实，我们可以看到传统观点中的这种解释并非全部合理。因此，近年来许多学者不再拘泥于在“督抚专政”或是“内轻外重”的话语下探讨晚清督抚体制，而是深入到历史现象背后，结合具体时段的督抚体制特征，进行更加客观的研究。对于传统观点，有学者开始进行反思，认为应该注意到晚清中央与地方督抚之间的复杂关系。传统观点有其言之成理的一面，但要全面认识这一问题，不能只看到这场权力之争是地方势力步步进逼、中央皇权步步退让的过程，甚至夸大地方势力向中央争权及其所取得的成果的一面，而低估，甚至是忽略清中央对地方势力的制约和反击及其取得的成果的一面。较早对该问题进行反驳的是刘广京，他认为咸丰之后地方督抚的权力虽有所增大，但是并未跳脱中央政府的控制，所以并不存在地方督抚“专权”或“自治”的事实。[②] 近来，更多学者对传统观点进行了修正。邱涛等人认为，实际上，太平天国起义后，清中央和地方之间权力的争夺和转移并非单向，而是双向的，双方的攻守进退并非直线式而是波浪式、拉锯式的。应该具体考察每个阶段督抚与中央之间的权力关系。面对太平天国起义、捻军起义等全国性战争形势，清廷统治风雨飘摇，湘、淮军的崛起一方面有利于维护、稳固清廷的统治；另一方面，清廷不得不面对王朝内部崛起一支不同于以往的军事政治力量，并在政治斗争中逐步对这一新兴的军政势力形成较为有效的应对政策，有一个由最初的不知所措到逐步形成系统的反制措施的演变过程。在太平天国战争初期和湘军崛起的初期，清廷对权力的控制在战争的冲击下非常被动，清咸丰帝采取颟顸手段苦苦支撑对国家权力的控制。从咸丰十年

---

① 刘伟．晚清督抚政治：中央与地方关系研究．武汉：湖北教育出版社，2003.

② 刘广京．晚清督抚权力问题商榷//中华文化复兴运动推行委员会．中国史学论文选集：第二辑．台北：幼狮文化事业公司，1983.

(1860) 开始，咸丰帝及其后的统治者开始改变策略，主要手段包括选用非湘、淮系人员出任督抚，利用湘、淮内部矛盾进行互相制约，严控湘、淮人员进入军机处。此后，由于湘、淮系人员逐渐衰落，其地方权力逐步被北洋集团所取代，但是直到辛亥革命前夕，北洋集团仍没有凌驾于中央权力之上。作者还通过考察晚清督抚任期、督抚对于属员的任免权和控制权、地方财政大权与军事力量的控制等多个方面，论证了上述观点。①

李细珠的研究更进一步，提出了“内外皆轻”的观点。其对罗尔纲等人所代表的传统“内轻外重”的观点进行了反思，认为地方势力从咸同时期崛起，到庚子事变时已经到达顶峰，东南互保是最显著的事例。如果仅就庚子事变以前40年立论，罗尔纲的“内轻外重”说大致可以适应。至于庚子以后的清末新政时期，地方督抚的权力及其与清政府的关系已经有了新的变化，而嬗变成为一种新格局。这个时期，清廷实施新政及预备立宪，有意调整收束地方权力，即所谓中央集权。至辛亥鼎革之际，中央与地方权力关系表面上演变为“内重外轻”之格局，实际上是一种“内外皆轻”的权力格局。一方面，中央收束地方权力，使地方督抚实际权力大为缩小；另一方面，清廷中央对地方缺乏实际控制力，其所谓中央集权只是有名无实。其总体表征是中央与地方权威的一并流失，中央无法控制地方，地方无力效忠中央。“内外皆轻”权力格局的形成，其直接后果是清廷中央与地方均无法有效地应对革命，致使清王朝走向覆亡之路。辛亥革命在清廷中央与地方督抚权威一并衰落之际爆发，以袁世凯为首的北洋集团乘势而动，从军人干政到军人主政，试图重建统治权威而未能奏效，政局分崩离析，导致民国初年的军阀政治。民初军阀不是清末地方督抚势力自然增长的延伸，而是掌握军队尤其是新军的新生势力的崛起。这是清末“内外皆轻”权力格局对清末民

---

① 邱涛．咸同年间清廷与湘淮集团权力格局之变迁．北京：北京师范大学出版社，2010：13-48. 又参见：李帆，邱涛．近代中国的民族国家建设．北京：商务印书馆，2015：281-337。

初政治走向的深刻影响。[①]

现有的督抚制度研究在制度还原与制度运作方面成果突出，但很多问题有待进一步探讨。罗尔纲的“内轻外重”说，受到李细珠等人的修正，而李细珠的“内外皆轻”说也受到其他学者的批驳。[②] 当然，这种学界的激烈争论对于更全面丰富地理解历史是极为有益的，在推动督抚与中央地方权力关系的研究方面，还需以待来者。

三、关于学政与道制的研究

关于督抚权力运行，除了督抚本身的职权问题外，还有学者专门研究了与督抚同省的其他官员。其中，安东强的《清代学政规制与皇权体制》一书成就较为突出。这本书从与学政相关的典章制度出发，对学政的官制沿革及其在整个清朝官制构架体系中的地位进行了探讨，动态研究了清代学政地位的升降、制度变革与皇权体制之间的关系。作者认为，清朝统治者对学政体制的改革，寓含了“内外相维”之意，是制衡、监督督抚等外官大员、集中皇权的重要措施之一。[③] 从这个角度讲，这也是清代督抚政治的一部分。

督抚政治之下另外一个值得关注的内容是清代各省“道”制的设置与运行。由于清代的官书文献记载模糊，“道”的设置比较混乱，种类繁多，学术界对这个问题的讨论主要集中在“道”到底是布政使、按察使的派出机构，还是一级正式的行政机构。

李国祁对明清时期“道”的功能和演变的研究较早，他认为，“道”的设置是为了弥补省辖区过大的缺陷。清代注重道的地方行政功能，因此产生了分守道与分巡道。[④] 20 世纪 80 年代以后，对道制的研究内容主要集中在道制的起源问题、分守道与分巡道的论证、道的职能与作用

---

① 李细珠．晚清地方督抚权力问题再研究：兼论清末“内外皆轻”权力格局的形成．清史研究，2012（3）；李细珠．辛亥鼎革之际地方督抚的出处抉择：兼论清末“内外皆轻”权力格局的影响．近代史研究，2012（3）；李细珠．再论“内外皆轻”权力格局与清末民初政治走向．清史研究，2017（2）．

② 孙燕京．“内轻外重”抑或“内外皆轻”?：评李细珠《地方督抚与清末新政》兼论晚清政治史研究．近代史研究，2014（2）．

③ 安东强．清代学政规制与皇权体制．北京：社会科学文献出版社，2017．

④ 李国祁．明清两代地方行政制度中道的功能及其演变．“中央研究院”近代史研究所集刊，1972（3）．

等方面。[①] 朱东安梳理了清代道和道员的相关问题，如道的性质、分类与设置以及道员的职权等，使清代道制的轮廓更加清晰地展现出来。[②] 王锺翰认为，道制经历了一个由虚向实发展的过程。[③] 吴吉远认为，守巡道从康熙朝开始进行调整，到乾隆时期守巡道制度渐趋完善。整体上还属于各省藩臬的派出机构。[④] 傅林祥认为，康熙六年（1667）清廷裁撤道缺的原因有财政收支的不平衡、文武分治政策的实施以及康熙初年省制的调整。通过对五朝的《清会典》进行分析，作者得出清代大部分时间和绝大多数区域的守巡道都不是行政区划的结论，只有个别地区的“道”可能具备了行政区划的要素，其中有些“道”则转变成为行政区划。[⑤] 林涓从行政区划的角度探讨道制的准政区职能性质，认为康熙以后对道的辖区和驻所进行了调整。对道制的调整不仅能加强中央对地方的控制力，还可以协调中央与地方之间的关系，使两者向更为良性的方向发展。[⑥]

对道制研究推进最大的是周勇进的博士论文《清代地方道制研究》，作者梳理了“道”在明清的发展变化、沿革的复杂过程，厘清了“道”的设置及道员职衔与选任、职掌等重大问题，同时“道”的设置影响了清代地方行政区划的层级。他认为，道员的职衔经历了一个从各道坐定职衔到以一定原则兼衔任缺，再到逐渐弱化兼衔意义，并最终去兼衔、定品级的过程。他对明清两代道制的异同进行了详细的考辨分析，认为晚清劝业道等专业道的设置证明，清代道制一百多年的实践存在很多令清朝统治者非常不满意的问题。[⑦]

---

① 关于道制研究可参见：王景泽．明清道制研究综述．哈尔滨师范大学社会科学学报，2011（2）。

② 朱东安．关于清代的道和道员．近代史研究，1982（4）.

③ 参见：牛平汉．清代政区沿革综表．北京：中国地图出版社，1990：序言。

④ 吴吉远．试论明清时期的守巡道制度．社会科学辑刊，1996（1）.

⑤ 傅林祥．清康熙六年后守巡道性质探析．社会科学，2010（8）；傅林祥．清康熙六年前守巡道制度的变迁//中国地理学会历史地理专业委员会，《历史地理》编辑委员会．历史地理：第25辑．上海：上海人民出版社，2011.

⑥ 林涓．清代道的准政区职能分析：以道的辖区与驻所的变迁为中心//中国地理学会历史地理专业委员会，《历史地理》编辑委员会．历史地理：第19辑．上海：上海人民出版社，2003.

⑦ 周勇进．清代地方道制研究．天津：南开大学，2010；周勇进．清代道员职衔考述．清史研究，2012（2）；周勇进．清代直隶道员设置小考．历史档案，2013（3）.

除了对道制本身的研究外，很多学者关注各地区具体的道制，从区域视角看道制的具体运作，如对川东道①、台湾道②、广西道③、新疆道④的研究。这些研究不仅丰富了我们对道制在清代运作和演变的认识，而且显示出清朝越是在晚期，越是重视边疆地区道的设置与改革，道作为一种管理地方的行政方式，在边疆与内地一体化的过程中扮演着重要的政治角色。

由于对晚清史研究的重视，学界对道制的研究不再局限于清前中期，开始关注晚清的道制。晚清局势骤变，道制发生变化，最后难免被改革之宿命。鸦片战争以后，中国被迫开放了大量通商口岸。海关监督由守巡道兼任，关道的职能由于外籍税务司的发展而受到影响，其交涉职能得到强化，但由于运作中的种种矛盾，改革势在必行。⑤ 海关道是对道台兼管各关口、口岸的海关监督的称谓，有兼职和专职两种，灵活性是其根本特征。⑥ 关于津海关道的设立、津海关道员的活动以及津海关道的特殊性学者多有论述。⑦ 关于海关道的具体职能和作用，有学者注意到同治年间津海关道为了解决中俄纠纷，而与通商口岸天津俄国总领事以信函往来沟通，反映了中俄地方层面的交涉情况。⑧ 清末改革官制，劝业道的设置是为了管理农工商矿和各项交通事务，对近代直省实

① 苟德仪．清代川东道的辖区与职能演变：兼论地方行政制度中道的性质．中国历史地理论丛，2008（3）；苟德仪．清代道台衙门的书吏与差役：以川东道衙为考察中心．历史档案，2012（2）．

② 庄林丽．清代台湾道、台湾道台与台湾社会研究．福州：福建师范大学，2013．

③ 郑维宽．论明清时期广西的历史进程与政区响应：以“道”的演变为中心．广西师范大学学报（哲学社会科学版），2012，48（3）．

④ 吴轶群．清代新疆道制建置沿革探析．兰州学刊，2007（3）；吴轶群．清代新疆镇迪道与地方行政制度之演变．中国历史地理论丛，2007，22（3）．

⑤ 刘伟．晚清关道的职能及其演变．华中师范大学学报（人文社会科学版），2010（2）．

⑥ 苟德仪．“海关道”内涵考释．西昌学院学报（社会科学版），2009，21（4）．

⑦ 庞志伟．清末津海关道之探究．兰台世界，2010（17）．关于海关道研究还可参见：梁元生．清末的天津道与津海关道．“中央研究院”近代史研究所集刊，1996（25）；谭春玲．晚清津海关道研究．武汉：华中师范大学，2012。

⑧ 陈开科．俄总领事与清津海关道：从刻本史料看同治年间地方层面的中俄交涉．中国社会科学，2012（4）．

业、交通行政管理体制的构建具有重要意义。[①]

四、清代督抚幕府及相关问题研究

清代督抚幕府的研究可以追溯到20世纪30年代，可分为四个阶段：第一个阶段是20世纪50年代之前，第二个阶段从20世纪50年代到70年代，第三个阶段集中在20世纪八九十年代，第四个阶段则为21世纪的前20年。

关于前三个阶段清代幕府的研究情况，尚小明在其著作前言中做了比较全面、准确的阐述。略言之，在第一阶段，清代幕府的研究以1935年张荫麟与其弟子李鼎芳发表的《曾国藩与其幕府人物》为开端，为以后晚清幕府的研究尤其是曾国藩幕府的研究奠定了基础。[②] 此后的相关研究以全增佑的《清代幕僚制度论》和张纯明的《清代的幕制》为代表：前者提出幕僚制萌芽于明代中叶以后，而完成于清初的观点，并提出幕僚制出现的原因在于政与学的脱离的重要观点；后者则对清代"幕"的性质、种类、流品等问题进行了具体分析。[③] 日本学者宫崎市定运用多种史料对雍正朝的胥吏、幕友的渊源和管理制度等方面进行了细致的梳理和比较研究。作者不仅关注具体的事件案例，而且从宏观层面把握雍正朝的时代背景，从养廉银和陋规的角度窥探胥吏及幕友等人的生活，极大地丰富了胥吏、幕友研究。[④]

在第二阶段，幕府制研究在学界受到更广泛的重视。首先以中国台湾学者缪全吉的《清代幕府人事制度》（中国人事行政月刊社，1971年）为代表，这本书是第一部研究幕府制度的著作。同时，美国学者肯尼思·E. 福尔索姆（Kenneth E. Folsom）对李鸿章幕府的研究和乔内森·波特（Jonathan Porter）对曾国藩幕府的研究都在学术界产生了很

---

① 王鸿志．由"司"至"道"：清季劝业道之议设．学术研究，2010（11）；王鸿志．变差为缺与裁旧立新：清季直省实业、交通行政制度嬗递考察：以添置劝业道为中心．学术研究，2013（9）．

② 张荫麟，李鼎芳．曾国藩与其幕府人物．大公报·史地周刊，1935（63）．

③ 全增佑．清代幕僚制度论．思想与时代，1944（2/3）；张纯明．清代的幕制．岭南学报，1949，9（2）．

④ 宫崎市定．清代的胥吏和幕友//刘俊文．日本学者研究中国史论著选译：第六卷．北京：中华书局，1993：508－539．

大的影响：前者认为，李鸿章通过幕府获得提升权力、财富、声望的机会，并试图依靠幕府推动中国近代化和抵御外来侵略，但以失败告终；后者则提出曾氏幕府有内外之分，内幕由其智囊人物组成，外幕则由军事、钱粮机构的人员组成。波特由此还提出“幕僚”（Private Bureaucracy）之概念。这些都给学术界带来很大启发。①

第三个阶段的幕府研究首先以郑天挺的《清代的幕府》《清代幕府制的变迁》为代表，探讨了幕宾来源的14个方面，指出幕府与清末地方疆吏、民国军阀割据有渊源关系。② 其次是李鼎芳撰写的《曾国藩及其幕府人物》。③ 最后是朱东安所著的《曾国藩幕府研究》一书和朱谐汉的《曾国藩的幕府及其“功业”》一文。前者以补充大量幕府人物资料见长，后者则更关注曾国藩幕府的“功业”成就。④ 另外，张敏论及晚清幕府中的洋人，认为“洋人”入幕利弊同存。她也关注晚清幕府与官僚制度的关系，认为幕府吸纳储育人才的功能弥补了主导体制的不足。由于幕府人才打破惯例步入仕途，由幕宾转化为幕僚，从而促成了幕府制的实质性变更，直至清末主导官僚制度的变革最终导致幕府制趋向消亡。⑤ 刘悦斌进一步归纳晚清幕府制度新特点有四：第一，军事职能的恢复；第二，幕府职能多且规模大；第三，幕僚成分复杂化；第四，幕僚社会地位的变化。⑥ 马昌华主编的《淮系人物列传》，不仅为李鸿章幕府中的主要幕僚立传，还整理了数百名幕僚的活动资料。⑦

---

① Kenneth E Folsom. Friend，Guests and Colleagues：the Mufu System in the Late Ch'ing Period. Berkeley：University of California，1968；Jonathan Porter. Tseng Kuo-fan's Private Bureaucracy. Center for Chinese Studies. Berkeley：University of California，1976.

② 郑天挺．清代的幕府．中国社会科学，1980（6）；郑天挺．清代幕府制的变迁．学术研究，1980（6）.

③ 李鼎芳．曾国藩及其幕府人物．长沙：岳麓书社，1985.

④ 朱东安．曾国藩幕府研究．成都：四川人民出版社，1994；朱谐汉．曾国藩的幕府及其“功业”．历史档案，1994（2）. 以上梳理参见：尚小明．学人游幕与清代学术．北京：社会科学文献出版社，1999：绪论；张兵，侯冬．清代幕府研究述评．西北师大学报（社会科学版），2011，48（3）；肖宗志．1994年以来晚清幕府研究述评．贵州大学学报（社会科学版），2006（3）。

⑤ 张敏．论晚清幕府中的“洋人”．史林，1993（3）；张敏．晚清的幕府与官僚制度．上海社会科学院学术季刊，1994（1）.

⑥ 刘悦斌．晚清幕府制度论略．河北师院学报（社会科学版），1996（3）.

⑦ 马昌华．淮系人物列传．合肥：黄山书社，1995.

尚小明的《学人游幕与清代学术》的出版极大地提升了清代幕府的研究状况。首先，其改变了督抚幕府研究轻前清、重晚清，且主要集中在曾国藩、李鸿章幕府之上的特点，对整个清代幕府的历史进行了阐述。其次，从功能学角度来看，作者跳脱幕府的军事、钱粮、人事等行政职能，主要着眼于对清代幕府的学术功能的研究，极大地改变了学界对幕府功能的认识。尚小明运用政治史、学术史和社会史研究相结合的方法，主要研究了清代学人游幕的发展变化、清代重要的学人幕府、清代学人游幕与学术活动三方面的内容。作者梳理了清代学人游幕的历史，展现了清代游幕学人的生活状况，揭示了承平时期学术、文化的繁荣过程和重要原因。至道光时期，随着清代国家内外危机日重，清代幕府以学人游幕为主的学术功能，逐渐呈现出为现实服务的经世特点，学术本身也更加注重与现实的联系。清末之际，一方面随着维新思潮和革命的发展，洋务派官员的幕府不再具有吸引力；另一方面，随着各种新事业和新机构的建立，游幕不再是重要的职业，因此学人游幕不可避免地走向衰落。这本书探讨了清代幕府中学人游幕与学术的关系，对此后学者研究清代幕府与学术的关系有重要的借鉴意义。该书视角独特，推高了整个清代学术研究的高度和广度。几年后，尚氏又将他从大量史料中爬梳、扩充整理的《清代士人游幕表》专门付梓出版，完善了他的这项研究。①

第四阶段为晚清幕府研究的再度辉煌。晚清社会剧烈变化，幕府制度发达，而且相对于清前期，幕府资料丰富，如此造就了晚清幕府研究由兴盛走向辉煌的状况。这种辉煌，不仅表现为关于曾国藩、李鸿章幕府的研究依然受到热捧，并由此扩展到更多的督抚大员幕府，而且学界试图从晚清史的整体性角度对这一时期的督抚幕府做出系统研究，从社会大背景去探究幕府与晚清政治。晚清幕府的特点，为不少学者所关注，这些学者也撰写了相关文章对其进行论述。黎仁凯提出，需要对晚清幕府及其嬗变进行宏观研究，认为晚清幕府最大的特点是“极盛”和“变异”。晚清幕府与传统幕府相比，最主要的变化体现在幕府机构、幕

---

① 尚小明．学人游幕与清代学术．北京：社会科学文献出版社，1999；尚小明．清代士人游幕表．北京：中华书局，2005.

府人员职能、入幕方式、主宾关系等方面。① 刘伟在论述晚清地方政治时也探讨了晚清督抚与幕僚的关系。②

欧阳跃峰在归纳了李鸿章幕府成员的类型后，在这些分类中选取了作者认为最具有代表性的人物进行介绍，如洋务干将、军工首脑、实业家、外交助理、维新思想家、洋员等，以期能够窥探其历史全貌。在论述这些幕僚时，作者始终关注幕主与幕宾的互动关系。从幕府群体的构成总结出李鸿章幕府的鲜明特色：第一，新旧杂糅；第二，中西荟萃；第三，才干第一；第四，务实为本；第五，近代色彩日益浓厚。作者指出，李鸿章一生的事功都是在其幕府的协助下完成的，镇压太平天国和镇压捻军的任务也是在幕府的协助下完成的，正是因为幕府内聚集了大量的近代人才，才有了各种推动中国社会近代化的举措。他把李鸿章幕府的特色以 1870 年 8 月调任直隶总督为限，分为前后两个时期，前期（军幕时期）是以传统的旧式人才为主，其职能是以履行军事职能为中心；后期（政幕时期）是以近代化新式人才为主，其职能转向以行政事务为中心。③

李志茗把陶澍、曾国藩、李鸿章、袁世凯的幕府列为晚清四大幕府并对其进行了研究。作者运用现代化理论和历史学、政治学、军事学等多学科知识，加上微观和宏观相结合的研究方法，试图对晚清幕府进行系统而宏观的研究，以探讨“晚清幕府对晚清政局及近代中国社会变迁所产生的影响”④。作者认为，晚清幕府促进了中国的现代化，但也加剧了外重内轻的政治格局，带来诸多消极影响，并导致清朝走向灭亡。2018 年，李志茗又推出新著《晚清幕府：变动社会中的非正式制度》一书，鉴于以往学术界对“晚清幕府”这个概念与内涵未能达成基本共识，作者延续他以往有关幕府历史的观点，仍以陶澍、曾国藩、李鸿章、袁世凯幕府为“晚清幕府”的四个阶段，提出晚清幕府的特征主要有四点：（1）幕府人员来源广泛；（2）幕府政府化；（3）幕府人员职官

---

① 黎仁凯．晚清的幕府制度及其嬗变．河北学刊，2004（3）．

② 刘伟．晚清督抚政治：中央与地方关系研究．武汉：湖北教育出版社，2003．

③ 欧阳跃峰．人才荟萃：李鸿章幕府．长沙：岳麓书社，2001；欧阳跃峰．李鸿章幕府的形成及其主要特色．安徽史学，2011（3）．

④ 李志茗．晚清四大幕府．上海：上海人民出版社，2002：23．

化；(4) 幕主和幕府人员以幕府为纽带结成了一个个利益集团。作者进一步论证了“晚清幕府”作为一种幕府形态的特殊性，及其渐趋制度化的历程。作者认为，晚清幕府制度对晚清的政治、经济、文化和社会各方面都产生了深远而广泛的影响：第一，为晚清造就了大量的人才；第二，加速了清王朝的覆亡；第三，推动中国早期现代化的发展；第四，振兴文教、传播中西文化。①

2005 年，张钧衡主编出版了“晚清四大幕府丛书”，包括刘建强的《曾国藩幕府》、牛秋实等的《李鸿章幕府》、黎仁凯等的《张之洞幕府》和张学继的《袁世凯幕府》，尤其是张之洞幕府和袁世凯幕府，第一次得到系统研究。黎仁凯等人认为，曾国藩幕府和张之洞幕府在对传统幕府的改革、网罗人才、主幕关系、幕府管理等方面存在诸多相似之处。但因两人所处的时代、社会环境和个人品性等方面的差异，导致各自幕府特色的不同。张学继在总序中总结晚清幕府的共同特点是幕主都拥有一支私人性质的军队，幕府的职能扩大。曾国藩等人也是利用幕府结成政治和军事势力集团。晚清四大幕府的共同特点是，它们都是以血缘、地缘、业缘结合起来的。②

之后的张之洞和袁世凯幕府受到更多关注，研究趋向深入。王勇在对张之洞的幕府及其地方新官僚体系的研究中，提出“督抚幕府”这一概念。他认为督抚在镇压太平天国运动的过程中促成了地方督抚集权的格局，军权、财权、用人权都掌握在督抚手里。督抚幕府逐渐成为地方政治的中枢，由此影响了地方政权的组织形式，这正是近代地方行政体制演变的关键环节。晚清幕府第一阶段是由曾国藩和胡林翼打造的新型督抚幕府体制。第二阶段是光宣年间的发展，主要督抚幕府分为南北洋

---

① 李志茗．晚清四大幕府．上海：上海人民出版社，2002；李志茗．晚清幕府：变动社会中的非正式制度．上海：上海社会科学院出版社，2018.

② 刘建强．曾国藩幕府．北京：中国广播电视出版社，2005；牛秋实，范展，高顺艳．李鸿章幕府．北京：中国广播电视出版社，2005；黎仁凯，等．张之洞幕府．北京：中国广播电视出版社，2005；张学继．袁世凯幕府．北京：中国广播电视出版社，2005. 此外，从大众知识传播层面，史林所著《曾国藩和他的幕僚们》(北京：中国言实出版社，1997) 在当时获得巨大成功，这助推了晚清幕僚的知识总结。此外，还有：成晓军．曾国藩的幕僚们．上海：东方出版中心，2000；马东玉．曾国藩和他的幕僚们．北京：团结出版社，2013；金竹山．袁世凯和他的幕僚们．北京：团结出版社，2013。

两系，北洋以李鸿章和袁世凯的幕府为代表，南洋以张之洞的幕府为代表。作者选取张之洞幕府为研究对象，以此揭示晚清地方政治的关系。随着张之洞在政坛的崛起，他逐步建立起各类幕府专职机构，代行了地方政府的诸多职能。张之洞幕府官僚体系的创建和发展，成为近代新旧地方官僚体制转变的桥梁，最终形成了正式地方职官体系与督抚幕府官僚体系两套系统双轨并行的局面。①

冀满红等对袁世凯幕府的研究渐成系列，涉及袁世凯幕府特色、幕府与清末新政、幕府与练兵关系等问题。其研究指出，晚清时期袁世凯幕府的特色主要是：其一，幕府人员来源广泛；其二，具有极强的实践创新能力；其三，具有娴熟的社会交际能力；其四，对幕主的绝对效忠。幕府在袁世凯练兵一事中起了重要作用，将西方的军事理论与中国的传统思想结合，在创办近代军事学堂、编练新式军队、编译军事著作等方面取得了重大成就，推动了中国军事近代化的进程。袁世凯幕府还帮助其转变对立宪的态度，即从漠不关心到积极参与。日后袁世凯之所以能够获取政权，与其幕府人员在清末立宪运动中的表现和取得的成绩是分不开的。②

也有一些学者对晚清督抚幕府做了比较研究。李志茗从规模、能量和影响方面比较了李鸿章幕府和曾国藩幕府，李鸿章的勋望、权势都胜于曾国藩，但在幕府的规模、影响以及幕僚的素质方面都逊色于曾国藩幕府。究其原因，主要在于时代的差异以及两人在人品、道德、学问方面的差异。③ 王天根从学人与幕府离合关系探讨晚清幕府的演变。甲午中日战争前后，李鸿章与张之洞两大幕府相互倾轧。王天根从严复与幕府的关系出发，探讨严复与李鸿章、张之洞的关系，由此窥探严复在晚清幕府利益冲突中扮演的文化角色。严复在李鸿章幕府中倡导“新学”，

---

① 王勇．张之洞督抚幕府及地方新官僚体系研究．北京：清华大学，2006.

② 冀满红，李慧．试论晚清时期袁世凯幕府的特色．安徽史学，2006（3）；冀满红，刘文军．幕府与袁世凯练兵．晋阳学刊，2006（2）；冀满红，李慧．袁世凯幕府与清末立宪．晋阳学刊，2005（1）.

③ 李志茗．规模·能量·影响：李鸿章幕府与曾国藩幕府之比较．社会科学，2002（11）.

形成了不同于张之洞幕府倡导的“东学”的价值趋向。①

关晓红在晚清督抚幕府研究方面，一改以往学者大多关注其渊源的思路，把研究焦点转移到幕府职官化的趋向上，专门讨论在清末外官制改革的过程中督抚衙门改幕为职的问题，以充分的论证构建起幕府制度与清末官制改革之间的联系。

关晓红认为，嘉道咸同以后，因当时社会环境的变化，督抚已经设法应变，通过调整幕府与设置局所，将“官员编制”与“非官员编制”相互补充，建构起一套衙署内外互为支撑的新行政架构，最终统合了体制内外各种常设和临时、公开、隐私的机构。作者把咸同之际督抚文案委员及文案处的出现当作晚清督抚衙署行政体制变化的一个重要标志，在这一过程中，幕友逐渐职官化。清季外官改制，借用唐宋幕职为形式，将幕府、局所纳入职官体系，是外官改制的重要目标，通过分科治事体现近代科层制精神，试图将体制内外机构整合改造，使幕友变成职官。直省政务决策的模式，由督抚独断和幕友私人参谋向行政合议制转换。幕职分科治事，使直省权力机构在从传统官制向宪政行政体制的过渡中迈出了关键的一步。虽然在具体落实时没有达到理想效果，但直省督抚司道衙署由幕友改为幕职还是落实得比较好的。最后，幕友制度退出历史舞台的时间也因全国各地情形的不同而不同。作者在书中引用了大量的未刊档案，报刊，清人文集、日记、书信和笔记等史料，从多学科的角度，用不分科的取法，将观念与制度融为一体，以政体变革为核心，努力回到历史现场，注意中西新旧各种因素的复杂纠葛，把握观念变化与制度变动的关系，动态而又全面地探究了近代政体变革的全过程和各层面。②

林存阳新近出版的《乾嘉四大幕府研究》是继尚小明之后把对幕府的研究延伸到清代中期的又一部专著，并继续聚焦督抚幕府的学术特点和贡献。作者以乾嘉道时期卢见曾、朱筠、毕沅、阮元四大幕府作为研究对象，指出学术性是其最大特色，表现在四个方面：第一，四位幕主

① 王天根．严复与晚清幕府．史学月刊，2006（8）；王天根．晚清幕府纷争与舆论精英的媒介话语选择．厦门大学学报（哲学社会科学版），2010（1）.

② 关晓红．清季督抚文案与文案处考略．近代史研究，2006（3）；关晓红．从幕府到职官：清季外官制的转型与困扰．北京：生活·读书·新知三联书店，2014.

不仅具有很高的学术素养，而且对学术也充满激情，积极倡导和扶持学术；第二，四位幕主有着非常接近的学术取向，在当时形成了新学术形态；第三，四大幕府在规模、地域、学术圈等方面相似且极具代表性，所取得的学术成果也是超前的；第四，四大幕府之间彼此是密切联系的。作者通过系统地梳理、考察这四大幕府幕主的学术背景、学术宗尚、学术活动、学术成就，指出这四大幕府构成了乾嘉学派与乾嘉学术的主体，其学术活动推动了清代汉学的兴起。这四大幕府从兴起到衰落的过程也反映了乾嘉学派和乾嘉学术的发展历程。① 这一研究成果不但将自尚小明以来有关清代幕府的学术性特点的研究推向一个新高度，也充分展示了乾嘉考据学兴衰的政治、社会背景。在研究方法上，作者采取学术史、政治文化史、社会史相结合的方法，并以动态的、整体的新视野对乾嘉时期的四大幕府进行了多角度、多层面的研究。

清代督抚幕府研究至今仍方兴未艾，学界对此表现出很高的关注度。但由于受到史料限制，以及大众关注过热等因素的影响，使焦点过于集中在晚清曾、李等人身上，出现很多重复性的研究。在这种热潮中，除了早期学者的奠基性开拓研究，20 世纪 90 年代以后的幕府研究受到国外启发较大，而尚小明、关晓红、林存阳等表现出的独辟蹊径的冷静思考，推动了幕府研究的深入发展。未来幕府研究该如何寻找新思路，还需要进行更多的探讨。

第三节　清代州县政治研究

明末清初的顾炎武曾专门撰写了《郡县论》，认识到州县基层政权对国家政治治理的重要性，呼吁并探讨针对地方基层政权机构弊端的改革方案。《清朝通典》卷三十四中载州县的职责为："平赋役、听治讼、兴教化、厉风俗，凡养老、祀神、贡士、读法，皆躬亲厥职而勤理之。"有清一代，州县地方的制度建设、职责履行是一个非常受热议的话题，县官多被称为"亲民之官"。有所谓"天下治权始乎州县"之说，"朝廷

① 林存阳．乾嘉四大幕府研究．北京：中国社会科学出版社，2016.

敷布政教，全赖州、县奉行”①。州县职责是“大而钱谷、刑名、教养、风俗，小而建制、修举、科务、庶务”②。州县官起到了朝廷与地方之间承上启下的作用，“位虽卑而所系甚重，百姓之休戚，天下之治乱，恒必由之”③。晚清著名幕僚汪辉祖说过，“天下者，州县之所积也。为之令牧者，人人各尽其职……然亲民之治，实惟州县。州县而上，皆以整饬州县之治为治而已”④。因此，州县治理看似基层，但作为国家政权的基本单位，麻雀虽小五脏俱全，它的职权范围非常广泛，凡国家职权必体现于州县，乃一切国家治理措施实施的起点或终端，关系到一个朝代之政治清浊成败。

所谓州县政治，在这里专指州县政治权力的运行状况，即研究谁或哪个群体是如何掌握着州县的主要政治权力的。州县是清代国家最基层的行政单位，其管理对象是乡村百姓，其权力实施与运行的场域是以州县城为核心的广大乡村社会。百余年来，学术界对清代州县政治权力的关注分为两个不同的方向。一方面，根据瞿同祖的研究，州县之中，除了州县长官，还有书吏、衙役、长随、幕友这样几个群体或集团参与或分享了州县政治权力的运行过程。但从权力的执行和被执行状况来看，这几个群体都是附着于州县官员知县权力的执行者，而在权力被执行的另一方，是百姓和代表百姓的绅士阶层，这样一来，对绅士阶层在州县政治中居于何种地位、掌握什么权力的研究，也就成为清代州县政治问题研究的另外一个方面。因此，百余年来，对州县政治的研究，必然与州县官员、书吏、衙役、长随、幕友和绅士等各个群体脱不了干系。不同的时代对这几个群体研究的侧重点不同，研究视角和方法也各有渊源。而笔者对州县政治研究的回顾与梳理，也将以此为基础，进行分类阐述。

一、关于州县制度及其权力运行的研究

1914年，北洋政府组织修撰了《清史稿》，在《志》部分记载了各

---

① 凌如焕．敬陈风化之要疏//魏源全集：第十四册．长沙：岳麓书社，2004：403.

② 黄六鸿．福惠全书．影印本．淮安：汲古书院，1972：自序.

③ 周镐．上制军条陈利弊书//魏源全集：第十四册．长沙：岳麓书社，2004：51.

④ 汪辉祖．学治臆说//官箴书集成编纂委员会．官箴书集成：第5册．合肥：黄山书社，1997.

省下属的府、厅、州的情况。随后，由萧一山独著的《清代通史》也有论及省道府县之隶属关系、省之官制以及道府州县之官制，“若知府，则系牧民官，亲任抚育教养之责。至于征收租税，裁判案件，水旱灾荒之赈恤，典礼旌表之举行，亦知府职内事也”①。

修史之外，有些学者、政界人士还探讨了民国时期国家制度建设中的州县治理问题，多以清代的州县治理为源头。② 其目的是为民国的县政提供借鉴。日本学者织田万从法学的角度对清朝的官制进行了梳理，研究中涉及地方官的身份、权力、责任等内容，认为“清国承元明之遗制，定地方制度，而地方分权驯致于极端，其结果中央官厅与地方官厅之间无统属关系，皆直隶于皇帝”③。还有些学者就清代的州县制度撰写了论文，郭冠杰通过对历朝地方官制沿革的梳理，简述了清代的地方制度，述及清末地方自治制的新设施，其重点在于探讨清朝地方自治与近世国家地方自治的不同。④ 王秉文除了概述地方官制以外，另辟一章专论幕友与吏胥，布、按二司以下皆设有幕友，认为幕友等同于顾问，而非“佐杂”⑤。全增祐对幕友制度的探讨较为深入，他指出，幕友制度萌芽于明代，形成于清代，主要是由于清代地方行政机构不健全，以及学与政的脱节。⑥ 桑毓英、高尚仁撰文探讨了清代中叶州县行政制度出现的诸多问题和弊端。⑦ 郭登、成惕轩则分别研究了顾炎武曾经在《郡县论》中所提出过的革除地方机构弊端的方案，希望让执政者认识到明清以来州县政治弊端百出对国家、社会的危害。⑧ 1949 年 6 月，张纯明在《岭南学报》第 9 卷第 2 期中发表了《清代的幕制》一文，称清

---

① 萧一山．清代通史：卷上．北京：中华书局，1986：541.

② 这主要包括：程方．中国县政概论．上海：商务印书馆，1939；胡次威．民国县制史．上海：大东书局，1948；黄超云．论县长任期．新福建，1946，9（6）。

③ 织田万．清国行政法．陈与年，梁继栋，郑篪，译．上海：广智书局，1906：285.

④ 郭冠杰．清朝地方官制之略述．社会科学论丛，1931，3（11/12）；郭冠杰．清朝地方自治制度之略述．社会科学论丛，1932，4（3）.

⑤ 王秉文．满清时代中国地方官制．北强，1934，1（3）.

⑥ 全增祐．清代幕僚制度论．思想与时代，1944（31/32）.

⑦ 桑毓英，高尚仁．清中叶县行政舞弊的研究．行政效率，1935，2（11/12），3（1-4）.

⑧ 郭登．顾亭林先生的县政改革论．华夏，1946，1（1）；成惕轩．顾亭林的县政改革论．三民主义半月刊，1944，4（10）.

代的幕府为“无形之政府”。

民国时期这些有关州县政治的论述，主要集中对省、府、州县的划分情况，主要官员的设置，以及这些地方机构的职能进行了通史性的简要概述，同时还有对幕友、胥吏的初步考察。其主要目的还是鉴古知今，为现实提供一些借鉴，学术性探讨还不够充分。

1949年中华人民共和国成立至20世纪五六十年代，史学研究确立了马克思主义唯物史观的指导地位。但由于特定的时代背景，“五朵金花”成为研究热点，州县政治之研究还是处于沉寂状态，成果寥寥。曾有学者如范朴斋延续了之前对幕友制的探讨。① 吴晗在提及乾嘉时期的吏治时，曾简要述及汪辉祖的长期幕府工作为日后其为官州县积累了丰富经验。② “文化大革命”结束后，江地在《清代官制概述（下）》中对行省下的府、厅、州、县制度进行了简单概述。③ 然而学界对州县政治的研究还有待再起步。

那个时代，直接把州县政治当作直接研究对象、最具代表性的是瞿同祖的《清代地方政府》，该书由哈佛大学东亚研究中心于1962年出版。该书是第一本系统、深入地研究清代地方政府的著作，其分析了清代州县官的职能及其运作，包括征税、司法、长随和幕友的使用，对于书吏和衙役的依赖，以及公堂或衙门内的办事程序等。如该书的译者所言，《清代地方政府》是用社会学的方法研究中国清代地方政府的实际构成及其实际运作模式的著作，其避免用现代政府职能分类的概念去探讨地方政府的职能，而是从“哪些人构成（或参与）政府”“政府做（及如何做）哪些事”的两条线索出发，探讨政府传统。瞿氏所归纳的清代地方政府的最主要的特点是“一人政府”，一切权力都由县长官掌控，一切事务也都由其负责。县长官的四大辅助集团，书吏、衙役、长随、幕友，都直接向州县官负责，并不存在任何权力或职能的分工，职能严重重叠，只有一人权力思维之下的任务分派。在此基础上，作者深入分析了在州县这一级“正式政府”中，那些绅士等组成的“非正式”

---

① 范朴斋．略论前清吏胥：对前清“绍兴师爷”和“书办”的介绍．光明日报，1957-01-01.

② 吴晗．汪辉祖论做州县官．文汇报，1962-07-06.

③ 江地．清代官制概述（下）．社会科学战线，1979（3）.

权力集团在其中的重要作用，特别是州县政府依靠介于非法、合法之间的灰暗陋规方式建立其财政收入，州县官及其属员也多以陋规方式取得薪水。因此，州县政府的行政方式也极具私人性质。①

《清代地方政府》一书无论是在研究内容还是在研究方法上，都给人耳目一新之感，奠定了地方政治研究的基础，影响了此后研究清代地方制度的学者，迄今为止仍是研究州县地方政治史不可不读之书。

瞿同祖的研究在两个领域影响深远，即法制史研究领域和官僚制度史研究领域。下面我们分两条线索对清代州县政治研究的发展状况进行评述。

第一类是从法制史角度进行的研究。

在中国古代社会，法律的实施终端最主要的就是地方州县政府，瞿同祖对清代地方州县政府的研究，揭示了司法审判州县政治在权力实践方面的重要表现，涉及很多司法适用的问题，因此，被学术界奉为法制史的圭臬，对研究中国清代法制史产生了很大的影响。

从 20 世纪 80 年代开始，产生了几部在法制史视角下解释州县司法权力运行的著作。首先是那思陆的《清代州县衙门审判制度》，这是一部关于清代州县司法职能研究的力作。该书最早出版于 1982 年，于 2006 年再版。作者运用现代法律学概念体系对清代州县的审判制度进行了论述。该著作对于清代州县的审判程序问题进行了系统阐述，归纳并总结了清代州县司法审判的八大特点：行政、司法合一，易导致州县官滥权；民、刑审判尚未分化，民事审判程序粗疏；司法幕僚盛行，致使州县官审判权有名无实，审判大权旁落幕友之手；允许刑讯取供，违背自白任意性之原则；自动覆审；分层结案，可避免使案件过度集中在“最高法院”；限期审判；承审官负审判责任。这种研究虽然几乎完全按照现代司法模式对清代州县官的司法权进行对照比较，属法制史研究范畴，但那思陆的研究及其对清代州县司法审判特点的总结，也使我们从法律角度看到清代州县官员司法权力的运作特点，为审视清代州县政治提供了一个重要角度。②

这一时期的清代法制史著作还有郑秦的《清代司法审判制度研究》。

---

① 瞿同祖．清代地方政府．范忠信，等译．北京：法律出版社，2003：译序．

② 那思陆．清代州县衙门审判制度．北京：中国政法大学出版社，2006．

在州县司法权力运行这一方面，郑氏分析了顺天府、兴京和获鹿几个县的清代县衙档案，他认为，州县官员在行使司法审判权力时，更倾向于将调处的方式置于责惩之前。在每个案件最初的环节上，县官首先尽量以恰当的批词使“讼起之初”即可平息纠纷，也就是通过调处的方式尽快结案。州县自理案件的调处是诉讼内调处，民间调处是诉讼外调处；调处息讼是合法的，是一项行之有效的司法制度，其社会作用归根结底是使既定的社会秩序得到稳固。这种权力行使原则与方式实际上在很大程度上体现了州县政治的特色。①

稍晚的吴吉远也用这些清代州县档案对当时州县政府的司法职能进行了研究，包括州县政府的司法组织结构、刑名幕友在地方司法中的作用等问题，作者得出了与郑秦不同的结论，认为清代地方州县官员的素质、官场陋习，以及代书、讼师、绅衿都对司法有消极的影响，地方政府的司法职能由于权力的高度集中必然会失调。②

张小也的《官、民与法：明清国家与基层社会》一书旨在发现“中国古代法律发展的内在脉络与机制”③。书中有一节“儒者的刑名”，专门以汪辉祖为例，细致分析这类有过诗书教育经历的“儒者”在讼词中是如何掌握援律、用礼的分寸的，生动展示了州县司法权力的具体运行过程，这是以往从制度层面阐释清代州县司法权力所未达到的，也充分体现了作者“寻找传统宏大叙事的历史断裂之处”的方法论的作用。另外一节“社会冲突中的官、民与法”则以道光时期湖北崇阳的“钟九闹漕”事件为例，作者探讨了官府在其力量难以到达的崇阳，是如何依赖社会力量进行管理的，由此揭示官员、书差、讼师、花户之间的复杂关系。每一类人都在借助自己的职位优势获得对权力的最大诉求。作者并非要研究州县政治，而是以更长时段的视野审视清代州县基层社会在法律纠纷处理中权力的运行状况。但国家与基层社会的接触主要集中在征收钱粮与理讼决狱这两个基本点上，政府亦把原来属于自己管理的一些公共事务交给宗族及其他一些自治性组织去管理。这样一来，国家权力在基层的“变形”便得以形象地体现出来，这也是州县政治非常生动的

---

① 郑秦．清代司法审判制度研究．长沙：湖南教育出版社，1988.

② 吴吉远．清代地方政府的司法职能研究．北京：中国社会科学出版社，1998.

③ 张小也．官、民与法：明清国家与基层社会．北京：中华书局，2007.

一面。

第二类研究是从中国古代官僚体制及其运作实践角度，对清代州县政治进行的专门探讨。

20世纪六七十年代，台湾地区在清代州县政治研究的基础上，表现出对幕府研究高涨的热情，先后有不少论著问世。从清代幕府制度的成长原因、幕宾门丁等方面入手研究，揭开了幕府研究的序幕。① 台湾地区于1967年出版了《明清政治制度》一书，对清代的地方制度进行了专章论述，具体内容是省道府县的隶属、职能等传统论题。② 《清代州县四种》把人们从对重大政治制度的关注转移到州县政治上，这本书收纳了《清代州县故事》《知州知县等官》《知县》《清代幕宾中刑名钱谷与本人业此经过》四文，梳理了清代州县的政治制度及其运作，也是当时研究州县政治的代表性著作。③ 在当时，李国祁对州县官员的量化研究也颇具特色，他质疑州县官任期为三年一说，通过抽样的方法对大陆437部地方志记载的知县任期进行了分析，认为任期在3年以内的占78.8%，即绝大部分知县的任期不超过3年。④

20世纪70年代的台湾学术界，仍然保持着对清代州县政治的研究热情。涉及明清州县官相关制度研究的专著主要有徐炳宪的《清代知县职掌之研究》，探讨了清代知县的法律地位和出身情况，论述了他们具体的各项政治权力，并分析了地方行政中知县所发挥的正负功能。⑤ 戴炎辉通过对台湾地区的许多县进行相关调查，并在充分整理“淡新档案”的基础之上，出版了《清代台湾之乡治》一书，在结构和框架上模

① 相关研究参见：迟庄．清代之幕宾门丁．大陆杂志，1952，5（2）；陈天锡．清代不成文之幕宾门丁制度．宪政论坛，1967，13（2）；缪全吉．清代幕府制度之成长原因．思与言，1967，5（3）；缪全吉．清代幕府之官幕关系与幕席类别．思与言，1969，7（1）；缪全吉．清代胥吏概述（上、下）．思想与时代，1965（128，129）。

② 陶希圣，沈任远．明清政治制度．台北：台湾商务印书馆股份有限公司，1967.

③ 蔡申之，等．清代州县四种．台北：文史哲出版社，1975.

④ 李国祁，周天生，许弘义．清代基层地方官人事嬗递现象之量化分析：第1册．台北：“行政院国家科学委员会”，1975：34-35.

⑤ 徐炳宪．清代知县职掌之研究．台北：台湾私立东吴大学中国学术著作奖助委员会，1974．此外，他还发表了几篇与州县相关的文章：徐炳宪．清代知县之出身及其在地方行政上之地位．大陆杂志，1974，49（6）；徐炳宪．清代县官的社教工作．中国地方自治，1976（9）；徐炳宪．清代县官的社会救济．中华文化复兴月刊，1976，9（10）。

仿瞿同祖的《清代地方政府》，他的这种运用档案资料来研究局部地区的方法对于以后的研究方法产生了很大影响。① 林恩显研究了清代新疆地区的州县制度。② 金铄对台湾的文官制度进行了研究。③

20世纪80年代以后，大陆的学术界开始走向正规化，清代州县政治很快成为一个研究热点，论文繁多，著作迭出，并持续至今。由于成果太多，难以面面俱到，笔者的阐述主要以著作为主，穿插一些代表性论文。80年代，对清代州县制度的研究还没有整体性著作，只有一些研究清代地方官僚制度的论文和著作会涉及州县制度，如赵希鼎的《清代各省的政治制度》、张德泽的《清代国家机关考略》，都对清代省下的州县在制度上的基本设置进行了简要的介绍与概括，没有展开深入的研究。④

进入90年代以后，对清代州县政治问题的研究逐渐深入，出现了一批研究性论文。从国家制度设计的角度出发，秦富平主要对州县政权的机构组成、职能、选任等方面的问题进行了梳理。⑤ 刘鹏九等人考察了县官的选拔、任用、品级、待遇、职权等方面的问题。⑥ 而郑秦则探讨了清代州县的设置状况、州县官员配置状况和吏治状况，特别是提出了清朝养廉银对吏治清明的主要作用。⑦ 他们的主要材料来源都以会典、实录为主。

这其中，在州县制度研究方面比较突出的是柏桦，他一直致力于明清州县制度研究，2003年他出版了《明清州县官群体》一书，聚焦州县官群体，通过利用政治学中有关"政治行为""政治心理"的概念，探究明清州县官群体的政治行为，分析他们的政治心理，以图从更深的层次来了解明清州县政治体制的概貌。该书除了探讨、归纳清代州县官的奖惩制度、司法讼狱制度，其最大的特色是分析了州县官的权力构成

① 戴炎辉．清代地方官制的组织及其实际运用．宪政时代，1975—1976（2-4）；戴炎辉．清代台湾之乡治．台北：联经出版事业公司，1979.

② 林恩显．清代新疆州县制度之研究．人文学报，1976（2）.

③ 金铄．清代台湾文官制度之研究．台湾成功大学历史学报，1977（4）.

④ 赵希鼎．清代各省的政治制度．历史研究，1980（3）；张德泽．清代国家机关考略．北京：中国人民大学出版社，1981.

⑤ 秦富平．清朝的县级政权．晋阳学刊，1994（5）.

⑥ 刘鹏九，王家恒，余诺奇．清代县官制度述论．清史研究，1995（3）.

⑦ 郑秦．清代县制研究．清史研究，1996（4）.

与身边政治势力。作者认为，州县官作为一个相对独立的政治群体，在州县政治中发挥着不可低估的作用，但他们不是孤立存在的，而是与上下左右都有关系，况且权力的行使也要通过属下来执行，因此，分析他们的权力构成和身边的政治势力，了解他们的亲信体系，就成为了解这一群体的必要环节。作者还通过大量史料，试图归纳州县官群体的价值取向和价值追求，对他们的等级观念、伦理道德观念、精神风貌、基本和特殊价值取向、心理特点等进行一些分析。① 柏桦的著作除了使用会典、实录等官书，更是使用了清代州县官员的笔记等史料，这就使该著作相比于八九十年代的研究，发生了一个重要变化，即由国家对州县制度设计的层面，转向州县权力运行实践的层面，州县官由原来被设计的“客体”角色，转为“主体”角色。

进一步推动州县官僚政治研究走向深入的是魏光奇，其著有《有法与无法——清代的州县制度及其运作》一书。② 在这本书中，魏氏试图以现代政治学“有法与无法”的概念为分析框架，通过对清代州县制度及其运作的研究，揭示中国自秦以来“社会政治制度和行政制度的特点与缺陷”，即“一方面在社会政治制度方面处于‘有法’状态，各个社会成员、社会阶层尊卑判然不平，相互之间‘壅蔽’隔阂；另一方面在行政制度方面处于‘无法’状态，各项具体的行政、军事、财经制度不健全、不明确，名实不符，运作随意”③。

在以往学者研究的基础上，特别是受瞿同祖有关清代州县“一人政府”观点的启发，魏光奇对州县政府人员、机构的设置与运作，以及在此过程中附带的私人隶属、私人服从的机制进行了深入分析。以此为基础，他更加关注清代州县制度的实际运作情况，特别是州县官与各级上司衙门的关系等问题。该书特别利用了清代顺天府档案、清代获鹿县档案和四川巴县档案，对清代州县的治理结构、清代州县的正印官、清代州县的衙署组织、清代州县政府的职能、清代州县的财政、清代州县制度的总体特征与缺陷等问题进行了深入而细致的研究。概言之，全书前六章是对清代州县制度的各个组成部分及其所造成的弊病进行分析，第

---

① 柏桦．明清州县官群体．天津：天津人民出版社，2003.

② 魏光奇．有法与无法：清代的州县制度及其运作．北京：商务印书馆，2010.

③ 同②3.

七、八章和结语则是从理论高度上探讨清代州县制度的前现代和非理性特征。

作者借用近代思想家严复的有关说法，分析了清代州县制度存在的两个根本性缺陷，其一，社会政治制度其实是处于尊卑判然不平、相互壅蔽隔阂的“有法”状态，州县官府是一个宗法性的自利集团，腐败与专制是其基本属性。其二，行政制度方面处于不理性、不健全的“无法”状态，治理机制残缺。而造成这种根本性缺陷的深层原因，是由宗法传统所决定的一体化社会结构。在宗法传统的影响下，国家组织也会出现宗法化，使政府形成一个隐形的“人脉网络”，其人员、机构的设置与运作是由私人隶属、私人服从的机制所主导的，这是清代州县制度在行政层面“无法”的深层原因。而政府的一切机构和机制分工合作，共同为了自身利益而运作，这是清代州县制度在社会政治制度层面“有法”的深层原因。这也是州县制度在近代化转型中要解决的主要问题，即通过地方自治来解决“官府本位问题”。

该书不仅是对清代州县制度的研究，正如作者所说，该书希望“从现代政治学的角度出发，以‘有法与无法’为分析框架，较为深入地分析清代州县制度的深层矛盾，以此来透视秦以来中央集权君主官僚制度的特征和缺陷”①。作者通过细致入微地爬梳大量的资料，让我们对整个中国秦以来社会政治制度和行政制度有了全面而深入的了解，这对当今的县治改革也不无启发。在这种理论分析下，作者以上溯秦制下接近代化的长时段视角，更深刻地揭示了清代州县政治的运行特点及其深邃的历史渊源，大大推进了清代州县政治的相关研究。

除了魏光奇的著作，在21世纪的第二个十年，对清代州县政治的研究出现了一个高潮。迄今为止，先后有7部与州县政治直接相关的著作，分别是岁有生的《清代州县经费研究》（大象出版社，2013年）、谭琪的《清代州县治安制度研究》（中国工人出版社，2015年）、冯贤亮的《明清江南的州县行政与地方社会研究》（上海古籍出版社，2015年）、刘彦波的《晚清两湖地区州县行政研究》（中国社会科学出版社，

① 对于清代州县政治的“秦制”特征，作者后来又专门撰文进行深度阐释，具体参见：魏光奇．清代州县的“主奴集团”统治：透视“秦制”的根本特征．北京师范大学学报（社会科学版），2011（1）。

2018 年)、戴建兵主编的《清代的府县》(天津古籍出版社，2018 年)、毛亦可的《清代卫所归并州县研究》(社会科学文献出版社，2018 年)、刘伟的《清季州县改制与地方社会》(北京师范大学出版社，2019 年)。

岁有生的《清代州县经费研究》和谭琪的《清代州县治安制度研究》属于两部州县政治的专题研究，分别研究了州县财政经费问题和治安问题。前者提出了州县“二元财政”的概念：一方面州县财政处于高度中央集权的控制下，州县经费严重短缺；另一方面州县为了解决实际财政问题，必然会产生由州县官主导的、隐性的财政收入。这两者的获得，都需要州县官员与基层社会之间有一个适当的互动关系，实际也就是在财政获得方面州县政治权力如何运作。① 后者则聚焦州县在地方治安的制度设计，对清代维护州县治安的主体及责任规定、清代州县治安案件处理程序、清代州县治安制度施行利弊情况分析、影响清代州县治安制度实施诸因素，以及清代州县治安制度进行评析。②

冯贤亮的《明清江南的州县行政与地方社会研究》与刘彦波的《晚清两湖地区州县行政研究》分别研究了江南和两湖地区的州县行政，是把州县官僚制度与区域特点相结合的两部著作。前者着眼于明清两代，从历史社会学的视野，来分析州县行政与地方社会的关系。该书通过一系列有特色的时间、案例中行政官员的大量实践活动以及社会反应，考察明清江南地区的州县政治实态，以及地方民生的诸多问题，说明当时作为国家行政权力下延的端点和地方意愿表达的起点的州县政府，在维持治安、经济运作、风俗教化、灾难应对等方面是如何操作的。这部著作通过众多具体事例，分析了州县政治实践与制度设计之间的差距。③后者则借助社会学、政治学和心理学的理论为分析工具，以州县政府职能为基本框架和主线，分析晚清两湖地区州县行政运作和演变，包括司

---

① 岁有生．清代州县经费研究．郑州：大象出版社，2013. 最早对清代州县财政问题进行专门研究的是美国学者曾小萍的《州县官的银两：18 世纪中国的合理化财政改革》，她从清代地方“不完全财政”的特点出发，对雍正时期的耗羡归公问题进行了深入研究，包括对州县政治和州县官员的财政权力的深入分析。这部书于 1984 年在美国出版，之后逐渐为中国学界所熟知，对中国有关清代州县财政问题研究产生了重大影响。2005 年由中国人民大学出版社出版董建中翻译的中译本。

② 谭琪．清代州县治安制度研究．北京：中国工人出版社，2015.

③ 冯贤亮．明清江南的州县行政与地方社会研究．上海：上海古籍出版社，2015.

法职能的变动、社会治安管理模式的演变等问题。由于研究时段在晚清，州县政治权力的运作遇到诸如教案等很多含有西方因素的问题。①

戴建兵主编的《清代的府县》是一部论文集，是国家社会科学基金重大项目课题“明清华北地区府县历史文化研究与专题数据库建设”的成果，其对清代华北地区府州县的权力运行多有涉及。② 毛亦可的《清代卫所归并州县研究》则研究了清代顺康雍乾时期卫所机构及其下辖军户、屯田、税粮归并州县关系的转变过程，在一定程度上揭示了这些特殊州县权力机制的渊源。③

刘伟的《清季州县改制与地方社会》一书聚焦于清代州县制度的变革。以往研究晚清史或清末新政史的学者多认为官制改革只集中在中央和省级，较少涉及州县。这本书的研究问题是：晚清州县制度究竟发生了怎样的变化？这些变化究竟给地方治理及其社会带来怎样的影响？着眼于这两个问题，作者从社会的角度去分析州县制度变革，这样既可以分析州县治理方式变化对地方社会的影响，以及地方社会对改革的反应和冲突，又有助于深入了解和分析改革的实际情况。

全书除第一章绪论是作为背景，概括介绍清代州县治理的内容与路径、州县官与各方关系、晚清州县体制改革之议外，其余各章依据清末州县制度改革的先后顺序展开，分别从州县教育管理体系、州县治安体系、州县司法、州县治理模式、州县财政和经济职能、州县官人事制度等诸多方面呈现州县改革的历史面貌。

虽然是研究清代州县制度的变革，但作者没有停留在对章程条文的分析上，而是采取“动态过程”取向的研究方法，从“人事”和新旧制度的纠葛中去把握其变革的趋势和特征。在资料的使用上，作者既关注官方的各种报告、汇报，也注意利用地方志、报刊资料、时人记述；在研究思路上，则注意处理整体性趋势和个案的差异及关系。州县制度变革中比较主要的是自上而下推进的改革。虽然各地情况不一，但也能大致了解各地改革的进展情况，通过大量的州县实例可在一定程度上体现当时的总体风貌。

---

① 刘彦波．晚清两湖地区州县行政研究．北京：中国社会科学出版社，2018.

② 戴建兵．清代的府县．天津：天津古籍出版社，2018.

③ 毛亦可．清代卫所归并州县研究．北京：社会科学文献出版社，2018.

清末的县制改革，尤其是预备立宪时期的州县改革，是两千年来中国县制的一次转型，是近代县制转型的滥觞。预备立宪时期的州县制度改革主要解决了三个问题：一是改变州县集地方事务于一身的情况；二是每省设立各级审判厅，使行政和司法分开；三是建立府厅州县和城镇乡两级地方自治，以弥补官治的不足。分科治事、改造胥吏门丁是州县行政改革的起点，打破了以往州县“一人政府”的旧模式，是现代办公制度的肇始。州县制度改革是清末新政中重要的一环，该著作通过对州县制度改革进行细致入微的探究，亦推动了清末新政的研究。①

二、关于绅士阶层社会权力的研究

在这一时期，在台湾地区和美国的一些华裔学者群中，清代州县基层政治、社会问题被当作一个热点研究话题。20 世纪 50 年代的两部涉及州县地方治理的重要著作是费孝通的文集《中国绅士》和张仲礼的《中国绅士——关于其在 19 世纪中国社会中作用的研究》，都在美国出版了英文版。另外，周荣德的《中国社会的阶层与流动——一个社区中士绅身份的研究》也完成于 50 年代，出版于 60 年代。② 这三部著作各有侧重，但在绅士阶层的功能方面大致观点相同，即他们在州县以下的基层社会，承担着一定的官僚体系无法顾及而又不可缺失的社会责任，包括社会公益事业的兴办，税收的征收，文化教育活动的开展，甚至地方社会治安问题等都离不开绅士阶层出于对儒家道统的维护来进行协调、组织。他们承担着君主与农民之关系协调者的角色。皇帝权力最远下达及州县衙门，绅士阶层是州县以下的乡村社会的领袖，代表农民与州县官进行谈判。“他们是和平岁月的领袖，危难时刻唯其马首是瞻”③，“绅士作为本地的代言人，常常去说服政府接受他们的看法”④。

---

① 刘伟．清季州县改制与地方社会．北京：北京师范大学出版社，2019.

② 这几部书的中文译本在国内出版较晚：张仲礼．中国绅士：关于其在 19 世纪中国社会中作用的研究．李荣昌，译．上海：上海社会科学院出版社，1991；周荣德．中国社会的阶层与流动：一个社区中士绅身份的研究．上海：学林出版社，2000；费孝通．中国绅士．北京：中国社会科学出版社，2006。

③ 周荣德．中国社会的阶层与流动：一个社区中士绅身份的研究．上海：学林出版社，2000：93.

④ 张仲礼．中国绅士：关于其在 19 世纪中国社会中作用的研究．李荣昌，译．上海：上海社会科学院出版社，1991：48.

这些研究无论是从方法上还是从结论上，都对学术界的影响很大。在研究方法上，社会学的研究方法在这几部书中取得了重大成功，受此影响，历史学的研究视野开始更多地关注社会阶层的划分，重视中低社会阶层的研究。而他们的一些重要结论，特别是关于绅士阶层在基层治理上的政治功能，都说明在中国传统社会中，从汉代到明清的“皇权不下县”这个问题将在21世纪受到巨大挑战。

在清代绅士阶层研究方面，从20世纪90年代到目前为止，王先明的研究成果非常突出。其在晚清绅士阶层的地位与权力方面的研究获得了重大成就，其中有几篇论文都涉及州县权力格局的变化。他认为，晚清太平天国运动及地方团练的兴起，导致了原本就在基层社会中居于主导力量的绅士阶层，进一步超越清王朝的基层社会控制组织的制约，形成前所未有的“绅权大张”之势。因而在清王朝精心设置的基层社会控制组织中，绅士阶层由原本的控制对象演变成为控制主体，这导致州县政治格局的重大变化。

在持续不绝的晚清“民变”风潮中，在从传统走向近代的体制变迁过程中，传统绅士阶层被直接推向了基层社会权力重构的中心，形成了占据地方各项权力资源的绅士——权绅。由此形成的绅、民利益及其关系的冲突和恶化，构成了晚清以来地方社会“民变”大潮持续涌动的基本原因之一。晚清“新政”构成绅权“体制化”扩展的制度性基础，而绅权的“体制化”也就构成了“民变”或“绅民冲突”的制度性根源。

道光咸丰之际，中国社会中逐步出现了一个以绅董为主体的地方社会治理权属体系。这一具有历史趋向性的变动，在一定程度上打破了“例不用绅”的惯制，建构了绅董自主、官为督察的地方社会治理模式，导致传统的“官役制”逐步被弱化。这一“隐性制度”在各地规制上尽管各有不同，但“地方事尽归绅董”的历史走向却大体一致。更为重要的是，绅董治理地方社会的权属范围十分广泛，完全溢出了“官役体制”的所属内容。随着清末新政的实施，绅董对于地方治理权属超越了“旧政”规范，并在地方自治制度的构建中，开启了地方治理体制的近代转型。①

三、关于州县幕友、书吏、长随的研究

如前所述，有关清代幕僚、幕友群体的研究，在20世纪五六十年代虽在延续，但在历史学研究“五朵金花”的光环之下，只能算聊胜于无。然而，这一时期台湾地区在清代州县政治研究的基础上，表现出对幕府研究高涨的热情，先后有不少论著问世，通过清代幕府制度成长原因、幕宾门丁等方面研究，揭开了幕府研究的序幕。

“文化大革命”后，在清代地方幕僚体制研究方面首先发声的是郑天挺。

郑天挺认为，清代幕宾的来源有14种，发展分为三个阶段。咸丰以前（第一阶段）幕府的特点是国家对幕府限制严，幕主尊敬幕宾，幕宾自我要求严，幕宾事务以刑名、钱谷、文书为主，只对幕主负责。咸丰初期到光绪中期（第二阶段）幕府的特点是人数增多；产生了等级差别及奖惩制度；与外间联系增多，职名、称谓、地位、作用都有所变化。光绪中期到辛亥革命（第三阶段）幕府的性质、地位都发生根本变化：客卿变为僚属，聘请改为委任，在势力增强的各位督抚之间来回奔走的均为幕宾。② 郑氏的研究虽然并非专门针对州县幕友，但也将其包括在内，这至少表明，学术界开始重新把地方幕僚、幕友当作重要的研究对象。

至20世纪90年代，学术界对清代地方幕府的研究开始进入快车道。社会史的兴盛，非常充分地表现在州县基层社会的研究上，对清代州县幕僚群体的研究先后有多本专著问世，出现一个小高潮。从90年代初到21世纪初的10余年间，先后有10余部这方面的著作问世，包括项文惠的《绍兴师爷》（南京出版社，1991年）、王振忠的《绍兴师爷》（福建人民出版社，1994年）、朱东安的《曾国藩幕府研究》（四川

① 王先明．晚清士绅基层社会地位的历史变动．历史研究，1996（1）；王先明．士绅阶层与晚清“民变”：绅民冲突的历史趋向与时代成因．近代史研究，2008（1）；王先明．绅董与晚清基层社会治理机制的历史变动．中国社会科学，2019（6）；王先明．变动时代的乡绅：乡绅与乡村社会结构变迁（1901—1945）．北京：人民出版社，2009.

② 郑天挺．清代的幕府．中国社会科学，1980（6）；郑天挺．清代幕府制的变迁．学术研究，1980（6）.

人民出版社，1994年）、郭建的《绍兴师爷》（上海古籍出版社，1995年）、李乔的《中国的师爷》（商务印书馆国际有限公司，1995年）、郭润涛的《官府、幕友与书生——“绍兴师爷”研究》（中国社会科学出版社，1996年）、尚小明的《学人游幕与清代学术》（社会科学文献出版社，1999年）、高浣月的《清代刑名幕友研究》（中国政法大学出版社，2000年）、成晓军的《曾国藩的幕僚们》（东方出版中心，2000年）、欧阳跃峰的《人才荟萃——李鸿章幕府》（岳麓书社，2001年）、李志茗的《晚清四大幕府》（上海人民出版社，2002年）。到2016年，林存阳又出版了《乾嘉四大幕府研究》（中国社会科学出版社，2016年）。虽然这其中也有大众性读物，但也都为学者所撰。十多年中有这么多著作以此为研究主题，足以证明这个问题已经成为一个学术热点。同时，西方学者的研究也开始被译介到国内，中西方之间的互动也使这个问题变得更加受关注。①

清代州县幕友是一种普遍存在的现象，对于其定位，可以从历史纵向和社会层级两个角度进行观察。在整个中国幕府历史上，相对于汉唐以来可视为政府行为“辟署制”幕僚，清代的州县幕友属于私人性质的“招聘制”。从整个中国历史的角度来看，学术界对“幕府”“幕僚”“幕友”等概念有很多争论，郭润涛对此进行了比较科学的归纳。他认为“幕府制”“幕制”“幕府制度”“幕僚制度”其实都属于“一种行政长官自主行政（包括军政和民政）的制度”，“‘幕僚制’和‘幕友制’是中国幕府制度的两种存在形态”，而导致这两种形态产生的是用人行政制度在明代时由“辟署制”（政府行为）向“招聘制”（私人行为）的转变。他指出，这两种形态并非对立存在，非此即彼，“在整个幕府制度史上，一直存在着上述两种幕制形态并存的状况”②。

在社会层级上，清代的幕府制广泛存在，从各省督抚到州县层面，

① 吴佩林指出：“从施坚雅到福尔索姆尔，西方学者探讨的幕友成为了推动清代行政管理体制研究的重要因素，拓宽了中国学者的视野。”参见：吴佩林，范鹏鹏．百年来清代州县幕友研究述评．地方文化研究，2016（6）。

② 郭润涛．中国幕府制度的特征、形态和变迁．中国史研究，1997（1）．另外，自20世纪40年代以来，全增祐、李晚成、张纯明等人都对这个问题进行过探讨，参见：张纯明．清代的幕制．岭南学报，1949，9（2）；李晚成．中国幕僚制度考论．上海师范大学学报（哲学社会科学版），1988（1）。

甚至包括军方高级将领，都有延聘幕友、幕僚的现象。相对于封疆大吏的幕府延聘，州县幕友更具有私人招聘性质。

关于州县幕府在清代盛行的原因，郭润涛归纳为四点：第一，清代州县衙署中官员配备不完备，人员较少，而且佐贰官的地位低，起不到辅佐正官为治的作用。第二，随着社会发展，人口激增，致使行政事务大量增加，增加州县衙门中的办事人员数量势在必行，增加书吏数量的措施使流弊大增。第三，清代州县官的素质较低。第四，其时官场中盛行的奉上、趋利之风，使素质本来就不高的官员更加无法应付繁杂的地方事务。于是，州县幕府这一既能辅佐官员处理政务又能约束书吏的新事物应运而生。①

关于州县幕友的功能，第一，在处理刑名案件方面，正如瞿同祖所说："涉及斗殴、诈欺、婚姻、墓地争议、立嗣等案件及其他涉及亲属间的案件，不管是否牵涉借贷或财产权问题，一般都委由刑名师爷处理。"② 第二，在审查花户已缴纳和尚欠税额的过程中，"征比"幕友常常协助钱谷，即一切有关钱粮水旱并修工程之事。③ 第三，负责衙门中的公文来往，草拟信件并交给州县官审阅，而被认可的草稿由幕友或书启助手抄写。第四，负责处理账房、考试阅卷等事务。④

这些研究很有成效地揭示出幕友在州县政治中的作用，这个群体产生于巨大的行政与社会需求，帮助州县官有效处理了刑名、钱谷、文化等各方面涉及地方治理的行政、社会事务。他们成为幕主官场活动的亲信、幕主保官升官的智囊、幕主统驭书吏的代理人，甚至代官出治，有"佐治"作用。有特殊才能的幕僚，则做出了特殊贡献：他们繁荣学术、传播文化、匡正地方官的失误。但与此同时，在州县政治中上下其手、

---

① 郭润涛．试论清代州县衙门设置幕府的原因．学术研究，1990（4）．

② 瞿同祖．清代地方政府．范忠信，等译．北京：法律出版社，2003：161．另外，高浣月的《清代刑名幕友研究》（中国政法大学出版社，2000年）、周保明的《清代地方吏役制度研究》（上海书店出版社，2009年）对此亦有专论。

③ 高浣月对此提出不同意见，认为催征税收并非州县幕友之责。

④ 对此有阐述的研究，参见：郭润涛．官府、幕友与书生："绍兴师爷"研究．北京：中国社会科学出版社，1996；K. E. 福尔索姆尔．朋友·客人·同事：晚清幕府制度研究．刘悦斌，刘兰芝，译．刘存宽，校．北京：中国社会科学出版社，2002：49－50；魏鉴勋，袁闾琨．试论清代的幕僚及其对地方政权的作用．史学月刊，1983（5）；张研．清代知县的"两套班子"：读《杜凤治日记》之二．清史研究，2009（2）。

贪污纳贿、坑害百姓，甚至挟制幕主的劣幕，亦比比皆是。[①]

清代幕僚、幕友问题之所以能够如此受关注，应该有三个方面的原因。一是这个群体介于官员与百姓之间，对主政地方事务的州县官员，甚至封疆大吏，影响巨大，常常被视为州县官背后的实际决策者。尤其是处于变革时代的晚清，封疆大吏幕府成为很多有识之士施展才华和抱负之地，如李鸿章在考中科举后不久，便放弃在京城为官的生活，转身投入曾国藩幕府。左宗棠更是有长期做幕僚的经历。二是随着西方学界有关“公共空间”“市民社会”等概念的传入，幕僚、幕友群体往往被视为公共事务的倡导者和实际操办者而受到重视，学术范式的发展也使这个群体成为一个焦点。三是清代本来就留下了大量各级官府档案，而幕府制度发达，幕僚、幕友活跃，又留下了大量日记、笔记等各种文字材料，成为佐证历史的一种新材料、新视野，可供学者研究。

对于吏员群体的研究，有两部著作值得关注。

一是赵世瑜的《吏与中国传统社会》。这是一部关于“吏”的通史著作，作者把社会史当作一种观察和解释的角度，通过系统理论、组织理论、行政过程政治学理论等考察吏集团在政治系统、政治组织和行政过程中的地位，利用行为科学和角色理论来分析吏集团在不同情况下扮演的不同角色，论证了其行为的复杂多样，然后把吏弊归结为一种“政治行为失常”，是“行政系统的功能障碍”的产物，以至于在分析吏弊产生原因的时候，作者认为这不仅是其自身的角色行为问题，同时也是官的问题、制度的问题、社会的问题。在作者看来，清代的“吏”制承袭了明代，但也有自己的特点。清朝对吏制的改革力度不可谓不大，削减吏额，减少俸禄，减少升转的机会，甚至吏员与明代的书手合二为一，统称“书吏”或“书办”。最主要的就是国家利用读书人作为幕僚、幕友来监督吏员。如何治理“蠹吏”也是上自皇帝下至州县官员一直在探讨的一个问题。但实际效果适得其反，吏员与幕友串通一气，使州县政治更加恶化，胥吏造成的社会问题空前严重，达到登峰造极的地步。故作者用“吏与幕僚共天下”来形容清代州县政治下的吏治状况[②]，而

① 李乔．中国的师爷．北京：商务印书馆国际有限公司，1995；魏鉴勋，袁闾琨．试论清代的幕僚及其对地方政权的作用．史学月刊，1983（5）．

② 赵世瑜．吏与中国传统社会．杭州：浙江人民出版社，1994：162．

这种状况“乃是科举选官之弊造成的吏制问题进一步恶化的体现”①。

作者通过分析吏员在州县行政程序中的地位，认为吏的设置是必需的，是保证行政高效率的必要条件，但中国传统政治结构设计中又没有给予其应有的地位，因而造成了一系列弊端。他也分析了“吏”这个集团特殊的社会角色。吏来自被统治阶级，但由于其变成了统治工具而被本阶级所拒绝；他们为当政者服务，却被当政者阻挡和排斥于该集团之外。这种双重身份与职能，使他们在某种程度上游离于官与民（即统治阶级与被统治阶级）两大对立的社会集团之外，在夹缝中生存。吏与官的主要差别之一在于，在科举制度下读书人通过做官可以把功利追求与道德追求结合起来，但吏员因其卑微、受歧视的地位，只能追求功利价值，放弃道德价值。

作者的这种跨学科的研究极有创见，使吏员集团在州县政治中的地位和作用更加立体地展现了出来。在研究方法上，作者使关于“吏员”的研究跳出单纯史学考证的思路，打开了交叉学科研究的广阔空间。②

二是周保明的《清代地方吏役制度研究》。这是国内唯一一部研究清代地方州县吏役制度的著作，其重要意义就在于深入分析了清代州县官员是如何维系吏役机制的有效运转的。在作者看来，清代州县的吏役制度在清代非常发达，是维持地方政府有效运转不可或缺之因素，这需要州县官员在这一方面利用权力体系，想方设法保证吏役机制的运行。作者对基层州县衙门的运作机制和吏役制度内部的合力因素进行了研究，分析了吏役的多重身份、生成环境、地位待遇、运作形态，探讨了国家和地方官员对地方吏役监察控制的理论和实践，分析了清代州县政府在防范吏役舞弊方面的作为，体现了高度集权的君主专制体制与地方州县吏役制度之间的互动关系，而这一切本身就是州县政治的一部分。可以说，通过展现州县政府与吏役群体之间的互动、博弈关系，作者为我们提供了一个观察清代地方州县政治的新角度。③

在这个问题上，吴佩林等表达了与周保明不同的观点。其认为，虽然周保明说，“夸大官、役之间的矛盾不利于认识衙门机制的平稳运

① 赵世瑜．吏与中国传统社会．杭州：浙江人民出版社，1994：164.

② 赵世瑜．吏与中国传统社会．杭州：浙江人民出版社，1994.

③ 周保明．清代地方吏役制度研究．上海：上海书店出版社，2009：绪论.

行”，且书吏也并非完全控制衙门，但作者在其自己的研究基础上还是强调文书行政是清代州县衙门运行的重要特征，书吏往往凭借文书成为衙门运行的实际掌控者。在司法领域，通过对呈状、契约、叙供、结状等文书的处理控制着案件的受理时间与审判结果。在税收领域，从赋役全书、串票等赋税册籍的制作到保管，皆由书吏掌控，以致州县税收事务均由书吏包征包解。①

在州县吏役问题的研究上，美国学者也有一部非常值得关注的作品，即白瑞德（Bradly W. Reed）的《爪牙：清代县衙的书吏和差役》（*Talons and Teeth*：*County Clerks and Runners in the Qing Dynasty*），这部著作为我们提供了一种新的思路与角度。白瑞德认为不应该把州县衙门看作国家权力与社会力量“对抗”的场所，而应该将其看作一个谈判、交换和竞争的领域，参与其中的是各种个人或集体的正式、非正式的元素。作者利用巴县档案，对巴县的吏役及衙门的运作进行了详细描述。白氏没有纠结于州县吏役制度而是更加关注巴县吏役内部错综复杂的人际网络关系，并深入分析了巴县地方绅士那种社区利益捍卫者和社区冲突调停人的角色，探讨了巴县衙门的非正式收入、地方精英绅士的领导及其与州县官的关系，把巴县县衙“非正式行政”的一面充分地展现了出来。②

四、皇权是否下县？关于州县佐官的研究

对州县幕友和吏役的相关问题的研究，显示了州县官员权力运作的一个重要内容与方面，虽然它们之间一定存在着博弈、谈判、竞争，甚至尖锐的斗争，但这些研究也在很大程度上表现出国家政治权力对基层的控制能力与方式，这是清代州县政治极为明显的一个特点。如前所述，这成为费孝通等人提出“皇权不下县”这种命题的重要根据。瞿同祖对清代地方政府的研究，进一步表明，在“一人政府”下，州县官员手下的四大集团，都听命于州县长官的任务委派，似乎并不具备独立权力和独立行事的能力。

① 吴佩林，王楚强．从文书制度看清代州县书吏对衙门的控制．湖北大学学报（哲学社会科学版），2018，45（1）．

② 转自：周保明．清代地方吏役制度研究．上海：上海书店出版社，2009：47－48。

然而，近些年来，当“行政区划”的概念被使用到县级以下，并与州县佐杂官员的职责结合在一起时，开始产生另外一种观察和研究州县权力在辖区内如何运作的研究思路，即清代是否存在着“县辖政区”？如果存在，其地理分布与运行特点如何？

傅林祥较早关注到州县以下政区存在与否这个问题，他探讨了次县级行政机构与职能、次县级政区的特点、次县级政区的时空分布三方面，认为次县级机构的种类主要是巡检司和分防县丞厅，拥有广泛的权力。他把巡检司等清代代表官治体系的佐杂官员的辖地称为“次县级政权与辖区”，以便与其他基层地理单元进行区别。① 在之后的十多年间，傅林祥对这一观点的表述更加充分。他全面考察了雍正时期县级分防佐杂官的设置、职能等方面内容。按照职能，把次县级行政机构划分为“分防”（缉捕）、“分理”（审理细小案件、缉捕）、“分征”（征收粮赋、审理细小案件、缉捕）三类。②

傅林祥的这一观点得到一些学者的呼应。1995 年，贺跃夫专门探讨了县以下的行政官署的设置及其职能，贺跃夫认为，清代的县级衙门并非皇朝统治的终点，巡检司等基层官署是相当一部分州县中位于县级行政衙门与村落之间的重要基层官署。随着团练的出现，地方绅士逐渐成为晚清基层行政官署的主要支配者。③ 2006 年，刘彦波发表了《清代基层社会控制中州县官与绅士关系之演变》一文，认为清末以后绅士通过组织团练并扩大团练的社会功能，绅士逐渐成为乡村社会控制的主体；自清末新政后，大批绅士从体制外走向体制内，由非正式权力变为正式权力，绅士不仅完全控制了基层社会，并且正式进入州县政府机构。刘彦波以晚清州县行政为研究对象，探讨了晚清两湖地区州县行政的运作和演变，力图厘清州县变革的具体情形及其对州县行政的

---

① 傅林祥．清代的次县级政权与辖区//孙进己．东北亚历史地理研究．郑州：中州古籍出版社，1994.

② 傅林祥．清雍正年间的次县级行政机构及其职能探析．清史研究，2011（2）.

③ 贺跃夫．晚清县以下基层行政官署与乡村社会控制．中山大学学报（社会科学版），1995（4）.

影响。①

但这种观点也受到一些学者的反驳。张研考察了州县佐贰、典史与巡检辖属地的实况、依据和性质，否定了清代“皇权不止于县”的猜想。其依据两点否定了“以佐贰、典史、巡检属地构成县以下一级政权区划”的观点。一是佐贰、典史、巡检不可能在其分辖地成为有如知县的亲民官，二是佐贰、巡检数量过少，其辖属之地没有代表性。其认为广东地区的佐贰、典史、巡检均有辖属区的情况属于特例。② 虽然张研考察了清代县以下的行政区划，探讨了里社、保甲制度演变的深层原因，认为基层社会确立了以绅士为主体的支配体系③，但是，张研的这种观点很明显与“皇权不下县”这一论断的归纳者温铁军的观点一脉相承。“皇权不下县”这一概念早在20世纪三四十年代即已由费孝通、吕思勉等人提出，温铁军在1999年的文章《半个世纪的农村制度变迁》（《战略与管理》，1999年第6期）中正式提出“皇权不下县”这一论断。④

对这个问题的争论在21世纪第一个十年前后变得热烈起来。魏光奇认为，佐杂分辖区的存在，意味着在州县之下划分了行政区。⑤ 吴佩林对“万事始于州县”的说法提出质疑，通过对《南部档案》的研究分析，其认为万事胚胎并非仅始于州县衙门，而是始于县以下的基层行政官属，即位于州县衙门和乡村社会的县丞、巡检等官员。⑥ 茆巍基本上同意吴佩林的观点，故以吴佩林的标题为题，继续探讨“万事始于州县”的问题。其从法学的视角再审视清代的佐杂有无审理权限的问题，

---

① 刘彦波．清代基层社会控制中州县官与绅士关系之演变．武汉理工大学学报（社会科学版），2006，19（4）．他的这种观点后来汇入：刘彦波．晚清两湖地区州县行政研究．北京：中国社会科学出版社，2018。

② 张研．对清代州县佐贰、典史与巡检辖属之地的考察．安徽史学，2009（2）．

③ 张研．清代县以下行政区划．安徽史学，2009（1）．又见：张研．清代县级政权控制乡村的具体考察：以同治年间广宁知县杜凤治日记为中心．郑州：大象出版社，2011。

④ 胡恒．皇权不下县?：清代县辖政区与基层社会治理．北京：北京师范大学出版社，2015：15．

⑤ 魏光奇．清代“乡地”制度考略．北京师范大学学报（社会科学版），2007（5）．

⑥ 吴佩林．万事胚胎于州县乎：《南部档案》所见清代县丞、巡检司法．法制与社会发展，2009（4）．清代南部县衙档案的整理大大推动了这个问题的讨论，相关研究还有：左平．清代县丞初探：以《清代南部县衙档案》为中心．史学月刊，2011（4）。有关典史的研究还可参见：左平，孔令帆．从档案看清代前期典史衙门设置．四川档案，2007（2）；左平，蔡东洲．从《南部档案》看清代州县衙役充任．历史教学，2010（6）。

认为佐杂并非闲曹。清代的佐杂官员逐渐取得了命案代验权，也获得了命案事实上的审理权，佐杂在州县之下发挥着一级审判机关的作用，万事胚胎由佐杂始。[①] 王亚民等以《鹿洲公案》《惠安政书》《宰惠纪略》三书为例，结合档案资料，探讨清代知县对乡村社会的控制和治理能力及其实际运作，认为不能仅仅以为绅士是国家和地方的中介，而把州县官排除在外。[②] 这也是对绅士、幕友掌控州县实权的另外一种反驳。

胡恒通过对清代"县辖政区"的全面研究，将对"皇权不下县"这一观点的反驳提升到一个新的高度。他在清代顺天府、广东、四川南部县、江南、福建、甘肃、新疆等典型区域的众多个案基础上，探讨了清代县辖政区的渊源类型和空间分布，及其与基层行政、法律实践、钱粮征收、市镇管理等问题之间的关系，深刻分析了清代州县权力向州县以下政区延伸的实际状况，向我们展示了州县政治运行的另外一个侧面。[③]

清代县辖政区的设置，代表着州县官权力向很多偏僻地区的延伸，这些巡检司等机构确实具有捕盗、收税等权力。然而，这些更低级别的官员能够真正地把权力深入到乡村社会吗？能够解构在乡村社会中根深蒂固的乡绅、宗族的社会控制权吗？至少在笔者看来，从层级上看，这种县辖政区也好，次级政区也好，的确是在州县之下设置的佐杂官员，单纯由此而说皇权下县了，也可成立。然而，皇权是否下县的关键，还是在于乡村社会自身的社会权力是由绅士、宗族组织，还是由国家派来的官员来掌握。换言之，只有当国家的官员真正取代了这些绅士、宗族组织在乡村治理中的地位时，才能够称得上真正实现了皇权下县。但显然，从皇帝本人，到县官派佐杂入驻乡镇，都没有这种意图，也没有在实践上达到取代乡绅作用的效果。无论是魏斐德对清朝开国的研究还是

---

① 茆巍．万事胚胎始于州县乎?：从命案之代验再论清代佐杂审理权限．法制与社会发展，2011（4）．

② 王日根，王亚民．从《鹿洲公案》看清初知县对乡村社会的控制．华中师范大学学报（人文社会科学版），2006（4）；王亚民．从《惠安政书》看知县对乡村社会的管理．福建论坛（人文社会科学版），2010（8）；王亚民．从《宰惠纪略》看晚清知县的乡村治理．东方论坛，2010（2）；王亚民．从乾隆朝巴县档案看知县对乡村的管理．历史档案，2014（2）．

③ 胡恒．皇权不下县?：清代县辖政区与基层社会治理．北京：北京师范大学出版社，2015．

孔飞力对晚清地方军事化的研究，都证明清朝自始至终对地方乡村绅士阶层严重的依赖性。州县佐杂设置于偏远乡镇收税断案，与州县官员坐在大堂上断案，或派吏役到乡村去收税，并没有质的区别。这些县辖政区仍然是州县官权力向偏僻地区的延伸，并非现代意义上的行政权力向乡村基层的整体下移。清代乡村的社会结构也没有因为这些县辖政区的设置而被彻底改变，乡绅的权力与地位反而在晚清至民国更加强化了，这恰恰是新中国成立后才能够解决的一个问题。因此，关于县辖政区的探讨，或可纠正“绅权大张”观点的偏颇，但它最大的不足是缺乏对佐杂官员与乡村之中乡绅宗族在乡村治理诸问题上之关系的探讨。也就是说，从行政区划视角的观察与研究，还没有触及清代乡村社会的核心问题，也就不可能与社会史的研究展开真正意义上的商榷。如果不能证明这些驻扎乡镇的佐杂是否取代了绅士、宗族在乡村社会中的地位，那么只能说他们仍是瞿同祖所谓“一人政府”之下执行州县长官意志的属员而已。如果从国家最高层面并无对乡村社会结构进行彻底改革的话，如废除里甲、宗族体系等国家政策的实施，那么乡村社会中绅士、宗族的权力空间就会一直非常广阔。

纵观过去百余年关于清代州县政治的研究，其研究对象总体上包括两个方面，一方面是以州县长官为主，包括其佐杂、书吏、幕友在内的官吏系统，即权力的掌握者和执行者；另一方面则是介于官民之间、常常代表乡里百姓与州县官府进行谈判，且掌握着社会权力的绅士群体。从研究视角上则包括了官僚制度史、法制史、社会史、行政区划史等，由此也产生了各种不同的研究方法。

如果把过去一个世纪切为几个时间的横断面的话，就会看到，在民国时期对清代州县政治的研究更侧重于对制度的挖掘，以图为时代提供资政功能。到20世纪五六十年代，以张仲礼、瞿同祖等为代表的华裔学者，更加注重把社会学、法学的方法运用到清代州县政治研究上，寻找州县政治权力的实际控制者。台湾地区学界则受其影响深刻。20世纪80年代以后，大陆学界对州县政治的研究以那思陆、郑秦等人为代表首先从法制史角度发力，探讨州县权力的运行。90年代赵世瑜的《吏与中国传统社会》（浙江人民出版社，1994年）则开创了运用政治学理论与方法来探讨州县政治问题的路径。20世纪的最后十年到21世纪第一个十年，学术界对州县政治的研究出现很大的分化。柏桦和魏光奇的研究则回归到州县官和州县官僚行政制度方面，毕竟这才是州县政治权力的真正合法性来源。而中山大学对华南地区和厦门大学对闽台地区乡村社会的研究，诉诸人类学的理论与田野调查的方法，也是成果迭出，光彩熠熠，揭示出国家权力在不同地域付诸实施的路径与场景。王先明则依然循着社会史的路径，构建出晚清至民国时期绅士阶层控制乡村权力随着时代变革而不断强化的过程。历史地理学的研究者在这一方面也从行政区划与权力分配关系上给出另外一种观察清代州县政治的角度：州县之下“次级”或“县辖”行政区划在全国的广泛设置，体现了国家权力向基层社会的进一步延伸，学者们进而开始对“皇权不下县”的观点提出质疑。这些不同视角之下的研究异彩纷呈，更加深刻地展示和具体描述了清代州县政治运行的实际状况。

总体来说，州县官员群体与权力从一开始的会典、官书中的被塑造者、被规定者，逐渐转向权力运行的主体、制度变通与当地实际相结合的实践者。大量档案，田野考察资料的利用，使学界的研究逐渐摆脱粗线条的轮廓勾勒，进入对区域性州县政治特点的捕捉，对州县官员专项权力运行实践的动态描述，甚至是对行政思想渊源的细腻探讨。由此，州县政治涉及的州县官员、佐杂、吏役、长随、绅士等几个群体（集团）之间权力与利益的此消彼长，也逐渐被阐释得更加清晰。

然而，在州县政治研究的宏观框架下，瞿同祖提出的“一人政府”和张仲礼、费孝通等人提出的“绅权大张”的理论范式，仍然具有很强的统摄力，很多后来的研究固然在档案资料方面远胜瞿同祖、张仲礼，但大多数研究还是沿着瞿同祖、张仲礼等人指出的路径，向细致处推进，其研究范围还无法超越瞿同祖提出的州县几大利益集团。因此，未来对清代州县政治的研究，还需要在充分的史料基础上，有更深一步的理论创新。

第四章 “近代史”还是“王朝史”？两种视域下的晚清政治与制度变革研究

中国传统史学历来重视典章制度的梳理和总结，诸如唐代杜佑的《通典》、南宋郑樵的《通志》以及元代马端临的《文献通考》，后人在此“三通”基础上扩展为“九通”“十通”，以至于钱穆认为研究古代历史“若讲政治，则重要在制度”①。近代以还，中国的制度因为内外因素的激发而发生了剧烈变动，如有学者注意到清末新政前后，中国的制度体系截然两分，此前为一套系统，大致延续了千余年；此后为一套系统，经过逐步的变动调整，一直延续至今，“他们按照外国模式，改变了中国长期以来建立的政府组织，改变了形成国家和社会的法律和制度。如果把 1910 年中国的思想和体制与 1925 年的，以至于今天的中国相比较，就会发现基本的连续性，它们同属于相同的现实系列。另一方面，如果把 1910 年和 1898 年年初相比，人们会发现，在思想和体制两大领域都明显地彼此脱离，而且越离越远”②，而对晚清政治史的研究也产生了“近代史”和“王朝史”两种不同视野。梳理近百年来晚清政治制度变革研究的学术渊源与脉络，则必须看到这两种视野的激荡，然后才可贯通了解这一专史领域研究的滥觞、发展、变化、学术思想、路径取法等方面的情形。

---

① 钱穆．中国历史研究法．北京：生活·读书·新知三联书店，2001：18.

② 任达．新政革命与日本：中国，1898—1912. 李仲贤，译．南京：江苏人民出版社，2006：194.

第一节 “近代史”视野下晚清制度变革研究的宏观趋势

一、勃兴：基于现实关照的清代政制史研究（民国时期）

辛亥革命结束了中国长达2000余年的王朝体制，一跃而入共和政治时代，但新旧交替之际，加之政局动荡，国体、政体之纠结与选择，中央以至地方的各种配套制度之继承抑或重构长期困扰国人，职是之故，此期兴起的相关清代政治制度史研究不得不打上更多的现实关切的烙印。

20世纪20年代，中国古代制度史研究开始勃兴，相关论著涉及晚清政治、经济、军事、教育等各专史领域。陈登元的《中国土地制度》为国民政府建立后土地制度改革的现实需要而作，叙述了从原始初民社会至成书之时人们对土地的认识及制度变迁，清代部分重点介绍了田制、租佃、旗产、庄头等方面内容。① 清末“教育”观念产生后，出于教育改革的需要，古代的“教育”制度也受到重视，这方面论著有王昌的《新师范教育史》（中华书局，1932年）、盛朗西的《中国书院制度》（中华书局，1934年）、陈青之的《中国教育史》（商务印书馆，1936年）等。沈清尘的《中国国防史略》以中国有史以来的国防建设为考察对象，叙述了清代的国防区域、边防、海防、八旗、绿营等军事组织，以及近代西方入侵下的国防论、新军编练等问题。② 由于受变革现实政治的世风影响，政治制度研究成为时趋与主流。如高一涵的《中国御史制度的沿革》即缘起于对“五权宪法”中监察权及章太炎废代议制、复行科道制的回应，全书叙述了古代御史、给事中官职的沿革，简要介绍了清代科道制的基本情况。③ 诸如此类还有邓定人编著的《中国考试制度研究》（民智书局，1929年）、高一涵的《中国内阁制度的沿革》（商

① 陈登元．中国土地制度．上海：商务印书馆，1932.

② 沈清尘．中国国防史略．南京：正中书局，1937.

③ 高一涵．中国御史制度的沿革．上海：商务印书馆，1926.

务印书馆，1930 年)、邓嗣禹的《中国考试制度史》(南京考选委员会，1936 年)、谢国桢的《近代书院学校制度变迁考》(商务印书馆，1936 年)、刘骞纲的《地方自治之研究》(青年书店，1941 年)、朱子爽的《中国县制史纲》(独立出版社，1942 年)、曾资生的《中国政治制度史》(南方印书馆，1943 年)、杨熙时的《中国政治制度史》(商务印书馆，1947 年) 等。

中国法制通史书写中的清代法制的研究当缘起于 20 世纪 30 年代。最早的“中国法制史”专书为程树德编的《中国法制史》，全书分为“总论”“律令”“刑制”等篇，每篇依照朝代分别叙述，涉及少量的清代相关内容。[①] 朱方依照最新法制编纂了《中国法制史》，“参考九通及历代刑法志而成，而又旁稽诸子百家及历代史乘，上溯唐虞，下迄民国，实为吾国五千年来之一部完备法制史”，依年代先后划分为五大时期，唐虞至周末为创造时期；自秦到隋为因革时期；唐代上集大成，下开后代，是继往开来的完成时期；宋迄清同治则为沿袭时期；自光绪以至当日，则为变动时期。朱方认为，“清末变法，实开五千年来未有之奇局，一扫唐虞以来之礼教思想，故不可不独列为一个时期”[②]，其认为此时期的显著特征即由“伦常主义”改趋于“自由平等主义”[③]，着重阐述了法律改革中的新旧之争。

“中国法制史”学科的产生，原本是受日本的学科建制影响而来的，起初国内对其内容及范畴存在争议。陈顾远的《中国法制史》首先从“法制”二字的训释出发，认为治“中国法制史”者，约分两派，一派主张广义的“中国法制史”，其范围“不仅限于法律一端，举凡典章文物、刑政教化，莫不为其对象”；另一派则主张狭义的“中国法制史”，其范围“只以法律上之制度为限”，“制之无关讼狱律例者，皆除于外”。该书则取其广义，分为政治制度、狱讼制度、经济制度三部分内容。[④] 丁元普的《中国法制史》的主旨与此相类似，认为“刑制一门，要不足赅括法制”[⑤]，包括古代宪政、地方自治制度、家族社会制度（婚姻、

① 程树德．中国法制史．上海：华通书局，1931.
② 朱方．中国法制史．上海：上海法政学社，1932：编辑大意.
③ 同②261-262.
④ 陈顾远．中国法制史．上海：商务印书馆，1934.
⑤ 丁元普．中国法制史．上海：上海法学编译社，1930：3.

丧葬制)、经济制度、法典编纂及刑法变迁、教育制度、职官制度、兵制等。相关内容对清代部分皆有所涉及，总体而言，框架粗具但深入则不够。

民国时期，晚清政治制度研究著述有其独特的时代特点，即在学术探求中怀抱救国救世之情怀，而倡导政治革新的时代话语在当时的论著中亦时有体现。1935 年，陈柏心探讨了自周以迄民国的“地方自治选举制度”的沿革历程，介绍了清季地方自治中人民选举议事会议员的规定，并就民国政府当时的选举制度予以评说，认为应当吸取清末限制选举的教训，对于人民的选民资格“不应有消极的限制，以免在不知不觉中间，陷入阶级民主主义的窠臼”①。1946 年，唐柯三发文详细介绍了清末的科举考试制度情形，认为清季的考试中县考、府考、院考较难，而乡试、会试、殿试则较易，其关照现实之意于其中可略见一斑。②1947 年，《外交部周报》刊载了《我国司法制度改革的回顾》一文，通过回顾晚清以至民国时期的司法制度改革，指出“我国司法制度的改良与我国争取国际自由平等的革命运动是有密切关系的”③。可见，这一时期的研究较为明显地体现出“驱旧迎新”的时代特点，反映了史家试图以史为鉴来推动政治制度改革的现实诉求。

综上所述，民国时期晚清制度研究初兴，专题性学术研究成果相对较少，多数为介绍与评述性质的应时之作，而且内中蕴含了较为强烈的以古喻今、推动现实政治制度改革的经世思想，有其积极的一面，但其基于现实关照的学术追求也使其整体的学术建树相对有限，甚至还时常出现简单的“比附”现象。

二、停滞：革命史叙事下制度研究之衰微（1949—1978）

由于受马克思主义革命史观和现实政治影响，中华人民共和国成立后 30 年间史学界主要致力于农民战争史及中国革命史研究，对晚清政治制度，尤其是清政府主导的制度变革的研究始终处于低谷。仅有的研究，也多集中于考察作为革命阵营一方的太平天国政治制度的源流演变

① 陈柏心．中国地方选举制度之演变及今后改革意见．复兴月刊，1935，3（10）.

② 唐柯三．记清季考试制度．文讯，1946，6（5）.

③ 南京中央日报资料室．我国司法制度改革的回顾．外交部周报，1947－12－10（4）.

及影响，研究内容涉及政治、经济、思想文化等各个方面，包括土地制度、赋税制度、地方政治制度、供给制度、爵位世袭制度、官吏铨选制度等，如郦纯的《太平天国制度初探》（人民出版社，1956 年）、《太平天国官制军制探略》（上海人民出版社，1958 年），商衍鎏的《太平天国科举考试纪略》（中华书局，1961 年）等，相关文章和著述十分丰富。

相比之下，史学界对作为革命对象一方的清政府的制度及其演变多有忽视。仅以总理衙门为例，期刊论文仅见钱实甫之一篇论文，且以"清朝政权的半殖民地化"对其进行定性评价，认为总理衙门的出现"正意味着中外反动势力相互勾结的渐趋成熟，是清政府政治机构半殖民地化或封建政权买办化的具体开端"。① 其他方面的制度专题研究，也仅见于 1957 年《文史哲》第 2 期刊载之《试论清代厘金制度》一文。陆景琪从阻碍中国资本主义发展和进步的角度考察和审视了清代厘金制度的产生及其性质，并探索了厘金制度的实施过程及其对当时中国经济社会产生的影响。他认为，厘金制度阻碍了当时中国资本主义的发展，"由于清朝封建统治者在镇压太平天国农民革命运动过程中，实施厘金制度，为挽救其财政的危机，搜刮大量的人民的财富充当军饷"，因此，"厘金的征收成为外国侵略者和清统治者对中国人民财富大量地掠夺"。而厘金制度还"阻碍本国商品的流通、商品经济的发展，为外国资本主义——帝国主义服务，使外国侵略者大量向中国倾销商品"，厘金制度"严重地阻碍当时新兴的资本主义的工商业发展"。陆景琪将厘金制度同太平天国的税收制度做了比较，认为 19 世纪中叶清统治者所实施的厘金制度"正是束缚中国社会向前发展的桎梏之一，适得其反（按：与其相反），在太平天国农民革命时期，革命的英雄们建立了自己的国家，担负着反对本国封建统治与外国资本主义侵略者的双重任务，颁布了'天朝田亩'制度，对外实行独立自主的外交政策，并采取保护工商业发展的税收政策"，两者"形成解明的对照"。② 可见，这一时期的政治制度史研究基本上以太平天国的制度研究为主，而对清政府一方的相关

① 钱实甫．清朝政权的半殖民地化与总理衙门．历史教学，1963（7）；钱实甫．清代的外交机关．北京：生活・读书・新知三联书店，1959.

② 陆景琪．试论清代厘金制度．文史哲，1957（2）.

内容则鲜有关注，甚至讳莫如深。

三、繁盛：改革开放以来政治制度研究再兴（1979—1999）

改革开放以来，晚清政治制度史研究进入了一个崭新的时代，取得了诸多可喜的成果。特别是20世纪90年代以来，晚清政治制度史研究逐渐形成了繁盛局面。研究内容广为涵盖政治、外交以及军事等各个方面，而且渐次突破制度文本自身分析，走向对文本背后意涵及其本质的探究。

（一）官制

清末官制改革，逐渐成为这一时期史学界关注的核心问题之一。吕美颐概述了清末官制改革的过程和内容，认为“清末官制改革是国家体制近代化的开端”，其局限性表现为：第一，在半殖民地半封建的中国进行的改革，不可避免地受到了帝国主义的牵制、影响；第二，它是在清王朝统治者主持下进行的一种调整和改革，是一种自救运动，是一种被动的、消极的改革；第三，中国的资本主义不发达，民族资产阶级没有足够的力量左右官制改革的方向，因而也决定了清末国家体制近代化不可能顺利地进行。① 闫团结分析认为，清末官制改革虽有一定的进步性，但其局限性也显而易见，主要表现为新官制中的民主流于形式，改革未能造就“高效、廉洁、民主的政府和具有时代感、责任感、积极进取的官僚队伍”，民族资产阶级被排斥在国家政权之外，统治阶级内部矛盾激化，促使清政府走向灭亡。② 牟东篱专门考察了清末地方官制改革的过程和内容，认为“清朝统治者不放权”和官员任用中没有引入“竞争淘汰机制”，是造成改革失败的两个主要原因。③ 谢霞飞专门探讨了督抚在清末官制改革中的活动及其作用和影响，认为清政府企图借官制改革加强中央集权，削弱地方权力；地方督抚则想借机向中央夺取更多的权力，打破清朝贵族把持朝政的局面。双方的激烈斗争和冲突加剧了清末政局的动荡，削弱了清政府的统治力量，也在客观上延缓了中国

① 吕美颐．论清末官制改革与国家体制近代化．河南大学学报（哲学社会科学版），1986（4）．

② 闫团结．论清末的官制改革．唐都学刊，1997，13（3）．

③ 牟东篱．论清末的官制改革．山东大学学报（哲社版），1999（3）．

地方制度的近代化进程。① 蓝承恩专门考察了清末广西的弹压制度，认为把土司制度改变成为弹压制度，废除了土司的封建领主统治机构、免掉了各种陋规和无偿劳役，既是一次重大的政治改革，也是一次深刻的经济变革。②

还有学者专门讨论了督抚制度在清末的变动。王雪华梳理了晚清时期督抚制度的变化及内容，认为太平天国运动和湘淮军的兴起是督抚制度发生变化的转折点，其变化呈现出六个新特征：募练兵勇、截留田赋、管理厘金、保举要员、管理新起事务、参与朝政，这反映出太平天国运动以来“政治势力由中央政府移位于地方大吏之实状”③。同期日本学者真水康树则从思维变化的角度，探讨了督抚制度在维新变法前后的不同特点，认为维新变法中出现的一些督抚制度改革的新办法，如裁汰冗官、排除督抚同城、陕甘方式的采纳、支持事权归一等，多以促使行政效率合理为出发点，给“近代中国的地方管理指出了方向”④。刘子扬综合考察了清代地方官制。⑤

此外，还有学者探讨了清末基层官制的改革情况。陆建洪从政治学的角度讨论了清末县吏治制度改革的原因、内容和特点，认为清末的县吏治改革得不彻底，且改革方式有失偏颇，改革后的制度仍具有很大的落后性和腐朽性，因而不能从根本上巩固清王朝的统治。⑥ 其中，关学增从近代史的视角探讨了晚清科举制、经济特科取士制、学堂教育选才制、留学毕业生录用制、议员选举制等官员选任制度及其影响，并进行了较为客观的评价。⑦

（二）外交

有关外交方面的制度研究，在这一时期逐渐兴起。晚清重要外交机构的研究成果大量涌现，并逐渐由“专干卖国勾当的最高决策机构”的

---

① 谢霞飞．清末督抚与官制改革．湖北大学学报（哲学社会科学版），1996（3）.

② 蓝承恩．浅谈清末民初广西弹压制度．中央民族学院学报，1992（2）.

③ 王雪华．论清代晚期督抚制度的变化．湖南社会科学，1990（3）.

④ 真水康树．戊戌维新与对督抚制度的新思维．江苏社会科学，1998（6）.

⑤ 刘子扬．清代地方官制考．北京：紫禁城出版社，1988.

⑥ 陆建洪．试论清末基层吏治制度的改革．政治学研究，1989（3）.

⑦ 关学增．近代中国官员选任制度及其得失．史学月刊，1997（5）.

全面否定态度[①]，转向客观辩证地具体分析。1988年，季云飞开始将总理衙门纳入“中国近代化”叙事范式加以考察，认为在包括工业、科技、国防以及政治制度等诸方面的近代化方面，它都起过“举足轻重的领导作用、组织作用和促进作用”，尽管其并不是有意识地推进中国近代化，且成效甚微，但不能因此而抹杀其在中国近代化中的积极作用。[②] 刘耿生更进一步认为，总理衙门的成立，“宣告了清政府顽固坚持200余年的闭关锁国政策的破产，适应了当时国际交往的需要，为晚清政治制度的近代化创了先例，对中国几千年封建专制政治制度的某些方面给予了冲击和震撼，在客观上是历史潮流的进步之举”[③]。此后，总理衙门研究的范围不断拓宽，广泛涉及其与军机处、内阁、南北洋大臣等机构的关系等方面。[④] 梁严冰等认为，总理衙门是“近代中国政治体制的第一次重大变革”[⑤]。进入21世纪以来，总理衙门研究更为精细化，如对其总办章京、保奖制度等的研究大为推进。[⑥]

进入20世纪90年代，关于外交制度和体制方面的研究渐次呈现多样化。危兆盖专门研究了清末使节制度，认为清季使节制度的近代化经历了三个不同的发展阶段：1861年至1875年为尝试阶段；1875年至1894年为建立阶段；1894年至1911年为向纵深发展阶段。分别论述了三个阶段使节制度的内容及特点，认为领导清季使节制度近代化的清政府没有能力把中国从被侵略的历史困境中拯救出来，使节制度近代化的社会政治效应没有能够如期实现，“结出了一串人们不愿意看到的酸果”[⑦]。同期，彭南生探讨了晚清外交官制及外交官薪俸制度产生和形成的过程、内容，认为清政府将外交官由临时差使定为实官，并根据责

---

① 梁义群．总理各国事务衙门．历史教学，1983（8）．

② 季云飞．试论总理衙门的设立及其在中国近代化中的作用．历史教学，1988（8）．

③ 刘耿生．奕䜣与总理衙门的建立述评．历史档案，1990（3）．

④ 吴福环．总理衙门职能的扩展及其与军机处、内阁的关系．史学月刊，1991（4）；吴福环．南北洋大臣的设立及其与总理衙门的关系．河北学刊，1991（1）．

⑤ 梁严冰，刘蓉．总理衙门：近代中国政治体制第一次重大变革．人文杂志，1998（1）．

⑥ 李文杰．晚清总理衙门的章京考试：兼论科举制度下外交官的选任．近代史研究，2011（2）；李文杰．总理衙门总办章京研究．史林，2010（5）．

⑦ 危兆盖．清季使节制度近代化前期的历史考察．中州学刊，1996（5）；危兆盖．清季使节制度近代化后期的历史考察．江汉论坛，1997（7）．

任与劳绩状况，制定了一个略高于国内文官的增俸晋秩标准，这既反映了清政府从传统外交迈向近代外交的曲折历程，同时也反映了晚清政府对外交事务的日益重视，为外交官的职业化打下了基础。① 向中银对晚清外聘人才的奖赏制度及管理制度进行了考察，认为清政府对外聘人才的嘉奖按劳绩而定，可分为三类：一般劳绩赏给宝星，较大劳绩赏给顶戴与虚衔，异常劳绩则授予实职和银两等。② 向中银还考察了晚清外聘人才的合同制度，认为晚清合同制管理的实行，对引进外国先进科学技术和管理经验，维护国家主权都起到了积极作用，有利于聘用洋员履行职责并调动他们的积极性，减少或避免了双方的纠纷以及洋员及其母国的干预，有助于维护国家和聘用单位的正当权益。③

晚清条约制度是西方列强强加给中国人民的侵略性的制度体系，深刻影响了近代中国的历史进程。李育民从近代史的角度对晚清条约制度的产生、形成过程、内容实质、影响进行了全面而系统的梳理和研究，内容包括领事裁判权制度、通商口岸和租借制度、协定关税制度、外籍税务司制度、最惠国待遇制度、沿海和内河航行特权制度、宗教和教育特权制度、租借地和势力范围制度、驻军和使馆区制度、路矿及工业投资制度、“苦力贸易”和自由雇募制度等④，被称为“我国第一部深入研究和全面论述中国近代条约制度的学术专著”。

（三）法制

关于清末法制的专论性成果，学界主要集中探讨了清末法制改革的相关内容。1981 年，张晋藩发表文章肯定沈家本在晚清法制改革中的正面作用，主要表现为制定新刑律、改革诸法合体的旧律结构形式、司法独立、改良监狱等，使其成为晚清“比较全面地、系统地将资本主义法系输入到中国来的”代表性人物。⑤ 钟启华考察了清末法制改革的过程、内容及其影响，认为这次改革具有一定的历史进步性：打破了法系的封建传统；改革了清旧律中残酷、野蛮、落后的部分；在一定程度上

---

① 彭南生．晚清外交官制及其俸薪制度的形成与变革．华中师范大学学报（哲学社会科学版），1997，36（2）.

② 向中银．晚清外聘人才的奖赏制度．近代史研究，1996（5）.

③ 向中银．晚清外聘人才管理制度初探．社会科学研究，1997（4）.

④ 李育民．近代中国的条约制度．长沙：湖南师范大学出版社，1995.

⑤ 张晋藩．试论沈家本的法律思想（下）．法学研究，1981（5）.

促进了中国资本主义的发展；接受资产阶级法律思想和主张。① 曾宪义、郑定认为，清末法制变革中的许多活动实际上已流于一种“政治上的姿态”，其局限性非常明显，但在客观上给中国法律的近代化带来了一个契机，西方近现代的政治法律意识随之传入，对中国人的近现代民主法治意识的形成亦有首开风气之功。② 公丕祥则从法制现代化的理论视角探讨了清末法制改革与中国法制现代化的内在联系，认为清末法制改革既开始了法律结构的创新性过程，又表现了法律精神的某种价值转型，从而构成了中国法制现代化的历史发端。③

西方国家对晚清法制变革的影响巨大而深远。王立民专门讨论了德国法在清末法制变革过程中所起的作用，他认为中国近代法制是以德国法为蓝本，并间接参考了日本明治维新后在仿效德国法基础上制定的日本法而建设起来的，特别是德国法，对中国近代法制由落后残酷的封建法变为相对先进文明的资本主义法具有积极影响。④

（四）军事

关于军事制度方面的研究，这一时期学术界的成果亦不多见。其中，陆方考察了清末东三省兵制变迁，内容包括八旗、练军、防军、奉天巡捕队、吉林捕盗队、黑龙江巡捕兵、巡防队（营）与新军，认为东三省兵制变迁是阶级斗争、民族斗争的产物，反映了当时东北地区社会经济的发展状况，也反映了当时作战方法需要改变的要求。⑤ 刘志坚以绿营军制为例考察了清政府的军事制度对鸦片战争的影响，认为鸦片战争时中国的军事制度仍沿袭前代的封建体制，营制与守汛之制使清军只能采取消极防御的战略，差操之制与训练制度使清军战术陈旧、缺乏战斗力，征调之制及葬兵、晌粮之制使清军战术笨拙、兵心不一、纪律败坏，因而成为清军失败的一个重要原因。⑥ 徐建考察了曾国藩对清代选

---

① 钟启华．试论清末法制改革．社会科学，1983 (7).

② 曾宪义，郑定．“中学为体，西学为用”：沈家本与清末法制变革再评说．法律学习与研究，1991 (1).

③ 公丕祥．清末法制改革与中国法制现代化．江苏社会科学，1994 (6).

④ 王立民．论清末德国法对中国近代法制形成的影响．上海社会科学院学术季刊，1996 (2).

⑤ 陆方．清末东三省兵制变迁．军事历史研究，1987 (1).

⑥ 刘志坚．论清政府的军事制度对鸦片战争的影响．福建论坛（文史哲版），1990 (4).

将制度的改革，认为其性质虽是封建主义范畴内的调整，但开了近代选将制度改革的先河。这一改革削弱了清中央对军队的控制能力，打破了“以文制武”的格局，促成了督抚专权的局面，改变了晚清满汉官员的力量对比，在中国近现代史上产生了较大影响。[①] 团练大兴于太平天国农民起义之后，为湘、淮勇营兵制奠定了基础，黄细嘉考察了团练产生、组织职能、装备、训练和后勤保障制度。[②]

（五）其他

除以上主要内容外，这一时期关于晚清制度的研究还有一些其他方面的成果，如萧国亮的《清代匠籍制度废除述略》(《社会科学辑刊》，1982年第3期)、冯元魁的《清朝皇嗣制度的演革》(《社会科学》，1982年第7期)、方裕谨的《清代邮驿制度概述》(《历史档案》，1982年第3期)、李进修的《中国近代政治制度史纲》（求实出版社，1988年)、帅建祥的《清末巡警制度述论》[《四川师范学院学报（哲学社会科学版)》，1997年第2期]、沈晓敏的《清末广东巡警（警察）制度述略》(《政法学刊》，1997年第3期)、张富强的《试论广州钦差大臣制度的形成及其终结》(《广东社会科学》，1992年第4期)、张东刚的《论中国近代化过程中的制度安排与变迁》(《南开经济研究》，1994年第5期)、刘悦斌的《晚清幕府制度论略》[《河北师院学报（社会科学版)》，1996年第3期]、邱远猷的《太平天国与晚清“就地正法之制”》(《近代史研究》，1998年第2期)、赵晓华的《略论晚清的京控制度》(《清史研究》，1998年第3期)、张淑钏的《试论近代中国政治制度演变与近代化》(《山西高等学校社会科学学报》，1998年第4期)、张伟红的《论近代上海海关税务司制度的建立》(《山东社会科学》，1993年第2期）等。

综上所述，改革开放20余年间，史学界对晚清政治制度的研究逐渐兴盛起来，且内容涵盖越发广泛，对相关制度基本进行了较为客观的研究，形成较为全面的研究体系。

---

① 徐建．曾国藩对清代选将制度的改革．北京大学学报（哲学社会科学版)，1993（3).

② 黄细嘉．近代的团练和团练制度．历史教学，1997（10).

四、走向多元格局：制度研究新趋势（2000 年以来）

进入 21 世纪，史学界注重借鉴吸收社会科学等学科的理论和方法，近代政治制度史研究出现了新的发展趋势和研究特点，譬如关注视野和研究对象的下移，个案研究的充分凸显，研究内容更为广泛，侧重于考察制度的动态演进，更多地关注人事变迁对制度流变的影响等。

（一）关注区域性制度的运作或变迁

鸦片战争后，清政府在康区重新调整边疆政策，实行了一系列制度改革，摒弃已经沿用上千年的“羁縻怀柔”原则，代之以寻求边疆与内地政治体制的一体化，标志着国家对民族地方事务从有限干预到全面干预的历史性转变。卢梅探讨了清末康区改土归流过程中的不同改制方案，分析了国家如何通过制度建构方式，逐步将权力向民族地方的基层社会扩张伸延，使康区传统社会中的政治格局逐步被瓦解，并依照现代国家的模式重构。卢梅认为，清末的改土归流，为实现政治整合、强化国家对地方的控制能力提供了必要的条件，对抵御外侮产生了积极的作用，初步实现了“外以援西藏，内以固川滇”的战略目标。[①] 位处西北的新疆边疆危机日深，伯克制度日渐成为新疆经济社会发展的障碍，因此，清政府于 1884 年设立新疆行省，此举标志着伯克制度在新疆政治社会制度上的终结。但由于该地情况复杂，因而，直到清末民初，甚至国民党统治时期，伯克仍然存在，直到新疆彻底解放。杨亚雄考察了有清一代新疆伯克制度的演变历程及原因，认为伯克制度在清朝经历了“继承”“变革”“废除”三个阶段，伯克制度的继承、变革以及废除，都是在顺应历史发展潮流的背景下实行的，因而它对清王朝治疆起到了一定的效果。清朝后期，面对外部势力威胁，清廷及时废除了伯克制度，斩断了地方伯克势力阶层同外部侵略势力勾结的链条，这对维护边疆安全、国家统一和领土完整无疑具有重要的现实意义。[②]

---

① 卢梅．国家权力扩张下的民族地方政治秩序建构：晚清康区改流中的制度性选择．民族研究，2008（5）．

② 杨亚雄．论清政府对新疆维吾尔地区伯克制度的政策演变．青海师范大学学报（哲学社会科学版），2016（4）．

清末新政时期江北的地方官制重组经历了“政议三变”，即由漕运总督到江淮巡抚，再到江北提督的演变。冀满红等探讨了清末国家政治改革在该区域的推行及影响，认为这种迅捷的地方改制使地方上的整个行政机构缺乏应对的能力，因而这种变化只局限于职官外在名称的变动，其实际职权并未受限，反而有不断扩大的趋势，并且在实际操作过程中，其权力早已超越军事范畴而扩大至警务、教育，以及财政等各个方面，为江北社会的近代化做出了重要贡献。①

（二）注重基层制度研究

在晚清新政改革中，县制变动非常之大，学者在注重分析制度文本的同时，越发注重考察其实际实行情况。魏光奇以《直省官制通则》为例，对近代县制范畴内各种制度的沿革历程，晚清县制改革的舆论、县制改革的措施及方案详加考察，认为清末州县行政改革的“官治”与“自治”两种方案，以健全县乡行政组织和机制为基本宗旨，代表了中国近代县制改革和建设的基本方向。此后，在北洋政府和国民政府时期的几十年中，中国的县制改革和建设始终没有脱离这一基本方向，各种有关的制度设计也大致没有超越于此。② 1904 年，考核州县制度的正式实行，标志着清代考绩制度的重大变化。关晓红认为，这是清廷试图通过体制内变革、解决吏治腐败的积弊，并为推行新政考察和选拔能员干吏、巩固权力基盘的措施。但督抚势力坐大，革故鼎新难以兼顾统治集团内部的利益分歧，而避重就轻的结果，是使改革徒具形式，背离变政的初衷，同样危及甚至瓦解清朝的统治。州县考绩制的变革及实行，恰好显现了清廷进退两难的困境。包括州县考绩制在内的清末新政改革，未能重新取得社会和民众的信任，却成为舆论抨击的对象，从而使改革走向反面，非但未能消除矛盾，解救危机，反而使统治集团离心离德，分化动摇，与民众的矛盾也日益激化，最终在革命浪潮的冲击下土崩瓦解。③ 柳岳武认为，晚清清廷县官治理政策经历了一个较为复杂的演变过程：嘉、道、咸时期清廷主要通过继承清代中前期的做法去实现对县

---

① 冀满红，吕霞．清末新政前期江北地方官制的变革与因袭（1901—1905）．历史档案，2010（4）．

② 魏光奇．官治与自治：20 世纪上半期的中国县制．北京：商务印书馆，2004．

③ 关晓红．清末州县考绩制度的演变．清史研究，2005（3）．

官的治理；随着两次鸦片战争后清廷统治危机的加重，清代中前期清廷那种相对有效的县官治理政策变得不合时宜，被迫发生变化。它不仅导致同光时期清廷县官治理政策的部分调整，而且也导致了光宣时期清廷对县官管理的“加强”。尽管如此，晚清清廷的县官治理并未取得良好效果。①

晚清国家权力逐步向农村基层社会下延，由此引发了乡村权力结构新的嬗变。围绕着乡村权力格局，国家与社会之间的复杂关系及其权力变动，不仅构成了“政治近代化”过程中乡村权力结构的历史前提，而且也是我们认识近代中国社会的一个新视角。王先明、常书红详细考察了晚清保甲制度演变的原因、过程及影响，并据此分析了国家与社会在乡村社会实际控制中的权力争夺。其认为，保甲制虽然是清王朝实施乡村社会控制的主要制度，但在乡土社会权力的制约下，国家政权向乡村社会的延伸屡受挫抑。②

（三）由静态描述转向动态考察

21世纪的晚清政治制度史研究，渐由侧重于章程条文的静态描述，向兼顾相关人物及事件的动态考察转变，日益注重对人的活动以及人、事与制度之间的相互关系的探讨，并将三者看作一个互动的整体。

关晓红对晚清时期的外官制问题进行了深入研究，通过《从幕府到职官：清季外官制改革中的幕职分科治事》（《历史研究》，2006年第5期）、《种瓜得豆：清季外官改制的舆论及方案选择》（《近代史研究》，2007年第6期）、《独断与合议：清末直省会议厅的设置及运作》（《历史研究》，2007年第6期）、《晚清直省“公费”与吏治整顿》（《历史研究》，2010年第2期）、《清季外官改制的“地方”困扰》（《近代史研究》，2010年第5期）等系列论文，深入探讨了晚清外官制改革的过程、内容及历史影响，并通过分析有关各方的利益冲突，以及此种冲突对改革政治制度和制度实际运行的影响，揭示出清末外官改制在制度设计上的内在矛盾和困境。

刘增合对清末外省的财政制度改革做了专门研究。他详述了清末外

---

① 柳岳武．晚清县官治理研究．贵州社会科学，2010（6）.

② 王先明，常书红．晚清保甲制的历史演变与乡村权力结构：国家与社会在乡村社会控制中的关系变化．史学月刊，2000（5）.

省财政改制的背景、机缘、过程，以及改制的具体内容和实际成效，认为清季外省财政裁局改制，经历了由“纷乱无序”到财权“相对统一”的转变，前期注重节流主义，后期相对重视制度改变。但由于地方督抚难与中央同心协力，因此很难如愿达到“统一财政、强化各省藩司实权”的目的。由于受到各种制度和人事影响，改制设立的省财政机构明显存在新旧杂糅的特征，在“分科办事、职员构成和运行习惯上，未能与旧传统彻底区分。清廷和各省在财政机构的改制上，尚存在着‘能力’与‘努力’的各种约束，改制结果并不纯粹是积极的”①。刘增合通过对宣统年间清廷实行的强行核查外省财政政策进行研究，梳理上层决策过程中的矛盾纠葛、具体核查过程中的主客矛盾细节，以及时人对核查成效的评价落差等，从中解读清季制度转换过程中的关键信息。刘增合认为，宣统年间的财政清查这一行动成为连接旧式财政与新式财政的关键点。此次财政清查虽然大大增加了中央的财政总量，但其持续效果却受到各种制度改革缺陷的影响。官制改革滞后与新政事业无限扩张是两个至关重要的窒碍因素。就前者而言，外官制改革未能彻底开展，各省的财务行政改制成效不彰，公费制度未能有效创设，制约了财政核查的成效；从后者来看，预备立宪清单规定的各类新政改革事业齐头并进，这些新政事业的扩张导致财政亏空急剧增大，财政需求远远超出收入规模，从而制约了财政核查的实效。②

这一时期，学术界对于以人物为中心的晚清政治制度研究也彰显了这一特色。梁严冰通过对袁世凯参与官制改革基本史实的钩沉，探讨了袁世凯在清末官制改革中所起的作用，认为袁世凯作为晚清重臣，直接参与了官制改革的讨论和决策，其态度随着既得利益的损益而变化，这又引起了清廷的猜疑和担心，双方矛盾日趋激化。其结果是袁世凯在辛亥革命中作势不出，客观上为革命力量的发展提供了条件，直接影响了清王朝的前途和命运。③ 韩国学者丘凡真探讨了美国“会议货币专使”精琪及其币制改革方案在晚清币制改革中产生的作用和影响，包括精琪

① 刘增合．由脱序到整合：清末外省财政机构的变动．近代史研究，2008（5）．

② 刘增合．清季中央对外省的财政清查．近代史研究，2011（6）．

③ 梁严冰．袁世凯与清末官制改革．河南师范大学学报（哲学社会科学版），2004，31（2）．

在中国的访问活动及其方案流产过程及原因，认为地方督抚的强烈抵制是清政府最终放弃精琪方案的主要原因，地方行政及财政运营中形成的“陋规”，也是此次币制改革的主要障碍。而其改革方案中提出的金汇兑本位制在清朝末期已逐渐不能适应国际和国内金融形势的发展，这也是其被放弃的主要原因之一。①

留学生在清末法律学制初生、发展和完善过程中扮演的角色日益受到关注。有学者认为，清末“壬寅学制”“癸卯学制”皆以日本明治维新初期的学校制度为蓝本，而作为其组成部分的法律学制的确立亦与留日学生关系密切。他们在清末法政学堂的倡设、法政学堂教育的推行和法政学堂章程的制定过程中发挥了积极作用。总体而言，法律学制是清末法律近代化和教育近代化的重要组成部分，留学生作为西方文化的传播者和早期近代化的参与者、建设者，发挥了其他群体无法比拟的作用。② 贺怀锴在考订史实的基础上，对赵秉钧在清末警察制度早期现代化过程中所起的作用进行了探讨，认为赵秉钧在中央巡警的创设、完善过程中起到十分关键的作用，特别是在建立保定、天津巡警学堂、北洋巡警学堂、京师高等巡警学堂，制定学堂规制的过程中发挥了主导作用，可谓开启了中国巡警教育的现代化历程；其促进了巡警制度在各省的推行，完善了全国巡警网，进而有助于推动巡警制度的早期现代化，为民国及其以后中国警政发展奠定了基础。③

（四）日趋微观化的研究

新时期晚清政治制度研究明显地趋向于微观考察，力图从史实重建入手展示制度的渊源与流变。譬如在官制改革中，清政府对官员俸禄制度也进行了相应的改革，并经历了从部分调整向全面推开的转变。鞠方安以学部官员俸禄为例，具体考察了俸禄制度改革前后之情形，认为其“出台并有限度地实施了一系列改革旧有俸禄制度的措施和方案，以借此达到高薪养廉，澄清吏治。但事实上清政府不彻底的俸禄改革如同其不彻底的官制改革一样，并不能挽救清政府的命运”④。牛贯杰则考察

① 丘凡真．精琪的币制改革方案与晚清币制问题．近代史研究，2005（3）．
② 裴艳．留学生与清末法律学制．历史教学，2007（12）．
③ 贺怀锴．赵秉钧与清末警察制度的早期现代化．阴山学刊，2016（2）．
④ 鞠方安．清末官制改革中官员的俸禄改革．中国人民大学学报，2001（5）．

了晚清军事变制中马队营制的变化，认为晚清清军马队营制经历了两次变化：第一次是湘、淮军的勇营制代替了八旗、绿营的马队营制；第二次是由传统马队向近代化的骑兵方向过渡。① 臧廷秋、周彦以《清德宗实录》为例，从折件内容、进折人员与折子批阅、折件其他规定等方面考察了光绪朝的奏折制度。其认为，在折件内容方面，光绪朝的一些规定在以往各朝的基础上加以强化与提升，进而完善了奏折制度，因此，光绪朝奏折制度具有沿袭性、加强性、完善性的特点。这种制度规定日益严密，使其逐渐成为“繁文缛节”般的章程，其结果必然影响到政务信息处理的效率。② 陈勇通过考察发生于清光绪三十年（1904）的粤海关库款侵蚀案，探讨此案背后反映出的清末税务司制度对海关监督制度之影响。陈勇认为，此案的彻底爆出，并不是因为海关自身监管机制发挥了作用，而是分赃集团内部的利益分歧所致。由于税务司内部的管理模式难以复制且清廷对客卿制度持有戒心，清末税务司系统对海关监督系统难以产生实际影响力。③

（五）研究范围拓展

新时期晚清政治制度的研究范围有了新的拓展，研究方向和具体内容更趋于多元化。如左玉河考察了清季科举制度废除前后实行的一种特殊的奖励制度，即学堂奖励出身制。其在考察清季学堂奖励出身之制度设计与具体实施情况的基础上，分析了科举与学堂在性质及功能上的差异，揭示出“学堂与仕进混合”“抡才与育才并一”制度设计的内在冲突，进而说明了从传统科名奖励制经过学堂奖励出身制之过渡，而转向现代学术奖励制度的复杂性与必然性。左玉河认为，此种制度实际将传统科举制之抡才制度与近代学堂之育才制度简单地进行了“错位嫁接”，它实际上是传统的“学而优则仕”观念之延续，滋生并助长了“以学干禄”风气，强化了“官学一体化”格局，故受到有识之士的猛烈抨

① 牛贯杰．晚清清军马队营制的演变．安徽大学学报（哲学社会科学版），2006，30（5）．

② 臧廷秋，周彦．光绪朝奏折制度考察：以《清德宗实录》为例．理论观察，2012（2）．

③ 陈勇．清季粤海关库款侵蚀案及其治理：兼论税务司制度对监督制度的影响．安徽史学，2016（3）．

击。[①] 周国瑞考察了晚清清鲜护照制度确立的现实依据、护照的发放及相关交涉、清鲜护照的相关规定等，认为清鲜护照制度的出现是清鲜两国开明人士面对日益紧张复杂的东亚国际局势，因时制宜地变通古老封贡体制的主动反应。通过护照，两国商旅获得了自由出入彼此内地的凭证，加深了两国之间的商业往来和文化交流。它虽有现代护照的一些功效，但仍不是完全意义上的现代护照制度，因为袁世凯只将朝鲜视为中国的完全附属国，故其在发放护照时，难免有侵犯朝鲜主权的过激行为。因此，清鲜护照制度仍旧没有逾越两国传统的封贡关系。[②]

这一时期，也有学者开始关注晚清仓储制度，一改以往侧重于清代中前期和南京国民政府时期的研究取向。冯帆以四川新津县作为具体考察对象，认为清代民间仓储制度在晚清时期并未因政权鼎革而消亡，反而在四川新津县逐渐形成了以社济仓与积谷仓为主体的民间仓储制度，直至 1936 年被纳入现代行政体系当中。从中揭示出的新津县民间仓储制度的演变特点是：其一，体现了传统社会结构和民间文化的延续性、稳定性，揭示出政治变迁与基层社会生活改变的不一致性；其二，此种制度在民国时期的演变，反映出国家和地方政府对民间仓储制度的管理与控制。[③]

此外，新时期关于晚清政治制度研究的一些专著也较为明显地体现出上述五点特征。这些著述主要有：杨天宏的《中国的近代转型与传统制约》（贵州人民出版社，2000 年）、赵晓华的《晚清讼狱制度的社会考察》（中国人民大学出版社，2001 年）、尤志安的《清末刑事司法改革研究——以中国刑事诉讼制度近代化为视角》（中国人民公安大学出版社，2004 年）、吕铁贞的《晚清涉外经济法律制度研究》（知识产权出版社，2008 年）、刁振娇的《清末地方议会制度研究》（上海人民出版社，2008 年）、谢如程的《清末检察制度及其实践》（上海人民出版社，2008 年）、春杨的《晚清乡土社会民事纠纷调解制度研究》（北京大学出版社，2009 年）、张运君的《晚清书报检查制度研究》（社会科

① 左玉河．论清季学堂奖励出身制．近代史研究，2008（4）．

② 周国瑞．近代清鲜护照制度之确立述论．求索，2012（8）．

③ 冯帆．晚清民国时期民间仓储制度的延续与嬗变：以四川新津县为例．江汉论坛，2016（7）．

学文献出版社，2011 年)、赵艳玲的《清末民初的代议制——从顺直咨议局到直隶省议会的案例考察》(社会科学文献出版社，2012 年)、卢静仪的《清末民初家产制度的演变》(元照出版有限公司，2012 年)、曹伊清的《法制现代化视野中的清末房地产契证制度——以南京地区房地产契证为范本的分析》(法律出版社，2012 年)、张芳霖的《市场环境与制度变迁——以清末至民国南昌商人与商会组织为视角》(人民出版社，2013 年)、邹亚莎的《清末民国时期典权制度研究》(法律出版社，2013 年)、李默菡的《晚清表达自由制度研究》(武汉大学出版社，2015 年)等等。另外，自 2005 年起陆续出版的“近代中国知识与制度转型丛书”，围绕近代中国的知识与制度转型在政治、经济、外交、社会、教育和思想文化等各领域的反映，展开了广泛研讨，为推进制度史研究提供了新的视角。

第二节　作为“王朝史”的晚清政治变革研究①

自辛亥鼎革，学界大致沿着两个学科体系、五个学派的研究路径与视野方法开展晚清史研究。② 晚清政治史研究已经取得了丰硕成果，尤其集中于晚清七十余年的“三大高潮、八大事件”的事件史研究。“三

① 关于晚清政治史的研究已经有许多研究综述，本文对这些研究成果多有借鉴，具体参见：李细珠．近五年来晚清政治史研究述评．教学与研究，2006 (10)；崔志海．近三年来晚清政治史研究回顾．史林，2012 (5)；邱志红．同光新政与派系纷争研究述评//中国社会科学院近代史研究所政治史研究室．晚清政治史研究的检讨：问题与前瞻．北京：社会科学文献出版社，2014：249－271；崔志海．晚清史研究百年回眸与反思．史学月刊，2017 (8)；邱志红. 2017 年国内晚清政治史研究述评．北京教育学院学报，2018 (4)；李细珠．改革开放 40 年来晚清政治史研究的基本路向．广东社会科学，2018 (6)；崔志海．晚清政治史研究 70 年回眸与展望．史林，2019 (4)；崔志海．近十年来的国内晚清政治史研究．兰州学刊，2020 (5)；崔志海．当代中国晚清政治史研究．北京：中国社会科学出版社，2017。

② 所谓两个学科体系是指清史以及中国近代史，而五个学派是指在清史学科中以赵尔巽等编撰的《清史稿》为代表的遗老派，以萧一山为代表的革命派，以孟森为代表的学术派，中国近代史学科下的以陈恭禄、蒋廷黻为代表的资产阶级学派（认为中国近代史的主题是近代化），以及以李鼎声、范文澜、胡绳为代表的马克思主义学派（他们构建了中国近代史的革命叙事模式），参见：崔志海．晚清史研究百年回眸与反思．史学月刊，2017 (8)。

大高潮、八大事件”构筑了了解晚清政治走向、发展脉络的基石，也正是基于此使晚清政治史研究“长期侧重事件史”，因此，有史家不断呼吁从事件史回归制度史研究，把典章制度与人事关系有机结合起来。[①]晚清政治制度涉及范围极广，本书已经约略论述见及他章，此处笔者意欲对晚清再现的太后垂帘听政、亲王辅政摄政之制的相关研究进行综述。同光宣三朝各项内外决策的制定与实施，都与晚清政府内部各派势力之间的权力斗争紧密相连。从辛酉政变、“甲申政潮”到甲午海战，以至清末十年的一系列新政改革，满洲贵族内部、满汉之间、汉人官僚内部、中央与地方之间各种权力斗争或明或暗，错综复杂，对晚清的政治走向产生了重要影响。虽然晚清各派势力之间的斗争导致政局复杂，但需注意的是，这其中太后垂帘听政、亲王辅政摄政所引起的皇权政治的“变态”，才是主导晚清各项大事走向的关键因素。慈禧通过垂帘听政、训政掌权近五十年，使晚清权力核心——皇权出现二元分化，形成“帝党”“后党”两大派系。而与之相伴的是恭亲王奕䜣以“议政王”身份辅政、载沣以亲王身份摄政两次辅政模式，其不可避免地与垂帘体制和高层统治集团之间产生权力分割。这完全可以视为清前中期以来皇权政治的“变态”。认识晚清皇权政治所发生的关键性变化，是进一步理解有清一代皇权政治的应有之义。因此，本节将以垂帘听政、亲王辅政摄政体制为主线鸟瞰晚清皇权政治变化与国家政治发展方向。

一、宏观研究

从宏观视角集中讨论晚清皇权的论著并不多见。刘景泉的《论晚清皇权的终结与民初共和的肇兴》一文，讨论了晚清皇权政治发生的变化及其最终消亡与共和政体的建立。作者认为，中国古代皇权有皇权专制与皇权制衡两个侧面。前者于乾隆朝已宣告终结，后者在嘉道以后成为主导模式，且因其不可避免地要与现代化运动接轨，故而具有了地主阶级自由化的属性。鸦片战争后，皇权的功能受到极大挑战，曾国藩、李鸿章、左宗棠等原先的地主阶级在野派开始兴起，慈禧因势利导，在曾国藩、李鸿章、左宗棠等人转化为地主阶级当权派的过程中，平衡了各派政治势力，使皇权一时得以稳定。作者将这种皇权制衡称作“慈禧模

---

① 李细珠．改革开放 40 年来晚清政治史研究的基本路向．广东社会科学，2018（6）．

式”，其价值在于一是有意识地成功培养出一个颇有操守的地主阶级在野派政治集团，即清流。这些人以在野派价值观念相标榜，向重权在握的洋务派不断发起挑战，从而防止出现未经皇权许可或只有利于洋务派的擅自行动，使皇权陷于被动的受制局面，影响皇权的威信。二是促使地主阶级在野派不断向当权派转化，在双方的相互渗透与交流中保持地主阶级政治权力结构不断获得新的动力并产生活力。这其中以张佩纶与张之洞为代表，尤其是张之洞逐渐成为与湘、淮集团相抗衡的势力，成为慈禧模式政治权力结构的有力支柱。自此，慈禧模式的皇权制衡便不再单靠权术运作，而是有了权力基础。后来，随着慈禧模式的影响，袁世凯接班李鸿章，加之1900年后慈禧太后将资产阶级自由派置于合法的在野派地位，因而使慈禧模式同时具有了当权派的实力与在野派的政治优势。因此，慈禧模式下的皇权非但没有被削弱，反而更加稳固。所以庚子之后，慈禧看似不再恋栈皇权，而实则不受挑战地运用皇权至1908年去世。庚子后慈禧模式的存在，完全依赖于慈禧与当权派和在野派之间的权力平衡，在慈禧去世后，这种平衡被打破。皇权由一群实际局限于有乾隆朝皇权专制主义观念的满人贵族掌管，使武昌起义后地主阶级自由派与体制内资产阶级自由派离心离德，最终皇权在辛亥革命中荡然无存。①

郭卫东从光绪初年的继统之争出发，也从宏观角度讨论了晚清皇权的“变态”。他认为咸丰之后四朝，因皇帝只有独子或无子，储位秘建无从实行，只能在皇帝临终前后选立储君，遂即帝位，因而更无从建立储权。所以，威胁所在，已不是帝王之尊，这是有制度保障的；晚清对最高统治权最大的威胁来自太后垂帘听政。由此，帝位继承制遭到空前破坏。晚清皇权因此一直处在非正常状态，皇嗣继承处在相对紊乱的情形中，并由此生出诸多重大变故。由此思路出发，或能比较容易理解光绪朝帝后党争的由来，理解皇帝被囚，理解慈禧戊戌年的政变、己亥年的建储乃至戊申年光绪、慈禧前后日的死亡之谜所自何来。继统之争的发生，恰好反映出清朝最高权力结构中的某些“变态”，说明在最高统治权的承接上，制度外的因素（垂帘听政）是如何破坏既成制度的，固守定制者又是如何擎着“祖宗之法”的神圣旗号来力图维护制度的。在

① 刘景泉．论晚清皇权的终结与民初共和的肇兴．南开学报，2000（4）．

传统社会中，道统与政统互为作用从而维系着正统，政统不畅时，道统便每每出来匡复使其回归正统，而道统的秉持者便是那些受儒家正统观念深深浸染的官绅士。吴可读尸谏之后，终以集思广益的形式基本解决了摇动朝局数年的大统问题，使此前不明不白的继统立嗣关系得以理顺，使前朝、当下、未来找到了平衡点，使政局得以稳定，慈禧的垂帘听政和光绪的继位传绪有了“合理合法”的解释。①

王景泽认为，咸丰去世后，两宫太后与赞襄大臣矛盾激化，遂联合恭亲王奕䜣发动政变，推翻赞襄政务体制，形成以两宫皇太后垂帘听政，皇族亲贵掌管军机处、总理衙门两个重要机构，以幼帝名义号令天下的新的皇权构架。但随着内战、外患压力稍缓，两宫太后便挫抑奕䜣，使之俯首。而穆宗去世后，清朝皇权延续了“主幼”“主弱”状态，尤其是在慈安太后去世后，慈禧太后彻底击垮了奕䜣，表面上仍以皇族亲贵主持军机处、总理衙门事务，实际上是太后以“听政”“训政”名义独断专行，并使叶赫那拉家族成为操控皇权的另一舵手。作者认为，清末的皇权构架，对晚清政治产生了深刻影响。其内在理路在于，清朝于“内忧外患”危局之时，步入“主幼”时代。皇位不可移易，由两宫皇太后确保；皇权正常运行，由“议政王”代之行政。可以说，正是得益于新的皇权架构，晚清皇权的继续存在才成为可能。②

外国学者巴斯蒂（Bastid）通过考察辛酉政变前后朝廷关于太后垂帘听政与议政大臣辅政两种体制的争论，论述了晚清官方的皇权观念及其对皇权政治的认识。作者认为，不同于西方有名副其实的完备的帝制理论，中国的帝制是随着朝代更替而不断创设的，并且只有在发生继承权的争执和其他政治性危机时，君主政体的轮廓才会在当时的特别阐述之下变得较为清晰，晚清关于少主继位时是否需要太后垂帘与大臣辅政的体制运作即是最好的分析范例。作者通过对当时大臣奏请太后垂帘听政、辛酉政变后的谕旨内容的分析，认为当时官方强调皇权的作用是保证国家的一统，不能出现对皇权分割的现象。在动荡的 19 世纪，在官员们看来，为实现统一的功用，帝制是所有决策的唯一源泉，没有个人的领导，统一即难获一致。1908 年《钦定宪法大纲》的颁布，为皇帝

① 郭卫东. 论光绪朝的继统之争. 清史研究，2009 (1).

② 王景泽. 晚清皇权构架的内在理路. 北华大学学报（社会科学版），2018 (1).

权力提供了一个法律基础。有关皇帝权力的条款，并不是对民主改革要求的妥协，而是代表了当时高层官员对重新确立皇权基础的长期追求的最终实现。这是18世纪以来，帝国经受的政治地理及人口的变化促使他们采取的实用主义的探索。之后，法律被置于皇权之上，从而使政府的性质发生变化，最终皇权帝制同官制和其他制度一样被视为中国历代国家整体的一个组成部分。如同所有国家体制，帝制同样要受到强调政治有效性的规则的制约。作者认为，虽然公众的认可被视为国家统治合法性的基础，但是对当时的官方朝廷来说，好的法律或规则只有被制定并获得遵守后，才能获得公众的认可。虽然，晚清官员在挽救帝制的运动中失败了，但是将君主政体所体现的统一原则从王权的宗教和礼仪链条中剥离出来，并将其与国家权力的实体紧密相连，必定有助于形成一个新的国家的永恒特征。①

二、专题研究

（一）关于辛酉政变、垂帘听政体制及慈禧、奕䜣政争的研究

垂帘听政体制发端于慈禧与奕䜣等人发动的辛酉政变前后。政变之前，两宫太后即与肃顺集团围绕是否垂帘发生争执。在清除肃顺集团等集团势力之后，最终确立两宫太后垂帘听政与恭亲王奕䜣辅政的格局。关于辛酉政变发生的原因及其成功原因，1952年严中平以《一八六一年北京政变前后中英反革命的勾结》为题整理并发布大量中英联系的史料，这在很大程度上主导了后世学者对外国势力在辛酉政变中作用的认识。② 公孙訇认为，辛酉政变是在英国驻华公使密谋规划和直接指挥下进行的，是外国侵华政策的产物，也正是在外国势力的支持下政变才得以成功的。③ 任恒俊在《论辛酉政变》一文中的观点较为中立客观，他摒弃了以往种种传言小说中的观点，系统分析了当时以端华、肃顺两人，奕䜣一派，以及两宫皇太后尤以慈禧为主的三股势力之间的权力格局，以及当时外国势力插手这一国际背景，认为政变的发生是在三股政

---

① 巴斯蒂．晚清官方的皇权观念．贾宇琰，译．开放时代，2001（1）．

② 严中平．一八六一年北京政变前后中英反革命的勾结．历史教学，1952（4）；严中平．一八六一年北京政变前后中英反革命的勾结（续）．历史教学，1952（5）．

③ 公孙訇．“辛酉政变”与“借师助剿”：兼评肃顺等人．河北学刊，1983（3）．

治势力的争斗之下形成的结果。而其之所以成功的原因，一是太后与奕䜣两派政治势力的联合，二是利用了咸丰遗命的缺陷与端肃集团疏忽大意的弱点，三是西方势力的参与支持，四是利用了“亲亲尊贤”的思想理论。尤其是在“亲亲尊贤”思想之下，政变之中议政王、军机大臣、六部九卿科道会议，酌古准今，制定了太后垂帘仪制，并于光绪朝最终载入会典，成为典制。作者进一步批评了此次政变有史家以祖制依违作为评判准绳的观点，认为这实际上与历史唯物主义相去甚远。[①] 陈绛等人进一步细论了奕䜣是在得到西方国家与北京一批有威望的官员支持，以及对军队的控制的情况下才得以成功政变的。[②] 此后，关于西方势力对辛酉政变的影响引起了一些争论。[③] 此外，也有学者以“同道堂”与“御赏”两方印入手，论证慈禧是如何以掌控“同道堂”印作为自己夺取政权的工具的。[④]

关于辛酉政变与垂帘体制建立的研究专著并不多见，宝成关的《奕䜣慈禧政争记》一书，是较早对奕䜣集团势力的形成及其与慈禧联合发动政变进行研究的专著。作者详细梳理了辛酉政变的过程以及太后垂帘听政与亲王辅政格局的形成，而且用了很大篇幅对辛酉政变的性质进行了分析。作者认为，“外国策动说”并不符合事实，奕䜣虽然与外国有联络，但是其并未放下对外国势力的质疑与警惕。无论是奕䜣还是慈禧，在发动辛酉政变之前，都尚未达到死心塌地投靠英国甘当傀儡的程度，很难设想他们是借助侵略力量登上清王朝的统治宝座的。外国策动说，不仅把中国封建统治者看得太简单无能了，还过分夸大了外国侵略者干预中国内政的能力。其实，清政府向帝国主义投降，是有一个发展过程的。政变产生的根本原因是国内阶级矛盾和阶级斗争的发展，激化了统治阶级的内部矛盾，造成了最高统治集团的分裂。[⑤] 王开玺的《太后垂帘：慈禧奕䜣政变记》一书，虽然并非严格意义上的学术专著，但

---

① 任恒俊．论辛酉政变．近代史研究，1986（1）.

② 陈绛，杨苏荣．论辛酉政变．复旦学报（社会科学版），1987（5）.

③ 王莲英．近二十年辛酉政变研究综述．燕山大学学报（哲学社会科学版），2007，8（3）.

④ 徐启宪．“御赏”、“同道堂”章与慈禧篡权．故宫博物院院刊，1979（3）.

⑤ 宝成关．奕䜣慈禧政争记．长春：吉林文史出版社，1980：99－149.

是其中不乏真知灼见。① 前人观点大多以为在发动政变以前，为满足自己的权力欲望，慈禧令董元醇奏请太后垂帘以及胜保奏请垂帘。② 该书则一反前人主张，认为热河期间肃顺集团与两宫太后之间的矛盾，是两宫太后是否有地方官员奏折阅览权以及官员任免权。也就是说，当时的矛盾主要是太后有无理政之权，而不是两宫太后是否垂帘的问题。而且，从董元醇所上奏折内容来看，其也是强调要求两宫太后在宫内暂时权理朝政，数年后仍将归政于皇帝，并非要太后直接出面垂帘听政。胜宝奏折也是一样，更多的是谈论亲王如何辅政的问题。总而言之，前人所认为的董元醇等人极力要求太后垂帘听政的观点存在误解，他们讨论的重点其实是请太后理政，并择近支亲王辅政，而非仅要求太后直接垂帘。给太后垂帘听政以机会的反而是后来贾桢、周祖培等人的奏请，他们虽也并不强调太后垂帘听政，但是希望太后以无垂帘之名，而有听政之实的建议则给了慈禧太后垂帘听政的可能。最终，两宫太后借此确立了《太后垂帘章程》十一条，太后垂帘听政制度从而得以确立。此外，前人对于慈禧太后建立垂帘体制都有着一个比较集中的观点，即慈禧太后的权力欲望极强，工于权术，喜怒无常，手段阴险，而且在此后的数十年中，两立幼帝、三次垂帘，始终不肯放弃清廷最高权力。因而，建立垂帘体制是慈禧个人权力欲望所主使。但作者认为，这种观点作为慈禧一生的整体评价尚可，但是慈禧太后于同治时期，尤其是辛酉政变前，则未必是这样。咸丰在世时，她的确有权力欲望，但是有所收敛。她之所以参与政变，既是其权力欲望使然，也是出于确保最高权力紧紧掌握在自己儿子手里的考虑。她和恭亲王的联合，既有个人利益的考虑，也有皇帝之母与皇叔联合与外姓争权的因素。同时，作者也对慈禧、奕䜣能够成功发动辛酉政变、建立垂帘体制的原因进行了分析，认为前人所持有的辛酉政变是在外国势力支持下才最终取胜的观点欠妥，作者主张成功的原因一是把握住了发动政变的最佳地点和时机，二是慈禧利用了正统皇权思想。当时弥漫于朝野上下的正统皇权主义思想，使许多文武大臣及封建士大夫对肃顺等人赞襄政务、辅弼幼帝的合法性与可靠性表现出普遍的怀疑。这种正统皇权主义思想才是慈禧太后发动政

① 王开玺．太后垂帘：慈禧奕䜣政变记．北京：中华书局，2007.
② 朱子彦．皇权的异化：垂帘听政．济南：山东教育出版社，2001.

变成功的决定性原因。而且，这种思想不仅影响着当时的人们，甚至影响着当代的某些史学工作者。[①]

此外，有学者呼应王开玺的观点，质疑了发动辛酉政变是慈禧太后为了满足个人权力欲望才建立垂帘听政体制的观点，认为辛酉政变是清廷权力失衡的必然结果，慈禧通过政变上台只是历史的偶然。慈禧固然有掌权野心，但是此时其势力尚弱，不足以担当策动政变的主谋，政变是奕䜣一手策划的，如此一来，与其说是实现了太后垂帘听政，不如说是实现了恭王辅政，慈禧、奕䜣达到双赢的局面。[②]

在最新的研究中，王开玺深化论证了“太后垂帘听政”模式的内涵与变化。他认为，晚清时期，皇帝冲龄践祚，不能立即亲政，于是出现了非正常状态的太后理政、听政与垂帘等皇权运作模式。但是，两宫太后垂帘听政的仪制，很快发生了重要的变化，学界所谓慈禧太后三次垂帘听政的说法有误，至少不够准确。所垂之帘，只是黄色的纱幔或纱屏；至迟在同治九年（1870）六月，两宫太后召见大臣时，即已不再垂帘；听政的地点除了养心殿的明殿或东暖阁，后来又包括养心殿西暖阁、乾清宫西暖阁、西苑勤政殿的东暖阁、颐和园仁寿殿之北楹。严格说来，慈禧共有三次听政或训政，其中只有第一次是垂帘。[③] 高波则探讨了当时“同治”的话语内涵及其演变，并对其在当时垂帘听政体制、亲王辅政的政治格局中的意义进行了深入分析。作者认为，辛酉政变后，为将违反清朝祖宗家法的亲王摄政与太后垂帘格局正当化，恭亲王奕䜣与两宫皇太后定“同治”为年号，以取法“顺治”朝为号召，建立自身的正当性基础。这一“同治”话语的核心是被当作当代睿亲王（多尔衮）的奕䜣。但在同治中期之后，随着两宫（以慈禧为主）权威日增以及清流兴起，对“同治”的新解释开始出现。清流以北宋“元祐”之治为榜样，以两宫为宣仁高太后，而以自身为“元祐诸贤”，希望建立内廷与外朝士大夫同治天下的新格局。这一话语为两宫与清流提供了超

---

① 王开玺．太后垂帘：慈禧奕䜣政变记．北京：中华书局，2007：216－219，226－235，242－248；王开玺．辛酉政变与正统皇权思想：慈禧政变成功原因再探讨．清史研究，2002（4）．

② 陈潮．慈禧策动辛酉政变质疑．复旦学报（社会科学版），1996（6）．

③ 王开玺．咸同之际两宫皇太后的理政听政与垂帘．北京师范大学学报（社会科学版），2018（1）．

出清朝祖宗家法的正当性基础。但19世纪80年代后，随着光绪帝日渐年长，以及公羊学等新学术在京师的流行，新一代清流对“熙丰变法”的态度日趋正面，开始期待宋神宗与王安石式的君相“同治”，故他们与慈禧的关系日渐紧张，最终导致戊戌变法被慈禧强力终止，而这意味着1861年以来以统治集团内各方有限合作为基础的“同治”局面的失败。此后，“同治”“元祐”等话语在实际政治过程中均日渐形式化与空洞化，代之以“民权”与“立宪”等话语。① 李细珠也对太后垂帘体制有一宏观评价，其梳理了历史上慈禧太后及其建立的垂帘体制的两个角度：神化的慈禧太后与妖魔化的慈禧太后，并描摹了一个“还原到人的慈禧太后”。作者认为，慈禧太后的统治，主要靠的是政治经验和政治手腕，是一种典型的“老人政治”模式。在这种模式之下，实际最高统治者没有国家元首和政府首脑的名分，而是靠个人的威望和影响力控制权力，在幕后操纵国家政权。这种政治模式，明显地表现出保守而缺乏远见的特征，可以维稳而难以开新。其实质是一种隐性的专制政治，必然会成为民主政治的绊脚石，从而与政治近代化潮流背道而驰。② 这些研究都为我们理解辛酉政变和太后垂帘听政体制提供了更多的思考角度。

辛酉政变与垂帘听政体制的确立，在很大程度上稳定了处于内忧外患形势下的清朝政治统治，但晚清围绕皇权的激烈政治斗争、变革的序幕也就此拉开。这也成为学界研究的重点内容。

在20世纪80年代以前，学界对辛酉政变后清廷最高统治阶层的内部权力斗争的关注较少。其时，晚清史、近代史研究着重于革命史、阶级斗争史，而忽视了统治阶级内部矛盾斗争的内容。关于这个时期统治阶级内部斗争的专著几乎完全阙如，有关的论文也寥若晨星，不能不说这是晚清史、近代史研究中存在的薄弱环节之一。两宫太后垂帘听政与恭亲王奕䜣以议政王身份辅政，使清廷中央出现了两个权力中心，传统皇权政治下的皇权专制局面被打破。这反映了当时皇权政治发生了极大变化，不得不对其予以更多关注。

80年代以后，对围绕着慈禧而展开的高层政争的研究成为学界研

① 高波．晚清京师政治中“同治”话语的形成与变异．清史研究，2018（4）．

② 李细珠．变局与抉择：晚清人物研究．北京：北京师范大学出版社，2017．

究的着力点。首先便是辛酉政变后，奕䜣集团与慈禧太后之间的斗争。在此之前，戴逸已于20世纪60年代发表《慈禧、奕䜣斗法记》一文，其中已经初步论述了奕䜣集团与慈禧太后之间，亲王辅政与太后垂帘两个体制之间的权力争斗。该文认为，同治初年，奕䜣权力滔天，与慈禧太后之间权力斗争激烈，不过整体而言，奕䜣的势力、地位与统治手段不及后者。“慈禧和奕䜣的政治路线基本一致”，慈禧起初“不得不依靠奕䜣，这种情况决定了这场斗争的隐蔽性和曲折性，斗争也只局限在宫廷的琐事上”。作者通过对“安德海事件”、圆明园修建工程的讨论，以及“甲申政潮”事件的分析，认为慈禧太后是在帝国主义势力支持的背景之下，才取得的最终胜利。① 此后，丁名楠则以补关于高层内部斗争研究之不足为目的，以慈禧从垂帘听政代掌皇权，最终独掌晚清国家大权为主要线索，论述了慈禧与奕䜣集团之间的权力斗争。作者的论据与前述戴逸一文相差无几，但其进一步分析了慈禧太后利用醇亲王以及李鸿藻等清流党人打压奕䜣之事。作者认为，那拉氏与奕䜣集团的斗争，是清朝最高层的斗争之一，曾给予封建统治阶级以极大的震动，但这并不仅仅是顽固派和洋务派的斗争。那拉氏在这些斗争中，曾利用顽固派打击奕䜣等洋务派和帝党，从她的角度来说，完全是权力之争而非其他。而洋务派与顽固派之间的倾轧，除争权外，还有不同政见之争。作为最高统治者的慈禧，其并非顽固派，也并非洋务派，只不过是在利用各派钳制整个朝政，以便于自己揽权。那拉氏是中国历史上黑暗腐朽势力的集中代表。② 可以看到，作者在这里很明显地对慈禧及作为其拢权手段的垂帘体制持批判态度。而这种观点则反映了当时大陆学界对于这一问题的基本看法，影响深远。

除此之外影响较大的则是稍早出版的宝成关的《奕䜣慈禧政争记》一书，该书是对慈禧、奕䜣这两位晚清政局中的头面人物之间，及其派系团体之间的激烈政争的最早的一部学术专著。作者以二人为线索，对同光之际的统治集团内部矛盾、权力分配和人事变动进行了具体的分析。作者认为，随着时间的推移，统治集团内部先后出现肃顺集团与慈

① 戴逸．慈禧、奕䜣斗法记．光明日报，1962－08－27.

② 丁名楠．十九世纪六十至九十年代清朝统治集团最高层内部斗争概述．近代史研究，1982（1）.

禧和奕䜣集团、奕䜣集团与慈禧、洋务派与顽固派、两宫太后之间、恭醇之间等一系列的矛盾。作者不仅梳理了这一系列矛盾斗争的史实经过，还进一步探讨了政争对晚清政局的影响。作者认为，奕䜣集团在政坛上的崛起及其新外交方针的提出，是促成第二次鸦片战争后中外关系新变化的重要因素，并为此后清政府的对外政策定下了基调；辛酉政变后，奕䜣与慈禧的合作及采取的重用汉臣、“守势外交”等内外政策，使清政府渡过了危机，并为洋务运动的开展提供了契机；“甲申政潮”后，由于失去了对慈禧的牵制力量，清政府国是日非，内政外交越发腐败。总之，该书把晚清统治集团中的政争与社会政治的变化发展联系起来进行考察，从社会政治的发展变化中透视政争，得出的结论得到了学界的认可。① 王开玺注意到奕䜣、慈禧政争的起源甚早。辛酉政变后，奕䜣与两宫太后之间的权力分配冲突已然隐藏其中。由两宫太后授予奕䜣“议政王”头衔即可看出，当时慈禧已经注意到限制奕䜣权力的必要性，以避免皇权受到分割。奕䜣与慈禧之间矛盾的爆发，也仅仅是时间问题而已。②

至1884年中法战争爆发，慈禧太后以奕䜣处理不当为由将奕䜣领衔的军机处，乃至总理衙门改组，史称“甲申易枢”或“甲申政潮”。这也是奕䜣势力的彻底衰落与慈禧全面专权的标志，虽然此后奕䜣又复起用，但已是今时不同往日，再难牵制慈禧太后的势力。郭卫东的《甲申政潮与中法战争》一文，较早地分析了中法战争与“甲申政潮”的关系。作者认为，“甲申政潮”对当时正在进行的中法战争和其后的晚清政局带来了很大影响。“甲申政潮”与中法战争两者相互交织，使国内外局势骤增波澜。“甲申政潮”非但没能改变中法战争的进程和结局，而且国际矛盾还令国内统治阶级的内部矛盾更加激化。反过来，国内统治集团的内部矛盾也往往对国际矛盾的演变和解决有着直接而重要的影响。首先，“甲申政潮”使中国处于临阵易帅的境地。这也反映了慈禧不以国事为重，利用困难来打压异己以满足自身权力欲望的极端狭隘性。其次，“清流党”被毁弃，使主战势力受到打击。最后，奕譞无论声望、经验、才能都弱于奕䜣，他主政军机处，对地方将帅的控制相形

① 宝成关．奕䜣慈禧政争记．长春：吉林文史出版社，1980.

② 王开玺．太后垂帘：慈禧奕䜣政变记．北京：中华书局，2007：226.

无力，使地方各行其是，派系斗争越发激烈。① 宝成关的《略论光绪甲申朝局之变》亦论述了该事件。作者认为，在奕䜣与慈禧、奕䜣与奕譞、南北清流之间的多重矛盾之下导致了“甲申政潮”的发生。作者明确主张“甲申政潮”主要是由权力政争引起的，是清朝统治集团内部的一次权力再分配，并未像辛酉政变那样引起清王朝基本方针和政策的变化。“甲申政潮”的发生标志着慈禧太后专权统治的最后形成和确立，结束了辛酉政变以来太后垂帘与亲王辅政相制约的局面。慈禧专权的形成，又使清王朝内政外交都更加腐败。② 孔祥吉认为，“甲申政潮”事件的发生并非偶然，而是清朝统治阶级上层长期以来钩心斗角、争权夺势的结果，然而它的出现又同中法战争的进程有着十分密切的联系。奕䜣与主战派之间的政见不同，而慈禧又对李鸿章、清流党人加以利用，导致“和战仍无定见”，最终使前线败北，促使慈禧改组军机处，打压奕䜣集团。“甲申政潮”是晚清政治格局的一次重大变动，不可避免地对当时正在进行的中法战争，乃至整个清廷的命运，产生了不容忽视的影响。其一，这次朝局动荡，非但未能使清廷的最高统治者转向主战，反而使其加紧实行对外妥协投降的外交方针。其二，“甲申政朝”之后，奕譞主政枢机重地，其作为清廷的中枢机构变得更加窳败腐朽。③

在近来的研究中，也有人注意到在此次政潮过程中奕譞与清流派的实际行动及其作用。④ 胡雁的最新研究，侧重于政潮巨变中、中法议和期间总理衙门发生的改变。作者认为，总理衙门创建之初就与军机处关系密切，辛酉政变后逐渐形成了特殊的“枢译一体”体制，决断和处理洋务，引起奕譞等人的不满。“甲申政潮”中人事上发生巨变，“枢译一体”体制亦初步分离。政变后，张佩纶等人不明慈禧、奕譞的真实意图，以总理衙门为平台，以“枢译一体”体制为转圜行动奔走；转圜行动流产，慈禧、奕譞得以加强对政变后的政局掌控，奕譞的枢译分置目标亦得以实现。北黎冲突爆发后，中法进行交涉，主和派枢臣阎敬铭等人主持的总理衙门主张赔款议和，与慈禧、奕譞的意图不符。中法谈判

① 郭卫东．甲申政潮与中法战争．上海师范大学学报（哲学社会科学版），1988（3）.

② 宝成关．略论光绪甲申朝局之变．史学月刊，1988（5）.

③ 孔祥吉．甲申易枢与中法战争．中国人民大学学报，1989（1）.

④ 宋永林．奕譞与甲申政潮．河南科技大学学报（社会科学版），2017（3）；朱晓博．清流派与甲申政潮．河南科技大学学报（社会科学版），2018（5）.

破裂后，战争爆发，言官弹劾主和派，慈禧、奕譞乘机对总理衙门进行了人事调整，罢黜了主持谈判的当值总理衙门大臣，以此警告与己政见不同的主和派，加强了对总署乃至枢廷的掌控，晚清的政治权力格局为之一变。①

值得注意的是林文仁的《南北之争与晚清政局（1861—1884）：以军机处汉大臣为核心的探讨》一书，可谓关于晚清高层派系之争的扛鼎之作，得到了学界的广泛认可。作者虽以晚清南北士人形成的派系斗争为主线，但也借此分析了当时朝内之恭亲王与慈禧之间的政争。作者认为，辛酉政变之后，南北之争的格局已经初步形成。其中，同治四年（1865）李鸿藻入直军机，同治六年（1867）沈桂芬入直军机，使当时军机大臣除满臣外，其余二席一南一北的南北平衡格局最终稳固下来。此后，南北党争也以这二人为中心展开。至光绪四年（1878），因李鸿藻丁忧，沈桂芬与恭王商议以南人王文韶为军机处行走，打破了南北平衡格局，招致北派士人之第二梯队之瀚詹科道等官员的反对，由此形成清流党。此后，作者以“沈桂芬简黔抚案”“崇厚使俄案”“云南报销案”为例，讨论了南北派之间的争斗。作者最终将南北派士人的斗争与恭王和慈禧的政争相结合，认为清流党人批评南派士人，其实是“垂帘的慈禧有心运用”。同治改元后，慈禧与恭王之间为权力所进行的明争暗斗便不曾真正中断过。在同治四年罢黜恭王以及慈安太后暴崩后，慈禧扩权的念头更盛。至此，慈禧一方面选取醇王作为取代恭王之人，另一方面造成打压恭王的局面。光绪初年以来，愈演愈烈的南北派派系之争，正可被慈禧利用。因恭王与南派一向亲近，在施政上，慈禧攻击南派，实际亦等于动摇恭王的领导地位。利用北派，放纵“清流”，大张言路，实在是慈禧太后运用之妙。这最终促使“甲申政潮”的出现，成为辛酉政变后最大规模的朝局翻覆。但是，还需注意到“清流”不过为倒恭的工具而已，“甲申政潮”之后，“清流”之于慈禧之扩权，只有弊而无利。因此，慈禧太后先是罢黜北派清流宗主李鸿藻，继而借中法战争之际派遣清流张佩纶、陈宝琛、吴大澂会办军务，其中张、陈二人一败涂地。至此，北派清流势力大减，后继乏人。自辛酉政变至中法战争

① 胡雁．中法战争期间清廷中枢的权力调整：以总理各国事务衙门为中心．广西社会科学，2019（4）．

二十余年间的南北之争，在慈禧太后的倒恭、扩权的利用之下，最终以北派清流之势弱而告一段落。①

至于奕䜣与慈禧太后失和继而政争的原因，徐永斌的《奕䜣与慈禧太后失和原因探析》一文中有专门分析。作者认为，权力之争是奕䜣和慈禧失和的主要原因；此外，性格上的差异也是一个重要原因。恭亲王勇于任事，性情外露，争强好胜；而慈禧生性刚毅，自信心极强，生性尤喜他人恭维她。而奕䜣对慈禧的一些做法一向不善逢迎附和，这导致了二人的矛盾冲突。心理因素也是一个诱因：由于慈禧太后上述性格特点及极强的权利欲，常常引起其心理上的不稳定性变化，心理上的变化反过来又会加强这种性格特点；此外，奕䜣小节失慎、不迎合慈禧的一些不智之举，以及其深得洋人的信任和朝廷内外臣民的拥护都招致慈禧的猜忌。②

（二）关于帝党、后党之争的研究

张孝若较早地对甲午前后的帝后党争进行了判断，他认为，1884年前后，“慈禧太后和光绪帝，表面上虽大家还能保持相当的礼貌，可是实际上的朝局，已分出帝后两党，各有水火不能相容的局势”。在他看来，正是由于帝后党争使甲午战争期间和战不定，最终导致战败局面。③ 这种观点也一直影响着后世史家对于甲午战争期间帝后党争和战争论的认识。

帝党、后党之争，是多年来史学领域不断讨论的一个问题。长期以来，人们一直把帝党当作封建地主阶级的代表，把帝党反对后党操纵政治、媚外投敌的斗争，当作争权夺利，认为他们的变法思想主张是洋务思想，把光绪帝称作“洋务皇帝”。对此，任茂棠提出了自己的看法，他认为，帝党虽然是为扩大光绪的政治实力而产生的一个封建集团，但它同后党的矛盾绝不仅仅是权利之争，二者在政治上，即在对内对外政策上也有着重大的分歧。作者将甲午战争前后帝后两党之争分为三个阶段：第一阶段，即1894年6—8月，帝后党争的中心问题是战与不战的

① 林文仁．南北之争与晚清政局（1861—1884）：以军机处汉大臣为核心的探讨．北京：中国社会科学出版社，2005.

② 徐永斌．奕䜣与慈禧太后失和原因探析．安徽史学，2000（4）.

③ 张孝若．南通张季直先生传记．上海：中华书局，1930：56－57.

问题；第二阶段，即1894年8—12月，帝后党争围绕战与和展开；第三阶段，即《马关条约》签订前后，帝党和后党围绕签订还是反对《马关条约》进行斗争。通过对历次斗争中帝后两党的不同政策的分析，作者认为帝后两党在甲午战争中斗争的中心问题是投降和反投降的问题，是抵抗派同投降派的斗争。帝党在战争中的许多言行，不仅代表了清政府中一切具有民族意识的爱国官吏的愿望，也反映了人民的心声。因此，不应该将帝后两党等量齐观，应承认帝党的爱国和进步作用。[①] 戚其章较为全面地梳理了甲午战争前后所反映的帝后党争问题。他详细梳理了战争初期帝后两党在选帅、罢孙（毓汶）、易李（鸿章）、拔丁（汝昌）等多处的争论，认为帝党是积极主战的，但不能知己知彼，一味只讲进攻，却拿不出切实可行的克敌制胜的方针，而且不太讲究斗争策略，乱加攻击，甚至天真地认为换掉几个人即可解决问题，表现了他们十足的书生气。后党则主张单纯防御，即消极防御。然而，不讲反攻和进攻的防御，只能导致失败。在战争后期，由于帝党易李之举受挫，在慈禧决议议和之时，帝党积极采取对策，通过起用奕䜣，联络英、德以拒日，但是其效果并不明显，甚至起了反向作用。此时的帝后党争尚未激化，直到旅顺口陷落，帝后党争才进入公开的激烈争斗之中，最终经过几个回合以帝党失败、后党成功议和结束。[②] 吴心伯认为，甲午战争之后，清廷朝局发生重大变化：一系列维新人士的革新主张被重视，更重要的是帝党、后党之争日趋激烈。帝党不断增强自身实力，一是让翁同龢、李鸿藻入军机，二是重起奕䜣，三是驱逐孙毓汶、徐用仪出军机。面对帝党的挑战，老谋深算的慈禧发挥善于政争的特长，采取针锋相对的措施。首先，其以各种借口打击帝党分子，如外放志锐，处分珍瑾二妃，驱逐文廷式直至削夺长麟、汪鸣銮职等。更重要的是提拔新的亲信荣禄、刚毅以代替声名狼藉的孙毓汶、徐用仪二人。甲午战争后，帝后党的分野与对立，引起朝局极有意义的变革，而时局的发展又赋予它以新的内涵，即以帝党、后党为核心的革新派与守旧派的形成和抗衡。虽然这两派之间的关系错综复杂，但是整体上看还是基本上表现出革新与守旧的态势。在两者拉锯平衡的过程中，促使戊戌维新与戊戌政

---

① 任茂棠．试论甲午中日战争时期的帝党．晋阳学刊，1980（2）．

② 戚其章．论甲午战争后期的帝后党争．山东社会科学，1990（6）．

变的发生。①

汤志钧注意到翁同龢对帝党形成的重要性，他认为翁同龢是帝党领袖，他注目“清流”，宏揽名士，以至引用新进，汇成帝党。甲午战争期间，“清流”蔚为帝党，帝后两党争夺政权在和战问题上集中反映出来。但是，帝党的政治地位决定了他们对后党的斗争是软弱的。他们只是想从后党的控制权下获取权力，并不敢真正与后党决裂；他们只敢对李鸿章进行公开声讨，而对慈禧则察言观色。帝党的“整顿”愿望只能在甲午战争后伺机而起，亦即与维新派的合流推动戊戌变法。② 也有其他文章对帝后党争中的具体斗争、帝党思想的新发展与改革追求，及其维新派之间的关系进行过论述。③

至于甲午战争前后是否形成帝党、后党和帝后党争，有学者持否定意见。王开玺认为，帝党、后党在甲午战争时并未形成，并以此否定了“帝党主战，后党主和”的笼统描述。帝党、后党并未形成的原因有三：一是光绪皇帝并未树立起树党自固的权威；二是光绪亲政至甲午战前并无促发统治集团内部划分为帝党、后党的外在条件；三是任何战争时期都有主战、主和人员，甲午战争期间主战派的倒李言行，并不能证明帝党的形成和后党的存在。作者并未否认甲午战争期间，统治集团内部存在和战之争，未从根本上否定以光绪帝、翁同龢为首官员的主战倾向，也未否认以慈禧太后、李鸿章为首的主和倾向，而是认为甲午战争期间清廷内部并不存在壁垒分明的帝后党争，所谓帝党主战、后党主和的提法不尽准确。王开玺认为，帝党是在甲午战争后至戊戌变法期间形成的。④

甲午战争后至戊戌变法期间，前人关注较少，大多数学者的观点也在于慈禧太后虽然归政，但是大权仍在握，光绪皇帝不过是傀儡。茅海建以研究戊戌变法史著称，他对该问题进行了反思，认为应该重新考虑慈禧、光绪之间的权力到底如何分配，如何界定的问题，“若对此不加具体的界定，主宰一切的慈禧太后也就没有必要发动政变了。确认政变

① 吴心伯．甲午战争至戊戌变法前清廷朝局初探．安徽史学，1990（2）.

② 汤志钧．翁同龢和帝党．近代史研究，1994（4）.

③ 董蔡时，王建华．论甲午战争时期帝党和言官的“倒李”斗争．清史研究，1994（4）；郑春奎．论甲午战后帝党集团的觉醒．宁夏大学学报（社会科学版），1999（2）.

④ 王开玺．帝党主战析辨．历史档案，1991（1）.

前光绪帝与慈禧太后各自的权力，有助于认清哪些权力在政变后由光绪帝手中归于慈禧太后”。他通过对当时的事后报告制度及在此制度下慈禧对奏折的知情权及掌控程度、事前请示制度以及“张荫桓弹劾案”这一具体的案例，研究了戊戌变法前后光绪帝与慈禧太后的权力关系，认为在这两种制度的安排之下，慈禧虽然可以控制光绪帝，但是因体制问题，她还不能通过军机处向其他衙门直接下达懿旨。总之，光绪与慈禧之间的权力分配与职责问题尚属分明，即“光绪帝对慈禧太后负责，而整个国家机器须对光绪帝负责，尽管慈禧太后也不时通过各种方式干预国家机器的运作”①。刘文华的《戊戌变法前慈禧光绪权力关系二题》一文，则在此基础上对茅文的部分观点进行了修正，并进一步论述了变法前慈禧与光绪的权力关系问题。他在对划定慈禧太后、光绪帝之间权力至为重要的“醇亲王条奏”的内容进行梳理之后，认为慈禧太后就是做出归政姿态，宣示天下，以免朝野訾议，免遭后世青史骂名。因此，在慈禧太后的示意下，军机处才没有吸纳“醇亲王条奏”中的“军国重事皇帝恭请皇太后裁夺”“臣工封奏关系紧要者先恭呈慈览”“谕旨及电奏随时恭呈慈览”等三条建议。而实际上的国家重要政务处理大权，正如懿旨所说的，“宫中定省，可以随时禀承”，慈禧太后仍然通过指示皇帝的方式加以掌控。此外，作者对茅海建关于光绪帝亲政后已确定呈递重要折件制度的观点提出质疑，认为呈递电旨、重要折件制度并不始于光绪帝亲政，即使到了两年之后慈禧太后归政之时，仍然没有这两项规定。直到甲午战争期间，一是为了获取更多的战争信息以便决策，二是为了更好地控制光绪皇帝，慈禧最终获得了封奏阅看权。更为重要的是，甲午战争结束后，慈禧太后并不下旨停止呈递电旨和封奏，这恐怕表明了她紧抓权力不放松的态度。这两大措施的延续，使光绪帝的施政必然处在慈禧太后更严密的监控之下。直至光绪二十四年（1898）八月初六日，慈禧太后重新训政，可以阅看、处理全部奏折。最后，作者的结论是，自光绪十五年（1889）慈禧太后归政，到光绪二十四年戊戌政变慈禧太后重出训政，这十年间慈禧与光绪的权力关系不是一成不变的，更不是一句光绪帝是傀儡皇帝所能包含的。② 这些研究充分表明

---

① 茅海建．戊戌变法史事考．北京：生活·读书·新知三联书店，2005：10，38．

② 刘文华．戊戌变法前慈禧光绪权力关系二题．清史研究，2019（3）．

了，光绪亲政后至戊戌政变前，光绪帝与慈禧太后之间的矛盾纠葛与权力斗争之复杂性。

戊戌维新和戊戌政变，集中反映了帝党、后党的权力之争。帝党为加强自身实力不断与维新派、康党合流，许多学者也注重分析戊戌变法前后帝党、康党与后党的关系。孔祥吉认为，在戊戌变法过程中，充满了革新与守旧势力的激烈争夺。守旧派一直掌握着国家大权，处处阻挠维新。但是从维新派的角度来说，其并没有采取相应措施去缓解双方矛盾，而是召见、拔擢袁世凯，要求光绪帝召集东洋政治家讨论政治，引起后党猜忌，反而火上浇油，使帝党、后党之间的矛盾激化。最终，伊藤博文的到来成为导火索，促使戊戌政变的发生。而且，孔祥吉也进一步研究了戊戌变法失败的原因。他声称，慈禧其实并不是从一开始就反对变法的，在面对当时国家困境时，慈禧也企图改革变法，这从她支持认可康有为、杨深秀等人的奏折以及最终同意标志着戊戌变法开始的明定国是诏书，都可以得到证明。他认为，将戊戌变法失败的原因，仅仅归咎于维新派和光绪帝的怯懦、步子迈得太小是不全面的；相反，变法失败的一个重要理由是步子迈得太快，求治心切，使理想脱离现实，结果最终导致失败。这可以从康有为变法理论的消极方面、改革过程中急于求成的激进措施中得到证明。① 赵立人的研究与孔祥吉的观点近似，他认为甲午战争后，改革趋势已为必然。掌握实权的慈禧太后和仅拥虚位的光绪帝都有变法图存之志，在康有为的推动下开始了百日维新。也就是说，百日维新不仅不是光绪帝背离慈禧旨意的行动，反而恰恰是奉“慈谕”后才开始的。但帝后之间的权力斗争在变法过程中尖锐化，康有为更想利用帝后矛盾，发动政变，夺取最高权力，结果导致了维新的失败。以此来看，后党、帝党和康党虽都有变法图存之志，但他们更感兴趣的，仍是权力斗争。② 郭卫东对帝党、康党的联合进行了进一步分析，他认为戊戌变法由帝党与康党维新派的合作发起，两派的联合，有中国内生性的变动因素，更重要的是来自甲午战败和瓜分危机等外力的激促。在政治权力结构中，康党维新派是极边缘，帝党是极核心，原本相隔遥远的两极因外力的作用骤然结合，这有利于双方取长补短，使运

① 孔祥吉．戊戌维新运动新探．长沙：湖南人民出版社，1988：351－384.

② 赵立人．后党、帝党和康党：戊戌政变新析．开放时代（广州），1998（5/6）.

动具有诸多趋新样态，进而凸显变法的“近代性”；但这也造成了两个小圈子的器局狭隘，缺乏中间过渡的层级联系和各级衙门的配合，缺乏渐次递进的组织架构和上传下达的机构人员，也缺乏紧密有力的联系纽带和人们的心理渐进准备。这使连接的两头趋新，中间地带仍为守旧，上下、君臣、朝野之间横亘着一道难以逾越的阻隔。终于，两“党”的联手在“后党”的追杀下断裂。①

有学者对帝党在戊戌变法中的作用进行了分析。② 史全生讨论了帝党在戊戌变法过程中的积极作用与消极影响，认为帝后党争是从甲午战争爆发开始，帝后之间出现了内政外交上的不同主张后逐渐形成的。帝后党争从一开始就具备了爱国和卖国、抵抗和投降的斗争性质。他认为，帝党的变法思想是与资产阶级改良派的启发影响分不开的。他们各自在不同程度上多少已具有一点资产阶级思想，至少有一点资产阶级思想倾向，开始从地主阶级立场向资产阶级转化，这是帝党与维新派合流的基础。戊戌变法是帝党思想主张的初步实现，是帝党思想在政治上的一部分反映；但是，戊戌变法没有全部实现帝党的思想主张，也没有全面反映出帝党的思想，或者是实现或反映了一部分帝党人物的思想主张。因此，我们不能以戊戌变法的内容来衡量整个帝党的思想主张，而把它与洋务运动混为一谈。帝党对于戊戌变法起到积极推动作用，他们既扩大了改革的社会基础，扩大了改革的社会影响，又驳斥了后党顽固派的反动叫嚣，沟通了资产阶级改良派和光绪之间的联系，把维新运动推向了高潮。但是帝党存在许多软弱性以及并不支持全部维新主张的缺点，正是由于帝党的束缚、压制，戊戌百日维新没有彻底贯彻资产阶级改良派的思想主张，而是按照帝党的思想主张进行的。③ 王亚芳对该问题的探讨比较集中，她认为由于帝党成员的参与与支持，使“布衣改制，事大骇人”的变法活动能够冲破种种障碍而兴起和发展，在当时社会产生了巨大的政治影响，究其原因，是帝党一旦投入维新运动中，即以他们较高的政治地位，在变法中做出了维新派不能做出的贡献。戊戌

① 郭卫东．再论戊戌维新运动的力量配比．中国高校社会科学，2017（3）；郭卫东．两端合作：戊戌时期的“帝党”与“康党”．杭州师范大学学报（社会科学版），2018（5）．

② 莫世祥．论戊戌变法中的帝党．学术论坛，1982（1）．

③ 史全生．论戊戌维新运动中的帝党．历史档案，1984（4）．

变法最终的失败虽取决于诸多因素，但帝党权力的不足是一大关键，它决定着变法的最终命运。在此基础上，作者进一步主张，在一定意义上可以说帝党对百日维新起着更为重要的作用。[①]

直接论述或间接涉及帝后党争的研究著作，已经有数部问世。苗长青的《晚清官僚派别派系研究》一书值得关注，该书以“官僚政治”的概念入手，以清廷统治集团的党争为主线，亦详细地分析了晚清恭党、慈禧与肃党之间，湘淮系之间，洋务派、维新派与顽固守旧派和清流党之间，帝党后党之间的种种集团、派系的斗争。作者特别解释道，各种官僚派系、派别之间，并非泾渭分明，作者将之称为晚清官僚派系的“丰富多彩性”。几乎所有的论者都以为后党是在与帝党的斗争中形成的，但是该书作者却认为后党是在“叔嫂之争”的过程中形成的。帝党则是在光绪帝亲政前后形成的。随着年龄的增长，光绪对所谓的自身“亲政”，太后名义上“归政”而实际上掌权的傀儡地位越发不满，加之一批大臣反对慈禧形式上的归政，要求光绪掌握实权，帝党至此形成。自 1889 年皇帝“亲政”到甲午战争爆发前，帝党与后党相安无事。至战事开启，后党主和，帝党为做出重大建树以及博得舆论支持而主战，不同的战略方针，导致两党爆发了第一次严重冲突。光绪先后惩处后党成员、启用奕䜣、任命亲信大臣，皇帝也在这一过程中得到了锻炼。但这引致慈禧不满，遂发动反攻，惩处帝党成员，降封瑾妃、珍妃并打击珍妃亲属，从而在一定程度上削弱了皇帝的威信。可以说双方打了个平手。此后，皇帝不断通过任命大臣，尤其是帝党与维新派合流增强自身实力，而慈禧也通过监视皇帝及其帝党成员、撤销上书房等方式压制帝党。帝党、后党的决战则是戊戌政变的爆发，最终以帝党失败而结束。作者认为，帝党失败的主要原因是帝党实力弱小、帝党对待后党的总策略失误、戊戌变法中改革太急。[②] 石泉的《甲午战争前后之晚清政局》一书，是作者在陈寅恪的指导下完成于 1948 年的硕士论文。其原稿已经焚毁无遗，幸而北京大学在接收燕大图书馆的资料中保留了该论文，

---

① 王亚芳．试论帝党与维新运动的兴起．学术研究，1998（7）；王亚芳．论帝党在维新运动中的作用．学术研究，2004（7）；王亚芳．帝党在维新运动中的作用新探．华南师范大学学报（社会科学版），2010（3）.

② 苗长青．晚清官僚派别派系研究．沈阳：辽宁大学出版社，1993：159－188.

最终得以刊印，重见天日。全书分六章，第一章梳理了甲午战争前三十年间政局。甲午战争期间，虽然时间短暂，但是所引起的朝局变动影响深远，成为本书研究的重点。第二章至第四章集中论述了战争期间的各派斗争。第五章阐述了议和经过、和约的批准与互换，以及主战派的挣扎。第六章则分析了战后朝廷新格局。作者认为，甲午战前外廷领袖，由恭而醇，由醇而礼、庆，遂使慈禧太后日益得以随心所欲，而朝政则日趋下降。同治以来的中兴气象，至此可以说已全然消失。在内廷，随着德宗亲政，皇帝与太后之间的分歧亦渐起。虽然太后移居颐和园，不再直接过问朝政，但仍实权在握，外廷大政之裁决，德宗皆须随时请示裁夺，德宗俨然为太后与外廷间之承转人。但是，太后自归政后，不复视朝，王大臣非经宣召，亦难有觐见机会。故身为承转人的德宗，虽缺乏最后的裁决权，而事实上其于处理政务之时，亦尚有斟酌损益的余地。因此，德宗绝非全同傀儡皇帝，只不过其所能施展之范围有限，也就是说，在这种权力格局之中，必然使太后与皇帝之间的矛盾愈发激烈，直至最终戊戌政变的发生。① 林文仁的《派系分合与晚清政治——以“帝后党争”为中心的探讨》一书是研究帝后党争的重要著作，也是唯一一部以“帝后党争”为中心的专著。他对甲午海战与帝后党争的关系进行了总结，认为此前关于甲午战争的研究仍有“对外思维因素的深刻投射”，因此，许多影响甲午战败的内在因素也就被忽视了。他提出，派系问题恰恰是内在因素里最为关键的一环，依此来看，甲午战争并非仅仅是一场对外的战役，更是一场激烈的派系内斗。其派系主线是李鸿章及其北洋众人与翁同龢所领导的南派士人之间的对决，但是“隐于此现象后之关键动线，实为积蕴已久之德宗与慈禧间权力矛盾之扩大与帝后党立之浮现”②。该书详细论述了自光绪亲政以后，帝后党争基本格局的形成，并对这一格局下所产生的历史过程进行了检视与分析。作者总结了在帝后党争中，两者不同的斗争思维方式。帝党全以人事斗争为主，即斥革后党成员；而后党则有远大的战略布局，除了革职帝党人员之外，其更关心的是权力机制运作的方式，即将帝党成员套入体制内。

① 石泉．甲午战争前后之晚清政局．北京：生活·读书·新知三联书店，1997.

② 林文仁．派系分合与晚清政治：以“帝后党争”为中心的探讨．北京：中国社会科学出版社，2005：138.

帝党成员志锐、汪鸣銮、长麟、文廷式相继遭到贬逐，使帝党在面临权力格局的调整的关键时刻，遭遇了派系核心式微的窘境，极大地影响了人事卡位与资源竞逐的实力。最终使帝党不得不于少壮派士大夫中去寻觅候补人才，这也是为什么帝党领导人与维新派康党产生联系的原因。不过，维新派政治阅历浅，为弥补此缺点，以符合借维新事业再造德宗与帝党权威感之目标，只有诉诸更激烈之手段。戊戌政变之悲剧，即埋伏于此。戊戌政变后，帝党即遭瓦解，也彻底改变了同光以来之派系结构。作为汉官僚核心之南北派系，在帝后党争中之消解，使戊戌政变后清廷权力结构中汉官僚之决策影响力，掉落到 19 世纪 60 年代以来之最低点。满洲亲贵集团之重新抬头，使这些人欲图以最快的方式，掌握绝对主动权，充分抑制汉人势力。①

此前的研究，多关注戊戌维新与戊戌政变过程中的帝后党争，对于戊戌政变后双方力量的分析则相对较少。郭卫东致力于研究戊戌政变后清廷朝局之变动及其复杂局面，尤其集中于光绪皇帝的废立问题上。他首先从宏观角度讨论了在戊戌政变后朝廷、社会舆论对于废立的影响，以及列强对建储的干预等一系列问题。他认为，戊戌政变后，后党即预谋建储废帝活动。政变后不久，就有人上奏废帝。慈禧也令下诏称皇帝“朕躬违和”，一方面为慈禧复出寻找借口，另一方面为废光绪做铺垫。此举引起康党，朝廷内荣禄、刘坤一等督抚重臣的反对，以及英国、日本两国的外交恫吓与军事威胁的干预。对此，慈禧通过继续发布光绪身体违和消息、缉拿康党、逼迫光绪下诏自责、对列强采取软硬兼施等措施不断为废帝做准备。到己亥年末，慈禧最终宣布立溥儁为大阿哥，标志着戊戌以降慈禧的废立谋动达到极点。载漪等废立派为达到最终废帝的目标，伪造外国“请太后归政，废大阿哥”的外交团照会，促使慈禧与反废立派、光绪以及外国势力关系的恶化，导致庚子之役的发生，列强开始强力干预废立皇帝的问题，最终迫使慈禧废掉大阿哥，确保光绪帝的帝位。己亥建储的破灭，导致后党内部分化、中央与地方权力格局

① 林文仁．派系分合与晚清政治：以“帝后党争”为中心的探讨．北京：中国社会科学出版社，2005：318－319，507.

的变化以及顽固派的不复存在。①

吴敏超对戊戌政变后的社会舆论进行了论述，认为虽然舆论存在差异，但是主流是同情维新派，关注光绪帝命运，反对慈禧专权的。康党在海外的宣传成功以及己亥建储的废止，都表明了当时的人心向背和舆论趋向。② 王刚对己亥年武汉“假光绪”案的审理过程及其背后所反映的时局，以及当时社会舆论对政局的影响进行了分析。作者认为，案发之初，情节本不算离奇，案犯也未自称天子。此案自始至终，其动机与“废立”无涉、与“勤王”无涉。该案之所以一步步发酵，并非案情本身有多么复杂，而主要是政局大气候使然。其中最值得注意的，即邹代钧所谓“旧党肆其权、新党肆其言”。“己亥建储”前后政局演变的一个基本特征，是该案不断升级的根本原因。以清代君主专制之登峰造极，言路在权力面前向来小心。故近代报刊自诞生以来，皆十分注意言论尺度。戊戌政变后，慈禧太后最初因帝后关系问题（特别是“围园捕后”）发作，继而将仇恨转移给新政，变法措施几乎废弃殆尽。甲午以来的改革局面，至此出现一个大倒退。趋新人士在极度的压抑与失望中，对立情绪日益上升。帝后矛盾进一步恶化。该局面一经形成，便呈现愈演愈烈之势。己亥年，慈禧太后废黜光绪帝之心更明，整肃新党、取缔新政相应变本加厉。新党之对抗情绪也更显激进。“建储”事发，帝后矛盾、新旧矛盾都到了最尖锐的地步，政府和舆论的对立也随之上升。以舆论言之，该时期报纸的言论尺度之大为以往所未有。其不仅表现在新党敢于公然与朝廷唱反调，反对“建储”，高倡“勤王”，而且表现在大面积的新闻造假，置事实于不顾，即《汉报》等新党报刊明知“假光绪”之皇帝身份不实，仍“故作疑似之谈”。面对舆论的肆无忌惮，政府迅速进行弹压。该时期清政府压制舆论之粗暴蛮横亦为晚清以来所未有。诸如封禁报刊、严拿访事人、外交抗议等手段均体现出罔顾政府形象、罔顾邦交之恼羞成怒。政局在“新党肆于言”“旧党肆于权”

① 郭卫东．载漪与慈禧关系考：兼与廖一中先生商榷．天津师大学报（社会科学版），1989（6）；郭卫东．略论慈禧的三次立嗣．社会科学战线，1990（2）；郭卫东．戊戌政变后废帝与反废帝的斗争．史学月刊，1990（6）；郭卫东．“己亥建储”若干问题考析．北京大学学报（哲学社会科学版），1990（5）；郭卫东．晚清时期列强对清帝位的干预．历史教学，1992（4）；郭卫东．光绪帝位危机与外国干预．故宫博物院院刊，1993（4）．

② 吴敏超．戊戌政变后的社会舆论．史学月刊，2007（6）．

的交替上升中最终趋于恶化。庚子宣战之后，清政府孤注一掷，也无法征服“言”所恃的列强，于是只好对“言”让步，重新处理“权”与“言”分歧中的帝后关系、新旧关系等。是以庚子年（1900）十二月“新政诏书”大书特书“母子一心”、旧法当变。至此，起于戊戌政变的“权”与“言”之对立，才以清政府在“废立”和“新政”问题上的主动妥协而告缓和。①

此外，有学者对己亥建储的缘起与废止的缘由及其与庚子宣战、义和团运动的兴起的关系进行了分析。② 还有学者从新发现的史料出发，对慈禧发动政变、宣布训政前后的历史细节有了更加丰富的认知。③

与此同时，也有学者分别从慈禧对于后世政局之安排，及慈禧太后与光绪皇帝二者“家主”与“国主”的身份入手，探讨了戊戌政变后二者之关系。张海荣对晚清“载沣娶妻”与“荣禄嫁女”这一重大政治联姻事件进行了分析，他认为，载沣原聘之妻并非荣禄之女，慈禧太后和荣禄对于两家的联姻，也并非从一开始就抱有乐观其成的态度。载沣婚姻的变故丛生，既是戊戌政变和庚子事变的共同产物，更是清末后党专权的结果。从荣禄的角度来看，荣禄嫁女时，适逢其人生权力的顶峰。他之所以赞成且有意识地促成此桩联姻，既是为了减轻参与戊戌政变的历史责任，也有固宠保位、转移中外舆论视线的政治考量。从慈禧太后的角度来看，她之所以在“大阿哥”刚遭废黜和回銮抵京在即的特殊时刻、特殊地点，将这样一位身份和性格都非常特殊的女子，指给御弟载沣，显然不是一时兴起，而是出于特定的政治考量做出的重要战略性选择：其一，当然是出于维护个人权势地位与缓解帝后矛盾的需要，同时也是借机笼络载沣的有效手段；其二，也是为了酬答荣禄的政治忠诚和保全荣禄；其三，是出于对未来皇位继承人的考虑和安排；其四，是出于平衡皇族势力的考虑。而对于载沣而言，自从有了联姻这层关系，他的仕途可谓一路畅通。成婚之前，载沣仅官至内大臣和接受过一些临时

---

① 王刚．从“武昌假光绪案”看己亥建储前后的舆论和政局．清史研究，2019（3）．

② 张礼恒．己亥建储评析．聊城师范学院学报（哲学社会科学版），1990（3）；李成甲，魏均．从“已亥建储”看慈禧的对外宣战．唐都学刊，1996（1）；周育民．己亥建储与义和团运动．清史研究，2000（4）；徐松荣．论己亥建储与义和团运动．求索，2001（1）．

③ 马忠文．慈禧训政后之朝局侧影：读廖寿恒《抑抑斋日记》札记．华南师范大学学报（社会科学版），2019（1）．

任命，还称不上拥有实质性的权力。成婚之后，荣禄随即游说慈禧太后，希望让载沣早入军机，加之慈禧太后的刻意扶植，载沣很快成长为清末政坛的一颗耀眼新星。此一联姻固然给载沣带来意想不到的政治红利，但是，载沣对内既无以齐家，对外又受制于隆裕太后、奕劻、袁世凯和虎视眈眈的列强，国家的政治外交局势遂较此前愈加浑浊不堪，这充分表明了载沣在处理政事与家事上之怯懦。从其明知是慈禧太后和荣禄联手终结了兄长光绪帝的政治命运，还是毫无异议地接受了慈禧太后的再度指婚一事，便可见其政治上对于慈禧太后的绝对服从和个性的懦弱，这也是此后慈禧放心、放手扶植载沣，乃至将清王朝最终交托到他手中的重要原因。可以说，清朝亡于载沣之手仅为一种表象，更深层的原因，还是缘于慈禧太后在政治私欲与国家利益之间，最终选择了前者。[①] 刘强从“国主”与“家主”两个概念对光绪和慈禧在戊戌政变后的关系进行了论述。他认为，在中国古代皇权社会，实现对“皇家”与“国家”的稳定治理始终是最高统治者着力追求的终极目标。但这种“家国同治”的传统模式却因清末慈禧太后与光绪帝的权力关系和家庭角色而不得不改为“家国分治”。光绪帝作为“国主”在实现变法图强的过程中侵犯到了作为“家主”的慈禧太后的利益，为维护“家主”权威，在基于“家庭伦理”所产生的“政治伦理”的逻辑关系下，慈禧太后凭借出色的政治能力收归皇权，通过训政的方式又恢复了“家国同治”的统治模式。虽然心怀不同政见，但是在慈禧太后明确宣布训政的情况下，光绪帝在行政环节还是努力配合慈禧太后的意图，而慈禧太后也努力强调光绪帝发挥的作用，这种平衡状态的实现实际上是“家国同治”统治模式的必然。在这种平衡格局下，在戊戌政变后至清廷西狩前，虽然光绪帝颇受太后冷遇，尤其在溥俊被立为大阿哥后处境更艰，但是慈禧太后却依然以“家主”的权力维护着载湉作为“国主”所应有的基本尊严，对于胆敢冒犯光绪帝之处，皆予以严惩。[②]

（三）关于载沣摄政体制的研究

光绪、慈禧先后去世，结束了长期以来慈禧太后垂帘听政、训政的

---

① 张海荣．政治联姻的背后：载沣娶妻与荣禄嫁女．近代史研究，2017（3）.

② 刘强．“国主”与“家主”的异化与统一：再论戊戌政变后光绪帝与慈禧太后之关系．中国国家博物馆馆刊，2018（5）.

体制。清廷令载沣之子溥仪继位，然幼主继位，皇权难以专行，故又辅之以亲王载沣摄政、大事禀隆裕太后知悉之格局。期间太后、载沣之间，及二者与其他汉人官僚之间，亦难免有权力争斗。这些高层内部斗争，主导了清末三年的政局走向。其中尤以载沣集权，打压汉人，罢黜袁世凯等措施为主要讨论对象。

载沣驱袁是为晚清满汉矛盾之一大政治事件，反映了在亲王摄政体制下，满汉势力之格局及其争斗。崔志海较早对驱袁事件进行了专文论述。他认为，被划归为内部权力斗争的载沣驱袁事件，同时也夹杂着复杂的国际因素，与当时中美日三国外交存在十分微妙的关系，尤其与袁世凯的联美制日外交的失败直接相关。政治权力斗争结束之后，载沣之所以没有处死袁世凯，固然由于载沣本人性格优柔寡断、缺乏政治斗争经验，以及慑于袁世凯的北洋势力，但同时与列强尤其是美国的强力干预也有着密切关系。而就几个主要列强来说，它们对载沣驱袁的态度和反应并不一致。其中，因为袁世凯的联美制日外交妨碍了日本对中国东三省的侵略，日本方面对袁世凯遭罢黜一事实际上持欢迎和支持态度，其极不愿意看到袁氏复出；而美国政府由于担心清末新政改革政策发生逆转，同时也为了抵制日本对清政府的控制及与日本争夺中国东三省的控制权，因而坚决反对载沣罢黜袁世凯，从一开始就期待袁氏尽快复出。① 在载沣驱袁权力斗争的历史背后，我们可以看到，当时列强对于中国政局之关注，以及为之而展开的列强之间的较量。李永胜在此基础上，将相关研究向前推进。他更加倾向于统治集团内部斗争是驱袁事件的重要原因，认为戊戌政变期间袁世凯告密出卖光绪帝，载沣对袁衔恨已久，加上他对袁权势之盛心存疑忌，袁世凯被罢实属必然。罢袁事件前夕，袁争夺财政权和竭力主张中美互派大使的行为，以及言官弹劾袁权高震主的奏折，促使载沣做出罢袁决定。继而，作者对崔志海的观点进行了部分商榷。他认为，载沣拟议将袁世凯处死或审讯治罪的说法不合情理；联美制日外交政策失败导致袁下台的观点也有悖史实；日本政府乐于见到袁世凯被罢，但并未参与罢袁阴谋。② 随后，丁健总结了先前关于袁世凯开缺问题的五种观点：复仇说、清廷顺水推舟说、外交失

① 崔志海．摄政王载沣驱袁事件再研究．近代史研究，2011（6）．

② 李永胜．摄政王载沣罢免袁世凯事件新论．历史研究，2013（2）．

败说、御史弹劾说、权力争斗说。作者在此基础上，对袁世凯五十大寿与袁世凯开缺之后的社会舆论进行了进一步分析。他认为，首先，在清末统治岌岌可危的情况下，袁世凯五十大寿的排场、造势之大，刺中了清廷上层年轻贵胄们的心。因此，慈禧、光绪过世之后，这些年轻贵胄就肆无忌惮地把矛头对准袁世凯。其次，载沣驱袁之后，报刊舆论对袁世凯开缺的认识与同情，正好为袁世凯赚足了社会声望。总而言之，载沣驱袁、袁氏开缺不仅未能达到载沣等年轻贵胄们渴望得到的中央集权，反而使舆论把袁世凯推到一个值得同情的风口浪尖，为袁世凯进一步赚得了丰厚的政治声望。载沣等年轻亲贵在政治上的这种刚愎自用的态度，重新挑起了满汉畛域之争，导致满汉官僚矛盾更为激化，这也是清朝快速走向灭亡的重要原因。[①] 周增光也有近似观点，他从清末满汉权力格局的角度考察，认为载沣驱除袁世凯是清政府中央集权的必然结果，亦是少壮派满族王公逐渐集权的必然举措。载沣驱袁的态度与理由发生过明显的转变，在态度上，从坚定排袁转为态度缓和，客观上为袁保留了回归政坛的可能；在具体因由上，从问其擅权变为因病出缺。这是载沣在与其他清廷高层各派系博弈下有所妥协的抉择。驱袁后，载沣并未真正实现集权，他的统治权威非但没有通过驱袁树立起来，反而招致清廷内部中央与地方督抚高官、外交使团、保皇派等内外各政治势力对其执政能力的质疑，驱袁事件促成了反载沣宣传的汇聚，并最终加速了清王朝的灭亡。[②] 朱文亮则另寻路径，从隆裕太后与袁世凯的关系入手，分析了袁世凯的开缺问题。他认为，宣统朝隆裕太后虽然不能像慈禧太后一样垂帘听政，但仍然拥有很大的权力，可以间接参与朝政，隆裕太后与载沣之间存在权力斗争。但是作为满族皇室，她与载沣都忌惮汉族重臣袁世凯擅权，都有罢袁动机。而且，袁世凯在立帝一事上曾有损她的利益，这进一步加深了她与袁世凯之间的矛盾。纵观袁世凯复出的整个历程，其最大的阻力实际上是隆裕。由此可知，隆裕在罢免袁世凯时发挥了重要作用。载沣出于现实政治考虑，早在载涛力推军机更迭时就对袁世凯的态度有所松动。皇族内阁出台之后，面对舆论压力，以及第二任内阁总理人选难以确定的状况，载沣更加倾向于起复袁世凯。

---

① 丁健．清季袁世凯开缺问题研究．中国国家博物馆馆刊，2015（1）．

② 周增光．失败的集权与立威：载沣驱袁事件再研究．北京社会科学，2016（10）．

这也是武昌起义之后，在清廷危机尚未达到“非袁不可”的地步时，载沣努力说服隆裕同意袁世凯复出的前提。因此，与其说是载沣被迫同意袁世凯出山，倒不如说是隆裕被迫同意更为合适。① 从中可以看到，载沣驱袁背后的多重政治势力角力。在另文中，作者进一步以辛亥“宫廷政变”为例，探讨了隆裕太后与载沣之间的权力争斗。作者认为，辛亥“宫廷政变”计划源自载涛与载泽的继任内阁总理之争，是宣统朝隆裕、载沣权力互制使然。其目的除拥戴载涛继任内阁总理，采取武力胁迫激进立宪之外，更有发动宫廷政变，限制隆裕干政的意图。该计划始于康、梁一派重要成员潘若海的献策，原定于辛亥年“八九月间”实施，但因突然爆发武昌起义，遂演变成为滦州兵谏。实际上，“宫廷政变”计划的决策人物是载涛等清廷权贵，康、梁一派只是宫廷政变计划的参与者。梁启超并不知道滦州兵谏的发动详情，更没有“直接策划”滦州兵谏。②

关于这一问题，马勇的最新研究则突破了以往各种观点的“政治角力”论述。在他看来，一方面，传统说法具有很强的政治暗示，属于政敌或不明真相者有意无意地歪曲、抹黑；另一方面，袁世凯及其部属、友朋后来又因为“帝制自为”等因素，也不便为其辩诬，将错就错，铸就了人们所熟知的袁世凯形象。实际上，袁世凯“开缺”没有那么多阴谋，他离开北京返回故里的故事更没有传统描述中描述得那样扣人心弦。“养疴”期间，袁世凯并不是被禁锢，他一方面安心养病，操持实业，另一方面与朝野各界保持着必要的联系，这也为他后来的再度出山埋下了伏笔。③

张继格和高俊的《载沣军事集权论略》对载沣在军权方面的集中进行了研究。文章认为，载沣在监国摄政期间，代行皇权，为改变晚清长期以来形成的外重内轻格局，解决统治危机，他强化皇权，全力进行军事集权，维护大清的统治。他通过排除异己，削减地方督抚军权、安插亲信进入军队等措施集中军权。但由于清朝各方面矛盾重重，北洋军主力仍然掌控在袁世凯手里，各省编练新军被革命党渗透，成为辛亥革命的主力，任人唯亲导致清廷内部矛盾重重，各派之间离心离德，最终军

---

① 朱文亮．清末皇族内争与袁世凯复出．历史研究，2017（5）．

② 朱文亮．辛亥“宫廷政变”计划考辨．广东社会科学，2019（3）．

③ 马勇．袁世凯“开缺回籍养疴”诸问题．华东师范大学学报（哲学社会科学版），2017（1）．

事集权并没有成功，反而加剧了统治危机。辛亥革命爆发后，载沣精心经营的军事势力要么倒向革命党，要么倒向袁世凯，最终为应对危机载沣不得不向袁世凯交出清廷的全部权力，军事集权彻底失败。①

关于载沣的最新研究，当属刘琼的《世袭特权与国家治理：宣统朝摄政王载沣的权力观偏差及其成因》一文。该文对光宣之际皇权的转化承续，与朝廷权力系统的转换有一精辟分析。作者认为，清王朝建构和演进的历史，一直存在着两条线索，一是所谓“清承明制”的主线，一是满人入关后形成的世袭制这一复线。在清末预备立宪全面展开的关键期和危险期，经历了一次皇权更替，满人世袭制问题在丧失权力制衡的情况下被放大。载沣受命监国摄政王，其所接受的光绪朝政治遗产除了皇位，就是以袁世凯和张之洞为首的两大政治势力。可以说，在慈禧去世之后，载沣上台之前，当时的清王朝还是完成了内部权力结构调整，形成了领导改革的权力中枢。但是，作者强调，光绪朝到宣统朝的更替，也是一次非正常的皇权交接。实际的最高权力转移不是围绕皇帝的，而是围绕摄政王的。皇权更替实际上是太后垂帘听政到亲王监国摄政的转换。这意味着，此时的权力核心已转移至摄政王，要以载沣为中心建立新的中枢权力体系。从历史实际来看也是如此：王朝形成以摄政王载沣代行的皇权为中心，包括军事系统、内阁行政系统、资政院舆论民意机构和宪政编查馆法律设计机构在内的完整的中央权力系统。最终形成的以载沣为中心的权力系统的最大特点就是重用亲贵、缺少有能力的官员。宣统朝监国摄政王载沣全面更改既存权力结构，虽任用亲贵占据要职，但并未掌握实权，建立新的权力关系，推动权力系统运行。这与载沣等权贵存在严重权力错觉和公器私用的权力观偏差有关。载沣与清朝亲贵将权力来源误以为是私相授受的皇权和亲贵凭身份地位就可以享受的特权；而掌握权力的目的是满足个体和利益集团的权力欲和获取私利。其对国家权力系统的有效运作既无兴趣和责任心，也无能力和努力。其根本还是公器私用，将公共权力私人化和利益集团化。这种权力观的主要成因，与载沣等清朝亲贵成长和进入权力系统的特殊环境造成其世袭身份和特权意识有莫大的关系。②

---

① 张继格，高俊．载沣军事集权论略．安庆师范大学学报（社会科学版），2017（1）．

② 刘琼．世袭特权与国家治理：宣统朝摄政王载沣的权力观偏差及其成因．史林，2019（5）．

第五章　革命史观与晚清民间起事、革命百年话语之嬗变

晚清时期，国事纷乱、社会动荡，来自民间的反抗官方事件和起事不断发生。而百年来人们对于这一时期民间起事的话语表述，则经历了较为复杂的历史演变。即便同处一个时代，因话语表述者的立场、出发点或阶级感情分歧之故，对其称谓乃至评判也迥然有别。本文拟将不同时期学界对晚清几次较大民间起事的话语选择略做梳理，以资考鉴。

第一节　由“造反”到“革命”——新话语的引入

关于晚清的民间起事，清末官方话语同民间话语之间截然不同。前者站在统治者的立场上，视民间起事为“叛乱”“造反”，凡参与之人皆被斥为“乱臣贼子”，故官方文书以及官修正史无不以“造反”或“叛乱”来指称之。与之相对，近代民间话语悄然发生变化，不以简单的“造反”或“叛乱”论之，而多用类似“事变”或“起事”等褒贬色彩不强的中性词语称之。及至“革命”思潮兴起后，则更多以“革命”这样具有浓重正义色彩的词来指称。

“革命”一词，古已有之，盖最早出自《周易·革·彖辞》：“汤武革命，顺乎天而应乎人。”但其含义很窄，专指改朝易姓的政权变更。而现代意义之“革命”一词则引自日本。据传，孙中山于1895年在日本阅报时，见到“支那革命党首领孙逸仙抵日”一句，引而为用，此后

“革命”一词被普遍作为武装推翻反动政府的统称见诸国内。[①] “革命”在现代语意中被赋予了“暴力”和“正义”的双重色彩，因此，清朝官方文书自然不会以“革命”称谓民间起事，“革命”成为革命派人士的专用词。本章以几次较大规模的起事为例略做梳理。

一、白莲教、会党和捻军[②]

（一）白莲教

有清一代，较早的民间起事当属白莲教起义，自乾嘉以至清末，这一直是清朝统治者的心腹之患。对于白莲教起事的话语论说，清代官方多以“匪乱”称之；及至民国，始有论者以“革命”称道，但却并未形成公认的话语。

清末时期，除官方文书外，一些站在清统治者立场上的报刊也以“匪乱”论之。1908 年《顺天时报》上的《饬缉白莲教匪徒》一文称“拳匪扰乱滋事”，主张严厉“查禁”。[③] 1910 年刊载于《通问报》上的一则新闻，称白莲教为“余孽”“会匪”。[④]

民国时期，各方舆论对白莲教的称谓也不尽一致，既有称之为“邪教”“贼匪”的，也有诩之为“民族革命”的。民初有论者称：“满清咸同之际，国运不良，妖孽兴起，白莲教者，邪教之一也。”[⑤] 此后，也有论者视其为“民族革命的产物”，如载于 1930 年《江苏党务周刊》第 7 期的《民族革命之白莲教——中国秘密会教史之一》一文，就明确指出：“其实白莲教固然是邪教的组织，而实际上是一个民族革命的产物。”作者张振之认为，白莲教自古就是反对“非汉族的异族统治”的组织，元朝时反蒙古族统治，清朝时则是反满族统治，因此而认定白莲教是“民族革命的产物”。另有 1945 年《青年画报》上《白莲教的产生与其盛衰史》一文，认为它是“中国民族革命的重大史料之一页”。作

① 冯自由．革命逸史．上海：商务印书馆，1939：1．另据陈少白的回忆，与此略同，并忆及他们从前只以为要做皇帝才叫“革命”，自己的行动只算是造反。（兴中会革命史要．陈少白，口述．许师慎，笔记．台北：“中央”文物供应社，1956）

② 因白莲教立论较多，所占篇幅较大，故本章将白莲教同其他秘密会党分节而论。

③ 饬缉白莲教匪徒．顺天时报，1908（1802）．

④ 白莲教之余孽．通问报，1910（418）．

⑤ 剑云．白莲教拾遗．繁华杂志，1914（3）．

者认为，白莲教在“中国民族革命精神实质上，影响于后来的革命至巨，跟着白莲教而起反抗清廷者，有嘉庆年间的‘新军之变’，继而又有‘海盗横行’，‘天理教叛变’，‘太平天国革命运动’，以迄于满清末叶的以哥老会为基干的革命大运动”。文章还从揭示白莲教产生及发动起事的原因方面来加以佐证，如其谓：由于清政府吏治腐败，以致民不聊生，农民遂纷纷入教，“白莲教农民的大暴动遂一触即发”。清廷尚不知出以安抚大计，一面动员两湖、四川、陕西、河南、山东、广西数省大兵，陷杀教众数万人；一面贪官污吏依然逐户量家定价，搜刮钱米，因此，“农民革命的怒潮，更因此而愈形扩大了”，一言以蔽之，白莲教暴动乃“官逼民反”之结果。作者还告诫当时之执政者“不能用一手掩尽天下人耳目的方法去抹杀农民暴动底原因的”①。对此，日本学者矢野仁一提出了明确的反对意见。1935 年，他在《人文》杂志上发表了《关于白莲教之乱》一文，将其称作“匪乱”，称白莲教众徒为“贼匪”。白莲教在清以前的起事有“革命”性质，但就其“反蒙”和“反满”而言，却只是“流贼的叛乱”。如其言：“白莲教者，自教理上观，又自历史上事实观，本来带革命之性质。其为秘密结社，无可疑也。惟此次之乱（按：指嘉庆年间的白莲教起义），地连五省，时经九年，可谓大乱，然绝不带革命的性质，却为纯粹流贼的性质，真不可思议之事也。”②“至反对蒙古种族，反对满洲朝廷，此有特别理由，非革命主义。若对现在之政治，不拘善恶，均抱不满之感，思得弥勒佛掌教，以实现理想世界，而谋叛乱，则为革命主义之秘密结社明甚。因此则嘉庆时代之白莲教，无革命的性质，止为流贼的叛乱，盖可知矣。”③ 此种观点对于反清的白莲教起事未予肯定，似有影射现实之意。

（二）会党

清末时期，舆论对会党多以“贼”“匪”称之。1904 年，《广西会党》一文称：“广西的会党，人家多说他是乱民、是土匪、是贼，我们为着他本来也是安分的良民，被官府虐逼不过，所以起来抵抗。若果略迹原心，便不应该以乱民、土匪相待，所以称呼他个会党的好名目，这

---

① 衔仇．白莲教的产生与其盛衰史．青年画报，1945，1（12）．

② 矢野仁一．关于白莲教之乱．杨铁夫，译．人文（上海 1930），1935，6（1）．

③ 矢野仁一．关于白莲教之乱（续完）．杨铁夫，译．人文（上海 1930），1935，6（2）．

也是顶公道的评论了。近来看他们的举动，渐渐觉得不对。前几月柳州兵变，那些会党破了城池，所杀的都不是官兵，所抢所劫的都不是官物，见鸡杀鸡，见狗杀狗，无非都是平民的财产身命，被他抢杀得寸草不留。你想这会党当先起义的时候，他岂不说专共官府为难么？他岂不是说要除暴安良么？到如今那暴的还是暴，那良的却闹得不安了。而且满口说除暴，自己先暴起来，照此举动，不要说那满洲政府不愿意，连我们这大汉种族也弄得不愿意了。”① 1908年，《论会党速宜解除》一文论道：“会党之为匪也。或曰，自君子倡之，能保民以保国，而天下安焉。若相与者皆小人，则国因之而乱，民因之而惑，天下因之而骚然。”② 文章认为，会党是贼匪，终会乱国乱民，应及早解除之。

及至民国时期，对于会党的话语选择开始有所变化，逐渐有以“革命”论之者，尤以天地会为例。萧一山在《天地会起源考》一文中称近代民族主义的开山者是那些所谓的“奸徒”，他们有“坚强伟大的组织”，“这组织为二三百年来一个民族革命的集团，其名称就是有一贯系统的‘洪门’或‘天地会’”。③ 1947年，庄泽宣、陈学恂等也认为天地会在清朝末年为“民族革命的党团”④。

（三）捻军

清末官民舆论话语自然多以“匪”“乱”相称，进入民国后始有以“革命”称之者，但亦不排除以“叛乱”称之者，其言说常与言说者自身政治立场之异同为取舍。相关论著主要有：1914年载于《文艺杂志（上海）》第9期秉衡居的《荷香馆琐言：捻匪事二则》；1935年载于《明耻》第1卷第5期黎光明的《清代剿灭捻匪之策略》；1937年载于《人文月刊》第8卷的《捻乱偶志》；1939年商务印书馆出版的罗尔纲的《捻军的运动战》；1943年载于《新民报半月刊》第5卷傅慎龛的《杂记：捻匪遗闻》等。其中，《清代剿灭捻匪之策略》一文将捻军起事称为“捻匪倡乱”，咸丰以来，“内而有太平天国的战事，外而有英法联军的祸害，使得清廷忙不过来，反而命各府县严捕各处的盗贼，这样一

① 广西会党．中国白话报，1904（21－24）.

② 论会党速宜解除．顺天时报，1908（1855）.

③ 萧一山．天地会起源考．中山文化教育馆季刊，1935，2（3）.

④ 庄泽宣，陈学恂．中国秘密会党之源流及组织．历史政治学报，1947（1）.

来，捻匪就趁机倡乱。……我们晓得捻匪之所以猖獗，完全是因为有了内忧外患的关系"，此文将捻军活动同共产党的活动相提并论，并皆以"匪"相称，足可见是受到当时政治环境影响，从反共反人民的政治立场出发立论。

此外，民国时期通史类著述及历史教科书中也有类似表述。如：李鼎声的《中国近代史》（上海书店出版社，1930年）、姚汉章的《清朝全史》(中华书局，1931年)、吕思勉编著的《复兴高级中学教科书——本国史》(商务印书馆，1934年)、华善学的《中华民族解放斗争史》(新知书店，1938年)、华岗的《中国近代史——专科学校适用》（新知书店，1938年)、曹伯韩编著的《中国现代史常识》(石火出版社，1939年)、杨东莼的《高中本国史》（上海北新书局，1946年)、施瑛所编《简明近百年本国史》(日新书局，1947年）等。其中，华善学的《中华民族解放斗争史》一书称，当太平天国进逼南京的时候，"中原落后的农民也爆发了所谓捻党暴动"，正如书中描述："捻党对于内部的构成分子向来不加选择，像地主豪绅如苗沛霖，也收纳在内，不加监视和肃清。又没有政治训练，唤起内部构成分子的革命意识"。但"革命的势力，只要逼迫人民革命的客观原因存在着，就决不是阴谋所能消减的。满政府以为阴谋已经成功了，于是尾随者穷追残余的捻党势力。……想不到满政府蹂躏之下的民众在捻党指导之下，将满兵杀得片甲不留，捻党势力反膨胀起来。"①

二、太平天国

关于太平军及太平天国运动，清末时期的主流话语仍多以"贼"、"匪"或"叛乱"称之，譬如张德坚受曾国藩之托于1855年所著《贼情汇纂》一书，即为了解太平天国内部情况编纂所成；另有1872年在奕䜣的授意下，朱学勤等人所编的《钦定剿平粤匪方略》一书，是为总结镇压太平天国经验而作。此二书对太平天国皆以"贼""匪"相称，无疑代表了当时官方的主流话语。与此相对，对以孙中山为首的革命党人则以"革命"相称，如《军政府宣言》称："惟前代革命如有明及太平

---

① 华善学．中华民族解放斗争史．汉口：新知书店，1938：15.

天国，只以驱除光复自任，此外无所转移”[①]。

在清政府的统治下，太平天国运动的革命话语并未成为主流，及至清朝倾覆、民国肇建，此种局面则为之一变。由于受到孙中山的定性评价以及“三民主义”意识形态影响，史学家们著述中的“革命”意味渐次显现。郭廷以编撰《太平天国史事日志》一书，虽力求客观，不加褒贬，但又谓“太平天国革命或变乱，为近代中国史上之一大波澜”[②]。可见其较为倾向于“革命”之定性。另外，萧一山、简又文、罗尔纲等人也皆以“革命”来指称太平天国运动。简氏认为，太平天国是中国近代史上“最大规模的民族革命运动”，并且“于种族革命之外，兼有宗教革命与政治革命的意义，实要改革全国一切传统的旧制度而创造‘新天地’”，因而研究太平天国史有着重要的“革命意义”。萧一山为之作序时谓其为“我国近代民族革命之壮澜”[③]。1937 年，罗尔纲著《太平天国史纲》一书，其内容包括第一章“革命的背景（上）”、第二章“革命的背景（下）”、第三章“革命的酝酿及爆发”、第七章“革命的性质及其失败的原因”、第八章“革命的影响”等，其革命的立场和态度一目了然。[④] 此种倾向在马克思主义史学家的著述中表现得尤为淋漓尽致。1943 年至 1945 年，范文澜在延安所著《中国近代史》一书，同样称太平天国为“革命”，并谓其为“中国历史划时代的大事件，与五四运动同为一百年来历史上两大转变时代的标帜”[⑤]。

此外，这一时期散见于大小报刊中的大量相关文章，皆多以“革命”称之，代表性文章如：《革命之光——太平天国讨清诏书》（《艺园》，1931 年第 1 卷第 14 期），林建的《太平天国革命运动之史的考察（续）》[《新雨（西安）》，1931 年第 11—12 期]、《太平天国革命之新研究》（《评论之评论》，1932 年第 1 卷第 8 期），史化民的《辛亥革命与太平天国革命运动的比较》（《自新》，1932 年第 36 期），王瑛的《太平天国革命前夕土地问题的一瞥》（《食货》，1935 年第 2 卷第 3 期），刘

---

① 军政府宣言//中国社科院近代史所，等．孙中山全集：1 集．北京：中华书局，1981：296.

② 郭廷以．太平天国史事日志：凡例．上海：商务印书馆，1946：1.

③ 简又文．太平天国全史．香港：简氏猛进书屋，1962.

④ 罗尔纲．太平天国史纲．上海：商务印书馆，1937.

⑤ 范文澜．中国近代史：上册．9 版．北京：人民出版社，1955：151.

巽谔的《儿童园地：太平天国的革命》（《敬业附小周刊》，1935 年第 73、74 期），石萃群的《太平天国革命运动的前因后果》（《知用学生月刊》，1935 年第 1 卷第 4 期）、《太平天国革命前夕的土地问题》（《史地社会论文摘要月刊》，1936 年第 2 卷第 11 期），马力的《太平天国革命运动与妇女解放》[《妇女生活（上海 1935）》，1937 年第 4 卷第 12 期]，陈情的《太平天国革命运动的检讨》[《前锋(1938)》，1941 年第 2 卷第 6 期]、《太平天国革命的成败：读文搭记》（《新华南》，1941 年第 3 卷第 5 期），陈鲁泻的《论太平天国的土地革命》（《经济科学》，1942 年第 2 期）、《太平天国的革命》（《安徽教育》，1942 年第 2 卷第 6 期），彭泽益的《太平天国对于东西革命思想的影响》（《现代史学》，1942 年第 5 卷第 1 期），萧一山的《太平天国的革命思潮——太平天国革命思潮序（社论）》（《文史杂志》，1944 年第 4 卷第 3、4 期），李述文的《太平天国革命运动（上）》（《日月谭》，1946 年第 11 期）。可见，民国时期“革命”渐次成为太平天国研究的主流话语。

三、义和团

义和团，本称“义和拳”，源自山东、直隶一带的义和拳、梅花拳等民间秘密结社和习拳练武的民间组织。“义和拳”改称“义和团”，最早见于光绪二十四年五月十二日（1898 年 6 月 30 日）山东巡抚张汝梅的奏折。他主张采取“改拳为团”方针，将其纳入乡团之中，“听其自卫身家，守望相助”①。毓贤接任山东巡抚后，奏请朝廷承认义和拳为合法民间团练，正式改“义和拳”为“义和团”。此后，义和拳取得了合法性地位，各地义和拳组织陆续改称“义和团”。

清末时期朝野多以“匪”“乱”称之，民国时期因各方褒贬不一，以至称谓也各不相同。1900 年的《山东义合拳（或作义和团）匪论》一文，将其称为“拳匪”，“今年五六月间，山东各处开立匪场，或名义和拳，或名大刀会，或名铁布衫，或名金钟罩，或名红灯照，命名虽有不同，作乱却无少异”②。次年，即有称义和团是由“四种旧党”，即“野蛮派”“小说派”“闭关派”“联俄派”共同“化合所成之新质物”，

---

① 故宫博物院明清档案部．义和团档案史料：上册．北京：中华书局，1959：15－16.

② 山东义合拳（或作义和团）匪论．万国公报，1900（132）：51－52.

因此称："义和拳者，非国事之战争，乃党祸之战争也。"① 1904年有人称："近闻彰德、大名有义和团余党妖言惑众之事"，"设直隶东豫间再起拳乱，不必其如庚子之甚，吾已不审其时何如矣!"② 同年，更有文章直接将庚子义和团起事称为"团匪之祸"，且认为其"必为中国害"③。1910年亦有文章称义和团首领朱红灯为"匪首"，义和团众徒为"匪徒"。④ 可见，清末朝野对义和团无不以"匪"而论，这与当时掌握话语权之人的政治立场不无关系。

降至民国，朝野各方对义和团的称谓及评价渐趋多样，有以"革命"论之者，有以"变乱""暴动"论之者，也仍有以"匪乱"论之者。陈独秀称其"含有民族反抗运动意义"，"不能否认义和团事件是中国民族革命史之悲壮的序幕"，是"真正民族群众之反帝国主义运动"，具有"民族革命的精神"。⑤ 彭述之也强调其在"中国民族革命运动史上"具有重要的地位，称它"绝不是一个什么单纯的民族仇外运动，确完全是农民群众受了帝国主义的过分压迫之一种反抗运动"。⑥ 蔡和森也称义和团是"中国农民群众反抗外国帝国主义的起事"，"足以代表中国革命之客观的需要与性质的"，其"排外精神，是中国国民革命精神头一次充分的表现"，并为"中国国民革命史上悲壮淋漓、可歌可泣的遗产"。⑦ 1927年，有人撰文称其为"反帝国主义的先驱"，天主教在中国的无法无天和胡作非为使"带有革命性的义和团，于忍无可忍之时，不得不高揭'扶清灭洋'之旗，原始的民族运动在民众拥护之下轰轰烈烈的开始了"。⑧

此外，有文章虽然承认义和团具有革命的性质或动机，但对于其斗争方式则不予认同。如认为此事件乃"载漪等亲督匪徒，围攻使馆……这都是不知道革命的方法，只知道打倒洋人，以逞一时之愤，所

---

① 论说：论义和团与新旧两党之相关（集录）. 选报，1901（3）：2－3.

② 义和团又将出现．东方杂志，1904（11）：75.

③ 流河团与义和团．大陆报，1904（2）：86－88.

④ 山东义和团闹教纪实．艺林，1910（1）：181－184.

⑤ 陈独秀．我们对于义和团两个错误的观念．向导，1924（81）.

⑥ 彭述之．帝国主义与义和团运动．向导，1924（81）.

⑦ 蔡和森．义和团与国民革命．向导，1924（81）.

⑧ 陶百川．反帝国主义的先驱：义和团．向前进，1927（10）：35－41.

以结果不免失败”，其具有“反清复明和排外思想，可说是民族革命的动机，可惜他们不懂革命的理论和步骤，所以不免为各帝国主义者所乘”，而其党徒“都是乌合之众，没有组织，没有训练”。由此可见，“国民党所领导的国民革命的工作，第一是要组织民众，因为民众要组织团结起来才有力量以御外侮，才不至又遭失败；第二是要训练民众，因为有了训练，才不致于滥用力量，才不致于起无意识的暴动”[①]。

20 世纪 30 年代，随着外患日亟，思想文化界日趋注重对义和团运动反抗精神的阐发，用以激发全民族的抗战精神。如称其为“伟大的民族运动”，“反帝国主义的运动”，号召应恢复义和团的那种“勇敢而果决地反对帝国主义的压迫的真精神”。[②] 1936 年的“国耻讲座”中有人称其为“单纯的排外运动”，此事件“本来是一种原始式的反帝国主义的运动，因为他们只知道痛恨洋人，不知道什么叫做帝国主义”。[③] 当然，与之相对的还有称之为“暴动”者，认为是“北方农民和贫民自发的反帝斗争”促成了这场“暴动”，而且是“以流氓无产阶级做主干的，他们没有坚强的组织和正确的策略，只知道绝对的排外，所以受了反动的封建贵族的利用，而反帝运动终于失败”。[④] 还有人称：“一九〇〇年，在华北地方，发生了一个大规模的农民和贫民的反帝斗争，这就是中国史上所谓义和团大暴动。”[⑤] 也有人认为，它是“近代中国革命史上伟大的群众运动”之一，还进一步阐发说：“近代中国革命史上几个伟大的群众运动，向来是为历史家所抹煞或诋毁的。满清的官书，固不待说，就是近人编纂的历史，也还有称太平军为粤匪，义和团为拳匪。尤以义和团为甚。我们对于这些迂腐的错误的见解，绝不能同意。”[⑥]

同时，“匪”之称谓仍在一些报刊中时有出现。1925 年，《国闻周报》“社评”称：“自庚子之役，拳匪倡乱以后，义和团之名词，已成为灭绝理性、蛮动残杀之一切行动之泛称。”[⑦] 甚而还有直呼其为“拳匪”

① 汪翰章．对于义和团事件的感想．上海民国日报附刊，1927，九七特刊.
② 高尔松．义和团运动：纪念九七国耻而作．五九，1925（9－10）.
③ 周戈．反帝的义和团（国耻讲座）．少年世界，1936，1（1）.
④ 义和团暴动．中国现代史常识，1939（10）.
⑤ 义和团与八国联军（常识）．风下，1947（99）.
⑥ 冯来仪．学术探讨：义和团运动的新评价（附表）．新建设，1941，2（2）.
⑦ 天生．对于洋义和团之所感．国闻周报，1925，2（22）.

之类的，认为其滥杀洋人最终酿成“八国联军之祸”。[①] 其中也有折中称谓，既不主张以“革命”论之，也不称其为“匪盗”，而代之以“变乱”，如多以“义和团之变”“义和团之祸”相称。这些人认为，义和团“有勇无智，清廷昏庸而纵之，卒召侮辱国，乃败后乃又恨而目为‘拳匪’。夫团民诚败事，然其义愤亦未易尽没（今人有誉之为民族革命者，则又太重视之，流于牵强附会之失，）且祸首实朝贵也。西文亦仅作‘拳术者之变乱’并不云匪，其杀外人，究有异普通匪盗”。但其历史之功不能一笔抹杀，“在我国民族独立运动史上，无论他的结果是功是过，总占有一个很重要的地位，这是排外心理在行动上走到极端的表现，自此而后，便走入畏外的这一条路上去”[②]。

四、辛亥革命

孙中山所领导的反清斗争，从中华民国建政以至中华人民共和国成立以来，国共官方及其主流史学观点无不将其纳入革命话语体系中进行建构和阐释，“辛亥革命”甚至逐渐作为一个客观的历史事件、一个专有名词成为中国通史知识之一部分。这与国外一些学者把辛亥革命看作一场“假革命”、“独立闹剧”[③]、“伪装的革命运动”[④]、一次“改朝换代式的革命”[⑤]，根本不承认它是一场革命的态度、立场和看法截然不同。

实际上，随着民国的肇建，辛亥革命的话语和叙事也同步展开。章开沅指出，国内辛亥革命史的编撰出版与辛亥革命事件本身几乎发生于同年。1949 年以前，以中国革命史命名的辛亥革命史书，以苏生编写的《中国革命史》问世最早，是武昌起义后不久（即辛亥阴历九月）出

① 祖善．义和团：大众读物选辑之一．民间文艺，1935，3（3）.

② 李百仞．中华民族独立运动史论（十）．读书周报，1934，1（10）.

③ 陈志让．乱世奸雄袁世凯．傅志明，鲜于浩，译．长沙：湖南人民出版社，1988：109.

④ 宫崎市定．论辛亥革命．傅仲涛，译//中国科学院近代史研究所资料编译组．外国资产阶级是怎样看待中国历史的·资本主义国家反动学者研究中国近代历史的论著选译：第二卷．北京：商务印书馆，1962：283.

⑤ Mary Clabaugh Wright. China in Revolution ：The First Phase 1900—1913. New Haven and London：Yale University Press，1968：297－313.

版的。此后出版的与此同名或名称相近的史书共约 15 种。[①] 与此同时，各类官方文书、报刊传媒也多以“辛亥革命”名之，如，1913 年《奉天公报》发布奉天民政厅长许世英签署的一则命令中即谓之“辛亥革命”。[②] 同年《申报》之“自由谈话会”中一段论述亦谓为“辛亥革命”。[③] 可见，在民国创立伊始，“辛亥革命”就开始作为一个专有名词出现在官方以至民间的各种话语表述中，中经不同政权轮替，迄今已历经了 110 年的历史建构与阐释。

辛亥革命百年之际，罗福惠、朱英主编并推出三卷本《辛亥革命的百年记忆与诠释》，其中第三卷即何卓恩等著《历史学者对辛亥革命的研究与诠释》一书，对 1911 年至 1949 年辛亥革命的记忆及研究详加梳理和总结。此书将民国时期的辛亥记忆与研究分成两个阶段：其一是 1911—1926 年国内的辛亥记忆、存史与初步研究，这部分内容包括：(1) 革命志士的辛亥记述，如龚霞初的《武昌两日记》、熊秉坤的《武昌起义谈》等；(2) 其他人士的辛亥记述，包括前清官员、立宪派和普通士绅及幕僚等；(3) 辛亥革命的初步研究，包括对辛亥重要人物、辛亥烈士的纪念与生平事迹研究以及各种革命史、民国史共同构成其主要方面。此阶段较有代表性的论著为 1923 年高劳（即杜亚泉）所编《辛亥革命史》，其作为“东方文库”之一种由商务印书馆正式出版。该书高度概括了辛亥革命爆发的原因、经过与临时政府之成立，认为这种“革命之现象……已非一朝一夕之故”。晚清既有政治、种族之冲突，又有社会矛盾之激化；既有革命运动之屡发，又有革命思想之传播。在各种因素的纠葛下，革命之爆发是必然的。“革命之事，各国有之。此事之起因，率由政治之不良，政体之未善，而种族之异，亦足为其诱因。”[④]

其二是 1927—1949 年国内的辛亥革命研究，大致可分为四个部分：(1) 国民党的辛亥革命研究（1927—1937）；(2) 国民党非正统派及国民党以外的辛亥革命研究（1927—1937）；(3) 抗日战争时期的辛亥革

① 章开沅．50 年来的辛亥革命史研究．近代史研究，1999 (5).

② 许世英．奉天行政公署训令（第 89 号）. 1913 (624).

③ 自由谈话会．申报，1913-08-16.

④ 高劳．辛亥革命史．上海：商务印书馆，1923：1.

命研究（1937—1945）；（4）解放战争时期的辛亥革命研究（1945—1949）。这其中的代表性论著有黎澍的《辛亥革命与袁世凯》（生活·读书·新知三联书店，1949年），该书被认为是“马克思主义史学家辛亥革命研究的开山之作”。该书总结国民政府时期辛亥革命研究有史料性、史实考订性论述较多，学术性论述较少；非官方背景的学术研究较为薄弱；等特点。①

民国时期，无论是国民党人士，还是早期马克思主义学者，抑或是无任何政治派别的知识分子，其对于辛亥革命爆发的必然性，都取得了高度一致。

在国民党的“正统史观”之下，学界一致强调辛亥革命爆发的必然性。贝华所编《中国革命史》一书即认为“夫革命非能突然发生也”②，强调了由于晚清政治之腐败与外国入侵之严重，必然需要革命推翻清政府方可拯救、改造中国。左舜生所编《辛亥革命史》提出有五个导致辛亥革命必然发生的因素：一是满汉种族的裂痕，二是清季政治的腐败，三是外力的压迫，四是立宪的失败，五是包括学生、华侨和新军在内的新势力的形成。③

早期中国共产党人对于辛亥革命爆发的原因及其必然性也有深刻分析。1922年6月15日中共中央执行委员会发表的《中共中央第一次对于时局的主张》，是党中央对当时时局的全面认识，对辛亥革命爆发的必然性进行了宏观概括。文件认为，19世纪后半期，中国受到世界资本主义势力的强势侵入后，虽然经过几次旧式的反抗，但结果均是失败的，“人民一方面因外来的政治经济力强迫而痛苦，一方面发现了旧政治的腐败与缺点，渐觉悟非改良政治组织不足以抵抗外力”，这种“对于政治上的感觉力与组织力渐次发展”，促使“在封建政治下的改良运动”，“进步到民主革命运动”，“于是戊戌变法运动、君主立宪运动、辛亥革命运动，渐次发生”。④ 由改良而革命实在是当时情势所必然。

① 何卓恩，等．辛亥革命的百年记忆与诠释：第三卷 历史学者对辛亥革命的研究与诠释．武汉：华中师范大学出版社，2011：120－124．

② 贝华．中国革命史．上海：光明书局，1926：1－2．

③ 左舜生．辛亥革命史．上海：中华书局，1934：1－15．

④ 中共中央宣传部办公厅，中央档案馆编研部．中国共产党宣传工作文献选编：1915—1937．北京：学习出版社，1996：373．

彭述之（笔名“述之”）认为，辛亥革命“不是凭空而来的”，它是“一个半殖民地的革命”，其产生的原因不仅仅是清政府的暴政与腐朽，更在于“中国封建制度的经济受了国际帝国主义的猛烈侵略之结果”。① 郭真（即高尔柏）于 1929 年出版的《辛亥革命史》，是第一部用马克思主义观点分析辛亥革命的研究著作。在他看来，所有原因都是以帝国主义的入侵导致中国经济基础根本崩溃为基础的，“辛亥革命是反帝国主义的运动，它之所以发生，全因帝国主义的侵入中国，使中国经济发生重大变化，而必然引起了辛亥革命”②。辛亥革命研究的马克思主义唯物史观学术话语日渐兴起，这样在党派政治竞争的帷幕之下，初步形成了马克思主义和三民主义两种史观、两种话语体系和两种阐释体系的对立和争锋。

上述各党派、阶层之间的论述都把辛亥革命的爆发与此前国内外的各方面因素相结合，认为自鸦片战争以来，历次革命对于中国近代社会都起着积极推动作用，只有通过革命才能实现反帝反封建的任务，实现中国独立，走向民主。毛泽东《中国革命与中国共产党》《新民主主义论》《唯心历史观的破产》③ 等一系列对中国近代革命论述的问世使这些观点进一步体系化，并完全影响了新中国成立后大陆学界对中国近代史的基本评价。新中国成立初期，学界对中国近代史分期问题的争论，最终推动了中国近代史中革命史观的确立。④ 对于革命的重视与强调至今仍在近代史学中占有重要地位。

---

① 述之．辛亥革命的原因与结果．向导，1924（86）.

② 郭真．辛亥革命史．上海：北新书局，1929：2.

③ 关于毛泽东的革命史观与中国近代史学科之间的关系，可参见：郭世佑．毛泽东的革命史观与中国近代史研究．社会科学战线，1995（3）。

④ 关于 20 世纪 50 年代中国近代史分期的讨论，参见：“历史研究”编辑部．中国近代史分期问题讨论集．北京：生活·读书·新知三联书店，1957。

第二节 新中国成立初期革命的话语表述（1949—1979）

1949年至1979年的三十年间，史学界由于受到马克思主义革命史观的普遍影响，晚清民间起事被纳入“革命”的单一话语体系中进行叙述。

一、会党、捻军和其他小规模农民起义

（一）会党

此时期史学界将会党反清活动归于革命之一部分，多以“革命”二字来指称会党之为。1961年1月20日，《文汇报》刊载了戴逸的《关于天地会的若干问题——答魏建猷先生》一文，认为天地会是具有“近代资产阶级民主革命色彩的革命组织”，并指出该会是在封建社会末期的经济发展和城市平民力量（包括手工业工人和游民无产者）的日益增强的具体历史条件下的产物。这一时期，城市平民力量在政治上的作用越来越大，日益频繁地参加农民革命，给农民革命带来一定的影响。[①]同年11月10日，章开沅等认为，会党和新军是辛亥革命的“两支基本队伍”，但各省的情况又不完全一致，如在湖南、四川等省会党发挥的作用较大。[②] 袁定中对此则持不同观点，认为天地会因“成分缺乏严格的阶级标准，聚集了‘三教九流’分子”，所以“在革命中逐渐丧失其战斗作用”。在详为考察天地会源起、活动及其主要特点的基础上，他认为，天地会是一个具有封建性的，以“反清复明”为宗旨的“散漫的群众性的秘密结社”。[③]

1962年，林增平发表文章认为，会党“接受了资产阶级革命派的影响和领导，为民主革命作了巨大的努力”，如同盟会成立后，孙中山

---

① 戴逸．关于天地会的若干问题：答魏建猷先生．文汇报，1961－01－20.

② 章开沅，陈祚津，陈辉．武昌起义与湖北革命运动．江汉学报，1961（3）.

③ 袁定中．天地会究竟是什么性质．文汇报，1961－11－10.

于 1907 年至 1908 年在两广及云南组织了几次起义，使用的力量主要是会党。但同时也有不少山堂或码头被立宪派、旧势力所利用，充当了“破坏革命的工具”。同时，林增平对袁定中主张的天地会在辛亥革命时期之所以成为一支重要的革命力量，正由于它坚持的“‘反清’斗争和中国资产阶级的‘民族主义革命’在‘反满’这一点上一致的缘故”提出了质疑，并认为，不能将天地会的反清斗争作为它同资产阶级革命派合作的依据，因为天地会也曾追随改良派进行保皇运动，并且“曾被反动派利用作为破坏革命的工具”①。

（二）捻军

新中国成立初期，捻军斗争多被称为“起义”、“抗清斗争”或“革命”，并与太平天国相提并论。1954 年，作为中华人民共和国成立后捻军研究的代表性学者，江地在《历史研究》第 5 期发表了《论东捻军的抗清斗争》一文，是为早期关于捻军的代表性论文。1963 年，他在《论太平天国和捻军起义的关系》一文中，对捻军的历史意义做出了积极评价，认为它是“太平天国在北方的屏障，又是太平天国革命的继承者”，在太平天国整个革命时期，“强有力的反革命进攻总在东西两侧，而不在北边，这是和捻军战争的屏障作用分不开的”。其对“革命”的积极作用表现为：从 1864 年到 1868 年，它“接替过太平天国的未竟大业，高举起太平天国的革命旗帜，这种作用是了不起的。这四年，是处在全国革命低潮时期，反革命进攻非常猖獗，要知道在低潮时期坚持四年，那是和在革命胜利发展的高潮时期坚持斗争颇不相同的……这时，捻军成为全国革命斗争的中心，是暗暗长夜中的唯一希望，江南各地被打散了的革命者，江北各地被打散了的农民领袖，纷纷向捻军里去集中，这就是它对太平天国革命的继承作用”②。此外，江地还发表了《一八六五年—一八六六年的捻军战争》（《历史教学》，1954 年第 11 期）、《捻军起义和打倒“孔家店”》（《文物》，1974 年第 5 期）、《捻军起义概述》（《历史教学》，1979 年第 12 期）等文章予以系统性的阐发。

此外，这一时期以“起义”或“农民战争”来指称捻军的相关文章主要有：林树惠的《捻军与太平军余部合流后的抗清斗争》（《历史教

① 林增平．辛亥革命时期天地会的性质问题．学术月刊，1962（2）.

② 江地．论太平天国和捻军起义的关系．历史研究，1963（3）.

学》，1954 年第 1 期），陆方的《西捻军抗清斗争及其与西北回军的关系》（《安徽史学通讯》，1958 年第 2 期）、《西捻军西北回民军联合抗清斗争》（《史学月刊》，1959 年第 10 期），马汝珩的《太平天国失败后的捻军抗清斗争》（《历史教学》，1961 年第 7 期），祁龙威的《略论 1864—1868 年的捻军战争》（《历史教学》，1962 年第 12 期），张生旺的《西捻军在陕西的抗清斗争》（《史学月刊》，1964 年第 12 期），韩学扒的《怎样估价近代农民战争的历史作用——从捻军战争和清朝统治阶级内部矛盾的关系谈起》［《西北大学学报（哲学社会科学版）》，1978 年第 2 期］，曾意丹、朱亮的《关于捻军起义的时间和西征问题》（《历史教学》，1979 年第 12 期）。

（三）其他小规模农民起义

这一时期，学术界对于其他小规模的农民起义也有所关注，亦将其纳入“革命史”的叙事范式。

祁龙威认为，义和团运动遭遇帝国主义联军和清朝的血洗之后，“革命形势转向低潮，又正是革命高涨的前夜。历史的进程，迫切地要求革命重新配备力量，即要求中国人民——主要是资产阶级革命党人和农民群众（当时中国工人阶级尚未长成）——在某种程度上联合起来，结束单纯的农民战争，过渡到正规的民主主义革命”；“集中的、大规模的农民战争已为此起彼落的小股农民起义所接替。历史和现实教训他们……必须将‘扫清’和‘灭洋’的任务结合起来。他们这种自发性的转变和高度的革命精神，曾给资产阶级革命党人以莫大的勇气，就在反满救亡的共同目标下推动他们初步和农民实行联合，准备好辛亥革命到来的必要条件”。对于发生于广宗、巨鹿一带的景廷宾起义，他认为其意义在于“革命的火焰便从这个清朝心脏的罅隙里发燃起来，影响所及，震撼了全国”，“在反满的共同目标下促使资产阶级小资产阶级的革命党和农民群众开始接近起来”，他们通过会党去接触农民。从此农民战争和革命党的关系越来越多，逐渐结束了自发的农民战争，继之而来的是“正规的民主主义革命”。①

高维嶽认为，在太平天国起义以前活动于湖北地区的秘密结社，大体上是天地会活动于鄂南地区，捻党活动于鄂东、鄂北一带，而白莲教

① 祁龙威．论景廷宾“扫清灭洋”起义．文史哲，1956（10）．

活动于长江北岸各地，这些秘密结社成为“湖北人民即将展开革命斗争的火种，也是湖北人民积聚革命力量的主要组织”；太平天国革命爆发后，“一支震奋全国人心的革命火炬，随即由湖南高举到湖北，一举而解放武汉”；其他如纵横于北方的捻军，转战于川、陕的李、蓝起义军，活动于湖南巴陵诸县的起义军，亦曾先后到达湖北，成为“摧毁封建统治和推动湖北农民不断掀起革命斗争的强大力量”。湖北农民起义，“不论在地主阶级土地占有制的分配关系上或封建政权上，都进行了猛烈的冲击。虽然他们没有如太平天国提出比较完整的纲领，用以指导自己的革命行动，但其本质上是和它的斗争目标相一致的”；“不论在斗争的规模上，在和太平天国革命的关系上，在参加革命者的成分上，在组织的方法和斗争的目标上”，其革命性质和“当时全国各地的农民起义是一致的，它的斗争是和全国的革命形势息息相关的，其所起的作用是巨大的，因而它成为近代中国第一次革命高潮不可分割的内容”。他认为，湖北农民的革命情绪是非常高涨的，这些起义活动大多是环绕着太平天国在湖北的军事斗争进行的，有力地配合了太平天国革命运动，对于反革命给予了沉重的打击，改造了反动统治阶级在湖北的封建政治。[①] 其他有代表性的论文有：宝璠的《清末云南哀牢山的农民起义》（《中国民族》，1964 年第 4 期）、杨育彬的《有关清末豫南一次农民起义的记载》（《史学月刊》，1965 年第 5 期）、施达青的《坚持革命反对投降的农民起义女英雄王聪儿》[《北京师范大学学报（社会科学版）》，1976 年第 1 期] 等。

二、太平天国运动

这一时期，太平天国运动研究均可归入“革命史”的叙事范式，学界将其视为中国历史上农民革命运动的最高潮。1951 年 1 月 11 日，《人民日报》发表了题为《纪念太平天国革命百周年》的社论，指出，“太平天国革命仍旧只是一个没有工人阶级领导的单纯农民战争”[②]。1952 年，中国史学会主编“中国近代史资料丛刊”中的第二种《太平

---

① 高维嶽．太平天国革命期间湖北农民起义活动初探．武汉师范学院（哲学社会科学版），1979（2）．

② 纪念太平天国革命百周年．人民日报，1951－01－11．

天国》的“序言”说：“一百年前的太平天国革命运动……所表现的中国人民的光荣的革命传统和崇高的爱国主义是永远值得中国人民引以自豪的。”① 同期出版的罗尔纲的《太平天国史稿》也称太平天国革命是“农民阶级对地主阶级的革命”②。1978年，中国社会科学院近代史研究所编著的《中国近代史稿》亦称太平天国农民战争是“中国近代历史上第一场大革命”③。相关著述不胜枚举，故不具列。

学术界对太平天国运动的历史地位给予了高度评价，将其视为中国农民革命的最高峰，列入第一次国内革命高潮。诸如姚琮的《太平天国革命运动中外国资本主义的武装干涉》(《历史教学》，1954年第8期)，郭毅生的《略论太平天国革命的性质》(《教学与研究》，1957年第2期)，王崇武的《英国侵略者破坏太平天国革命的一段史料》(《历史教学》，1957年第4期)，章开沅的《有关太平天国革命性质的几个问题》(《理论战线》，1958年第2期)，钟珍维的《试论太平天国革命的性质——与华东师范大学历史系中国近现代史进修班商榷》(《历史教学问题》，1959年第5期)，柳学启的《太平天国革命是带有资产阶级民主革命性质的农民战争》[《华中师范学院学报（历史版）》，1959年第3期]，曹国祉的《太平天国革命时期江浙太湖地区“枪船”的性质问题》(《史学月刊》，1960年第2期)，刘耀的《太平天国革命运动中两类矛盾的斗争》(《吉林大学人文科学学报》，1960年第1期)，林言椒的《关于太平天国革命性质问题的讨论》(《史学月刊》，1960年第7期)，陈永卿的《太平天国革命史讨论中的若干问题简介》(《学术月刊》，1961年第2期)，沈元的《洪秀全和太平天国革命》(《历史研究》，1963年第1期)，王兴福的《太平天国革命后浙江的土地关系》(《史学月刊》，1965年第5期)，史群的《中国近代史上划时代的农民大革命——驳苏修攻击太平天国革命的反动谬论》[《黑龙江大学学报（哲学社会科学版）》，1975年第3期]，李锦全、吴熙钊的《太平天国革命农民思想的再探索——答黄彦同志兼评当前哲学史研究中的一种思想倾

① 中国史学会．中国近代史资料丛刊：太平天国．上海：神州国光社，1952.

② 罗尔纲．太平天国史稿．增订本．北京：中华书局，1957：序论.

③ 中国社会科学院近代史研究所．中国近代史稿：第一册．北京：人民出版社，1978：263.

向》[《中山大学学报（哲学社会科学版）》，1979 年第 3 期]，林增平的《太平天国革命推动中国资本主义发展的问题有待进一步探索》（《历史研究》，1979 年第 10 期）等。江地写道："英雄们在这里建立了革命的政权，组织了强大的武装，颁布了天朝田亩制度，实行了各项革命的政策，发动了千百万农民起义，为推翻清朝的反动统治，为摧毁封建的土地制度，而进行了十余年轰轰烈烈的斗争。这次伟大的农民起义影响所及，几乎使中国大陆整个地席卷于革命风暴之中，各地起义的时间几乎绵延了三十年之久，这是中国历史上没有先进阶级领导的旧式农民战争的最高峰。"①

吴雁南在肯定太平天国运动的革命性和正义性的同时，也指出其对生产和商业有一定程度的破坏作用；又因当时国内资本主义因素萌芽在思想上发生某些变化，而且受到外国资本主义的影响，故而其指导思想——洪秀全的思想有其复杂性，"决不是单纯的农民阶级的思想，而区别于历史上的农民革命领袖的主张，而它具有近代启蒙思想的特征。它的要求如果实现，则将是在中国实现资本主义，而不再是作为改朝换代的工具。因此，从太平天国革命的指导思想上看，其革命性质将不是单纯的农民战争，而是带有资产阶级性的农民战争"②。

三、义和团运动

此一时期，学术界亦将义和团运动定性为"革命"，对其历史地位的评价几与太平天国运动相比肩。1958 年，翦伯赞在《义和团运动》一文中既指出其浓厚的宗教迷信色彩，把一些根本就不存在的人物安置在祭坛上当作神灵崇拜，但又充分肯定了其背后"隐藏着现实的革命狂热"，他们是希望"把这些神的力量引渡到自己的身上，使自己更有力量来击败他们的穷凶极恶的敌人，使他们在战斗中造成奇迹"，而且"并不奇怪"，因为"在革命的危机时代，人们往往'运用魔法，求助于过去的亡灵，借用它们的名字、战斗口号和服装，以便穿着这种古代的神圣服装，说着这种借用的言语，来演出世界历史的新场面'。很多数据记载着义和团的宗教仪式。他们在神的面前庄严地虔诚地宣誓，表示

① 江地．论太平天国和捻军起义的关系．历史研究，1963（3）．

② 吴雁南．试论洪秀全政治思想的主要特征．人文杂志，1958（4）．

他们对革命的忠诚和胜利的确信，表示他们坚决服从不抢劫不奸淫的革命纪律，表示他们和洋人战斗到底的决心”。①

1960年，山东通史编写组发表了《山东义和团反帝爱国运动》一文，认为义和团运动是“近代历史上的一次伟大的农民革命运动”，其伟大的历史意义在于沉重地打击了封建买办势力，并进一步揭露了清政府对外投降、对内镇压的反动本质。在义和团运动期间，革命人民杀死了一批贪官污吏，使那些平日骑在人民头上作威作福的反动官僚人人自危，同时他们也惩戒了一批买办阶级分子，使这群牛鬼蛇神原形毕露。通过义和团运动，清朝反动统治阶级所采取的与人民为敌的反革命政策，终于赤裸裸地暴露了出来。通过义和团运动，反帝反封建的革命思想日益深入人心，广大人民越来越清楚地认识到：帝国主义和国内封建势力是中国人民的死敌。因此，义和团运动为“后来一系列的革命运动铺平了道路，并成为今天中国人民伟大胜利的奠基石之一”②。同年，吴松龄在《义和团运动初期斗争阶段的几个问题》一文中，认为这是一次“规模极为宏伟的反帝斗争运动，形成了中国近代的第二次革命斗争高潮”，与同时兴起的民间各种反洋教斗争是“中国人民新的革命斗争大风暴”。义和团“扶清灭洋”口号的提出具有“策略的意义”，是义和团“革命群众利用了封建地主阶级，而不是地主阶级利用了义和团的革命群众”，因此，它的出现是合乎当时社会矛盾发展趋势的，是当时全国反帝斗争力量已进入高潮时期的标志。其作用和意义与太平天国运动相比“并无逊色”，从太平天国运动的反封建斗争高潮发展到义和团运动的反帝斗争的高潮，是“合乎当时革命斗争形势发展的趋势，是合乎革命斗争规律性的发展过程”。把义和团运动估计为不如太平天国革命运动进步，实质上就是否认了中国近代人民革命斗争是从浅到深、从低到高的规律性发展过程，也与马克思列宁主义的社会发展规律和阶级斗争发展规律的原理相违背。③

1979年，胡绳将义和团称为“农民革命”，他描述说：“义和团的

---

① 翦伯赞．义和团运动．历史教学，1958（5）．

② 山东通史编写组．山东义和团反帝爱国运动．山东师范学院学报（历史版），1960（1）．

③ 吴松龄．义和团运动初期斗争阶段的几个问题．山东师范学院学报（历史版），1960（2）．

农民革命运动像火山突然爆发一样，以山东为中心涌现了出来”[①]。同时，李侃则认为，义和团运动是一次“以农民为主体的大规模的反帝爱国运动”，表现了中国人民不甘屈服于帝国主义及其走狗的反抗精神，在中国近代旧民主主义革命历史上占有重要的地位。[②] 李世瑜认可这是一次“反帝爱国运动”，并掀起了“中国近代史上第二次革命高潮”。[③]

四、辛亥革命

这一时期，是辛亥革命史研究的马克思主义唯物史观学术体系、话语体系和阐释体系正式形成及其主导性确立时期，抑或是辛亥革命史研究的革命史框架之正式确立时期。但因过程中受到极“左”思潮干扰和破坏而遭到严重冲击，甚至正常的学术研究也都被迫中断了。

（一）关于辛亥革命的性质、类型及意义

海外学者以 20 世纪初期资本主义在中国的发展还不足以产生一场名副其实的资产阶级革命，以及资产阶级并没有参加和领导革命等为理由，否认辛亥革命是一场资产阶级性质的革命，或说辛亥革命是一场国内民族革命，或说辛亥革命是一场全民革命，或说辛亥革命是一场绅士或精英运动。[④] 新中国成立初期，1954 年，胡绳在《历史研究》创刊号发表《中国近代历史的分期问题》一文，正式提出以“三次革命高潮”为中国近代史的分期标准（即以阶级斗争为分期标准）的论点：第一次为 1851—1864 年太平天国运动；第二次为 1894—1895 年中日甲午战争后，1898 年的维新运动和戊戌变法，以及 1900 年的义和团运动；第三次为 1905—1911 年，同盟会的成立与辛亥革命。[⑤]

关于辛亥革命的性质问题，新中国成立初期我国史学界出现“资产阶级革命”与“资产阶级民主革命”之争：有人认为辛亥革命是资产阶级革命，如耿夫孟在 1954 年《历史教学》第 10 期《问题解答》栏目中解答有关问题时称：“中国辛亥革命则是资产阶级革命，而不能称之为

---

① 胡绳．义和团的兴起和失败．近代史研究，1979（1）.

② 李侃．义和团运动研究中的几个问题．历史教学，1979（2）.

③ 李世瑜．义和团源流试探．历史教学，1979（2）.

④ 张玉法．辛亥革命史论．台北：三民书局，1993：1-23.

⑤ 胡绳．中国近代历史的分期问题．历史研究，1954（1）.

资产阶级民主革命。”[1] 有人认为它是资产阶级民主革命[2]，如陈旭麓主张辛亥革命既是一次资产阶级革命，也是一次资产阶级民主革命。他说辛亥革命在“古老的中国展开了民主革命运动，向旧制度进行斗争，这对于支持旧制度的帝国主义，也是一个打击”，因而就革命性质来说，辛亥革命是“资产阶级的民主革命”，“反帝反封建”是其“两大任务”；同时辛亥革命也是“中国近代历史上比较具有完全意义的资产阶级革命”。[3] 王永康则认为以上观点有将“资产阶级革命”与“资产阶级民主革命”两个概念等同或者混淆起来之嫌，并提出商榷性意见，认为，依据《苏联大百科全书》对“资产阶级革命”与“资产阶级民主革命”这两个概念不同的解释，应将二者区别开来，而不能混淆这两个概念。把辛亥革命的民主革命性质与资产阶级革命等同或者混淆起来的观点，也是与毛泽东同志对这次革命的正确评论相违背的。就革命的任务说，辛亥革命不仅反对清朝封建势力的统治，而且在客观上也打击了帝国主义侵略势力，所以不能简单地将其视为资产阶级革命；又由于中国半殖民地半封建的社会性质，规定了中国人民反帝反封建的革命任务，这个任务具体地体现了中国民族民主革命的资产阶级性的经济内容，这种资产阶级性的经济内容，也就决定了中国近代革命包括辛亥革命是资产阶级民主革命。[4]

李茜则认为，“资产阶级革命”和“资产阶级民主革命”这两个概念并不是相互对立、相互排斥的，就性质而言，二者是同义语；就类型而言，资产阶级民主革命，即“人民革命”，指劳动人民积极地、独立地带着自己的政治要求和经济要求而参加的资产阶级性革命。这个原则既适用于西方，也适用于东方。因而，辛亥革命成为中国反帝反封建的资产阶级性的民族民主革命的“正规”开端。作者进而指出，史学界意见纷纭的所谓辛亥革命的性质问题，实际上是类型问题，即辛亥革命这一资产阶级的革命，是否具有如列宁所说的“人民”革命或如苏联学者所说的资产阶级民主革命的特征的问题。作者对以上学者的论点提出反

---

① 耿夫孟．问题解答．历史教学，1954（10）．

② 孙守任．伟大的革命先行者：孙中山先生所走过的道路．东北师范大学科学集刊，1957（3）．

③ 陈旭麓．辛亥革命．上海：上海人民出版社，1955：122－124，128．

④ 王永康．谈谈关于辛亥革命的性质问题．史学月刊，1959（12）．

驳意见，认为就性质而言，辛亥革命是反帝反封建的资产阶级性的革命；就类型而言，辛亥革命属于旧式的一般的资产阶级革命的范畴，并不具有“人民革命”——资产阶级民主革命的特点，更不是可以转变为社会主义革命的特殊类型的资产阶级民主革命或新民主主义革命。①

毛泽东指出：“辛亥革命是革帝国主义的命。中国人所以要革清朝的命，是因为清朝是帝国主义的走狗。”② 胡绳武、金冲及、李国俊、苏寿桐等人相继发表系列文章加以具体阐释，主要有胡绳武、金冲及的《辛亥革命是革帝国主义的命》（《学术月刊》，1961年第1期），李国俊的《怎样理解“辛亥革命是革帝国主义的命”——兼论辛亥革命时期的社会主要矛盾问题》（《学术月刊》，1961年第9期），苏寿桐的《试论辛亥革命是革帝国主义的命》（《历史教学》，1961年第10期）等文章。胡绳武、金冲及认为，辛亥革命是中国近代历史上一次有着重大意义的革命运动。以孙中山为首的革命派，在中国民族遭遇严重危机的时刻发动了革命斗争，企图通过民主共和国的道路，使中国摆脱被帝国主义压迫和奴役的命运，走向独立和富强。这次革命推翻了帝国主义走狗清朝政府的统治，结束了中国两千多年来的封建君主专制制度。它的历史意义就在于：这次革命对于推动中国广大人民的觉醒，对于破坏帝国主义和封建主义的统治秩序，起了重大作用。③ 刘大年指出辛亥革命在世界资产阶级革命历史中的特殊性。辛亥革命没有像英国、法国的革命那样取得对旧制度的胜利，只是推翻了两千多年的封建君主专制政体。辛亥革命中的资产阶级也没有像普鲁士的资产阶级那样直接与王权妥协，它鼓舞了群众的革命运动。而中国资产阶级革命有自己独特的外形。辛亥革命以推翻清政府的统治为直接目标，具有浓厚的反满民族斗争色彩。无论英国、法国还是普鲁士革命都没有这种色彩。这是由中国特殊的历史条件决定的。④ 总体而言，大家在肯定其为一场资产阶级革命方面意见大体一致，至于其是否可以称得上是资产阶级民主革命方面则分歧不小。

---

① 李茜．略论辛亥革命的性质与类型．史学月刊，1960（8）．

② 毛泽东．唯心历史观的破产//毛泽东选集：第四卷．北京：人民出版社，1991：1513．

③ 胡绳武，金冲及．辛亥革命是革帝国主义的命．学术月刊，1961（1）．

④ 刘大年．辛亥革命与反满问题．历史研究，1961（5）．

（二）关于辛亥革命成败之评估与认识问题

左舜生的《辛亥革命史》细数历来的革命活动，认为辛亥以前，革命党人的革命活动已经多次举行且失败，“辛亥以前革命工作是何等的艰难！及武昌义旗一举，民国即告成立，可见凡经得起多度的失败的，毕竟获得最后的成功”①。

然而，更多的人并不认为辛亥革命成功了。最早对革命斗争不彻底表示担忧的是高仲和，其根据自己亲身经历撰述了《北征纪略》，认为当时没有在军事上取得足够的胜利，是造成革命党政治上被动的主要原因。② 国民党元老胡汉民指出，辛亥革命的结果“只有一个空招牌，并无内容，并无实际”，“革命的目的，和人民的要求，仍不能达，仍未成功”。其原因主要在于“辛亥革命以后，不应该容留反革命的势力存在而不与铲除”，“辛亥革命以后，党员未能遵照总理的主义、政策、方略”，“国民的不觉悟，不负责”，“以及长年的军阀混战”。③

早期共产党人对辛亥革命成与败的认识比较一致，即辛亥革命是失败的。彭述之主张从革命的任务是否完成来评判革命是否成功。他认为，辛亥革命的任务有三：打倒一切封建生产关系和帝国主义强加于中国的经济关系；消灭帝国主义政治特权，建设民主政治；推翻一切封建社会思想和帝国主义带来的欺骗性观念。然而，辛亥革命没有完成这三个任务，因此，“辛亥革命是完全失败了的，至少也可以说没有成功”④。陈独秀也发表声明称“中国国民党（此处所称中国国民党，乃包括自同盟会一直到现在中山先生所指导的党），在辛亥革命是失败了，至少除剪了一些辫子和挂上一块民国空招牌外，别无所谓成功”⑤。张太雷也认为“辛亥革命在中国国民革命上不能有多大的意义和价值”，因为其不仅没有反帝国主义，而且在革命后出现妥协。⑥《中国现代革

---

① 左舜生．辛亥革命史．上海：中华书局，1934：1-15.

② 高仲和．北征纪略//中国人民政治协商会议湖北省暨武汉市委员会，中国社会科学院近代史研究所，湖北省博物馆，武汉市档案馆．武昌起义档案资料选编：上卷．武汉：湖北人民出版社，1981：117.

③ 胡汉民．我们如何纪念国庆．革命前锋，1928（7）.

④ 述之．辛亥革命的原因与结果．向导，1924（86）.

⑤ 独秀．辛亥革命与国民党．向导，1924（86）.

⑥ 太雷．辛亥革命在中国国民革命上之意义．向导，1924（86）.

命运动史》认为，“辛亥革命虽然在表面上推翻了满清政府，但封建势力并未铲除，反革命的力量仍未受到致命的打击。在反革命尚保存有优势力量的情形下，民军方面就开始与反革命妥协了”。至袁世凯最终称帝，“至此辛亥革命是流产了，在帝国主义封建势力的代表北洋军阀首领袁世凯的摧残下完全失败了”①。

李时岳认为，1911 年爆发的中国资产阶级民主主义革命（辛亥革命），有它成功的地方，也有它失败的地方。其推翻了清朝统治，结束了中国两千多年来的封建帝制，唤醒了千百万人起来参加政治生活，“中国人民为民族解放与民权自由的伟大斗争，从此进入了一个新阶段”，这是成功。但是，辛亥革命并没有完成它所担负的反帝反封建的革命任务，中国仍处于帝国主义和封建势力压迫之下，民主共和国只是一个若有若无的影子，这是失败。这个失败，证明资产阶级共和国的方案实际上并不能救中国，迫使先进的中国人重新考虑中国的问题，探索新的救国救民的道路。② 章开沅、刘望龄则认为，辛亥革命爆发随即走向失败阶段的标志为“政权完全落在帝国主义的走狗大地主、大资产阶级手中，民族资产阶级建立资产阶级共和国的旧方案正式宣告破产”，革命失败的根本原因就是“领导力量的软弱，而这个缺点是民族资产阶级自身所无法克服的”。③

夏东元通过多方面考察中国同盟会的纲领、资产阶级政党及其领导的革命运动过程等，认为辛亥革命在中国历史上只是推翻了封建专制主义的清政府，在人民中树立和传播了民主的思想，没有从根本上动摇帝国主义和封建主义的反动统治。有人企图抬高辛亥革命的身价，还有人企图把 1912 年作为划分历史阶段的标志，这实质上是抬高民族资产阶级的历史作用与地位，是资产阶级学术思想在史学上的反映，是厚古薄今的反映。④ 另外，史学界对于辛亥革命时期清王朝被推翻，究竟是以孙中山为首的人民革命力量斗争的结果，还是帝国主义“遗弃”和封建地主阶级“叛离”的结果存有争议。夏东元认为，辛亥革命之所以取得

① 中国现代史研究委员会．中国现代革命运动史．香港：新民主出版社，1947：89，92.

② 李时岳．辛亥革命的成功与失败．人文杂志，1959（3）.

③ 章开沅，刘望龄．从辛亥革命看民族资产阶级的性格．江汉学报，1961（2）.

④ 夏东元．论辛亥革命的胜利与失败．历史教学问题，1959（1）.

胜利，是因为当时的“清政府不能完全代表帝国主义和封建主义利益，处于异常‘孤立’地位，而这个‘要被帝国主义遗弃、封建地主阶级叛离的清专制朝廷，它所能动员的反革命力量是比较有限的’”①。黄保万、董力生对此提出质疑，认为帝国主义根本不愿意遗弃清廷，封建地主阶级也根本不愿意叛离清廷，因为它们都需要清朝政府充当自己压榨、奴役人民群众的最为驯服、最可信赖的工具。归根结底，是以孙中山为首的革命力量终于以一度压倒反革命力量的优势，推翻了帝国主义及其走狗反动派联合统治的野蛮工具——清朝政府。②

关于辛亥革命时期的社会主要矛盾学界有不同的认知。夏东元于1961年1月6日在《文汇报》上发表了有关论述辛亥革命时期社会主要矛盾的文章。文章认为，从义和团战争结束后，中国社会就“由中华民族和帝国主义之间的民族矛盾为主，逐渐转化为人民大众与业已完全成为帝国主义忠实走狗的清统治阶级之间的矛盾为主了”③。关于帝国主义和中华民族的矛盾在这一时期是否转化的问题，胡绳武、金冲及从帝国主义在这一时期所采用的温和侵略方式给中国带来的严重后果，论证了这个矛盾并未转化为人民大众与清政府之间的矛盾，而是越发向纵深发展了。④ 沈渭滨对夏东元的论点提出商榷性意见，认为帝国主义和中华民族的矛盾贯穿在整个半殖民地半封建社会的始终。如果在过程的每个历史发展阶段上抽掉了这个矛盾，那么它作为近代中国最主要矛盾的论断，就失去了历史事实的依据而变成一个不正确的概念了。⑤

（三）关于辛亥革命与中外各种政治力量关系问题

1953年，张延举运用阶级分析方法具体考察了辛亥革命运动中各个阶级的具体表现。其认为，地主阶级是革命的对象；大资产阶级与地主阶级妥协；辛亥革命运动时期的中等资产阶级，一般来说是革命的，

---

① 夏东元．关于辛亥革命时期的社会主要矛盾及其主要方面的问题．文汇报，1961-01-06.

② 黄保万，董力生．辛亥革命的胜利是怎样取得的：与夏东元先生商榷．学术月刊，1961（9）.

③ 同①.

④ 胡绳武，金冲及．辛亥革命是革帝国主义的命．学术月刊，1961（1）.

⑤ 沈渭滨．试论辛亥革命时期的社会主要矛盾：与夏东元先生商榷．学术月刊，1961（4）.

而且是革命的领导阶级。但这个阶级在当时是极为幼稚的，极软弱的，极容易动摇的，甚至还有一部分与大资产阶级一样，是只要求立宪而不敢参加革命的。所以，这个阶级绝不能领导辛亥革命成功。农民小资产阶级、半无产阶级，以及游民无产阶级的革命性较强，人数也较多，是辛亥革命运动当中的主要力量。无产阶级即便是在辛亥革命也就是旧民主主义革命时期，革命性也是最强的。但无产阶级当时还太年轻，队伍还不够庞大，还没有集中起来的无产阶级思想作为指导，也还没有建立起自己的政党，所以当时只能参加辛亥革命而不能领导辛亥革命。①

关于辛亥革命与资产阶级立宪派、改良派的关系，有学者在分析资产阶级立宪派对辛亥革命之态度及其与辛亥革命失败之关系时认为，作为官僚、地主和资产阶级混合体的立宪派，是一贯仇视人民，主张改良而反对革命的。只是由于革命形势的飞跃式发展，“迫使他们没有基地可以立脚，才不得不站在革命基地上来，以便窃取革命政权。他们附和革命，不仅没有丝毫的积极意义，相反，只是起了篡夺革命政权，分化革命力量，促使革命与反革命进行妥协，而使革命最终陷于失败的消极作用”②。龚书铎具体考察了辛亥革命时期的资产阶级改良派之行事，认为其在辛亥革命时，继续站在资产阶级改良主义政治立场上活动，其主旨在于反对革命，完全成为反动的了。资产阶级革命派放弃了对改良派的革命警惕性，使改良派能够从革命阵营内部来破坏革命，这是辛亥革命失败的重要经验教训之一。③

在辛亥革命时期的资产阶级革命派和农民之关系研究方面，邵循正认为，资产阶级革命派同农民合作是民主革命往前发展的一个重要因素。资产阶级革命派同农民阶级的联合问题，到 20 世纪初才真正出现。惠州起义之前，孙中山已经注意联络长江会党，希望广东的三合会能够同长江的哥老会打成一片。此后革命派注重在会党中进行工作，和农民达成了一定程度的合作。这一合作的程度虽然十分有限，对革命所起的作用却是十分重要的，也是辛亥革命能够取得推翻君主专制制度这一伟

---

① 张延举．辛亥革命运动中各个阶级的具体表现．历史教学，1953（9）.

② 何玉畴．辛亥革命与资产阶级立宪派人．兰州大学学报（人文科学），1959（1）.

③ 龚书铎．辛亥革命时期的资产阶级改良派．北京师范大学学报（社会科学），1963（4）.

大胜利的根本原因。[1] 李文海则认为，从资产阶级革命派的主观意图来说，“他们只是联络会党而不是艰苦地放手发动广大的工农群众”。所以，“联络会党本身，只不过是为接触群众开辟了一条极其狭小的途径而已”[2]。但林增平根据其所掌握的材料研究得出的结论是，在辛亥革命时期的会党里，无产者不仅冲在革命的最前面，而且已经成为它的基本成员；会党中，农民和手工业工人所占的比重是比较小的。湖南、山西、河南的哥老会显然不是农村生活的产物，而是裁军遣勇的后果。其结果是，资产阶级革命派利用或联络了会党，“似乎是反而疏远了广大劳动人民；一定条件下，会党不但没有起‘中介’作用，反而阻塞了革命派和劳动群众的联系”[3]。

关于美英对辛亥革命的态度、政策及资产阶级革命派对外态度方面，王绍坊认为，在帝国主义破坏辛亥革命的一切活动中，美英帝国主义都曾扮演了重要的角色。其认为，过去国内某些历史学者所持的美国对辛亥革命采取的是“严守中立”态度及美国的政策主要是为了防止一国单独干涉而非支持一方反对另一方的论点，如果不是为美帝国主义阴险的伪装所蒙蔽，便是有意地为美帝国主义的侵略政策粉饰和辩护。事实证明，美帝国主义正和英帝国主义一样同为绞杀辛亥革命的罪凶。[4] 徐绪典考察了辛亥革命与资产阶级民主革命派的对外态度，认为革命派在估计敌我力量时犯了严重的错误。它们慑于帝国主义和反动派的表面猖獗，因而既不敢彻底推翻袁世凯所代表的封建买办势力，又不敢驱逐帝国主义在中国的统治，软弱妥协，畏首畏尾，终于使革命事业以失败告终。[5]

在革命史观或阶级史观的支配之下的辛亥革命史研究中，不可避免地存在失之于简单化、片面化和脸谱化的严重不足。此外，“左”的干

---

① 邵循正．辛亥革命时期资产阶级革命派和农民的关系问题．北京大学学报（人文科学），1961（6）．

② 李文海．辛亥革命与会党．教学与研究，1961（4）．

③ 林增平．辛亥革命时期的资产阶级革命派、会党和农民：读“辛亥革命与会党”一文质疑．教学与研究，1962（1）．

④ 王绍坊．美英帝国主义与辛亥革命．教学与研究，1956（10）．

⑤ 徐绪典．辛亥革命与资产阶级民主革命派的对外态度．山东大学学报（历史版），1959（2）．

扰是一个更为重要的原因，因此导致把学术问题与政治问题完全混同起来，章开沅直言不讳地指出，1949 年至 1966 年之间的辛亥革命研究是“不够成熟的”①。此后，由于极“左”思潮泛滥，“‘四人帮’反党集团控制的报刊，却公然反对毛主席的科学论断，背叛马克思主义的基本原理，使用伪造历史的手法，硬把辛亥革命歪曲为一场儒法斗争，抬出一个先在革命中起过积极作用，而后对革命起破坏作用的章太炎，装扮成为法家，取代孙中山作为辛亥革命的旗手。这是他们为了篡党夺权，复辟资本主义，伪造儒法斗争史贯串古今的所谓学说，向党发动进攻的一个环节”②。就此，辛亥革命的正常的学术研究被迫完全中断。

第三节　改革开放以来研究的多样化走向（1980—　）

改革开放以来，史学界逐渐突破“革命史”的单一叙事范式，而趋向于多元化叙述，同时泛政治化的偏颇得到了全面纠正，逐步转向在重建史实的基础上进行实事求是的客观研究和评述。

一、白莲教、会党与捻军

（一）白莲教

改革开放以来，晚清白莲教及其起义相关文章数量并不多，相关文章主要有：李东山的《试论“捻”和白莲教的关系》（《江淮论坛》，1980 年第 6 期）、戚其章的《义和团镇压白莲教说质疑——与史国瑞同志商榷》（《人文杂志》，1980 年第 5 期）、孙彩霞的《义和团捕杀白莲教辨疑》（《近代史研究》，1980 年第 4 期）、党为的《民间记忆与帝国意识形态——对一支反映清同治年间山东“白莲教”起义的“姐妹调”的分析》（《清史研究》，2004 年第 4 期）。处于转型期的史学界依然受到革命史范式的影响，如张兴伯等将白莲教视为农民斗争的领导组织，

① 章开沅. 50 年来的辛亥革命史研究. 近代史研究，1999（5）.

② 樊百川. 辛亥革命是儒法斗争吗？. 历史研究，1977（1）.

并将其武装力量称为“起义军”，认为其所提出的“兴汉灭满”口号，意味着斗争矛头直接指向满族贵族当皇帝的清王朝，表达了要推翻清朝统治的战略目的，而成为动员广大农民群众参加起义的重要的“革命口号”，此外，他们还把这个口号与“官逼民反”联系在一起，共同统一于推翻清朝统治这一战略目标之下。①

（二）会党

史学界对“会党”活动的称谓较为多样，既有称之为“起义”者，也有称之为“暴动”或“动乱”者，相关文章主要有：邢凤麟的《清末广西的会党起义——兼论孙中山与会党的关系》（《广西师范学院学报》，1981年第3期），沈奕巨的《清末广西会党起义和辛亥革命的关系》[《广西民族学院学报（哲学社会科学版）》，1984年第1期]，王学庄、周秋光的《萍浏醴会党起义檄文辨伪——兼论佚名〈魏宗铨传〉》（《历史研究》，1989年第5期），邵雍的《义和团运动后会党的反洋教斗争》（《历史教学》，1989年第6期），周新国、饶怀民的《论鸦片战争前后会党运动的特征与作用》[《北京师范学院学报（社会科学版）》，1991年第3期]，邵雍的《义和团时期南方会党斗争的若干问题》（《学术界》，1992年第2期），蒋玲的《清末广西两次会党大起义的比较研究》（《学术研究》，1997年第3期），潮龙起的《从清代闽粤的民间械斗看会党的滋生和暴力性质》（《江苏社会科学》，2009年第6期），雷冬文的《粮食与咸同之际会党起义》（《历史档案》，2014年第3期），黎瑛的《国家—社会视阈下的会党——以道光末年的广西为例（1847—1851）》（《史志学刊》，2015年第2期）。

蒋玲将1847年和1897年广西境内发生的两次会党起事进行了比较研究，认为这两次会党大起义，因其规模大、持续时间长，而成为全国革命的重要组成部分。在推动资产阶级民主革命向前发展上，是有一定功绩的。而大起义本身也从单纯的旧式农民战争走向与资产阶级领导的民主革命相结合的道路，为推动和迎接辛亥革命在广西的发展，准备了条件。② 潮龙起认为，有清一代，秘密会党的活动涉及多个方面，既有

---

① 张兴伯，张昔非，杨回，等．谈谈白莲教襄阳起义军的布告与口号．文献，1980（2）．

② 蒋玲．清末广西两次会党大起义的比较研究．学术研究，1997（3）．

诸多反抗封建压迫及外国侵略的起义，又有无数戕官劫狱、进行没有政治目标的起事；既有“劫富济贫”维护社会正义的壮举，又有劫夺商贩、强牵耕牛、勒索“打单”、聚赌打降、包贩私盐、掠卖妇女、强买强卖等违反社会伦理的非法勾当。但不管其活动涉及哪些方面，其暴力色彩都是十分明显的。①

（三）捻军

改革开放以来，史学界对捻军的称谓不尽相同，20 世纪八九十年代时多以“起义”“义军”称之，进入 21 世纪以来则多以“运动”二字称之。② 相关文章有：江地的《捻军起义名词解释》（《历史教学》，1982 年第 4 期）、池子华的《参政模式：捻军起义冲击下的知识分子》[《安徽师大学报（哲学社会科学版）》，1989 年第 3 期]、李振武的《试论后期捻军起义失败的原因》（《贵州社会科学》，2000 年第 1 期）、郭豫明的《简论捻军斗争的历史意义》[《上海师范大学学报（哲学社会科学版）》，2000 年第 3 期]、曹天生的《捻军运动研究的新篇章——评〈捻军运动简史〉》（《安徽史学》，2005 年第 2 期）。

二、太平天国运动

改革开放以来，太平天国研究打破了长期以来的“革命史”范式，甚至改变了长期以来全面肯定太平天国运动的局面。这一时期，开始有学者就其能否被称为“革命”提出不同的看法，并引发学术争鸣。1979 年 10 月 27 日，《光明日报》刊载了《历史研究必须提倡真实性和科学性》一文，认为农民起义，包括太平天国起义“不能称为革命，只能叫农民运动”。与此相反，牟安世认为，太平天国运动“不仅可以称为革命，而且，如果我们从它的武装夺取政权的斗争规模的壮阔去看，从它在《天朝田亩制度》和《资政新篇》中所体现的发展高度去观察……不愧为中外历史上一次史无前例的世界上最大的农民革命战争”。在阶级

---

① 潮龙起．从清代闽粤的民间械斗看会党的滋生和暴力性质．江苏社会科学，2009（6）．

② 关于“捻军”一词之由来，学术界曾多有探讨，诸如：曹木青．关于“捻军”一名的简释．历史教学，1956（10）；罗尔纲．捻军正名：一个有关立场问题的名称的商榷．安徽史学，1960（1）；王庆成．“捻军正名”质疑：和罗尔纲同志商榷．学术月刊，1961（9）；江地．捻军起义名词解释．历史教学，1982（4）。

社会中，凡是被压迫受剥削阶级武装夺取政权的斗争都能被称为“革命”，但也不应以无产阶级革命的标准去要求农民革命，更不能因农民革命达不到无产阶级革命的标准就去否认农民起义是革命，说它不是革命或不能被称为革命。否则，就有可能达到一种否认历史上各种社会经济形态的差别和社会发展的荒谬结论。就农民运动包含农民革命运动这个意义上来说，称其为农民运动也未尝不可，众所周知，在“农民运动”这个大类中，除了包含农民革命运动这个小类以外，它还包括农民识字运动、农民卫生运动、农民抗租运动以及农民土地运动等等。显然，这些农民运动都不足以全部表明太平天国这个农民运动的性质，即它的公开起义、武装夺取政权的性质。换言之，如果说“只能”叫“农民运动”而不能叫别的什么的话，那么这个表述法是不够准确的；如称其为“革命”或“农民革命运动”，是可以表明它的特有属性的。① 20世纪80年代，虽然仍有人以“革命”来称谓太平天国运动，但随着思想解放已经不是众口一词了。20世纪90年代以后，在“告别革命”的吁求下，以“革命”称谓者迅速减少，大多倾向以“运动”或“起义”代之。以“中国知网”上的统计数据来看，20世纪80年代以来的相关文章仅以文章标题为计，在约2789篇文章中，以“革命”相称者仅为126篇。可见，“革命”话语范式逐渐淡出了学术界。

相关主要文章有：李毓麟、凌崇征的《紫荆山与太平天国起义》[《广西民族学院学报（社会科学版）》，1981年第1期]，王全中、朱永昌的《太平天国运动后期形势图》（《历史教学》，1982年第7期），钟文典的《太平天国起义与乡土宗教》[《广西师范大学学报（哲学社会科学版）》，1988年第1期]，周松柏的《基督教义中国化与太平天国起义》[《贵州民族学院学报（社会科学版）》，1989年第2期]，吴汉全的《李大钊对太平天国运动的论述》[《广西大学学报（哲学社会科学版）》，1990年第5期]，庄竺华的《试论太平天国农民起义的特点》[《内蒙古民族师院学报（哲学社会科学汉文版）》，1991年第4期]，郭大松的《试论太平天国运动的均平思想》[《山东师大学报（社会科学版）》，1991年第3期]，石方杰的《太平天国起义的历史与现实意义》（《湖北社会科学》，1991年第3期），吴雁南的《太平天国运动与“求心之道”

① 牟安世．论太平天国运动能否称为革命．社会科学研究，1981（1）.

心》(《广西社会科学》，1993 年第 5 期)，符太浩的《论太平天国运动的历史进步趋向》[《吉首大学学报(社会科学版)》，1993 年第 3 期]，葛全胜、王维强的《人口压力、气候变化与太平天国运动》(《地理研究》，1995 年第 4 期)，陈文斌的《太平天国运动与近代上海第一次移民潮》(《学术月刊》，1998 年第 8 期)，罗雄飞的《太平天国运动与近代中西文化交流》[《首都师范大学学报(社会科学版)》，1998 年第 3 期]，杨大春的《略论太平天国运动对清政府教会政策的两种影响》(《安徽史学》，1999 年第 3 期)，陈文彬的《试析太平天国运动时期来沪绅商社会观念的嬗变》(《史学月刊》，1999 年第 2 期)，张静的《试论郭嵩焘与太平天国起义》[《内蒙古社会科学(汉文版)》，2001 年第 1 期]，华强的《太平天国与中国近代化的历史轨迹——纪念太平天国起义 150 周年》(《开放时代》，2001 年第 1 期)，顾健娣的《太平天国运动对河南社会的冲击》[《上海师范大学学报(哲学社会科学版)》，2001 年第 6 期]，邓锡华的《基督教在太平天国起义中的地位和作用》(《船山学刊》，2002 年第 2 期)，余明侠的《关于太平天国运动历史地位的评价问题》[《广西师范大学学报(哲学社会科学版)》，2002 年第 1 期]，黄岭峻、王芳的《谣言与神化——关于太平天国起义的政治传播学分析》(《长江论坛》，2006 年第 2 期)，王明前的《太平天国起义前广西及江南地区农村的社会状况——太平天国起义的背景分析》(《广西社会科学》，2006 年第 12 期)，刘海峰的《道光二十九年清查州县钱粮积欠与太平天国运动的爆发》[《河南师范大学学报(哲学社会科学版)》，2008 年第 6 期]。

三、义和团

改革开放初期，史学界的主流观点仍认为义和团是一场“反帝爱国运动”。1981 年，丁名楠发表了《义和团运动评价中的几个问题》一文，认为义和团运动是 19 世纪末“以农民为主体的群众自发的反帝爱国运动”，带有时代的和阶级的特征。它是在挽救民族危亡的时代的召唤下突然发生的。这个运动是帝国主义侵略加深、民族灾难空前严重的产物，是甲午中日战争以后，中国人民反侵略反瓜分斗争发展的高峰，也是长期以来此起彼伏遍及全国的群众反教会斗争的一个总汇合。①

对于义和团运动能否被称为“革命”，学者们的看法大相径庭。左步青、章鸣九认为，不能称其为“农民革命”，而应称之为一次“以农民群众为主体的反帝爱国运动”。因为按照马克思主义的原理，严格意义上的革命，只能是新的生产方式代替旧的生产方式，进步的社会制度代替腐朽的社会制度的深刻变革。在阶级社会中，这种革命变革的突出标志，便是政权由旧的统治阶级转到新的统治阶级手里。准此而论，义和团运动是不具备这种性质的历史事件。② 1980年，王致中发表《封建蒙昧主义与义和团运动》一文，他不仅否认义和团具有反封建的革命性，甚至“不可避免地带有浓重的封建蒙昧主义色彩”，主要表现为宗教迷信、笼统排外等一系列非理性行为，以至于最终成为一个“‘奉旨造反’的运动，是中国农民在近代史上受封建统治者的一次大蒙蔽”。③李时岳则把义和团运动分成反洋教斗争和反侵略战争两个部分来看待，认为前者“从来就不具有农民革命的性质”，而后者则是“反对帝国主义军事侵略的民族战争”。④

对此，翦伯赞、刘大年等人均持反对意见。⑤ 戚其章称义和团运动是“中国历史上最后一次大规模的农民战争”。他认为反对将义和团运动称为“革命”者是将“革命”与“反封建”当作同义语，而用“是否改变生产方式”这一单一标准来判定义和团是不是“革命”运动，是没有根据的。他进一步阐释道：“如果将这几句话的意思用三段论式表示出来，便成了下面的样子：大前提——反封建是改变生产方式；小前提——义和团运动不改变生产方式；结论——所以，义和团运动不反封建。换掉含义模糊的‘革命’一词，而代之以论者本意的‘反封建’，

① 丁名楠．义和团运动评价中的几个问题．文史哲，1981（1）.

② 左步青，章鸣九．评戚本禹的《爱国主义还是卖国主义?》．历史研究，1979（12）.

③ 王致中．封建蒙昧主义与义和团运动．历史研究，1980（1）.

④ 李时岳．中国近代史主要线索及其标志之我见．历史研究，1984（2）.

⑤ 翦伯赞的《义和团运动》（《历史教学》，1958年第5期）、刘大年的《义和团运动说明了什么?》（《人民日报》，1960-08-30）、路遥的《论义和团的源流及其他》（《山东大学文科论文集刊》，1980年第1期）、戚其章的《关于义和团运动评价的若干问题》（《东岳论丛》，1980年第4期）、李文海的《关于义和团与封建统治阶级关系的若干问题》（《求索》，1986年第3期）、季云飞的《义和团运动研究中若干问题新探》（《求索》，1992年第6期）、黎仁凯的《论义和团运动高潮的主要标志》[《河北大学学报（哲学社会科学版）》，1999年第24卷第2期]。

这个三段论式的破绽便露出来了：大前提不具有自明性。农民并不是新的阶级力量，并不是新的生产力和新的生产关系的代表，怎么能规定农民战争的任务是改变生产方式呢？这还是把资产阶级革命的任务硬加在农民的肩上了。大前提既然不真实，结论自然就不正确了。所以，以改变生产方式为判断义和团运动是否具有反封建性质的标准，也是没有根据的。"[①] 陈振江持论与此大体相一致，其认为，从义和团的斗争形式上看，它是一场旧式的农民运动；从其斗争宗旨和内容上看，则是一场规模宏大、意义深远的反帝爱国运动。尽管义和团焚砸铁路、电杆及洋货的行动带有盲目性、落后性和扩大化等严重的缺点，但其主流和本质却是反帝斗争的表现，是反帝斗争的必要手段。[②] 张灏不赞成对于义和团的单一评价及单一话语表述的方式，认为"未尝没有一种两全其美的方案，我们对义和团运动的评价既符合历史事实，也分别照顾到逻辑与道德的需要。只是，我们需要反思体现在唯物史观中的历史进步思想，我们要反思一下无论过去学者还是现在学者都喜欢使用的一些语词——'进步''落后''革命''反动'等等"[③]。

晚清民间起事话语的百年嬗变，是一个复杂的历史过程。学术界的话语选择在不同时期由于受到时代背景和政治因素的影响而呈现出各不相同的特点，且史学家们也往往因自身的立场不同而见仁见智。但总体而言，中国学术界的研究仍逐渐向着客观实证的学风转变，逐渐摆脱了以单一标准而论的思维逻辑，追求一种在史实重建基础上的多样化研究。

四、辛亥革命

1979 年 3 月，章开沅在公开发表的《辛亥革命史研究的几个问题》一文中，就坚持辩证唯物主义的思想路线，发扬马克思主义实事求是的优良学风，推进辛亥革命史研究，提出需要澄清几个重要问题：首先，从研究者本身来说，要打破所谓"立足于批"的精神枷锁，要推倒所谓

① 戚其章．关于义和团运动评价的若干问题．东岳论丛，1980（4）．

② 陈振江．义和团几个问题的辨析．历史研究，1981（1）．

③ 张灏．对唯物史观中历史进步思想的反思：以义和团运动评价为例．西南大学学报（社会科学版），2011，37（6）．

的“资产阶级中心论”“资产阶级决定论”“资产阶级高明论”等等一切诬陷不实之词，要敢于以马克思主义理论的胆识来拨乱反正，坚持正确地、全面地评价处于上升时期的资产阶级及其代表人物。其次，在人物评价问题上要打破“四人帮”所强加的“路线斗争”框框，还历史以本来面目。最后，在中外关系问题上，要把帝国主义国家的政府与人民区别开来，要努力阐明世界人民对于中国人民革命斗争的同情和支援。① 此后，辛亥革命研究逐步突破禁区、摆脱“左”的干扰，进入到“复苏与崛起”（章开沅语）阶段，研究成果数量渐次增加。从1979年至1999年，仅以关键词“辛亥革命”在“中国知网”中进行不完全统计，共计发表论文1549篇。与辛亥革命研究的复苏与崛起相伴而生的是，辛亥革命研究的话语和范式亦经历了从“革命史”到“现代化”的转换。

1980年代以来，我国大陆史学界辛亥革命史有多部著作问世，其中通史类著作中最具有代表性的是章开沅、林增平主编的三卷本《辛亥革命史》（人民出版社，1980—1981年），李新主编的《中华民国史·第一编》（中华书局，1987年），金冲及、胡绳武合著的四卷本《辛亥革命史稿》（上海人民出版社，1980—1991年），奠定了新时期我国史学界辛亥革命史研究框架结构及基本走向。史料的大规模推出，极大地推进了同期辛亥历史事件、人物，以及与中外各方关系等各个方面的研究，专题论著数量令人叹为观止，不胜枚举，相关的学术史梳理也不断涌现。限于篇幅以及立论重心，本章仅就新时期以来辛亥革命史研究的总体进展和演进理出一条线索与脉络，以就教于同道。

（一）辛亥革命性质再讨论：全民革命还是资产阶级革命

我国大陆与台湾史学界，对于辛亥革命是一场革命的结论大致没有异议，但对于其究竟属于什么性质的革命在认识上存在重大分歧，主要表现为大陆学者的“资产阶级革命”论与台湾学者的“全民革命”论的针锋相对。这一时期，大陆学者对于辛亥革命的性质的探讨坚持马克思唯物史观立场，基本肯定其是一场资产阶级革命。吴雁南对史学界存在一种过分褒扬太平天国等劳动群众的自发斗争、贬抑资产阶级领导的辛亥革命的倾向提出质疑，认为辛亥革命同以往自发的农民运动不同，它

① 章开沅．辛亥革命史研究的几个问题．华中师院学报（哲学社会科学版），1979（1）．

是奠定在中国民族资本主义经济的基础之上，适应民族资本主义生产关系的需要，代表中国民族资产阶级的政治、经济要求的革命。①

1982年4月2日，在美国芝加哥举行的北美亚洲学会第34届年会“辛亥革命与民国肇建——七十年后的回顾”学术讨论会上，我国大陆与台湾历史学者共聚一堂，就辛亥革命性质问题，首次直接交流了各自的学术见解。以张玉法为代表的一些台湾学者认为，辛亥革命是“全民革命”，并且否认其资产阶级革命性质。以章开沅为代表的大陆学者则肯定了辛亥革命属于“资产阶级革命”性质，并且指出大陆学者与台湾学者的分歧主要表现在两方面：一是对当时中国资产阶级的发展程度估计不同，大量史实说明，辛亥革命时期的中国，有一个资产阶级存在着、活动着，在社会生活的各个领域，都可以感受到它的影响。二是用于探究辛亥革命性质问题的方法论有异，也就是大陆史学家以马克思主义唯物史观为基本研究方法，坚持“具体地分析具体的情况”；台湾学者则援引若干西方学者的见解作为根据，但事实上这些学者的代表性论著固然不承认辛亥革命是资产阶级革命，但也没有因此就得出它是全民革命的结论，有的学者甚至根本否认辛亥革命是一次革命。科学地剖析辛亥革命的资产阶级性质，并不意味着可以任意贬低孙中山先生领导的伟大革命事业。②

改革开放以来，大陆学者虽然肯定辛亥革命是一场资产阶级革命，但对其阶级基础的认识却存在分歧。朱英在对商会进行大量实证研究的基础上，提出“辛亥革命虽然作为一场资产阶级革命载入史册，但革命仅仅只是少数阶级先驱的活动，从未成为整个阶级主体的历史行动”的论点。③ 郭世佑认为，史学界长期流行的辛亥革命的阶级基础是民族资产阶级中下层以及资产阶级革命派只代表资产阶级中下层的利益的观点，是缺乏事实根据的，因而是不能成立的。作者指出，如果就广义的“资产阶级”而言，从革命党人的阶级属性而论，辛亥革命的阶级基础可以说是资产阶级，但并非只是中下层；如果就狭义的“资产阶级”即

① 吴雁南．辛亥革命研究中的几个问题．重庆师范学院学报（哲学社会科学版），1980（4）．

② 章开沅．就辛亥革命性质问题答台北学者．近代史研究，1983（1）．

③ 朱英．清末商会与辛亥革命．华中师范大学学报（哲学社会科学版），1988（5）．

资本家阶级而言，辛亥革命则是一场缺乏资产阶级基础的革命。但不管人们对“资产阶级”一词做何种理解，在确定辛亥革命性质时，应主要看其革命纲领及其实际效果体现了哪个阶级的历史使命和利益要求——根据这个标准，辛亥革命无疑是一场名副其实的资产阶级性质的革命。革命党人是整个资产阶级的政治代言人，其肩负和履行的是整个资产阶级的历史使命。① 有人对此提出反对意见，而主张民族资产阶级左翼和右翼的划分：以孙中山为首的革命派代表民族资产阶级左翼，主张武装推翻清王朝，推翻封建专制制度，建立资产阶级民主共和国，实行民主制度，发展资本主义。以康有为、梁启超、张容等人为首的立宪派代表民族资产阶级右翼主张和平请愿，保皇立宪，通过“开明”皇帝实行宪政；改革专制制度，发展资本主义。② 方志钦虽然没有在对辛亥革命性质的认识方面提出新的观点，但其明确认为辛亥革命“是彻底革封建帝制的命”，推翻了中国历时两千余年的封建帝制，在这方面辛亥革命是彻底的、成功的。③ 有人从清末官制改革、立宪运动方面进行考察，认为辛亥革命实质上是由国内被排挤的汉民族中的统治阶级和在其领导下的广大人民群众所进行的、以推翻居于统治地位的满族统治阶级为主要目标的一次国内民族革命运动。④

进入 21 世纪，一些学者对辛亥革命的性质特点，进行了重估，如史全生认为，首先辛亥革命不是一般的反帝反封建的革命斗争，而是一场资产阶级革命派领导的自强救亡运动；其次，它也不是一般的资产阶级民主革命，而是发生在 1911 年的中国的资产阶级民主革命；最后是推动实行现代化的建设。⑤

（二）两种取向：“告别革命”与“无法告别的革命”

20 世纪八九十年代以来，国际上掀起一股反对革命的浪潮，对近

---

① 郭世佑．辛亥革命阶级基础再认识：兼论海峡两岸学者关于辛亥革命性质的意见分歧．中国社会科学，1992（3）．

② 叶玉琴．关于辛亥革命的阶级基础问题：与郭世佑先生商榷．中国社会经济史研究，1994（1）．

③ 方志钦．辛亥革命是彻底革封建帝制的命．广东社会科学，1992（3）．

④ 朱榕．论辛亥革命的实质：从清末官制改革、立宪运动谈起．江汉论坛，1989（2）．

⑤ 史全生．论辛亥革命的性质特点//纪念辛亥革命 90 周年论文集编委会．孙中山与辛亥革命：纪念辛亥革命 90 周年论文集．南京：江苏古籍出版社，2002．

代中国的革命进行了否定，不加分析地推崇一切体制内的改革、改良，“告别革命”的论调也就随之而出。李泽厚是这一论调的主要代表。他认为，“不能盲目崇拜革命，因为不是任何革命行动都是好的，包括法国大革命、辛亥革命等等，都值得重新研究和评价”。在他看来，“康梁的改良或改革，有可能成功；而辛亥革命则注定是要失败的”。① 此后，李泽厚与刘再复合作撰写的《告别革命——回望 20 世纪中国》出版。“我们决心‘告别革命’，既告别来自‘左’的革命，也告别来自‘右’的革命。二十一世纪不能再革命了，不能再把革命当作圣物那样憧憬、讴歌、膜拜。”② “革命确实是一种暴烈的行动。对辛亥革命的研究，应当摆脱原来的思路，不能老是毋庸置疑地一味歌颂，或老讲‘不太彻底’那些话”③。这种思潮是新时期在探索中国近代史学科体系中出现的摆脱以马克思主义为指导的错误倾向。④

1996 年，龚书铎、吴效马发表《革命是褒词还是贬词？——从对辛亥革命的评价谈起》一文，旗帜鲜明地对这种错误思潮和错误倾向予以批驳：首先，辛亥革命并非“激进主义思潮的结果”，绝非某种主观意愿和人为因素的结果，而是 19 世纪末 20 世纪初民族危机严重和社会矛盾极其尖锐的产物，是清政府十分腐朽，不愿意或没有能力抵御外国侵略和领导国内变革的结果。用假设的方法来研究历史是不可取的。其次，针对这股思潮所宣扬的辛亥革命延缓了中国近代化的进程的错误论点，作者指出辛亥革命的伟大历史功绩不可磨灭，其不仅给封建主义致命的一击，使中国人民在思想上得到一次大解放，使民主观念深入人心，而且解放了清朝专制统治禁锢下的生产力，为民国初年资本主义经济进入较大规模发展的“黄金时代”开辟了道路。最后，否定辛亥革命的人不仅局限于对辛亥革命的否定，而且对历史上一切革命都加以否定。“革命”与“改良”既有互相矛盾的一面，又有互相依存、补充的

① 李泽厚．改良与革命之答记者问//李泽厚．李泽厚十年集：走我自己的路：第四卷．合肥：安徽文艺出版社，1994：480－481.

② 李泽厚，刘再复．告别革命：回望 20 世纪中国．5 版．香港：天地图书有限公司，2004：序言．

③ 同②63－64.

④ 龚云．20 世纪中国近代史研究的政治取向．武汉：华中科技大学出版社，2018：310.

一面，因此对于中国近代史上的“革命”与“改良”，也必须以历史唯物主义的观点，给予实事求是的评价。完全抹杀革命，一味颂扬改良，无疑是错误的。不管有些人如何否定革命，诅咒革命，我们永远是历史上革命传统的当然继承者。①

张海鹏在《“告别革命”说错在哪里?》一文中指出：革命作为历史发展过程中的一种客观的历史运动，不是可以随心所欲地制造出来的，也不是可以随心所欲地制止的，更不是由什么人可以任意宣布否定就否定得了的。对改良的不加分析的肯定，实际是反对革命的同义语。他认为，历史抛弃了康梁主张的“君主立宪”之路，选择了孙中山的暴力革命道路。20世纪初的中国历史就是这样发展过来的。历史对辛亥革命的选择是必要的，爱康梁、爱改良者们的哲学家不是不懂这个浅显的逻辑，而是故意造成一种逻辑混乱，误导不经事者相信“改良比革命好”罢了。究其实质，所谓告别革命，实际上是要告别马克思主义，告别社会主义，告别近代中国人民的全部革命传统。② 还有学者指出，《告别革命——回望20世纪中国》一书重评辛亥革命，缺少“同情的理解”，未能看到辛亥革命首先是一场民族革命，是被有人讥为“一民主义”的汉人推翻满族居统治地位的清朝宰制的革命，更未能见及辛亥革命是对一切宰制人民的王朝形态——无论是家天下、族天下，还是党天下——的唾弃。③

进入21世纪以来，关于“告别革命”的争论仍在继续。2006年，袁伟时与张海鹏针对现代化与中学历史教科书的修改问题进行争论，即“辛亥革命前夕的清王朝，正在向立宪政体转化；而号称民国的政府大都是专制政权。两者差别不大。而就实行真正的宪政的可能性来说，前者的几率似乎更大一些”。在袁伟时看来，似乎走改良的立宪运动道路比发动辛亥革命武装暴动要稳妥和彻底，也不会带来后面的社会动荡。④ 张海鹏对袁伟时的观点的反驳比较有代表性，他认为，反帝反封建，是近代中国历史发展的基本主题。在基本上完成了反帝反封建的任

---

① 龚书铎，吴效马．革命是褒词还是贬词?：从对辛亥革命的评价谈起．求是，1996(6).

② 张海鹏．“告别革命”说错在哪里？．当代中国史研究，1996 (6).

③ 李朝晖．革命之不可轻言告别：评李泽厚的《世纪新梦》．战略与管理，1999 (1).

④ 袁伟时．辛亥革命的是是非非．二十一世纪，2001 (12).

务后，国家的现代化事业才能够比较顺利地进行。以现代化为主题来叙述历史，近代中国的历史主题不再是反帝反封建，而是现代化了。在这种史观下，近代中国的地主阶级和农民阶级不见了，资产阶级和无产阶级不见了，皇帝和官僚不见了，打倒列强不见了，革命也告别了。他主张近代历史的叙事仍然只能在“革命史范式”主导下进行，可以兼采“现代化范式”的视角，关注社会经济的发展与变迁及其对于革命进程的作用，使“革命史范式”臻于完善。①

2011 年，张鸣与沈渭滨等学者之间针对改革与革命之间关系问题进行争论。张鸣认为，“我们以前用陈旧的套路来看问题，就说任何一场推翻王朝的起义，结论都是民不聊生，吏治腐败，哪能就用这么一个模式来套历史呢”？在他看来，辛亥革命的爆发，是由偶然因素促成的，是意外里的意外。如果革命党真的按部就班地发动起义，根本不可能成功。相反，“渐进的改革也许更适合当时的中国”。② 郭世佑、沈渭滨、王建朗等学者在近些年的主张，则认为改革不是革命的替代物，就是革命的诱导剂。社会变革当然可以通过和平手段实现，但这一和平路径是有前提条件的。近代中国不存在这一条件，旧秩序的顽强抵抗，使新秩序难以以和平的、渐进的方式产生。“渐进的改革”为辛亥革命的酝酿与准备创造了必要条件，辛亥革命是历史之必然。③

实际上 21 世纪以来的两次争论的争鸣程度不如第一次，本质上也是对第一次“告别革命”论争鸣的延续。

很多学者加入了这种论争中。有学者立足于革命乃“中国现代化前提条件”、近代中国从改良走向革命是历史必然性等进行批驳，认为辛亥革命的成功是历史的必然，清末新政没有也不可能实现社会的转型，辛亥革命后的乱象不是辛亥革命的产物，辛亥革命开启了中国现代化的

---

① 张海鹏．再论现代化与历史教科书．中国青年报・冰点周刊，2006-03-01；张海鹏．20 世纪中国近代史学科体系问题的探索．近代史研究，2005（1）；张海鹏．近年来中国近代史若干问题的讨论．思想理论教育导刊，2008（6）.

② 鲍家树．第三只眼睛看辛亥：张鸣教授访谈录．探索与争鸣，2011（6）．张鸣的具体论述亦可参见：张鸣．辛亥：摇晃的中国．桂林：广西师范大学出版社，2011。

③ 沈渭滨．评价辛亥革命和孙中山应尊重历史事实．探索与争鸣，2011（8）；黄福寿．清末新政“造就”了辛亥革命：兼与张鸣教授商榷．探索与争鸣，2011（9）；许纪霖．为何权力代替了权威：辛亥革命百年反思．天津社会科学，2011（5）；罗福惠，孙跃．为辛亥革命正名．探索与争鸣，2011（5）；王建朗．再议近代中国的革命与改良．苏区研究，2017（4）.

崭新进程①，也是“推动中国历史大踏步前进的重要动力”②。有学者认为，辛亥革命的爆发既有现实的原因，也有深厚的经济社会根源。清政府没有也不可能通过改良把中国引上富强的道路，革命是历史的必然的选择。辛亥革命不仅没有延误中国的现代化进程，反倒极大地促进了中国的现代化进程。③ 所以，有学者认为，辛亥革命“开启中国现代建国路”④。

（三）话语转换：从“革命”转向“现代化”

中国近代历史表明，“只有革命化，才能近代化”，革命为中国近代化历程的展开开辟了必由之路。改革开放以来，中国大陆辛亥革命史研究成绩斐然，其一大特点是超越了传统的“革命”和“阶级”的单一话语和范式，逐步构建起“近代化”或“现代化”的学术话语和研究范式。实际上，正是这种新的学术话语和研究范式的建构，从正面有力地回应了海内外认为辛亥革命延缓了中国的近代化历史进程的错误思潮。就方法论而言，它在某种程度上意味着史家逐渐从过去的政治史和革命史单一框架，日益“从革命走向社会，走向经济史、文化史、社会史的全方位、立体化的研究”⑤。

20 世纪 90 年代以来，国内史学界从总体上对辛亥革命在中国近代化历程中的历史地位、作用和影响给予了客观、中肯、积极的评价。1991 年，丁向荣发表《辛亥革命与中国的近代化历程》一文，此篇文章是大陆史学界较早将辛亥革命置于“近代化”或“现代化”视角下进行考察的学术文章。作者在肯定辛亥革命是一场“比较完全意义上的资产阶级民主革命”性质的基础上认为，辛亥革命推翻了帝制，建立了共和，在无产阶级尚未登上历史舞台之前，充任了民主革命的旗帜，大大推进了中国的近代化历程。其成功与失败，不仅反映了它本身的命运，

① 郭国祥，田春艳．关于“告别辛亥革命论”的几点思考．华南理工大学学报（社会科学版），2013，15（2）．

② 张海鹏．辛亥革命是推动中国历史大踏步前进的重要动力．河北学刊，2017（1）．

③ 欧阳军喜，于洋．无法告别的革命：关于辛亥革命的几个问题辨析．思想理论教育导刊，2014（10）．

④ 韩杼．辛亥革命：开启中国现代建国路：兼与李泽厚先生商榷．社会观察，2011（10）．

⑤ 马敏．辛亥革命研究视角有待拓展．社会科学报，2011－09－15．

而且在更大的程度上反映了资产阶级革命在中国近代化历程中的历史命运。[①] 2001 年，李文海、颜军在辛亥革命九十周年之际发表《走向现代化的必由之路——纪念辛亥革命 90 周年》一文，指出辛亥革命虽然未能改变中国的社会性质和人民的悲惨境遇，但绝不能因此而低估这场革命对于中国现代化的促进作用。它不仅迈出了中国政治从专制向民主转化的重要一步，为中国的政治现代化开创了一个新的阶段，而且还对中国的经济现代化进行了强有力的政策推动，并在思想的启蒙和观念的现代化方面做出了巨大的历史贡献。[②] 戴逸则认为，辛亥革命“开启了中国现代化的新纪元”，它是“我国现代化过程中的一个阶段。主要是完成了推翻封建专制，建立共和政府的任务。这是了不起的大事情”。辛亥革命仅是“现代化长河中的一个阶段，它很好地完成了这一阶段的主要任务”，因此，孙中山和辛亥革命的战士们永远值得中国人民的尊敬和怀念。辛亥革命没有也不可能解决中国现代化过程中的全部问题。[③]

1. 辛亥革命与中国政治、法律与制度现代化

有学者认为，辛亥革命是中国政治现代化闸门的开启。[④] 它具有鲜明的现代化的特征，是传统中国政治现代化的一种方式，其结果是开创了中国“宪政之治”的新传统，终结了传统中国“朝代国家”的形态。[⑤] 辛亥革命成为中国由传统政治迈向现代政治的转折点，是近世以来中国政治文明的重大成果，它使政治的民主化、制度化、法制化已成为不可逆转的大趋势。[⑥] 还有学者分析了辛亥革命中政党因素对中国政治现代化之影响。

2. 辛亥革命与现代民族国家之建立

辛亥革命与中国近代民族主义与民族国家建构密切相关，这一时期的相关研究亦有一定的进展。黄兴涛是海内外较早进行这方面研究的代

① 丁向荣．辛亥革命与中国的近代化历程．宁夏大学学报（社会科学版），1991（4）．

② 李文海，颜军．走向现代化的必由之路：纪念辛亥革命 90 周年．中国人民大学学报，2002（1）．

③ 戴逸．辛亥革命开启了中国现代化的新纪元．瞭望新闻周刊，2001（42）．

④ 李玉胜，孙孝科．辛亥革命：中国政治现代化闸门的开启：纪念辛亥革命 100 周年．贵州大学学报（社会科学版），2011，29（3）．

⑤ 张涛．辛亥革命：传统政治现代化的方式．河南大学学报（社会科学版），1996（3）．

⑥ 任军利，王新华．论辛亥革命的政治现代化意蕴．甘肃社会科学，2003（2）．

表性学者，就辛亥革命与中华民族认同之关系，他认为，“中华民族”一词，真正具有中国各民族全面、平等融合的一大民族共同体的含义，在辛亥革命爆发和中华民国建立以后，它与现代中华民族观念的基本形成是紧密相关的。而且在事实上，辛亥革命进一步促进和深化了各民族的融合进程，特别是进一步促进和深化了满汉之间的融合。① 只有辛亥革命彻底推翻清政权的王朝统治，建立了现代性质的中华民国之后，才有可能为国内各民族的有机融合与发展，为现代一大民族共同体的实现相对全方位地创造必要的政治和文化条件，特别是为“中华民族”这一现代概念的明确提出和全民认同创造必要的前提。② 郑大华考察认为，建立近代的“民族国家”是辛亥革命前中国近代民族主义的追求目标。但在建立一个什么样的“民族国家”的问题上，以孙中山为代表的革命派和以梁启超为代表的立宪派则有着不同的主张：前者主张“排满”，建立一个单一的汉民族国家；而后者主张“合满”，建立一个包括满族在内的统一的多民族国家，为此双方展开过激烈论战。其结果是，建立一个民主共和的、统一的多民族国家成了革命派和立宪派的共同选择。中华民国的成立，标志着中国近代民族国家的初步建立。③ 但也有学者指出，尽管经由辛亥革命创立了中国历史上第一个民主共和国，成为建构现代中国的伟大开端，但是辛亥革命未能成功地巩固新生政权、捍卫民主共和，无法也无力在专制传统根深蒂固、专制势力盘根错节的近代中国完成“民族—民主”国家建构的双重任务。④

民族矛盾是辛亥革命时期的一个主要社会矛盾，也是革命派面临的一个主要问题。辛亥革命以来的百年间，以中华民族为基石的、统一的、强大的、独立的民族国家建构，始终是中国人民孜孜以求的一个时代目标。《史学月刊》2011 年第 4 期特别围绕“辛亥革命与中华民族共同体的演进”这个主题刊出 6 篇笔谈文章，从不同角度审视辛亥革命在中华民族发展史上的作用。其中，既有对辛亥革命历史地位的总体评

---

① 黄兴涛. 现代“中华民族”观念形成的历史考察：兼论辛亥革命与中华民族认同之关系. 浙江社会科学，2002 (1).

② 黄兴涛. 重塑中华：近代中国“中华民族”观念研究. 北京：北京师范大学出版社，2017：90.

③ 郑大华. 辛亥革命与中国近代民族国家的初步建立. 教学与研究，2011 (9).

④ 张娟，高娜. 辛亥革命与中国现代国家的肇建. 湖北社会科学，2011 (12).

判，也有对辛亥革命时期民族认同与民族国家建构问题上存在缺失的检讨，还有对辛亥革命时期民族认同的具体研究。其中有 4 篇属于华中师范大学中央高校自主科研项目"辛亥革命与中华民族命运共同体的近代演进"的阶段性成果，分别为彭南生的《辛亥遗产：中华民族共同体建构的新开端》、朱英的《辛亥革命与商人经济民族主义思想的产生及发展》、罗福惠的《辛亥革命与中华民族共同体精神的演进》以及许小青的《辛亥革命与近代民族国家认同》，另有 2 篇为李良玉的《民族融合的新起点：纪念辛亥革命 100 周年》和李帆的《辛亥革命时期的"夷夏之辨"和民族国家认同》。

3. 辛亥革命与中国经济现代化以及工业化

虞和平专门考察了辛亥革命与中国经济近代化的社会动员，认为在民国初期的 5 年中，全国出现了 107 个经济团体，形成了一个空前的高潮。这是社会各界在辛亥革命为之奋斗和开创的民族、民主和民生主义精神鼓舞下兴起的。经济团体的勃兴体现了辛亥革命的社会动员作用。辛亥革命的这一社会动员作用虽然带有某些局限，但是在总体上仍给中国经济近代化造就了一个比较广泛而稳固的社会基础。① 朱荫贵考察了辛亥革命与近代中国市场经济的发展，认为中国长期存在商品和市场，但快速发展演变成市场经济却是从 1911 年的辛亥革命开始的，到 1937 年抗日战争全面爆发时已经基本成型。1911 年的辛亥革命，是一个重要的发展节点。从其在经济领域中的表现，如推动近代中国经济法律法规建立并形成体系，推动机器制造业迅速成长，推动以铁路、轮船为首的近代交通运输工具和电讯邮政等的发展以及以银行、保险、交易所等新式金融结算体系的建立等方面看，辛亥革命奠定了近代中国市场经济的基础和框架，并使之初步成型。在此意义上也可以说，辛亥革命在经济领域中同样实现了"突变"，也为以后市场经济的发展打开了大门并奠定了基础。② 还有学者考察了辛亥革命与中国现代经济理论的建立和发展，认为中国现代经济理论是 1911 年孙中山领导的辛亥革命以来关于振兴中华、富民强国的一系列经济观点、思路、理论及学说的总和，是在中国国情与社会发展的基础上学习西方并借鉴资本主义经济发展经

① 虞和平．辛亥革命与中国经济近代化的社会动员．社会学研究，1992 (5).

② 朱荫贵．辛亥革命与近代中国市场经济的发展．学术月刊，2012，44 (7).

验的、具有中国风格和中国气派的、以追求并实现经济现代化为核心的经济理论体系。中国现代经济理论从总体情况看，起始于辛亥革命。①另有学者关注辛亥革命与中国近代工业化问题，试图在错综复杂的历史表象背后，探寻出中国现代化的动力。有人认为，中国民主革命的先驱孙中山先生不仅是中国工业化的积极倡导者，而且是中国工业化的伟大实践者。辛亥革命推翻帝制、建立中华民国，为中国的工业化道路扫除了政体上的障碍。南京临时政府颁布了一系列有利于经济发展的政策法规，加快了中国工业化的进程。②

4. 辛亥革命与中国教育现代化以及现代科学之建立

有学者认为，辛亥革命的胜利给中国教育真正近代化以契机，国内教育界将教育与中国资产阶级的利益紧紧相连，从而在教育观念、律令以及实践中产生了许多新的东西，向中国教育的真正近代化迈出了突破性的步伐，开始了教育近代化的新历程。③ 黄保信也认为，中国教育的近代化从严格意义讲，是从辛亥革命时期开始的，辛亥革命的进程亦是中国教育近代化的进程，它给中国的教育带来了近代化。辛亥革命时期，众多革命派人士为了革命的需要投身于新式教育，以学校为活动场所推动革命运动的开展，从而促进了中国教育近代化的进程。至南京临时政府成立，建立了新的教育机构，制定了新的教育方针，方使资产阶级性的近代化教育粗具规模。④ 林家有从政治与教育之间的关系的视角审视中国社会，认为没有教育的近代化就不可能有中国社会的转型和近代化，而没有辛亥革命又不可能实现中国教育的近代化和政治的变革。辛亥革命对中国教育近代化所起的作用同其对政治和思想文化所产生的影响一样，并非微不足道，而是里程碑式的变革中国历史的标志，也是中国人民民族觉醒和阶级觉醒的生动体现。这充分证明：在近代中国“只有革命化，才能近代化”论断的正确性。⑤

---

① 王毅武，王斯一．论辛亥革命与中国现代经济理论．海南师范大学学报（社会科学版），2012（3）．

② 王卫星．辛亥革命与中国工业化．学海，2001（6）．

③ 崔运武．辛亥革命与中国教育的近代化．河北学刊，1991（5）．

④ 黄保信．辛亥革命与中国教育近代化．河南大学学报（社会科学版），1991（4）．

⑤ 林家有．辛亥革命与中国教育的近代化．中山大学学报（社会科学版），2011，41（6）．

这一时期，辛亥革命与近代科学的关系问题亦引起学者关注。史革新认为，辛亥革命不仅是一场发生于近代中国的深刻的社会革命，而且也是一次影响广泛的思想启蒙运动。辛亥革命在思想领域产生的一个重要影响，就是推动了近代科学及科学思想在中国的进一步传播，从而构成近代中国科学思想发展历程中的一个重要阶段。它使科学传播达到新的规模，使传播的途径更宽阔、内容更丰富，并出现了传播主体角色的转换；国人对科学的认识更加深入了，对科学的传播和宣传已经成为在国民中进行思想启蒙的重要组成部分，为以后五四新文化运动中“科学与民主”口号的提出奠定了坚实的思想基础，有着承上启下的历史地位。[①] 2011 年 6 月 18 日至 19 日，中国科学院《自然辩证法通讯》杂志社和武汉理工大学共同主办了“科学与辛亥革命——纪念辛亥革命 100 周年学术研讨会”，围绕“科学与辛亥革命”这一主题，就辛亥革命的科学技术文化解读等议题展开研讨，代表性文章有范岱年的《从革命的参与者看辛亥革命与科学》、黎德扬的《辛亥革命的文化解读》等。有学者从近代科学技术对武汉辛亥革命首义的发生进行了考察，认为辛亥革命之前，武汉新式学堂的建立、西方近代科学技术成果和外国科技专家的引进、留学人才的选派、科技期刊的创办以及科学社团的设立，极大地促进了近代科学技术在武汉的兴起与传播，从而推动了武汉民族工业的迅速发展，促使武汉向着能够与上海相媲美的国际化大都市发展，提高了武汉民众和军队的科学文化素质与革命意识。正是由于辛亥革命前近代科学技术对武汉经济、政治和文化发展的深刻影响，促成了武汉成为辛亥革命的首义之区。[②]

5. 辛亥革命与中国城市化及社会生活现代化

有人从城市现代化史研究角度，通过对城市现代化动向的不平衡并最终导致辛亥革命走向的不平衡这样一个因果链条的分析，得出辛亥革命不仅受制于广大中国农村社会，同时也受制于中国城市现代化动向，是处于中国新式民主革命之先的中国旧式民主革命沿着城市现代化路径

---

① 史革新．辛亥革命与近代科学传播．北京师范大学学报（人文社会科学版），2001（6）.

② 夏劲，陈昕．论近代科学技术对武汉成为辛亥革命首义之区的影响．自然辩证法通讯，2011，33（5）.

发展的一段必然旅程；进而认为，辛亥革命是中国现代史上的一次“伟大的城市革命运动”，这次革命运动的绩效与中国城市现代化动向有着紧密的因果联系，从某种意义上讲，城市现代化动向作为社会经济发展规律的重要部分，已经规定了这场革命运动的基本走向。① 还有学者考察了辛亥革命与中国服饰的近代化之关联，认为辛亥革命不但推翻了清朝的专制统治，结束了在中国延续了两千多年的封建帝制，同时推翻了中国几千年以来的以等级标志为核心的服饰体系，是中国服饰从传统向近代演化的重要历史进程，在这一过程中，以孙中山为代表的资产阶级革命派起到突出作用，而孙中山的服饰改革的思想与实践则是其中的典型代表。②

辛亥革命的影响既广泛又深远，几乎涉及近代中国历史进程的全过程和各方面，因此有学者从社会变迁或社会转型，甚至中华文明转型的宏观视角对其加以审视。朱英等人从政治、经济、思想文化、教育、报刊舆论、城市变革、民间社会和乡村社会等方面，考察辛亥革命对中国社会发展变迁所产生的影响，认为近代社会经济转型和城市化是辛亥革命发生的第一步，辛亥革命则使中国进入政府主导下的“主动现代化”时期，从而使社会转型所需要的新结构得到发展与壮大，社会转型的速度明显加快。③ 林家有从百年中国社会变迁角度加以考察分析，认为辛亥革命对中国社会百年变迁起了重大的作用，开启了中国由封建君主专制向资产阶级共和民主政体转变的历史进程，促进了中华民族的政治觉醒和民族觉醒，使中国社会的政治经济、文化和思想都发生了巨大变化，进入了近代化建设的新时期。④

（四）辛亥革命百年历史记忆研究以及研究的整体性呼唤

近些年，我国史学界运用新社会文化史方法对辛亥革命记忆与诠释进行研究并取得了开拓性进展，其最具代表性的成果为华中师范大学罗

---

① 田玄．中国城市现代化动向的不平衡与辛亥革命的走向：对一场伟大城市革命运动及城市的回应的历史审视．南京社会科学，2002（8）．

② 周新国．辛亥革命与中国服饰的近代化：以孙中山服饰改革思想与实践为例的个案研究//纪念辛亥革命90周年论文集编委会．孙中山与辛亥革命：纪念辛亥革命90周年论文集．南京：江苏古籍出版社，2002：255．

③ 朱英．辛亥革命与近代中国社会变迁．武汉：华中师范大学出版社，2001：1－3．

④ 林家有．辛亥革命与百年中国的社会变迁．近代中国，2011（21）．

福惠、朱英主编的四卷本《辛亥革命的百年记忆与诠释》，于 2011 年由华中师范大学出版社正式出版，被认为是“一部全方位阐述百年来辛亥革命研究和纪念活动的力作”①。

该项成果由华中师范大学中国近代史研究所牵头，依托南京大学中华民国史研究中心、武汉大学国家文化创新研究中心、武昌辛亥革命纪念馆等多家科研单位力量及部分海外学者通力合作，历时一年半而成。正如作者所指出的，随着时间的推移，辛亥革命越发被化约为一个符号、一个象征。蕴藏在其背后的，是不同政党所表达的政治理念及进行政治动员的意图，其最后旨归，则是借此构筑国家意识。② 四卷本《辛亥革命的百年记忆与诠释》共 220 余万字，详细考察了百年来人们对辛亥革命的记忆与诠释，视角新颖、方法独到，是一部对辛亥革命百年记忆与诠释进行系统、全面研究的开创之作。③ 其基本内容为：第一卷“政府、党派的辛亥革命纪念”，第二卷“民间社会对辛亥革命的记忆与诠释”，第三卷“历史学者对辛亥革命的研究与诠释”，第四卷“纪念空间与辛亥革命百年记忆”。作者指出，近现代国家的政府、政党与各种社会力量在历史记忆的建构中发挥着越来越大的作用，它们通过话语权、制度安排以及各种方式的社会动员，应时势所需和目标诉求，编写和出版了相关的文献资料，制作各种文化产品，为有关人物树碑立传，保护和修复有关遗址遗迹，兴建纪念场所，举办纪念会，直至确定固定的纪念节日，举行或庄重或轻松的纪念仪式。回顾百年来中国人的辛亥革命记忆的消长变化，除了时移世易这个基本因素之外，从各种辛亥革命记忆的取向、强化或者“遗忘”中，实可发现其背后对于民族、国家、民主共和理念、历史唯物主义等层次上认同的差异或缺失。此书通过历史记忆与真实的历史进行比对，分析有关记忆形成和变化的主客观原因，发现历史记忆与历史真实的异同；同时不断地通过实证性研究丰

---

① 谢俊美．一部全方位阐述百年来辛亥革命研究和纪念活动的力作：罗福惠、朱英主编《辛亥革命的百年记忆与诠释》一书读后．近代史学刊，2012（9）．

② 刘伟，等．辛亥革命的百年记忆与诠释：政府、党派的辛亥革命纪念．武汉：华中师范大学出版社，2011：7．

③ 郭辉．记忆史视野下的辛亥革命研究：评《辛亥革命的百年记忆与诠释》．北大史学，2012（17）．

富抽象化、简约化的记忆，避免历史上有价值的事物被社会遗忘。① 另有文章探讨了岳麓山辛亥革命英烈墓葬与辛亥革命记忆。②

以百年的视野衡度之，辛亥革命可谓中国近代史研究较为成熟的领域之一，如何进一步深入扩展，的确考验学人的智慧、功力和见识。桑兵倡导辛亥革命研究回归“整体性”，主张不宜仅仅以革命为中心或以革命的问题意识为取向简单放大，应将辛亥革命放到历史时空联系的脉络之中，不是作为断代之断代史，而是将整个辛亥时期放到近代中国、东亚乃至世界历史中去，放到三千年中国历史的长河以及不做细化分类的本来状态中去，进行贯通式考察，用整体性眼光探究革命乃至整个辛亥时期的历史。在辛亥时期，革命当然处于重要位置，而辛亥革命前十年间中国因应千古未有之大变局的全面变动，导致中国社会文化前后两分，朝野上下各政派群体均起到错综复杂的作用。辛亥时期知识与制度的全面转型，造成国人思维和行为的根本变化，必须理解、把握整个清代乃至中国通史，才能形成恰当的认识。同时，对内应注意在文化集合体的全局之下研究具体问题，避免区域分割；对外应防止在与世界接轨之际，仍持中国与世界相对的观念，应在中学、西学与东学的架构下，探究知识与制度转型的全过程和各方面。③

① 罗福惠．研究“辛亥革命记忆”的意义与方法．华中师范大学学报（人文社会科学版），2011（1）．

② 吴晓君．岳麓山辛亥革命英烈墓葬与辛亥革命记忆．文史博览（理论），2016（11）．

③ 桑兵．辛亥革命研究的整体性．中山大学学报（社会科学版），2011，51（5）．

第六章　清末政治变革与近代国家构建

清末民初是一个政治激烈变革、动荡的时期，一方面，清朝统治者想通过一系列的改革，主动求变，缓和矛盾，维持统治；另一方面，革命风潮风起云涌，并没有给清朝的改革留下太多时间。最终，在各方作用下，清帝逊位，中国实现了从帝制向共和制度的和平转变，也开启了一个“国家构建”的新里程。而这十几年中的突变其来有自，似乎都与太平天国运动以来清朝三大地方军政集团势力的形成和此消彼长有关。由于短短几十年间，变革剧烈，因此其中的相关问题一直是学术界研究的重中之重。这些研究既有对清王朝政治变革的分析，也有对反清革命斗争的关注，由此而呈现出来的研究理论、研究方法也各不相同。我们分别从地方军政集团、清末新政、八旗制度存废、清帝逊位及共和体制构建等几个方面对这些成果进行梳理，以图对学术发展有所裨益。

第一节　地方军事化与晚清军政集团研究

晚清地方军政集团主要包括湘军、淮军、北洋新军三大系统，以及由此派生的次级系统。湘、淮军是清季在镇压农民起义过程中相继兴起的两支极为重要的汉族地方武装力量，在中国近代史上有着举足轻重的地位；北洋新军则是一支肇始于清季、兴盛于民国的重要军事力量，是清季国家军事变革的主要实践者，对清季民初军政格局的演变产生了深刻影响。学界对此的研究发端于清季，中经民国以至新中国时期，至今热度依然不减。对晚清地方军政集团研究的百年学术史进行系统总结，不仅有助于厘清相关问题研究的学术演进脉络，探究研究历程的内在理路变化，也可为当今后世提供资鉴。

一、问题初涉：清季民国时期研究（1840—1949）

清季民国时期，地方军政集团研究渐次兴起，王闿运的《湘军志》、王定安的《湘军记》为其开山之作，其后罗尔纲的《湘军新志》和《晚清兵志》继起并开创研究的新局面。因受时代和学术自身发展局限，清季仅见湘军的相关著述，而且王闿运、王定安仍未脱经师文士治史旧习，加之二人厕身曾国藩幕府多年，自难免带有较强的主观色彩，甚至夹带歌颂之辞，难以成为十足的信史。罗尔纲的两部论著均成于抗战时期，《晚清兵志》以淮军及北洋新军军制研究为中心，其在学术奠基性和开创性方面功不可没，但在民国时期却未能刊行。

（一）王闿运与《湘军志》

王闿运，字壬父，号湘绮，晚清名士，著名经学家、文学家。《湘军志》一书是王氏应曾国藩之子曾纪泽之邀而作的，湘军研究当肇端于此。该书成于1881年，刊行于1885年，是为第一部湘军史志专书。1983年湖南岳麓书社将其与郭振墉的《湘军志平议》、朱德裳的《续湘军志》合订印行，是现今较为通行的版本。全书分湖南防守篇、曾军篇、湖北篇、江西篇、曾军后篇、水师篇、浙江篇、江西后篇、临淮篇、援江西篇、援广西篇、援贵州篇、援川陕篇、平捻篇、营制篇、筹饷篇，凡16篇。该书依据曾国藩、胡林翼等人的奏稿及军机处存档而作，且以作者亲眼所见和访问记录为参考，历时四年完成，较为真实地记录和展现了湘军的发展历程，内容完整翔实，具有较高的史料价值。但对该书的评价分为两个截然不同的阵营，或誉或谤，莫衷一是。徐一士评价其曰："王闿运《湘军志》，虽物论有异同，要为近代杰作"，并能"少所瞻顾，振笔直书，断制自如，蔚成一家之言"①。曾国藩门下弟子黎庶昌认为这本书"文质事核，不虚美，不曲讳，其是非颇存咸、

① 徐一士．一士类稿．古今出版社，1944：27.

同朝之真，深合子长叙事意理，近世良史也”[①]。但同时，它也遭到湘军相关人物的指摘，如曾国荃直斥《湘军志》为“谤书”，更对王闿运“面加诘斥”[②]。郭嵩焘批评其“专喜讥贬”[③]；曾国荃更是当着郭振墉的面批评说：“王氏挟区区乡曲之私怨而颠倒之，悖矣。”并认为“其书之不足以服人心而彰国论，明矣”[④]。因此，钱基博评骘王闿运的一生是“名满天下，谤满天下”[⑤]。

（二）王定安与《湘军记》

王定安，号鼎丞，湖北东湖（今属宜昌）人，同治朝举人。其所撰《湘军记》是继《湘军志》之后有关湘军史的又一部力作。《湘军志》对曾国荃及湘军多有贬词，王定安此作乃奉曾国荃之命隐为抗辩。王定安长期居于曾国藩兄弟幕府，有机会接触大量的奏章、遗稿，熟稔相关史实、掌故，这为其撰成此书提供了得天独厚的条件。全书以湘军为纲，附他军战略，分为粤湘战守篇、湖南防御篇、规复湖北篇、援守江西上篇、援守江西下篇、规复安徽篇、绥辑淮甸篇、围攻金陵上篇、围攻金陵下篇、谋苏篇、谋浙篇、援广闽篇、援川陕篇、平黔篇、平滇篇、平捻篇、平回上篇、平回下篇、勘定西域篇、水陆营制篇，凡 20 篇，记载了从 1850 年至 1887 年约 38 年的湘军史事，内容较之《湘军志》更为详尽具体，可补前作之缺略。曾国荃对其称赞有加：“鼎丞久从愚兄弟游，谙湘军战事。其所述者，非其所目睹，则其所习闻。书既成，复与湘阴郭筠仙侍郎嵩焘暨下走商订得失，漏者补之，疑者阙之，不为苟同，亦不立异，盖其慎也。至其叙事简赡，论断精严，则仰睎龙门，俯瞰兰台，伯仲于陈志欧史之间，可谓体大思精、事实而言文者矣。”[⑥]

---

① 王闿运，郭振墉，朱德裳．湘军志・湘军志平议・续湘军志．长沙：岳麓书社，1983：174.

② 徐一士．一士类稿．古今出版社，1944：30.

③ 同①254.

④ 同①172.

⑤ 钱基博，李肖聃．近百年湖南学风・湘学略．长沙：岳麓书社，1985：54.

⑥ 曾国荃．湘军记叙//王安定．湘军记．朱纯，点校．长沙：岳麓书社，1983：1-2.

但当世及后来之人多认可推崇前者，相比对后者评价并不高。[①] 李肖聃对比两者评论说："翁（指王闿运）惆怅鸿笔，寝馈麟经，以为秦来文宗，世推班马，殚精史汉，奋志纂修。久放浪于江湖，未回翔于玉署，自撰军志，张我湘人。纪曾侯以绍安阳，述筹饷而师平准，较彼朱克敬、王定安所造，实乃雅俗区分。"[②] 梁启超持论与此相反，认为王闿运乃文人撰史，"缺乏史德，往往以爱憎颠倒事实"，其内容"反不如王定安《湘军记》之翔实"[③]。概而言之，两书体例及内容各有优劣短长，但它们无疑共同开创了晚清军事制度研究之先河，为后世保存了大量军制史料，其史料价值甚或高于其史学价值。

（三）罗尔纲的《湘军新志》与《晚清兵志》[④]

民国时期，湘军研究的重要论著当属罗尔纲的《湘军新志》，是书成稿于 1938 年 6 月，1939 年 5 月在香港出版。这是一部湘军军事制度研究的专书，全书共 13 章，论述了从湘军兴起、建制到裁撤的整个历程，探讨了湘军兴起的历史背景及原因，重点研究了湘军的营制、饷源，及纪律、训练、战术等内容，并附湘军重要将领的生平简历。通过查阅湘军主要将帅曾国藩、胡林翼等人的文书，细致考证了湘军制度及其演进，认为湘军制度是晚清"兵为将有"的起源，也是形成清末督抚专政局面的重要原因，同时改变了有清一代延续两百多年的兵制，对晚清政治、经济、军事等方面产生了重大影响。

罗尔纲师从胡适并深受其实验主义治学方法的影响。他以辨伪求真的态度，不惮烦冗地搜求考证相关大量史料，发前人未发之覆。相较于二王之作，《湘军新志》在体例上扬弃了此前以湘军军事活动分篇论述

---

① 徐一士即认为王定安之作虽然"资料较富，叙次多较赡备"，但其仍是在《湘军志》的基础之上"重为编撰"，"盖以《湘军志》为底本，而加以修改与补充"而成，且其文笔也难与《湘军志》相媲美，故言："世之嗜读《湘军志》者多、《湘军记》者少，岂无故哉?"（徐一士．一士类稿．古今出版社，42－43）

② 钱基博，李肖聃．近百年湖南学风·湘学略．长沙：岳麓书社，1985：205.

③ 朱维铮．梁启超论清学史二种：清代学术概论·中国近三百年学术史．上海：复旦大学出版社，1985：414.

④ 罗尔纲．晚清兵志．北京：中华书局，1997. 这本书于 1942 年著成，当时并未刊行，直至 1997 年始由中华书局出版。但"淮军志"（手稿影印版）已于 1973 年 1 月在香港出版（参见罗尔纲 1982 年 11 月 10 日致沈从文信及 1990 年 10 月 15 日"淮军志"的重写稿前言）。因此书成稿于民国，后虽有改动，但都是细枝末节，未影响全书格局，故放在民国部分讨论。

的模式，改为按其自身缘起与发展讨论湘军制度的章节体结构。在内容上，这本书以军事制度及演变为主线，对湘军的成因、经过以及影响进行了详细分析，不仅考察了湘军兴起对清廷之影响，同时也分析了其对清末民初军政格局之影响。此外，罗尔纲站在史家求真的科学立场上，客观分析了湘军各项制度的利弊得失，最大限度地摈弃主观好恶等情感因素。书中所总结的曾、胡练兵治军的经验和得失，对抗战军事斗争不无借鉴价值。如其认为湘军营制主要效法戚继光的《纪效新书》和《练兵实纪》而“渐臻完密”，但“仍不足与今日的军、师、旅、团、营的新军编制相比”。第六章分析了厘金、捐输、饷盐、杂捐对日常民生的影响，认为厘金、饷盐“轻而不苛”，“在大乱之世，以官运盐，卖给民间，比较私贩居奇者为廉，此项筹饷办法，对民生还有利益”；而捐输与杂捐中的亩捐、米捐“确为弊政”，为害于民间。第八章专章探讨湘军纪律，罗尔纲认为，湘军之所以会成功，与其禁止扰民、禁戒恶习、严明纪律不无关系。[①] 他还细致探讨了湘军的训练、选拔以及战术的利弊。总之，此著较为完整和详尽地展现了湘军缘起、兴盛及至裁撤的整个过程，考订周密，论述精详，是湘军史研究具有里程碑意义的奠基之作。美国学者拉尔夫·尔·鲍威尔（Ralph Powell）认为其对“充分了解晚清军事制度和权力结构的本质极其重要”，且对中国近代史的研究“作了有价值的贡献”[②]。

《晚清兵志》是罗尔纲于 1942 年春完成的一部研究晚清军事制度的专著。他在《晚清兵志叙例和导言》中揭示其撰著旨趣：一是欲保存晚清兵制的章制；二是欲述其制度的运用和演变的踪迹，起到通典、通考一类著作的作用，而又补其体例的缺陷。全书分为《淮军志》《海军志》《甲癸练兵志》《陆军志》《军事教育志》《兵工厂志》，共 6 卷。该书第一卷即为《淮军志》，是一本从制度史角度对淮军进行考察的专书。全书分为四章，分别为“淮军的创立”“淮军的人物”“淮军的制度”“淮军的经过及其没落”。全书详细叙述了淮军制度的运用和演变踪迹，并完整辑录了淮军章制。其书论人论事持客观公正立场，不隐晦、不溢

① 罗尔纲．湘军新志．台北：文海出版社，1983：108，131，155－158.

② 拉尔夫·尔·鲍威尔．1895—1912 年中国军事力量的兴起．陈泽宪，陈霞飞，译．北京：中国社会科学出版社，1979：27.

美，对聚讼纷纭的李鸿章，他认为其虽不是统帅之才，但其是晚清政府大员中“第一个主张变法图强的人物”，不过因为“大权不属，不能行其志，不得已始在自己力所能及以坚甲利兵为事”，并非梁启超所言“于西国所以富强之原茫乎未有闻”的“不知国务之人”，时人批评其“徒知效法西洋物质建设，而不明西洋所以富强的本源，那是错误的”。他敏锐地观察到，淮军营制与饷章完全承袭湘军而来，只在训练方法和兵器使用上以西式操练规制、洋枪洋炮予以革新，这种“酒瓶装新酒”的办法是导致其最终失败的根源。此外，他还总结了淮军覆败的六条原因。① 在《海军志》中，罗尔纲着力叙述了淮军将领在丰岛之役、黄海之役和威海卫之役中的战斗情形，并高度赞颂了那些英勇作战的将领，深痛悼念丁汝昌、邓世昌等将领，在抗战的艰危之际，以其笔端的情感激扬国人抗战报国的民族主义情怀。汤象龙曾言：“他（指罗尔纲）写《晚清兵志》，写到在高升轮上，被日舰威胁，死扛不降的两营淮军无名英雄的凛然大节，写到黄海大战致远舰舰长邓世昌，当舰毁弹尽不能再战的时候，率领全舰将士、猛冲敌舰，与敌偕亡的壮烈牺牲等等英烈事迹，都以满腔沸腾的热血，用可歌可舞的文笔，再三歌颂，要把甲午抗日英雄的英烈事迹作为一面战鼓来鼓舞人心。”② 《晚清兵志》第三卷《甲癸练兵志》就清末新建陆军和自强军的编练、营制、饷章及其主要人物等进行了细致而完整的论述，肯定了新军军制与训练操法的进步之处，并认为这是中国军事史上的一大转折。

（四）报刊文章

民国时期报刊文章也时有论及此题，但多系人物评介类，专题研究文章甚少。由于受时代的影响，它们往往带有较强的政治色彩，主要表现为国共两个阵营学者对相关人物的评价针锋相对。

湘军集团方面，主要包括湘系军政人物、湘军起源和湘淮关系研究。相关文章如：晦堂的《左文襄出山之异说》（《文史杂志》，1913 年第 1 期）、倩文的《曾国藩之评价》（《中国文化建设协会山西分会月刊》，1935 年第 1 卷第 7 期）、赵管侯的《湘淮与萨长递演之军阀系统观》[《正风（北平）》，1937 年第 4 卷第 3 期]、五知的《瑶斋漫笔：湘

① 罗尔纲．晚清兵志．北京：中华书局，1997：15－16，35，86－90.

② 罗尔纲．太平天国史．北京：中华书局，1991：序三.

军联话》和《湘军灾疫后之大战》(《逸经》，1937 年第 27、28 期)、伯韩的《太平革命湘军“剿匪”建功劳》(《学习生活》，1940 年第 1 卷第 4 期)、琢如的《左宗棠事略》(《新轮》，1943 年第 5 卷第 12 期)、李得贤的《记湘军名将李续宾》(《文史杂志》，1944 年第 4 卷第 3、4 期合刊)、萧一山的《湘淮军代兴对于中国的关系》(《龙凤》，1945 年第 1 期)、郑再樵的《论湘军的起源及其制度》[《社会科学（福建永安)》，1946 年第 2 卷第 3、4 期合刊]、李得贤的《湘军水上将星：彭玉麟、杨岳斌》(《怒潮》，1946 年第 6 期）和《记湘军水师名将彭玉麟与杨岳斌》(《国防月刊》，1947 年第 2 卷第 4 期)、萧客的《平居忆往（续)：湘军》(《再生》，1948 年第 207 期)。

淮军文章相对较少，为数不多的几篇文章，主要探讨了淮军之兴起、训练方法，以及湘、淮军比较。1911 年发表的《论今日急宜提倡尚武之风：淮军后起之名将谈》一文，表彰了淮军后起的三位将领王孝祺、章高元、聂士成的事迹，称其“身摧强敌，以立奇功，其事足以振顽立懦”，可以“感发国人”使“能者勉力为之”。① 1935 年，罗尔纲发表了《淮军的兴起》一文，探讨了淮军兴起的原因，认为淮军较之湘军的进步表现为：淮军用洋枪，学洋操，已开后来中国训练新军的大路；淮军号令统一，势力集中，有成为私人军队的倾向，实为此后北洋系势力的起源。② 但他认为淮军引入洋操为操练制度，造成训练不当，是淮军失败的主要原因之一。③ 1948 年，萧一山发表《湘军与淮军之别》一文，认为湘军与淮军最大的区别在于湘军的私有化程度没有淮军深。湘军由江忠源之楚军、罗泽南之湘军和王鑫之楚军三部分组成，各部“都和曾国藩有统属的关系，但不尽唯国藩之马首是瞻。他们之间只以道义相维系，可去可留，虽有独树一帜的志愿，而无割据自雄的企图”；而李鸿章“开始就把淮军造成他私人的势力”，以致“后来袁世凯以淮军子弟，传其衣钵，就变成清末民初时代的北洋军阀。割据国家，阻碍统一，遗祸不浅”。其因在于，一是将领出身不同。湘军将领多为文人出身，且大半是理学家，个人修养较高；而淮军将领多为降将、盐枭之

---

① 善铠．论今日急宜提倡尚武之风：淮军后起之名将谈．协和报，1911（18）.

② 罗尔纲．淮军的兴起．史地社会论文摘要月刊，1935，1（12）.

③ 罗尔纲．淮军训练的失败：晚清兵制史话之一．国防周报，1941，1（9）.

类，出身行伍，修养不高，且都以个人诸字名军，“私人的色彩，非常浓厚”。二是饷制不同。湘军实行严格的兵饷分配制度，且将领清廉无私；而淮军将领则往往以战争所得“据为私有”并“以此致富”。三是曾、李二人用人不同。曾知人善任，“不徇私情，不计恩怨，确能拔擢真才。不愧一时领袖”；李鸿章却不然，其“重视部属乡里，继造成袁世凯段祺瑞的北洋系，为中国军队添封建割据之观念，为中国社会长贪污徇私之风习”。①

这一时期，对曾国藩等人的评价出现了表彰与贬斥两种截然相反的学术现象。表彰者，如肯定曾国藩的“实干精神”、“军人精神”，以及“修养功夫”等②；贬之者，如称曾为“民族革命的罪人”、“反进化的保守的顽固派”、“一个热心功名的地主绅士阶级的顽固分子”③，中国封建统治“最后一个卫道者”，“至少阻碍中国进步五十年，他至少使中国现代化延迟了五十年”，“摧折了中国的初期革命，阻碍了中国的进步”④。前者认为，曾国藩有“希望促中国进步的热情”，彼时中国“需要这种‘矫枉过正’的文章，以打破因袭的惰性”⑤；后者中最具代表性者，莫过于范文澜于1944年所著《汉奸刽子手曾国藩的一生》一书，称其充当了“满清统治者压迫屠杀人民的急先锋”，成为“百年来一切出卖民族的汉奸与屠杀人民的刽子手的开山祖”⑥，充分彰显了马克思主义指导下革命史观的革命的、战斗的姿态。

二、陷入沉寂：革命史学范式（1949—1978）

（一）革命史中的附庸与批判

中华人民共和国成立初期，由于受革命史观和现实政治的影响，大

① 萧一山．湘军与淮军之别．子曰丛刊，1948（1）.

② 乃统．曾国藩的实干精神．励志，1936（29）；成本俊．曾国藩的军人精神教育思想．九政月刊，1940；宋汉濯．曾国藩的修养功夫．文史杂志，1944，4（3/4）；善铠．论今日急宜提倡尚武之风：淮军后起之名将谈．协和报，1911（18）.

③ 宋亮．曾国藩的新评价．建政月刊，1946（2）.

④ 王芸生．论曾国藩．人物杂志，1946（1）.

⑤ 俞颂华．富有热情的王芸生：为什么他对诸葛亮和曾国藩有严酷的批评．人物杂志，1946（4）.

⑥ 范文澜．汉奸刽子手曾国藩的一生．张家口：新华书店晋察冀分店，1945：3－4．该书以同名文章，最先于1944年7月25、26日的《解放日报》连载刊发；同年，延安新华书店印发单行本，1945年由新华书店晋察冀分店翻印。

陆史学界革命史研究一枝独秀、占据绝对的主导地位。而对作为革命对象一方的研究则渐趋冷落，即便有所论述也多是站在革命的一方对其予以批判。而同时期的台湾史学界，却有王尔敏的《淮军志》（“中国学术著作奖助委员会”，1967 年）和刘凤翰的《新建陆军》（“中央研究院”近代史研究所，1967 年）两部重要专书问世。另有与之相关的研究，如萧一山的《中国近代史概要》（三民书局有限公司，1963 年）和罗云的《细说清代国防》（台北祥云出版社，1964 年）。罗著较详细地论述了湘军、淮军和北洋军的兵制沿革以及编制和营规等。

大陆史学界的湘军研究几乎变为太平天国史研究的附庸，充满了浓重的政治批判色彩。现今仅见的几篇文章有：景珩的《湘军——太平天国革命时期的反动地主武装》（《历史教学》，1957 年第 9 期）、董蔡时的《试论反革命地主武装“湘军”的组成及其反动作用》（《文史哲》，1958 年第 11 期）、王天奖的《湘军——镇压太平天国革命的反动武装》（《开封师范学院学报》，1960 年第 1 期）。以上诸文探讨了湘军的组建、规制和影响等问题，均运用马克思主义阶级分析法，甚至语言风格和结论观点都体现出明显的革命特色。董蔡时在论述湘军的组建及作用时说：“敌人在运用封建族权和行政强制相结合的办法，驱逼农民参加各县地主武装。故自曾国藩就任湖南团练大臣以后不到一年的时间内，各县‘团练’规模举具……很显然，当革命猛烈进行的时候，敌人不会‘昏睡’，相反的是在阴暗的角落里千方百计以至组织反革命武装与革命作你死我活的斗争，这正是敌我阶级矛盾不可调和的反映”。在分析湘军兵源和组建方式时，一些学者仅以阶级立场异同来区别太平军和湘军，却忽略了二者的组织基础，甚而言道：“曾国藩等的反革命活动，是当时中国整个反动封建地主阶级反革命活动的体现，‘湘军’的产生决非偶然。曾国藩等对清政府以‘忠’，对反革命官僚将帅以‘诚’，对英、美、法侵略者以‘让’，对农民则一意残忍，这和蒋介石所推崇备至的‘曾文正公’个人的阴贼险狠是不可分的，然而这些缺德，又是反动地主阶级残暴的阶级性的反映。”①

中华人民共和国成立初期大陆史学界对曾国藩、李鸿章、袁世凯等人抑或避而不谈，抑或将其划入反革命阵营“一边倒”地予以全面批

① 董蔡时．试论反革命地主武装“湘军”的组成及其反动作用．文史哲，1958（11）．

判、全盘否定。关于曾国藩的文章有：陈登原的《天津教案与曾国藩》（《文史哲》，1952年第6期）、景珩的《曾国藩的政治思想批判》（《学术月刊》，1958年第12期）、阿英的《曾国藩的媚外（读史札记）》（《人民日报》，1960年11月5日）、沈心康的《原来是曾国藩干的罪恶勾当——读史札记》（《安徽日报》，1963年3月9日）、蔡锦松的《曾国藩"剿捻"计划的破产》（《历史教学》，1963年第10期）。关于李鸿章的文章有：丁则良的《马关议和前李提摩太策动李鸿章卖国阴谋的发现》（《历史教学》，1951年第2期）、赵克毅和任凤阁的《"李鸿章办洋务"我们对它该怎样认识?》（《新史学通讯》，1953年第2期）、胡滨的《李鸿章与太平天国革命》（《光明日报》，1954年5月27日）、江世荣的《李鸿章与捻军作战时信稿的发现》（《历史研究》，1955年第3期）、毛健予的《中法战争中李鸿章怎样始终主张投降？为什么竟会在胜利的局面下签订卖国条约?》（《新史学通讯》，1956年第3期）、周銮书的《李鸿章的投降主义思想和卖国罪恶》[《江西师范学院学报（哲学社会科学版）》，1964年第1期]。关于袁世凯的文章有：李时岳的《辛亥革命时期袁世凯的窃国阴谋》（《新史学通讯》，1956年第9期）、罗耀九的《论袁世凯统治时期阶级矛盾的演化》（《人文杂志》，1958年第3期）、方庆秋和季定洲的《袁世凯统治时期农民群众的几次抗捐抗税斗争》（《历史教学》，1965年第11期）。

（二）影射史学下的扭曲

"文化大革命"时期，正常的学术研究几乎停滞，相反，出于现实的政治需要而非学术诉求的影射史学大行其道，大为折损了历史研究应有的学术价值。"文化大革命"后期，由于受"批林批孔"的影响，曾国藩又被作为"大儒"而遭到批判，李鸿章则被定性为"卖国贼""投降派"。这一时期曾国藩的相关文章主要有：天津车站工人理论小组的《曾国藩的〈家书〉与林彪的"教子经"》（《历史研究》，1974年第1期）、史地系写作小组的《曾国藩——近代中国尊孔、复辟、卖国的开山祖》[《湖南师院学报（社会科学版）》，1974年第1期]、董万仑的《从曾国藩的"人治论"看儒家思想的反动性》[《延边大学学报（哲学社会科学版）》，1974年第1期]、江苏师院大批判组的《曾国藩的崇儒和林彪的尊孔》（《江苏师院学报》，1974年第1期）、肖尘的《近代中国复辟狂、卖国贼的祖师爷曾国藩》[《南京大学学报（哲学社会科学版）》，1974 年第 5、6 期]、裴世柏的《尊孔卖国的刽子手——曾国藩》[《厦门大学学报（社会科学版）》，1975 年第 1 期]、董万仑的《刽子手的自白、法西斯的“箴言”——批判曾国藩的“家训”与林彪的“家教”》（《延边大学学报》，1975 年第 1 期）、施新的《中国哲学史上的中庸之道和折中主义（八）：曾国藩的中庸之道是卖国之道》（《长沙日报》，1976 年 6 月 30 日）等。

此期史学界对李鸿章的批判多从其对沙俄的外交政策入手，以此来影射林彪叛逃事件。相关文章有：厉思朔的《近代中国的大投降派李鸿章》[《开封师院学报（哲学社会科学版）》，1975 年第 3 期]、周海涛等的《卖国贼李鸿章的拙劣表演——从李鸿章的“引俄制日”到林彪的“核保护伞”》（《湖北日报》，1975 年 9 月 25 日）、陈铁健的《老沙皇脚下的叭儿狗，新沙皇笔下的“政治家”——近代民族投降派李鸿章简析》（《光明日报》，1976 年 1 月 8 日）、晋群的《评卖国贼李鸿章》[《安徽师范大学学报（哲学社会科学版）》，1976 年第 2 期]、魏宏远的《老沙皇和李鸿章》（《天津师院学报》，1976 年第 2 期）等。还有如孙克复和关捷的《两代信徒　一脉相承——袁世凯的“祭孔朝圣”和林彪的“尊孔读经”》[《辽宁大学学报（哲学社会科学版）》，1974 年第 1 期] 等关于袁世凯的文章。客观而论，这些文章实际多已不属严肃的历史研究范畴，而变为带有浓烈意识形态色彩的政治宣传。

据统计，1949 年至 1979 年，曾国藩、李鸿章的研究文章分别为 22 篇、20 篇①，左宗棠的研究文章仅 5 篇②，较早的一篇发表于 1957 年，其余 4 篇则集中发表于 1978—1979 年，其中一篇还属文物发现。相关人物专著也不多见，且学术品格与论调与以上诸文一致，如 1976 年人民出版社出版的王天奖和李国俊的《尊孔派和卖国贼——曾国藩、李鸿章、张之洞、袁世凯》一书。总之，由于受到极“左”政治思潮的干扰，这一时期大陆学界晚清地方军政集团及其相关人物的研究数量偏少，而且屈指可数的研究成果过于强调服务现实政治需要，以致历史研

① 徐立亭，熊炜．中国近代史论文资料索引 1949—1979．北京：中华书局，1983.

② 复旦大学历史资料室．中国近代史论著目录 1949—1979．上海：上海人民出版社，1980.

究本应有的客观科学精神并未得到充分尊重。

三、新的转向：走出革命史学（1978—1999）

1978年中共十一届三中全会召开以后，“拨乱反正”清除了极“左”思潮的干扰，史学研究迎来了健康发展的春天。首先，晚清三大地方军政集团逐渐成为史学界研究的热点，成果在质和量的方面均有了新的突破。研究著述日渐增多，成果数量大大超过以往。专著方面，有朱来常的《淮军始末》（黄山书社，1984年）、龙盛运的《湘军史稿》（四川人民出版社，1990年）、肥西县政协文史资料委员会编的《肥西淮军人物》（黄山书社，1992年）、陆方和李之渤的《晚清淮系集团研究——淮军、淮将和李鸿章》（东北师范大学出版社，1993年）、马昌华的《淮系集团与近代中国——文职·北洋海军·洋员》（黄山书社，1995年）、钟启河的《湘军与台湾》（海风出版社，1998年）、皮明勇的《湘军》（山西人民出版社，1999年）等。论文方面，据“中国知网”数据库显示，仅1980—1989年的十年间，就发表了约136篇相关专题论文，而1990—1999年则达238篇。其次，研究视野渐次拓展。学者们不再局限于军事变革层面，出现了诸如从政治、经济和社会文化等视角进行考察的成果。最后，评价渐趋于客观公允、实事求是。历史人物评价渐趋于客观，不再以革命与否为唯一评判标准。因受国外史学理论和研究方法影响，这一时期的具体研究更趋多元化，打破了革命史观一统天下的单一格局。

（一）湘军研究

湘军研究呈现出多角度考察的特点。首先，随着20世纪80年代以来晚清政治史研究逐渐进入活跃期①，湘军研究再度勃兴，龙盛运的《湘军史稿》当为其中的代表性著作。该书于20世纪90年代初出版，从政治史角度对湘军之建立、发展和裁撤进行了全方位的考察，展现了湘军上起咸丰二年（1852），下讫光绪四年（1878）的发展历程，并对其兴起的社会背景、发展的内在原因、外部影响、各项制度、后方基地、军饷状况、与满洲贵族的关系、将帅幕僚、战略战术等方面进行了深入的分析。该书史料丰富，叙事详尽，堪称新时期湘军研究之力作。

---

① 姜涛．50年来的晚清政治史研究．近代史研究，1999（5）．

此外，随着“国学热”的兴起，这一时期相关研究对湘军人物政治和思想文化方面的内容给予颇多关注，如朱东安的《曾国藩传》（四川人民出版社，1985年）和《曾国藩幕府研究》（四川人民出版社，1994年）、李鼎芳的《曾国藩及其幕府人物》（岳麓书社，1985年）、章继光的《曾国藩思想简论》（湖南人民出版社，1988年）、董蔡时和王国平的《胡林翼评传》（团结出版社，1990年）、秦瀚才的《左文襄公在西北》（岳麓书社，1984年）、杨东梁的《左宗棠评传》（湖南人民出版社，1985年）、左景伊的《左宗棠传》（长春出版社，1994年）、王兴国的《郭嵩焘评传》（南京大学出版社，1998年）等。

这一时期湘军研究论文数量庞大，视角多样，内容涵盖广泛而丰富，主要分为如下几个方面。

1. 湘军起源的再探讨

湘军初创时便有彭洋中作《湘勇源流记》对其起源进行过探讨[①]，后经王闿运、罗尔纲等人进一步探究，基本认定湘军是因太平军之乱而兴，由曾国藩创立，但在某些具体问题上仍有论争。进入新时期以后，有学者对此前“湘军由团练发展演变而来”的观点，提出了不同的看法，认为曾国藩办湖南团练与湘军的产生固然有密切的关系，但“并没有一个由团练到湘军的发展过程”，因是在办团练的同时创建了湘军，所以二者不存在时间先后问题，更毋庸说后者是由前者发展而来的。通过分析曾氏的相关奏稿发现，曾国藩当时是在办团练的名义之下，将“团”与“练”分开兴办，从而创立了湘军的雏形——湘勇，而湘军与湖南团练的关系只是“吸取了团练武装的一些特点”[②]。对此，也有学者表示异议，并以彭洋中、王定安之说予以反驳，且根据罗泽南、王鑫、李元度等人的说法判定湘军源于团练，认为“官勇”和“练勇”，皆为“湘军”之前身。[③] 还有学者认为，虽然“湘军就是湖南团练”是一种误解，但却不能否认湘军与团练特别是与朱孙贻所办湘乡团练有着密切的关系的。比如，曾区别“团”与“练”的做法，即是“脱胎于湘乡团练之法”。且湘乡团练为湘军出省镇压太平军创造了较为安全的环

① 彭洋中．湘勇源流记//郑振铎．晚清文选．上海：生活书店，1937.

② 尹福庭．关于湘军的产生与曾国藩办团练的关系．历史教学，1981（8）.

③ 汪林茂．论湘军与团练的关系．杭州大学学报（哲学社会科学版），1986（2）.

境和后方基地，并为湘军的创建提供了主要将领和基干队伍。而曾国藩在组建湘军时，也承袭了湘乡团练的许多规制和经验。① 另有学者对于此前史学界公认的“曾国藩首创湘军编练方式”这一论断提出了不同的看法，认为“就湘军的源起而论，其肇事者却并非曾国藩，而是当时掌理湖南军政，最先提出并实施练新勇代替制兵方案的左宗棠”②，并通过辨析左宗棠和张亮基的奏稿，参证其他当事者的记述，判定左宗棠是编练湘军的决策者，而非曾国藩。

2. 湘军产生条件探析

这一时期相关研究从经济、社会和文化等多种角度对湘军兴起的条件进行了考察。郑大华从道咸年间湖南的经济、阶级、政治、文化四个方面对湘军崛起于湖南的原因进行了探讨，认为道咸年间湖南社会经济的发展为湘军的崛起提供了物质条件：如充裕的粮食剩余和丰富的手工产品有利于湘军就地征集给养；商品经济的增长和国内市场的初步形成，加强了湖南人的群体意识，使建立一支统一的湘军成为可能；还得益于“湖南士人普遍具有经世致用的思想，因此他们大都具有强烈的政治意识和入仕愿望，修身、齐家、治国、平天下是他们的理想抱负”，“正是这种强烈的政治意识和从政愿望，促成了湖南士人特有的卫道感和政治敏感性”；地主阶级加强了对农民的剥削，引起了社会秩序的混乱，使农民与地主阶级之间的矛盾激化，这是湘军在湖南得以崛起的另一重要因素。③ 熊英反而认为湖南近代经济落后是湘军形成的一大要因，“湖南近代社会单一落后的农业经济，使得广大农村普遍贫困。为生活所迫，湘省农民不得不铤而走险，投奔军旅以图生计”，主要表现为湖南的粮食生产和销售均遭到米价下跌的冲击，使仅仅依靠出售和贩卖米粮而生活的湘省农民、商贩陷入了一筹莫展的境地，集市贸易日显萧条；道咸年间湖南水旱灾荒频发，粮食歉收，饥民无数，对于贫穷落后的小农经济而言是雪上加霜。正缘于湖南窘迫的经济状况，才使湘军

---

① 杨奕青．咸丰初年的湘乡县团练及其对湘军崛起的影响．求索，1987（1）．此外，美国学者爱德华·麦科德也认为湖南团练扩大了地方绅士的权力，促进了地方军事化。［爱德华·麦科德．清末湖南的团练和地方军事化．周秋光，译．湖南师大学报（社会科学），1989（8）］

② 王天奖．湘军源起辩．文史哲，1986（3）．

③ 郑大华．试论湘军崛起于湖南的社会原因．学术论坛，1988（4）．

有了较为充足的兵源。[①] 此外，王继平认为，湘军的兴起是与“嘉、道以来湖南学风的熏陶及其影响分不开”的，在以经世致用为特征的湖湘学风熏陶下的湖南士人群体，构成了湘军官佐的基础，湘军是其经世致用、治国平天下的学术态度，以及政治目标实现的初步表现。[②] 还有学者认为，湖湘传统学风对湘军的产生、形成、兴盛起到重要的作用和影响。正因如此，其认为“湘军不仅仅是一个政治集团和军政集团，而且还是一个文化集团”，进而认为“宗理学、重经世的湖南学风造就了湘军，并赋予它击败太平天国的制胜之道”。[③]

3. 湘军集团文化研究

随着国内“文化热”“国学热”的兴起，从文化视角研究湘军的文章在 20 世纪 90 年代骤兴。相关论文有郑炎的《湖湘传统学风与湘军》（《湖南师范大学社会科学学报》，1990 年第 19 卷第 4 期）、刘大可的《湘军与儒学》［《扬州师院学报（社会科学版）》，1993 年第 2 期］、高照明的《湘军与晚清图书出版业》［《徐州师范学院学报（哲学社会科学版）》，1996 年第 3 期］和《湘军与晚清文化秩序的重建》（《东南文化》，1997 年第 1 期）、刘大可和高照明的《论湘军集团的文化功能》（《东南学术》，1998 年第 6 期）、王继平的《论湘军与晚清湖湘文化》［《湘潭大学学报（哲学社会科学版）》，1998 年第 22 卷第 5 期］、曾长秋的《论曾国藩对湖湘文化的传承》［《中南工业大学学报（社会科学版）》，1999 年第 4 期］等等。这些文章从不同层面探讨了湘军与湖湘文化以及整个晚清文化的关系。他们大多认定湘军因湖湘文化而兴，同时又促进了湖湘文化的发展，如认为“湘军深远的影响又成为弘扬湖湘文化的动力，构成湖湘文化发扬光大的内在机制”，而其“所创造的湖南人文荟萃的景观，都将近代湖湘文化推向了一个新的发展阶段，也可以说是它的最为辉煌的阶段”。[④] 此外，有学者指出湘军人物大多笃信程朱理学，且讲求经世致用，是一个“集理学与经世为一体的群体”，他们有着“义理”与“经济”相表里的思想构架，在治学上能够调和汉

① 熊英．浅析湘军兴起于湖南的经济原因．军事历史研究，1999（3）.

② 王继平．论湘军兴起的社会土壤．史学月刊，1992（3）.

③ 郑炎．湖湘传统学风与湘军．湖南师范大学社会科学学报，1990，19（4）.

④ 王继平．论湘军与晚清湖湘文化．湘潭大学学报（哲学社会科学版），1998，22（5）.

宋，兼习儒法，没有门户之见；在理政上能够正视现实，躬行实践，力求达到实效。湘军人物群体的经世精神促使湘军对太平天国战事的胜利，也对晚清政治及洋务运动产生了重大的影响。[①] 还有学者从湘军对社会风化的维系，对教育和图书出版业的建设，再到儒学的会通等不同层面探讨了其对晚清文化秩序的重建，认为这些举措，虽然其“出发点是维护清朝统治，但这其中对传统文化精华的保护与流播不无裨益”[②]。

4. 湘军的历史地位及影响

有学者从湘军群体对晚清政治、现代化运动、军制变迁以及文化等方面的影响，阐述了湘军在近代中国社会的历史地位，如促进了文化教育和科学技术的现代化，其所培养出的大批外交、科技等方面人才也影响了晚清中国社会的各个方面，因而开了“中国现代化运动的先河”[③]。还有学者从经济角度出发，认为湘军的兴起促进了湖南传统小农经济的解体和商业的发展。[④] 陈祖恩则从军事近代化角度探讨了湘军水师与近代海军的关系，既肯定了曾国藩以及湘军水师对中国近代海军建设的作用和影响，同时也指出了其影响的局限性。[⑤] 封志明认为，湘军是中国近代军队私有化之肇端，它在暂时维护了封建统治的同时，也“种下了清朝覆亡的种子，导致了清政府最后必然覆亡”[⑥]。刘大可认为，湘军的幕府是促使晚清政治体制发生重要变化的原因之一。湘军幕府使曾国藩等人掌握了军事大权、财政大权、用人大权，幕府人物纷纷出任封疆大吏，使督抚专政局面遍及各地；湘军幕府作为一种制度为李鸿章、张之洞、袁世凯等所继承、仿效和发展，变为扩张个人权势的工具，导致地方势力恶性膨胀，左右晚清政局走向，为清王朝制造了更深刻的危机。[⑦] 苗长青从政治史的角度探讨了湘系势力从军事集团向军事官僚集团转化的过程、原因以及对晚清政治的影响。其认为这种转化是在“镇压农民起义的战争中实现的”，“曾国藩在这一转化过程中起了极为重要

① 刘大可．湘军与儒学．扬州师院学报（社会科学版），1993（2）.

② 高照明．湘军与晚清文化秩序的重建．东南文化，1997（1）.

③ 王继平．论湘军与晚清中国社会．史学月刊，1995（1）.

④ 梁海琼，高钟．湘军兴起与湖南近代经济之蜕变．求索，1989（4）.

⑤ 陈祖恩．湘军水师与近代海军．史学月刊，1984（3）.

⑥ 封志明．湘军在中国近代史上的地位．扬州师院学报（社会科学版），1988（2）.

⑦ 刘大可．湘军幕府与晚清政治体制．福建论坛（文史哲版），1997（6）.

的作用”，同时，这种转化也是“清廷实行的一种策略”，“成为同治中兴之契机”，使晚清的吏治变得相对清明，同时也“促进中国的近代化”。①

5. 湘军人物研究

改革开放后，湘军人物研究渐次兴起。首先，研究曾国藩的论文迅速增加，研究视角多样化，尝试从客观的态度和立场出发，探讨其在晚清军事、政治、社会、思想文化变迁中的影响。学者多主张对曾国藩采取具体分析的态度，全部肯定与全盘否定，都未免“褒贬失当，毁誉偏颇”②。因此，应采取实事求是的原则，对其进行合乎情理的公允评价。③ 而在以何为依据评判历史人物方面，朱东安认为，评价历史上的政治人物，其学识、道德、个人品质等都不应忽视，但更主要的恐怕还是“要看其在历史上所起的作用，看其包括上述方面在内的一切思想言行，归根到底是推动还是阻碍了历史的发展”④。但这一时期也有一些文章为曾国藩进行全盘翻案，称其为无可非议的爱国者。⑤ 这显然具有矫枉过正之嫌，甚至有可能坠入历史虚无主义误区。此外，学界还对曾国藩是否为“汉奸”“卖国贼”，展开了较为热烈的讨论。其次，关于左宗棠、胡林翼、彭玉麟、罗泽南等湘军将领的研究也逐渐兴起，其中关于左宗棠和胡林翼的研究成果尤多。据中国知网统计，1980—1999 年，研究左宗棠的文章有 281 篇，研究胡林翼的有 37 篇，研究彭玉麟的有 14 篇，研究罗泽南的为 3 篇。其内容和方向涉及较为广泛，不仅注重对其军事活动的研究，还关涉政治、思想、文化以及个人修养等各个方面。如董丛林从经济、军事、组织和权力争夺四个方面探讨了胡林翼对湘系势力崛起所做的努力，认为他在促进湘系势力崛起的过程中起到了不容忽视的主观能动作用。⑥

（二）淮军研究

20 世纪 80 年代以来，淮军研究打破了中华人民共和国成立以来长

① 苗长青．论湘系军事集团向军事官僚集团的转化．湖湘论坛，1992 (4).
② 冬青．曾国藩的一生．山东师范大学学报（人文社会科学版），1983 (1).
③ 李立泉．应实事求是评价曾国藩．云梦学刊，1994 (4).
④ 朱东安．评曾国藩在近代史上的作用和影响．求索，1988 (1).
⑤ 许山河．曾国藩是爱国者．湘潭大学学报（社会科学版），1989 (1).
⑥ 董丛林．胡林翼与湘系势力的崛起．近代史研究，1987 (4).

期停滞的状态，结出了较为丰硕的成果。著作方面，朱来常的《淮军始末》一书，论述了关于淮军的兴起、发展的四个阶段、由淮军到淮系军阀集团的转变、淮系军阀与外国侵略势力之间的合作，以及甲午战争中淮系的溃败等方面内容。① 陆方、李之渤的《晚清淮系集团研究：淮军、淮将和李鸿章》考述了淮军的建立及成军时间、淮军的营制、饷章及后勤保障等诸多问题，并以较长的篇幅详述了淮军的重要将领，涵盖内容更为全面。② 樊百川的《淮军史》则从淮军之创始人李鸿章开始论述，详述淮军成立、向半殖民地近代武装发展，并建立全国最庞大的勇营军政集团以及北洋军政集团的形成，认为淮军是中国“近代军阀的始基”。③ 此期淮军人物的相关著述甚多，诸如孙志芳的《李鸿章与洋务运动》（安徽人民出版社，1982 年）、马昌华的《淮系人物列传》（安徽人民出版社，1982 年）、张延中的《刘铭传参与平吴剿捻战役之探讨》（文史哲出版社，1986 年）、萧克非等主编的《刘铭传在台湾》（上海社会科学院出版社，1987 年）、尹福庭的《李鸿章》（军事科学出版社，1991 年）、苑书义的《李鸿章传》（人民出版社，1991 年）、刘敬坤的《丁汝昌》（新蕾出版社，1993 年）、王兆春的《聂士成》（军事科学出版社，1994 年）、王承仁和刘铁君的《李鸿章思想体系研究》（武汉大学出版社，1998 年）等。此外，国外相关论著也被引入国内出版，如美国学者 T. L. 康念德（Thomas Larew Kenneddy）著，杨天宏、陈力等译的《李鸿章与中国军事工业近代化》（四川大学出版社，1992 年）；理查德·史密斯（Richard J. Smith）著、陈绛译校的《李鸿章对外国军事人才的使用：形成时期（1862—1874）》（载于刘广京、朱昌峻主编的《李鸿章评传——中国近代化的起始》，上海古籍出版社，1995 年）。专题论文方面，1986 年，《安徽史学》开辟了《淮军研究》专栏，推动了国内史学界对淮军的研究。这一时期的专题论文，还处于打基础的起步阶段，故多集中梳理与淮军相关的基本问题，譬如淮军的创建日期、基本构成、特点、性质及其长期存在的历史条件与历史地位和作用等。

---

① 朱来常．淮军始末．合肥：黄山书社，1984.

② 陆方，李之渤．晚清淮系集团研究：淮军、淮将和李鸿章．长春：东北师范大学出版社，1993.

③ 樊百川．淮军史．成都：四川人民出版社，1994：419.

1. 关于淮军的兴起

董蔡时根据窦宗一所编的《李鸿章年（日）谱》考证认为，同治元年二月初四日（1862 年 3 月 4 日），曾国藩、李鸿章在安庆校阅淮勇，是为淮军成立之始。[①] 贾熟村则认为，同治元年正月十四日（1862 年 2 月 22 日）才是淮军正式成立之日，其根据是李鸿章于此日正式成立了单独的司令部，两江总督曾国藩还特意前往其“营盘”道贺。[②] 陆方根据曾国藩的奏折材料，认可董蔡时的观点。[③] 此后学界亦普遍倾向于此种观点。

关于淮军的招募及其初建时的组成。董蔡时认为，李鸿章之所以能在短短一个多月的时间内便召集了四营淮勇，其原因首先是李氏长期在安徽办理团练，在庐州及其附近的县活动时间最长，对安徽首先是庐州附近团练的情况最为熟悉；其次，周盛传、张树声、刘铭传等淮勇头领，于咸丰初年便组织地主团练，保持着部队建制。淮军初建时的四营是周盛波、周盛传兄弟所部和潘鼎新、刘铭传所部，成为李鸿章淮军的核心部队。[④] 陆方和高翠莲则认为，这与张树声在合肥所做的大量工作不无关系，且淮军四营是张树声的“树”字营、潘鼎新的“鼎”字营、吴长庆的“庆”字营、刘铭传的“铭”字营，这四营淮勇于 1862 年 3 月 4 日陆续集中于安庆，而周氏兄弟所部并不在初建四营中。[⑤] 翁飞从庐州团练的活动及其特点、李鸿章的早期活动及其与庐州团练首领的关系角度，对淮军的起源进行了进一步分析。在有关淮军的组成问题上，其持论大体和陆方一致。[⑥] 贾熟村考察认为，“同治元年以前淮上团练的活动是为淮军的孕育；从咸丰二年（1852）至十一年（1861）这 10 年时间是为淮军的孕育期”[⑦]。

2. 关于淮军的性质

关于此问题的探讨，史学界的争议主要集中于淮军是否为近代军

---

① 董蔡时．试论李鸿章创建淮军及其初步发展．安徽史学，1986（1）.

② 贾熟村．淮军初建的几个问题．历史研究，1988（4）.

③ 陆方．淮军成军时间考．东北师大学报（哲学社会科学版），1990（3）.

④ 同①.

⑤ 陆方，高翠莲．淮军建立初探：与董蔡时同志商榷四五事．安徽史学，1986（5）.

⑥ 翁飞．试论淮军的创建．安徽史学，1988（1）.

⑦ 贾熟村．试谈淮军之孕育．学术界，1989（2）.

阀。苗长青认为，淮军虽然带有私军色彩，但其并非一个军阀集团。因为“军阀”一词具有特定含义：一是拥有一支绝对服从自己的军队，任何其他人包括中央皆无力调遣；二是有充分的人事任免权力，中央也无力干涉；三是占据一块地方，并为其实际主宰；四是一切行为以个人为出发点，不考虑国家及民族的利益；五是有军阀必有军阀混战，致使出现内战连年的状况。以这五条衡量淮军，没有一条是符合的。因此，不能认为淮系军政集团是一个军阀集团，不能认为李鸿章等淮系将领是军阀，也不能认为淮军是一支私军。① 谭文凤也不认为淮军是军阀，认为其仅是一个集团，但其奠定了产生近代军阀集团的基础，理由有三：一是淮军是应政府的需要而产生的，并成为其所倚恃的重要军事力量，与清中央不存在极大的离心力；二是淮军作为勇营长期存在不是据地自雄的原因，而是在当时国际国内形势变幻情况下清政府久留的结果；三是淮军与同时存在的绿营军、湘军等总的来说是相安无事的，它们之间没有发生过相互攻伐和淮军对弱小的兼并，而且随着大规模农民运动被镇压下去，淮军被大量裁减，只剩 3 万人左右。综合而论，这个集团还不是一个军阀集团。② 翁飞也认为淮军形成淮系集团，奠定了产生近代军阀的基础（尽管它本身严格说来还不能算是军阀集团），并为以后北洋军阀集团的产生铺平了道路。③ 郭剑林对此则持相反的态度，认为淮军军队为个人私有物，且有自己的地盘，李鸿章可以“遥执朝政”，故而不能将其排除在近代军阀之外。④

3. 淮军的历史地位及影响

一种观点认为，淮军在挽救了清王朝封建统治的同时，也开了中国近代军阀之先河，并且加深了中国社会半殖民地半封建化的程度。冀满红认为，淮军作为半殖民地半封建国家机器的重要组成部分，对清王朝和中国近代社会的演变，都具有不可忽视的作用和影响。对于清王朝，淮军的作用一方面在于联合外国侵略者在清王朝崩溃的边缘上对它进行了挽救，并使其统治苟延残喘了几十年；而另一方面，它在一定程度上

① 苗长青．论淮系军事官僚集团的几个问题．理论学刊，1993（3）．

② 谭文凤．淮军非军阀论．历史档案，1996（2）．

③ 翁飞，等．安徽近代史．合肥：安徽人民出版社，1990：207．

④ 郭剑林．略论湘军、淮军与北洋军的发展变化及其特点//吴信忠，张云．中国近代军事思想和军队建设．北京：军事科学出版社，1990．

架空了清廷，又起到了动摇、瓦解清统治的作用。淮军在对外作战中屡屡失败，从而使中国的半殖民地化程度随之不断加深；但淮军的“西化”是清代军队从八旗绿营的落后状况到新军的完全近代化中间的过渡阶段，其在中国军制史上的地位应当被肯定。[①] 陆方则认为，冀满红所持的“淮军加深了中国社会半殖民地半封建化程度”的观点过于武断，而认为淮军前期镇压太平天国和捻军起义，“明显地反映其维护半殖民地半封建统治秩序的作用”[②]；而后期淮军在对外作战（包括中外冲突）中还是发挥了它的作用，“把每次对外战争失败的责任加在二万多名的淮军身上，是不客观的”[③]。

4. 淮军人物研究

这一时期淮军人物研究有所突破。在研究成果增多的同时，人物评价也更趋于客观。研究内容主要涉及李鸿章与洋务运动、近代外交、甲午战争，以及近代军事变革等方面。1980 年，胡滨、李时岳合撰《论李鸿章的洋务思想》一文，对李鸿章在办洋务期间的活动及思想给予了积极的肯定，认为李鸿章的洋务思想，在当时还是较为“开明”或“进步”的。[④] 其后，苑书义在《历史研究》上刊发了《李鸿章与维新运动》一文，认为李鸿章在维新运动中也起到了一些积极作用，并认为李鸿章在“维新与守旧的斗争中明里观望持重，暗中对维新多有同情”[⑤]。吴福环则较为客观地分析了李鸿章在近代外交中所起的作用，从更深层的方面寻找李鸿章外交失败的原因，改变了以往概加贬斥的态度。[⑥] 戚其章对李鸿章在甲午战争中的态度和表现给予了客观的评价，并认为“史学评论自有其自身的特点和客观的标准，不能以某一学者的已有结论作为评价的准绳”[⑦]。林雄辉则肯定了李鸿章在中国近代军事工业的发展以及近代军队的训练、装备等方面的改革中所起的积极作用。[⑧] 此

① 冀满红．论淮军．安徽史学，1986（4）.

② 陆方．再论淮军//吴信忠，张云．中国近代军事思想和军队建设．北京：军事科学出版社，1990.

③ 陆方．也论淮军：兼与冀满红同志商榷几个问题．安徽史学，1988（1）.

④ 胡滨，李时岳．论李鸿章的洋务思想．吉林大学社会科学学报，1980（3）.

⑤ 苑书义．李鸿章与维新运动．历史研究，1984（5）.

⑥ 吴福环．评李鸿章的外交活动．学术月刊，1988（11）.

⑦ 戚其章．再论甲午战争中的李鸿章．清史研究，1994（4）.

⑧ 林雄辉．李鸿章与近代中国军事．学术界，1988（6）.

外，还有如刘光永的《李鸿章与近代矿业》(《安徽史学》，1993 年第 3 期) 等多篇文章在这一方面进行了论述，研究内容广泛涉及李鸿章与民族工商业、文化业、思想、外交以及军事近代化等方面的关系，并对李鸿章在中国近代化中的地位和影响给予了较为客观的评价。

关于淮军其他重要人物，诸如刘铭传、聂士成、潘鼎新、刘秉璋、郑国魁等的研究则相对较少，研究内容也多停留在对人物生平事迹的评述上，深层探研较为缺乏。如陆方论述了刘秉璋自发家到任封疆大吏期间的大略事迹。① 张广余、徐川一叙述了淮军将领郑国魁从游民、盐枭到投靠太平军、复投清廷及发展淮军的生平转变。②

综上所述，这一时期淮军研究广泛涉及淮军的起源、建立、发展、性质，以及淮军人物及其近代化影响等，形成了较为完整的研究体系。

(三) 北洋新军研究

北洋新军的研究尚处于起步阶段，成果相对较少，代表性论文有乔志强的《清末“新军”与辛亥革命——辛亥革命前十年史札记之四》[《山西大学学报（哲学社会科学版)》，1980 年第 3 期]、陈文桂的《论清末新军向革命转化》[《厦门大学学报（哲学社会科学版)》，1980 年第 4 期]、王开玺的《新军》(《历史教学》，1983 年第 9 期)、任恒俊的《谈清末北洋六镇的编练》(《近代史研究》，1984 年第 6 期)、陈崇桥的《北洋六镇后勤史论》[《辽宁大学学报（哲学社会科学版)》，1985 年第 1 期]、张劲的《清末“新军”编练之德国模式及影响》[《同济大学学报（人文、社会科学版)》，1991 年第 2 卷第 1 期]、季云飞的《新建陆军研究二题》(《河北学刊》，1992 年第 6 期)、李明伟的《试论清末北洋集团的政治文化》(《史学月刊》，1993 年第 5 期)、仲华的《清末新军变异之成因探析》(《南京社会科学》，1994 年第 10 期)、施渡桥的《清末编练新式陆军的思想与实践》(《军事历史研究》，1998 年第 2 期)、张天政的《北洋新军兵役制度述论》[《复旦学报（社会科学版)》，1999 年第 4 期] 等。研究内容大多关于新军与清末军事变革、辛亥革命以及北洋集团之关系。其中，季云飞关于袁世凯创办新式陆军的专题

① 陆方．淮系军阀刘秉璋．东北师大学报，1983 (2).

② 张广余，徐川一．从“巢湖盐枭”到记名提督：淮军将领郑国魁生平评述．安徽史学，1990 (2).

研究，主要探讨了"创建新建陆军的动机与效果"和"关于新建陆军的聘用洋员与装备西化"两个问题，认为其主要目的是"自强以抵外侮"，而且在抵御帝国主义列强侵略的斗争中多少发挥了"御侮"作用；聘用洋员一项是"值得肯定的"，有助于推进军事近代化，尤其是武器装备的"西化"，对于提高军队的战斗力无疑是有积极作用的，但也存在"生搬硬套、盲目抄袭的做法"，武器装备完全排斥国产军货的使用，这是一种崇洋媚外的表现。[①] 李明伟引入政治学中的"政治文化"概念，从袁世凯的政治态度、政治信仰、政治感情、价值观和政治技能等方面，考察其掌控北洋集团的原因及过程，认为北洋集团的政治文化特征如下：其一，这是一个以个人利害关系相维系的社会政治集团，个人的政治利害得失，对功名利禄的追求是他们首要关心之事，其政治行为毫无社会道德和正义可言；其二，其成员大多以对袁世凯的服从、效忠、报恩为其政治准则；其三，具有崇拜实力的政治文化特征；其四，具有强烈的结党营私的团体意识；其五，其内部具有严格的政治文化约束，使该集团成员不敢妄自背离。[②]

关于袁世凯的研究在这一时期有所增加，研究内容较为全面并趋于深入，相关论著有李宗一的《袁世凯传》（中华书局，1980 年）、侯宜杰的《袁世凯全传》（当代中国出版社，1994 年）、廖一中的《一代枭雄袁世凯》（北京图书馆出版社，1997 年）等。研究论文的关注点仍较多地放在袁世凯对晚清军制变革及辛亥革命的影响上，而且能够较为客观地评价其在清末军制变革中所起的作用，并对其在中国近代军事史上的地位给予了较为积极的评价。吴兆清反对将"北洋新军的军制改革与北洋新军祸国殃民的罪行混为一谈"，也反对以"北洋新军的罪恶来否定以资本主义军事制度代替封建主义军事制度的进步意义"，认为北洋新军的编练揭开了"我国近代化陆军的序幕……不可否认，它是中国第一支近代化陆军"；而且其军制改革为全国所效法，在中国由封建军制向近代军制的转变过程中起到关键作用。他认为"不能以袁世凯代表了大地主、大买办的利益来否定军制改革的历史地位，袁世凯改革军制是当时客观历史发展的必然结果……是顺应历史潮流的，应当承认它的历

---

① 季云飞．新建陆军研究二题．河北学刊，1992（6）．

② 李明伟．试论清末北洋集团的政治文化．史学月刊，1993（5）．

史地位”[①]。对此，平欲晓表示认同，并认为军制改革对中国近代军制创建和政治发展有积极的影响。[②] 此外，莫建来和郭剑林就段祺瑞、徐世昌在建军初期的事迹和作用进行了考察，是此时期为数不多的考察新军初建时其他将领作用的文章。[③]

四、跨领域探索：新时期的取向（2000 年以来）

进入 21 世纪以来，晚清地方军政集团研究不断引入各种新理论和新方法，使研究的广度、深度和多样性有了新的开拓和进展。相关研究成果迅速增加，研究内容涵盖更为广泛，据粗略统计，这一时期出版的专著约有百余种，发表的专题性论文更是难以计数。其中不乏尝试运用社会科学理论和方法者，如王继平运用政治史和社会史相结合的方法，考察了湘军与晚清湖南社会的互动关系[④]；刘铁铭从乡土文化的角度对湘军的成长以及与湘乡的关系进行了比较深入的研究[⑤]；熊英则探讨了湘军兴起于湖南的社会经济原因，以及湘军兴衰对湖南政治、经济、社会风气的影响[⑥]；赵维玺以各民族的共同利益为价值判断准绳，对左宗棠、谭钟麟、陶模、魏光焘等历任陕甘总督推行的各项善后政策的利弊得失进行评说[⑦]；夏冬波以复杂的历史背景和重要的历史事件为依托，从家世、为人、事功、社会关系、家庭生活与文化素养等方面入手，全面地展现了吴长庆在晚清大变局中的精彩一生。[⑧]

此外，相关研究论文的数量大幅度增加。据中国知网统计，其基本情况如下：

---

① 吴兆清．袁世凯练新军改军制及其历史地位．历史档案，1987（1）．

② 平欲晓．袁世凯与清末军制改革．江西社会科学，1989（5）．

③ 莫建来．试论段祺瑞在北洋建军中的作用．历史档案，1991（1）；郭剑林．徐世昌与小站练兵．历史教学，1995（9）．

④ 王继平．湘军集团与晚清湖南．北京：中国社会科学出版社，2002．

⑤ 刘铁铭．湘军与湘乡．长沙：岳麓书社，2006．

⑥ 熊英．湘军与近代湖南社会．重庆：重庆出版社，2007．

⑦ 赵维玺．湘军集团与西北回民大起义之善后研究：以甘宁青地区为中心．上海：上海古籍出版社，2014．

⑧ 夏冬波．淮军名将吴长庆．北京：中国文史出版社，2007．

表 6-1　1980—2016 年晚清地方军政集团相关研究统计　　单位：篇

发表年度	总篇数	湘军	淮军	新建陆军
1980—1989 年	136	63	43	30
1990—1999 年	238	151	51	36
2000—2016 年	888	501	295	92

由表 6-1 可见，新时期的晚清军政集团研究成果呈现出逐年递增的发展态势，特别是近十年来更是得到了突飞猛进的发展。由此也极大地带动了整个晚清史研究的蓬勃发展。从研究范围和方法看，其研究范围大为拓宽，而且开始较多地从社会史、文化史的视角加以审视和研究，侧重于三大军政集团的社会文化成因及其相关人物的文化思想和理论内涵的分析，及其与经济和社会变迁关系的深层探讨。此外，还有研究根据新出史料对曾国藩与李鸿章关系、丁汝昌身世、王芝生生平事迹等具体史事进行了详细考订。①

（一）湘军

这一时期的湘军研究，除延续此前的论题外，还较多地从经济和社会视角考察其历史影响。熊英从经济角度探讨了湘军裁撤的原因，认为湘军赖以生存的后方基地——湖南——财力匮竭，无法源源不断地供给饷费；曾国藩纵横捭阖终亦难维系巨额的军费开销；严重的欠饷问题导致饱受饥饿、疾病之苦的湘军将士纷纷索饷哗变，这是曾国藩裁军的重要原因。② 运用社会学的研究方法或从社会角度进行考察，渐为学者们所青睐。董丛林从社会结构变动的角度考察了湘军在晚清历史上的重要影响，其认为，湘系势力的崛起对社会结构变动的影响最主要和典型的表现是在社会政治方面，首在推动了晚清军制的变革，次则影响了统治集团内部的结构性变动，具体表现为："督抚专政""外重内轻"局面的形成；"民爵"贵族阶层的成分发生明显变化；军功崛起阶层的膨胀；满汉势力的明显消长变化；湘系势力的崛起也促进了民间秘密会社的发

---

① 翁飞．曾李交替与湘消淮长．军事历史研究，2001（3）；苏小东．北洋海军提督丁汝昌的身世及早年经历．安徽史学，2010（1）；王传．淮军将领王芝生生平事迹考．安徽史学，2010（4）．

② 熊英．湘军裁撤的经济原因．军事历史研究，2000（3）．

展壮大。[①] 朱耀斌从湘军的宗法性视角解读晚清的社会转型，认为湘军的兴起首先使晚清社会结构中的军功阶层由边缘进入中心；在地方治理上，绅权得到了扩张；湘军制度的创建使晚清政治制度发生转型；湘军的肇兴使满汉之争再度成为社会政治斗争的主题。[②] 刘美志和郭平兴从社会转型的角度研究了湘军的兴起对湖南社会生活的影响，认为这一方面促进了湖南传统物质生活的繁荣，另一方面也阻碍了湖南物质生活近代化的开启。[③] 以上这些以新视角为切入点对湘军展开的研究，无疑为新时期湘军研究提供了新的动力。

（二）淮军

这一时期的淮军研究除传统研究领域得以深化外，也开拓出了一些新领域，并呈现出一些新特点。首先，研究视野进一步拓宽，出现从基层社会角度加以考察者。冀满红提出了除历史机遇外，近代皖北乡村社会统治危机孕育了淮军的新观点。[④] 其还专门探讨了影响淮系集团发展的皖北乡土因素，认为皖北贫困、动荡的社会局面、错综复杂的三缘关系和刚劲剽悍的民风推动了淮系集团在军事方面的崛起；近代皖北乡村落后的文化教育水平制约了淮系将领的文化素质，其整体文化水平较低的状况限制了淮系集团在政治方面的发展。[⑤] 其次，淮军人物的研究也有了新的进展，研究对象不再局限于李鸿章、刘铭传二人，关于张树声、潘鼎新、吴长庆等人的研究文章开始增多，如苏小东的《北洋海军提督丁汝昌的身世及早年经历》、王传的《淮军将领王芝生生平事迹考》等。[⑥] 可见，这一时期关于淮军人物的研究取得了一定的突破。最后，保定淮军公所、各地淮军昭忠祠等相关历史文化遗产受到学界的关注，

---

① 董丛林．晚清湘系势力的崛起与社会结构变动说略//常建华．中国社会历史评论：第7卷．天津：天津古籍出版社，2006：373-382.

② 朱耀斌．湘军与晚清社会转型研究．湖南大学学报（社会科学版），2015（6）.

③ 刘美志，郭平兴．湘军兴起与湖南近代早期物质生活的演变．船山学刊，2007（2）.

④ 冀满红．近代皖北乡村社会统治危机与淮军的产生//王光明，郭卫民．乡村社会文化与权力结构的变迁："华北乡村史学术研讨会"论文集．北京：人民出版社，2002.

⑤ 白文刚，冀满红．皖北乡土因素与淮系集团的发展．安徽史学，2004（4）.

⑥ 苏小东．北洋海军提督丁汝昌的身世及早年经历．安徽史学，2010（1）；王传．淮军将领王芝生生平事迹考．安徽史学，2010（4）.

并有专文对其进行探讨。[①] 衡志义、沈志为通过对 19 世纪 60 年代淮军的产生和发展历史的回顾，追溯了保定淮军公所的修建历史及沿革，介绍其建筑布局、功能及特点，并对其历史文化内涵及保护修复的必要性进行了阐述。[②] 方英对如何合理而有效地利用淮军历史文化资源服务当代文化建设进行了有益探讨。[③]

（三）北洋新军

这一时期的北洋新军研究也有了一定的进展。涂小元从武器装备、营制、训练、教育、战术等方面，对比分析了新建陆军与同时期其他军队之异同。[④] 马平安等人开始较多地从政治层面，就北洋集团与清政府在军权、地方统治权的争夺及其对清末政局之影响进行了详细而深入的考察。[⑤] 杨涛则以直隶赈抚局为中心探讨了北洋集团在清末赈灾救济上的政策，认为袁世凯、杨士骧督直期间，通过出台各种优惠政策、募捐赈灾款、办理水利、扶助福利事业、举办垦荒等措施，缓解了清末直隶的各种灾害，在赈灾救济工作中发挥了巨大作用。[⑥] 相关人物研究更趋深入细致。首先，关于袁世凯的研究在内容上进一步拓宽，涉及军事、政治、经济、教育等各个方面。其次，对袁世凯“告密问题”和“窃国问题”等重加考订和讨论。戴逸通过考证张一麐和陈夔龙的记载，认为不是袁告密导致西太后政变，而是西太后政变导致袁告密，且袁告密之

---

① 翁飞．李鸿章、吴汝纶和巢湖淮军昭忠祠．江淮文史，2005（5）；傅德元．李鸿章与淮军昭忠祠．安徽史学，2006（3）；傅德元．李鸿章与保定淮军昭忠祠公所．河北师范大学学报（哲学社会科学版），2006，29（6）．

② 衡志义，沈志为．保定淮军公所初探．文物春秋，2003（3）．

③ 方英．淮军研究及其历史文化资源利用．安徽史学，2011（6）．

④ 涂小元．小站练兵时期定武军、新建陆军与武卫右军的火器装备刍议．军事历史研究，2009（2）．

⑤ 马平安．北洋集团与清末东三省新政．中国边疆史地研究，2001（4）；马平安．北洋集团的兴起与清末中央和地方权力之争//中国史学会．辛亥革命与 20 世纪的中国（上）．北京：中央文献出版社，2002；马平安．北洋集团对清室军权的侵夺及对清末政局的影响//中国社会科学院近代史研究所政治史研究室，苏州大学社会学院．晚清国家与社会．北京：社会科学文献出版社，2007．

⑥ 杨涛．清末北洋集团的赈灾救济政策：以直隶赈抚局为考察中心．兰州学刊，2011（6）．

举只是出于被迫自保，而非主动为之。[①] 马勇、马忠文也认为“政变的发生与袁世凯没有关系”[②]。而郭卫东则认为“袁告密是造成慈禧提前回宫发动政变的最直接原因”[③]。孔祥吉也认为袁世凯告密在戊戌政变中起到了非常关键的作用。[④] 关于袁世凯“窃国”的问题，学界也进行了较为充分的研究。[⑤] 同时，学界还对袁世凯的功过进行了重新评定，虽个别结论有矫枉过正之嫌，但总体较为客观公正。[⑥]

五、问题与展望

百余年来晚清地方军政集团学术研究经历了初起、渐兴到沉寂，再到全面勃兴的发展历程，总体而言取得了巨大成就，形成了较为完整的学术研究体系。许多问题在实证研究的基础上得以澄清，研究日益多元并趋于深入。毋庸讳言，在肯定所取得的成绩的同时，也不能回避其中所存在的一些问题。首先，三大军政集团的相关研究不够均衡。据中国知网统计，20 世纪 80 年代初至今，湘军研究最多，有 715 篇；淮军次之，有 389 篇；北洋新军则最少，有 158 篇。其次，相关人物研究也不太平衡。关于曾国藩、李鸿章、袁世凯的研究成果最多且最为充分，关于其他次级人物的研究则相对不足。三大军政集团内部不同人物研究也不太均衡，在湘军集团中，关于曾国藩、左宗棠的研究文章达数百篇，其他人物则依次递减，如关于胡林翼的有 123 篇、关于彭玉麟的有 55

---

① 戴逸．戊戌年袁世凯“告密”真相及袁和维新派的关系．清史研究，1999（1）；戴逸．戊戌变法中袁世凯告密真相．江淮文史，2010（6）．

② 马勇．袁世凯“有密未告”．中华读书报，2012-11-07（13）；马忠文．戊戌政变的台前幕后：也谈袁世凯的告密问题．中华读书报，2012-11-14（13）．

③ 郭卫东．再论戊戌政变中袁世凯的“告密”问题．清史研究，2002（1）．

④ 孔祥吉．蔡金台密札与袁世凯告密之真相．广东社会科学，2005（5）．

⑤ 相关论述参见：杨津涛．袁世凯“窃国”：误解一百年．文史天地，2010（11）；龙炘成．袁世凯“窃国”的帽子摘不了．文史天地，2011（2）；梅志清．袁世凯：窃国大盗还是共和功臣？．工会博览（下旬刊），2011（11）；郭兆才．“袁世凯窃国”质疑．历史教学（中学版），2011（5）。

⑥ 参见：龚书铎．袁世凯之案翻不得．文史天地，2003（5）；袁伟时．还袁世凯一些公道．南方周末，2003-05-08；祝曙光．袁世凯功过辨．探索与争鸣，2004（1）；张耀杰．袁世凯的是非功过．经济观察报，2011-01-31（48）；唐金培．重评袁世凯不可矫枉过正．中国社会科学报，2010-09-02（4）；唐金培．深入评价袁世凯不应矫枉过正．北京日报，2010-11-15（20）。

篇、关于罗泽南的有 31 篇、关于江忠源的仅 9 篇；淮军集团中，关于李鸿章、刘铭传的研究文章亦有数百篇，而关于其他人物如聂士成的有 21 篇、关于张树声和刘秉璋的各 11 篇、关于吴长庆的有 10 篇、关于潘鼎新的有 7 篇、关于周盛传的有 2 篇。这种明显的“偏荣偏枯”问题亟待在今后的研究中予以改善。此外，虽有从文化和社会视角入手的探讨者，但易于流于表面。总之，晚清地方军政集团一题能够继续深化拓展的空间依然不小。首先，关于三大军政集团自身内部的研究似还可以更为深入细致，对其所属各营及各部将领应当给予充分的关注，如湘军之“霆字营”及其首领鲍超，以及构成湘军主力之楚勇及其将领江忠源等的研究似应进一步加强。其次，似应加强对三大军政集团的整体研究与比较研究，探讨其内在联系并辨析其异同。① 如三大军政集团在不同时期对于社会生活之影响，其不同时期对内对外作战方式之异同，其驻防地区域研究及其对区域社会发展变迁的影响等，似均有必要进一步加以深究。

第二节　清末新政研究

清末新政是对清政府在其统治的最后十年（1901—1911）所进行的各项改革的总称。这次改革是继洋务运动和戊戌变法之后，清政府发动的第三次也是最后一次改革运动，其力度远远超出前两次改革，内容尤其深入到政治领域，对清末民初的历史产生深远影响。庚子事变之后，慈禧太后在回銮京师的途中发布新政上谕，并设立督办政务处，作为推行新政的主管部门，而主管该部门的督办政务大臣便包括军机大臣奕劻、王文韶、鹿传霖、瞿鸿禨。而清廷在光绪三十二年（1906）为总揽“预备立宪”事务而设立考察政治馆时，也是以首席军机大臣奕劻为掌管。清廷将掌管规划新政部门的重担交给军机大臣来负责，这也体现出

① 相关成果有：董丛林．晚清三大军政集团的“环链关系”说略．光明日报，2014-08-27（14）；尚小明．浅论李鸿章幕府：兼与曾国藩幕府比较．安徽史学，1999（2）；李志茗．规模·能量·影响：李鸿章幕府与曾国藩幕府之比较．社会科学，2002（11）；等。

军机大臣在新政中的主导作用。

“预备立宪”是清末新政的重要组成部分，是中国实行宪政的开端，也是20世纪中国政治现代化的开端，其深远的历史意义不言自明。就在清廷自上而下宣布“预备立宪”之前，由各地开明绅士与资产阶级知识精英组成的立宪派人士，在杨度等人的领导下，也自下而上发起了立宪运动，推动了清廷宣布“预备立宪”的进程。立宪派自下而上发起的立宪运动，与清廷自上而下推行的“预备立宪”，共同组成了清末宪政史的完整图景。长期以来，有关清末立宪改革的研究，主要是附丽在辛亥革命研究之下，当作背景衬托，或者是作为对立面的角色。20世纪50年代末60年代初，在革命史观的支配下，学界更是将清末立宪改革放在革命的对立面加以批判。胡绳武、金冲及合著的《论清末的立宪运动》，对立宪运动做了开创性的研究，他们认为，“弄清楚这次运动的性质、社会基础、发展过程和影响，对理解中国近代在戊戌变法以后一系列的改良主义政治运动和思想思潮的反动本质及其复杂性，对理解辛亥革命时期的阶级斗争，都有着十分重要的意义”①。20世纪60年代末，台湾学者张朋园出版了《立宪派与辛亥革命》一书，也是从辛亥革命的角度研究立宪派的，虽然总体上仍持有革命史观的看法，但还是积极地肯定了立宪派在辛亥革命中的积极贡献。② 20世纪80年代以来，随着现代化史观被引入清末新政史研究领域，学界开始突破革命史观，尝试以政治现代化的视角重新评价清末的宪政改革。韦庆远、高放、刘文源合著的《清末宪政史》和侯宜杰的《二十世纪初中国政治改革风潮——清末立宪运动史》先后出版于20世纪90年代。《清末宪政史》是一部系统研究清末宪政史的著作。该书叙述了清政府从1906年至1912年预备立宪的全过程，对五大臣出洋考察政治、改官制、颁布《钦定宪法大纲》和《九年预备立宪逐年筹备事宜清单》、设立咨议局和资政院、建立皇族内阁、宣布《宪法重大信条十九条》等内容，进行了系统的叙述。③ 该书虽然在90年代初出版，但作者自称“最早的构思和着手搜

---

① 胡绳武，金冲及．论清末的立宪运动．上海：上海人民出版社，1959.
② 张朋园．立宪派与辛亥革命．上海：上海三联书店，2013.
③ 韦庆远，高放，刘文源．清末宪政史．北京：中国人民大学出版社，1993.

集材料，是起于60年代初”①。因此，受到传统革命史观的影响，全书在总体评价上显得较为保守，对清廷推行的预备立宪基本上持否定态度，认为清廷缺乏施行宪政的诚意。②《二十世纪初中国政治改革风潮——清末立宪运动史》一书则系统地叙述了清末宪政改革的始末。作者较为严格地区分了“立宪运动”与“预备立宪”这两个概念，认为“前者是由立宪派领导的自下而上的群众性爱国民主运动，后者是由清政府推行的自上而下的政治改革运动，而且在奋斗目标、指导思想、方针政策诸方面存在着原则差别”，但就宪政改革而言，“二者又是同一问题的两个不同方面”。因此，作者力图系统地叙述立宪运动与预备立宪的全过程，从国会请愿、军机大臣弹劾案等具体事件入手，探究清廷与立宪派之间的互动关系。③这些著作成书于20世纪后半期，立足于扎实的资料基础，对清末宪政改革进行了全方位的研究，传统的革命史观与新兴的现代化史观的激烈碰撞，交织在这些著作之中，是研究清末立宪的奠基之作。不过，这一时期的研究成果多集中在对清末立宪的整体观察上，要想使这一领域的研究取得更大的进展，还需要学者就一些具体问题展开专门的研究。

进入21世纪，立足于老一辈学者的扎实研究，新一代的学者多就立宪前后的特定事件、群体、机构等具体问题展开论述，使学术理路又向前推进了一大步。李细珠先后出版了《张之洞与清末新政研究》《地方督抚与清末新政——晚清权力格局再研究》这两部著作。《张之洞与清末新政研究》一书叙述了担任湖广总督的张之洞参与主持新政的政治实践，以及其对实施新政的重要影响。从新政前夕《江楚会奏变法三折》的出炉，到新政期间涉及学制、经济、军事、法制等领域的改革，这些涉及国计民生的重要事件，张之洞都参与主持。尤其是在清廷宣布“预备立宪”之后，张之洞被召至京师，担任军机大臣，参与主持宪政改革。根据张之洞撰写于新政时期的《劝学篇》，以及中国社会科学院近代史所藏张之洞档案资料，作者认为，张之洞对西方的议会制度与三

---

① 韦庆远，高放，刘文源．清末宪政史．北京：中国人民大学出版社，1993：8.

② 同①209.

③ 侯宜杰．二十世纪初中国政治改革风潮：清末立宪运动史．北京：人民出版社，1993：586－587.

权分立原则认识清晰，曾试图促成清廷以开国会为中心的宪政改革，而这也与立宪派的国会请愿运动相一致，但清朝统治集团内部的权力之争，是清末预备立宪失败的关键。[①]《地方督抚与清末新政——晚清权力格局再研究》则是在其前书的思维延长线上，由其陆续发表的论文结集而成的。该书考察的是新政时期的督抚群体，视野相比于前书更加广阔，集中分析了以袁世凯、张之洞、岑春煊为代表的督抚参与立宪改革与政治斗争的政治实践，并从丙午官制改革与丁未政潮入手，分析清廷所推行的立宪改革，在中央各派系之间、中央与地方之间的激烈冲突下，所面临的严重困境。[②] 迟云飞的《清末预备立宪研究》，对中央与地方官制的改革进行了个案分析，认为新官制职权划分明晰，行政在朝着理性化的方向发展，但也注意到了官制改革所面临的困境，比如：中央与地方之间的权限之争，大理院与法部之间围绕着“司法独立”展开的争斗，裁撤部门官员的安置问题，围绕着修订宪法、成立责任内阁、开国会的派系争斗，这些问题严重制约了清廷以军机处为核心的中枢决策班子推行宪政的能力，给宪政改革制造了重重阻碍，埋下了立宪失败与清朝灭亡的隐患。[③] 彭剑的《清季宪政编查馆研究》研究的是预备立宪的督导机关——宪政编查馆。作者对宪政编查馆的设立、职能、人员构成等情况进行了深入考察，并对其参与制定宪法、推动建立责任内阁与国会、提倡司法独立、修订中央与地方官制等方面的努力进行了客观描述，分析其为推进宪政改革而开展的各项工作所引发的集团互动，以及集团互动对宪政改革所造成的制约，进而透视清季宪政改革的困境，探寻预备立宪与清廷败亡之间的内在联系。[④] 华中师范大学李凤凤的博士论文《清末责任内阁的设立与利益集团博弈》，关注的是清末责任内阁设立的曲折过程，指出清廷内部各利益集团间的争斗，使清廷所设计的责任内阁制脱离了宪政的轨道，退回到了专制体制内的官制改革道路上，使政治改革有名无实。[⑤] 李文杰的《君相关系的终曲——清季内阁

---

① 李细珠．张之洞与清末新政研究．上海：上海书店出版社，2003.

② 李细珠．地方督抚与清末新政：晚清权力格局再研究．北京：社会科学文献出版社，2012.

③ 迟云飞．清末预备立宪研究．北京：中国社会科学出版社，2013.

④ 彭剑．清季宪政编查馆研究．北京：北京大学出版社，2011.

⑤ 李凤凤．清末责任内阁的设立与利益集团博弈．武汉：华中师范大学，2014.

与军机处改革》一文，则从君相关系的视角着眼，考察的是预备立宪期间责任内阁的建立所经历的曲折过程，并关注军机处在朝着责任内阁转变的过程中所发生的制度演变。[①] 黄煦明的博士论文《清末督办政务处研究》对清末的政务处进行了系统研究，先是概述了清代政治传统，督办政务处设立的背景、经过及其基本情况，之后又论述了督办政务处的人事安排及其政治理念，以及督办政务处所办理的事项，并关注到丙午官制改革后随着军机大臣与各部尚书关系的调整，会议政务处出现了向具有准内阁性质机构转向的趋势。[②] 赵虎的《仿行内阁：清末会议政务处述论》与《新瓶装旧酒：改设政务处与丙午内官改制》这两篇论文也对会议政务处所具有的准内阁性质机构的特色进行了深入考察，尤其指出，在预备立宪期间，会议政务处一方面对督办政务处时期议覆奏折的职能有所继承，另一方面通过定期举行"内阁会议"，负责朝廷各类政事的会商、审议与仲裁，并在制度上保证各部大臣有机会定期参与重大事宜的决策，扩大中央的决策面，丰富决策的形式，也为随后设立的责任内阁奠定了基础。[③]

清廷主导的预备立宪不仅没能挽救其自身的统治危机，反而使改革沦为各利益集团扩张权势的工具，尤其是武昌起义爆发后，以袁世凯为首组建的责任内阁正式取代了军机处的地位，加速了清朝的灭亡。上述研究的出发点，都是从清朝体制内部探寻清廷灭亡的原因，其中，李凤凤与李文杰的研究更是将目光放在了建立责任内阁制这个曲折过程上，发现旧有的军机处与新成立的责任内阁之间有着一脉相承的联系，认为这是利益集团斗争下改革脱离了宪政轨道，并朝着专制政治体制回归的异化产物。然而，他们对军机处在朝着责任内阁制转变过程中，其组织、职能、权责、人员构成等方面的延续与变化，以及军机大臣在其间的作用，有待进一步的探究。黄煦明、赵虎对会议政务处处理政务的政治实践进行了系统梳理，并指出了政务处具有向准内阁性质机构转化的趋向。不过，他们的研究尚缺乏对新政与预备立宪期间政务处所受命议

---

① 李文杰．君相关系的终曲：清季内阁与军机处改革．清史研究，2018（1）．

② 黄煦明．清末督办政务处研究．北京：中国人民大学，2013．

③ 赵虎．仿行内阁：清末会议政务处述论．西北大学学报（哲学社会科学版），2017（3）；赵虎．新瓶装旧酒：改设政务处与丙午内官改制．学术研究，2011（9）．

奏的交片奏折，以及在此基础上所体现的军机大臣在以裁改官缺为代表的官制改革中所做的决议的梳理，其受制于当时的客观条件，尤其是对军机大臣以政务处为平台对所议覆折件的否决性的意见，缺乏足够的梳理与关注。厘清这个问题有助于理解以内阁与军机处为基础的清朝专制政治模式与立宪改革之间的妥协和冲突。

第三节　清帝逊位及皇帝制度终结研究

1912 年 2 月 12 日，清帝接受《清室优待条件》宣布正式退位，象征着中国皇帝制度终结、共和制度肇兴，它不仅与辛亥革命息息相关，也作为辛亥革命的政治成果而被载入史册。作为中国政治史上的重大变革，它深刻影响着中国政治、社会、文化、外交等各个方面的走势，甚至影响了社会精英乃至普罗大众的日常生活。梳理清帝逊位研究的百年学术史，有助于进一步理解辛亥革命的伟大历史意义，深化认识中国的政治制度变革，尤其是皇帝制度，以及政权更迭、国体变化等一系列重大问题。

一、民国学人的褒贬评述（1949 年前）

民国时期，各界对清帝逊位这一逝去并不久远的历史事件多有品评，但由于言说各方身份、立场和出发点各异，因而褒贬相差悬殊，甚或情感上出现悲与喜的巨大反差。因其事关国体与政体重大变更，在当时及事后均备受关注。1912 年曾有评论说："满洲皇室自知势力不敌，情愿退让，免得南北相持不决，致召意外的危险，还是算他明白的，民国所以议定优待皇室八条以酬报他的美意。从此清帝仍得岁用金四百万元，在家仍得称皇帝，仍得有禁卫兵保护，比之于近年波斯、土耳其的皇室荣幸得多了。"① 翌年，汪荣宝、许国英在其编纂的《清史讲义》中概述了这一历史过程。② 有人发文认为清帝退位乃大势所趋，"天意

① 清帝逊位．少年，1912（10）．

② 汪荣宝，许国英．清史讲义．上海：商务印书馆，1913．

所属”，“就使宣统之才略过人，而天数已终，何能再图恢复？所以民党起义，四海响应，武昌一发，天下成功，非天意所属，其收效有如是之神速乎？兴亡之理，天实为之”。[①] 南北议和是导致清帝逊位的直接因素，时人的认识和评论也不尽一致。1923 年，杜亚泉（时署名“高劳”）编撰之《辛亥革命史》一书，较早地介绍了南北议和的大致情况，认为南北议和与清帝退位过程颇为波折，但最终能够“免生民于涂炭，纳五族于共和，谓非和议所收之良果欤?”，有着积极的历史意义。而且清帝逊位乃形势所趋，南方革命军预备北伐，北京方面库藏告竭，北洋将领、地方督抚、驻外大使都主张共和，故清廷及各亲贵“不复如前之抗议”。[②] 邹鲁的《中国国民党史稿》一书，考察了南北议和中革命党人的议和方略，认为革命党人早已洞悉袁世凯试图取清室而代之的阴谋，故利用此点倾覆清廷。[③] 李剑农则通过考察社会一般人的心理，认为利用袁世凯推翻清室，并让其出任大总统，实行共和立宪政治是时人的共识，所以在南北和议尚未成功时，“新产生的中华民国的命脉已落到袁世凯手里去了”；民军与袁世凯对南北议和所期望的结果迥然不同，前者希望“清帝将一切大权交还国民”，后者则希望“清帝将一切大权转让于他个人”，并在《清帝逊位诏书》中强调退位后即由其本人“以全权组织临时共和政府与民军协商统一办法”，将组织临时政府的大权直接授予袁世凯。对于袁世凯所采取的取消北京君主政府、南京临时政府以及在天津设立临时统一政府的逼宫手段，李剑农认为这既可以慰藉清皇室，又可以消除南方的障碍物，还能让袁世凯独揽大权。但袁世凯试图以北洋军向清廷与南方政府施压，通过《清帝逊位诏书》使其获得“受禅”地位，而这只是他的“一厢情愿”。[④] 从革命史的视角来看，通过议和的形式确定“清帝逊位”，意味着妥协退让，是革命不彻底的集中表现。中国共产党领导人张闻天主编的《中国现代革命运动史》一书中，就指责革命派为争取清帝退位不惜承认退位条件的做法，认为这种妥协“使革命由胜利转到失败，使中国反革命力量从满清政府转向以袁

---

① 李春城．清帝退位论．东中学生文艺，1920（1）.

② 高劳．辛亥革命史．台北：文海出版社，1967：34.

③ 邹鲁．中国国民党史稿．上海：商务印书馆，1944：990.

④ 李剑农．戊戌以后三十年中国政治史．北京：中华书局，1965：124，126，137-138.

世凯为中心的政府了”①。

有学者认为袁世凯的复出是清帝逊位的发端，认为袁世凯复出后，清廷一步步屈服，使实权落入袁世凯之手、“满清政府名存实亡”，最终导致“清廷的降服”直至清帝逊位。② 1934 年，《辛亥革命给与我们的教训》一文总结了宣统帝退位，袁世凯轻而易举地取得政权的教训，说：“革命速成，这是他的第一个教训……这个辛亥革命进度也是很快，不到一月，二十二行省都响应了，宣统退位，民国成立。好似革命是这样容易的产生的。因为速成以及成功的太容易，其结果就流产，那时一般军阀官僚，都张起革命的旗帜，戴着革命的帽子，混到革命里面来，也充作革命的党员，袁世凯用了很小的手段，轻易的将革命的政府、政权拿到手里去了。”③ 也有人认为迫清帝退位之事乃袁蓄谋已久，“项城（按：指袁世凯）久蓄异志，迫挟宫廷，诏托大任，以蒙天下，清廷自知大势已去，名为逊位，实则巧用久伏魔政下之愚暗民心……故清常谕旨，明居逊位识体之浮誉，暗施渐鹬啄蚌之毒手”。换言之，清廷同袁世凯沆瀣一气，借袁世凯之手“为祸民国”。④ 1948 年，胡绳所著《帝国主义与中国政治》一书，认为列强在清帝逊位事件中同袁世凯是合谋与利用的关系，袁世凯之阴谋是既不让清朝立刻垮台，又防止革命势力立刻取得全胜，而帝国主义则想用袁世凯替代清朝的位置，折断革命的进程。⑤ 同时期，也有对此给予积极评价者。如有人认为帝制终结使各民族人民在“政治上获得自由平等的地位”⑥；还有人认为，在全世界最古老的国家推翻专制皇帝政治制度，“促进世界民主政治运动”开阔了中国乃至亚细亚洲民主共和国的新曙光⑦；清帝逊位后，中国建立起“崭新的五族大共和国”⑧。

---

① 张闻天．中国现代革命运动史．北京：中国人民大学出版社，1987：101．

② 李剑农．戊戌以后三十年中国政治史．北京：中华书局，1965：109－115；宋云彬．中国近百年史．上海：新知书店，1948：117－118．

③ 蒋坚忍．辛亥革命给与我们的教训．空军，1934（97）．

④ 南郭生．宣统逊位谕旨．沪西，1946（3）．

⑤ 胡绳．胡绳全书：第5卷．北京：人民出版社，1998：277－284．

⑥ 宗烈．辛亥革命之新评价．政治训练，1929（12）．

⑦ 林一中．辛亥革命研究．抗战时代，1940，2（4）；张健甫．中国近百年史教程．香港：文化供应社，1946：191．

⑧ 张健甫．中国近百年史教程．香港：文化供应社，1946：191．

20世纪30年代，王芸生专门考察了日本在“清帝逊位”前后的对华政策及态度变化。此前，日本采取“留名存实亡之清廷以共管中国”政策，认为日本意在“划分中国为二，限制共和政府于江南，于北方仍维持清廷，而于两方各取得干涉之代价”；迨清室逊位，袁世凯被选为临时大总统，日本乃“起而倡不承认之要挟”。①

对革命派承认《清室优待条件》一事，秉持革命史观的史家多持否定和批判的态度，视其为革命派向封建势力无原则妥协退让的产物，还认为这在一定程度上导致了日后的张勋复辟。李鼎声认为，“满清皇室与皇族甚至仍然保有其盘踞旧都的地位”，此乃革命失败的表现，“这种对旧皇室的优容乃是各国革命所未有的。革命的新政权既已统一了全国，尚容许满清政府与之对立，这正是一种可笑的矛盾现象。日后乃有张勋的复辟运动”。② 除袁世凯之外，参与其事的其他政治人物亦受到一定的关注。如有对汪精卫在清帝逊位前后的行为进行评述者，认为汪精卫在清帝逊位前已被袁收买，故其在革命党内部力主与清廷议和，出卖革命及领袖，促使孙中山让权于袁。③ 立宪派代表人物张謇在清帝逊位的过程中发挥了重大作用，故其立场和态度亦受到一定关注，如称：“张认为战端既起，非清廷允许共和，无从根本解决，故辞不应命……默察人心，舍共和无可为和平。”④ 此后，冒鹤亭所著《张謇传》一文也介绍了张謇由君主立宪到民主共和主张的转变，并收录了张致袁世凯、铁良的书信，披露了张极力劝导二人支持清帝退位、拥护共和之史实。⑤

二、辛亥革命史框架下的探讨（1949—1979）

中华人民共和国成立初期，亲历此段历史的有关人物的回忆录、日记、文集等陆续得以刊行，为开展相关研究提供了较为丰富的史料。

① 王芸生．六十年来中国与日本：第6卷．天津：大公报社出版部，1933：4.

② 李鼎声．中国近代史．上海：上海书店，1930：218-219.

③ 黎信．辛亥革命中的内奸汪精卫．新华南，1940，3（1）.

④ 沈志远．袁世凯与张謇（中）．古今，1944（53）.

⑤ 冒鹤亭．张謇传．国史馆馆刊，1948，1（2）.

1957年，上海人民出版社出版了《辛亥革命》一书，内中收录了叶恭绰的《辛亥宣布共和前北京的几段逸闻》[①]；随后，中华书局出版了"辛亥革命回忆录"丛书，其中就有唐在礼以目击者的身份对宣统退位这一天的历史场景的生动描述[②]；还披露了清宗室重要人物溥伟等人的日记。[③]

大陆学界为数不多的成果也多从革命史的视角切入，将其纳入辛亥革命史的框架中探讨。陈旭麓在《辛亥革命》一书中充分肯定了清帝逊位的历史意义，"结束了满洲贵族在中国二百六十八年的专制统治，也基本上推翻了二千余年来的封建帝制"，并对此历史事件进行了较为细致的辨析，对关于南北双方秘密交涉一事，他认为，公开谈判破裂后，南北双方转入幕后的秘密交涉，讨论的话题"抛弃了国民会议的问题，集中于清帝退位后的优待条件以及孙中山辞职袁世凯继任大总统的政治买卖上"，革命派处于帝国主义和封建军阀的威胁之下，自身又趋于分解，最后只有牺牲革命的目的以成"和局"。关于《清室优待条件》，他认为这表现了"革命派向封建势力无原则的妥协"，并予以否定和批判。关于《清帝逊位诏书》，他认为其中规定"即由袁世凯以全权组织临时共和政府与民国协商统一办法"一句，是袁世凯在发表时私自添加的，其用心显然是想"作为他日后组织政府'统一南北'的把柄，也无异说他的地位是得之于清帝的'禅让'，而不必受革命的约束"。[④]

李时岳发表了《辛亥革命时期袁世凯的窃国阴谋》一文，认为袁世凯的窃国阴谋是经过了一番变化的。最初，他"企图保存清室而剥夺其实权，在君主立宪的幌子下由他作实际上的皇帝"；后来，此"阴谋遭到革命方面的抵制而无法实现，才不得不进行逼宫，废除清帝，表示赞成共和"。可见，其最后选择逼宫既与其和清廷之间的矛盾纠葛有关，也是其主张保留君主立宪政体、夺取实权之阴谋失败后的无奈选择。"因为打倒清廷，同时也意味着取消封建帝制，而封建帝制则是帝国主

① 叶恭绰．辛亥宣布共和前北京的几段逸闻//中国史学会．辛亥革命（八）．上海：上海人民出版社，1957：120.

② 唐在礼．辛亥前后我所亲历的大事//中国人民政治协商会议全国委员会文史资料研究委员会．辛亥革命回忆录：第六集．北京：中华书局，1963：336-339.

③ 张篁溪．清室让国始末记．进步日报，1951-05-25.

④ 陈旭麓．辛亥革命．上海：上海人民出版社，1955：108，110，113-114.

义和封建势力统治中国的最有利的形式。清廷固然不足惜，封建帝制却轻易抛弃不得。”①

对于列强在清帝逊位事件中的作用，新中国成立初期大陆史学界一般认为其为阻碍革命、维护封建统治的“帮凶”。王绍坊认为，辛亥革命最终失败，固然由于其本身具有很大的缺点，但帝国主义幕后的破坏活动是重要原因之一，其中美英帝国扮演了重要的角色。② 吴乾兑对列强如何干涉和破坏中国革命的活动进行了系统论述，指出列强的目的在于支持中国的封建势力继续掌握政权，以作为其奴役和统治中国人民的工具。③

这一时期，也有文章对清帝逊位结束封建君主专制制度的意义予以积极评价。王春良将其放在“亚洲觉醒”的大历史背景下，通过与伊朗、土耳其革命相对比，来凸显中国推翻封建君主专制制度并促进亚洲乃至世界革命运动的重要地位。④ 与之相类，徐善福认为，中国的这一剧变给周边国家带来了震撼，较为典型者如越南民族解放运动即受到中国的影响，具体表现为在国体问题上主张共和制。⑤

还有文章论及与清帝逊位事件相关的一些人物。如金冲及、胡绳武从革命派的阶级属性出发，对黄兴在辛亥革命前后的表现进行了考察，认为在南北议和与南京临时政府时期，由于其革命意志衰退，力主对袁世凯妥协，只要袁世凯能推翻清政府，即把取得的政权重新交给袁世凯，显示了其代表的近代资产阶级动摇性、妥协性的一面。⑥ 张謇作为立宪派的代表人物，则被视为改良主义的代表遭到批判。如李时岳认为，通过张謇可以认识立宪运动的反动本质，可以解释立宪派破坏革命的肮脏勾当。⑦ 台湾学者蒋永敬考察了南北议和中关键人物朱芾煌所起的特殊作用，并肯定了他在促成清帝退位、南北统一，以及协调各方力

① 李时岳．辛亥革命时期袁世凯的窃国阴谋．新史学通讯，1956（9）．
② 王绍坊．美英帝国主义与辛亥革命．教学与研究，1956（10）．
③ 吴乾兑．帝国主义对辛亥革命的干涉和破坏．历史教学，1962（2）．
④ 王春良．辛亥革命在“亚洲觉醒”中的地位和作用．山东师范学院学报，1962（1）．
⑤ 徐善福．辛亥革命与越南民族解放运动．东南亚研究资料，1963（2）．
⑥ 金冲及，胡绳武．论黄兴．历史研究，1962（3）．
⑦ 李时岳．张謇和立宪派．北京：中华书局，1962：88－89．

量、创建共和上的成绩。[①] 而这一时期大陆学界对汪精卫则持全盘否定和批判的态度。1975 年，丁贤俊、闻少华撰文分析了汪精卫在辛亥革命期间组织国事共济会打击、孤立孙中山之历史，认为汪精卫是助袁世凯夺取政权的“内奸”，他一面打击、孤立孙中山，一面阻挠、出卖坚持武装斗争的革命党人，竭力推行“停止斗争的投降主义路线”，甚至说“同盟会出现了汪精卫这样的投降派，正是招致革命失败的重要内部原因”。[②]

三、新时期研究的专题化趋势（1980— ）

改革开放以来，中国史学界的研究逐渐趋向专题化，对其中某些具体问题的研究趋于深入，对相关人物和派别的评价也趋于客观。而且，研究者也能从社会史、文化史的视角加以审视和分析，并揭示其背后更为深层的历史影响。

（一）对南北议和的研究

首先，对于南北议和的主要议题——“清帝逊位”问题，胡绳、李新认为“君主”与“共和”之争只是表面现象，其实质是应“由谁来掌握政权”及“在什么条件下结束清皇朝，同时取消南京政府，使一切权力都归于袁世凯”。[③] 其次，关于南北议和动因，大家较普遍地认为，尽管各方的出发点不尽相同，但南北议和是袁世凯与革命派、立宪派、旧官僚以及外国势力等各方政治力量共同策划的结果。[④] 20 世纪 90 年代以来，大陆学界一改昔日全盘否定之态度，对南北议和的积极意义也予以了肯定。有学者认为，它使革命党人争取到了当时革命形势所能允许争取到的成果，即清帝退位与民主共和，清帝退位是一个“巨大的历史进步……中国的国家体制发生了根本性的变化，从前至高无上的皇帝

---

① 蒋永敬．朱芾煌与辛亥南北议和．传记文学，1971，19（2）．

② 丁贤俊，闻少华．辛亥革命时期的一个投降派：汪精卫．吉林大学社会科学学报，1975（6）．

③ 胡绳．从鸦片战争到五四运动．北京：人民出版社，1981：882；李新．中华民国史：第一编：下．北京：中华书局，1982：487．

④ 胡绳武，金冲及．辛亥革命史稿：第四卷．上海：上海人民出版社，1991：14；张海鹏，李细珠．新政、立宪与辛亥革命（1901—1912）．南京：江苏人民出版社，2006：447－449．

被打倒了……与此同时出现了共和国、议会、政党等全新的国家机器，这一变化在中国历史发展的进程中具有划时代的意义；袁世凯宣布赞成共和……在客观上促进了民主共和思想的广泛传播，促进了民主共和思想深入人心”①。还有学者认为“拥袁反清是辛亥时期举国上下几乎一致的意向”，因为“革命党人在当时并不具备与袁世凯兵戎相见的条件。在当时的历史条件下，革命党人的这种策略是明智的，在一定程度上是成功的”，甚至说，在当时特定的环境里，采取拥袁反清策略不仅是革命党人的“唯一选择”，也是当时“最好的选择”。②

（二）关于列强的活动和态度的研究

关于英国的对华态度，王善中不赞同英国始终支持袁世凯的观点，认为，“英国当时固然对袁有一定好感，但英国无时不是在以维护自己的在华利益为前提，随情况的变化对袁世凯采用了实用主义的态度。辛亥革命初期，它对袁寄予希望；中期则趋于冷淡；后期，当它看到南北双方都需要袁世凯，袁又有可能组成‘强有力的’亲英美的中国政府的时候，对袁又表现出了异乎寻常的热情与支持”③。林海龙分析了英国以经济手段逼迫清帝退位的情形，即在议和时期，英国反对贷款给北方，而给革命党人一笔地方性私人借款，“摆出坚决拥护南京共和制的姿态给清廷看，为袁世凯的逼宫创造条件”④。廖大伟则分析了英国中立态度的虚伪性，认为其调停南北议和，实际上是在向南方代表施加压力，要其依据袁世凯的条件尽快达成协议，其出发点仍在于保全其在华既得权益和人员生命财产；英国所谓的“不干涉”是有前提的，“且以一定军事实力作为后盾，一旦危害其前提，那么‘不干涉’也将变为武装干涉”⑤。关于日本的对华态度，郭卫东具体考察了日本支持宗社党的情况，并认为宗社党是“日本帝国主义卵翼下的一个反动卖国团

---

① 吴勇军．辛亥革命时期南北议和新论．湘潭师范学院学报，1991，12（5）.

② 夏斯云．辛亥革命时期革命党人拥袁反清策略新论．上海师范大学学报（哲学社会科学版），2008，37（5）.

③ 王善中．关于袁世凯在辛亥革命中的三个问题．江西师范大学学报（哲学社会科学版），1986（4）.

④ 林海龙．英国与武昌起义后的南北和谈．华南师范大学学报（社会科学版），1990（2）.

⑤ 廖大伟．辛亥革命时期英国对华政策及其表现．史林，1992（2）.

体……它是列强特别是日本帝国主义干涉中国内政、扶植中国反动势力的产物”，日本想利用宗社党煽动内乱，破坏中国之统一，分裂满蒙，进而控制中国。① 还有学者分析了日本不同浪人派别的政治态度，认为他们尽管姿态和手段各不相同，但无疑都是“南北议和”的反对派。② 也有学者注意到日本政府与袁世凯之间的矛盾与分歧，认为日本企图通过袁世凯实现其一贯主张的君主立宪制，但袁世凯摇身一变成为共和制的“拥护者”，造成了日本外交的失败。③

关于美国对华态度的研究渐趋于客观、全面、理性，致力于具体分析美国对华政策的客观影响。张小路认为，美国的行为受到其他列强的牵制，在清政府与革命派之间严守中立，表现为在南北议和中不贷款给任何一方，不干预中国的国体问题。“威尔逊政府率先承认袁世凯政权……打破了列强在华协调行动的原则，使列强在大借款谈判中的无理要求有所收敛，客观上也具有一定的积极意义。”④ 但同时仍有文章强调美国扼杀中国革命的一面，如有学者认为辛亥革命主要是在“美国等帝国主义列强的干涉和破坏下遭到失败”的。⑤

此外，还有学者考察了传教士对“清帝逊位”的态度。如有学者认为，由于革命领导人的西方背景及其对基督教的友善态度，传教士支持革命并大造舆论，美国传教士李佳白甚至亲自前往北京，劝说清帝退位。⑥ 但是，西方传教士舍弃孙中山而最终选择袁世凯一事颇耐人寻味。何大进分析认为，袁世凯被时人视为稳定中国政局的强有力的人选，因此很快成为各派政治势力竞相争取的对象；袁世凯利用革命形势，“对不可抗拒的革命潮流作出了实用主义的反应”；而革命派流露出的“民族主义情绪及其缺乏稳定政局的能力，使西方传教士感到其利益受到了一定的威胁”，使西方传教士最终倒向了袁世凯。⑦

---

① 郭卫东．日本帝国主义与宗社党．历史教学，1984（7）．

② 辛亥革命与大陆浪人．赵军，译．北京：中国大百科全书出版社，1991：242．

③ 周彦．日本与辛亥革命时期的“南北议和”．北方论丛，1994（3）．

④ 张小路．美国与辛亥革命．历史档案，1990（4）．

⑤ 赵金鹏．美国政府与中国的辛亥革命．齐鲁学刊，1994（3）．

⑥ 何大进．辛亥革命时期的美国传教士与美国对华政策．历史档案，1998（4）．

⑦ 何大进．辛亥革命时期西方传教士对袁世凯的选择．江西社会科学，1998（8）．

（三）相关人物及群体研究

1. 宗室人物及满蒙权贵

随着清帝退位，处于执政地位的宗室人物和满蒙权贵也逐渐淡出历史舞台，但其影响不会立即消退。改革开放以来，大陆史学界的相关研究渐多。载沣作为摄政王是清帝逊位事件中的关键人物，历来颇受关注，对其的积极作用也渐有肯定。如有学者认为其促使清帝退位、维护南北议和，以及对亲贵做出不要“妄动”的劝告，避免了一场流血大战，客观上顺应了“时代的潮流、人民的意愿”。① 此外，还有学者考察了清帝逊位前后宗社党骨干、肃亲王善耆的活动②，以及隆裕太后在清帝逊位中所起的积极作用。③

奕劻作为首任内阁总理大臣的满族亲贵是清帝逊位事件中的另一位重要人物，其活动与影响也受到学者的关注。如有学者认为奕劻的主张“对清廷的最终决议是有重要作用的”，他力主清帝逊位，但并非简单地“断送大清”或“首赞共和”，实乃无奈之举。“除了顺应大势所趋外，革命军政府最后给出的皇室、皇族优待条件，尤其是保护王公贵族的爵位与财产等承诺，又满足了奕劻自身利益的需要”。所以，奕劻是在综合各方因素后做出的最终抉择。④ 马平安认为，奕劻在挽救清王朝命运无望的形势下退而求其次，“竭力推动清廷交出政权，以清帝逊位的和平方式，换取优待清室条件”，保全了清皇室。因而，奕劻推动清帝逊位是为了挽救清皇室。“从其在辛亥鼎革之际的表现来看，奕劻务实而不保守，能够与时俱进，既全心全意维护清皇室，又不完全拒绝共和，是一个矛盾而又复杂的人物”。其在客观上减少了革命的阻力，减轻了革命的代价，加速了中国近代政治进程，这与孙中山等革命党人期望以和平收革命之功，有着异曲同工之妙。“奕劻与袁世凯推动清帝退位，尽管各自所抱的目的不同，但用和平方式解决南北争端，对当时有效保护各方利益，及时挽救时局，却是真正起到了顺水推舟而出人意外的重

---

① 陈宗舜．末代皇父载沣．哈尔滨：北方文艺出版社，1987：35；尹传刚．清末监国摄政王爱新觉罗·载沣．文史天地，2011（11）．

② 白杰．清末政坛中的肃亲王善耆．满族研究，1993（2）．

③ 陈自新．隆裕太后与清帝退位．文史精华，2012（2）．

④ 周增光．奕劻与清帝逊位．清史研究，2013（1）．

要作用。”①

蒙古王公贵族作为与清帝逊位事件相关的主要利害群体，也颇引起史学界的关注。汪炳明考察了此期驻京蒙古王公的政治活动，认为武昌起义爆发后，驻京的阿穆尔灵圭等蒙古王公，“并没有为维持清朝统治、镇压反清革命（包括取消库伦‘独立’）做出什么实际成效”。而蒙古王公在御前会议上反对清帝逊位的激烈态度，推迟了清廷正式退位的时间，其实是为了“维持他们原有的封建特权”。“驻京蒙古王公们先是极力阻挠清帝退位，后来又及时改换门庭投靠了新主子，有的则企图借助外力搞‘独立’分裂另寻出路”。究其目的根本，无非是“继续维持他们原有的封建特权”②。同时，也有学者考察了阿穆尔灵圭、贡桑诺尔布等地位显赫、影响较大的蒙古贵族为挽救清廷、维护自身利益所展开的政治活动。③

2. 袁世凯及北洋派

此一时期，史学界对袁世凯的研究日渐深入，并对昔日的观点进行了必要的修正。1989 年，季云飞提出“对于袁世凯置身辛亥革命所起的客观积极作用，我们应理直气壮地、实事求是地给予肯定”，并从南北双方军事、财政实力、社会呼声对比等角度论证了南北议和是人心所向，也是达成结束清封建帝制的有效途径，批驳了过去所谓的“阴谋说”和“窃夺政权说”，并认为，袁世凯“逼清帝退位所采取的手段是有礼有节、步步逼近，最后使清廷自感到除退位一途外别无选择”。④对此，侯宜杰提出质疑，认为以上观点有失偏颇，且缺乏论据支撑。他进而认为，“袁世凯善要权术，破坏共和有个过程，不能因认为他称帝时辛亥革命才失败，就断言他也于此时才背叛共和。无视其置身辛亥革命的动机目的，无视其背叛共和的事实和过程，一味从形式现象看问

① 马平安．奕劻在辛亥鼎革之际的努力与抉择．史学月刊，2016（5）.

② 汪炳明．清朝覆亡之际驻京蒙古王公的政治活动．内蒙古大学学报（哲学社会科学版），1985（3）.

③ 卢明辉．辛亥革命与蒙古封建王公．内蒙古社会科学，1992（2）；乌力吉套格套．辛亥革命时期阿穆尔灵圭的政治活动．内蒙古社会科学（汉文版），2002，23（4）；白拉都格其．辛亥革命与贡桑诺尔布．清史研究，2002（3）.

④ 季云飞．论袁世凯在辛亥革命中的作用．学术月刊，1989（4）.

题，同样不是历史唯物主义的态度，不符合历史事实”①。

还有学者考察了清帝逊位前后袁世凯同清廷之间的关系。杨天宏分析和考证了袁世凯与清廷之间的利益纠葛和袁世凯的态度变化②；郑焱分析认为，袁氏“取清自代思想产生的时间，不是在东山再起之初，而是在形势发展出现机遇之后”③。胡绳武、金冲及、余同元、张海鹏、李细珠等从考订大量史实入手，考察了袁世凯对清廷的各种施压手段，如以筹饷逼亲贵大臣就范，鼓动驻外公使、驻上海外国商会、各地督抚、新闻舆论要求共和，认为这些“大都出自袁世凯的授意和梁士诒等人的策划，由此而人为地造成了一个各方面要求清帝退位的氛围”。④此外，史学界对北洋集团的其他成员，如唐绍仪、段祺瑞等人也进行了深入探研。朱英认为，“唐绍仪在辛亥南北议和的整个过程中都发挥了不可忽视的作用。如果说，将他誉为肇始民国的元勋不无溢美之嫌，那么对其促使清帝退位、共和建立所作的贡献，则理应予以充分肯定”⑤。这种观点被学界的主流学者所认可，对唐绍仪在南北议和中的历史作用持肯定态度。⑥

3. 立宪派

改革开放以来，大陆史学界在反思革命史研究范式的同时，主张把立宪派放到当时的历史背景下进行实事求是的考察。他们在肯定革命派作用的同时，也客观分析了立宪派的历史功过，认为不能完全抹杀其在推翻清王朝中的功绩。林增平指出：“在推翻清王朝的运动中，立宪派人附义有功，在内外反动势力勾结扼杀革命的过程里，他们又是助虐有

---

① 侯宜杰．如何评价袁世凯在辛亥革命中的作用：向季云飞先生请教．近代史研究，1992（6）.

② 杨天宏．袁世凯与清廷的矛盾．四川师范大学学报，1990（3）.

③ 郑焱．武昌起义后袁世凯与清廷关系析．湖南师范大学社会科学学报，1991，20（4）.

④ 胡绳武，金冲及．辛亥革命史稿：第四卷．上海：上海人民出版社，1991：169－170；余同元．清朝通史：光绪宣统朝．北京：紫禁城出版社，2003：738；张海鹏，李细珠．新政、立宪与辛亥革命（1901—1912）．南京：江苏人民出版社，2006：459－460.

⑤ 朱英．唐绍仪与辛亥南北议和．广东社会科学，1989（2）.

⑥ 丁先俊，陈铮．唐绍仪与辛亥南北议和．历史研究，1990（3）；张焕宗．唐绍仪与清末民国政府．石家庄：河北人民出版社，1998：91.

罪。功不抵罪，罪不掩功，对这两个方面都不应有所拔高或偏袒。”①孔繁浩认为，对立宪派的历史功过，应该应用历史唯物主义的观点，实事求是地做出分析，绝不能只讲革命派的功绩，而不讲立宪派的作用，把革命派与立宪派对立起来是不妥当的，更“不能完全否定他们的作用，更加不能把它们打成‘反动派’”。由于他们“反对封建专制制度的实质一样，都是对准着同一个昏聩腐朽的清王朝，都是为了要把一个封建的社会转变为资本主义社会”，因此，在辛亥革命过程中，立宪派与革命派又相互依存。② 侯宜杰认为，研究历史必须坚持辩证地发展的观点，“有了进步而采取不承认主义，这决不是应有的科学态度”。立宪派响应和参加革命“本是一件值得赞扬的好事，可是，非但得不到肯定，反而被当作投机，这是不公正的”③。对立宪派代表人物张謇的评价也出现了新的变化。章开沅深入分析了张謇从坚持立宪转向拥护共和的原因和影响，认为其态度的转变是基于对现实比较深刻的认识，此举也顺应了历史潮流，同时积极推动了南北议和，其进步性不可抹杀。④

4. 革命派

此一时期对革命派人物在清帝逊位过程中之表现与影响的研究也有了新的进展。萧致治、聂文明辨析了黄兴在清帝逊位前后的活动及影响，认为其在主导南北和谈的同时也在筹划着五路北伐计划，为摧毁清军做准备，“几于无时无刻不在为夺取革命胜利、建成中华民国操劳”⑤。廖宇春、汪精卫、伍廷芳等人在清帝逊位及辛亥革命时期的活动，也颇受关注。黄仁章、何泽福探讨了廖宇春在南北议和时期的活动，并肯定了他推动和谈的历史贡献。⑥ 刘民山评述了汪精卫此间的活动，认为汪精卫为袁世凯夺取总统之位、以瓦解消灭北方革命力量奔走效劳，使其在辛亥革命史上刻上了叛卖革命的卑鄙记录。⑦ 另有不少学

---

① 林增平．评辛亥革命时期的立宪派．湖南师院学报（哲学社会科学版），1981（4）.

② 孔繁浩．辛亥革命时期的立宪派．上海师范大学学报（哲学社会科学版），1981（3）.

③ 侯宜杰．关于立宪派在辛亥革命中的三个问题．社会科学研究，1991（5）.

④ 章开沅．开拓者的足迹：张謇传稿．北京：中华书局，1986：240－241，261.

⑤ 萧致治，聂文明．黄兴与辛亥革命．武汉大学学报（人文科学版），1986（5）.

⑥ 黄仁章，何泽福．廖宇春与辛亥革命时的南北议和．华东师范大学学报（哲学社会科学版），1981（5）.

⑦ 刘民山．汪精卫在辛亥革命前后的叛变活动．历史教学，1985（4）.

者肯定了伍廷芳为推翻清廷、建立民国做出的积极贡献，以及为维护资产阶级的政制和法律所做的努力。①

（四）关于《清帝逊位诏书》及《清室优待条件》

1.《清帝逊位诏书》相关问题

20 世纪 90 年代初，吴讱通过细致考订《秋夜草疏图》与《清帝逊位诏书》的关系，通过考察存于惜阴堂的张謇手稿，排除了阮忠枢、张元奇、洪述祖、杨廷栋等人参与诏书起草的可能性，最终认定《清帝逊位诏书》的作者是张謇。② 庄小燕则认为，张謇虽参与此事，但并非主笔，亦非唯一作者。其“衔命后即与其幕宾杨度（廷楝）、雷季馨潜至苏州，在姑苏城中的阊门外钱万里桥附近的维瀛旅馆内草拟此文。诏书由杨度主笔，三人字斟句酌”③。张耀杰亦认为《清帝逊位诏书》是集体协商的结果。具体而言，它是经南北双方的隆裕太后、袁世凯、孙中山、伍廷芳、唐绍仪、汪精卫、梁士诒、阮忠枢、张元奇、汪荣宝、徐世昌、朱芾煌、李石曾等人反复协商修改而成的。张謇日记相关记录足以证明，他既不是最初的起草人，也不是最终的定稿人。④

2011 年，北京大学举行“纪念辛亥革命一百周年”学术研讨会。次年，中国人民大学清史研究所主办“清帝逊位与民国肇建一百周年”国际学术研讨会。借此，相关问题再度引起学界的热议。⑤ 法史学界诸多学者从法理学角度，来探讨其法律效力及宪法意义，令人耳目一新。《环球法律评论》则开辟了专栏对此展开讨论。翟志勇将《临时大总统宣言书》与《清帝逊位诏书》进行了比较研究，从《清帝逊位诏书》中“大中华民国”的修饰词“大”字出发，重新界定了《临时大总统宣言

---

① 丁贤俊．论孙中山与伍廷芳．近代史研究，1987（4）；李学智．辛亥革命中的伍廷芳．天津师大学报，1998（3）；伍福佐．伍廷芳在南北议和中的斗争艺术．文史杂志，2000（5）．

② 吴讱．关于《清帝逊位诏书》和《秋夜草疏图》．民国档案，1991（1）．

③ 庄小燕．是谁起草了清帝逊位诏书．文史月刊，2010（12）．

④ 张耀杰．是谁起草了清帝逊位诏书．文史参考，2012（4）．

⑤ 相关文章主要有：王旭．追寻历史叙述的哲学表达：评《论〈清帝逊位诏书〉》//王磊．百年共和与中国宪政发展：纪念辛亥革命 100 周年学术研讨会论文集．北京：法律出版社，2012；田飞龙．保守改良主义与百年共和：兼评高全喜教授新著《立宪时刻：论〈清帝逊位诏书〉》//王磊．百年共和与中国宪政发展：纪念辛亥革命 100 周年学术研讨会论文集．北京：法律出版社，2012。

书》和《清帝逊位诏书》的关系，认为“清帝《逊位诏书》是对《临时大总统宣言书》所宣布的精神和原则的承继，大中华民国仅仅是对小中华民国领土和人口的扩张，无关乎国体问题，也无关乎正当性问题”，而“《临时大总统宣言书》和清帝《逊位诏书》一起完成了现代中国的奠基性建构，前者偏向于共和国形态的建构，而后者偏向于以‘五族共和’为基础的民族国家形态的建构”。① 杨昂将历史角度与法律角度相结合，围绕民国法统的继受与形成及其对清朝边疆地区的合法性证据之一，即《清帝逊位诏书》这一重要法律文件进行了分析，认为清帝国在辛亥革命之后，“帝国并未崩溃，而是效法古典中国的政治传统，以‘禅让’的方式将国家主权及治权全部完整地转移给民国，实现治权的转移；并提出‘合满蒙回藏汉为一大中华民国’旨意。实施这一程序的法令即《逊位诏书》。尽管‘禅让’之制就其内涵外延而言都与西方近代政治法律传统与规范难具可比性，但南北双方又以高明的政治技术，将逊位过程嫁接于近代法律意义上的交战团体之间签订政治契约以转移主权的模式，并将之公诸万国，从而获得了近代意义上的国际法的承认”。因而，“清帝《逊位诏书》成为帝国主权转移至民国的重要合法性文献，对中华民国建政意义深远”。《清帝逊位诏书》在很大程度上赋予了民国统一临时政府对北方各省即边疆民族地区的合法性，使中华民族成为一个统一的政治实体，一个完整继承清帝国的主权国家。②

有学者充分揭示了《清帝逊位诏书》所包含的政治宪法学要义，认为“《逊位诏书》虽不是一个形式完备的宪法文本，但它总结和承载了晚清以来若干次或被动或主动的改良立宪运动，有效地节制了革命激进主义的潮流，弥合了革命造成的历史裂痕。可以说，《中华民国临时约法》与清帝《逊位诏书》共同构成和发挥了当时民国的宪法精神”。其宪法意义在于，明确宣示清室皇帝“将统治权公诸全国，定为共和立宪国体”，意味着将政权转让于一个立宪共和国，而不似传统上将统治权转让给另外一个王朝。其宪法义理所表现出的核心原则是“和平”原则，“和平”是这个中国重要宪法性法律文件的一个基本特征。“清帝

---

① 翟志勇．透过《临时大总统宣言书》看清帝《逊位诏书》．环球法律评论，2011（5）．

② 杨昂．清帝《逊位诏书》在中华民族统一上的法律意义．环球法律评论，2011（5）．

《逊位诏书》与《临时约法》共同构成了一组具有宪法性价值的法律文件，并奠定了中华民国初元之际的立国之根基”。它所宣示的“人民”乃五族共和的人民，在法统上对于中华民国疆域下的各族（汉满蒙回藏五族）冶炼于一个政治文明的共同体——中华人民，无疑具有强大的说服力与感召力。① 也有学者认为，“《逊位诏书》从法理上宣告和确认了‘中华人民’的形成……从法理上宣告了‘中华民族’的形成，补足了民国政府对满蒙回藏等边疆地区及全部前清领土的统治的合法性”，同时，从根本上消除了边疆少数民族进行任何分裂活动的合法性，因而成为在民清鼎革之际，维持国家统一和领土完整的最重要的法律依据之一。《清帝逊位诏书》不仅使西藏的达赖十三世、部分蒙古上层统治者分裂国家活动的图谋失去合法性基础，而且为民国统一满蒙回藏等边疆少数民族地区提供了重要的合法性依据。《清帝逊位诏书》中“将统治权归诸全国，定为共和立宪国体”，“仍合满、汉、蒙、回、藏五族完全领土为一大中华民国”的宣示，赋予了革命与改良运动以合法性。② 以上法史学者的新的视角及新的叙事模式得到一些学者的认可，认为他不同于以往（革命叙事）的历史解读与言说，其研究是对中国法治“本土资源”的一次深度发掘、整理和记录，这种“分析和研究除提供给我们一些醒人而思的观点外，其叙事模式转换所带来的学术创新与思想启蒙意义”也不容低估。③

章永乐则认为，既不能“无视乃至低估这一系列诏书对于建构国家连续性的法理意义，但同时也不宜过于拔高其对于民国宪政建设的意义”。其值得肯定之处在于“理顺了‘大清’与‘中国’之间的法律关系，实现了保全国家统一的目的”；但它“作出的政权安排以及清帝逊位后的北方政府与南京临时政府的融合，并没有为民国奠定一个坚实基础”，反而使民国政府内潜藏了正统性之争，这成为民初宪政失败的重

---

① 高全喜．政治宪法学视野中的清帝《逊位诏书》．环球法律评论，2011（5）．

② 支振锋．民族团结与国家统一的法律确认：辛亥革命中的清帝《逊位诏书》．理论视野，2011（10）．

③ 魏建国．新叙事模式下的清帝《逊位诏书》研究及其启示．环球法律评论，2011（5）．

要原因。[①] 凌斌从法学视角对《清帝逊位诏书》进行解读，批判了“现代契约建国论”，认为发掘《清帝逊位诏书》的历史意义，承认立宪派、清朝旧臣、袁世凯集团在南北议和中发挥的历史作用，并不意味着对革命建国的正当性的否弃和颠覆。[②] 吴杰反对“政治宪法学”学者赋予《清帝逊位诏书》宪法意义，认为此乃不当、不实的附会，更难以为中华民国的政权合法性“正名”。《清帝逊位诏书》的颁布在形式上结束了中国传统“天下”的秩序模式，开启了“民族国家”时代，但这只是历史的表面。“清帝的逊位与其说是禅让政权，倒不如说是以禅让自保从而换取些实在的优惠（优待）条件罢了”。故对《清帝逊位诏书》是否真的完成了政权的转让，赋予了中华民国存在的正统性，持论应谨慎，尤其不应动辄将“清帝逊位”打上西方模式的烙印。换言之，“政治宪法学”学者的立论并不能为《清帝逊位诏书》的宪法意义“正名”。满蒙回藏等族之所以没有脱离中国，有着深刻的历史和现实原因，如传统的“天下”格局以及晚清现代“民族国家”的选择对“天下”格局的冲击，并非受《清帝逊位诏书》的约束。[③]

李喜霞从皇室内部力量变化与《清帝逊位诏书》的关系入手进行分析，认为由于清皇室内部的分裂，使“最终出台的诏书版本与谈判过程中形成的版本差距较大……不仅未能顾及一般皇室成员的利益，而且整个皇室的权利都有很大收缩”。所以说，清帝退位也是清王朝自我崩溃的结果，它具有历史必然性。“皇帝宣布自行退位，有助于减少社会冲突，维护中国社会的统一，迎合了中国社会的政治现代化进程，这是辛亥革命所实现的重要成果”。但由于没有经过彻底的革命战争洗涤，清帝逊位一事为中国政治的发展留下了不少隐患，诸如帝制思想根深蒂固、地方实力政权的持续增长，这都为袁世凯、张勋恢复帝制埋下了种子，也为军阀割据、中国内战埋下了隐患。[④] 朱文亮通过“民军”这一

---

① 章永乐．多民族国家传统的接续与共和宪政的困境：重审清帝逊位系列诏书．清史研究，2012（2）．

② 凌斌．从《清帝逊位诏书》解读看国家建立的规范基础．法学家，2013（4）．

③ 吴杰．传统“天下”与现代“民族国家”的对接：对《清帝逊位诏书》宪法意义的反思．甘肃政法学院学报，2014（1）．

④ 李喜霞．清皇室分裂与宣统退位诏书//朱诚如，王天有．明清论丛：第十一辑．北京：故宫出版社，2011．

称谓在《清帝逊位诏书》中的意义体现，剖析了《清帝逊位诏书》的性质。[①] 韩东育则对《清帝逊位诏书》中“大中华”这一提法所体现的“中华大义”予以了肯定。[②] 还有学者认为，法学界对清帝逊位与逊位诏书文本的宪政解读，虽然发现了诏书文本在法律意义上的巨大价值，但“诏书本身及其背后是多种政治力量的博弈较量，并夹杂着复杂的民族关系，绝非宪政或法律的单一层面因素所能解释清楚”。因而，对《清帝逊位诏书》文本及逊位前后的复杂历史过程的认识，仍需坚持从历史进程与历史本位出发。“《清帝逊位诏书》的颁布不仅标志着清帝的正式退位以及清王朝统治的最后终结，也在一定程度上体现了满汉关系的紧张。”[③]

2. 关于《清室优待条件》

20 世纪 80 年代以来，史学界对《清室优待条件》的历史地位与作用重新加以审视。1985 年，罗澍伟一反“妥协退让性”的传统观点，认为南方革命政府提出《关于清帝之待遇》《关于满、蒙、回、藏之待遇》等优待条件是“速定共和”的一种必要手段，并非无原则的妥协退让，而是坚持了民主共和的原则、体现了资产阶级的民族平等思想，消除了原同盟会纲领中“驱除鞑虏”带来的不良影响，也及时阻止了清室逃往热河、退踞东三省的企图，维护了国家的统一。因为，“辛亥革命之后，能够尽快实现共和，在当时就是最大的胜利，而南北妥协，又是双方唯一可行的路。一个《清室优待条件》换来了共和国的迅速建立（尽管这个共和国是不成熟的），赢得了中国的安定与统一（尽管这种安定统一是暂时的），又有什么不值得呢?”[④] 喻大华也认为过去仅仅将《清室优待条件》看作辛亥革命不彻底性的一个论据过于简单和偏颇，毕竟《清室优待条件》的产生是客观历史条件的必然结果，而不是个人意志的产物，它对促使清皇室发生分化并尽快退出历史舞台起到了重要

① 朱文亮．辛亥鼎革之际“民军”称谓考略：兼论清帝逊位诏书的性质．近代史研究，2014（2）.

② 韩东育．清朝对“非汉世界”的“大中华”表达：从《大义觉迷录》到《清帝逊位诏书》．中国边疆史地研究，2014（4）.

③ 安劭凡．清末民初的政治继承与满汉关系浅析：以《清帝逊位诏书》为中心．关东学刊，2016（5）.

④ 罗澍伟．辛亥革命时期优待清室条件的产生及其评价．天津社会科学，1985（4）.

作用，而且对后来的清室复辟活动也有着限制作用。① 王树才、刘敬忠则提出异议，认为《清室优待条件》无积极意义可言，冯玉祥将其修正并驱逐溥仪出宫也无可非议；而溥仪叛国投靠日本帝国主义，更是其一心想恢复“大清江山”的阶级本性决定的，认为不应该以任何理由为其出卖国家与民族利益的失节行为辩解。②

伍廷芳作为南方全权代表，在处理清帝退位及优待问题上多方考虑并能统筹全局，就当时的局势而言，他在尽力避免武力流血的基础上推动了南北议和成功。故有学者认为，“优待清帝的处理是伍廷芳综合南北实力，在稳定全局的前提下实现民主共和之选择”。他在“共和原则的范围内做些许让步最后协定清帝退位优待条件是有道理的”。不应因清帝退位优待条件为以后帝制复辟留下遗患，而全面否定伍廷芳在此问题上所做的努力。③

（五）关于清帝逊位的意义

改革开放以来，学术界对清帝逊位的多元内涵和影响也进行了颇多阐发。如有学者称，辛亥革命迫使清帝退位，在亚洲打落了第一个皇冠，在世界上走在了前面。④ 王晓秋考察了中国国体变更对天皇制统治下日本的冲击，“引起日本统治集团的恐慌和仇视”⑤。但也有学者认为，清帝逊位后的中国出现了一个“在大民国之中，还有一个小帝国，在大总统之下还有一个小皇帝”的独特现象，这是一种畸形的政治形态。⑥ 陈旭麓注意到在清帝逊位后，先前附生于帝制的丑恶制度如世袭制度、太监制度、包衣制度等被次第扫除的事实，并阐发了“皇帝倒了”是具有分界线意义的，认为此后“帝王由人主、天子、君父变成了人民的公敌，‘敢有帝制自为者天下共击之’成为一种时代意识”⑦。

进入21世纪，学界着重于发掘相关日记、文集、书信、年谱等新

---

① 喻大华．《清室优待条件》新论：兼探溥仪潜往东北的一个原因．近代史研究，1994 (1).

② 王树才，刘敬忠．也谈《清室优待条件》问题：兼评溥仪充当日本帝国主义傀儡的原因．中国社会科学院研究生院学报，2000 (2).

③ 戴博文．伍廷芳与清帝退位优待问题之研究．黑龙江史志，2015 (12).

④ 杨策．辛亥革命在亚洲打落了第一个皇冠．社会科学辑刊，1981 (5).

⑤ 王晓秋．辛亥革命对日本的影响．中州学刊，1985 (3).

⑥ 李凡．孙中山全传．北京：北京出版社，1991：220.

⑦ 陈旭麓．近代中国社会的新陈代谢．上海：上海人民出版社，1992：318－319.

史料，就“清帝逊位”对遗民、前清官员、革命派、青年学生等不同群体的影响，以及各类人物对逊位事件的看法和反思等问题进行新的探讨。桑兵“以亲历者的见闻、言论、行事、感受、心境为视角，以其所写日记为主要依据，借着性情政见千差万别的日记主人们的身手耳目，重新经历一番时代风云的变幻；深入体察革命时代的波谲云诡之下，形形色色的不同人物是如何面对巨变，适应形势，调整自我，在新时代里找到立足存身之地，或力图借由时代变化而有所作为”①。彭雷霆、谷秀青分析“清遗民”在清帝逊位后之态度，认为许多“遗民”对清帝逊位持极其惋惜和遗憾的态度，认为“中国‘君非甚暴’，‘民未甚怨’，为‘保全权利愿望’，此时中国应提倡君主立宪，而非民主共和”。但是，“他们（按：指遗民）对清室灭亡的反思及民初社会的观察，其对辛亥革命的批评，又不乏某些合理性”②。孙爱霞认为，“清遗民是民初社会一个特殊的社会群体，其政治观念表现出复杂性。就对共和民国的认知而言，大致有两种：一是易代前后，对共和民国的认知处于矛盾、变化之中。这种矛盾变化性表现在：对共和民国先充满期待，失望后转向忠于前清；对共和民国的认识处于不断变化之中。二是易代前后，对共和民国的认知具有始终如一的特点，表现在：反对共和，仇视民国；对共和民国持一种平和态度”③。此外，学术界对溥仪退位后及其“小朝廷”的生活也给予了关注。2012 年，在河北承德召开的第四届溥仪研究国际学术讨论会上，与会学者就相关问题展开了讨论，如毛宪民的《溥仪逊位后的皇室生活》（《溥仪研究》，2012 年第 3 期）、王庆祥的《关于逊清史的几个问题》（《溥仪研究》，2012 年第 3 期）。

总之，清帝逊位是中国近代史、晚清史、民国史、革命史以及国民党党史研究范畴中的重要议题，但学术界长期以来却一直缺乏足够的研究，而且一度将其纳入辛亥革命史框架中加以考察，在一定程度上影响了研究的深入和拓展。进入新时期后，由于新史料、新方法、新视角的

---

① 桑兵．走进新时代：进入民国之共和元年：日记所见亲历者的心路历程．华中师范大学学报（人文社会科学版），2012，51（1）.

② 彭雷霆，谷秀青．清遗民眼中的辛亥革命．江汉论坛，2011（10）.

③ 孙爱霞．试论清遗民对共和民国认知的复杂性．天津大学学报（社会科学版），2011，13（5）.

运用，相关研究得到了深化和拓展。但综合来看，诸如清帝逊位对中国社会文化的影响，对普罗大众日常生活的影响，以及其他社会阶层和群体对清帝逊位的反应和态度等问题，均有待于进一步深究。

第七章　回到“国家”：中国学术界对“新清史”的回应及对清代政治史研究方向之思考

“新清史”发展至今，无论是在欧美学界还是在中国学界都已经成为一个热门话题，它的出现进一步丰富了清史研究的内容，弥补了此前国内外清史学界研究的不足，纠正了“汉族中心主义”的不良影响。但是，其所倡导的学术观点在某种程度上也走向了另一个极端，因此受到国内学术界的广泛批评。这场持续了二十余年的论争已然是一个文化思潮现象，有必要对其进行一番梳理。笔者拟在简要介绍“新清史”的学术观点的基础上，主要分析学界对于“新清史”回应的阶段特征并对双方论争的焦点进行梳理与归纳。①

第一节　交锋：“新清史”的兴起与国内外的数次论争

所谓“新清史”，是美国的中国史学界自20世纪80年代中期②以

---

① 关于美国“新清史”学术梳理的文章、著作主要有二，一在国内，一在国外。国外主要是“新清史”代表人物柯娇燕（Pamela Kyle Crossley），她对“新清史”兴起的学术脉络有一清楚梳理。国内主要是党为对美国“新清史学派”有一个更加全面系统的论述。参见：柯娇燕．“新清史”研究的历史与理论：我的保留之见．吕杰，译．柯娇燕，校//朱政惠．海外中国学评论：第4辑．上海：上海辞书出版社，2012；党为．美国“新清史”三十年：拒绝汉中心的中国史观的兴起与发展．上海：上海人民出版社，2012。

② 对于“新清史”的起源时间，欧立德认为是在20世纪80年代中期，米华健认为是在20世纪90年代。而柯娇燕等人的一些文章最早发表于80年代中期，鉴于这种情形，笔者拟采取第一种说法。

来兴起的、以重构清朝历史叙事体系为目的的一种学术思潮。[①] 其目标在于解构汉化观下的历史叙事，反思清朝在中国和世界历史上的定位。它以柯娇燕、欧立德、罗友枝、路康乐等人的著作为代表，着眼于满洲历史的各种起源问题，探讨清朝作为非汉政权的"满洲特性"，及其如何维系满洲人在文化和族群认同上的连续性[②]，被认为标志着美国学界研究前近代中国历史的一次重要转折，即"中国研究的族群转向"[③]。

"新清史"的兴起与争鸣，并非一蹴而就，而是在当时的学术环境转变的情况下发生的，它的观点引起了人们的广泛讨论。第一次交锋主要是在美国学界的激烈讨论，在 2010 年之后是为中国学术界与"新清史"的第一次直接论争，至 2015 年左右论争至于白热化阶段，双方将学术论争推向了另一个高潮。

一、"新清史"的兴起

关于"新清史"的起源与兴起，一般都会追溯到 1996 年罗友枝发表的《再观清代——论清朝在中国历史上的意义》一文对以何炳棣为代表的传统研究清史的"汉化论"研究范式的批评而引起的二人的论争。[④] 由此在美国掀起了一股以新的范式、角度、方法研究清朝历史的风潮。"新清史"的兴起并非无根之木，无源之水，任何一种范式，乃至思潮的兴起并不是只因一场论争就产生的。它的出现与当时的社会背景有着重要关系。

首先是与西方史学思潮、史学观点的转变有着密切联系。自 20 世

---

① 学术界有人使用"新清史学派"一词，如张勉治（Michael Chang）在他的著作中称，他对乾隆南巡的研究受到了"新清史学派"（New Qing School）的影响。这里，他所说的"新清史学派"包括了柯娇燕、欧立德等人，还包括孔飞力等在其著作中提到满洲人特殊性的学者。中国国内的学者如定宜庄也称之为"学派"。但在笔者看来，这种说法应者寥寥，即使被视为"新清史"当然代表的柯娇燕也明确反对有所谓"新清史学派"的存在。笔者以为，正如柯文（Paul Cohen）所概括的"中国中心观"，"新清史"也是一种学术思潮。

② R Kent Guy. Who Were the Manchus? A Review Essay. The Journal of Asian Studies, Vol. 61, No. 1: 151-164.

③ James A. Millward, Ruth W. Dunnell, Mark C. Elliott, Philippe Forêt. New Qing Imperial History: The Making of Inner Asian Empire at Qing Chengde. London: Routledge Curzon, 2004: 4.

④ 二人的论争后被翻译为中文，被收入：刘凤云，刘文鹏. 清朝的国家认同："新清史"研究与争鸣. 北京：中国人民大学出版社，2010。

纪 30 年代以来，无论是费正清（John King Fairbank）的“冲击—回应”模式还是列文森（Joseph R. Levenson）的“传统—近代”模式，对于中国历史的研究都仍以西方为中心。至 20 世纪 60 年代，柯文已经明确提出“以中国为中心”的“中国中心观”，反思传统研究模式的不足，强调历史研究的多元性，认为中国存在其发展的自身逻辑。这种对西方中心一元论的反思，倡导历史发展的多元性，为“新清史”提倡反对汉化一元论而强调少数族群的多元化发展提供了思想准备。加之后现代、后殖民理论的出现，更为“新清史”的理论提供了相关的参考与基础。其次，与世界政治的演变及国际交流的增多也多有关系，这为“新清史”的兴起提供了新的良好的环境、充足的资料与丰富的学术思想。1979 年，中美邦交正常化，中美交流开始增多，学术交流方面就是其一。在 1979 年，魏斐德（Frederic Wakeman）、罗友枝就率领研究中国明清史的代表团来北京进行访问交流。据欧立德回忆，他也在 1982 年到辽宁大学，1990 年到中国人民大学各交流了一年。在此期间，他搜集了许多跟他研究范围相关的资料，这对他后来的著作《满洲之道：清朝的八旗与族群认同》（*The Manchu Way*：*The Eight Banners and Ethnic Identity in Late Imperial China*）的写作多有助益。良好的政治环境与资料的开放，为第一批“新清史”研究者提供了基础。最后，美国学界自身清史研究的内在理路，也为“新清史”的出现奠定了基础。“新清史”一直倡导的一点就是重视满文档案的重要性，充分发掘、利用满文档案来理解、书写清代历史。这一倡导其实是与美国中国史学界满语文的利用与研究有着一脉相承的关系的。与当时费正清强调满族汉化的观点有所不同，房兆楹等人早已在主流著作中认为满洲遗产——语言和习俗使清代独一无二，同时注意使用满洲术语并在清史的核心论述中提及满族习俗。约瑟夫·傅礼初（Joseph Fletcher）是强调利用满语文的最有力的倡导者，他认为既然满文是清帝国的语言，那么学习它就是一项必须进行的常规内容。同时他还开设了满语课程，“新清史”后来著名的学者濮德培（Peter C. Perdue）、柯娇燕都曾跟随其学习。以研究军机处而闻名的白彬菊（Beatrice Bartletl）也曾跟随其学习满文，并最终发现、证实了傅礼初的预测：中国存在大量满文档案。在傅礼初的带动下，美国史学界开始注重满文的利用。华盛顿大学罗杰瑞

(Jerry L. Norman) 甚至于1978年编著了一本《简明满英词汇对照词典》(*A Concise Manchu-English Lexicon*)。① 这一重视满语文字、满文档案的历史传统是为"新清史"的学术渊源。

所谓"族群转向"只是这种学术思潮的一个表征，实质上，这种新的叙事体系的建立，得益于欧美学界"内陆亚洲"(Inner Asia) 历史研究理论的积累及其在清史研究中的应用，是要从内陆亚洲的视角审视清朝历史，即"内陆亚洲视野"，探寻"内亚因素"是如何作用于清朝历史的发展的。因此，"内陆亚洲"才是形成"新清史"理论、构建新的叙事体系的基础性概念。

在"新清史"这个概念被提出之前，美国学界关于中国史研究这一"族群转向"思潮的起源，可以追溯到20世纪40年代，以梅谷 (Franz Michael)、魏特夫 (Karl A. Wittfogel) 为代表，特别是后者通过对契丹辽的研究，认为征服王朝的统治者总是在其全部历史中保持着特权集团，而不会被汉化。但这种观点在20世纪60年代至80年代受到以芮玛丽 (Mary Clalaugh Wright)、列文森等人为代表的汉化史观的批评而趋于弱化。汉化史观则流行一时，成为显学。到20世纪80年代以后，由于满蒙等非汉文史料的获得和使用，并受傅礼初、法夸尔 (David Farquhar) 以及后来的巴菲尔德 (Thomas Barfield) 等内亚史家的影响和启发，以柯娇燕、罗友枝等为代表的美国学者更加关注对女真—满人在清代历史上的主体性的描述，并修正以芮玛丽为代表的汉化史观。② 随着更多相关学者的加入和著述的发表，这一思潮显然要比魏特夫时代对契丹辽的研究更具持久性，也更具声势。③ 到20世纪90年代末，美国有的学者开始关注并归纳这一思潮在学术史上的地位。在他们看来，清朝政权之中融合了众多的汉与非汉因素，保持了来自内陆亚

---

① 柯娇燕."新清史"研究的历史与理论：我的保留之见.吕杰，译.柯娇燕，校//朱政惠.海外中国学评论：第4辑.上海：上海辞书出版社，2012.

② Mark C. Elliott. The Manchu Way：The Eight Banners and Ethnic Identity in Late Imperial China. Stanford University Press，2001：28.

③ 柯娇燕在这一方面具有开拓性，并影响巨大，她自20世纪80年代开始发表有关满洲起源、八旗制度的文章，如《〈满洲源流考〉与满洲传统之定型化》[Manzhou Yuanliu Kao and the Formalization of the Manchu Heritage. Journal of Asian Studies，1987 (4)：761－790]，并于1990年出版《孤军：满人一家三代与清帝国的终结》，这一时期，美国学术界相关著作接连出版。

洲的诸多文化特性，这不仅是清朝获得成功的关键，而且是内陆亚洲和东亚统一的顶峰。① 内陆亚洲视野的引入使他们得以提出对在当时占主导地位的汉化史观的批评。

到了20世纪90年代的中后期，以“新清史”为中心的研究著作的出版以井喷式的速度面世。包括后来被称作“新清史四书”的欧立德的《满洲之道：清朝的八旗与族群认同》，柯娇燕的《半透明之镜：清帝国意识形态的“历史”与“身份”》（*A Translucent Mirror：History and Identity in Qing Imperial Ideology*），罗友枝的《最后的皇族：清代宫廷社会史》，路康乐的《满与汉：清末民初的族群关系与政治权力（1861—1928）》（*Manchus and Han：Ethnic Relations and Political Power in Late Qing and Early Republican China，1861－1928*），以及曼素恩（Susan Mann）的《缀珍录：十八世纪及其前后的中国妇女》（*Precious Records：Women in China's Long Eighteenth Century*），司徒安（Angela Zito）的《身与画：早期现代中国作为文本和表演的大祀》（*Of Body and Brush：Grand Sacrifice as Text：Performance in Early Modern China*），米华健（James A. Millward）的《嘉峪关外：1759—1864年新疆的经济、民族和清帝国》（*Beyond the Pass：Economy，Ethnicity，and Empire in Qing Central Asia，1759－1864*），菲立普·弗瑞（Philippe Forêt）的《规划承德：清帝国的景观事业》（*Mapping Chengde：The Qing Landscape Enterprise*），乔迅（Jonathan Hay）的《石涛：清初中国的绘画与现代性》（*Shitao：Painting and Modernity in Early Qing China*），何罗娜（Laura Hostetler）的《清的殖民事业：早期现代中国的民族志和制图学》（*Qing Colonial Enterprise：Ethnography and Cartography in Early Modern China*），白瑞霞（Patricia Berger）的《空幻帝国：清代中国的佛教艺术和政治权威》（*Empire of Emptiness：Buddhist Art and Political Authority in Qing China*），米华健、欧立德等的《新清帝国史：内亚帝国在承德的形成》（*New Qing Imperial History：The Making of Inner Asian Empire at Qing Chengde*），濮德培的《中国西征：清

① Evelyn Rawski. Reenvisioning the Qing：The Significance of the Qing Period in Chinese History. Journal of Asian Studies 55. 1996（4）：829－850.

朝对中亚的征服》(*China Marches West*: *The Qing Conquest of Central Eurasia*),卫周安(Joanna Waley Cohen)的《中国的战争文化:十八世纪的帝国和军队》(*The Culture of War in China*: *Empire and Military in the Eighteenth Century*)。至此,"新清史"研究已具有一定的规模,成为美国历史学界的重要思潮。

在美国学术界,不同学者对"新清史"思潮的认知态度和表述方式也存在一定的差异。其中,欧立德、罗友枝、米华健、濮德培也都在持续发表文章阐发相关观点。狄宇宙(Nicola Di Cosmo)虽然没有关于清史的著作,但相关文章甚多。其他一些学者如张勉治等,都不同程度地在其著述中表现出在一定程度上受到"新清史"的影响。但柯娇燕明确地表示自己不属于"新清史学派",自己的研究也不属于"新清史",她对"新清史"的很多观点持批评态度。路康乐则在《满与汉:清末民初的族群关系与政治权力(1861—1928)》以后几乎再没有更多的研究。这个学术群体呈现出中心清晰、边缘模糊的特点,并有很强的不确定性。

笔者以为,不管这些学者是否认同"新清史"这个概念,或者他们在一些具体问题上是否还存在着一些分歧和争论,但是他们的研究都有一定的共性,这种共性不仅在于强调满蒙等内亚民族语言材料和考古成果对历史研究的重要性,还在于是否以"内陆亚洲"为主要研究路径,把内陆亚洲理论运用到清朝历史问题的研究上,是否构建起清朝与内亚游牧政权的内在联系。概而言之,"新清史"思潮是将内陆亚洲研究理论运用到清代历史研究中的成果。在这个意义上,"新清史"这个思潮也被称为重构清史研究基础概念中的"内亚转向"(Inner Asian turn)和"欧亚转向"(Eurasian turn)。[①] 欧美阿尔泰学自19世纪以来的学术积累和清代数量丰富的满、蒙、维、藏等非汉文文献,为这种转向提供了可能,保证了"新清史"能够取得比以往辽金史研究更为引人瞩目的成就。

内陆亚洲视野还为将对清朝历史的审视置于一种不同以往的空间和时间之中提供了可能。在空间上,清朝在19世纪以前的统治重心被认

---

① Rowe William T. China's Last Empire: The Great Qing (History of Imperial China). the Belknap Press of Harvard University Press, 2009: 5-7.

为是在“内陆亚洲”边疆地区，清朝在蒙、藏等边疆地区的成功，超出了“中国”的范围，在以内陆亚洲为核心的国际空间中极具世界意义，对欧亚大陆宏观历史的发展影响重大。这种思潮提倡一种跳出“大汉族中心主义”的比较的视野，来探讨清朝与中国其他王朝的不同、与同时代其他亚洲、欧洲帝国的异同，以及与中国现代国家的关系。同时，从长时段来看，清朝在内亚边疆地区的政治、经济政策表现出极强的灵活性，甚至被比拟为同时代欧洲列强的殖民主义；而清朝在内亚地区国际关系问题处理上，也早已打破了以往的朝贡体系。这些转变都构成了清朝早期近代性与世界性的关键因素，对清朝的历史定位也由“帝制晚期”转向“早期近代”。①

随着欧立德等人著作的出版，盖博坚（R. Kent Guy）比较敏锐地注意到这种满洲人族群认同研究对重新思考清代历史的重要意义，他首先提出“满族研究四书”的概念。② 然而，将这些研究仅仅定位于满族史显然还不足以揭示将内亚概念引入清史所带来的冲击，也没有阐发出这些研究者胸中更为宏大的史学构想。利用内亚视野对汉化史观下的清史叙事重新进行全面修订，才是“新清史”要表达的一种史学志向，虽然这个概念从一开始就没有一个统一的界定，甚至受到质疑。③

---

① 司徒琳．世界史及清初中国的内亚因素：美国学术界的一些观点和问题//阎崇年．满学研究：第五辑．北京：民族出版社，2000．司徒琳（Lynn A. Struve）的观点来自对1999年“世界时间中清的形成”学术会议论文的总结。此次会议由司徒琳召集、在印第安纳大学召开，虽然还没有“新清史”之名，但欧立德、米华健、濮德培、狄宇宙等满族史研究者和内亚史研究者悉数与会，对清朝与内陆亚洲关系的关注是此次会议的一个重要议题。会后出版论文集《世界时间与东亚时间中的明清变迁》。

② 盖博坚将欧立德等人的四部著作称为“满族研究四书”［柯娇燕的《半透明之镜：清帝国意识形态的“历史”与“身份”》（1999年）、欧立德的《满洲之道：清朝的八旗与族群认同》（2001年）、罗友枝的《最后的皇族：清代宫廷社会史》（1998年）、路康乐的《满与汉：清末民初的族群关系与政治权力（1861—1928）》（2000年）］。这种说法后来被移植为“新清史四书”，米华健等在该书的导言中提出“新清史”的代表作品在盖博坚所谓的四书之外，应该再加上柯娇燕的另外一部著作《孤军：满人一家三代与清帝国的终结》，可见他们也认同“新清史四书”的说法。但实际上，柯娇燕并不认同“新清史”这种说法，路康乐也没有明确的学术表态。

③ 2004年，“新清史”作为一个概念被明确使用在两个学术成果中：米华健、欧立德等人主编的论文集《新清帝国史：内亚帝国在承德的形成》和卫周安以“新清史”命名的一篇书评文章。2005年，欧立德在台湾地区参加一个学术会议时做题为《满文档案与新清史》的主题演讲，演讲内容于次年在台北《故宫学术季刊》上发表。

跟“新清史”关系密切的几位主要学者在对“新清史”概念的表述上也存在着差异。米华健所说的这种修订，不仅包括在研究方法要借鉴人类学，重视满、蒙、苗等民族认同，而且拟将清朝置于历史情境之下重新审视，回到“以清为中心的清史”，将清朝重新定位为一个“内陆亚洲”的同时也是一个汉族帝国，包含了对“去中原中心观”以及对将清朝视为一个中国王朝的质疑。米华健与濮德培、狄宇宙等倾向于用“帝国主义”“殖民主义”的观点审视清朝在内亚边疆地区的作为，以此看待清朝与中国王朝的不同。① 欧立德虽然称清朝为“中国和内陆亚洲两个不同政治秩序的混合体”，但在他的著作中更强调清朝“内核”之中满洲因素的重要性，即以八旗制度为核心的“族群主权”，以保持满洲人有别于汉人的特殊的政治和社会地位。② 因此，清帝国在政治风格、政治模式、政治统治方面都表现出强烈的“满洲特色”，这意味着“清帝国”并非仅仅是一个标志时代顺序的时段名称，而更应该被解释为一种非汉的、与明朝不同的王朝。在这层意义上，欧立德则试图将一些与清史研究关系密切的内亚历史研究者，如狄宇宙，包括进“新清史”的范畴。③ 卫周安也强调“新清史”的“去中原中心观”，其认为清帝国自 1636 年形成之时，其发展便一直独立于中原影响之外，相对于清帝国在内亚的广阔疆域，中原只是帝国的一个重要部分而已，但并非核心。在“新清史”的范畴界定方面，卫周安力图把满洲人的独特性放大到清帝国国家构建的各个领域，这既包括满洲人作为清帝国的领导者如何实现其认同，也包括帝国在政治组织、皇室地位、民族政策、礼仪仪式、军事战争、皇帝出巡、妇女地位、艺术追求等所有能够反映其与汉人政权不同的方面。所以，在卫周安关于“新清史”的范畴里，包括了柯娇燕、欧立德、罗友枝、米华健、张勉治的著作，也包括曼素恩对 18 世纪妇女的研究、乔迅对艺术家傅山的研究等。④

---

① James A Millward. Beyond the Pass: Economy, Ethnicity and Empire in Qing Xinjiang, 1759 - 1864. Stanford University Press, 1998: 17 - 18.

② Mark C. Elliott. The Manchu Way: The Eight Banners and Ethnic Identity in Late Imperial China. Stanford University Press, 2001: 6.

③ 欧立德．满文档案与新清史．台北：故宫学术季刊，2006，24（2）.

④ Joanna Waley-Cohen. The New Qing History. Radical History Review, Issue 88 (winter 2004): 193 - 206.

由此可知，“新清史”概念的提出经历了一个逐渐形成的过程，除了受到内陆亚洲观念影响，我们还可以看到“新清史”中人类学研究、后殖民主义、后现代主义、新文化史等各种理论的痕迹，甚至可以发现它与日本学界研究满蒙历史之间的诸多相似之处，在这个层面上，“新清史”可以被视为“各类舶来学术观点的混合物”①。

“新清史”在美国学术界受到一些批评。最著名的是何炳棣于1998年发表的《捍卫汉化：驳伊芙琳·罗斯基之“再观清代”》一文对罗友枝的观点进行回应，其仍然倡导满族汉化论。② 这场时隔两年的争论，在很多人看来正式标志着“新清史”研究的成立（虽然此一时期并未形成“新清史”的概念）。2011年，黄培（Pei Huang）出版《满人的再定位：一项汉化的研究（1583—1795年）》（*Reorienting the Manchus: A Study of Sinicization, 1583－1795*）一书坚决支持何炳棣的汉化史观。③ 赵刚发表《重造中国：清帝国意识形态与20世纪初近代中国民族认同的崛起》（*Reinventing China Imperial Qing Ideology and the Rise of Modern Chinese National Identity in the Early Twentieth Century*）一文批评了“新清史”将“中国”一词只等同于“汉”的论断，并认为这一论断是不能成立的。④

虽然何炳棣等人积极回应，坚持汉化观，批评“新清史”的理论错误，但是“新清史”思潮的影响仍逐渐扩大，并逐渐延伸到中国。

二、“新清史”思潮的引进与国内的回应

自1996—1998年何炳棣与罗友枝二人争论之后，关于“新清史”的交锋主要集中在美国史学界。中国学界虽然已经注意到了这一西方思潮，但是关注度并不够，国内鲜有直接回应这一思潮的学术观点，大多是以研究动态、学术书评的方式引进这一思潮的。最早关注到“新清

① 罗新，郑诗亮．狄宇宙谈内亚史研究．东方早报，2015－04－12（2）．

② 后经翻译为中文，参见：何炳棣．捍卫汉化：驳伊芙琳·罗斯基之“再观清代”（上、下）．张勉励，译．清史研究，2000，1（1，3）。

③ 参见该书的第1－30页，该书属康奈尔大学东亚研究丛书，于2011年出版，参见：黄培．满族文化的转向（1583—1795）·导言．董建中，译．清史研究，2012（3）。

④ Gang Zhao. Reinventing China Imperial Qing Ideology and the Rise of Modern Chinese National Identity in the Early Twentieth Century. Modern China 32：1（January 2006）.

史”这一思潮的是长于研究满族史、八旗史的定宜庄。她于2000年发表在《中国史研究动态》上的《对美国学者近年来研究中国社会史的回顾》[①] 一文，向国内学者介绍了罗友枝的《最后的皇族：清代宫廷社会史》强调的“满族特色”，欧立德的《满洲之道：清朝的八旗与族群认同》和柯娇燕的《半透明之镜：清帝国意识形态的“历史”与“身份”》运用的“族群理论”，以及当时何炳棣、罗友枝那场标志着新清史出现的著名争论。2002年，她又发表了《美国学者近年来对满族史与八旗制度史的研究简述》[②] 和《美国学者有关清史与满族史研究的两部新著》[③]，详细介绍了何炳棣与罗友枝的汉化之争和后来所认为的“新清史四书”以及柯娇燕的《孤军：满人一家三代与清帝国的终结》一书，强调西方学界满族、八旗史的族群等新理论的兴起。随后，张瑞威的《谁是满洲人？西方近年满洲史研究评述》以及2007年姚大力的《西方中国研究的“边疆范式”：一篇书目式述评》两篇述评文章，详细介绍了“新清史”学者的相关著作及其主要观点。[④]

而且，一系列关于“新清史”以及争鸣的书评和译文亦相继面世。由于欧立德的《满洲之道：清朝的八旗与族群认同》极为强调“族群理论”与满洲的自我族群认同，在国内外引起巨大反响，因此在国内早期的论著引进中，该书最为知名，如孙静的《欧立德著〈满洲之道：八旗与晚期中华帝国的族群认同〉》(《历史研究》，2005年第2期)、孙卫国的《满洲之道与满族化的清史——读欧立德教授〈满洲之道：八旗制度与清代的民族认同〉》[摘自《中国社会历史评论》(第七卷)，天津古籍出版社，2006年]。此外，王笛的《路康乐著〈满与汉：清末民初的族群关系与政治权力，1861—1928〉》(《历史研究》，2002年第4期) 也对路康乐的著作有过介绍。其他翻译的有关于“新清史”的译文有：何炳棣的《捍卫汉化：驳伊芙琳·罗斯基之“再观清代”》(《清史研究》，2000年第1卷第1、3期)、欧立德的《清代满洲人的民族主体意识与满洲人的中国统治》(《清史研究》，2002年第4期)、欧立德的《清八

---

① 定宜庄．对美国学者近年来研究中国社会史的回顾．中国史研究动态，2000 (9).

② 定宜庄．美国学者近年来对满族史与八旗制度史的研究简述．满族研究，2002 (1).

③ 定宜庄．美国学者有关清史与满族史研究的两部新著．中国史研究动态，2002 (5).

④ 张瑞威．谁是满洲人?：西方近年满洲史研究评述．历史人类学学刊，2006 (1)；姚大力．西方中国研究的“边疆范式”：一篇书目式述评．文汇报，2007-05-07 (6).

旗的种族性》[《清史译丛》(第 7 辑)，中国人民大学出版社，2008 年]、盖博坚的《谁是满洲人？——综合书评》[《清史译丛》(第 7 辑)，中国人民大学出版社，2008 年]、卫周安的《新清史》(《清史研究》，2008 年第 1 期)。该时段，大多是对“新清史”著作的介绍与书评，有一定的批判但并不多见，也未见系统性的回应与批评文章。不过，值得一提的是“新清史”关于满洲族群认同的研究在此期间也得到国内部分学者的借鉴，如姚大力和孙静的《“满洲”如何演变为民族——论清中叶前“满洲”认同的历史变迁》(《社会科学》，2006 年第 7 期)、孙静的《“满洲”民族共同体形成历程》(辽宁民族出版社，2008 年)。

这种“冷清”局面在 2008—2010 年得到扭转，中国学界开始直接以“新清史”为名介绍这一学术思潮。2008 年，定宜庄又发表了《由美国的“新清史”研究引发的感想》[《清华大学学报（哲学社会科学版)》，2008 年第 6 期] 一文，认为“令人深感遗憾的是，这个在美国学界备受关注的议题，在本应更切身、更受重视的中国清史学界，虽然也有过几篇报道问世，却几乎未引起任何认真的探讨与回应”。因此，定宜庄呼吁中国学界积极关注、回应“新清史”提出的问题。次年，刘文鹏发表了《清朝的满族特色——对近期清代政治史研究动态的思考》(《清史研究》，2009 年第 4 期)，在介绍杜家骥、刘小萌最新出版的著作外，评介了张勉治的《马背上的王朝：巡幸与清朝统治的结构，1680—1785》[1]（*A Court on Horseback: Imperial Touring and the Construction of Qing Rule, 1680 - 1785*)，并由此初步介绍了“新清史”的主张，对其学术错误也做出回应。这样一份学术动态文章，是与作者在 2008 年于美国的访问学习有莫大关系的。作者在访问期间与欧立德、米华健、濮德培等“新清史”代表人物积极交流，亲身感受到美国“新清史”在学界的影响力。作者回国后与刘凤云积极编著了一部介绍美国“新清史”学术动态以及国内能够与之形成对话的文章的论文集，这就是于 2010 年出版的《清朝的国家认同——“新清史”研究与争鸣》(中国人民大学出版社，2010 年)，该书在学术界引起广泛关注，是“新清史”的学术观点与国内学术界之间的第一次交锋。该书的筹集与出版其实是国内学术界回应“新清史”的一个转折点，自此以后，

---

① 此处汉译名为作者在原文中使用的泽法，当时该书尚无中译本。

“新清史”的学术观点不断涌入中国学界，国内学界越发关注“新清史”的动态，纷纷回应“新清史”的观点。其表现主要有三：一是继续介绍“新清史”的论著，并介绍“新清史”的学术脉络与主张，以及大量“新清史”的研究著作被翻译成中文；二是“新清史”学者不断通过学术会议、学术讲座与论文发表同中国学者进行交流；三是开始有针对性地揭示、批判“新清史”的学术观点。

针对第一点，刘凤云于2010年发表了《“新清史”研究：不同凡响的学术争鸣》（《中国社会科学报》，2010年10月14日），认为“新清史”无疑加快了清史研究的国际化进程。这也表明接下来“新清史”必然会引起一场激烈的讨论。随后，学界相继发表有吴磊和徐永志的《开辟满族史研究的新视野——读（美）路康乐著〈满与汉：晚清到民国初期的族群关系与政治权力，1861—1928〉》（《满族研究》，2011年第1期），康杰的《满与汉：清末民初的族群关系和政治权力（1861—1928）》（《北京大学研究生学志》，2011年第1期），王宇的《路康乐著作〈满与汉：清末民初的族群关系与政治权力（1861—1928）〉评介兼论晚清满汉关系史研究》（《民族史研究》，2012年第11辑）等书评文章。此外，更多学者已经开始较为系统地介绍“新清史”的学术观点，梳理其学术脉络与理论渊源。2010年，刘小萌发表了《清朝史中的八旗研究》（《清史研究》，2010年第2期）一文，对“新清史”新在何处以及中国学界如何回应“新清史”等问题发表了看法。贾建飞相继发表了《新清史刍议》（《中国社会科学报》，2010年3月16日）、《美国的新清史研究：强调清朝多元文化与满族人的民族认同》（《中国民族报》，2010年3月19日）、《新清史介绍》（《中国边疆民族研究》，2011年第4辑），系统梳理了“新清史”的学术脉络与观点。张婷的《漫谈美国新清史研究》（《满学论丛》第1辑，2011年）一文认为，“新清史”研究的主要观点在于“满洲中心论”、“清朝的帝国性”，以及“清朝的世界性”。“新清史”著作的翻译，如司徒琳（Lynn A. Struve）等人编著的《世界时间与东亚时间中的明清变迁》（生活·读书·新知三联书店，2009年）、罗友枝的《清代宫廷社会史》（中国人民大学出版社，2009年）、路康乐的《满与汉：清末民初的族群关系与政治权力（1861—1928）》（中国人民大学出版社，2010年）相继面世。

针对第二点，这是“新清史”观点在国内学术界产生广泛影响的又一重要途径。其中最重要的就是2010年与2012年于中国大陆与台湾分别举行的两场学术会议。2010年8月于北京举办的“清代政治与国家认同”国际学术研讨会，欧立德、米华健等“新清史”代表人物参与会议，这是“新清史”兴起十余年后，中西方学者之间的第一次面对面的交流。正是这次会议的举办，尤其是会议论文集《清代政治与国家认同》的出版使“新清史”的学术观点在国内得到进一步传播。[①] 2012年，台湾地区汪荣祖教授召开“清帝国性质研讨工作坊”专门回应“新清史”，并于2014年出版了《清帝国性质的再商榷：回应“新清史”》一书，“新清史”的交流、争论在大陆与台湾地区前后呼应。[②] 此外，欧立德等人还积极地在中国开展各种学术讲座，进一步宣传介绍“新清史”。2013年5月，最早介绍“新清史”的定宜庄在中央民族大学举办名为“新清史的挑战与启示”的讲座，对“新清史”的学术观点以及当时国内对于“新清史”的批判进行了介绍与回应。同是该年5月，欧立德在复旦大学举办了主题为“作为‘帝国’的传统中国”的讲座，发表了自己对于“新清史”研究的看法。同年8月，在举办“纪念王锺翰先生百年诞辰暨清史、民族史国际学术研讨会”之际，欧立德又在中央民族大学举办以“北方的启示：历史结构、边疆能动与中国创新”为题的讲座，继续介绍“新清史”学术观点。2014年，在其著作《乾隆帝》的中译本出版之际，欧立德与定宜庄举行名为“乾隆帝：天之骄子，世之凡人”的读书会，对该书进行介绍。

上述这一系列的书评、学术动态介绍、会议、讲座对于该段时间内“新清史”在国内学界的传播影响甚大。越来越多的学者注意到“新清史”的理论、观点，有学者对“新清史”采取肯定的态度，部分学者也已经开始就其理论、史实错误逐步回应“新清史”，相继发表的论文有常建华的《从“新清史”研究看〈乾隆朝满文寄信档译编〉的史料价值》(《历史档案》，2011年第1期)、江风的《“新清史”之争：超越政

---

① 刘凤云，董建中，刘文鹏．清代政治与国家认同．北京：社会科学文献出版社，2012.

② 汪荣祖．清帝国性质的再商榷：回应“新清史”．台北：“国立中央”大学出版中心，2014.

治，可能吗?》(《中华读书报》，2012 年 8 月 22 日)、李爱勇的《“新清史”与“中华帝国”问题——又一次冲击与反应?》(《史学月刊》，2012 年第 4 期)、梁展的《族群转向与近代中国的国家认同》(《中华读书报》，2013 年 1 月 23 日)、徐晓东的《中国“新清史”研究》[《赤峰学院学报（汉文哲学社会科学版)》，2013 年第 6 期]、章健的《满族汉化：对新清史族群视角的质疑》[《深圳大学学报（人文社会科学版)》，2013 年第 30 卷第 3 期]、李昭勇的《强调“满洲之道”的“新清史”刍议》(《满族研究》，2014 年第 2 期)、钟焓的《北美“新清史”研究的基石何在——是多语种史料考辨互证的实证学术还是意识形态化的应时之学?(上)》(《中国边疆民族研究》，中央民族大学出版社，2014 年)、程丽红的《全球化学术视野下的清代新闻传播史研究——美国“新清史”研究视角与方法论的启示》(《2014 年全球化学术共同体中的传播研究教育国际会议暨青年学者论坛论文集》，2014 年)。针对中国清史学界的系列回应，“新清史”学者也逐渐参与到讨论之中，开始回应中国学界的批判。国内期刊相继发表了汪立珍的《美国著名满学家、清史专家柯娇燕教授谈满学与清史》(《满族研究》，2010 年第 3 期)、定宜庄和欧立德的《21 世纪如何书写中国历史：“新清史”研究的影响与回应》[《历史学评论》(第 1 卷)，社会科学文献出版社，2013 年]、侯德仁的《柯娇燕：我对“新清史”研究的保留意见》(《中国社会科学报》，2014 年 9 月 1 日)，以及欧立德的系列回应文章：《欧立德谈“新清史”与满族认同》(《共识》，2014 年第 12 期)、《传统中国是一个帝国吗?》(《读书》，2014 年第 1 期)、《欧立德教授与“新清史”研究——访哈佛大学副教务长欧立德教授》[《清华大学学报（哲学社会科学版)》，2016 年第 31 卷第 4 期］等。

三、“新清史”观点回应的新阶段

2010 年至 2014 年的“新清史”的传播与讨论，不仅仅得到清史学界学者的关注，其他研究民族史、边疆史的学者也加入“新清史”的讨论之中。自 2015 年开始，对“新清史”的讨论与批判进入一个新阶段：一方面，争鸣走向激烈化阶段，越来越多的学者开始回应“新清史”的理论，批判其史实错误以及思潮背后的政治意图；另一方面，中国学者开始进一步深入分析“新清史学派”的理论基础，将“新清史”的讨论引入了一个更深入的讨论阶段。

2015 年发表的论文有杨益茂的《“新清史”难以立论》(《沈阳故宫博物院院刊》，2015 年第 2 期)、程秀金的《“新清史”清朝统治模式之述评——以清朝平定和管辖新疆为中心》(《学术月刊》，2015 年第 6 期)、雷锦的《欧立德的〈乾隆帝〉探究》(《社会科学论坛》，2015 年第 11 期)。借助于新媒体的传播，该年产生了最引人注意的两场争论。一是汪荣祖与姚大力二人在《澎湃新闻》上的争鸣。针对汪荣祖的《清帝国性质的再商榷：回应“新清史”》(《东方早报・上海书评》，2014 年 7 月 27 日)，姚大力发表了《不再说“汉化”的旧故事——可以从“新清史”学习什么》(《东方早报・上海书评》，2015 年 4 月 5 日)。随即，汪荣祖发文《为“新清史”辩护须先懂得“新清史”——敬答姚大力先生》(《东方早报・上海书评》，2015 年 5 月 17 日）予以回应。随后，姚、汪二人又相继分别发表《姚大力回应汪荣祖：略芜取精，可为我用》(《澎湃新闻・私家历史》，2015 年 5 月 31 日)、《汪荣祖再答姚大力：学术批评可以等同于“打棒子”吗?》(《澎湃新闻・私家历史》，2015 年 6 月 21 日)。二是同年《中国社会科学报》上发表的四篇回应“新清史”的文章：李治亭的《“新帝国主义”史学标本——评“新清史”》(4 月 20 日)，唐江丽的《“新清史”学派的着力点在于话语构建——访中央民族大学历史文化学院副教授钟焓》(5 月 6 日)，刘文鹏的《正确认识“新清史”与“内陆亚洲”》(5 月 13 日)，杨益茂的《“新清史”背后的学风问题》(7 月 7 日)。这两场对于“新清史”的回应与争论十分惹人注目，使“新清史”的关注度再度提高。

2016 年 10 月，北京师范大学主办了“思想与方法——变动的秩序、交错的文明：历史中国的内与外”国际高端对话暨学术论坛，邀请欧立德、汪荣祖、葛兆光等进行了一次“新清史”对话。此后，更多学者继续探讨“新清史”论证的学术背景、理论误区，如徐泓的《“新清史”论争：从何炳棣、罗友枝论战说起》[《首都师范大学学报（社会科学版)》，2016 年第 1 期]，钟焓的《北美“新清史”研究的学术误区》(《中国民族报》，2016 年 1 月 8 日)、《简析明帝国的内亚性：以与清朝的类比为中心》(《中国史研究动态》，2016 年第 5 期)、《学术与政治的交集：简析“新清史”学者的意识形态倾向》（《中国民族报》，2016 年 1 月 15、16 日），张志强的《超越民族主义：“多元一体”的清代中国——对“新清史”的回应》（《文化纵横》，2016 年第 2 期），李治亭的《清代满汉民族认同与“互化”的历史考察》[《云南师范大学学报（哲学社会科学版）》，2016 年第 3 期]，焦若水的《社会网络视野下的乾隆治疆方略——兼评“新清史”研究》[《暨南学报（哲学社会科学版）》，2016 年第 6 期]。同年，《历史研究》刊发了刘文鹏的《内陆亚洲视野下的“新清史”研究》一文，对“新清史”研究的学术理路进行了梳理。此文的发表推动了对“新清史”的深入讨论，学者们也逐渐转入揭示“新清史”的理论渊源、学术基础，讨论更加学术化。

中国学界的热烈讨论也引起了外国学界的关注。2016 年，英文期刊《当代中国思想》（*Contemporary Chinese Thought*）第 47 卷第 1 期刊发专号“近年新清史在中国的论争”，收录李治亭、李爱勇、章健、杨念群相关文章的英译版，将国内的回应引至国外。

2017 年至今，对于“新清史”的讨论热度不减，学界发表多篇论文对此进行回应。大致有以下几个方面：其一，继续从各个方面分析“新清史”的谬误。有批判“新清史”理论错误者，如刘文鹏的《论全球史观下的“满洲殖民主义”》（《中国人民大学学报》，2017 年第 2 期）、《回到国家建构——对清代历史研究中帝国主义路径的再分析》（《史学理论研究》，2017 年第 2 期），李静的《“中国崛起”的历史叙事与当代想象——以“新清史”的“帝国转向”为中心》（《文艺理论与批评》，2017 年第 5 期）；有从具体史实对“新清史”观点做出批判者，如吴建、王卫平的《从康、乾南巡看“满族汉化”问题之争》（《学习与探索》，2017 年第 9 期），刘文鹏的《理藩院体制是清朝藩部管理的重心吗？——谈新清史“满洲殖民主义论”的史实错误》（《北京日报》，2018 年 10 月 8 日）；有继续评介“新清史”著作进而批判“新清史”者，如沈培建的《评“新清史”的概念、论点与视角——以〈满洲之路〉为例》[《首都师范大学学报（社会科学版）》，2017 年第 2 期]、兰池的《“新清史”视野下平定准噶尔的历史书写——濮德培〈中国西征：清对欧亚中央地带的征服〉述评》[《西北民族大学学报（哲学社会科学版）》，2017 年第 1 期]、王志通的《重识〈满与汉〉——兼论与“新清史”研究的关系》（《史学理论研究》，2018 年第 1 期）。

其二，部分学者就如何将“新清史”与国内学术研究相结合做出讨论，《历史人类学学刊》2017 年第 2 期刊发了邱源媛、定宜庄，以及赵世瑜等人的共 11 篇文章，就如何推动“新清史”与华南学派的对话各自阐发了意见。① 此后邱源媛又发表了《华南与内亚的对话——兼论明清区域社会史发展新动向》（《中国史研究动态》，2018 年第 5 期）一文对此做进一步论述。

其三，“新清史”的讨论超出清史学术界的圈子，引起辽金史以及元史等各个断代时期学者的关注。这一点罗新早有关注，在其著作《黑毡上的北魏皇帝》（海豚出版社，2014 年）中即有涉及“新清史”的讨论。2017 年，其又发表《在清史中寻找内亚的连续性》（《历史人类学学刊》，2017 年第 2 期）一文，强调清史可以为研究内亚的连续性提供巨大的空间与可能。林鹄探讨了辽朝前期入主中原的政策与汉化倾向，认为一味强调北族王朝的特性是不可取的，对“新清史”也有所回应。② 进行西域、西藏、佛教以及元史研究的沈卫荣也参与进“新清史”的讨论，发表了《我看“新清史”的热闹和门道——略议“新清史”语境中的中国、内亚、菩萨皇帝和满文文献》，阐发自己对“新清史”的看法。③ 钟焓本身研究的是内亚史，并不专注于清史研究，但是在回应“新清史”的过程中讨论得较为系统。2018 年，其出版了《清朝史的基本特征再探究——以对北美“新清史”观点的反思为中心》（中央民族大学出版社，2018 年）一书，是至今较为全面系统地分析

---

① 邱源媛的《土地、继承与家族：八旗制度影响下的华北地方社会》、卢正恒的《双面刃：清代施氏旗人家族与施氏汉人宗族研究》、陈博翼的《漳浦迁海考：堡寨所见迁界范围与社会变迁》、蔡伟杰的《居国中以避国：大沙毕与清代移民外蒙古之汉人及其后裔的蒙古化（1768—1830）》、许临君的《从城隍到戍卒：定湘王在新疆》、孔令伟的《国法与教法之间：清朝前期对蒙古僧人的禁限及惩处：以〈理藩院满蒙文题本〉中蒙古僧人坐罪案例为核心》、萧凤霞的《对专号的一些意见》、定宜庄的《“国家”与“帝国”：“华南研究”与“新清史”对话的基础何在》、何翠萍的《与专号作者交流》、赵世瑜的《“华南研究”与“新清史”应该如何对话》、罗新的《在清史中寻找内亚的连续性》。

② 林鹄．一味强调北族王朝特殊性不可取．中国社会科学报，2017-11-21（6）；林鹄．南望：辽前期政治史．北京：生活·读书·新知三联书店，2018.

③ 沈卫荣．大元史与新清史：以元代和清代西藏和藏传佛教研究为中心．上海：上海古籍出版社，2019.

"新清史"理论背景、学术观点的著作。

其四，"新清史"研究及其后续研究成果陆续被引入中国学界。2018年，《探索与争鸣》将各位学者在2016年北京师范大学的高端论坛上的争论刊发了出来，欧立德发表题为《当我们谈"帝国"时，我们谈些什么——话语、方法与概念考古》(《探索与争鸣》，2018年第6期)的文章继续阐发自己观点。汪荣祖、方维规二人的文章，或对欧立德的观点进行反驳，或进一步讨论"中国"这一概念。[①] 2019年，张勉治的《马背上的朝廷：巡幸与清朝统治的建构，1680—1785》一书，也由江苏人民出版社出版。在第一代"新清史"学者的论文著作继续翻译出版的同时，"新清史2.0"继续秉持"新清史"的观点，将其学术观点落实在学术研究中，后续成果不断发表、出版。且不论西方学界各种英文原著，许多学者的论著已经被译介到中国学界。美国学者欧麦高(Max Oidtrmann)以研究青海地方社会而著名，2017年其发表了《新清史与安多区域史研究》(《江汉论坛》，2017年第3期)一文，指出"新清史"是在清朝统治"因俗而治"的历史事实基础上，强调区域的视角与本土视角，试图重新发现被编织进清朝帝国框架结构中的少数民族地区与边疆地区。而在此之前，他的其他著作也被译介到国内。[②] 2019年，美国学者马世嘉(Matthew W. Mosca)的著作被翻译出版，名为《破译边疆·破解帝国：印度问题与清代中国地缘政治的转型》(*From Frontier Policy to Foreign Policy*：*The Question of India and the Transformation of Geopolitics in Qing China*)，该书从地缘政治学的视角，探讨了中印边疆问题是如何从"边政问题"转型为"外交问题"的。[③] 印第安纳大学副教授谢健的《帝国之裘：清朝的山珍、禁地以及自然边疆》(*Wild Things*，*Pristine Places and the Natural Fringes of*

---

① 汪荣祖．"中国"概念何以成为问题：就"新清史"及相关问题与欧立德教授商榷．探索与争鸣，2018(6)；方维规．"中国"意识何以生成：勘测"新清史"的学术地层及其周边构造．探索与争鸣，2018(6).

② 杨红伟，欧麦高．清代甘肃省循化厅歇家研究．青海民族研究，2013(4)；欧麦高．经世派、格鲁派史学家与19世纪清朝青海论争变化．青海民族研究，2015(3).

③ 马世嘉．破译边疆·破解帝国：印度问题与清代中国地缘政治的转型．罗盛吉，译．台北：台湾商务印书馆，2019.

Qing Rule）也被翻译，并由北京大学出版社出版。[①] 上述两部著作都是“新清史”后续研究中的代表作。

总而言之，20 世纪 90 年代“新清史”兴起后，经过一段时间在美国的继续发展，在 2010 年前后被广泛引介到中国学界，引起国内学者的激烈讨论，这种局面在 2015 年前后达到高峰。随后，随着国内学界的讨论深入“新清史”学术理论内部，对于“新清史”的批判、讨论得到进一步发展，而非清史学界学者的加入则使这场讨论更具广泛性。随着新著作的引进与译介，以及中国学者的进一步回应，对于“新清史”的讨论势必更加深入。

第二节　争鸣：“新清史”争论中的主要观点

“新清史”新在何处？中国学界对于“新清史”的讨论、批判又集中在何处？“新清史”争鸣，争论的是什么？这些都是值得梳理的问题，对于该问题的澄清有助于我们进一步了解“新清史”的内部观点，以及中国学界之回应的关注点与不足之处，从而为接下来的进一步思索、回应乃至批判、借鉴打下基础。

一、满洲、族群与满文档案

“新清史”最为引人关注的一点就是其强调清朝入主中原后能够成功统治整个王朝并非因为汉化，而是通过八旗制度维持着自身的族群认同，在汉文化的汪洋大海中能够维持自身的满洲特色。“新清史”认为，无论是政制、家族，还是习俗、语言等方面，清朝都保持着非汉族特征。其批判汉族民族主义深刻影响了 20 世纪中国的历史研究，“汉化论”即是 20 世纪汉族民族主义者对中国历史的诠释。“新清史”认为，“汉化论”并不能够全面解释清朝的历史，去除汉化理论将是中国历史

---

① 谢健．帝国之裘：清朝的山珍、禁地以及自然边疆．关康，译．北京：北京大学出版社，2019.

研究的中心议题。① “新清史”强调要转变原来的汉族中心主义视角，以族群理论为基点从“满洲中心”探讨满洲这一族群是如何在维持自身认同之中成功统治清朝的，这一研究取向也被冠以“中国研究的族群转向”。而上述观点的成立也是有着大量满文档案支撑的，因此，“新清史”强调应该重视清朝遗留下来的满文档案，通过这些满文档案去发掘清朝历史中的“满洲特色”。

（一）满洲是否“汉化”

针对“新清史”否定满族汉化的观点，学界大多持批判态度。其中，美国的两位华裔学者反对得最为激烈。与罗友枝针锋相对的何炳棣历时性地梳理了自汉以来各个时期北族“汉化”的史实，并详细分析了清朝满洲汉化的诸种表现。他认为，清朝无论是在政治制度、学术思想，还是在社会文化、语言文字方面都逐渐汉化。② 可以说，至今为止，对“新清史”否定汉化论进行批驳者所论述的内容无出其右。美国学者黄培虽然认为满族的中国化（sinicization）并非单向的，认为满族在接受中国文化时也给中国带来了深刻的影响，但是他坚定地认为满族确实已经中国化。他将 sinicization 定义为“采用、适应，或参与中国人的生活方式，诸如态度、礼仪、思想、信仰、价值和各种制度”。针对美国“新清史”学者对 sinicization 一词的不认同，作者一一进行回应。首先，该词是欧洲人创造的，当时中国正处于外来帝国主义的极度压迫之下，它与大汉族主义或民族主义并无关系。其次，将 sinicization 误解为大汉族主义或民族主义，也可能源于该词曾有的中文翻译——“汉化”。再次，sinicization 在根本上是一个渐变的过程，并不取代一个族群的全部文化。因此，满族文化与中国化并行不悖。又次，针对“新清史”认为的“满人身居高位，为安全起见，许多清朝官方文件仍用满文书写”的观点，作者认为“中国化”并不必然要将满人从高位排除，因为他们本来就是统治阶级。大多数满人高官既忠于清朝皇帝，也忠于儒家价值观。语言本身尚不足以证明一个人的族群身份或是否定“中国

---

① 罗友枝．再观清代：论清朝在中国历史上的意义//刘凤云，刘文鹏．清朝的国家认同：“新清史”研究与争鸣．北京：中国人民大学出版社，2010.

② 何炳棣．捍卫汉化：驳伊芙琳·罗斯基之“再观清代”（上、下）．张勉励，译．清史研究，2000（1，3）.

化”的作用。因此，越来越多的满洲贵族不会说满语。对于满文书写的要求，主要是晚清的君主将其作为统治阶级的族群象征。更为重要的是，一旦满文档案的内容为学界所知，即使某些特别的方面可能有变化，但对清朝的整体认识仍将与现在的相同。最后，对于“新清史”所谓的汉族本身也排斥满族从而否定 sinicization 的存在的观点，作者认为，到了 19 世纪，两者间的族群界限已模糊不清。中国人和满人都聚集在清朝统治者周围，反对外来帝国主义。作者最终强调，中国化的看法没有贬低满族在中国历史上的作用。“中国化”这一概念并不包含任何中国文化或道德优越的认识。该词所有的附加意义，似乎是因一些学者曲解该词而引入的。因此，应质疑的不是该词本身，而是使用它的方法。如果运用得当，它将是解释中国历史，尤其是中国与边疆民族关系的有用工具。①

在“新清史”传入中国学界之后，学者们对于否定汉化论的观点多数持反对态度。有学者从具体的历史史实入手分析清代满族的汉化。在 2010 年的“清代政治与国家认同”会议上，汪利平的《康熙南巡与西湖景观建设》一文讨论了“新清史”关注的“汉化”问题。他认为，“康熙帝的南巡，系通过巡幸的方式对汉文化从美学角度进行的解读，是对汉文化的一种互动，是一种文化表演，虽与政治无关，却对西湖景观的复兴提供了合法的政治依据。雍正即位后，为改变江南士人的仇视修建西湖，树立了西湖完全不同的道德形象”。该文勾勒出清代国家政权在文化操控中所体现的文化认同，以及满族统治者在对汉文化的接受与中华文明传承中的贡献。② 甘德星通过考察平定台湾林爽文之乱后乾隆帝在台南与嘉义竖立的十通碑文认为，御制碑的制作是先汉后满，与满人的汉化有关。当乾隆遇到复杂的问题或者需要进行冗长的叙述时，仍然会先用汉文思考、表达。乾隆其实已经是一个高度汉化的满洲中国皇帝了，其天下观与传统中国君主无异。③ 崔岩从乾隆帝的诗作入手，认为乾隆皇帝，勤于作诗，数量宏富，足见其运用汉文化之娴熟。而且

---

① 黄培．满族文化的转向（1583—1795 年）·导言．董建中，译．清史研究，2012（3）．

② 刘凤云．政治史研究的新视野：“清代政治与国家认同”国际学术会议研讨综述．清史研究，2011（2）．

③ 甘德星．满洲汉化：台湾乾隆御碑研究//中国社会科学院近代史研究所政治史研究室．清代满汉关系研究．北京：社会科学文献出版社，2011．

其诗作内容广泛，涉及农业发展、水利、民生、统一战争、编著官书等等，以中原政务为本承袭汉文化之传统，展示出其深厚的汉文化功底及其对汉文化的向往。而其诗又呈现其尊奉儒教之真切，毫不逊于任何一位大儒，足证其汉化之深。当然，乾隆帝强调保持满族本色，主要是希图借衣冠、骑射、语言来保持警惕并保有民族本分，以及吃苦耐劳和勇敢善战的民族传统。乾隆所谓的反对满洲人沾染汉习，实际上是要在汉化的过程中，避免汉习之陋而已，绝无意为满族认同而阻挡汉化。① 叶高树则着眼于清朝成功统治中国所付出的代价，认为清入主中原后虽然恪守满汉之别，注重维持满洲旧俗，但是最终仍避免不了汉化。除了习俗与语言的式微外，更为重要的是八旗满洲在思想、理念、想象与价值判断等意识方面的变化。他认为，从京旗到驻防的八旗子弟都在接受教育，虽然读的是满文教材，但是内容却是建立在四书五经等汉文典籍的满文译本之上的，也就是说，八旗子弟读书越多，则其儒家意识越强，也就与满洲旧习相去越远。② 钟焓则梳理了 20 世纪以来西方内亚史研究的著名学者的相关论点，认为自伯希和（Paul Pelliot）、赛诺、阿勒托至范福和、傅礼初等学者都认可内亚民族在统治中国时均存在“汉化”，“汉化”不应被冠以“学术过时”的价值判断。而且，他强调这种将王朝史与内亚史相整合的研究对非汉文材料的征引并不一定就与“汉化”观点冲突。③ 同时，他也批驳了“‘汉化’是中国民族主义的创造”的观点，认为其实最早提出“汉化论”的并非中国学者，而是 17 世纪以来的来华传教士和 19 世纪、20 世纪之交的俄国民族学家。“新清史”牵强地将“汉化”与中国近代以来的数次革命高潮中兴起的“民族主义”思潮拉扯在一起，这种带有明显政治取向的做法是“新清史”学术体系自身非学术的铁证。作者强调“汉化论”或有可商，但在对其进行

① 崔岩．从乾隆诗看清帝国的汉化．云南社会科学，2012（5）．亦可参见：崔岩．从御制诗论乾隆帝的文化认同：兼谈清朝的汉化//汪荣祖．清帝国性质的再商榷：回应“新清史”．台北：“国立中央”大学出版中心，2014。

② 叶高树．清朝统治中国成功的代价：以八旗子弟的教育为例//汪荣祖．清帝国性质的再商榷：回应“新清史”．台北：“国立中央”大学出版中心，2014.

③ 钟焓．北美“新清史”研究的基石何在：是多语种史料考辨互证的实证学术还是意识形态化的应时之学？（上）//达力扎布．中国边疆民族研究：第 7 辑．北京：中央民族大学出版社，2014.

评价时必须排除先入为主的意气用事和政治成见，不能把对它的学术批评与讨伐所谓的中国民族主义联系起来。①

有学者从整体上回应了“新清史”的反汉化论观点。章健对“新清史”否认满族汉化的观点提出尖锐的批评，他明确表示，满族汉化是不争的事实。“新清史”强调，清末满汉对立的历史事实表明满族并未汉化，依然存在着自身的族群认同，章健则认为，清末的反满主要源于西方先进的共和思想对中国帝制社会的冲击和普遍意义上的“官民”张力。“反满”表面上是反抗民族压迫，实质上是反政府、反对既得利益集团的阶级斗争。“族群”视角将反满、清帝提倡“满洲之道”等现象与汉化问题牵扯到一起进行考量，有对历史解读流于浅表之嫌。同时，作者还指出清代八旗中满洲、蒙古、汉军的划分并非一种单纯的族裔划分，其实质是投靠统治集团时间先后的政治资历的高下，只不过因为历史原因，在清代，政治资历正好与族群属性高度吻合，很容易给人以民族属别决定政治地位的错觉。作者强调从阶级分层来理解清代的满汉关系。② 段志强从思想史的路径反思了自明末清初至民国时期关于“汉化”概念的流变，针对罗友枝称“汉化”是20世纪中国民族主义历史书写的观点，他认为实际的情形要比这复杂得多。在19世纪与20世纪之交，中国历史逐渐被描述为“汉族/汉人的历史”。而在辛亥革命之后，一个多民族并存的中国成为政治上的普遍追求，“汉化”成为连接这两个潮流的概念枢纽。与此同时，要求中国学习西方、建设现代国家的各种方案层出不穷。在这个背景下，许多人提出各民族在未来应“同化于”汉族或“中华民族”，往往指的是在“现代国家之国民”这个意义上的“同”，并非“汉族特有文化”之“同”。当然，“汉化”自然含有汉族民族主义的成分，但它之所以能成为针对民族未来的解决方案，并投射到历史叙述之中，更重要的还在于近代的人们认为中国的不同民族在现代化进程中处于不同的阶段，“汉化”与“现代化”在这个意义上是重合的。这种意境下的“汉化”，不一定意味着特别的汉族文化或

① 钟焓．清朝史的基本特征再探究：以对北美“新清史”观点的反思为中心．北京：中央民族大学出版社，2018：5－7，196.

② 章健．满族汉化：对新清史族群视角的质疑．深圳大学学报（人文社会科学版），2013，30（3）.

习俗的推广，更根本的部分在于社会结构、国家治理和文明准则的现代化。对于“汉化”概念的争论，或是关于“汉化”能不能用来描述历史上民族间交流的讨论，作者认为，与其亟亟争论于“汉化”概念的保留或放弃，不如更进一步深究这个概念所涵摄的文化特性之外的部分，可能那才是历史中更深层也更基本的逻辑。① 林鹄则对整个北族王朝的汉化有所关注，认为西方学者对于汉化论的批判其实是受哲学上相对主义的影响，认为人类生活中的一切价值观都是相对的、主观的，不同文化的差异表现在价值观的不同。既然没有客观标准可用于评判不同价值观孰是孰非，文化自然亦无高下之别。照此逻辑，汉文化相对于其他族群的文化并不具备内在的优越性，换言之，以农业为基础、以儒家伦理为生活准则、以官僚制为政治管理模式的汉人社会，与内亚或中原周边其他地区的以游牧或采集狩猎为基本经济方式、以萨满教为信仰、以部落为组织形态的非汉族社会相比，并不会显得更优越。因此，在部分西方学者看来，入主中原的异族统治没有理由被汉文化吸引，“汉化”对非汉族王朝来说并不是必须面对的根本问题，并强调异族政权政治体制方面的特殊性，强调其在政治结构方面与中原王朝存在本质上的不同。作者认为，这一反汉化的观点有矫枉过正之嫌。西方学者过分强调族群认同的主观建构，而较少从国家和社会的具体运作和实际需求方面进行系统而全面的实证分析。对征服者而言，族群认同当然重要，但更迫切的是政治现实。在讨论“汉化”时，我们应当将衣食住行等生活习俗与政治思想和制度相区分，如就清朝而言，其首要、核心且艰巨的任务是如何统治中原，在这方面，满人的成功经验来自对汉地政治制度的借鉴。②

也有学者在坚定承认满族汉化观点的基础上，对旧有观点进行了完善与补充。早在“新清史”传入中国学界之前，郭成康就对清朝满族的“汉化”谈了自己的看法。他改变传统上满族被动地接受汉化的视角，以满族为主体，看其是如何自觉地、清醒地抵拒汉文化的融合和侵蚀，又是如何处心积虑地裁量、陶铸、重塑、支配着汉文化的。他认为，从

---

① 段志强．从“用夏变夷”到“进于文明”：重审思想史中的“汉化”概念．复旦学报（社会科学版），2018（2）.

② 林鹄．南望：辽前期政治史．北京：生活·读书·新知三联书店，2018：1－13.

努尔哈赤到乾隆帝，各朝帝君都一直警惕、提防满族溺于汉人陋习。同时，满族还利用其居于最高统治层的主导地位，采取积极主动的姿态，一面积极汲取汉文化有益的部分，一面批判、重塑与自己的历史意识、文化传统相抵触的东西，诸如君相相制、华夷之辨、义利之辩、严肃惩贪立法、创立秘密建储制度、密折制度、重能力的用官之道等内容，清帝或大加批判，或加以重塑、改造。总而言之，满汉文化从冲突到融合的过程，是以汉文化为主体的双向的互动过程，而绝非单向地满族接受或单向地汉族给予导致的满族逐渐汉化，直到被同化的简单过程。[①] 李治亭也强调以往的研究只强调“汉化”，而不重视“满化”，有失偏颇，有清一代满汉之间是一种“互化”的形态。他认为，满族自身的民族认同经历了太祖、太宗以及入关后至清末三个阶段。尤其是在第三阶段，满洲与汉族之间相互认同的中心内容，即文化的认同，这是民族与民族“认同”的高度发展，也是深层次的认同。汉文化被满族所认同主要体现在满人认可原来明朝的国家政治体制及国家行政管理制度、认同孔子为“至圣”并尊儒家思想为治国的理论指南、满人对汉人宗教信仰的认同、满人对汉族中的知识分子即儒生格外看重、满人十分向往中国的传统文化并不遗余力地倡导读经、满文与满语的衰落等方面。而汉人“满化”则主要体现在一律剃发易服、设置满洲新定制度、边疆地区改变传统羁縻管理方式并因地制宜地设置管理体制、否定“华夷之辨”并坚持“内外一家”与“满汉一体”，将“大一统”理论发展到最高水平、满族的淳朴作风也化解了明末以来的空谈虚文的习气等方面。[②]

（二）如何看待满洲的“族群认同”

“新清史”学者强调满洲特色，认为满人有着强烈的自我族群认同，清廷一直强调“国语骑射”、清末满汉之间的对立即是历史证据，更有学者提出“族群主权”的概念来解释有清一代满洲与汉人之间的区隔。对此，汪利平早就注意到，夸大清末满汉矛盾导致的排满风潮的观点值得商榷，其认为，过分强调族群认同是无法全面理解清代满汉关系的。他认为，尽管满汉民族差别和旗人的特权在清代一直存在，但这些并不

---

① 郭成康．也谈满族汉化．清史研究，2002（2）．

② 李治亭．清代满汉民族认同与“互化”的历史考察．云南师范大学学报（哲学社会科学版），2016（3）．

是晚清反满浪潮的直接诱发因素，不应该把清代民族关系简单化为直线发展的满汉矛盾与冲突。更重要的是，旗人民族身份认同的形成和变化不仅要放在具体的历史时期来考察，还必须将其与地方身份认同联系起来进行研究。旗人在杭州所经历的就是一个地方化的过程，由最初的征服集团演变为这个城市中的一个特殊群体。旗人对杭州逐渐产生的归属感虽有别于朝廷对驻防制度的设想，但与他们对八旗的认同并不矛盾。在很长一段时间内，旗人和杭州人是同时并存的身份，只是到了清末，在汉人民族主义情绪高涨的形势下，“满族问题”才被抽象到全国的层面。真正促使反满情绪高涨的是现代民族意识在中国的传播和汉族士人由于清廷无力抵御外辱而日益深重的挫折感和危机意识。这种激烈的民族情绪使驻防旗人群体同时面临民族和地方身份认同的危机。杭州旗营的消失是因为排满革命者将旗人与清廷相联系，并剥夺了其城市社区成员的资格。杭州旗人最终成为辛亥革命时期狭隘民族主义的牺牲品。①

钟焓认为，“新清史”强调满洲族群认同是类似于“想象的共同体”理论的族性建构论，其体系逻辑化的学术预设则是完全接受西方学界流行的“从帝国到民族国家”的转型解释模式，故其给原清朝统治下的广袤地区拟定的政治出路就是“五族共和收拾起，大家齐做自由人”，相当于各大地理板块上的人群自主建国，1911 年以后的现代中国根本无从继承原属于清帝国的政治遗产。这种政治倾向、意识形态化的研究直接影响了整整一代美国“新清史”学者。②

（三）满文档案在清史研究中的地位

强调“满洲特色”的最为重要的一点就是清朝“国语”的留存，保留了大量满文档案，这对于从满洲角度来重新理解清朝历史至关重要。对于满文档案的强调也成为国内外学者总结“新清史”的“新”在何处之一点。在“新清史”对于满文档案的重视及利用方面，有学者也持否定态度。有人认为最早重视和利用满文资料的是我国学者，早在清末民

---

① 汪利平．杭州旗人和他们的汉人邻居：一个清代城市中民族关系的个案．中国社会科学，2007（6）.

② 钟焓．“新清史”学者构建的历史命题平议：从族性晚生论到东北亚本位论//钟焓．清朝史的基本特征再探究：以对北美“新清史”观点的反思为中心．北京：中央民族大学出版社，2018：3，127.

初我国学者就已经开始翻译、利用《满文老档》，“新清史”并无创新之处。① 吴元丰则对自辛亥以后我国对于满文档案材料的发掘、整理、翻译、出版，以及满文人才的培养进行了系统梳理，认为近百年来我国对于满文档案的重视与利用取得了骄人的成绩。② 也有学者对“新清史”学者的满文利用情况进行了批判。钟焓系统地梳理了罗友枝、欧立德、柯娇燕、路康乐、米华健、濮德培等人著作中满文材料的使用情况，认为这些学者并未在著作中利用原始满文档案材料。从整体上看，“新清史”学者群在满文等非汉文史料的开发和利用上并未较“旧清史”学派取得多么重大的突破性进展，其在史实的考证重建上采用多语种史料对比互勘的方法也并未较“旧清史”产生多少彻底的改变。虽然“新清史”确已提出了重视运用以满文为主的非汉语史料的口号，但要落实到具体学术研究中仍面临诸多知识上的困难。③ 李勤璞对欧立德的《乾隆帝》（社会科学文献出版社，2014 年）一书中满文的错误应用进行了梳理，认为该书作者“在基本的满文阅读能力方面存在欠缺”④。对于欧立德关于清朝国号来源、含义的解释，他也有专文进行反驳。⑤ 甘德星继续对欧立德《乾隆帝》一书的满文使用情况进行梳理，将《乾隆帝》一书的英文原译与李勤璞的批评相互比对，发现其中的问题除了部分与该文中文版译者有关外，李勤璞的指摘并非无的放矢。⑥ 沈卫荣则对“新清史”强调满文等少数民族文献的观点进行了进一步的解释。他认为，其实“新清史”强调满文等少数民族文献的观点并不新颖，并对此看法给出解释。其实在欧美、日本以及中国学界，对于“新清史”所强调的那个“基于中国的帝国”和“内亚的帝国”一直以来都属于不同的学科领域，前者属于汉学或者中国古代史研究范畴，后者属于中亚学、

---

① 杨益茂．“新清史”难以立论．沈阳故宫博物院院刊，2015（2）．亦可参见：杨益茂．以旧充新　罔顾事实：“新清史”若干观点辨析．北京日报，2018－09－17（15）。

② 吴元丰．近百年来满文档案编译出版综述：以中国大陆为中心．满语研究，2011（2）．

③ 钟焓．北美“新清史”研究的基石何在：是多语种史料考辨互证的实证学术还是意识形态化的应时之学？（上）//达力扎布．中国边疆民族研究：第 7 辑．北京：中央民族大学出版社，2014．

④ 李勤璞．欧立德的满文水平有多高？．东方早报：上海书评，2016－07－31（A07）．

⑤ 李勤璞．驳斥欧立德：关于清朝国号的再讨论．文化纵横，2017（6）．

⑥ 甘德星．孰是孰非：欧立德《乾隆帝》一书中满文翻译的商榷．编译论丛，2019，12（1）．

内亚学或者民族学、民族史的研究范畴。因此，我们可以看到，其实在各个国家和地区对于满文等档案材料的运用都比较重视。而“新清史”则是把这种学科领域的划分融合在一起，这才是“新清史”强调重视满文的新颖之处。但是对于刻意强调满文等少数民族文献的原始性，而认为汉文史料是经过窜改、歪曲而写就的观点，他认为并不能因为汉文文本中的某些词语的字面意思与其他文本略有不同就怀疑汉文文本或已遭窜改，进而贬低汉文史料的价值。一方面，其他文本的史料也同汉文文本一样是经过撰述的，其历史叙事也不一定可靠；另一方面，今人眼光中可能看出两个文本的含义不太一样，但是在当时语境中可能两个词表达的是同样的意思。①

针对满文档案对于清史研究的重要性问题，也引起了杨珍与乌云毕力格两位学者的争论。杨珍的《满文史料在清史研究中的局限》一文认为，清史研究中史料的记载有三种情况，即有些仅载于满文档案，有些仅载于汉文档案，还有些在满汉档案中均有所载。而且，满文档案材料具有缺乏完整性与系统性、往往未能反映各类史事之间的内在联系、史料价值不是绝对的、所记史事的真实性受到多种因素制约、满文奏折与封套（折封）以及满文朱批夹片与奏折的分离导致利用不便等局限，因此清史研究中必须坚持满汉史料并重，这才是正确的治史方法。由于与满文史料相比，汉文史料数量之多、内容之丰富、涵盖范围之广泛，均远超前者，因此，以汉文史料为主，满文史料为辅，互相参照，互相印证，方能得出正确的历史结论。② 乌云毕力格则更加强调满文史料对于清史研究的重要性，对上述观点有所回应。他对轻视兄弟民族的历史地位，贬低民族语言文字史料重要性的论点，以及认为即便满文档案对研究民族关系等课题有所帮助，对研究清朝在内地的统治，尤其是清代中后期的历史，则没有多大的用处的观点提出批判。作者更是提出，史料在性质上分为“遗留性史料”与“记述性史料”的观点。作为“遗留性史料”，满文档案可以被用来鉴别传世文献记载的真伪和正误，以此接近恢复历史原貌的目的。满文原始档案的史料价值远比清朝国史馆和清

---

① 沈卫荣．我看“新清史”的热闹和门道//沈卫荣．大元史与新清史：以元代和清代西藏和藏传佛教研究为中心．上海：上海古籍出版社，2019：249－263.

② 杨珍．满文史料在清史研究中的局限．光明日报，2016－06－01（14）.

代官史、文人所编纂的其他各种史书要高很多。针对学者们提出的满文档案的局限性，他认为，这种命题在逻辑上是有问题的，历史材料的“用处”与“局限”，往往并不是自然天成的客观事实，而是历史学者主观的诠释。与其说满文史料本身具有局限性，不如说是无法适当解读、使用满文史料的人，自己本身被偏见蒙蔽而具有局限性。退一步来说，满文文献即便有局限性，但局限性亦非满文文献所独有，实际上，任何史料都有局限性。作者最后指出，健康的清史研究应该是重视多语种文献在清史研究中的重要性，而不应先入为主地指定某一语种的文献为“主要的”，某一种文献为次要的或者无用的，更不应该以满文文献的局限性为说辞，为只会利用汉文文献进行研究辩护。① 随后，杨珍在其《再谈满文史料在清史研究中的价值与局限》一文中，进一步论证了为何提出“汉文为主，满文为辅”的命题。作者强调，不仅要满汉史料并重，而且对任何文字的史料都要予以同样的重视。从历史研究的角度看，一件史料的价值不在于它是用何种文字记录的，而在于它是否承载了完整而真实的信息，全面而客观地反映了当时的情况。那种认为某种文字史料优于其他文字史料的说法，在历史研究中是不能成立的。因此，强调学习满文史料的重要性，是为了突破清史研究“只要有汉文史料就足够了”的旧观点；同样，指出满文史料的局限性，也是因为要警惕认为清史研究主要依靠满文档案的这种倾向。上述两种倾向都失于偏颇，故而满汉史料并重，以汉文史料为主，满文史料为辅，仍然是运用清代档案史料的一个重要原则。②

二、内亚、帝国与殖民主义

“新清史”的“新颖”之处还在于强调清史研究的内亚性和世界性。内亚性在于强调清朝并非一个传统的中原王朝，而是具有内亚特性的大帝国，其成功统治整个清帝国并不是由于传统的汉化，而是在于对包括满洲、蒙古、新疆以及西藏等内亚地区的有效控制。清朝皇帝的身份也

---

① 乌云毕力格．清史研究岂能无视满文文献．东方早报，2016－06－19（A03）．后收入：葛兆光，徐文堪，汪荣祖，等．殊方未远：古代中国的疆域、民族与认同．北京：中华书局，2016。

② 杨珍．再谈满文史料在清史研究中的价值与局限．中国社会科学报，2018－04－10．

不再仅仅是传统上的中国皇帝，他还是满洲人的汗王或族长、蒙古人的可汗、西藏的文殊菩萨和转轮王，呈现一种“多维性皇权”“共时性君权”。由此，“新清史”学者认为，清朝不同于传统的中原王朝（中国），作为“中国”的中原地区只不过是包括内亚地区在内的清帝国的一个组成部分，从而得出“清朝”不等于“中国”的论点。同时“新清史”还强调应该用全球性眼光来研究清史，将清朝对西北内亚地区的扩张与近代英国等殖民主义帝国的扩张进行比较，认为清朝的扩张同样也具有帝国的侵略性。

（一）“清朝”不是“中国”?

在上述这种“共时性君权”理论的支持下，“新清史”学者认为，内地十八行省(“中国”)与满洲、蒙古、新疆、西藏共同组合成清帝国，因此“中国”并不等同于“清朝”。这种“清朝非中国”的论点，首先受到国内学界的批判。早在国内集中回应“新清史”之前，郭成康的《清朝皇帝的中国观》一文便对清朝皇帝对于“中国”的认同做了论述。入关前，努尔哈赤和皇太极认为，“中国”的概念是天命所归的皇帝治下的以中原为主的区域，“皇帝”是“天下”共主，如“中国”之君逆天妄行，自有取而代之者。清入关后，清初皇帝已经十分明确地意识到他们已经“仰承天命”，即理所当然地继承大明为“中国”之主。雍正与乾隆对于清朝统治中国的合法性论证，进一步证实了清朝皇帝对于“中国”的认同。至宣统三年（1911），清朝最终提出“合满、蒙、汉、回、藏五族完全领土为一大中华民国”这一逻辑严谨、内涵明确的“大中华”“大中国”的概念。[①] 与此相同的观点有黄兴涛的《清代满人的“中国认同”》一文，他认为顺治时期，清朝的政治文书中已经出现了将整个清朝统治区域称为“中国”的用法。到康熙朝中期以后，这种“中国”的用法已随处可见，并迅速成为其“中国”用法的绝对主流。至此，可以说满人高层认同“中国”、自称“中国人”的情形，已成为一种自觉的常态。至乾隆朝时，表明清朝整个国家认同含义的“中国”概念已经制度化，特别是在对外自称时。至晚清各项条约的签订中，“中国”和“大清”是混用不分的。而且，率先从现代“民族”概念角度，来证明中国各民族为同一现代“民族共同体”的正是清末留日满族人

---

① 郭成康．清朝皇帝的中国观．清史研究，2005（4）.

士。作者认为，满人的“中国认同”与满人自身的族群认同并不矛盾，且处于不同层次。从某种意义上说，将更为广阔地区的“非汉人”族群彻底而有效地陶铸成“中国人”，使他们以主人翁的姿态公开认同并满足于“中国”的身份，且在清末实现一定程度的现代性转换，不仅是清朝超越以往中国各王朝主导族群的“满人特性”独特作用的结晶，也正是体现其统治时期最为鲜明的“中国特性”之所在，不能把两者简单对立起来。①

杨念群更是从中国历史上“中国”的多重概念入手，认为“新清史”所强调的以汉族的历史观为主体建立起来的“中国”认同是一种近代民族主义话语想象出来的结果，把“中国”观念形成的时间大大推后了，犯了时代错置的错误。实际上，对“中国”认同的想象并非源于近代民族主义的兴起，近代所有反清的过激言论，只是宋代以来就已形成的夷夏之辨正统观的自然延伸。清朝在多大意义上与传统“中国”的形态构造相叠合这一问题，必须置于更为长远的历史流程中进行分析。从表面上看，清朝帝王强化了大一统的历史内涵，更强调疆域扩展和有效控制的重要性，击破了宋明以来流行的夷夏对峙的历史模式，似乎这套叙述策略迥异于有关“中国”的传统界说。其实，这是错把宋明以后以夷夏之辨为核心理念的历史观当作历史上唯一的“中国”叙述模式，同时也把近代民族主义者对传统夷夏观的再度阐释看作对“中国”概念的唯一陈述。这样一来，所谓“中国”的论述就被裁剪压缩成了“宋”（明）与“清”关于“中国”内涵的理解激烈对峙的历史，甚至被简化成清朝坚持族性独立的见解与近代反清思潮相互对抗的历史。清朝帝王固然致力于破除宋代夷夏之辨对大一统观念形成的阻碍作用，包括否定了宋明士人对“中国”概念的狭隘理解，却并未否认宋代以前早已出现过另一种类型的“中国”观，即从先秦三代一直延续到汉唐的多元民族共存的中国观。也就是说，清朝是对先秦至汉唐以来的“中国”的回归，而非“清朝”不等同于“中国”。②

---

① 参见：黄兴涛．清代满人的“中国认同”．清史研究，2011（1）；黄兴涛．重塑中华：近代中国“中华民族”观念研究．北京：北京师范大学出版社，2017：9－50。

② 杨念群．超越“汉化论”与“满洲特性论”：清史研究能否走出第三条道路？．中国人民大学学报，2011（2）．

到了2018年，在黄兴涛的新著中，他进一步声称，“新清史”将清朝称为“满洲帝国”并不妥当，入关后，“满洲”基本上是满人的族群认同符号，它与其自称“中国”或“大清”的国家认同之间存在根本差别。美国“新清史”学者将某种族群主体性与所提倡的“族群主权”相混同，将族群认同与传统王朝国家认同对立起来的观点，值得商榷。而且，作者提出“中国”作为现代意义上的国名实际上起源于明末清初时，这也与西方国家贯通中国古今历史的China、Chine、Cina等国家名称词的逐渐固化使用有莫大的关系。无论中国是改朝换代还是民国建立，“中国”或“中华”作为贯通性国名，都得以在西方世界的“承认”下继续使用并实现一定程度的意义转换，最终成为具有明确的国界、主权，内部族群法律趋于平等，与世界各国在国际法上平等存在的现代国家名称。①

有学者从更为具体的史实出发论证了清朝对于“中国”的认同。在2010年召开的“清代政治与国家认同”会议上，夏明方与吴密提交了《多重变奏中的灾异论与清代王朝认同》一文，以雍正朝“大义觉迷录”切入对清代国家认同的讨论，指出《大义觉迷录》是在诸多批判与改造中维系的程朱理学，它产生于特定历史时期的满汉冲突、纠结与糅合之中。所以，其政治功能不仅适应于中原汉人文化区的话语，且成为覆盖满、汉、藏、蒙、回等各族群地区的主导性意识形态。这样一种创于满人之手的以天命论为核心的新儒学体系，已将其倡导者自觉地纳入中华文化的系谱之中，成为代代相续之中华正统王朝的一员。该文从文化融合、构建，进而文化认同的角度，阐述了清朝的国家认同。② 常建华从国家认同、政治认同，以及文化与民族认同等多方面对清朝的认同问题进行了全面讨论，强调国家认同的实质是政治认同，国家认同是依靠文化认同来实现的，并以民族认同为保障，几者之间有一致性和兼容性。作者认为，清朝的统治定位于接续明朝、延续历代皇帝的统治；清朝统治者将儒家思想作为官方意识形态，这赢得了汉人的好感，换取汉人服

① 黄兴涛．重塑中华：近代中国“中华民族”观念研究．北京：北京师范大学出版社，2017：9－50.

② 刘凤云．政治史研究的新视野：“清代政治与国家认同”国际学术会议研讨综述．清史研究，2011（2）.

从清朝统治，实现国家认同，崇儒重道、移风易俗即其表现；清朝的正统观，特别是历代帝王庙确立的正统观念，其实孕育着新的多民族国家观念，也隐含着重新解释大一统的国家观念。① 黄爱平进一步探讨了清代的帝王庙祭的政治含义，她认为，清朝在明代奉祀十五帝的基础上，增祀辽太祖，金太祖、世宗，元太祖、世祖等，对历代帝王庙入祀标准和规模进行了调整，最终建立起一个历代绵延不绝的朝代统治体系。这一统治体系不仅包括历代汉民族王朝，还囊括了历史上辽、金、元等少数民族建立的王朝，清统治者本身则毫无争议地成为这一统绪的当然继承者。这既表明了清统治者以正统自居的观念，也反映了清统治者对自古相传的中华统绪的认同。②

甘德星从康熙遗诏入手分析，认为康熙的称谓是“皇帝”，其满文转写也并非“汗”（han），他统治的疆域是“中国”（dulimbai gurun），所统治之民是所谓的“中国之人”，即“中国人”。这一身份对国家边缘民族而言也是一样的：康熙是“中国至圣皇帝”或“统御天下中国之主”。同时，在对外关系中，这种中国观也得到清朝皇帝的自我认可。因此，“新清史”所谓的大清非中国之说并不正确。大清即中国，其中心在关内汉地，并非内陆欧亚。③ 赵刚极力批评了柯娇燕在《〈大义觉迷录〉和雍正皇帝被忽略的认同哲学》一文中“清朝非中国”的论点，他认为，对历史问题的诠释必须建立于一手文献之上，而不应曲解有关材料，也不得回避与自己解释相反的证据。显然，柯娇燕在这一方面做得并不够好。中俄《尼布楚条约》的拉丁文本、俄文本和满文本，以及图理琛用满、汉双语写就的《异域录》，都有充分、详细、明确的一手证据显示，清朝在17世纪80年代前后，有意识地建立清朝与中国认同的同一性。柯娇燕虽然以这些文本讨论清代皇帝的中国观，但其对这些反证材料却视若无睹，只用俄文本中的一条材料，任意解释，并不合乎学术规范。④ 姚大力支持甘德星的观点，认为在外交场合，“中国”已

---

① 常建华．国家认同：清史研究的新视角．清史研究，2010（4）．

② 黄爱平．清代的帝王庙祭与国家政治文化认同．清史研究，2011（1）．

③ 甘德星．康熙遗诏中所见大清皇帝的中国观//汪荣祖．清帝国性质的再商榷：回应“新清史”．台北：“国立中央”大学出版中心，2014．

④ 赵刚．新清史可以无视史学规范吗：评柯娇燕对清代皇帝中国观的新说．中国社会科学报，2016-10-13（2）．

经是满人皇帝和清政府对国家的自我命名。他指出，“中国”是一个变动的概念，自古以来有着多重含义，可以指登封、洛阳一带的“中土”，或者是中原，抑或是华北地区，甚或是指称中央王朝管辖的全部版图，最后还可指称含有非汉语人群地域的国家疆域之内的汉语人群和汉文化地区。后两种“中国”的含义直到晚清仍在使用。“新清史”仅在第五项意义上使用“中国”一词，未考察清朝人尤其是满洲人自己是如何使用“中国”这一名称的，偏要用自己选定的那项语义来界定清朝和“中国”的关系，有欠妥当。作者最终认为，说“中国”在清代可以指称除去“塞外”的“小中国”这并非错误，但是如果说它只能指“小中国”，而仅仅被看作“大清国”的一部分，也是不符合事实的。① 可以确定地说，“新清史”的“清朝不等于中国”的观点是不能成立的，或许因为他们自己其实也受到被他们批评的“民族主义”史观的影响，把国家与其政权的特定民族属性之间的对应联系不适当地追溯到民族主义思潮产生之前的各个历史时代，从而以为可以完全用满洲人群的“族裔主权”来对清代国家进行历史定位。②

钟焓不仅从清代满文史料入手，认为至康熙前期，业已入主中国的满洲统治者不再避讳沿用“中国”这一名称，故在满语中直接以其直译形式 dulimbai gurun 来指代自己的王朝政权，可以说满语中的大清国/清朝（daicing gurun）与中国（dulimbai gurun）逐渐具有了同一性。同时，他还进一步证明了蒙古地区、藏地这种“中国意识”也得到进一步的传播。③ 此外，他还对“清朝非中国”的理论基点“共时性君权”进行了批判。他以《御制清文鉴》、《御制三合切音清文鉴》及《御制五体清文鉴》为基础，认为在这三类辞书中对于康熙至乾隆年间清朝君主头衔遵循的排位标准是源自中原王朝政治传统的“天子—皇帝”均优先于源自内亚政治传统的“君（汗）—主”，这种排位标准既体现了前者作为普适性君主所具有的更为崇高的地位，也传递出在清朝的政治生活

① 姚大力．不再说“汉化”的旧故事//葛兆光，徐文堪，汪荣祖，等．殊方未远：古代中国的疆域、民族与认同．北京：中华书局，2016：296－299.

② 姚大力．“新清史”之争背后的民族主义：可以从“新清史”学习什么//葛兆光，徐文堪，汪荣祖，等．殊方未远：古代中国的疆域、民族与认同．北京：中华书局，2016：319.

③ 钟焓．如何从非汉文史料的角度回应“新清史学派”?//钟焓．清朝史的基本特征再探究：以对北美“新清史”观点的反思为中心．北京：中央民族大学出版社，2018.

中，缺乏普适性君权观念的内亚政治传统逐渐退居于中原王朝政治传统之后的政治信念。同时，他还对史料记载中关于“皇帝”与满文对译词汇的演变以及在辞书中为何没有出现“文殊菩萨”“转轮王”作为清朝君主的对译词进行了分析，认为“汗”在崇德年间和多尔衮摄政期间曾经出现与汉文中“皇帝”地位对等、彼此互译的现象，但是之后因为办理内政外交的需要而逐渐减少，改以 hūwangdi 对译，这反映了身为各族共主的清朝皇帝在政治领域最为看重的君主形象还是汉制中的“皇帝”身份。而“文殊菩萨”“转轮王”的身份不是清朝皇帝的“自称”，只不过是作为出于安抚藏区的需要才接受的出自藏人的“他称”。即便是如乾隆帝对于藏传佛教与“文殊菩萨”身份的认同，也不过是他的个人行为，并没有突破“私”的层面而上升到国家的公开化政治生活领域中。相反，事实上乾隆帝在藏传佛教信徒面前依然以“皇帝”身份自居，“文殊菩萨”化身的“他称”只不过是作为“皇帝”的修辞语使用的。这也是为什么“文殊菩萨”等称谓没有出现在“御制”辞书中的原因。最后，作者认为多语种的书写形式，反映了清朝皇帝的终极政治理想是“同文之治”，从而促进几大群体间的相互交流，以确保政治教化不因语言间的差异而受阻。①

（二）清朝的成功在于“内亚”？

对“新清史”强调的内亚观做出较早分析的是刘文鹏的《内陆亚洲视野下的“新清史”研究》一文，该文追溯了“新清史”内亚研究的理论渊源。他认为，“新清史”作为一种学术思潮，是西方“内陆亚洲”研究理论被运用到清代历史叙事的一个结果。“内陆亚洲”在 19 世纪被俄国、德国学者作为一个地理概念使用，用于亚洲区域的划分。后随着这一地区的历史、语言和文化及其对世界历史的影响日益受到广泛关注和研究，“内陆亚洲”从而成为一个文化概念。“新清史”学者们对“内陆亚洲”概念和理论的借鉴极具启发意义，但他们将“满洲特性”泛化为以游牧文化为核心的内亚特性，有违以往内亚史学者之本意。他们偏向强调清朝与内亚政权的延续性，“内陆亚洲”从一个文化概念被演绎

① 钟焓．君权总是选择特定的语言来发声：对“共时性君权”理论的反思与批评//钟焓．清朝史的基本特征再探究：以对北美“新清史”观点的反思为中心．北京：中央民族大学出版社，2018.

为一种与“中国”对立的政治概念，这种“泛政治化”的取向不仅脱离了其原有的意义，也直接对中国统一多民族国家的合法性进行否定，逻辑上存在偏差，也不符合历史实际。[①] 钟焓则论述了“新清史”一直强调的清帝国独具特色的内亚性，即“共主”的政治基本特征、汉文和非汉文彼此对照的多语种文献的“合璧”现象，以及清朝君主通过施行灵活而富有弹性的宗教政策，促使宗教成为稳定清朝在内亚地区统治的得力工具，实际上明帝国亦具备上述表征中的“内亚性”，这种“内亚性”的出现与延续与该王朝对蒙元时代留下的庞大政治遗产的有效继承与变通处理是分不开的，元明清三朝的统治在内亚因素上保持着连贯性和相似性。由此反证了“新清史”所强调的新视角与独特性并不存在。[②]

沈卫荣以其深厚的藏传佛教研究功底对“新清史”强调内亚的观点也进行了较为全面的回应。他认为，首先，“新清史”在过度强调内亚维度时，仅仅是把“内亚”地区当作大清的“新疆”，认为是清朝的对外扩张才把这些地区并入“中国”版图的，而忽视了清以前之“内亚”地区的历史，脱离了清以前中国各王朝与内亚地区和民族间错综复杂的历史联系，这种割裂清与清以前诸王朝之历史联系的内亚观，并不符合事实。实际上，清朝对内亚的扩张既不是因为其在军事上胜过明朝，也不是清朝统治风格本身具有的内亚性，更不是因为清朝更具扩张性和侵略性，相反，这在很大程度上不过是对前朝历史的延续。其次，“新清史”在强调清朝“内亚特性”时并未对什么是“内亚特性”做出定义，从现有研究的成果来看，“新清史”所谓的内亚特性更多强调的是清朝皇帝，或者说仅仅是乾隆帝对于藏传佛教的深刻信仰，讨论的是藏传佛教所推崇的“作为菩萨的皇帝”，或者是统御世界的“转轮王”理念对于清朝皇帝及其统治帝国之方式的影响。其所谓的满洲特性或者内亚特性实际上是西藏特性。他认为，最好不要把乾隆皇帝个人对藏传佛教的信仰与清帝国统治的内亚性质混为一谈。而且将世俗的帝王赞誉为出世的菩萨化现或者转轮王再世，也并非清朝的首创，这在中国古代历史上早已屡见不鲜，将皇帝塑造成“菩萨皇帝”“转轮王”并不能用来说明清朝帝制拥有独特于其他朝代的内亚性质。最后，他也批评了“新清

① 刘文鹏．内陆亚洲视野下的“新清史”研究．历史研究，2016（4）.
② 钟焓．简析明帝国的内亚性：以与清朝的类比为中心．中国史研究动态，2016（5）.

史”将清朝简单地分为“内亚”和“中国”两部分的错误观点。他认为，“新清史”学者将“清当作一个内亚的，和一个中国的帝国”，其中那个“中国的帝国”自然就是指“一个汉人的帝国”，在他们的笔下，“中国”也同样指的是“一个汉人的国家”。“清”和“中国”只有部分的重合，而清的另外一部分，即“内亚的帝国”似乎并不是这个“中国”的一部分。作者认为，这种简单的分类法并不恰当。实际上，一个纯粹由汉人组成的，或者一个完全脱离了汉人的“中国”，从来就不曾存在，它只不过是今人的“想象的共同体”。在中国历史上，从来就没有一个纯粹的汉人“中国”，即便是在一个由外族建立的政府王朝中，其主体也依然是汉人。将清朝泾渭分明地区分为“一个内亚的帝国”和“一个汉人的帝国”，并把清朝作为两个帝国的统一体，这确实不是非常妥当。即便是非要如此划分，那么它们作为一个整体也依然是“清中国”（Qing China），这一点在西方学术著作中常常表达得非常清楚。同时，作者还指出了现有关于近代以来中国民族国家形成的历史解释的困境，作者认为，现有的“何为中国”的探讨仍然难以逃离“汉族中心主义”的藩篱，其效果与“新清史”异曲同工。如果我们继续坚持用“汉族中心主义”的历史观来讨论“中国”，那么，无论我们从哪个角度来看（任何时期的）中国，其都是汉族现象下的一个理想型的中国，这一方面与我们现在所关切的现实中国没有必然的联系，另一方面还容易把中国古代史上包括清朝在内的由非汉族建立的王朝/帝国对今日中国的形成所起的重大作用排除在外。这种历史观与“新清史”将清朝理解为一个“内亚的”和一个“中国的”帝国组成的“清中国”来说，其危害有过之而无不及。①

此外，苏航的最新研究从“汉族中心论”“汉族核心论”等概念入手，对“新清史”强调的内亚史观也进行了批驳。他认为，以顾颉刚为代表的民国史家提出的“汉族中心论”的中华民族历史叙事模式将中华民族看作汉文化人群同化异族而不断扩大规模的结果，这种模式无法将边疆民族合理地纳入中华民族的历史发展框架当中，因而这种带有强烈大汉族主义嫌疑的观点不利于中华民族团结情绪的达成。“新清史”在

---

① 沈卫荣．我看“新清史”的热闹和门道//沈卫荣．大元史与新清史：以元代和清代西藏和藏传佛教研究为中心．上海：上海古籍出版社，2019：197－249.

去“汉族中心论”的同时，又片面强调中国历史上的内亚性的理论范式，其实质是一种“内亚王朝史观”，这种范式用“满洲中心”代替“汉族中心”，以“内亚性”消解“中国性”，将中原王朝与中国历史完全混为一谈等方式，建立起融中国（仅限于长城以南的内地区域）与内亚于一体的清朝本位史观，将中国视为清朝的一部分，从而完成了清朝从中国历史传统中的脱嵌，这显然不符合历史事实，也不能对“中国历史的性质”这种带有全局性的问题进行回答。作者认为，费孝通在“中华民族多元一体理论”中所提出的中华民族史观是一种建立在各民族普遍联系这一“整体史观”基础上的各民族共创中华的历史凝聚叙事模式。其所谓“汉族核心”是指在各民族的联系网络中，汉族发挥了核心骨架作用，将各民族结合为一个历史文化共同体，纠正了“汉族中心论”的偏颇，也同样弥补了以“新清史”为代表的片面的内亚王朝范式的不足。①

有学者认为，在清朝统治中，内地中原与内陆亚洲是紧密依存的关系，“新清史”过分强调内亚因素对于清朝历史发展的作用的观点并不符合史实。刘文鹏认为，这种过分强调“内陆亚洲”对于清朝的影响的观点的结果必然是：清朝统治者只有获得在“内陆亚洲”地区的成功，才能获得在中国的成功，或者说，在“内陆亚洲”的成功是清朝建立和强盛的基础和关键因素。这显然与清朝历史中内地的贡献不符，实际上，满人与汉族的联盟，并得到内地的支持，才是其在“内陆亚洲”取得成功的主要原因。② 张志强的《超越民族主义：“多元一体”的清代中国——对“新清史”的回应》一文，也强调从“多元一体”的阐释模式来理解清朝疆域的形成与国家治理。作者认为，清朝诚然对内地与边疆地区采取了不同的治理模式，在面对不同族群时又具有不同身份，但是最为重要的是在清帝承认自己多重身份的同时，他自己又是谁？在多元治理和多元意识形态运用的过程当中，是否存在一个重叠共享的部分？这才是理解清朝多元治理模式的关键。作者强调清朝多元治理的成功，并不是“多元”的成功，而是背后“一体”或“同体”的成功。

① 苏航．“汉族中心”还是“汉族核心”：费孝通“中华民族多元一体格局”理论新探：兼评新清史的内亚王朝史观．西南民族大学学报（人文社科版），2019（9）．

② 刘文鹏．正确认识“新清史”与“内陆亚洲”．中国社会科学报，2015－05－13．

“多元一体”的治理模式正是清朝相对于元朝纯粹的多元治理模式的成功之处。清朝在自身的内亚特性之外，创造了一种能够同时容纳内亚特性和中原特性的新的象征体系和制度模式。清朝的成功与贡献之处在于解决了自汉、唐、宋以来始终未能解决的中原与夷狄之间的“此疆彼界之分”，而最终将边疆地区俱归版图，从而带来了华夷不分、天下一家的真正一统之世。①

（三）清朝是近代“殖民帝国”？

“新清史”学者将清朝视作与同一时期的西方其他殖民国家具有相同性质的“帝国”，认为清朝对西北地区的军事征服属于“帝国”的殖民侵略，这一观点是对国内传统的“国家统一战争”的历史叙事的否定，因此更是遭到学界的批评。

有学者对清朝是否与近代意义上的“帝国”相类似进行了考证。针对欧立德的《传统中国是一个帝国吗？》② 一文，曹新宇与黄兴涛认为，

---

① 张志强．超越民族主义：“多元一体”的清代中国：对“新清史”的回应．文化纵横，2016（2）.

② 在这篇文章中，欧立德对早期欧洲人称中国为“帝国”和中国人自称“帝国”的历史进行了考察。他认为汉语中的“帝国”是受西方 empire 一词诸种概念影响而成的。他强调，无论是从西方的称谓还是清朝自我的称呼，都证明清朝确实是一个“帝国”。在定宜庄与欧立德合作的文章中，他们早已强调：“清朝管理内亚边疆（满洲、蒙古、西藏和现在的新疆地区）的政策，是一个混乱复杂的集合体。由于各边疆地区是在清朝前半期（大约从 1618 年到 1758 年的 140 余年间）次第纳入清朝版图的，有着各自特殊的状况，所以清朝针对不同地区的不同状况制定的特殊政策，以及在接下来的一个半世纪所作的进一步调整，就构成了这个政策集合。清朝中央政权采取弹性的统治政策，随时针对各地的不同情况进行必要的调整，在某种程度上，也任用当地的主权或宗主权系统来进行统治。此外，清帝国的决策者还采取分而治之的措施，尽量把各个族群互相隔离，让他们仅仅对中央效忠，以维护清廷在边疆地区的统治。为达到此目的，朝廷采用了各种方式，如编纂地图、撰写人种志、编纂各种典章制度和则例等。不同地区行政系统的差别，以及它们与内地行省的管理体制有天壤之别的事实，正是‘帝国’式管理体系的标志性特征。”也就是说，将清朝称为“帝国”并无不可，且比较合理。而且“通过这样一个途径，我们才能够摆脱‘大一统’的陈说，进一步了解‘清朝式’管理政策与其他帝国的同异，并且发现它不同于他国的特点”。参见：定宜庄，欧立德. 21 世纪如何书写中国历史：“新清史”研究的影响与回应//彭卫．历史学评论：第 1 卷．北京：社会科学文献出版社，2013：134－135。另外一位比较赞同欧立德观点的学者是葛兆光，他认为不必纠结于对于传统中国是不是“帝国”的这种概念、命名，应该从中国历史的动态实质来看待其是否属于“帝国”，很明显，秦汉以来的中国王朝往往试图超越汉族中国的核心区域，向周边拓展，这已经符合西方学者所界定的“帝国”的特征。参见：葛兆光．名实之间：有关“汉化”、“殖民”与“帝国”的争论．复旦学报（社会科学版），2016（6）。

欧立德等学者所主张的观点——是清朝的征服活动及其建立起的“统治不同民族的政体”之统治形式，才真正在观念史上实现了欧洲人“认可”的“帝国”，欧洲人才开始认可或称中国为“帝国”——与事实不符。其实，早在明朝时期，欧洲将中国称作“中华帝国”的做法就已经得到确立并初步流行开来。清朝时期不过是延续了这一称谓而已，至多是继续或更加强化了中国在欧洲人心目中的“帝国”印象罢了。换言之，欧洲人最初所谓的“中华帝国”，乃是对“大明”及其对此前中国的一般感知与印象。作者认为，欧洲的“帝国”概念也经历过前后的历史演化，需要历史地把握其内涵，不能仅从今天的社会科学尤其是政治社会学所界定的“帝国”概念出发，去颠覆历史上曾经存在过的“帝国”内涵及其用法。实际上，当时欧洲使用的“帝国”概念比较宽泛，只要是由拥有至高无上权力的专制皇帝所统治的幅员辽阔、人口众多，并且治理着多民族臣民的大国，或拥有臣服之国（如“藩属”）的大国，都可泛称为“帝国”。这与近代以来“帝国”的含义完全是两回事，也就是说，“清帝国”与近代以来的“殖民帝国”的含义并不相同。①

有学者认为，既不能用“帝国”视角来研究清朝，也不能用“帝国”来指称清朝。针对前者，李静认为，“新清史”要将“清帝国”的扩张性与现代资本主义的扩张性区分开来。因此，“新清史”的“帝国转向”主要就是指，“帝国”不再是“前现代”的落后存在，相反，各帝国之间的文明互动构成了“早期现代世界”的主要内容。在“早期现代世界”的共时性场域中，东方文明与西方文明并置竞逐，似乎萌发了多元现代性的真正可能，从而突破了西方中心论视野中“帝国—民族国家”的线性进化。而且，相比于“中国中心”的民族主义色彩，“全球史”的视野又具有超越政治意识形态与单一立场的“优越感”。因此，“新清史”研究者自然将其“帝国转向”视作极为正面的学术推进。但是，在不同区域中寻找到类似的现代现象，其最终结果究竟是发现了多元性，还是再度造成了“同质化”呢？其时，“军事扩张”、“武力征服”、“早期殖民”与“移民、传教士、商人”这些“早期现代”的标识，无一不浸染着19世纪欧洲帝国主义与殖民主义的历史经验。将清帝国定性为“早期现代”，实质上是有意无意地在清史中寻找与西方

① 曹新宇，黄兴涛．欧洲称中国为“帝国”的早期历史考察．史学月刊，2015（5）.

“相似”的片段。这些片段被定格为清帝国走向现代世界的辉煌瞬间。对于这些“片段”的过度阐释，其实是无助于理解中国历史的总体发展的：“中原”以及东南海洋地区及其与“内亚”的互动状况在研究视野中的“缺席”，不仅使关于“清朝”的历史判断执迷于一隅，而且也无法解释“殖民扩张”的“盛清”与被动挨打的“晚清”之间的命运转折。①

针对后者，李扬帆批评将中国称为“帝国”的做法：“称传统中国为‘中华帝国’是对中国王朝的误读，无论是英文的‘empire’还是古汉语的‘帝国’，用来称呼中国王朝都是误称（misnomer）。比如，由于清朝多民族共建的特殊性和庞大的地域特征，“新清史”学者将清朝与英帝国进行对比研究，把欧洲帝国的历史理论用于解读清朝的性质，认为清朝的帝国构建具有亚洲内陆帝国特色，清帝国和英帝国‘各怀有天下情结’，都在各自建立其‘主权想象’。或者认为清王朝具有‘殖民主义’特征而认为清朝中国是帝国。”他强调，仍然需要用“天下秩序”来理解传统中国。② 李怀印则细数了西方近代史上“帝国”的五点特征：（1）依靠军事征服建立，不断进行扩张是其根本特点。扩张的动力一是为了财富，二是为了宗教。（2）帝国有本土，但它没有边界，只有不断延伸或者收缩的边疆。（3）人口结构具有多种族（或者多族群）、多类型语言的特征。本土与边疆、殖民地、属地之间的关系不平等，帝国内部存在上下等级结构。（4）帝国内部治理的目标是榨取资源，主要手段是税收，征税权往往被外包给其他商人或者中介。（5）任何帝国都是不稳定的，最终结局一定是走向萎缩，走向溃败，四分五裂。清朝对西北的扩张实际上并不是为了掠夺财富，也不是传播宗教；在国家治理上，清王朝对边疆，没有要求缴纳赋税，即使是内地，税收与其他王朝相比也算是轻徭薄赋。因此，作者认为，清朝与近现代世界历史上的其他“帝国”并不是一回事。③

---

① 李静．中国崛起的历史叙事与当代想象：以“新清史”的“帝国转向”为中心．文艺理论与批评，2017（5）．

② 李扬帆．“中华帝国”的概念及其世界秩序：被误读的天下秩序．国际政治研究，2015（5）．

③ 李怀印．清代中国不是“帝国”．（2016－11－12）［2020－01－20］．https：//xw.qq.com/cul/20161112015152/CUL2016111201515200．

陈波也批评欧立德旨在把当代帝国定义嵌入现代早期欧洲学者的著述中，“借”他们的文本来“证明”明朝作为China不是帝国，清朝才是帝国，所以清跟China不同。作者发现，自明代以来，欧洲世界已经将明朝称为“帝国”，甚至认为清之所以被称为“帝国”只是承接“中华帝国”的帝王谱系而已。而且这种“帝国”并不同于现代意义上的“帝国”，“我们没有发现欧立德所说的欧洲学者在17世纪时以是否统治多民族来认定中华是否为帝国的证据。这不是当时帝国的定义性特征，而是最近的发明”①。他认为，应把当时欧洲人理解的“中华帝国”看作中国庞大朝贡体系的折射，即以中国君主为顶点的多层复异而庞大的体系。16世纪初，在欧洲作者接触到China这个名字后，就将其政体定性为王国，至于是否应定性为帝国，则在不断探索之中。当他们接触到有关中国多层复异的庞大朝贡体系的信息时，很快便认定那应该是帝国而不只是王国。② 刘文明的最新研究则更进一步。他梳理了西方历史上的“帝国”概念及其含义的演变历史，回应了是否可以任意地将“帝国”一词套用于其他国家。他认为，西方“帝国”的概念源于古代罗马的imperium，其本义仅指“统治权”，随着罗马对广大“行省”的掌握，“帝国”又包含了在统治权之下一片生活着多个民族的辽阔领土。而这种新的“帝国”概念与基督教世界的“普世主义”相结合，让帝国拥有了“使命”与“责任”。最终形成了“帝国理念”的三要素：合法的统治权威；由多民族构成的广大领土；以“责任”和“使命”为标榜的普世追求。从罗马帝国到中世纪的神圣罗马帝国，一直到近代民族国家诞生之际以大英帝国为代表的近代殖民帝国，无不具备上述三种因素。但是在现当代的学术研究中，部分学者将“帝国”抽象为一种具有普遍意义的国家形态或政权形式，并以此来指称世界上的其他大国，滥用“帝国”这一概念。最后，他从概念翻译的问题入手认为，概念的翻译在政治制度、社会文化和思想领域中，由于文化差异，很难在两个异质文化社会中找到几乎可以互换的词。西方话语中的“帝国”概念源自

① 陈波．西方“中华帝国”概念的起源（1516—1688）．四川大学学报（哲学社会科学版），2017（5）．

② 陈波．现代早期欧洲认定“中华帝国”的进程：以内外路径的交互影响为重点．社会科学研究，2017（5）．

古罗马 imperium，其所具有的含义及代表的实质很难用中国原有的“帝国”一词来对译。因此，他反对将西方含义的“帝国”应用于中国历史研究之中，强调对中国历史的解释应该以中国学者为主体，构建以本土概念为基础的话语体系。①

除了讨论清朝是否为“帝国”，更多学者直接回应了清朝对内亚的统治是否属于近代的“帝国殖民主义”行为。吴启讷对苏联学界与最近“新清史学派”中关于将清朝征服准噶尔的战争视为殖民侵略的观点提出反对意见。他认为：其一，蒙古与满洲王朝关系密切，准噶尔蒙古称臣于清朝，且准噶尔经济严重依赖清朝。其二，俄国联合准噶尔意欲东进，严重威胁清朝国家安全。其三，准噶尔还干涉达赖喇嘛的转世，严重威胁清朝政府的合法性。清朝对准噶尔的征服是一种维护国家安全的行为，并非近代资本主义国家的侵略行径。同时，作者还对伊犁将军府设置的含义做出解释，认为这不是对传统的“西域都护府”的简单复制，也不是“印度总督”和“突厥斯坦总督”的简单对应物，其并不具有侵略性质。② 同样，也有学者对“新清史”学者强调的理藩院是统治西北新疆“殖民地”的“殖民机构”的看法做出批判。刘文鹏认为，理藩院并非殖民管理机构，也并非清朝管理“内亚”边疆的唯一、不变的模式。清朝在 18 世纪中期平定西北之后，开始对过去的理藩院体制做出调整，逐步建立将军、大臣驻防体制，并借此将国家权力延伸到边疆地区基层社会，进一步推进国家建构，为晚清新疆建省、向近代主权国家过渡奠定了基础，这与寻找代理人治理的“帝国主义”“殖民统治”的方式并不相符。③ 对于“新清史”的这种“满洲殖民主义”“帝国主义”的研究路径，刘文鹏也强调应该注重从“国家”这一层面来理解清

① 刘文明．“帝国”概念在西方和中国：历史渊源和当代争鸣//刘新成．全球史评论：第 15 辑．北京：中国社会科学出版社，2018.

② 吴启讷．清朝的战略防卫有异于近代帝国的殖民扩张：兼论英文中国史学界中“欧亚大陆相似论”和“阿尔泰学派”//汪荣祖．清帝国性质的再商榷：回应“新清史”．台北：“国立中央”大学出版中心，2014.

③ 刘文鹏．论全球史观下的“满洲殖民主义”．中国人民大学学报，2017（2）；刘文鹏．理藩院体制是清朝藩部管理的重心吗：谈新清史“满洲殖民主义论”的史实错误．北京日报，2018－10－08（15）.

朝的国家构建，推进对清朝政治史的整体性、历时性研究。[①] 张志强认为，清朝疆域的形成历史，从根本上讲，是满洲作为一个部族政权在完成自身的内部统合之后，不断超出部族视野的限制，逐渐具有了“天下”意识，逐渐尝试运用“天下”政治的符号与价值，谋取“天下”，从而实现“天下一统”的过程。“天下一统”政治逻辑下的国家是秩序的中心，在它之外并没有本质上的敌人，而只有秩序的扰动者，资源动员和武力运用的目的仅在于维持“天下一统”的稳定秩序而已。因此，天下政治的目的更在乎的是“和而不同”“不齐而齐”，或者说是“差异中的和谐”“差别中的平等”，是天下生民自然生存权利的平等维护。因此，清朝疆域形成的内在动力与现代民族国家的原理非常不同。清朝疆域的形成，也就必然不同于早期现代的帝国主义扩张。这个疆域既不是满洲人征服中国的结果，也不是中国人征服周边世界的结果，而是清朝试图重建天下秩序的结果。[②]

李怀印在《全球视野下清朝国家的形成及性质问题——以地缘战略和财政构造为中心》一文中认为，“新清史”学者的清朝“内亚帝国”说，即认为内地汉人省份与边疆非汉人各地区对清廷来说同等重要的观点，是不符合事实的，因为对于满洲统治者来说，内地各省不仅仅是其祖辈或自己所征服下来的又一块地盘，而且构成了清朝的主要财源和立国之本，他们正是以此为支撑，建立并维持了对内亚边陲和周边属国的最高权威。同时，他还对清朝的西北扩展进行解释，认为清朝国家的疆域形成过程，有其内在的动力，即源自内地各省的自身财力，这决定并制约了其边疆的形成和稳定程度，因此迥异于世界史上常见的帝国形成过程，即帝国扩张的驱动力主要来自对外部土地、人口和财政资源的觊觎，同时又主要依靠抽取帝国腹地之外的财政资源来支撑其军事机器和对外扩张。那么，该如何认识 19 世纪前清朝国家的性质呢？作者最终强调，应把 19 世纪前的清朝国家排除在近代主权国家的范畴之外——其自我定位与欧洲国家自 17 世纪以来在威斯特伐利亚体系内所奉行的

---

① 刘文鹏．回到国家建构：对清代历史研究中帝国主义路径的再分析．史学理论研究，2017（2）．

② 张志强．超越民族主义：“多元一体”的清代中国：对“新清史”的回应．文化纵横，2016（2）．

各主权政体一律平等的原则南辕北辙。尽管如此，在 19 世纪卷入欧洲中心的主权国家体系之前，清朝仍然显现出一些向主权国家发展的蛛丝马迹。但是，由于清朝并未有为与列国竞争以及为满足战争需求所产生的扩张性财政机制和军事革命，因此，清朝在很大程度上可以算是介于传统军事帝国与近代主权国家这两极之间的建立在地缘政治和财政构造双重低度均衡基础上的“早期近代疆域国家”。①

三、对“新清史”的回应与评价

对于“新清史”的回应，主要在于剖析其具体观点的正确与否。此外，也有学者对“新清史”进行了整体性的回应与论述。这主要体现在三个方面。一是对于“新清史”进行一个整体性的学术史考察。如国内第一本比较系统地考察“新清史”的著作，即党为的《美国新清史三十年——拒绝汉中心的中国史观的兴起与发展》一书，对“新清史”兴起的背景、物质条件以及主要的学术观点进行了考察，并分为八章将“新清史”研究所关涉的主要内容进行了学术梳理，详细地介绍了美国这些研究方向的主要成果。②

二是从整体上对“新清史”做出评价。早期评价，多从政治现实考虑，认为“新清史”的观点对于当下中国的国家统一及统治合法性存在威胁。梁展注意到，“新清史学派”强调族群认同，强调边疆地区对于清朝的认同并不能自动地转化为对中国的忠诚，辛亥革命之后爆发的蒙、藏独立活动即为明证。因此，“新清史”讨论的议题就被引向了由清至中华民国之间的主权继承关系。而这对于当代中国来说存在着潜在的民族分裂意图。他强调，“我们对抗美国‘新清史’潜在的民族分裂倾向的证据，最有力的莫过于‘中华民族是一个民族’这样一个文化、历史、政治和法律事实”③。李昭勇认为，强调“满洲之道”的“新清史”试图以满族的民族性来证明 17 世纪清王朝的成功的观点，未能意识到社会生产力和经济发展的决定性作用，明显违背了社会发展的基本

---

① 李怀印．全球视野下清朝国家的形成及性质问题：以地缘战略和财政构造为中心．历史研究，2019（2）．

② 党为．美国“新清史”三十年：拒绝汉中心的中国史观的兴起与发展．上海：上海人民出版社，2012．

③ 梁展．族群转向与近代中国的国家认同．中华读书报，2013－01－23（13）．

规律，并错误地解读了满族与中华民族、清帝国与中国之间的关系。其本质在于争夺清代历史研究的国际学术话语权，力图使清代历史“去中国化”，具有潜在的分裂中国的意图，将对中国现实社会产生不良的政治影响。① 这种政治意味浓厚的批评，在2015年《中国社会科学报》集中整体回应“新清史”的文章中有明确的体现。李治亭的批评用语极为严厉，他认为，持“新清史”说的美国学者，是站在帝国主义的立场，以帝国主义的观点、帝国主义的眼光看待中国历史的，其把“传统”中国看作“帝国”，把清朝视为“清朝帝国主义”。在他们的言论与论著中，充斥着帝国主义的“霸气”。为与20世纪的帝国主义史学相区别，故将其称为“新帝国主义史学”。“新清史”就是它的一个活标本。这种学术研究所倡导的学术创新名不副实，并无新意。而其实际上宣扬的“清帝国主义论”“清朝非中国论”“满洲外来论”等观点，则肆意歪曲清史，旨在分裂中国。“新清史”在政治上的危害性尤其不容忽视。② 杨益茂认为，“新清史”将清王朝的“亚洲腹地”即新疆、蒙古、西藏等地排斥在“中国”之外，看似有“世界视角”的“新意”，实则歪曲了清代疆域与主权的真实面貌，不足采信。中国不全是满族组成的，还有数量远远超过满族的其他民族。“新清史”忽略甚至根本不考虑其他民族或群体，不考察其相互关系，就对中国历史妄加评论，显然缺乏基本常识。③ 有学者认为，“新清史”研究者将清代进行“政治切割”，分为几大区域，存在意识形态的偏颇，以致含有破坏中国国家统一的潜在目的。④

也有学者认为，“新清史”研究的出现更在于话语权的建构与掌握，我们应该牢牢把握历史研究的中国主体性，掌握历史研究的话语权。钟焓认为，从国际学术的大背景着眼，“新清史”其实只是百家争鸣中的一家而已，其学术成果并未对西方（含日本）的内亚史研究产生深远影响，即使是在国际满学界，也仅处于相对下游的地位。造成这种现象的

① 李昭勇．强调“满洲之道”的“新清史”刍议．满族研究，2014（2）.

② 李治亭．“新帝国主义”史学标本：评“新清史”．中国社会科学报，2015-04-20（B02）.

③ 杨益茂．“新清史”背后的学风问题．中国社会科学报，2015-07-07（A01）.

④ 钟焓．从学术与政治的交集看“新清史”学者的意识形态倾向//钟焓．清朝史的基本特征再探究：以对北美“新清史”观点的反思为中心．北京：中央民族大学出版社，2018.

根本原因应该追溯到长期以来美国关于中国文史研究的教学科研中，其对社会科学理论的器重大大冲击了对以处理多语种史料见长的伯希和式考据传统的学习，最终导致其所培养的人才在需要将中国史与内亚史的知识进行整合贯通时，往往在考据上显得心有余而力不足。因此，他认为，“新清史学派”的着力点不在于史实重建而在于话语构建，具体来说，族性（ethnicity）/民族主义语境下的认同决定论、帝制晚期的征服叙事和后帝制时代的“民族帝国主义”话语才是构筑其学术体系的三大基石。① 汪荣祖等更是指出，近现代中国史学在形成过程中受西方史学研究方法影响深重，中国自五四运动以后，抛弃传统，倾心西化，自然科学的成就固然由“循序渐进”而“突飞猛进”，但在人文社会科学领域，因主体性未能落实而一意追随西方，因文化、语言以及价值观的隔阂，终难并肩，唯有仰其鼻息而已，甚至中国历史也要仰赖西方诠释，无不显示人文自主性或历史解释权之丧失。但是西方学者的诸多史实错误，表明了中国历史话语权在外移过程中的扭曲，并不能反映真正的中国历史，“新清史”所谓的种种新观点即是一例。因此，他呼吁需要找回中国历史研究的主体性和中国历史研究的话语权，应该用中国自己的话语体系来解释中国历史。②这一点也得到周群的认可，周群认为中国历史研究应该警惕将国外历史虚无主义在清史研究领域的理论变种引入国内，清史学者应该牢牢把握清史研究的话语权。③

三是对近年来“新清史”论争的评价。很多学者注意到，正是由于“新清史”的观点对中国现实政治具有一定威胁性，因此国内学者在回应“新清史”时多受政治因素的影响。江风的《“新清史”之争：超越政治，可能吗?》一文认为，中美之间关于“新清史”的论争，政治因素的影响颇大。④ 因为“新清史”有着如此复杂而敏感的政治和学术背景，所以中国学者往往认为它会带来互相关联的双重危险：一是破坏长

---

① 唐红丽．“新清史学派”的着力点在于话语构建：访中央民族大学历史文化学院副教授钟焓．中国社会科学报，2015－05－06（A04).

② 汪荣祖．历史的主体性不能丧失：美国学者“新清史”的危害给中国史学研究的又一次警示．北京日报，2016－12－12（15)；汪荣祖．新时代的历史话语权问题．国际汉学，2018（2)；汪荣祖，李磊，殷之光，等．“新清史”与中国历史主体性．东方学刊，2019（1).

③ 周群．牢牢把握清史研究话语权．人民日报，2019－01－14（9).

④ 江风．“新清史”之争：超越政治，可能吗?．中华读书报，2012－08－22.

期居正统地位的中国历史一元叙述，二是动摇中国统一多民族国家的历史基础。而这两个问题，当然都是政治性多于学术性。结果就是，国内的清史学者大多承认“新清史”的学术成就，却多以警惕性的姿态来对待这一新的学术潮流。部分学者强调，希望将有关“新清史”的争论置于学术范围之内，避免将其政治化。但是，实际上在现实的争论中证明上述理想近乎自欺。在如此剧烈的思想交锋之下，幻想将讨论限制在纯学术领域是完全不可能的。更现实的做法也许是，承认相关议题中的政治因素，但应在讨论中分清楚哪些是学术的进路，哪些是政治的考量。姚大力认为，在中国读者对“新清史”相当普遍的不满背后，隐隐存在一种政治焦虑。当我们久已习惯地用比较简单化、标签化的固有观念来加以阐释的世界图景与来自别种语境的不同见解发生碰撞时，我们往往会本能地将这种碰撞看作尖锐复杂的政治斗争在思想文化领域内的反映，而在它的背后，则必定潜伏着某种意欲加害于中国的现实政治意图。[①] 也有学者注意到，由于翻译等媒介的问题，“新清史”的观点并没有全面而正确地被引入国内，他们的主张并没有得到国内学者的真正理解。这也是导致国内关于“新清史”争论中褒少贬多的主要原因。定宜庄、胡鸿保认为，国内清史学界对于“新清史”理论的产生根据、基本观点、目前进展，乃至其中代表人物之间的争论与分歧，还不敢说从整体上有了比较全面和深入的把握，甚至在某种程度上还有些隔膜。在沟通国内学者与“新清史”学者对话中占有重要地位的翻译工作，目前也并不完善。许多“新清史”学者的主要著作以及大量相关的论文，至今都还没有中文译本问世，而在现有的翻译作品中，存在大量误译、漏译、错译等问题，尤其是在关于“族群”、“民族”、“种族”和“国家”等重要概念的相关术语的翻译中存在很多问题，这直接影响到国内学者对这个学派的了解和把握，导致对它的评价也多有盲目和无的放矢之虞。[②]

通过以上的梳理，我们可以看到中国学界对于美国“新清史”研究

---

① 姚大力．“新清史”之争背后的民族主义：可以从“新清史”学习什么//葛兆光，徐文堪，汪荣祖，等．殊方未远：古代中国的疆域、民族与认同．北京：中华书局，2016.

② 定宜庄，胡鸿保．被译介的“新清史”：以“族”为中心的讨论//刘凤云，董建中，刘文鹏．清代政治与国家认同．北京：社会科学文献出版社，2012.

持褒少贬多的态度，但是仍有不少学者强调，我们不能仅仅是批判“新清史”的学术错误，还应该关注“新清史”能够为我们的学术发展带来什么，“新清史”到底具有何种学术价值。

对“新清史”的正面肯定，是以定宜庄为代表的。她认为，我们确实应当认真思考“新清史”所带来的新观点对于我们重新认识清朝历史的价值。在她看来，“新清史”带给我们的价值主要在于视角的转换与满文等少数民族文字档案史料的新应用。她强调，我们通常所称的中原，以及生活在中原的汉族居民，此时已不过是清朝这个统一多民族国家中的一个组成部分而已。如果承认这个大前提，那么进一步的问题便是，清朝统治者是否仍然遵循以往封建王朝的统治模式，是站在“中原”这个中心向外，亦即向着那些“边远地区”行使权力？还是中原汉地本身也不过是他们行使统治权力的领地之一？这二者当然具有本质上的不同。“新清史”强调的重视少数民族地区、边疆地区，有助于我们转换视角，站在“边缘”地区来更加全面地理解清史。而出于了解边疆地区的需要，也必然应重视该地区民族自身的语言文字。与此构成鲜明对比的是，我国很多热衷于谈论“大一统”的学者，迄今仍未自觉到这一点，更遑论使用这些文献并使研究有所突破了。有关“大一统”的讨论大多流于表面，这也是重要的原因之一。① 随后，她更进一步总结了“新清史”的学术创新之处在于强调全球化的视角；强调满洲因素的重要性；强调使用满语和其他“非汉族群”语言的重要性。“新清史”提醒我们，在21世纪全球化的世界里，中国的文化和中国的学术也必然会走向世界。从全球的、世界的角度来衡量和评价中国历史的变迁，已经不再是一种空谈，而是一个趋势，这是所有研究中国历史的学者，无论是国内的还是国外的，都必然要面对的问题。②

刘小萌对于“新清史”的贡献有另外一番阐释，其认为，“新清史”的创新并不在于上述总结的几点，因为这些观点在以往的日本、中国学界都已经取得很多成绩，而是在于：(1) 理论方法，集中表现在用族群

---

① 定宜庄．由美国的“新清史”研究引发的感想．清华大学学报（哲学社会科学版），2008 (6).

② 定宜庄，欧立德．21世纪如何书写中国历史：“新清史”研究的影响与回应//彭卫．历史学评论：第1卷．北京：社会科学文献出版社，2013.

理论解释满族历史和满族特有的八旗制度等方面。（2）研究角度，其把满洲（满族）而非汉族作为研究中心（主体），更强调满族对清帝国所做的贡献。与此同时，其更关注满族主宰下的多民族关系与多元文化的互动。这一角度有助于矫正“汉族中心论”的认识偏差，从整体上评价满族在清朝的地位，有助于摆脱将清朝史等同于中原王朝史的成见，并使众多边地民族跻身于历史大视野焦距下的中心。（3）研究观点，表现在将清史置于世界史和比较史范围，探讨帝国、现代化、殖民、身份等问题。“新清史”的异军突起，的确给清史研究的发展带来某种契机。① 狄宇宙也注意到，“新清史”所强调的那些观点其实是舶来学术观点的混合物，其中包括日本的满蒙学，欧洲的满洲学、蒙古学研究。美国在二战后，脱离了日本、欧洲的汉学传统，注重对“晚期中华帝国”的研究。“新清史”研究只是对旧有的清史研究传统的承续，或者可以称之为“美国新清史”。正是因为“新清史”并不是一种新的研究路径和理论取向，因此狄宇宙强调，与其说“新清史”提出了什么新的研究方法，不如说它体现了一种更加包容多元、更具学术敏感性的研究视野。②

也有学者具体谈论“新清史”的某一种观点对于国内学界的启示。袁剑注意到，虽然“新清史”所强调的满洲视角在具体的研究过程中可能会表现为某种程度上的“大满洲主义”，会将众多本来与之无多少关联的事件牵强地置于“满洲视角”的解释框架中，从而过分突出清代满洲的主体性、稳固性及其影响力，这种判断与清代中国的族群关系，尤其是满汉族群关系的总体发展趋势是有出入的；但不管怎样，这种视角的转化及其在此指导之下对清代中国诸问题的重新探讨还是为我们提供了一个崭新的图景，使我们得以反思之前为中原中心论所笼罩的清代政治文化分析框架的某些局限性，从而能更好地、更全面地审视处于当时国际环境中的“大清朝”本身的地位与特征，而这种多族群间的换位思考对于我们更好地认识、处理当今和未来的边疆族群问题也有一定的启

---

① 刘小萌．清朝史中的八旗研究．清史研究，2010（2）．

② 罗新，郑诗亮．狄宇宙谈内亚史研究．东方早报，2015－04－12（2）．

发意义。[①] 常建华以《乾隆朝满文寄信档译编》为例，认可“新清史”强调满文档案利用的新价值。他认为，寄信档中存在大量乾隆帝使用非汉族群的人祈雨祈晴的例子，同时还可以发现乾隆帝多次强调使用满文的重要性，这体现出满语的政治性与清朝的统治特色。最终他强调还可以挖掘该档案的资料做一些专题性的研究，特别是针对“新清史”研究提出的问题进行相应的研究。[②]

第三节　以“国家构建”为路径，推进清代政治史研究

近几年国内学者对“新清史”和“满洲殖民主义”理论的讨论，破多立少，批评对方多，构建自己的学术体系少，这在很大程度上反映了国内清代政治史研究在理论建构方面的不足，这种不足，也是国内学者一直在思考的主要问题。

近年来，很多学者意识到与极为兴盛的社会史、文化史等相比，清代政治史研究遭到冷遇，研究国家权力的宏大题材缺失，研究内容呈现出碎片化、去中心化的特点，曾经被视为理所当然地居于核心地位的政治史研究被边缘化，或者停留在书面条文制度层面的研究，没有找到国家权力进入社会层面的政治实践路径。“忽视了国家和政府，特别是国家权力运作的研究，将政治史隐身于社会史之中，从而导致了政治史显学地位的丧失。”[③] 研究晚清史的一些学者也表达了类似的观点，罗福惠等在谈到辛亥革命研究时强调，学者们不但要科学、客观，而且“要在尽可能了解细节和过程的基础上再审慎地从宏观上进行总结”，呼吁

① 袁剑．“新清史”与清代中国的“边疆性”问题．中国社会科学报，2010－10－19 (13).

② 常建华．从“新清史”研究看《乾隆朝满文寄信档译编》的史料价值．历史档案，2011 (1).

③ 刘凤云．观念与热点的转换：清前期政治史研究的道路与趋势．清史研究，2015 (2).

回归宏观历史研究。①

一些学者注意到，使清代政治史研究碎片化、无法构建宏观叙事的另外一个原因是国内清史研究的前后脱节问题。国内的学科划分，将清代历史以 1840 年为界拦腰斩断，前清重视王朝历史，而对晚清的研究则成为中国近代史研究的一部分，清朝作为一个国家几近消失。相对来说，对前清史的研究还能够注意到清代国家政治权力问题，而对晚清史的研究则受革命史观、近代化史观的影响较大。正如茅海建所言："中国近代政治史的研究，强调的一直是变化，日新月异；而中国近代社会史的研究结果却经常地说明，中国近代社会没有太大的变化，有些变化只是一种表象，而不是实质。这两方面的研究结果放到一起去，就好像是在说两个国家。结果是各开各的会，各说各的话，学术上自成体系。"② 李细珠也指出，21 世纪以来用革命史范式对辛亥革命史进行研究的研究者在减少，用现代化范式进行研究的研究者在逐渐增多。③ 彭卫则认为，让晚清史回归清史研究的整体之中去，在清代史的框架中思考晚清 70 年的历史，探寻其与前清史的内在联系，已经逐渐成为很多学者的共识。④ 可见，对清代政治史进行整体性研究还存在很多困难。

实际上，清代政治史研究的裹足不前，是因为其还受到另外一种思维的影响，那就是"专制主义"。

作为清王朝的核心权力机构，军机处是继明朝以内阁制度取代在中国延续 1500 年之久的丞相制度之后，对传统社会政治中枢机构的最后一次变革，也是满人入关后，对其原有中枢机构议政王大臣会议的自我超越，在中国传统政治制度变迁中具有"终结者"的重要地位。凡关乎清代政治制度的研究，必言及军机处。"军机处是封建专制主义中央集权高度发展的产物"，"这标志着中国的封建专制主义从此到了高度发展的阶段"⑤ ——这种认识在清代历史乃至整个中国历史的叙事中具有统

① 罗福惠，李凤凤．回归宏观政治史讨论：百年纪念中围绕辛亥革命展开的几个焦点问题．湖北社会科学，2012（5）.

② 茅海建．中国近代政治史面对的挑战及其思考．史林，2006（6）.

③ 李细珠．清末政治史研究的宏观检讨．史学月刊，2013（2）.

④ 彭卫．21 世纪初的中国古代史研究．浙江大学学报（人文社会科学版），2014（1）.

⑤ 戴逸．简明清史：第一册．北京：人民出版社，1980：273；郑天挺．清史：上编．天津：天津人民出版社，2011：252.

治地位。这样的研究固然取得了突出、公认的成就，但如前所述，它忽视了军机处作为一种重要中枢机构的“国家”特点，缺少对其在国家各层面作用的分析。军机处最终在清末新政中演变为近代国家的“内阁”，也说明了它并非仅仅是皇权的附庸机构。

不仅对军机处的研究是如此，对清代其他重要制度、机构、事件的研究也都存在类似的问题。迄今为止，国内还没有对清代内阁、南巡、西师等重大问题进行精深研究的著作，即使有的问题得到初步研究，如奏折制度、理藩院等，也大多或失之简略，或还拘于以证明清代的皇权专制达到何等程度为目的的论证，缺乏贯通整个清朝国家构建的整体性视野。

“专制主义”是过去近百年中外学术界对中国古代政治体制的常用称谓，是一个人们对其习以为常、根本不用思考为什么会这么称呼它的词。虽然这种将“专制主义”的概念与中国相联系的做法是否起源于欧洲启蒙时代有关中国的大讨论，有待于进一步确定①，但显然，将传统中国视为一个专制社会，具有很强的共识性。这种思维惯性在很大程度上决定了政治史的各个专题研究，都不自觉地带上以论述“专制主义”为目的的色彩。而对清朝专制体制的论证，归根结底还是因为一种以推翻旧王朝为目的、否定其合法性的革命史观或隐或现地在起作用。

目前，国内很多学者开始重视在清代政治历史研究方面对“国家视角”的把握。高王凌在这一方面贡献突出。他在对中国18世纪的国家农业政策等问题进行研究时，非常注重采纳斯科特关于国家作用的理论。② 近年来，国内外学者对清初礼制确立过程的探讨，也成为论证清初国家构建的重要路径。例如，邱源媛的研究就非常具有说服力，她认为，清朝的宫廷礼仪是一种满汉并重的双轨制。从努尔哈赤到皇太极、

---

① 在这个问题上，国内学者曾有过较为激烈的争论。侯旭东曾于2008年发表《中国古代专制说的知识考古》一文，提出将中国与专制主义相联系的观点起源于启蒙时代。但这个观点受到黄敏兰、万昌华等人的批评。参见：侯旭东．中国古代专制说的知识考古．近代史研究，2008（4）；黄敏兰．质疑“中国古代专制说”依据何在：与侯旭东先生商榷．近代史研究，2009（6）；万昌华．一场偏离了基点的“知识考古”：侯旭东《中国古代专制说的知识考古》一文驳议．史学月刊，2009（9）。

② 高王凌．活着的传统：十八世纪中国的经济发展和政府政策．北京：北京大学出版社，2005.

顺治时期，清政权对汉人礼仪制度、文化的接受，经历了一个循序渐进的过程，是在坚持自己原有礼制的前提下逐渐接受汉人礼制的。“孰主孰辅，满洲统治者并没有一个清晰、成熟的认识”，“正是这种统治文化的不确定性，促使清王朝初步形成了满、汉两种礼乐制度并行的格局”。康雍乾时期，清朝在逐渐接受汉人礼仪文化、制度的过程中，也在很大程度上保留了满人的礼仪文化，并经过改造使之上升到与汉礼并立的国祀地位。① 和卫国在研究清朝治理浙江海塘问题时，注意到“国家视角”。他对清代历朝皇帝在浙江海塘修筑的过程进行了非常细致的考证、分析与阐述，力图揭示清政府治水活动的完整性和系统性，但他没有停留在水利史的研究层面。他指出，与清代后期政府在治水工程中的被动角色相比，18世纪时政府在公共工程中起着主导作用，发挥着具有现代意义的“政府角色”。②

也有国内学者已经开始把国家构建理论应用到探寻中国现代化国家的起源问题上，认为国家构建是介于近现代史研究的现代化范式与革命史范式之间的一种研究方向。这种研究也表现出对两种典型的国家能力的重视：一是国家能否直接控制赋税体制，二是国家能否直接掌握对基层的管理。这种考察多以清代作为传统背景，其研究时段主要集中在清末民初，其研究内容主要集中在晚清至民国时期中国“国家”管理基层能力的提高，即警察制度的建设和赋税直接征收能力的强化。③ 但显然，这些研究仍是在一种近代化视野下展开的，对清朝的国家性质存在一定程度的忽视，至少并没有把清朝作为一个国家整体来看待和研究。所以，我们要用国家构建理论来解释清代历史，就必须把清朝视为一个国家，整体性地解读其近三百年的历史。

“把国家带回来”是20世纪70年代以后，西达·斯考切波（Theda

① 邱源媛．清前期宫廷礼乐研究．北京：社会科学文献出版社，2012：229. 美国学者克礼（Macabe Kieliher）的《在礼者，行政法也：十七世纪政治分层与清朝行政秩序的构建》（摘自：复旦大学法律评论：第三辑．北京：法律出版社，2016：112－114）一文也阐明，在皇太极建立清朝时，礼仪制度成为他塑造政治秩序的文化体制，有助于厘清现存的权力关系，创造新的政治地位，塑造出新的特权阶级，由此而形成了清代的政治体制。

② 和卫国．治水政治：清代国家与钱塘江海塘工程研究．北京：中国社会科学出版社，2015.

③ 叶斌．中国近现代史研究中的国家构建问题．史林，2016（2）.

Skocpol）等学者开始提倡的一种“国家”的研究路径，以纠正过去过于注重以社会为核心的政治学研究。她在对比研究法国、俄国和中国的革命后，认为“国家”应该被看作一套行政和强制组织，国家在阶级控制和阶级利益面前具有潜在的自主性，因此，在解释社会革命时，必须把国家置于核心地位。她认为，清代中国君主专制国家能力在 19 世纪晚期被大大弱化，导致革命的爆发。国家自主性的结构要素是国家的行动和能力的体现，即国家能力（state capacity）。国家能力主要包括汲取能力、调控能力、强制能力、合法化能力，尤其是强调税收作为政权能力的核心，而战争则是促成国家能力的最主要因素。①

查尔斯·蒂利（Charles Tilly）也极大地推动了回到国家构建的这一研究趋势。他认为，国家是对暴力的控制，影响国家的形成的两个主要因素分别是战争和资本②，强化对基层社会的管理和顺畅的赋税汲取能力对国家来说至关重要。但蒂利侧重研究了欧洲民族国家的现代化进程，对非欧洲国家经验的参考比较缺乏。③ 弗朗西斯·福山对这种民族国家民主制度的最终效果在全世界范围内到底如何，进行了深刻反思。他认为，冷战以后直到 21 世纪，中亚、非洲等国家历史的发展证明，民主制度无法征服全世界，欧洲民族国家的经验并没有在其他地区的民族国家内得到复制，相反，亚、非、拉的很多国家仍处于战乱、贫穷状态，并且对民主国家的秩序形成了威胁。他意识到国家的能力才是保证一个国家经济发展、社会稳定繁荣的重要力量，因此他修改了历史已经终结的观点，认为国家构建，即强化一个国家的统治能力，加强政府的权威对其发展至关重要。即使是欧洲国家法律秩序的建立，也在相当大的程度上诉诸自上而下的强制或干预，王权的强大并非民主的对立物。④ 福山提出的“国家构建”（state building）这一概念，是指通过强

---

① 西达·斯考切波．国家与社会革命：对法国、俄国和中国的比较分析．何俊志，王学东，译．上海：上海人民出版社，2007：92.

② 查尔斯·蒂利．强制、资本与欧洲国家（公元 990—1992 年）．魏洪钟，译．上海：上海人民出版社，2012：34.

③ 刘义强，管宇浩．国家构建：为什么建构、建构什么与如何建构：兼论国内研究之不足．学习与探索，2015（6）.

④ 弗朗西斯·福山．政治秩序的起源：从前人类时代到法国大革命．毛俊杰，译．桂林：广西师范大学出版社，2014：387.

化国家威权、解决由于“国家”权力衰落而引发的各种社会问题。国家构建并不是指建立一个新的国家，而是强化国家现有的体制，使政府更加有所作为。“国家构建”不仅意味着创设新的政府体制，而且意味着强化现有的体制。① 这一理论关注的是如何集中权威和资源建构一个强大的国家，以实现政治安定、国家增能、行政有效的过程。虽然福山并不是要加强诸如中国等国家古代的专制权力，他甚至提出中国古代国家的威权不是过弱，而是过强，但其还是为我们更深刻地理解清朝国家政权在其疆域拓展过程中集权制度的发展，提供了一个比较恰当的角度和路径。

综合这些政治学家所阐释的国家构建理论，有两个重要的观点有助于我们观察清代历史：一是国家的整体性，这个特点提醒我们要走出社会史研究的碎片化，看到国家作为权力整体运行机制的作用，社会的发展状况终究是要受到国家政治的影响的。二是国家发展的历时性。国家构建是一个动态发展的过程，不是一蹴而就的，也不是一成不变的。国家为了适应国内外社会发展的新环境，往往会不断调整国家的制度、战略和运行机制，从而丧失了自身调节、自我强化的国家政权，继而面临衰败的命运。

从清朝疆域发展的角度来看，清朝是一个由满族领导的、多民族统一的国家政权，其政权的形成、国家构建的发展并非一蹴而就，而是一个动态的过程，至少经历了三个阶段。第一阶段是满人入关后联合汉人，借鉴、吸收明代之制度，承袭了中国传统大一统的政治局面，统一中原、江南等明朝所辖各省，各设督抚藩臬，分管一省之庶政。同时，在顺康之际，蒙、藏藩部地区次第归附清朝，蒙藏各部之爵制、划界、司法等庶政，完全由入关前已经成立的理藩院统辖。这是在入关前政体的基础上，形成的新的国家制度。第二阶段是经过康雍乾三代皇帝的努力，完成对西北、西南等边疆民族地区的统一，将蒙、藏、维等各族比较稳定地纳入政权体制之中，并调整国家机构，从而完成对多民族统一的国家的构建。第三阶段是从晚清 19 世纪 80 年代开始，以新疆、台湾建省为标志，进一步强化对边疆地区的管辖和治理，推动国家内部的

① 弗朗西斯 · 福山. 国家构建：21 世纪的国家治理与世界秩序. 黄胜强，许铭原，译. 北京：中国社会科学出版社，2007.

“同质化”进程。

因此，我们对清代政治史的理解，还不能仅仅停留在“专制”这个层面上。中国古代的各个王朝，都有着比较完善的国家机构，尤其是几个大一统王朝，其国家机构、制度的设置并非仅仅是为了皇权专制，而是为了更好地进行国家管理、国家治理。例如，历代王朝对边疆地区的治理，与皇权专制并不存在某种必然的联系，从大一统国家治理层面来理解这些边疆民族管理制度，会更加准确些，也有助于我们更好地总结历史规律。各个王朝的很多社会层面的管理、灾害瘟疫的应对等机制，也具有国家治理的色彩，而不是为了皇权专制。可见，仅仅关注皇权专制，必然会限制我们的视野，从而忽视每个王朝作为一个国家的特点。而且，十九届四中全会指明了国家治理体系现代化的方向，因此，注重“国家”概念在中国历史上的运用就显得很重要，唯有如此才能更科学地探寻历代王朝国家的制度变革与兴盛衰亡的内在规律。

主要参考文献

阿地力·艾尼. 清末边疆建省研究. 哈尔滨：黑龙江教育出版社，2012.

艾丽. 从文馆到内三院看清初政治选择. 武汉：华中师范大学，2008.

艾永明. 清代文官制度. 北京：商务印书馆，2003.

爱德华·麦科德. 清末湖南的团练和地方军事化. 周秋光，译. 湖南师大学报（社会科学），1989（8）.

安东强. 清代学政规制与皇权体制. 北京：社会科学文献出版社，2017.

安劭凡. 清末民初的政治继承与满汉关系浅析：以《清帝逊位诏书》为中心. 关东学刊，2016（5）.

巴斯蒂. 晚清官方的皇权观念. 贾宇琰，译. 开放时代，2001（1）.

白彬菊. 君主与大臣：清中期的军机处（1723—1820）. 董建中，译. 北京：中国人民大学出版社，2018.

白钢. 中国政治制度通史. 北京：人民出版社，1996.

白杰. 清末政坛中的肃亲王善耆. 满族研究，1993（2）.

白晋. 康熙皇帝. 赵晨，译. 刘耀武，校. 哈尔滨：黑龙江人民出版社，1981.

白拉都格其. 辛亥革命与贡桑诺尔布. 清史研究，2002（3）.

白莲教之余孽. 通问报，1910（418）.

白文刚，冀满红. 皖北乡土因素与淮系集团的发展. 安徽史学，

2004 (4).

白新良. 关于皇太极改旗问题的考察. 光明日报，1982－12－22.

白新良. 康熙朝进折人员考略. 历史档案，2005 (2).

白新良. 康熙朝诸皇子奏折考辨. 南开学报，2005 (5).

白新良. 论皇太极继位初的一次改旗. 南开史学，1981 (2).

白新良. 论乾隆的秘密建储. 故宫博物院院刊，1989 (2).

白新良. 满洲政权早期前四旗考. 南开史学，1983 (1).

白新良. 乾隆传位和太上皇生活. 紫禁城，1989 (1).

白新良. 清代中枢决策研究. 沈阳：辽宁人民出版社，2002.

白新良. 已刊康熙朝满汉文奏折正误. 清史研究，2003 (4).

柏桦. 明清州县官群体. 天津：天津人民出版社，2003.

宝成关. 略论光绪甲申朝局之变. 史学月刊，1988 (5).

宝成关. 奕䜣慈禧政争记. 长春：吉林文史出版社，1980.

宝音朝克图，刘朝辉. 关于清代科布多地区卡伦的若干问题. 西部蒙古论坛，2012 (2).

宝音朝克图. 清代北部边疆卡伦研究. 北京：中国人民大学出版社，2005.

宝音朝克图. 清代边防中的三种巡视制度解析："卡兵巡查"、"巡查卡伦"、"察边"之区别与联系. 清史研究，2003 (4).

宝音朝克图. 清代卡伦官兵的坐卡制度解析. 内蒙古大学学报（人文社会科学版），2004 (3).

宝音朝克图. 清代蒙古地区卡伦设置时间考：以漠北地区为中心. 河北师范大学学报（哲学社会科学版），2007 (2).

宝音朝克图. 清代蒙古捐纳初探. 西部蒙古论坛，2010 (2).

鲍家树. 第三只眼睛看辛亥：张鸣教授访谈录. 探索与争鸣，2011 (6).

贝华. 中国革命史. 上海：光明书局，1926.

伯琦. 军机处专门名词. 社会报，1943－06－14.

伯琦. 瓮牖杂辍：（上）、（中）、（下）. 社会报，1942－07－23、24、25.

蔡郕. 清代史论. 上海：上海会文堂书局，1915.

蔡和森. 义和团与国民革命. 向导，1924（81）.

蔡美彪. 大清国建号前的国号、族名与纪年. 历史研究，1987（3）.

蔡申之，等. 清代州县四种. 台北：文史哲出版社，1975.

蔡伟杰. 论金国初期满洲文化制度化与女真本位主义的形成. 中国边政，2006（168）.

曹春梅. 试论清代西藏的驻防制度及其历史作用. 西藏民族学院学报（哲学社会科学版），2005（2）.

曹木青. 关于"捻军"一名的简释. 历史教学，1956（10）.

曹新宇，黄兴涛. 欧洲称中国为"帝国"的早期历史考察. 史学月刊，2015（5）.

曹伊清. 法制现代化视野中的清末房地产契证制度：以南京地区房地产契证为范本的分析. 北京：法律出版社，2012.

岑大利. 雍正皇帝是否夺嫡//刘小萌. 世纪存疑：历史考古卷. 太原：山西人民出版社，2001.

查尔斯·蒂利. 强制、资本与欧洲国家（公元990—1992年）. 魏洪钟，译. 上海：上海人民出版社，2012.

忏庐. 清太后下嫁摄政王之上谕. 复兴月刊，1937，5（8）.

常建华. 从"新清史"研究看《乾隆朝满文寄信档译编》的史料价值. 历史档案，2011（1）.

常建华. 从西方文献看雍正帝继位的合法性. 天津师范大学学报（社会科学版），2017（2）.

常建华. 国家认同：清史研究的新视角. 清史研究，2010（4）.

常建华. 康熙朝的翰林轮值南书房. 紫禁城，2011（7）.

常建华. 雍正帝打击太监魏珠原因新探：魏珠其人其事考. 清史研究，2013（3）.

常书红. 辛亥革命前后的满族研究：以满汉关系为中心. 北京：社会科学文献出版社，2011.

常晓辉. 满族服饰与皇权. 满族研究，1994（3）.

常虚怀. 皇太极时期的世职制度. 湖南人文科技学院学报，2013（5）.

常越男. 家国之间：清初满洲八"著姓"研究. 北京：中国社会科

学出版社，2019.

潮龙起. 从清代闽粤的民间械斗看会党的滋生和暴力性质. 江苏社会科学，2009（6）.

陈柏萍. 康熙雍正时期青海驻军考述. 青海民族大学学报（社会科学版），2011，37（3）.

陈柏心. 中国地方选举制度之演变及今后改革意见. 复兴月刊，1935，3（10）.

陈彬，阜元. 论清代监察制度的两个问题. 四川师范学院学报（哲学社会科学版），1997（3）.

陈彬. 清代监察机关之管理. 西南民族学院学报（哲学社会科学版），2001（11）.

陈波. 西方“中华帝国”概念的起源（1516—1688）. 四川大学学报（哲学社会科学版），2017（5）.

陈波. 现代早期欧洲认定“中华帝国”的进程：以内外路径的交互影响为重点. 社会科学研究，2017（5）.

陈潮. 慈禧策动辛酉政变质疑. 复旦学报（社会科学版），1996（6）.

陈晨. 清代盛京巡察官考述. 历史档案，2018（3）.

陈晨. 巡察御史与雍正朝政治. 清史研究，2017（3）.

陈崇桥. 一八六〇年后陆军军制的演变. 辽宁大学学报（哲学社会科学版），1980（1）.

陈德鹏. 晚清河南巡抚研究. 北京：中国社会科学出版社，2017.

陈登元. 中国土地制度. 上海：商务印书馆，1932.

陈独秀. 我们对于义和团两个错误的观念. 向导，1924（81）.

陈峰. 绿营的低薪制与清军的腐败. 武汉大学学报（社会科学版），1989（2）.

陈锋. 清代军费研究. 武汉：武汉大学出版社，1992.

陈锋. 清代绿营“名粮”制度述论. 社会科学辑刊，1992（6）.

陈顾远. 中国法制史. 上海：商务印书馆，1934.

陈光中，杨芹. 中国古代监察法律的历史演变：以清代“台规”为重点的考察. 甘肃社会科学，2018（5）.

陈国栋. 清代内务府包衣三旗人员的分类及其旗下组织：兼论一些有关包衣的问题//陈国栋. 清代前期的粤海关与十三行. 广州：广东人民出版社，2014.

陈汉光. 台澎水师职官表. 台湾文献，1968，19 (2).

陈汉光. 台湾南北路各营职官表. 台湾文献，1968，19 (4).

陈汉光. 台湾镇标、道标、城守营职官表. 台湾文献，1968，19 (1).

陈佳华，傅克东. 八旗汉军考略. 民族研究，1981 (5).

陈佳华，傅克东. 八旗建立前满洲牛录和人口初探. 中央民族大学学报，1981 (1).

陈佳华. 清初四百牛录考释. 黑龙江文物丛刊，1984 (3).

陈剑平. 清代新疆兵制的变迁. 新疆师范大学学报（哲学社会科学版），2006 (3).

陈剑平. 清代新疆卡伦的体系构成. 北方民族大学学报（哲学社会科学版），2014 (4).

陈绛，杨苏荣. 论辛酉政变. 复旦学报（社会科学版），1987 (5).

陈捷先. 从清初中央建置看满洲汉化//陈捷光. 清史论集. 台北：东大图书股份有限公司，1997.

陈捷先. 多尔衮称“皇父摄政王”研究. 台湾故宫文献，1970，1 (2).

陈捷先. 后金领旗贝勒略考. 故宫文献，1969 (1).

陈捷先. 顺治写真. 北京：商务印书馆，2011.

陈金陵. 南书房. 清史研究通讯，1985 (2).

陈俱. 丁日昌在台湾建省过程中的贡献//台湾建省与抗日战争研究：纪念抗日胜利六十周年暨台湾建省一百二十周年学术研讨会论文集. 厦门：鹭江出版社，2008.

陈开科. 俄总领事与清津海关道：从刻本史料看同治年间地方层面的中俄交涉. 中国社会科学，2012 (4).

陈克进，滕绍箴. 略论皇太极的历史作用. 社会科学辑刊，1982 (2).

陈宽强. 清代捐纳制度. 台北：台湾政治大学政治研究所，1968.

陈力. 八旗汉军成因考论. 兰台世界，2013（21）.

陈力. 清初改旗制度研究. 黑龙江民族丛刊，2017（2）.

陈青之. 中国教育史. 上海：商务印书馆，1936.

陈生玺. 蒙古八旗与汉军八旗建立的过程. 史学月刊，1988（6）.

陈天锡. 清代不成文之幕宾门丁制度. 宪政论坛，1967，13（2）.

陈文石. 明清政治社会史论. 台北：台湾学生书局，1991.

陈文石. 清太宗时代的重要政治措施. "中央研究院"历史语言研究所集刊，1968（1）.

陈希豪. 新疆史地及社会. 南京：正中书局，1947.

陈熙远. 皇帝的最后一道命令：清代遗诏制作、皇权继承与历史书写. 台大历史学报，2004（33）.

陈曦. 论清代云南的屯田. 学术探索，2006（5）.

陈旭麓. 近代中国社会的新陈代谢. 上海：上海人民出版社，1992.

陈旭麓. 辛亥革命. 上海：上海人民出版社，1955.

陈衍. 石遗室诗话. 沈阳：辽宁教育出版社，1998.

陈一石. 清代成都满蒙族驻防八旗概述. 西南民族学院学报（哲学社会科学版），1981（3）.

陈一石. 清代成都驻防八旗再探. 西南民族学院学报（哲学社会科学版），1983（2）.

陈轶欧. 八旗满洲官宦世家探论：以富察氏家族为例. 大连：辽宁师范大学，2010.

陈寅恪. 陈寅恪集：寒柳堂集. 2版. 北京：生活・读书・新知三联书店，2009.

陈勇. 清季粤海关库款侵蚀案及其治理：兼论税务司制度对监督制度的影响. 安徽史学，2016（3）.

陈垣. 陈垣学术论文集. 北京：中华书局，1980.

陈垣. 顺治皇帝出家//陈垣. 陈垣学术论文集. 北京：中华书局，1980.

陈在正. 台湾建省方案形成过程的考察. 历史研究，1987（5）.

陈章. 东亚视野下的"侍卫"：清代侍卫制探源. 南京大学学报（哲学・人文科学・社会科学），2018（3）.

陈章. 论清代 hiya 与 giyajan. 满语研究，2016（1）.

陈章. 满汉殊途，近御治国：侍卫系统与清代中枢政治关系初探. 北京社会科学，2019（4）.

陈章. 清代回回侍卫家族考略：以仪真杨家、河间哈家、宁夏马家为例. 青海民族研究，2018（4）.

陈章. 试论清代的“汉侍卫”家族. 史林，2018（2）.

陈振国. 近二十年来清代马政研究综述. 通化师范学院学报，2012（7）.

陈振国. 困厄中的挣扎：清朝中叶之后的马政. 青海社会科学，2009（4）.

陈振江. 义和团几个问题的辨析. 历史研究，1981（1）.

陈志让. 乱世奸雄袁世凯. 傅志明，鲜于浩，译. 长沙：湖南人民出版社，1988.

陈自新. 隆裕太后与清帝退位. 文史精华，2012（2）.

陈宗舜. 末代皇父载沣. 哈尔滨：北方文艺出版社，1987.

陈祖恩. 湘军水师与近代海军. 史学月刊，1984（3）.

成本俊. 曾国藩的军人精神教育思想. 九政月刊，1940.

成惕轩. 顾亭林的县政改革论. 三民主义半月刊，1944，4（10）.

成晓军. 曾国藩的幕僚们. 上海：东方出版中心，2000.

程必定. 刘铭传与台湾建省. 合肥：黄山书社，2007.

程大鲲. 清代诰敕命制度探析//赵志强. 满学论丛：第一辑. 沈阳：辽宁民族出版社，2011.

程大鲲. 清代宗室贵族的封爵与谥号. 兰台世界，1997（4）.

程大鲲. 清代宗室贵族谥号考. 满族研究，2004（3）.

程大鲲. 清代宗室郡王封谥考. 满语研究，2000（1）.

程大鲲. 清代宗室亲王之封谥. 满语研究，1997（2）.

程方. 中国县政概论. 上海：商务印书馆，1939.

程树德. 中国法制史. 上海：华通书局，1931.

池晓宁. 清代军机章京制度研究. 北京：中国人民大学，2018.

迟云飞. 清末预备立宪研究. 北京：中国社会科学出版社，2013.

迟云飞. 清末最后十年的平满汉畛域问题. 近代史研究，2001（5）.

迟庄．清代之幕宾门丁．大陆杂志，1952，5（2）．

饬缉白莲教匪徒．顺天时报，1908（1802）．

春杨．晚清乡土社会民事纠纷调解制度研究．北京：北京大学出版社，2009．

崔岩．从乾隆诗看清帝国的汉化．云南社会科学，2012（5）．

崔岩．从御制诗论乾隆帝的文化认同：兼谈清朝的汉化//汪荣祖．清帝国性质的再商榷：回应“新清史”．台北：“国立中央”大学出版中心，2014．

崔运武．辛亥革命与中国教育的近代化．河北学刊，1991（5）．

崔之清．晚清台湾建省考论//台湾建省与抗日战争研究：纪念抗日胜利六十周年暨台湾建省一百二十周年学术研讨会论文集．厦门：鹭江出版社，2008．

崔志海．当代中国晚清政治史研究．北京：中国社会科学出版社，2017．

崔志海．近三年来晚清政治史研究回顾．史林，2012（5）．

崔志海．近十年来的国内晚清政治史研究．兰州学刊，2020（5）．

崔志海．摄政王载沣驱袁事件再研究．近代史研究，2011（6）．

崔志海．晚清史研究百年回眸与反思．史学月刊，2017（8）．

崔志海．晚清政治史研究70年回眸与展望．史林，2019（4）．

达力扎布．蒙古史纲要．北京：中央民族大学出版社，2011．

戴博文．伍廷芳与清帝退位优待问题之研究．黑龙江史志，2015（12）．

戴建兵．清代的府县．天津：天津古籍出版社，2018．

戴维·法夸尔．满族蒙古政策的起源//费正清．中国的世界秩序：传统中国的对外关系．北京：中国社会科学出版社，2010．

戴炎辉．清代台湾之乡治．台北：联经出版事业公司，1979．

戴逸．慈禧、奕䜣斗法记．光明日报，1962－08－27．

戴逸．关于天地会的若干问题：答魏建猷先生．文汇报，1961－01－20．

戴逸．简明清史：第一册．北京：人民出版社，1980．

戴逸．简明清史：第二册．北京：人民出版社，1984．

戴逸．论乾隆．清史研究，1992（1）．

戴逸．清代人物研究．北京：故宫出版社，2013.

戴逸．清史．北京：中国大百科全书出版社，2010.

戴逸．戊戌变法中袁世凯告密真相．江淮文史，2010（6）．

戴逸．戊戌年袁世凯“告密”真相及袁和维新派的关系．清史研究，1999（1）．

戴逸．辛亥革命开启了中国现代化的新纪元．瞭望新闻周刊，2001（42）．

戴迎华．清末民初旗民生存状态研究．北京：人民出版社，2010.

单士元．清代奏事处考略．文献论丛．1948（10）．

单士元．史论丛编：单士元集：第四卷．北京：紫禁城出版社，2009.

党为．美国新清史三十年：拒绝汉中心的中国史观的兴起与发展．上海：上海人民出版社，2012.

稻叶君山．清朝全史．但焘，译订．上海：上海社会科学院出版社，2006.

邓珂．谈谈内阁大库档案，文物，1959（9）．

邓孔昭．试论刘铭传的台湾建省方案．台湾研究集刊，2005（4）．

邓诗熙．清代本章制度之改题为奏考．史学集刊，1937（3）．

邓嗣禹．行省的意义与演变．禹贡，1935，3（10）．

邓小军．《敕住善果旅庵月和尚奏对录》：有关顺治出家的重要原始文献．云南大学学报（社会科学版），2019（3）．

邓小军．董小宛入清宫与顺治出家考．上海：华东师范大学出版社，2018.

邓小南．宋代政治史研究的“再出发”．历史研究，2009（6）．

邓小南．祖宗之法：北宋前期政治述略（修订版）．北京：生活·读书·新知三联书店，2014.

邸永君．清代翰林院制度．2版．北京：社会科学文献出版社，2007.

邸永君．清代满蒙翰林群体研究．哈尔滨：黑龙江人民出版社，2005.

刁书仁. 清代八旗驻防与东北社会变迁. 北京：科学出版社，2017.

刁书仁. 试论清末东北八旗体制的变化. 吉林师范学院学报，1995（2）.

刁振娇. 清末地方议会制度研究. 上海：上海人民出版社，2008.

丁海斌. 浅谈清内阁档案的利用. 辽宁大学学报（哲学社会科学版），1987（1）.

丁健. 清季袁世凯开缺问题研究. 中国国家博物馆馆刊，2015（1）.

丁名楠. 十九世纪六十至九十年代清朝统治集团最高层内部斗争概述. 近代史研究，1982（1）.

丁名楠. 义和团运动评价中的几个问题. 文史哲，1981（1）.

丁先俊，陈铮. 唐绍仪与辛亥南北议和. 历史研究，1990（3）.

丁贤俊，闻少华. 辛亥革命时期的一个投降派：汪精卫. 吉林大学社会科学学报，1975（6）.

丁贤俊. 论孙中山与伍廷芳. 近代史研究，1987（4）.

丁向荣. 辛亥革命与中国的近代化历程. 宁夏大学学报（社会科学版），1991（4）.

丁元普. 中国法制史. 上海：上海法学编译社，1930.

定宜庄，郭松义，李中清，等. 辽东移民中的旗人社会：历史文献、人口统计与田野调查. 上海：上海社会科学院出版社，2004.

定宜庄，胡鸿保. 被译介的“新清史”：以“族”为中心的讨论//刘凤云，董建中，刘文鹏. 清代政治与国家认同. 北京：社会科学文献出版社，2012.

定宜庄，胡鸿保. 清代内务府高佳世家的婚姻圈. 清史研究，2005（3）.

定宜庄，欧立德. 21世纪如何书写中国历史：“新清史”研究的影响与回应//彭卫. 历史学评论：第1卷. 北京：社会科学文献出版社，2013.

定宜庄. 对美国学者近年来研究中国社会史的回顾. 中国史研究动态，2000（9）.

定宜庄. 美国学者近年来对满族史与八旗制度史的研究简述. 满族研究，2002（1）.

定宜庄. 美国学者有关清史与满族史研究的两部新著. 中国史研究动态，2002（5）.

定宜庄. 乾隆朝驻防汉军出旗浅议. 清史研究通讯，1990（3）.

定宜庄. 清代八旗驻防将军兼统绿营的问题. 中国史研究，2003（4）.

定宜庄. 清代八旗驻防研究. 沈阳：辽宁民族出版社，2003.

定宜庄. 清代绿营中的八旗官兵//王锺翰. 满族历史与文化. 北京：中央民族大学出版社，1996.

定宜庄. 由美国的“新清史”研究引发的感想. 清华大学学报（哲学社会科学版），2008（6）.

定宜庄. 有关清代八旗与绿营关系的两个问题//朱诚如. 清史论集：庆贺王锺翰教授九十华诞. 北京：紫禁城出版社，2003.

冬青. 曾国藩的一生. 山东师范大学学报（人文社会科学版），1983（1）.

董蔡时，王建华. 论甲午战争时期帝党和言官的“倒李”斗争. 清史研究，1994（4）.

董蔡时. 试论反革命地主武装“湘军”的组成及其反动作用. 文史哲，1958（11）.

董蔡时. 试论李鸿章创建淮军及其初步发展. 安徽史学，1986（1）.

董丛林. 胡林翼与湘系势力的崛起. 近代史研究，1987（4）.

董丛林. 晚清三大军政集团的“环链关系”说略. 光明日报，2014-08-27（14）.

董丛林. 晚清湘系势力的崛起与社会结构变动说略//常建华. 中国社会历史评论：第7卷. 天津：天津古籍出版社，2006.

董建中. 从大统授受看雍正继位之谜//杨念群. 澹澹清川：戴逸先生九秩华诞纪念文集. 北京：中国人民大学出版社，2016.

董力. 近现代中国责任内阁体制研究. 武汉：武汉大学，2012.

董琳，杨晓梅. 清代新疆台站与古今交通地名. 新疆师范大学学报（自然科学版），2001（4）.

独秀. 辛亥革命与国民党. 向导，1924（86）.

杜华. 国家构建理论与美国政治史研究的新趋势. 史学理论研究，

2015 (1).

杜家骥，张振国. 清代内务府官制的复杂性及其特点. 南开学报（哲学社会科学版），2008 (4).

杜家骥. 八旗与清朝政治论稿. 北京：人民出版社，2008.

杜家骥. 杜家骥讲清代制度. 天津：天津古籍出版社，2014.

杜家骥. 对清代议政王大臣会议的某些考察//中国社会科学院历史研究所清史研究室. 清史论丛：第七辑. 北京：中华书局，1986.

杜家骥. 关于清太宗兼并正蓝旗问题的考察//南开大学古籍与文化研究所. 纪念南开大学建校八十周年暨古籍所成立十六周年文史论集. 天津：南开大学出版社，1999.

杜家骥. 清朝满蒙联姻研究. 北京：人民出版社，2003.

杜家骥. 清朝满族的皇家宗法与其皇位继承制度. 清史研究，2005 (1).

杜家骥. 清初两白旗主多尔衮与多铎换旗问题的考察. 清史研究，1998 (3).

杜家骥. 清代"议政处"考略. 清史研究，1991 (3).

杜家骥. 清代八旗的查旗御史//赵志强. 满学论丛：第一辑. 沈阳：辽宁民族出版社，2011.

杜家骥. 清代八旗官制与行政. 北京：中国社会科学出版社，2015.

杜家骥. 清代八旗管领与"辛者库"问题//支运亭. 八旗制度与满族文化. 沈阳：辽宁民族出版社，2002.

杜家骥. 清代八旗领属问题考察. 民族研究，1987 (5).

杜家骥. 清代八旗制度中的"抬旗". 史学集刊，1991 (4).

杜家骥. 清代八旗制度中的值年旗. 历史教学，2011 (11).

杜家骥. 清代的查旗御史//赵志强. 满学论丛：第一辑. 沈阳：辽宁民族出版社，2011.

杜家骥. 清代的世子长子问题. 清史研究，2013 (4).

杜家骥. 清代的宗室封爵及其等级差别的特殊性. 满族研究，1997 (1).

杜家骥. 清代东北锡伯族的编旗及其变迁. 求是学刊，2006 (3).

杜家骥. 清代督、抚职掌之区别问题考察. 史学集刊，2009 (6).

杜家骥. 清代官员选任制度述论. 清史研究, 1995 (2).

杜家骥. 清代宗室分封制述论. 社会科学辑刊, 1991 (4).

杜家骥. 清皇族与国政关系研究. 台北: 五南图书出版有限公司, 1998.

杜家骥. 清入关前的分封制综论. 学习与探索, 1998 (3).

杜家骥. 清入关前的议政处所及八旗亭. 北方文物, 1998 (4).

杜家骥. 清入关前皇族之尊称、爵名及相关诸问题考述//柏桦. 庆祝王锺翰教授八十五暨韦庆远教授七十华诞学术论文合集. 合肥: 黄山书社, 1999.

杜家骥. 清太宗出身考. 史学月刊, 1998 (5).

杜家骥. 清太宗嗣位与大妃殉葬及相关问题考辨. 清史研究, 1997 (3).

杜家骥. 顺治朝八旗统领关系变化考察. 南开史学, 1996 (5).

杜家骥. 天命后期八旗旗主考析. 史学集刊, 1997 (2).

杜志明. 论南书房与康雍时期的政治. 湖北第二师范学院学报, 2011, 28 (7).

杜志明. 论清代内阁制度的非宰相性质. 广西社会科学, 2011 (7).

杜志明. 明清内阁制度比较研究. 兰州: 兰州大学, 2006.

杜志明. 内阁"清沿明制"辩证. 安顺学院学报, 2011, 13 (4).

段伟. 清代湖北、湖南两省的形成: 兼论分闱与分省的关系. 清史研究, 2009 (2).

段伟. 清代江南、湖广、陕甘分省标准的异同. 中国地方志, 2013 (4).

段志强. 从"用夏变夷"到"进于文明": 重审思想史中的"汉化"概念. 复旦学报 (社会科学版), 2018 (2).

樊百川. 淮军史. 成都: 四川人民出版社, 1994.

樊百川. 辛亥革命是儒法斗争吗?. 历史研究, 1977 (1).

樊树志. 论清世宗. 复旦学报 (社会科学版), 1979 (4).

范传南, 李媛. 乾隆朝八旗汉军出旗原因论析. 理论观察, 2014 (11).

范传南. 乾隆朝八旗汉军出旗标准刍议. 历史教学, 2010 (6).

范朴斋. 略论前清吏胥：对前清“绍兴师爷”和“书办”的介绍. 光明日报，1957-01-01.

范文澜. 汉奸刽子手曾国藩的一生. 张家口：新华书店晋察冀分店，1945.

范文澜. 中国近代史：上册. 9版. 北京：人民出版社，1955.

方瑞丽. 略论清代的档案管理. 河南大学学报（社会科学版），1997，37（6）.

方维规. “中国”意识何以生成：勘测“新清史”的学术地层及其周边构造. 探索与争鸣，2018（6）.

方银儿. 徐世昌与东北建省. 历史教学问题，1995（5）.

方英. 淮军研究及其历史文化资源利用. 安徽史学，2011（6）.

方志钦. 辛亥革命是彻底革封建帝制的命. 广东社会科学，1992（3）.

费孝通. 中国绅士. 北京：中国社会科学出版社，2006.

封志明. 湘军在中国近代史上的地位. 扬州师院学报（社会科学版），1988（2）.

锋晖. 甘肃八旗驻防的历史变迁及战略地位. 宁夏社会科学，2018（1）.

冯尔康. 从历史长河看雍正帝地位//冯尔康. 清代人物三十题. 长沙：岳麓书社，2012.

冯尔康. 从召见臣工看道光帝、咸丰帝的理政和性格：以召见张集馨、段光清为例. 江汉论坛，2005（4）.

冯尔康. 康熙朝的储位之争和胤禛的胜利. 故宫博物院院刊，1981（3）.

冯尔康. 康雍间殿试策问之题目与时政：兼述康雍二帝性格. 社会科学战线，2008（1）.

冯尔康. 乾隆初政与乾隆帝性格. 天津师范大学学报（社会科学版），2007（3）.

冯尔康. 清史史料学：第二册. 北京：故宫出版社，2013.

冯尔康. 清史研究与政治. 史学月刊，2005（3）.

冯尔康. 雍正传. 北京：人民出版社，2014.

冯帆. 晚清民国时期民间仓储制度的延续与嬗变：以四川新津县为例. 江汉论坛，2016（7）.

冯来仪. 学术探讨：义和团运动的新评价（附表）. 新建设，1941，2（2）.

冯绍. 清代军制演进及其得失. 三军联合月刊，1963，1（3）.

冯锡时. 略述清代西北地区的卡伦. 新疆大学学报（哲学社会科学版），1978（1）.

冯贤亮. 明清江南的州县行政与地方社会研究. 上海：上海古籍出版社，2015.

冯元魁，程翌康. 略论清朝内阁的职掌与机制. 上海师范大学学报，1989（2）.

冯元魁. 军机处与清朝的封建专制制度. 学术月刊，1981（10）.

冯元魁. 清朝的议政大臣制. 上海师范大学学报，1987（1）.

冯元魁. 清朝皇嗣制度的演革. 社会科学，1982（7）.

冯智. 清朝用兵驻兵西藏制度的形成、发展和影响. 西藏研究，2005（2）.

冯自由. 革命逸史. 上海：商务印书馆，1939.

弗朗西斯・福山. 国家构建：21 世纪的国家治理与世界秩序. 黄胜强，许铭原，译. 北京：中国社会科学出版社，2007.

弗朗西斯・福山. 政治秩序的起源：从前人类时代到法国大革命. 毛俊杰，译. 桂林：广西师范大学出版社，2014.

复旦大学历史资料室. 中国近代史论著目录 1949—1979. 上海：上海人民出版社，1980.

傅德元. 李鸿章与保定淮军昭忠祠公所. 河北师范大学学报（哲学社会科学版），2006，29（6）.

傅德元. 李鸿章与淮军昭忠祠. 安徽史学，2006（3）.

傅克东，陈佳华. 清代前期的佐领. 社会科学战线，1982（1）.

傅克东，陈佳华. 佐领述略//中国社会科学院民族研究所. 满族史研究集. 北京：中国社会科学出版社，1988.

傅克东. 八旗户籍制度初探. 民族研究，1983（6）.

傅克东. 从内佐领和管领谈到清代辛者库人. 清史研究通讯，

1986 (3).

傅克东. 后金设立蒙古二旗及漠南牧区旗新探. 民族研究, 1988 (2).

傅礼白. 康雍乾时期的奏折制度. 文史哲, 2002 (2).

傅林祥. 江南、湖广、陕西分省过程与清初省制的变化. 中国历史地理论丛, 2008, 23 (2).

傅林祥. 清代的次县级政权与辖区//孙进己. 东北亚历史地理研究. 郑州: 中州古籍出版社, 1994.

傅林祥. 清代江苏建省问题新探. 清史研究, 2009 (2).

傅林祥. 清康熙六年后守巡道性质探析. 社会科学, 2010 (8).

傅林祥. 清康熙六年前守巡道制度的变迁//中国地理学会历史地理专业委员会,《历史地理》编辑委员会. 历史地理: 第 25 辑. 上海: 上海人民出版社, 2011.

傅林祥. 清雍正年间的次县级行政机构及其职能探析. 清史研究, 2011 (2).

傅林祥. 晚明清初督抚辖区的"两属"与"兼辖". 安徽大学学报(哲学社会科学版), 2010 (5).

傅林祥. 政区·官署·省会: 清代"省名"含义辨析. 中国历史地理论丛, 2011, 26 (1).

傅纬平. 本国史: 第四册. 上海: 商务印书馆, 1933.

傅宗懋. 清代军机处组织及职掌之研究. 台北: 嘉新水泥公司文化基金会, 1967.

傅宗懋. 清代文官内升外补制度之研究. 中国行政, 1980 (30).

傅宗懋. 清代总理衙门与军机处之关系//"中华文化复兴运动"推行委员会. 中国近代现代史论集: 第七编. 台北: 台湾商务印书馆, 1985.

甘德星. 康熙遗诏中所见大清皇帝的中国观//汪荣祖. 清帝国性质的再商榷: 回应"新清史". 台北: "国立中央"大学出版中心, 2014.

甘德星. 满洲汉化: 台湾乾隆御碑研究//中国社会科学院近代史研究所政治史研究室. 清代满汉关系研究. 北京: 社会科学文献出版社, 2011.

甘德星. 孰是孰非：欧立德《乾隆帝》一书中满文翻译的商榷. 编译论丛，2019，12（1）.

高波. 晚清京师政治中“同治”话语的形成与变异. 清史研究，2018（4）.

高尔松. 义和团运动：纪念九七国耻而作. 五九，1925（9/10）.

高峰. 清代军事之腐败. 新华报，1944-12-05.

高凤岐. 关于八旗若干问题考//傅波. 清前史论丛. 沈阳：辽宁人民出版社，1994.

高厚德，许梦瀛. 翰林院制度考. 教育学报，1941（6）.

高进. 努尔哈赤确立八王共治制度心理问题研究. 北方文物，2003（2）.

高劳. 辛亥革命史. 上海：商务印书馆，1923.

高劳. 辛亥革命史. 台北：文海出版社，1967.

高全喜. 政治宪法学视野中的清帝《逊位诏书》. 环球法律评论，2011（5）.

高山. “上三旗”到底是哪三旗. 中国史研究，1990（1）.

高王凌. 活着的传统：十八世纪中国的经济发展和政府政策. 北京：北京大学出版社，2005.

高维嶽. 太平天国革命期间湖北农民起义活动初探. 武汉师范学院（哲学社会科学版），1979（2）.

高翔. 从翰林入直到南书房的设立：略论清初非制度化决策机构. 中国社会科学报，2007-04-19.

高翔. 略论清朝中央权力分配体制：对内阁、军机处和皇权关系的再认识. 中国史研究，1997（4）.

高翔. 也论军机处、内阁和专制皇权：对传统说法之质疑，兼析奏折制之源起. 清史研究，1996（2）.

高一涵. 中国内阁制度的沿革. 国立北京大学社会科学季刊，1925，3（4）.

高一涵. 中国内阁制度的沿革. 上海：商务印书馆，1930.

高一涵. 中国御史制度的沿革. 上海：商务印书馆，1926.

高照明. 湘军与晚清文化秩序的重建. 东南文化，1997（1）.

高仲和. 北征纪略//中国人民政治协商会议湖北省暨武汉市委员会，中国社会科学院近代史研究所，湖北省博物馆，武汉市档案馆. 武昌起义档案资料选编：上卷. 武汉：湖北人民出版社，1981.

葛生华. 试论明清时期的监察制度. 兰州学刊，1991（1）.

葛兆光，徐文堪，汪荣祖，等. 殊方未远：古代中国的疆域、民族与认同. 北京：中华书局，2016.

葛兆光. 名实之间：有关“汉化”、“殖民”与“帝国”的争论. 复旦学报（社会科学版），2016（6）.

耿夫孟. 问题解答. 历史教学，1954（10）.

公丕祥. 清末法制改革与中国法制现代化. 江苏社会科学，1994（6）.

公孙訇. “辛酉政变”与“借师助剿”：兼评肃顺等人. 河北学刊，1983（3）.

公一兵. 江南分省考议. 中国历史地理论丛，2002，17（1）.

宫健泽，王景泽. 早期蒙古旗制再探. 黑龙江民族丛刊，2007（6）.

宫崎市定. 论辛亥革命. 傅仲涛，译//中国科学院近代史研究所资料编译组. 外国资产阶级是怎样看待中国历史的·资本主义国家反动学者研究中国近代历史的论著选译：第二卷. 北京：商务印书馆，1962.

宫崎市定. 清代的胥吏和幕友//刘俊文. 日本学者研究中国史论著选译：第六卷. 北京：中华书局，1993.

宫崎市定. 雍正帝：中国的独裁君主. 孙晓莹，译. 北京：社会科学文献出版社，2016.

龚浩. 清代兵制之兴废得失. 军事杂志，1980，49（3）.

龚书铎，吴效马. 革命是褒词还是贬词?：从对辛亥革命的评价谈起. 求是，1996（6）.

龚书铎. 辛亥革命时期的资产阶级改良派. 北京师范大学学报（社会科学），1963（4）.

龚书铎. 袁世凯之案翻不得. 文史天地，2003（5）.

龚云. 20世纪中国近代史研究的政治取向. 武汉：华中科技大学出版社，2018.

龚自珍. 龚自珍全集. 上海：上海人民出版社，1975.

苟德仪.“海关道”内涵考释. 西昌学院学报（社会科学版），2009，21（4）.

苟德仪. 清代川东道的辖区与职能演变：兼论地方行政制度中道的性质. 中国历史地理论丛，2008（3）.

苟德仪. 清代道台衙门的书吏与差役：以川东道衙为考察中心. 历史档案，2012（2）.

辜鸿铭，孟森. 清代野史：第一辑. 成都：巴蜀书社，1987.

古工. 那拉氏（慈禧）祸国殃民的罪行. 文物，1977（3）.

古鸿廷. 清代官制研究. 台北：五南图书出版公司，1999.

故宫博物院明清档案部. 关于江宁织造曹家档案史料. 北京：中华书局，1975.

故宫博物院明清档案部. 义和团档案史料：上册. 北京：中华书局，1959.

顾松洁. 清代八旗驻防协领刍议. 吉林师范大学学报（人文社会科学版），2017（1）.

关汉华. 清代监察官员考选制度述论. 广东社会科学，2002（6）.

关克笑. 牛录、固山（旗）编建时间考. 满族研究，1997（3）.

关文发. 嘉庆帝. 长春：吉林文史出版社，1993.

关晓红. 从幕府到职官：清季外官制的转型与困扰. 北京：生活·读书·新知三联书店，2014.

关晓红. 清代取士选官辨异. 学术研究，2017（11）.

关晓红. 清季督抚文案与文案处考略. 近代史研究，2006（3）.

关晓红. 清末州县考绩制度的演变. 清史研究，2005（3）.

关孝廉. 清康熙朝满文朱批奏折刍议. 历史档案，1994（1）.

关孝廉. 再论奏折起源及其特点//中国第一历史档案馆. 明清档案与历史研究论文集：上册. 北京：中国友谊出版公司，2000.

关学增. 近代中国官员选任制度及其得失. 史学月刊，1997（5）.

管守新. 清代新疆的军府制度研究. 乌鲁木齐：新疆大学出版社，2002.

广东省社会科学院历史研究室. 廖仲恺集. 2版. 北京：中华书局，1983.

广西会党. 中国白话报，1904（21－24）.

郭成康. 18 世纪的中国与世界：政治卷. 沈阳：辽海出版社，1999.

郭成康. 康乾之际禁南洋案探析：兼论地方利益对中央决策的影响. 中国社会科学，1997（1）.

郭成康. 清朝皇帝的中国观. 清史研究，2005（4）.

郭成康. 清初蒙古八旗考释. 民族研究，1986（3）.

郭成康. 清初牛录的类别. 史学集刊，1985（4）.

郭成康. 也谈满族汉化. 清史研究，2002（2）.

郭成康. 雍正密谕浅析：兼及军机处设立的时间. 清史研究，1998（1）.

郭登. 顾亭林先生的县政改革论. 华夏，1946，1（1）.

郭冠杰. 清朝地方官制之略述. 社会科学论丛，1931，3（11/12）.

郭冠杰. 清朝地方自治制度之略述. 社会科学论丛，1932，4（3）.

郭国祥，田春艳. 关于“告别辛亥革命论”的几点思考. 华南理工大学学报（社会科学版），2013，15（2）.

郭辉. 记忆史视野下的辛亥革命研究：评《辛亥革命的百年记忆与诠释》. 北大史学，2012（17）.

郭剑林. 略论湘军、淮军与北洋军的发展变化及其特点//吴信忠，张云. 中国近代军事思想和军队建设. 北京：军事科学出版社，1990.

郭剑林. 徐世昌与小站练兵. 历史教学，1995（9）.

郭军连. 清朝入关前八旗领主分封体制研究. 沈阳：辽宁大学，2014.

郭鹏. 北京大学对清代内阁大库档案的整理及其启示. 山西档案，2016（6）.

郭琪. 身兼数职的江南三织造. 中国档案，2014（12）.

郭润涛. 官府、幕友与书生：“绍兴师爷”研究. 北京：中国社会科学出版社，1996.

郭润涛. 试论清代州县衙门设置幕府的原因. 学术研究，1990（4）.

郭润涛. 中国幕府制度的特征、形态和变迁. 中国史研究，1997（1）.

郭世佑. 毛泽东的革命史观与中国近代史研究. 社会科学战线，1995（3）.

郭世佑. 辛亥革命阶级基础再认识：兼论海峡两岸学者关于辛亥革命性质的意见分歧. 中国社会科学，1992（3）.

郭松义，等. 清朝典章制度. 长春：吉林文史出版社，2001.

郭松义，李新达，李尚英. 清朝典制. 长春：吉林文史出版社，1993.

郭松义，李新达，杨珍. 中国政治制度通史：清代卷. 北京：人民出版社，1996.

郭太风. 八旗绿营俸饷制度初探. 复旦学报（社会科学版），1982（4）.

郭太风. 解协饷制度的演化对清朝统治机制的影响. 华东师范大学学报，1987（3）.

郭廷以. 太平天国史事日志. 上海：商务印书馆，1946.

郭卫东. 光绪帝位危机与外国干预. 故宫博物院院刊，1993（4）.

郭卫东. “己亥建储”若干问题考析. 北京大学学报（哲学社会科学版），1990（5）.

郭卫东. 甲申政潮与中法战争. 上海师范大学学报（哲学社会科学版），1988（3）.

郭卫东. 困厄的处境：晚清政府平复满汉畛域政策的矛盾//赵志强. 满学论丛：第二辑. 沈阳：辽宁民族出版社，2012.

郭卫东. 两端合作：戊戌时期的“帝党”与“康党”. 杭州师范大学学报（社会科学版），2018（5）.

郭卫东. 略论慈禧的三次立嗣. 社会科学战线，1990（2）.

郭卫东. 论光绪朝的继统之争. 清史研究，2009（1）.

郭卫东. 日本帝国主义与宗社党. 历史教学，1984（7）.

郭卫东. 晚清时期列强对清帝位的干预. 历史教学，1992（4）.

郭卫东. 戊戌政变后废帝与反废帝的斗争. 史学月刊，1990（6）.

郭卫东. 载漪与慈禧关系考：兼与廖一中先生商榷. 天津师大学报（社会科学版），1989（6）.

郭卫东. 略论慈禧的三次立嗣. 社会科学战线，1990（2）.

郭卫东. 再论戊戌维新运动的力量配比. 中国高校社会科学，

2017（3）.

郭卫东. 再论戊戌政变中袁世凯的“告密”问题. 清史研究，2002（1）.

郭毅生. 那拉氏（慈禧）是怎样篡权的?. 中央民族学院学报，1977（2）.

郭兆才. “袁世凯窃国”质疑. 历史教学（中学版），2011（5）.

郭真. 辛亥革命史. 上海：北新书局，1929.

哈恩忠.《清代军机处职权的来源及其演变：以公文运转程序与政局变动为核心的考察》出版. 历史档案，2018（4）.

韩东育. 清朝对“非汉世界”的“大中华”表达：从《大义觉迷录》到《清帝逊位诏书》. 中国边疆史地研究，2014（4）.

韩光辉. 清代皇族户口管理措施研究. 民族研究，1994（1）.

韩中慧. 从清康熙朝汉文密折初期形态试看君臣心理. 宁夏师范学院学报，2018（6）.

韩杼. 辛亥革命：开启中国现代建国路：兼与李泽厚先生商榷. 社会观察，2011（10）.

何炳棣. 捍卫汉化：驳伊芙琳·罗斯基之“再观清代”（上）. 张勉励，译. 清史研究，2000（1）.

何炳棣. 捍卫汉化：驳伊芙琳·罗斯基之“再观清代”（下）. 张勉励，译. 清史研究，2000（3）.

何大进. 辛亥革命时期的美国传教士与美国对华政策. 历史档案，1998（4）.

何大进. 辛亥革命时期西方传教士对袁世凯的选择. 江西社会科学，1998（8）.

何凯. 政治变动与旗汉交往：清末“化除满汉畛域”改革期间的成都旗人社会. 社会科学家，2016（8）.

何龄修. 清史研究的世纪回顾与展望. 中国史研究动态，2002（1）.

何龄修. 中国近代清史学科的一位杰出奠基人：试论孟森的清史研究成就，为纪念他的诞辰一百二十周年而作//中国社会科学院历史研究所清史研究室. 清史论丛：第八辑. 北京：中华书局，1991.

何平. 清代的官缺制度. 文史杂志，1990（1）.

何涛. 雍正朝“台谏合一”原因探究. 大连：辽宁师范大学，2015.

何文平. 晚清军事变革与地方社会动乱：以广东盗匪为中心的探讨. 清史研究，2006 (3).

何瑜，谢茂发. 从镇压林爽文起义看清中叶的福建绿营水师. 国家航海，2012 (1).

何玉畴. 辛亥革命与资产阶级立宪派人. 兰州大学学报（人文科学），1959 (1).

何仲为，岳宗伟. 清代军机处档案缮写制度浅探. 档案，1999 (2).

何卓恩，等. 辛亥革命的百年记忆与诠释：第三卷 历史学者对辛亥革命的研究与诠释. 武汉：华中师范大学出版社，2011.

和卫国. 从广西捐垦案看清代垦政. 清史研究，2007 (4).

和卫国. 治水政治：清代国家与钱塘江海塘工程研究. 北京：中国社会科学出版社，2015.

和卫国. 中国政治史研究的反思. 北方民族大学学报（哲学社会科学版），2009 (2).

贺怀锴. 赵秉钧与清末警察制度的早期现代化. 阴山学刊，2016 (2).

贺跃夫. 晚清县以下基层行政官署与乡村社会控制. 中山大学学报（社会科学版），1995 (4).

衡志义，沈志为. 保定淮军公所初探. 文物春秋，2003 (3).

侯旭东. 中国古代专制说的知识考古. 近代史研究，2008 (4).

侯杨方. “安庆省”考：兼论清代的省制//中国地理学会历史地理专业委员会《历史地理》编辑委员会. 历史地理：第二十三辑. 上海：上海人民出版社，2008.

侯杨方. 清代十八省的形成. 中国历史地理论丛，2010，25 (3).

侯宜杰. 二十世纪初中国政治改革风潮：清末立宪运动史. 北京：人民出版社，1993.

侯宜杰. 关于立宪派在辛亥革命中的三个问题. 社会科学研究，1991 (5).

侯宜杰. 如何评价袁世凯在辛亥革命中的作用：向季云飞先生请教. 近代史研究，1992 (6).

胡宝林. 试论清代黑龙江边防. 北方论丛，1985 (5).

胡斌. 明清监察制度初探. 贵阳：贵州师范大学，2008.

胡滨，李时岳. 论李鸿章的洋务思想. 吉林大学社会科学学报，1980 (3).

胡次威. 民国县制史. 上海：大东书局，1948.

胡海滨. 清末监察制度改革述论. 湘潭：湘潭大学，2006.

胡汉民. 我们如何纪念国庆. 革命前锋，1928 (7).

胡恒. 皇权不下县?：清代县辖政区与基层社会治理. 北京：北京师范大学出版社，2015.

胡恒. 清代政区分等与官僚资源调配的量化分析. 近代史研究，2019 (3).

胡建国. 清代满汉任职文官之比较. 中山学术文化集刊，1975 (15).

胡建华. 略论清朝的皇位继承制. 中南民族学院学报（社会科学版），1986 (4).

胡琳琳. 清代提刑按察使司述论. 上海：华东政法大学，2009.

胡绳. 从鸦片战争到五四运动. 北京：人民出版社，1981.

胡绳. 胡绳全书：第 5 卷. 北京：人民出版社，1998.

胡绳. 义和团的兴起和失败. 近代史研究，1979 (1).

胡绳. 中国近代历史的分期问题. 历史研究，1954 (1).

胡绳武，金冲及. 论清末的立宪运动. 上海：上海人民出版社，1959.

胡绳武，金冲及. 辛亥革命史稿：第四卷. 上海：上海人民出版社，1991.

胡绳武，金冲及. 辛亥革命是革帝国主义的命. 学术月刊，1961 (1).

胡雁. 中法战争期间清廷中枢的权力调整：以总理各国事务衙门为中心. 广西社会科学，2019 (4).

华企云. 新疆问题. 上海：大东书局，1931.

华善学. 中华民族解放斗争史. 汉口：新知书店，1938.

华晓皓. 清代监察效能初探. 苏州：苏州大学，2009.

黄爱平. 清代的帝王庙祭与国家政治文化认同. 清史研究，2011（1）.

黄爱平. 清史书目（1911—2011）. 北京：中国人民大学出版社，2014.

黄保万，董力生. 辛亥革命的胜利是怎样取得的：与夏东元先生商榷. 学术月刊，1961（9）.

黄保信. 辛亥革命与中国教育近代化. 河南大学学报（社会科学版），1991（4）.

黄才庚. 清朝军机处文书档案官员回避制. 浙江档案，1991（5）.

黄才庚. 清末"改题为奏"研究. 档案，1987（4）.

黄超云. 论县长任期. 新福建，1946，9（6）.

黄典权. 清代台湾武备制度之研究. 成大历史学报，1978、1979（5/6）.

黄福寿. 清末新政"造就"了辛亥革命：兼与张鸣教授商榷. 探索与争鸣，2011（9）.

黄六鸿. 福惠全书. 影印本. 淮安：汲古书院，1972.

黄敏兰. 质疑"中国古代专制说"依据何在：与侯旭东先生商榷. 近代史研究，2009（6）.

黄培. 满族文化的转向（1583—1795年）·导言. 董建中，译. 清史研究，2012（3）.

黄培. 清初的满洲贵族（1583—1795）：钮钴禄氏//简牍学会编辑部. 劳贞一先生八秩荣庆论文集. 台北：台湾商务印书馆，1986.

黄培. 清代的军机处：一项史学研究. 伦敦大学亚非学院学报，1985，48（3）.

黄培. 说"硃批谕旨". 大陆杂志，1959，18（3）.

黄鹏. 浅析清代的监察制度. 广西师范大学学报（研究生专辑），1997，增刊.

黄平. 清代满城兴建与规划建设研究. 成都：四川大学，2006.

黄仁章，何泽福. 廖宇春与辛亥革命时的南北议和. 华东师范大学学报（哲学社会科学版），1981（5）.

黄十庆. 清代的引见制度. 历史档案，1988（1）.

黄文保，黄志繁. 汉人降将与清初提督的设置：以江西为例. 江西社会科学，2014 (10).

黄文保. 清前“改土归流”地区的绿营变迁研究：以贵州大定镇为例. 地方文化研究，2014 (5).

黄细嘉. 近代的团练和团练制度. 历史教学，1997 (10).

黄细嘉. 绿营、勇营的互渗：防军和练军兵制. 历史教学，1996 (3).

黄兴涛. 清代满人的“中国认同”. 清史研究，2011 (1).

黄兴涛. 现代“中华民族”观念形成的历史考察：兼论辛亥革命与中华民族认同之关系. 浙江社会科学，2002 (1).

黄兴涛. 重塑中华：近代中国“中华民族”观念研究. 北京：北京师范大学出版社，2017.

黄煦明. 清末督办政务处研究. 北京：中国人民大学，2013.

黄一农. 红夷大炮与皇太极创立的八旗汉军. 历史研究，2004 (4).

黄圆晴. 清末八旗制度存废讨论：以（东京）《大同报》为中心的考察. 军事政治学研究，2013 (3).

黄圆晴. 试论清代汉侍卫与绿营. 历史档案，2014 (1).

黄智伟. 清代台湾的绿营布置//若林正丈，吴密察. 台湾重层近代化论文集. 台北：播种者文化有限公司，2000.

纪大椿. 论清季新疆建省. 新疆社会科学，1984 (4).

纪念太平天国革命百周年. 人民日报，1951-01-11.

季士家. 江苏建省考实. 东南文化，1989 (2).

季士家. 浅论清军机处与极权政治//季士家. 明清史事论集. 南京：南京出版社，1993.

季士家. 清代内阁. 历史教学，1963 (4).

季士家. 清代题奏制度沿革考释. 历史档案，1984 (3).

季云飞. 论袁世凯在辛亥革命中的作用. 学术月刊，1989 (4).

季云飞. 试论总理衙门的设立及其在中国近代化中的作用. 历史教学，1988 (8).

季云飞. 新建陆军研究二题. 河北学刊，1992 (6).

季云飞. 义和团运动研究中若干问题新探. 求索，1992 (6).

季云飞．左宗棠和新疆建省．南京社会科学，2003（6）．

寄生．法国革命史论．民报，1906（13）．

冀满红，李慧．试论晚清时期袁世凯幕府的特色．安徽史学，2006（3）．

冀满红，李慧．袁世凯幕府与清末立宪．晋阳学刊，2005（1）．

冀满红，刘文军．幕府与袁世凯练兵．晋阳学刊，2006（2）．

冀满红，吕霞．清末新政前期江北地方官制的变革与因袭（1901—1905）．历史档案，2010（4）．

冀满红．近代皖北乡村社会统治危机与淮军的产生//王光明，郭卫民．乡村社会文化与权力结构的变迁："华北乡村史学术研讨会"论文集．北京：人民出版社，2002．

冀满红．论淮军．安徽史学，1986（4）．

加藤徹．西太后：大清帝国最后的光芒．董顺擘，译．北京：社会科学文献出版社，2015．

贾熟村．淮军初建的几个问题．历史研究，1988（4）．

贾熟村．试谈淮军之孕育．学术界，1989（2）．

贾小叶．晚清大变局中督抚的历史角色：以中东部若干督抚为中心的研究．上海：上海书店出版社，2008．

贾小叶．晚清台湾建省的台前与幕后．史学月刊，2016（7）．

贾玉英．中国古代监察制度发展史．北京：人民出版社，2004．

简又文．太平天国全史．香港：简氏猛进书屋，1962．

翦伯赞．义和团运动．历史教学，1958（5）．

剑云．白莲教拾遗．繁华杂志，1914（3）．

江地．论太平天国和捻军起义的关系．历史研究，1963（3）．

江地．捻军起义名词解释．历史教学，1982（4）．

江地．清代官制概述（下）．社会科学战线，1979（3）．

江风．"新清史"之争：超越政治，可能吗?．中华读书报，2012-08-22．

江晓成．清代捐输制度研究（1644—1850年）．北京：中国人民大学，2017．

江新元．清代兵制概略．中国内政，1963，26（4）．

姜涛. 50年来的晚清政治史研究. 近代史研究，1999（5）.

姜涛. 清代江南省分治问题：立足于《清实录》的考察. 清史研究，2009（2）.

姜相顺. 试解满洲八旗创制之谜：甲喇、固山考释. 满族研究，1986（1）.

姜相顺. 有关清代前期佐领编设的两个问题. 北方文物，1986（1）.

蒋坚忍. 辛亥革命给与我们的教训. 空军，1934（97）.

蒋玲. 清末广西两次会党大起义的比较研究. 学术研究，1997（3）.

蒋世弟. 清朝军制演变述略. 华东师范大学学报（哲社版），1985（2）.

蒋永敬. 朱芾煌与辛亥南北议和. 传记文学，1971，19（2）.

焦利. 清代监察法研究. 北京：中国政法大学，2006.

焦利. 清代监察之法镜鉴. 国家行政学院学报，2006（4）.

解晓丽. 我国清代档案机构研究. 昆明：云南大学，2015.

金成基. 论顺治. 文史哲，1984（5）.

金承艺. 清朝帝位之争史事考. 北京：中华书局，2010.

金冲及，胡绳武. 论黄兴. 历史研究，1962（3）.

金峰. 清代外蒙古北路释站. 内蒙古大学学报，1979（3）.

金峰. 清代新疆西路台站（一）. 新疆大学学报（社会科学版），1980（1）.

金峰. 清代新疆西路台站（二）. 新疆大学学报（社会科学版），1980（2）.

金恒源. 雍正称帝与其对手. 上海：上海人民出版社，2008.

金恒源. 正本清源说雍正. 杭州：浙江人民出版社，2005.

金铄. 清代台湾文官制度之研究. 台湾成功大学历史学报，1977（4）.

金性尧. 都是权力惹的祸：清宫政变录. 北京：故宫出版社，2012.

金兆丰. 清史大纲. 上海：开明书店，1935.

金竹山. 袁世凯和他的幕僚们. 北京：团结出版社，2013.

经君健. 清代社会的贱民等级. 北京：中国人民大学出版社，2009.

精卫. 民报（1906）·驳革命可以召瓜分说//张枬，王忍之. 辛亥革命前十年间时论选集：第二卷：上册. 北京：生活·读书·新知三联书店，1963.

景和. 清朝封爵中的“入八分”与“不入八分”所指为何?. 历史教学，1989（5）.

鞠德源. 清代题奏文书制度//中国社会科学院历史研究所清史研究室. 清史论丛：第三辑. 北京：中华书局，1982.

鞠方安. 清末官制改革中官员的俸禄改革. 中国人民大学学报，2001（5）.

阚红柳. 顺治王朝. 北京：中国青年出版社，2009.

康熙皇帝. 赵晨，译. 刘耀武，校. 哈尔滨：黑龙江人民出版社，1981.

柯娇燕. “新清史”研究的历史与理论：我的保留之见. 吕杰，译. 柯娇燕，校//朱政惠. 海外中国学评论：第 4 辑. 上海：上海辞书出版社，2012.

克礼. 在礼者，行政法也：十七世纪政治分层与清朝行政秩序的构建//孙笑侠. 复旦大学法律评论：第三辑. 北京：法律出版社，2016.

孔繁浩. 辛亥革命时期的立宪派. 上海师范大学学报（哲学社会科学版），1981（3）.

孔祥吉. 蔡金台密札与袁世凯告密之真相. 广东社会科学，2005（5）.

孔祥吉. 甲申易枢与中法战争. 中国人民大学学报，1989（1）.

孔祥吉. 戊戌维新运动新探. 长沙：湖南人民出版社，1988.

孔艳晓. 清代监察机制运行特点研究. 南昌：南昌大学，2007.

拉尔夫·尔·鲍威尔. 1895—1912 年中国军事力量的兴起. 陈泽宪，陈霞飞，译. 北京：中国社会科学出版社，1979.

赖福顺. 乾隆重要战争之军需研究. 台北“故宫博物院”，1984.

赖福顺. 清初绿营兵制. 台湾史学会刊，1978（9）.

赖惠敏. 从法律看清朝的旗籍政策. 清史研究，2011（1）.

赖惠敏. 历史的想象与真实：响应李中清与康文林教授. 新史学，2000，11（3）.

赖惠敏. 清代的皇权与世家. 北京：北京大学出版社，2010.

赖惠敏. 清代皇族及其北京环境. 台北近代中国史研究通讯，1993 (15).

赖慧敏. 但问旗民：清代的法律与社会. 台北：五南图书出版股份有限公司，2007.

蓝承恩. 浅谈清末民初广西弹压制度. 中央民族学院学报，1992 (2).

雷炳炎，李昌运. 清代五等爵形成问题试探. 湖湘论坛，2007 (5).

雷炳炎，赵月耀. 清代八旗贵族世家的死罪豁免特权及其演变. 湘潭大学学报（哲学社会科学版），2013 (3).

雷炳炎. 归降投诚与清初世爵世职封赠简论. 聊城大学学报（社会科学版），2006 (2).

雷炳炎. 清初八旗勋臣追赠及其家族的封爵问题. 南通大学学报（社会科学版），2009，25 (3).

雷炳炎. 清初军功封爵制度述论. 湖湘论坛，2009 (4).

雷炳炎. 清初投诚归顺与世爵世职封赠述论. 求索，2005 (12).

雷炳炎. 清初异姓封王制度述略. 南华大学学报（社会科学版），2004，5 (4).

雷炳炎. 清代八旗贵族世家的死罪豁免特权及其演变. 湘潭大学学报（哲学社会科学版），2013 (3).

雷炳炎. 清代八旗世爵世职群体的入仕考察. 安徽史学，2006 (3).

雷炳炎. 清代八旗世爵世职研究. 长沙：中南大学出版社，2006.

雷炳炎. 清代旗人封爵略论. 北京社会科学，2003 (4).

雷炳炎. 清代社会八旗贵族世家势力研究. 北京：中国社会科学出版社，2016.

雷炳炎. 清代世爵世职承袭人择选探论. 求索，2009 (8).

雷炳炎. 清代异姓世爵世职封赠的阶段性变化及其特征. 求是学刊，2006，33 (3).

雷炳炎. 试说清代五等爵. 文史知识，2007 (10).

雷炳炎. 顺治朝的恩诏加爵及其承袭考述. 东南大学学报（哲学社会科学版），2008，10 (4).

黎俊祥. 清末新政启动前慈禧心态的变化. 安徽师范大学学报（人

文社会科学版)，2006，34 (4).

黎仁凯，等. 张之洞幕府. 北京：中国广播电视出版社，2005.

黎仁凯. 论义和团运动高潮的主要标志. 河北大学学报 (哲学社会科学版)，1999，24 (2).

黎仁凯. 晚清的幕府制度及其嬗变. 河北学刊，2004 (3).

黎信. 辛亥革命中的内奸汪精卫. 新华南，1940，3 (1).

李百仞. 中华民族独立运动史论 (十). 读书周报，1934，1 (10).

李宝臣. 清代宗室王公封爵制度考析//恭王府管理中心. 清代王府及王府文化国际学术研讨会论文集. 北京：文化艺术出版社，2006.

李宝臣. 制度比皇帝更重要：论清代秘密立储制度的缺陷//北京满学会. 第二届国际满学研讨会论文集. 北京：民族出版社，2000.

李伯重. 20 世纪初期史学的"清华学派"与"国际前沿". 清华大学学报 (哲学社会科学版)，2005 (5).

李朝晖. 革命之不可轻言告别：评李泽厚的《世纪新梦》. 战略与管理，1999 (1).

李成甲，魏均. 从"己亥建储"看慈禧的对外宣战. 唐都学刊，1996 (1).

李春城. 清帝退位论. 东中学生文艺，1920 (1).

李鼎芳. 曾国藩及其幕府人物. 长沙：岳麓书社，1985.

李鼎声. 中国近代史. 上海：上海书店，1930.

李帆，邱涛. 近代中国的民族国家建设. 北京：商务印书馆，2015.

李凡. 孙中山全传. 北京：北京出版社，1991.

李凤凤. 清末责任内阁的设立与利益集团博弈. 武汉：华中师范大学，2014.

李光辉. 清代监察官员的选任、升转与考核. 成都大学学报 (社科版)，2002 (1).

李光涛. 记内阁大库残余档案//清史及近代史研究论集. 台北：大陆杂志社，1967.

李国祁，周天生，许弘义. 清代基层地方官人事嬗递现象之量化分析：第 1 册. 台北："行政院国家科学委员会"，1975.

李国祁. 明清两代地方行政制度中道的功能及其演变. "中央研究

院”近代史研究所集刊，1972（3）.

李国荣.《康熙朝汉文朱批奏折汇编》的编纂及其史料价值. 清史研究，1992（2）.

李鸿彬，郭成康. 八旗建立年代考异. 社会科学辑刊，1984（1）.

李鸿彬，郭成康. 努尔哈赤一六〇一年建旗考辨. 故宫博物院院刊，1981（4）.

李鸿彬，郭成康. 清入关前八旗主旗贝勒的演变. 社会科学战线，1982（1）.

李华兴，吴嘉勋. 梁启超选集. 上海：上海人民出版社，1984.

李怀印. 清代中国不是“帝国”.（2016-11-12）[2020-01-20]. https://xw.qq.com/cul/20161112015152/CUL2016111201515200.

李怀印. 全球视野下清朝国家的形成及性质问题：以地缘战略和财政构造为中心. 历史研究，2019（2）.

李剑农. 戊戌以后三十年中国政治史. 北京：中华书局，1965.

李金强. 清代军制之演变：以福建为个案之考察//李金强. 区域研究：清代福建史论. 香港：香港教育图书公司，1996.

李晶君.“风闻言事”在清代的变化：以《钦定台规》为中心的考察. 湘潭师范学院学报（社会科学版），2009，31（6）.

李晶君.《钦定台规》初探. 湘潭：湘潭大学，2010.

李静. 中国崛起的历史叙事与当代想象：以“新清史”的“帝国转向”为中心. 文艺理论与批评，2017（5）.

李侃. 义和团运动研究中的几个问题. 历史教学，1979（2）.

李孔怀. 中国古代政治与行政制度. 上海：复旦大学出版社，1993.

李立泉. 应实事求是评价曾国藩. 云梦学刊，1994（4）.

李凌翔. 新中国的旧史学：建国初期的中国历史学与现代实证传统. 济南：山东大学，2008.

李龙公，陈燕方. 顺治演义. 上海：上海广益书局，1924.

李明伟. 试论清末北洋集团的政治文化. 史学月刊，1993（5）.

李默菡. 晚清表达自由制度研究. 武汉：武汉大学出版社，2015.

李娜. 清初南书房述论//中国社会科学院历史研究所清史研究室. 清史论丛2008年号. 北京：中国广播电视出版社，2008.

李鹏年，等．清代中央国家机关概述．哈尔滨：黑龙江人民出版社，1988.

李鹏年，朱先华，秦国经，等．清代中央国家机关概述．哈尔滨：黑龙江人民出版社，1988.

李鹏年．内阁大库：清代最重要的档案库．故宫博物院院刊，1980（2）.

李启成．清末民初关于设立行政裁判所的争议．现代法学，2005（5）.

李茜．略论辛亥革命的性质与类型．史学月刊，1960（8）.

李乔．中国的师爷．北京：商务印书馆国际有限公司，1995.

李巧．清代监察官员之选任与考察．安庆师范学院学报（社会科学版），2008，27（1）.

李巧．试论清代监察制度的建置及其监察机能萎缩的原因．郑州：郑州大学，2004.

李勤璞．驳斥欧立德：关于清朝国号的再讨论．文化纵横，2017（6）.

李勤璞．欧立德的满文水平有多高?．东方早报：上海书评，2016-07-31（A07）.

李汝和．清代台湾班兵制度与屯田募兵．台湾文献，1970，21（2）.

李汝和．清代驻台班兵防戍考．台湾文献，1970，21（3）.

李时岳．辛亥革命的成功与失败．人文杂志，1959（3）.

李时岳．辛亥革命时期袁世凯的窃国阴谋．新史学通讯，1956（9）.

李时岳．张謇和立宪派．北京：中华书局，1962.

李时岳．中国近代史主要线索及其标志之我见．历史研究，1984（2）.

李世瑜．义和团源流试探．历史教学，1979（2）.

李晚成．中国幕僚制度考论．上海师范大学学报（哲学社会科学版），1988（1）.

李伟．清代监察官员的选任、管理及对现代监察建设的启示．广州大学学报（综合版），2001，15（10）.

李文海，颜军．走向现代化的必由之路：纪念辛亥革命90周年．中国人民大学学报，2002（1）.

李文海．关于义和团与封建统治阶级关系的若干问题．求索，1986（3）.

李文海．辛亥革命与会党．教学与研究，1961（4）.

李文杰．垂帘听政、训政、归政与晚清的奏折处理．近代史研究，2018（2）.

李文杰．光绪帝亲政前的习批奏折探析．近代史研究，2015（6）.

李文杰．君相关系的终曲：清季内阁与军机处改革．清史研究，2018（1）.

李文杰．清代的“早朝”：御门听政的发展及其衰微．故宫博物院院刊，2016（1）.

李文杰．清代军机章京的考选．中华文史论丛，2017（2）.

李文杰．清代同光年间的早朝．文史，2018（2）.

李文杰．晚清总理衙门的章京考试：兼论科举制度下外交官的选任．近代史研究，2011（2）.

李文杰．总理衙门总办章京研究．史林，2010（5）.

李文益．清代辛者库身份考：以康熙时期内务府辛者库人为中心．中国史研究，2019（1）.

李文益．再论八旗蒙古编建中的“左右营”、“左右翼”与“蒙古二旗”：以乌讷格的主要事迹为中心//朱诚如，徐凯．明清论丛：第十七辑．北京：故宫出版社，2017.

李喜霞．清皇室分裂与宣统退位诏书//朱诚如，王天有．明清论丛：第十一辑．北京：故宫出版社，2011.

李细珠．变局与抉择：晚清人物研究．北京：北京师范大学出版社，2017.

李细珠．地方督抚与清末新政：晚清权力格局再研究．北京：社会科学文献出版社，2012.

李细珠．改革开放40年来晚清政治史研究的基本路向．广东社会科学，2018（6）.

李细珠．近五年来晚清政治史研究述评．教学与研究，2006（10）.

李细珠．清末预备立宪时期的平满汉畛域思想与满汉政策的新变化：以光绪三十三年之满汉问题奏议为中心的探讨. 民族研究，2011 (3).

李细珠. 清末政治史研究的宏观检讨. 史学月刊，2013 (2).

李细珠. 晚清地方督抚权力问题再研究：兼论清末“内外皆轻”权力格局的形成. 清史研究，2012 (3).

李细珠. 辛亥鼎革之际地方督抚的出处抉择：兼论清末“内外皆轻”权力格局的影响. 近代史研究，2012 (3).

李细珠. 再论“内外皆轻”权力格局与清末民初政治走向. 清史研究，2017 (2).

李细珠. 张之洞与清末新政研究. 上海：上海书店出版社，2003.

李霞. 清前期督抚制度研究. 北京：中央民族大学，2006.

李宪庆，白新良. 康雍之际继嗣制度的演变. 社会科学辑刊，1983 (3).

李新. 中华民国史：第一编：下. 北京：中华书局，1982.

李新达. 关于满洲旗制和汉军旗制的始建时间问题//中国社会科学院历史研究所清史研究室. 清史论丛：第四辑. 北京：中华书局，1982.

李旭. 论八旗制度//中华书局上海编辑所. 中华文史论丛：第五辑. 北京：中华书局，1964.

李学智. 辛亥革命中的伍廷芳. 天津师大学报，1998 (3).

李洵. 清前期广东督抚及其对地区发展的影响. 东北师大学报（哲学社会科学版），1988 (1).

李燕光，关捷. 满族通史. 沈阳：辽宁民族出版社，2003.

李扬帆. “中华帝国”的概念及其世界秩序：被误读的天下秩序. 国际政治研究，2015 (5).

李银涛，柳岳武. 论晚清捐纳制度下的官民关系. 辽宁教育行政学院学报，2004 (5).

李英庭. 那拉氏的三次篡权. 广西大学学报（哲学社会科学版），1979 (2).

李永胜. 摄政王载沣罢免袁世凯事件新论. 历史研究，2013 (2).

李永忠. 甘肃绿营兵与清代西北边疆. 昆明：云南大学，2011.

李玉胜，孙孝科. 辛亥革命：中国政治现代化闸门的开启：纪念辛亥革命 100 周年. 贵州大学学报（社会科学版），2011，29（3）.

李育民. 近代中国的条约制度. 长沙：湖南师范大学出版社，1995.

李原. 中国古代史教研室部分教员参加康熙评价问题的讨论. 北京大学学报（人文科学），1962（1）.

李云霞. 从改旗和抬旗看八旗中民族成分的变化. 满族研究，1999（3）.

李泽厚，刘再复. 告别革命：回望 20 世纪中国. 5 版. 香港：天地图书有限公司，2004.

李泽厚. 改良与革命之答记者问//李泽厚. 李泽厚十年集：走我自己的路：第四卷. 合肥：安徽文艺出版社，1994.

李昭勇. 强调“满洲之道”的“新清史”刍议. 满族研究，2014（2）.

李志茗. 规模・能量・影响：李鸿章幕府与曾国藩幕府之比较. 社会科学，2002（11）.

李志茗. 晚清幕府：变动社会中的非正式制度. 上海：上海社会科学院出版社，2018.

李志茗. 晚清四大幕府. 上海：上海人民出版社，2002.

李治安. 唐宋元明清中央与地方关系研究. 天津：南开大学出版社，1996.

李治亭. 清代基层官员铨选制考察：以《清史稿・循吏传》为例. 社会科学战线，2008（3）.

李治亭. 清代满汉民族认同与“互化”的历史考察. 云南师范大学学报（哲学社会科学版），2016（3）.

李治亭. “新帝国主义”史学标本：评“新清史”. 中国社会科学报，2015－04－20（B02）.

李宗侗. 办理军机处略考. 幼狮学报，1959，1（2）.

李宗侗. 清代中央政权形态的演变. 历史语言研究所集刊，1967（37）.

历史系大批判组. 统一进步必胜 分裂倒退必败：评康熙平定三藩之乱. 辽宁大学学报（哲学社会科学版），1974（6）.

“历史研究”编辑部. 中国近代史分期问题讨论集. 北京：生活・

读书·新知三联书店，1957.

连振斌. 清末变通旗制处考述. 南昌航空大学学报（社会科学版），2014（1）.

连振斌. 锡良与奉天的旗制变通. 满族研究，2013（3）.

梁海琼，高钟. 湘军兴起与湖南近代经济之蜕变. 求索，1989（4）.

梁继红. 陈垣先生与明清档案文献整理. 文献，2012（2）.

梁家贵. 左宗棠与刘锦棠在新疆建省方案上的分歧. 新疆大学学报（社会科学版），2001，29（4）.

梁娟娟. 论清代皇权的加强与科道官谏诤职能的萎缩. 求索，2008（10）.

梁娟娟. 清代谏议制度研究. 济南：山东大学，2009.

梁启超. 变法通议. 何光宇，评注. 北京：华夏出版社，2002.

梁启超. 饮冰室合集：三册. 北京：中华书局，1989.

梁启超. 饮冰室合集：六册. 北京：中华书局，1989.

梁启超. 中国近三百年学术史. 天津：天津古籍出版社，2003.

梁仁志. 明清徽商与捐纳//吴克明. 徽商精神：徽商研究论文选. 合肥：中国科学技术大学出版社，2005.

梁绍杰. 龚自珍新疆建省计划析论. 史学集刊，1997（4）.

梁希哲，孟昭信. 明清政治制度述论. 长春：吉林大学出版社，1991.

梁严冰，刘蓉. 总理衙门：近代中国政治体制的第一次重大变革. 人文杂志，1998（1）.

梁严冰. 袁世凯与清末官制改革. 河南师范大学学报（哲学社会科学版），2004，31（2）.

梁义群. 总理各国事务衙门. 历史教学，1983（8）.

梁元生. 清末的天津道与津海关道. “中央研究院”近代史研究所集刊，1996（25）.

梁展. 族群转向与近代中国的国家认同. 中华读书报，2013-01-23（13）.

廖大伟. 辛亥革命时期英国对华政策及其表现. 史林，1992（2）.

廖德清. 中国古代军事后勤史（先秦—鸦片战争前）. 北京：金盾

出版社，1999.

廖汉臣. 清代台北之设防. 台北文物，1959，8 (2).

林存阳. 乾嘉四大幕府研究. 北京：中国社会科学出版社，2016.

林恩显. 清朝在新疆的汉回隔离政策. 台北：台湾商务印书馆，1988.

林恩显. 清代新疆换防兵制之研究. 边政研究所年报，1977 (8).

林恩显. 清代新疆州县制度之研究. 人文学报，1976 (2).

林鹄. 南望：辽前期政治史. 北京：生活·读书·新知三联书店，2018.

林鹄. 一味强调北族王朝特殊性不可取. 中国社会科学报，2017-11-21 (6).

林海龙. 英国与武昌起义后的南北和谈. 华南师范大学学报（社会科学版），1990 (2).

林浩彬. 清季文官考试、任用制度的引入与保举命运. 社会科学，2018 (12).

林浩彬. 咸丰年间军营保举的破格与限制. 学术研究，2016 (11).

林家有. 辛亥革命与百年中国的社会变迁. 近代中国，2011 (21).

林家有. 辛亥革命与中国教育的近代化. 中山大学学报（社会科学版），2011，41 (6).

林剑. 风宪与立宪：清季都察院裁改的冲突. 学术研究，2016 (11).

林剑鸣.《清入关前国家法律制度史》评介. 政法论坛（中国政法大学学报），1990 (6).

林涓. 清代道的准政区职能分析：以道的辖区与驻所的变迁为中心//中国地理学会历史地理专业委员会，《历史地理》编辑委员会. 历史地理：第19辑. 上海：上海人民出版社，2003.

林乾. 康熙惩抑朋党与清代极权政治. 上海：复旦大学出版社，2013.

林乾. 咸丰后督抚职权的膨胀与晚清政治. 社会科学战线，1989 (1).

林乾. 巡按制度罢废与清代地方监察的缺失. 国家行政学院学报，

2015（4）.

林士铉. 清代蒙古与满洲政治文化. 台北：台湾政治大学历史学系，2009.

林士铉. 统摄百辟：旗人与清代内阁及其文书//旗人与国家制度工作坊. “参汉酌金”的再思考：清朝旗人与国家制度. 台北：文史哲出版社，2016.

林文仁. 南北之争与晚清政局（1861—1884）：以军机处汉大臣为核心的探讨. 北京：中国社会科学出版社，2005.

林文仁. 派系分合与晚清政治：以“帝后党争”为中心的探讨. 北京：中国社会科学出版社，2005.

林雄辉. 李鸿章与近代中国军事. 学术界，1988（6）.

林一中. 辛亥革命研究. 抗战时代，1940，2（4）.

林永匡. 清代宫廷文化通史. 上海：上海文艺出版社，2014.

林增平. 评辛亥革命时期的立宪派. 湖南师院学报（哲学社会科学版），1981（4）.

林增平. 辛亥革命时期的资产阶级革命派、会党和农民：读“辛亥革命与会党”一文质疑. 教学与研究，1962（1）.

林增平. 辛亥革命时期天地会的性质问题. 学术月刊，1962（2）.

林子雅. 清代中期（1723—1850）苏州织造与内务府财政关系之研究：以浒墅关为中心. 台南：“国立”成功大学，2004.

凌斌. 从《清帝逊位诏书》解读看国家建立的规范基础. 法学家，2013（4）.

凌林煌. 清代内阁制度. 台北：台湾商务印书馆，1977.

凌如焕. 敬陈风化之要疏//魏源全集：第十四册. 长沙：岳麓书社，2004.

凌霄汉阁主. 清代步兵. 实报，1938－03－21.

刘长江. 略论封建时代的“风闻弹人”. 晋阳学刊，1998（1）.

刘长江. 清朝风闻监察述论. 临沂师范学院学报，2004，26（5）.

刘次涵，张学明. 晚清捐输初探. 兰州大学学报（社会科学版），1984（4）.

刘大可. 湘军幕府与晚清政治体制. 福建论坛（文史哲版），

1997（6）.

刘大可. 湘军与儒学. 扬州师院学报（社会科学版），1993（2）.

刘大年. 论康熙. 历史研究，1961（3）.

刘大年. 辛亥革命与反满问题. 历史研究，1961（5）.

刘范弟. 湖南建省考疑. 湖南社会科学，1992（2）.

刘凤云，董建中，刘文鹏. 清代政治与国家认同. 北京：社会科学文献出版社，2012.

刘凤云，刘文鹏. 清朝的国家认同："新清史"研究与争鸣. 北京：中国人民大学出版社，2010.

刘凤云. 从康雍乾三帝对督抚的简用谈清代的专制皇权. 河南大学学报（社会科学版），2004，44（3）.

刘凤云. 观念与热点的转换：清前期政治史研究的道路与趋势. 清史研究，2015（2）.

刘凤云. 嘉庆朝清理钱粮亏空中的艰难抉择：兼论君臣在地方财政整饬中的不同认识. 中州学刊，2013（5）.

刘凤云. 乾隆初政与钱粮亏空案的清理. 求是学刊，2018（4）.

刘凤云. 清代督抚及其对地方官的监察. 明清史论丛，1999（1）.

刘凤云. 清代督抚与地方官的选用. 清史研究，1996（3）.

刘凤云. 清代督抚在清理"钱粮亏空"中的权力、责任与利益. 中国人民大学学报，2016（2）.

刘凤云. 清康熙朝捐纳对吏治的影响. 河南大学学报（社会科学版），2003（1）.

刘凤云. 权力运行的轨迹：17—18世纪中国的官僚政治. 北京：党建读物出版社，2013.

刘凤云. 战事中的非常规捐纳：论康熙朝平三藩开启的捐纳事例. 中国人民大学学报，2010（1）.

刘凤云. 政治史研究的新视野："清代政治与国家认同"国际学术会议研讨综述. 清史研究，2011（2）.

刘耿生. 奕䜣与总理衙门的建立述评. 历史档案，1990（3）.

刘广京. 晚清督抚权力问题商榷//中华文化复兴运动推行委员会. 中国史学论文选集：第二辑. 台北：幼狮文化事业公司，1983.

刘洪杰. 顺康两朝的提镇. 北京：中央民族大学，2006.

刘厚生，关景和. 清代吉林“旗户门牌”考释. 历史档案，1994 (2).

刘会文. “列清史为学科”：孟森史学的展开过程. 北京大学学报(哲学社会科学版)，2014 (1).

刘家驹. 清初汉军八旗的肇建（上）. 大陆杂志，1967，34 (11).

刘家驹. 清初汉军八旗的肇建（下）. 大陆杂志，1967，34 (12).

刘家驹. 清史拼图. 济南：山东画报出版社，2006.

刘建强. 曾国藩幕府. 北京：中国广播电视出版社，2005.

刘建翁. 雍正谋皇秘史. 上海：中国第一书局，1923.

刘景泉. 论晚清皇权的终结与民初共和的肇兴. 南开学报，2000 (4).

刘丽君. 清代顺治朝科道官员作用受限的初步探讨. 内蒙古社会科学（汉文版），2007，28 (2).

刘灵芝. 清朝军机处权限述论. 历史教学，2005 (8).

刘潞. 对清太祖太宗时期满蒙婚姻的再认识. 清史研究，1995 (3).

刘潞. 服饰与皇权：为故宫博物院赴澳大利亚“清宫服饰展”而作. 故宫博物院院刊，1989 (2).

刘潞. 清代皇后册立与八旗大姓氏族. 故宫博物院院刊，1997 (1).

刘潞. 清太祖太宗时满蒙婚姻考. 故宫博物院院刊，1995 (3).

刘茂才. 中国百科学者传略. 成都：巴蜀书社，1998.

刘美志，郭平兴. 湘军兴起与湖南近代早期物质生活的演变. 船山学刊，2007 (2).

刘民山. 汪精卫在辛亥革命前后的叛变活动. 历史教学，1985 (4).

刘鹏九，王家恒，余诺奇. 清代县官制度述论. 清史研究，1995 (3).

刘强. “国主”与“家主”的异化与统一：再论戊戌政变后光绪帝与慈禧太后之关系. 中国国家博物馆馆刊，2018 (5).

刘琼. 世袭特权与国家治理：宣统朝摄政王载沣的权力观偏差及其成因. 史林，2019 (5).

刘琼霞. 论晚清军队的三次变革. 贵州文史丛刊，2000 (3).

刘儒林. 纪载：国内之部：清军机处档案移存故宫博物院后整理之经过（附表）. 图书馆学季刊，1928，2（3）.

刘儒林. 军机处档案移存故宫博物院. 图书馆学季刊，1926，1（2）.

刘儒林. 清军机处档案一览表. 中华图书馆协会会报，1928，3（6）.

刘盛. 康熙中晚期的江南三织造. 史学集刊，1991（4）.

刘涛. 从督察院到监察厅. 北京：中国人民大学，2008.

刘铁铭. 湘军与湘乡. 长沙：岳麓书社，2006.

刘为勇. 清末文官制度变革研究. 南昌：江西人民出版社，2018.

刘伟，等. 辛亥革命的百年记忆与诠释：政府、党派的辛亥革命纪念. 武汉：华中师范大学出版社，2011.

刘伟. 清季州县改制与地方社会. 北京：北京师范大学出版社，2019.

刘伟. 清末州县官选任制度的变革. 社会科学，2009（5）.

刘伟. “停部选”与清末州县官选任制度改革. 清史研究，2010（1）.

刘伟. 晚清督抚政治：中央与地方关系研究. 武汉：湖北教育出版社，2003.

刘伟. 晚清关道的职能及其演变. 华中师范大学学报（人文社会科学版），2010（2）.

刘文华. 大权将何以总揽?：从召对、奏事的改变看预备立宪时的皇权. 近代史研究，2019（4）.

刘文华. 戊戌变法前慈禧光绪权力关系二题. 清史研究，2019（3）.

刘文明. “帝国”概念在西方和中国：历史渊源和当代争鸣//刘新成. 全球史评论：第 15 辑. 北京：中国社会科学出版社，2018.

刘文鹏. 回到国家建构：对清代历史研究中帝国主义路径的再分析. 史学理论研究，2017（2）.

刘文鹏. 军机处与 18 世纪清朝的国家构建：以新疆纳入版图为核心//杨念群. 澹澹清川：戴逸先生九秩华诞纪念文集. 北京：中国人民大学出版社，2016.

刘文鹏. 理藩院体制是清朝藩部管理的重心吗：谈新清史“满洲殖民主义论”的史实错误. 北京日报，2018－10－08（15）.

刘文鹏. 论清代新疆台站体系的兴衰. 西域研究，2001（4）.

刘文鹏. 论清代中央集权中的补偿性政治控制. 学术界，2002（3）.

刘文鹏. 论全球史观下的“满洲殖民主义”. 中国人民大学学报，2017（2）.

刘文鹏. 内陆亚洲视野下的“新清史”研究. 历史研究，2016（4）.

刘文鹏. 清代科道“风闻奏事”权力的弱化及其政治影响. 中州学刊，2011（4）.

刘文鹏. 清代提塘考. 清史研究，2007（4）.

刘文鹏. 盛世背后：乾隆时代的伪稿案研究. 北京：人民出版社，2014.

刘文鹏. 正确认识“新清史”与“内陆亚洲”. 中国社会科学报，2015－05－13.

刘小萌. 论牛录固山制度的形成. 东北地方史研究，1990（4）.

刘小萌. 满族从部落到国家的发展. 北京：中国社会科学出版社，2007.

刘小萌. 满族的社会与生活. 北京：北京图书馆出版社，1998.

刘小萌. 清朝史中的八旗研究. 清史研究，2010（2）.

刘小萌. 清代北京旗人社会. 北京：中国社会科学出版社，2008.

刘小萌. 清前期东北边疆“徙民编旗”考察//刘小萌. 满族的社会与生活. 北京：北京图书馆出版社，1998.

刘妍丽. 清雍正时期贵州苗疆官员的选任制度. 北京：中央民族大学，2016.

刘彦波. 清代基层社会控制中州县官与绅士关系之演变. 武汉理工大学学报（社会科学版），2006，19（4）.

刘彦波. 晚清两湖地区州县行政研究. 北京：中国社会科学出版社，2018.

刘洋. 清代前期旌表制度研究. 哈尔滨：黑龙江大学，2011.

刘义强，管宇浩. 国家构建：为什么建构、建构什么与如何建构：兼论国内研究之不足. 学习与探索，2015（6）.

刘英赫，苏荣城. 清代监察体系探析. 鸡西大学学报，2014 (5).

刘玉杰. 清关外时期都察院初探. 齐齐哈尔工程学院学报，2013，7 (1).

刘悦斌. 晚清幕府制度论略. 河北师院学报（社会科学版），1996 (3).

刘增合. 清季中央对外省的财政清查. 近代史研究，2011 (6).

刘增合. 由脱序到整合：清末外省财政机构的变动. 近代史研究，2008 (5).

刘战，谢茉莉. 试论清代的监察制度. 辽宁大学学报（哲学社会科学版），2001，29 (3).

刘铮云. 具题与折奏之间：从“改题为奏”看清代奏折制度的发展. 四川大学学报（哲学社会科学版），2017 (2).

刘志坚. “风闻弹劾”考. 政治与法律，1986 (5).

刘志坚. 论清政府的军事制度对鸦片战争的影响. 福建论坛（文史哲版），1990 (4).

刘子扬. 清代的军机处. 历史档案，1981 (2).

刘子扬. 清代地方官制考. 北京：紫禁城出版社，1988.

刘子扬. 清代内阁六科史书述评：以雍正朝吏科史书为例. 历史档案，2001 (4).

流河团与义和团. 大陆报，1904 (2).

柳岳武. 晚清县官治理研究. 贵州社会科学，2010 (6).

柳泽明. 清代东北的驻防八旗与汉人：以黑龙江地区为中心. 吴忠良，译. 吉林师范大学学报（人文社会科学版），2014 (1).

龙国仁. 试论清代伊犁八旗的社会保障. 西北民族论丛，2017 (2).

龙晓燕. 清代落籍滇东北地区的汉族士兵. 贵州民族研究，2003，23 (1).

龙炘成. 袁世凯“窃国”的帽子摘不了. 文史天地，2011 (2).

卢川. 清代八旗驻防与荆州城市变迁. 长江大学学报（社科版），2013 (2).

卢经. 乾隆朝甘肃捐监冒赈众贪案. 历史档案，2001 (3).

卢静仪. 清末民初家产制度的演变：从分家析产到遗产继承. 台

北：元照出版有限公司，2012.

卢梅. 国家权力扩张下的民族地方政治秩序建构：晚清康区改流中的制度性选择. 民族研究，2008（5）.

卢明辉. 辛亥革命与蒙古封建王公. 内蒙古社会科学，1992（2）.

鲁迅. 病后杂谈之余//鲁迅全集·且介亭杂文：第六卷. 北京：人民文学出版社，1981.

鲁子健. 捐纳：清代的卖官鬻爵制度. 文史杂志，1999（6）.

陆发春. 安徽建省与省域认同. 上海：复旦大学，2013.

陆方，高翠莲. 淮军建立初探：与董蔡时同志商榷四五事. 安徽史学，1986（5）.

陆方，李之渤. 晚清淮系集团研究：淮军、淮将和李鸿章. 长春：东北师范大学出版社，1993.

陆方. 淮军成军时间考. 东北师大学报（哲学社会科学版），1990（3）.

陆方. 淮军建立再探. 安徽史学，1990（1）.

陆方. 淮系军阀刘秉璋. 东北师大学报，1983（2）.

陆方. 清末东三省兵制变迁. 军事历史研究，1987（1）.

陆方. 也论淮军：兼与冀满红同志商榷几个问题. 安徽史学，1988（1）.

陆方. 再论淮军//吴信忠，张云. 中国近代军事思想和军队建设. 北京：军事科学出版社，1990.

陆建洪. 试论清末基层吏治制度的改革. 政治学研究，1989（3）.

陆景琪. 试论清代厘金制度. 文史哲，1957（2）.

路康乐. 满与汉：清末民初的族群关系与政治权力（1861—1928）. 王琴，刘润堂，译. 李恭忠，审校. 北京：中国人民大学出版社，2010.

吕柏良. 晚清“变通旗制处”之研究//赵志强. 满学论丛：第二辑. 沈阳：辽宁民族出版社，2012.

吕坚. 内阁大库及其档案，文献，1984（4）.

吕健. 供奉皇家的江南三织造. 紫禁城，2014（4）.

吕丽辉. 从内阁到军机处看中枢机构的变化. 黑龙江档案，2003（4）.

吕美颐. 论清末官制改革与国家体制近代化. 河南大学学报（哲学社会科学版），1986（4）.

吕铁贞. 晚清涉外经济法律制度研究. 北京：知识产权出版社，2008.

吕钊. 清代军机处的设立及其性质：兼与钱实甫同志商榷. 历史教学，1963（3）.

论会党速宜解除. 顺天时报，1908（1855）.

论说：论义和团与新旧两党之相关（集录）. 选报，1901（3）.

罗冬阳. 朝鲜使臣见闻记述之康雍史事考评：以争储及雍正继位为核心. 东北师大学报（哲学社会科学版），2013（2）.

罗冬阳. 雍正帝矫诏召回抚远大将军王允禵考：附论康雍之际西北军权的转移//朱诚如，王天有. 明清论丛：第十二辑. 北京：故宫出版社，2012.

罗惇曧. 宾退笔记//沈云龙. 近代中国史料丛刊三编：第 26 辑. 台北：文海出版社，1987.

罗尔纲. 淮军的兴起. 史地社会论文摘要月刊，1935，1（12）.

罗尔纲. 淮军训练的失败：晚清兵制史话之一. 国防周报，1941，1（9）.

罗尔纲. 绿营兵志. 北京：中华书局，1984.

罗尔纲. 捻军正名：一个有关立场问题的名称的商榷. 安徽史学，1960（1）.

罗尔纲. 清季兵为将有的起源. 中国社会经济史集刊，1937，5（2）.

罗尔纲. 太平天国史. 北京：中华书局，1991.

罗尔纲. 太平天国史纲. 上海：商务印书馆，1937.

罗尔纲. 太平天国史稿. 增订本. 北京：中华书局，1957.

罗尔纲. 晚清兵志. 北京：中华书局，1997.

罗尔纲. 湘军新志. 上海：上海书店出版社，1945.

罗尔纲. 湘军新志. 台北：文海出版社，1983.

罗福惠，李凤凤. 回归宏观政治史讨论：百年纪念中围绕辛亥革命展开的几个焦点问题. 湖北社会科学，2012（5）.

罗福惠，孙跃. 为辛亥革命正名. 探索与争鸣，2011（5）.

罗福惠. 研究“辛亥革命记忆”的意义与方法. 华中师范大学学报（人文社会科学版），2011（1）.

罗桂林，王敏. 清代驻防旗人的生活与认同：以福州洋屿赖氏为中心. 清史研究，2014（2）.

罗亮亮. 清代前期粤海关监察制度特点简析. 海交史研究，2018（1）.

罗澍伟. 辛亥革命时期优待清室条件的产生及其评价. 天津社会科学，1985（4）.

罗新，郑诗亮. 狄宇宙谈内亚史研究. 东方早报，2015－04－12（2）.

罗新. 黑毡上的北魏皇帝. 北京：海豚出版社，2014.

罗阳. 清宫宫女研究. 北京：中国人民大学，2018.

罗友枝. 清代宫廷社会史. 周卫平，译. 雷颐，审校. 北京：中国人民大学出版社，2009.

罗友枝. 再观清代：论清朝在中国历史上的意义//刘凤云，刘文鹏. 清朝的国家认同：“新清史”研究与争鸣. 北京：中国人民大学出版社，2010.

麻健敏. 清代福州满族萨满信仰与本土巫文化的结合. 中央民族大学学报（哲学社会科学版），2007，34（1）.

马昌华. 淮系人物列传. 合肥：黄山书社，1995.

马长泉. 卡伦的起源及类型问题. 新乡师范高等专科学校学报，2003，17（1）.

马长泉. 论清代卡伦的文化内涵. 黑龙江民族丛刊，2007（3）.

马长泉. 清代卡伦职能简论. 新疆大学学报（社会科学版），2003，31（2）.

马长泉. 新疆卡伦的设立及其作用. 新疆大学学报（哲学・人文社会科学版），2005，33（1）.

马楚坚. 明清边政与治乱. 天津：天津人民出版社，1994.

马东玉. 曾国藩和他的幕僚们. 北京：团结出版社，2013.

马敏. 辛亥革命研究视角有待拓展. 社会科学报，2011－09－15.

马平安. 北洋集团的兴起与清末中央和地方权力之争//中国史学会. 辛亥革命与20世纪的中国（上）. 北京：中央文献出版社，2002.

马平安. 北洋集团对清室军权的侵夺及对清末政局的影响//中国社会科学院近代史研究所政治史研究室，苏州大学社会学院. 晚清国家与社会. 北京：社会科学文献出版社，2007.

马平安. 北洋集团与清末东三省新政. 中国边疆史地研究，2001（4）.

马平安. 奕劻在辛亥鼎革之际的努力与抉择. 史学月刊，2016（5）.

马世嘉. 破译边疆·破解帝国：印度问题与清代中国地缘政治的转型. 罗盛吉，译. 台北：台湾商务印书馆，2019.

马天增. 论光绪皇帝. 科学研究论文集（社会科学），1964.

马协弟. 浅论清代驻防八旗. 社会科学战线，1986（3）.

马协弟. 清代满城考. 满族研究，1990（1）.

马协弟. 驻防八旗浅探. 满族研究，1985（2）.

马雅贞. 刻画战勋：清朝帝国武功的文化建构. 北京：社会科学文献出版社，2016.

马艳丽. 明清御史制度比较研究. 长春：东北师范大学，2008.

马勇. 袁世凯"开缺回籍养疴"诸问题. 华东师范大学学报（哲学社会科学版），2017（1）.

马勇. 袁世凯"有密未告". 中华读书报，2012-11-07（13）.

马忠文. 慈禧训政后之朝局侧影：读廖寿恒《抑抑斋日记》札记. 华南师范大学学报（社会科学版），2019（1）.

马忠文. 戊戌政变的台前幕后：也谈袁世凯的告密问题. 中华读书报，2012-11-14（13）.

马子木. 顺治朝六科制度述略. 清史研究，2013（3）.

《满族简史》编写组. 满族简史. 北京：中华书局，1979.

毛立平. 金枝玉叶与收支困局：清代中后期公主经济境遇考察. 历史研究，2019（4）.

毛亦可. 清代卫所归并州县研究. 北京：社会科学文献出版社，2018.

毛泽东. 唯心历史观的破产//毛泽东选集：第四卷. 北京：人民出

版社，1991.

茅海建. 苦命天子：咸丰皇帝奕詝. 上海：上海人民出版社，1995.

茅海建. 戊戌变法期间的保举. 历史研究，2006（6）.

茅海建. 戊戌变法史事考. 北京：生活·读书·新知三联书店，2005.

茅海建. 戊戌政变的时间、过程与原委：先前研究各说的认知、补证、修正//茅海建. 戊戌变法史事考. 北京：生活·读书·新知三联书店，2005.

茅海建. 中国近代政治史面对的挑战及其思考. 史林，2006（6）.

茆巍. 万事胚胎始于州县乎?：从命案之代验再论清代佐杂审理权限. 法制与社会发展，2011（4）.

冒鹤亭. 张謇传. 国史馆馆刊，1948，1（2）.

梅志清. 袁世凯：窃国大盗还是共和功臣?. 工会博览（下旬刊），2011（11）.

蒙林. 绥远城八旗蒙古初探. 内蒙古社会科学（汉文版），2000（6）.

蒙林. 绥远城驻防八旗考源. 内蒙古社会科学（文史哲版），1994（5）.

孟林. 清史讲义. 上海：上海书店出版社，1947.

孟森：八旗制度考实//孟森. 清史讲义. 北京：中华书局，2010.

孟森. 明清史论著集刊：下册. 北京：中华书局，2006.

孟森. 清朝前纪. 北京：中华书局，2008.

孟森. 清史讲义. 北京：中华书局，2010.

孟森. 清史讲义. 上海：上海书店出版社，1947.

孟森. 清世宗入承大统考实//孟森. 明清史论著集刊：下册. 北京：中华书局，2006.

孟森. 世祖出家事考实//孟森. 明清史论著集刊：下册. 北京：中华书局，2006.

孟姝芳. 清内阁地位下降原因初探：读康熙朝和乾隆朝会典有感. 内蒙古电大学刊，2001（1）.

孟宪刚. 八旗旗主考实. 满族研究，1986（2）.

孟昭信. 八旗初创期旗制考略. 史学集刊，1992（4）.

孟昭信. 辅佐大清三代帝君的幕后女人：孝庄皇后. 北京：中国华侨出版社，2003.

孟昭信. 清开国史研究的最新成果：读《清入关前国家法律制度史》. 史学集刊，1990（1）.

苗长青. 论淮系军事官僚集团的几个问题. 理论学刊，1993（3）.

苗长青. 论湘系军事集团向军事官僚集团的转化. 湖湘论坛，1992（4）.

苗长青. 晚清官僚派别派系研究. 沈阳：辽宁大学出版社，1993.

明晨. 反思与借鉴：清代地方监察制度探析//里赞. 法律史评论：第 10 卷. 北京：法律出版社，2018.

缪全吉. 清代幕府之官幕关系与幕席类别. 思与言，1969，7（1）.

缪全吉. 清代幕府制度之成长原因. 思与言，1967，5（3）.

缪全吉. 清代胥吏概述（上）. 思想与时代，1965（128）.

缪全吉. 清代胥吏概述（下）. 思想与时代，1965（129）.

莫东寅. 满族史论丛，北京：人民出版社，1958.

莫东寅. 明末建州女真的发展及其建国、八旗制度：清初的社会结构//莫东寅. 满族史论丛. 北京：人民出版社，1958.

莫建来. 试论段祺瑞在北洋建军中的作用. 历史档案，1991（1）.

莫世祥. 论戊戌变法中的帝党. 学术论坛，1982（1）.

牟安世. 论太平天国运动能否称为革命. 社会科学研究，1981（1）.

牟东篱. 论清末的官制改革. 山东大学学报（哲社版），1999（3）.

木川. 满洲“牛录”考释. 社会科学辑刊，1981（4）.

那荣利. 清王朝“龙兴东土”的新探索：评《清入关前国家法律制度史》. 社会科学辑刊，1989（4）.

那思陆. 清代州县衙门审判制度. 北京：中国政法大学出版社，2006.

乃统. 曾国藩的实干精神. 励志，1936（29）.

南炳文. 军机处设立时间考辨//中国人民大学清史研究所. 清史研究集：第四辑. 成都：四川人民出版社，1986.

南郭生. 宣统逊位谕旨. 沪西，1946（3）.

南京中央日报资料室. 我国司法制度改革的回顾. 外交部周报，

1947-12-10 (4).

倪军民. 试论清代监察制度机能萎缩及其原因. 上海社会科学院学术季刊, 1994 (2).

牛贯杰. 清代马政初探. 燕山大学学报 (哲学社会科学版), 2006, 7 (2).

牛贯杰. 晚清清军马队营制的演变. 安徽大学学报 (哲学社会科学版), 2006, 30 (5).

牛敬忠. 清代同治、光绪年间赈灾中的捐纳. 内蒙古师大学报 (哲学社会科学版), 2001, 30 (5).

牛平汉. 清代政区沿革综表. 北京: 中国地图出版社, 1990.

牛秋实, 范展, 高顺艳. 李鸿章幕府. 北京: 中国广播电视出版社, 2005.

欧立德. 满文档案与新清史. 台北: 故宫学术季刊, 2006, 24 (2).

欧立德. 乾隆帝. 青石, 译. 北京: 社会科学文献出版社, 2014.

欧立德. 清代满洲人的民族主体意识与满洲人的中国统治. 华立, 译. 清史研究, 2002 (4).

欧麦高. 经世派、格鲁派史学家与19世纪清朝青海论争变化. 青海民族研究, 2015 (3).

欧阳军喜, 于洋. 无法告别的革命: 关于辛亥革命的几个问题辨析. 思想理论教育导刊, 2014 (10).

欧阳跃峰. 李鸿章幕府的形成及其主要特色. 安徽史学, 2011 (3).

欧阳跃峰. 人才荟萃: 李鸿章幕府. 长沙: 岳麓书社, 2001.

欧阳跃峰. 义和团运动时期慈禧太后心态剖析. 史学月刊, 2003 (4).

潘洪钢, 郭福亮. 清初福州、广州八旗驻防的哗变事件. 中南民族大学学报 (人文社会科学版), 2009 (2).

潘洪钢. 八旗驻防族群土著化的标志. 中南民族大学学报 (人文社会科学版), 2011, 31 (5).

潘洪钢. 从家谱看清代驻防八旗族群社会及其变迁. 满族研究, 2015 (1).

潘洪钢. 从两部家谱的比较看清代驻防旗人的通婚问题. 福建师范

大学学报（哲学社会科学版），2018（4）.

潘洪钢. 杭州驻防八旗与太平天国. 江汉论坛，2013（12）.

潘洪钢. 清代八旗驻防族群的社会变迁. 北京：人民出版社，2018.

潘洪钢. 清代驻防八旗的“方言岛”现象. 中南民族大学学报（人文社会科学版），2014（5）.

潘洪钢. 清代驻防八旗的民族关系问题研究：从荆州旗、民的几次斗殴事件入手的探讨. 江汉论坛，2005（2）.

潘洪钢. 清代驻防八旗军与太平天国. 人文论丛，2014（2）.

潘洪钢. 清代驻防八旗与当地文化习俗的互相影响：兼谈驻防旗人的族群认同问题. 中南民族大学学报（人文社会科学版），2006，26（3）.

潘洪钢. 清代驻防八旗与汉族通婚情况蠡测. 中南民族大学学报（人文社会科学版），2007，27（5）.

潘洪钢. 清代驻防八旗与科举考试. 江汉论坛，2006（6）.

潘洪钢. 清代驻防旗人的民间借贷问题. 江汉论坛，2018（3）.

潘洪钢. 清代驻防旗人的民族关系与民族认同：以福建长乐市琴江满族村为例. 中南民族大学学报（人文社会科学版），2016，36（2）.

潘洪钢. 清光宣之交朝野关于裁撤驻防八旗的论争. 军事历史研究，2014（4）.

潘洪钢. 由客居到土著：清代驻防八旗的民族关系问题研究. 黑龙江民族丛刊，2006（1）.

庞志伟. 清末津海关道之探究. 兰台世界，2010（17）.

裴艳. 留学生与清末法律学制. 历史教学，2007（12）.

裴燕生. 从清代军机处“随手簿”看清代文书档案一体化管理. 档案学通讯，2005（4）.

裴燕生. 清入关前文书撰制与处理工作的特点. 档案学通讯，2002（2）.

彭剑. “皇族内阁”与皇室内争. 华中师范大学学报（人文社会科学版），2011，50（2）.

彭剑. 清季宪政编查馆研究. 北京：北京大学出版社，2011.

彭雷霆，谷秀青. 清遗民眼中的辛亥革命. 江汉论坛，2011（10）.

彭南生. 晚清外交官制及其俸薪制度的形成与变革. 华中师范大学学报（哲学社会科学版），1997，36（2）.

彭述之. 帝国主义与义和团运动. 向导，1924（81）.

彭卫. 21世纪初的中国古代史研究. 浙江大学学报（人文社会科学版），2014（1）.

彭洋中. 湘勇源流记//郑振铎. 晚清文选. 上海：生活书店，1937.

彭陟焱. 成都将军的设置及其在治理川西藏区中的作用. 西藏研究，2010（1）.

皮纯协，潘祜周，王英昌，等. 中外监察制度简史. 郑州：中州古籍出版社，1991.

皮明勇. 试论清朝的绿营低饷制度. 军事历史研究，1991（3）.

平欲晓. 袁世凯与清末军制改革. 江西社会科学，1989（5）.

戚其章. 关于义和团运动评价的若干问题. 东岳论丛，1980（4）.

戚其章. 论甲午战争后期的帝后党争. 山东社会科学，1990（6）.

戚其章. 再论甲午战争中的李鸿章. 清史研究，1994（4）.

齐清顺. 清代新疆行政体制变革的重大胜利：纪念新疆建省110周年. 西域研究，1994（2）.

祁建，季岩. 江青效法的偶像：慈禧. 吉林大学社会科学学报，1977（2）.

祁龙威. 论景廷宾“扫清灭洋”起义. 文史哲，1956（10）.

祁美琴. 关于盛京内务府的设立时间问题. 清史研究，1995（3）.

祁美琴. 内务府高氏家族考. 清史研究，2000（2）.

祁美琴. 清代包衣旗人研究. 北京：人民出版社，2019.

祁美琴. 清代内务府. 沈阳：辽宁民族出版社，2009.

祁美琴. 清代内务府包衣对清代文化的贡献. 内蒙古社会科学，1997（3）.

奇文瑛. 论雍正时期军机处的设置与历史作用. 内蒙古社会科学（汉文版），2003，24（3）.

綦岩，刘小萌. 清代柳条边外驻防城镇的修葺. 学习与探索，2016（6）.

钱基博，李肖聃. 近百年湖南学风·湘学略. 长沙：岳麓书社，1985.

钱穆. 中国历代政治得失. 北京：生活·读书·新知三联书店，2001.

钱穆. 中国历史研究法. 北京：生活·读书·新知三联书店，2001.

钱实甫. 清朝政权的半殖民地化与总理衙门. 历史教学，1963 (7).

钱实甫. 清代的军机处. 历史教学，1962 (9).

钱实甫. 清代的外交机关. 北京：生活·读书·新知三联书店，1959.

乔润令，舒顺林. 论清代文官的选拔录用、资格限制与品级待遇. 内蒙古师大学报（哲学社会科学版），1990 (2).

秦富平. 清朝的县级政权. 晋阳学刊，1994 (5).

秦国经. 明清内阁沿革与职掌. 历史档案，2009 (1).

秦国经. 清代的八旗制度. 历史教学，1981 (4).

秦国经. 清代的奏折//中国社会科学院历史研究所明清史研究室. 清史论丛 2000 年号. 北京：中国广播电视出版社，2000.

秦树才，田志勇. 绿营兵与清代云南移民研究. 清史研究，2004 (3).

秦树才. “汛地”原义辨. 思想战线，2004，30 (6).

秦树才. 绿营兵与清代的西南边疆. 中国边疆史地研究，2004，14 (2).

秦树才. 绿营兵与清代云南农业开发//云南大学中国经济史研究所，云南大学历史系. 李埏教授九十华诞纪念文集. 昆明：云南大学出版社，2003.

秦树才. 论清初云南汛塘制度的形成及特点. 云南社会科学，2004 (1).

秦树才. 论雍正、乾隆时期汛塘制度在云南的发展及变化. 云南民族大学学报（哲学社会科学版），2004，21 (4).

秦树才. 清代云南绿营兵研究：以汛塘为中心. 昆明：云南教育出版社，2004.

清帝逊位. 少年，1912 (10).

清史拾遗：(一) 清代军机处轶闻. 四路军月刊，1935，1 (3).

庆思. 论康熙. 北京师范大学学报（社会科学版），1975（1）.

丘凡真. 精琪的币制改革方案与晚清币制问题. 近代史研究，2005（3）.

邱涛. 同光年间湘淮分野与晚清权力格局变迁（1862—1895）. 北京：社会科学文献出版社，2018.

邱涛. 咸同年间清廷与湘淮集团权力格局之变迁. 北京：北京师范大学出版社，2010.

邱雪静. 清入关前文馆、内三院述论. 北京：中央民族大学，2007.

邱永明. 中国古代监察制度史. 上海：华东师范大学出版社，1992.

邱源媛. 清前期宫廷礼乐研究. 北京：社会科学文献出版社，2012.

邱志红. 2017 年国内晚清政治史研究述评. 北京教育学院学报，2018（4）.

邱志红. 同光新政与派系纷争研究述评//中国社会科学院近代史研究所政治史研究室. 晚清政治史研究的检讨：问题与前瞻. 北京：社会科学文献出版社，2014.

秋岳. 花随人圣盦摭忆. 中央时事周报，1937，6（23）.

屈成. 清雍乾时期的“另记档案”清查. 清史研究，2018（3）.

屈六生. 清代军机处满文档案综述. 历史档案，1989（1）.

瞿同祖. 清代地方政府. 范忠信，等译. 北京：法律出版社，2003.

全增佑. 清代幕僚制度论. 思想与时代，1944（2/3）.

饶权. 从“革命排满”到“五族共和”：清末民初中国民族国家建构路径转换的政治学分析. 南京：南京大学，2011.

任达. 新政革命与日本：中国，1898—1912. 李仲贤，译. 南京：江苏人民出版社，2006.

任桂淳. 清朝八旗驻防财政的考察//北京市社会科学院满学研究所. 满学研究：第一辑. 长春：吉林文史出版社，1992.

任桂淳. 清朝八旗驻防兴衰史. 北京：生活・读书・新知三联书店，1993.

任桂淳. 清史. 陈文寿，译. 香港：香港社会科学出版社有限公司，2003.

任恒俊. 论辛酉政变. 近代史研究，1986（1）.

任军利，王新华. 论辛亥革命的政治现代化意蕴. 甘肃社会科学，2003（2）.

任茂棠. 试论甲午中日战争时期的帝党. 晋阳学刊，1980（2）.

任青. 清初奏折探析. 清史研究，1996（3）.

任玉雪. 八旗牛录起源时间问题再探. 满族研究，2004（1）.

任玉雪. 从八旗驻防到地方行政制度：以清代盛京八旗驻防制度的嬗变为中心. 中国历史地理论丛，2007，22（3）.

任玉雪. 盛京内务府建立时间再探. 历史档案，2003（1）.

任玉雪. 试析盛京内务府户口（1644—1796）. 清史研究，2003（2）.

萨师炯. 清代内阁的组织及其职权. 新政治，1940，4（5）.

萨师炯. 清代内阁制度. 上海：商务印书馆，1946.

三田村泰助. 初期满洲八旗的形成过程//刘俊文. 日本学者研究中国史论著选译：第六卷. 北京：中华书局，1993.

桑兵. 辛亥革命研究的整体性. 中山大学学报（社会科学版），2011，51（5）.

桑兵. 走进新时代：进入民国之共和元年：日记所见亲历者的心路历程. 华中师范大学学报（人文社会科学版），2012，51（1）.

山东通史编写组. 山东义和团反帝爱国运动. 山东师范学院学报（历史版），1960（1）.

山东义合拳（或作义和团）匪论. 万国公报，1900（132）.

山东义和团闹教纪实. 艺林，1910（1）.

杉山清彦. 八旗旗王制的成立. N. 哈斯巴根，吴忠良，译. 吉林师范大学学报（人文社会科学版），2016（5）.

杉山清彦. 关于天命、天聪朝的正蓝旗//阎崇年. 满学研究：第五辑. 北京：民族出版社，2000.

杉山清彦. 清初正蓝旗考：从姻亲关系看旗王权力的基础构造. 包国庆，译//阎崇年. 满学研究：第七辑. 北京：民族出版社，2002.

善铠. 论今日急宜提倡尚武之风：淮军后起之名将谈. 协和报，1911（18）.

商鸿逵. 论康熙. 社会科学辑刊，1980（2）.

商鸿逵. 论康熙平定三藩. 历史教学，1963（8）.

商鸿逵. 清代孝庄、孝钦两太后比评. 故宫博物院院刊，1982（3）.

上海商务印书馆编译所. 大清新法令（1901—1911）：第1卷：九月二十日上谕. 上海：上海古籍出版社，2010.

尚小明. 浅论李鸿章幕府：兼与曾国藩幕府比较. 安徽史学，1999（2）.

尚小明. 清代士人游幕表. 北京：中华书局，2005.

尚小明. 学人游幕与清代学术. 北京：社会科学文献出版社，1999.

尚英. 清代军机处设立的时间及性质. 中国社会科学院研究生院学报，1989（3）.

邵循正. 辛亥革命时期资产阶级革命派和农民的关系问题. 北京大学学报（人文科学），1961（6）.

沈传经. 论新疆建省//新疆人民出版社. 新疆历史论文续集. 乌鲁木齐：新疆人民出版社，1982.

沈玲萍. 清代后妃晋升研究. 北京：中国人民大学，2019.

沈乃正. 清末之督抚集权、中央集权与“同署办公”. 社会科学（北平），1937，2（2）.

沈清尘. 中国国防史略. 南京：正中书局，1937.

沈卫荣. 大元史与新清史：以元代和清代西藏和藏传佛教研究为中心. 上海：上海古籍出版社，2019.

沈卫荣. 我看“新清史”的热闹和门道//沈卫荣. 大元史与新清史：以元代和清代西藏和藏传佛教研究为中心. 上海：上海古籍出版社，2019.

沈渭滨. 评价辛亥革命和孙中山应尊重历史事实. 探索与争鸣，2011（8）.

沈渭滨. 试论辛亥革命时期的社会主要矛盾：与夏东元先生商榷. 学术月刊，1961（4）.

沈志远. 袁世凯与张謇（中）. 古今，1944（53）.

盛朗西. 中国书院制度. 上海：中华书局，1934.

石泉. 甲午战争前后之晚清政局. 北京：生活·读书·新知三联书店，1997.

史革新. 辛亥革命与近代科学传播. 北京师范大学学报（人文社会科学版），2001（6）.

史景迁. 曹寅与康熙：一个皇帝宠臣的生涯揭秘. 温洽溢，译. 桂林：广西师范大学出版社，2014.

史景迁. 康熙：重构一位中国皇帝的内心世界. 温洽溢，译. 桂林：广西师范大学出版社，2011.

史林. 曾国藩和他的幕僚们. 北京：中国言实出版社，1997.

史全生. 论戊戌维新运动中的帝党. 历史档案，1984（4）.

史全生. 论辛亥革命的性质特点//纪念辛亥革命 90 周年论文集编委会. 孙中山与辛亥革命：纪念辛亥革命 90 周年论文集. 南京：江苏古籍出版社，2002.

史松. 康熙朝皇位继承斗争和雍正帝继位//清史研究集：第四辑. 成都：四川人民出版社，1986.

史松. 雍正研究. 沈阳：辽宁民族出版社，2009.

史云贵. 承袭与变异：明清督抚制度述论. 中国矿业大学学报（社会科学版），2006（2）.

矢野仁一. 关于白莲教之乱. 杨铁夫，译. 人文（上海 1930），1935，6（1）.

矢野仁一. 关于白莲教之乱（续完）. 杨铁夫，译. 人文（上海 1930），1935，6（2）.

舒顺林，乔润令. 清代文官制度概论：文官的考核、升转与惩处. 内蒙古大学学报（哲学社会科学版），1989（3）.

舒湮. 董小宛考证. 董小宛特刊，1944（4）.

述之. 辛亥革命的原因与结果. 向导，1924（86）.

司徒琳. 世界时间与东亚时间中的明清变迁：上、下卷. 赵世瑜，韩朝建，马海云，等译. 北京：生活·读书·新知三联书店，2009.

司徒琳. 世界史及清初中国的内亚因素：美国学术界的一些观点和问题//阎崇年. 满学研究：第五辑. 北京：民族出版社，2000.

松浦茂. 天命年間の世職制度について. 东洋史研究，1984，42（4）.

宋秉仁. 清初翰苑体制与翰林流品. 台北：花木兰文化出版社，

2010.

宋国强. 多尔衮争位质疑. 满族研究，1994 (1).

宋汉濯. 曾国藩的修养功夫. 文史杂志，1944，4 (3/4).

宋建设. 清初巡按研究. 长春：东北师范大学，2006.

宋亮. 曾国藩的新评价. 建政月刊，1946 (2).

宋希斌，杜晓燕. 嘉庆朝军机处规制的完善与成熟. 陕西学前师范学院学报，2016 (6).

宋希斌，杜晓燕. 康熙朝大学士在奏折批答过程中之作用. 山西档案，2012 (3).

宋希斌. 乾隆朝军机处"公启"初探. 历史档案，2007 (4).

宋希斌. 清代军机处与题本的批答：以乾隆朝上谕档为中心的考察. 历史档案，2009 (4).

宋希斌. 清代军机处职权的来源及其演变：以公文运转程序与政局变动为核心的考察. 北京：中国社会科学出版社，2018.

宋永林. 奕譞与甲申政潮. 河南科技大学学报（社会科学版），2017 (3).

宋云彬. 中国近百年史. 上海：新知书店，1948.

苏贵庆. 略论清军的三次变革. 盐城师专学报（社会科学版），1992 (1).

苏航. "汉族中心"还是"汉族核心"：费孝通"中华民族多元一体格局"理论新探：兼评新清史的内亚王朝史观. 西南民族大学学报（人文社科版），2019 (9).

苏小东. 北洋海军提督丁汝昌的身世及早年经历. 安徽史学，2010 (1).

岁有生. 清代州县经费研究. 郑州：大象出版社，2013.

孙爱霞. 试论清遗民对共和民国认知的复杂性. 天津大学学报（社会科学版），2011，13 (5).

孙静. "满洲"民族共同体形成历程. 沈阳：辽宁民族出版社，2008.

孙静. 乾隆朝八旗汉军身份变化述论. 黑龙江民族丛刊，2005 (2).

孙静. 清代八旗汉军研究. 北京：民族出版社，2017.

孙静. 清代归旗制度行废述论. 中央民族大学学报（哲学社会科学

版），2005，32（5）.

孙静. 清代佐领抬旗现象. 史林，2012（2）.

孙守朋. 乾隆朝驻防汉军官员出旗探析. 中州学刊，2015（12）.

孙守朋. 清朝汉军六品以下职官出旗反复现象阐析. 求索，2013（2）.

孙守任. 伟大的革命先行者：孙中山先生所走过的道路. 东北师范大学科学集刊，1957（3）.

孙卫国. 满洲之道与满族化的清史：读欧立德教授的《满洲之道：八旗制度与清代的民族认同》//常建华. 中国社会历史评论：第七卷. 天津：天津古籍出版社，2006.

孙文. 建国方略. 刘明，沈潜，评注. 郑州：中州古籍出版社，1998.

孙文范，冯士钵，于伯铭，等. 道光帝. 长春：吉林文史出版社，1993.

孙文良，李治亭. 明清战争史略. 北京：中国人民大学出版社，2012.

孙文良. 论满族的崛起. 民族研究，1986（1）.

孙琰. 清初议政王大臣会议的形成及其作用. 社会科学辑刊，1986（4）.

孙燕京. “内轻外重”抑或“内外皆轻”?：评李细珠《地方督抚与清末新政》兼论晚清政治史研究. 近代史研究，2014（2）.

孙中山. 三民主义. 长沙：岳麓书社，2000.

太雷. 辛亥革命在中国国民革命上之意义. 向导，1924（86）.

太田出. 清代绿营的管辖区域与区域社会：以江南三角洲为中心. 清史研究，1997（2）.

谭春玲. 晚清津海关道研究. 武汉：华中师范大学，2012.

谭立峰，张玉坤. 清代旗城探析. 天津大学学报（社会科学版），2005，7（6）.

谭美君. 清代黑龙江地区的官吏铨选特色. 黑龙江民族丛刊，2008（4）.

谭琪. 清代州县治安制度研究. 北京：中国工人出版社，2015.

谭天星. 湖广分省时间小议. 江汉论坛，1987（5）.

谭文凤. 淮军非军阀论. 历史档案，1996（2）.

汤吉禾. 清代科道之职掌. 东方杂志，1936，33（1）.

汤象龙. 道光朝捐监之统计. 社会科学杂志，1931，2（4）.

汤志钧. 翁同龢和帝党. 近代史研究，1994（4）.

唐红丽. "新清史学派"的着力点在于话语构建：访中央民族大学历史文化学院副教授钟焓. 中国社会科学报，2015-05-06（A04）.

唐剑. 明清言谏制度研究. 湘潭：湘潭大学，2006.

唐金培. 深入评价袁世凯不应矫枉过正. 北京日报，2010-11-15（20）.

唐金培. 重评袁世凯不可矫枉过正. 中国社会科学报，2010-09-02（4）.

唐柯三. 记清季考试制度. 文讯，1946，6（5）.

唐丽红. "新清史学派"的着力点在于话语构建：访中央民族大学历史文化学院副教授钟焓. 中国社会科学报，2015-05-06（A04）.

唐益年. 清代内务府沿革初探//中国第一历史档案馆. 清代档案史料丛编：第九辑. 北京：中华书局，1983.

唐在礼. 辛亥前后我所亲历的大事//中国人民政治协商会议全国委员会文史资料研究委员会. 辛亥革命回忆录：第六集. 北京：中华书局，1963.

唐志敬. 清代广西的绿营兵. 广西地方志，1987（1）.

陶百川. 反帝国主义的先驱：义和团. 向前进，1927（10）.

陶希圣，沈任远. 明清政治制度. 台北：台湾商务印书馆股份有限公司，1967.

滕德永. 咸丰年间内务府捐输述论. 满族研究，2014（1）.

滕绍箴. 论满洲皇权形成中的两蓝旗//白文煜. 民族融合与发展：纪念八旗制度创建400周年学术研讨会论文集. 沈阳：辽宁民族出版社，2016.

滕绍箴. 论清代宁夏八旗驻防及其历史贡献. 北方文物，1997（4）.

滕绍箴. 满洲牛录与四旗制创立新考：兼论八旗军制中满汉文化元素认同问题. 沈阳故宫博物院院刊，2016（1）.

滕绍箴. 努尔哈赤时期牛录考. 民族研究，2001（6）.

滕绍箴. 清初汉军及其牛录探源. 满族研究，2007（1）.

滕绍箴. 清代“三藩”旗籍研究//滕绍箴. 明代女真与满洲文史论集. 沈阳：辽宁民族出版社，2012.

天嘏. 满清外史//陆保璇. 满清稗史. 新中国书局，1913.

天生. 对于洋义和团之所感. 国闻周报，1925，2（22）.

田飞龙. 保守改良主义与百年共和：兼评高全喜教授新著《立宪时刻：论〈清帝逊位诏书〉》//王磊. 百年共和与中国宪政发展：纪念辛亥革命100周年学术研讨会论文集. 北京：法律出版社，2012.

田建君. 清代档案管理机构与制度考述. 兰台世界，2012（25）.

田澍. 八十年代以来明代政治中枢模式研究述评. 政治学研究，2005（1）.

田玄. 中国城市现代化动向的不平衡与辛亥革命的走向：对一场伟大城市革命运动及城市的回应的历史审视. 南京社会科学，2002（8）.

田玉洪，张洪良. 张之洞与绿营裁军. 山东社会科学，2007（10）.

田玉洪. 皈依与溢出：甲午战前清政府整顿绿营略论：以规复绿营兵额为主线. 太原理工大学学报（社会科学版），2006，24（3）.

田玉洪. 甲午战争前清政府裁撤绿营简论. 临沂师范学院学报，2005，27（4）.

田玉洪. 困厄中的抉择：晚清（1864—1911年）裁军研究（以绿营为中心）. 上海：华东师范大学，2005.

佟博. 朱彝尊与清初南书房党争. 北京档案，2015（2）.

佟佳江. 八旗蒙古在清朝的历史地位. 黑龙江民族丛刊，1999（3）.

佟佳江. 清代八旗制度消亡时间新议. 民族研究，1994（5）.

佟克力. 清代伊犁驻防八旗始末. 西域研究，2004（3）.

佟克力. 清代伊犁驻防索伦营始末. 新疆大学学报（哲学·人文社会科学版），2006，34（1）.

佟克力. 锡伯族历史与文化. 乌鲁木齐：新疆人民出版社，1989.

佟永功，关嘉录. 乾隆朝盛京总管内务府的设立. 故宫博物院院刊，1994（2）.

佟永功，关嘉录. 盛京上三旗包衣佐领述略. 历史档案，1992（3）.

佟永功. 盛京内务府户口册解析. 清史研究，1995（2）.

佟悦. 皇太极吞并正蓝旗始末//白文煜. 民族融合与发展：纪念八旗制度创建400周年学术研讨会论文集. 沈阳：辽宁民族出版社，2016.

涂小元. 小站练兵时期定武军、新建陆军与武卫右军的火器装备刍议. 军事历史研究，2009（2）.

屠寄，等. 京师大学堂史学讲义合刊. 刘开军，编校. 上海：上海古籍出版社，2018.

屠双. 省的意义和沿革. 清华周刊，1936，45（5）.

宛序. 梅村诗中的董小宛与顺治. 万象，1944，4（4）.

万昌华. 秦汉以来中央行政研究. 济南：齐鲁书社，2012.

万昌华. 一场偏离了基点的“知识考古”：侯旭东《中国古代专制说的知识考古》一文驳议. 史学月刊，2009（9）.

万朝林. 清代绿营将官军俸改革评析. 历史档案，2006（3）.

汪炳明. 清朝覆亡之际驻京蒙古王公的政治活动. 内蒙古大学学报（哲学社会科学版），1985（3）.

汪翰章. 对于义和团事件的感想. 上海民国日报附刊，1927，九七特刊.

汪辉祖. 学治臆说//官箴书集成编纂委员会. 官箴书集成：第5册. 合肥：黄山书社，1997.

汪利平. 杭州旗人和他们的汉人邻居：一个清代城市中民族关系的个案. 中国社会科学，2007（6）.

汪林茂. 论湘军与团练的关系. 杭州大学学报（哲学社会科学版），1986（2）.

汪荣宝，许国英. 清史讲义. 上海：商务印书馆，1913.

汪荣祖，李磊，殷之光，等. “新清史”与中国历史主体性. 东方学刊，2019（1）.

汪荣祖. “中国”概念何以成为问题：就“新清史”及相关问题与欧立德教授商榷. 探索与争鸣，2018（6）.

汪荣祖. 历史的主体性不能丧失：美国学者“新清史”的危害给中国史学研究的又一次警示. 北京日报，2016-12-12（15）.

汪荣祖. 清帝国性质的再商榷：回应“新清史”. 台北：“国立中央”

大学出版中心，2014.

汪荣祖. 新时代的历史话语权问题. 国际汉学，2018（2）.

汪世义. 我国兵制沿革. 新中国军事月刊，1940（4）.

汪珍. 论清代的按察司. 北京：中国政法大学，2009.

王秉文. 满清时代中国地方官制. 北强，1934，1（3）.

王昌. 新师范教育史. 上海：中华书局，1932.

王超. 关于清代亲王不得入直军机处的一点思考. 赤峰学院学报（汉文哲学社会科学版），2010，31（7）.

王传. 淮军将领王芝生生平事迹考. 安徽史学，2010（4）.

王春良. 辛亥革命在“亚洲觉醒”中的地位和作用. 山东师范学院学报，1962（1）.

王道瑞. 清代辛者库. 历史档案，1983（4）.

王德亮. 与王芸生先生论曾国藩. 中央周刊，1938，10（40）.

王多闻，关嘉录. 大连市图书馆藏清代内阁大库档案的发掘和整理. 故宫博物院院刊，1987（1）.

王飞虎. 清代同州府绿营建制迁变述略. 渭南师范学院学报，2013（1）.

王刚. 从“武昌假光绪案”看己亥建储前后的舆论和政局. 清史研究，2019（3）.

王刚. 乾隆朝江南军马的采买与牧放. 历史档案，2014（2）.

王刚. 清初苏州八旗驻防探析. 清史研究，2013（2）.

王国朋. 清代钦差大臣的监察权研究. 兰州：甘肃政法学院，2018.

王海燕. 虽无宰相之名，实有赞襄之责：试论明代内阁制度的作用. 唐山师专学报，1999，21（6）.

王鸿志. 变差为缺与裁旧立新：清季直省实业、交通行政制度嬗递考察：以添置劝业道为中心. 学术研究，2013（9）.

王鸿志. 由“司”至“道”：清季劝业道之议设. 学术研究，2010（11）.

王继平. 论湘军兴起的社会土壤. 史学月刊，1992（3）.

王继平. 论湘军与晚清湖湘文化. 湘潭大学学报（哲学社会科学版），1998，22（5）.

王继平. 论湘军与晚清中国社会. 史学月刊，1995 (1).

王继平. 湘军集团与晚清湖南. 北京：中国社会科学出版社，2002.

王建朗. 再议近代中国的革命与改良. 苏区研究，2017 (4).

王建中. 明清中枢机构转换的实质意义何在. 黑龙江社会科学，2006 (2).

王剑. 近50年来清代奏折制度研究综述. 中国史研究动态，2004 (7).

王景泽. 关于穆昆与满洲“前四旗”问题：兼析八固山的建立. 佳木斯大学社会科学学报，1998 (4).

王景泽. 关于努尔哈赤起兵时之牛录：与陈佳华、傅克东先生商榷. 佳木斯师专学报，1995 (3).

王景泽. 论早期满洲牛录. 东北师大学报（哲学社会科学版)，1998 (2).

王景泽. 明清道制研究综述. 哈尔滨师范大学社会科学学报，2011 (2).

王景泽. 清朝开国时期八旗研究（1583—1661). 长春：吉林文史出版社，2002.

王景泽. 清末黑龙江八旗之变迁. 中国边疆史地研究，1995 (1).

王景泽. 晚清皇权构架的内在理路. 北华大学学报（社会科学版)，2018 (1).

王敬雅. 王敬雅评《董小宛入清宫与顺治出家考》：清代疑案与疑案考据. (2018-11-26) [2019-06-23]. https：//www. thepaper. cn/newsDetail_forward_2661990.

王开玺. 帝党主战析辨. 历史档案，1991 (1).

王开玺. 太后垂帘：慈禧奕䜣政变记. 北京：中华书局，2007.

王开玺. 咸同之际两宫皇太后的理政听政与垂帘. 北京师范大学学报（社会科学版)，2018 (1).

王开玺. 辛酉政变与正统皇权思想：慈禧政变成功原因再探讨. 清史研究，2002 (4).

王闿运，郭振墉，朱德裳. 湘军志・湘军志平议・续湘军志. 长沙：岳麓书社，1983.

王柯. 国际政治视野下的“新疆建省”. 二十一世纪，2007（2）.

王立民. 论清末德国法对中国近代法制形成的影响. 上海社会科学院学术季刊，1996（2）.

王莲英. 近二十年辛酉政变研究综述. 燕山大学学报（哲学社会科学版），2007，8（3）.

王梦阮，沈瓶庵. 红楼梦索隐. 上海：中华书局，1916.

王倩. 监察御史和晚清政局：以奕劻被劾案为线索的考察. 武汉：华中师范大学，2008.

王庆成. “捻军正名”质疑：和罗尔纲同志商榷. 学术月刊，1961（9）.

王日根，王亚民. 从《鹿洲公案》看清初知县对乡村社会的控制. 华中师范大学学报（人文社会科学版），2006（4）.

王戎笙. 清代全史：第 2 卷. 北京：方志出版社，2007.

王善中. 关于袁世凯在辛亥革命中的三个问题. 江西师范大学学报（哲学社会科学版），1986（4）.

王绍坊. 美英帝国主义与辛亥革命. 教学与研究，1956（10）.

王社教. 安徽称省时间与建省标志. 中国历史地理论丛，1991（1）.

王胜国. 清代捐纳制度及其影响新论. 吉林师范大学学报（人文社会科学版），1990（3）.

王淑梅. 刘锦棠与新疆建省. 西域研究，1994（3）.

王树才，刘敬忠. 也谈《清室优待条件》问题：兼评溥仪充当日本帝国主义傀儡的原因. 中国社会科学院研究生院学报，2000（2）.

王树卿. 清代后妃制度中的几个问题. 故宫博物院院刊，1980（1）.

王树卿. 清代皇后的册立. 故宫博物院院刊，1980（3）.

王思治，吕元骢. 清代皇位继承制度嬗变与满洲贵族间的矛盾//阎崇年. 满学研究：第三辑. 北京：民族出版社，1996.

王思治. “太后下嫁疑案”辨证. 历史研究，2011（2）.

王思治. 多尔衮摄政后满洲贵族之间的矛盾与冲突//王思治. 清史论稿. 成都：巴蜀书社，1987.

王思治. 康熙重视督抚的选任//中国社会科学院历史研究所清史研究室. 清史论丛 2006 年号. 北京：中国广播电视出版社，2006.

王思治. 清承明制说内阁//中国社会科学院历史研究所明清史研究室. 清史论丛2000年号. 北京：中国广播电视出版社，2000.

王思治. 清代皇位继承制度之嬗变与满洲贵族间的矛盾//王思治. 满学研究：第三辑. 北京：民族出版社，1996.

王素. 故宫学学科建设初探. 北京：故宫出版社，2016.

王天根. 晚清幕府纷争与舆论精英的媒介话语选择. 厦门大学学报（哲学社会科学版），2010（1）.

王天根. 严复与晚清幕府. 史学月刊，2006（8）.

王天奖. 湘军源起辩. 文史哲，1986（3）.

王天平. 清代八旗制度. 辽宁档案，1993（5）.

王为东. 清代六科给事中制度之式微. 南都学坛（人文社会科学学报），2004，24（6）.

王卫星. 辛亥革命与中国工业化. 学海，2001（6）.

王希隆. 关于清代新疆军府制的几个问题. 西域研究，2002（1）.

王希隆. 清代西北屯田研究. 乌鲁木齐：新疆人民出版社，2012.

王先明，常书红. 晚清保甲制的历史演变与乡村权力结构：国家与社会在乡村社会控制中的关系变化. 史学月刊，2000（5）.

王先明. 变动时代的乡绅：乡绅与乡村社会结构变迁（1901—1945）. 北京：人民出版社，2009.

王先明. 绅董与晚清基层社会治理机制的历史变动. 中国社会科学，2019（6）.

王先明. 士绅阶层与晚清“民变”：绅民冲突的历史趋向与时代成因. 近代史研究，2008（1）.

王先明. 晚清士绅基层社会地位的历史变动. 历史研究，1996（1）.

王湘云. 清代内阁. 历史教学，1985（4）.

王晓秋. 辛亥革命对日本的影响. 中州学刊，1985（3）.

王晓卫. 清前期贵州绿营营制及布防. 贵州大学学报（社会科学版），2006，24（3）.

王新龙. 清代财政监察制度研究. 湘潭：湘潭大学，2013.

王旭. 追寻历史叙述的哲学表达：评《论〈清帝逊位诏书〉》//王磊. 百年共和与中国宪政发展：纪念辛亥革命100周年学术研讨会论文

集. 北京：法律出版社，2012.

王雪华. 督抚与清代政治. 武汉大学学报（社会科学版），1992（1）.

王雪华. 关于清代督抚甄选的考察. 武汉大学学报（社会科学版），1989（6）.

王雪华. 论清代晚期督抚制度的变化. 湖南社会科学，1990（3）.

王亚芳. 帝党在维新运动中的作用新探. 华南师范大学学报（社会科学版），2010（3）.

王亚芳. 论帝党在维新运动中的作用. 学术研究，2004（7）.

王亚芳. 试论帝党与维新运动的兴起. 学术研究，1998（7）.

王亚民. 从《惠安政书》看知县对乡村社会的管理. 福建论坛（人文社会科学版），2010（8）.

王亚民. 从《宰惠纪略》看晚清知县的乡村治理. 东方论坛，2010（2）.

王亚民. 从乾隆朝巴县档案看知县对乡村的管理. 历史档案，2014（2）.

王亚南. 中国官僚政治研究. 北京：商务印书馆，2017.

王彦章. 清代奖赏制度研究. 合肥：安徽人民出版社，2007.

王亿超. 清代笔帖式仕进与迁转路径分析：以满族内阁大学士群体为样本. 研究生法学，2014（5）.

王毅武，王斯一. 论辛亥革命与中国现代经济理论. 海南师范大学学报（社会科学版），2012（3）.

王永康. 谈谈关于辛亥革命的性质问题. 史学月刊，1959（12）.

王勇. 张之洞督抚幕府及地方新官僚体系研究. 北京：清华大学，2006.

王育济. 关于"上三旗"问题的一个考辨. 中国史研究，1989（1）.

王月. 清代八旗补放绿营武官问题探析. 黑龙江民族丛刊，2010（6）.

王跃生. 关于明清督抚制度的几个问题. 历史教学，1987（9）.

王跃生. 清代督抚体制特征探析. 社会科学辑刊，1993（4）.

王云庆，王新立. 清代军机处档案概述. 档案，1992（1）.

王云松. 从顺康政局看清初翰林院的政治地位. 社会科学战线，2012（11）.

王云松. 论清初翰林院的社会文化职能. 云南师范大学学报（哲学社会科学版），2012（4）.

王云松. 清初翰林院沿革考略. 中国社会科学院研究生院学报，2002，增刊.

王云松. 清初翰林院研究. 北京：中国社会科学院研究生院，2003.

王芸生. 六十年来中国与日本：第 6 卷. 天津：大公报社出版部，1933.

王芸生. 论曾国藩. 人物杂志，1946（1）.

王芷章. 清升平署志略. 上海：上海书店，1991.

王志明. 康熙雍正时期捐纳考析//李国章，赵昌平. 中华文史论丛：第七十九辑. 上海：上海古籍出版社，2005.

王志明. 清代督抚保题绿营武官的人事权. 安徽史学，2005（5）.

王志明. 清代职官人事研究：基于引见官员履历档案的考证分析. 上海：上海书店出版社，2016.

王志明. 雍正朝官僚制度研究. 上海：上海古籍出版社，2007.

王志明. 雍正朝文官保举和题补制度. 清史研究，2003（1）.

王志明. 雍正引见绿营武官的相关问题. 故宫博物院院刊，2004（4）.

王志强，姚勇. 清代新疆台站体系及其在边疆开发中的作用. 西域研究，2007（4）.

王致中. 封建蒙昧主义与义和团运动. 历史研究，1980（1）.

王锺翰. 内务府世家考//王锺翰. 王锺翰学术论著自选集. 北京：中央民族大学出版社，1999.

王锺翰. 清初八旗蒙古考//王锺翰. 清史杂考. 北京：人民出版社，1957.

王锺翰. 清代八旗中的满汉民族成分问题（上）. 民族研究，1990（3）.

王锺翰. 清代八旗中的满汉民族成分问题（下）. 民族研究，1990（4）.

王锺翰. 清圣祖遗诏考辨//王锺翰. 王锺翰学术论著自选集. 北京：中央民族大学出版社，1999.

王锺翰. 清史杂考. 北京：人民出版社，1957.

王锺翰. 清世宗夺嫡考实. 燕京学报，1949（36）.

王锺翰. 释汗依阿玛//王锺翰. 王锺翰清史论集：第2册. 北京：中华书局，2004.

王锺翰. 王锺翰清史论集（全四册）. 北京：中华书局，2004.

王锺翰. 胤祯西征纪实. 燕京学报，1950（38）.

王锺翰. 中国民族史. 北京：中国社会科学出版社，1994.

王子涵，卓越. 康雍时期缘罪辛者库人权利地位考：以内务府档案为中心. 满族研究，2018（4）.

王子林. 在乾隆的星空下：乾隆皇帝的精神境界. 北京：紫禁城出版社，2011.

危兆盖. 清季使节制度近代化前期的历史考察. 中州学刊，1996（5）.

危兆盖. 清季使节制度近代化后期的历史考察. 江汉论坛，1997（7）.

韦庆远，高放，刘文源. 清末宪政史. 北京：中国人民大学出版社，1993.

韦庆远. 论清代人事回避制度. 历史档案，1989（2）.

卫周安. 新清史. 董建忠，译. 清史研究，2008（1）.

魏光奇. 官治与自治：20世纪上半期的中国县制. 北京：商务印书馆，2004.

魏光奇. 清代“乡地”制度考略. 北京师范大学学报（社会科学版），2007（5）.

魏光奇. 清代督抚监司监察制度的弊端与异化. 河北学刊，2010，30（2）.

魏光奇. 清代州县的“主奴集团”统治：透视“秦制”的根本特征. 北京师范大学学报（社会科学版），2011（1）.

魏光奇. 清代州县官任职制度探析：附论中国传统政治中的地方行政首脑权力制约. 江海学刊，2008（1）.

魏光奇. 晚清州县官任职制度的紊乱：透视中国传统政治的深层矛盾. 河北学刊，2008，28（2）.

魏光奇. 有法与无法：清代的州县制度及其运作. 北京：商务印书馆，2010.

魏建国. 新叙事模式下的清帝《逊位诏书》研究及其启示. 环球法律评论，2011（5）.

魏鉴勋，袁闾琨. 试论清代的幕僚及其对地方政权的作用. 史学月刊，1983（5）.

魏秀梅. 从量的观察探讨清季督抚的人事嬗递. "中央研究院"近代史研究所集刊，1973（4）.

魏源. 圣武记. 长沙：岳麓书社，2011.

文公直. 监察制度之研究. 中央半月刊，1931，3（5）.

翁飞，等. 安徽近代史. 合肥：安徽人民出版社，1990.

翁飞. 李鸿章、吴汝纶和巢湖淮军昭忠祠. 江淮文史，2005（5）.

翁飞. 试论淮军的创建. 安徽史学，1988（1）.

翁飞. 曾李交替与湘消淮长. 军事历史研究，2001（3）.

乌力吉套格套. 辛亥革命时期阿穆尔灵圭的政治活动. 内蒙古社会科学（汉文版），2002，23（4）.

乌云毕力格. 清史研究岂能无视满文文献. 东方早报，2016－06－19（A03）.

吴昌稳. 同光时期清政府对兵制改革的探索. 中国国家博物馆馆刊，2015（3）.

吴承军，姚继荣. 清代西北马政与民族关系. 攀登，2015（1）.

吴福环. 南北洋大臣的设立及其与总理衙门的关系. 河北学刊，1991（1）.

吴福环. 评李鸿章的外交活动. 学术月刊，1988（11）.

吴福环. 清季总理衙门研究. 乌鲁木齐：新疆大学出版社，1995.

吴福环. 总理衙门职能的扩展及其与军机处、内阁的关系. 史学月刊，1991（4）.

吴观文. 论清初的监察制度与吏治. 求索，1986（6）.

吴观文. 中国古代政治与监察制度. 长沙：国防科技大学出版社，

1991.

吴晗. 汪辉祖论做州县官. 文汇报，1962－07－06.

吴吉远. 清代地方政府的司法职能研究. 北京：中国社会科学出版社，1998.

吴吉远. 试论明清时期的守巡道制度. 社会科学辑刊，1996（1）.

吴杰. 传统“天下”与现代“民族国家”的对接：对《清帝逊位诏书》宪法意义的反思. 甘肃政法学院学报，2014（1）.

吴玫. 刘铭传在台湾建省后的财政措施. 台湾研究集刊，1985（3）.

吴玫. 杨昌浚与台湾建省. 台湾研究集刊，1989（2）.

吴美凤. 明清后妃制度略考. 故宫学刊，2015（1）.

吴敏超. 戊戌政变后的社会舆论. 史学月刊，2007（6）.

吴佩林，范鹏鹏. 百年来清代州县幕友研究述评. 地方文化研究，2016（6）.

吴佩林，万海荞. 清代州县官任期“三年一任”说质疑：基于四川南部县知县的实证分析. 清华大学学报（哲学社会科学版），2018，33（3）.

吴佩林，王楚强. 从文书制度看清代州县书吏对衙门的控制. 湖北大学学报（哲学社会科学版），2018，45（1）.

吴佩林. 万事胚胎于州县乎：《南部档案》所见清代县丞、巡检司法. 法制与社会发展，2009（4）.

吴启讷. 清朝的战略防卫有异于近代帝国的殖民扩张：兼论英文中国史学界中“欧亚大陆相似论”和“阿尔泰学派”//汪荣祖. 清帝国性质的再商榷：回应“新清史”. 台北：“国立中央”大学出版中心，2014.

吴乾兑. 帝国主义对辛亥革命的干涉和破坏. 历史教学，1962（2）.

吴仁安. 清代的翰林院和翰林. 历史教学，1981（2）.

吴讱. 关于《清帝退位诏书》和《秋夜草疏图》. 民国档案，1991（1）.

吴松龄. 义和团运动初期斗争阶段的几个问题. 山东师范学院学报（历史版），1960（2）.

吴文燦. 论载湉与戊戌变法研究. 江海学刊，1964（3）.

吴晓君. 岳麓山辛亥革命英烈墓葬与辛亥革命记忆. 文史博览（理

论），2016（11）.

吴心伯．甲午战争至戊戌变法前清廷朝局初探．安徽史学，1990（2）.

吴秀良．康熙朝储位斗争记实．张震文，吴伯娅，译．北京：中国社会科学出版社，1988.

吴秀良．南书房之建置及其前期之发展．思与言，1968（6）.

吴雁南．试论洪秀全政治思想的主要特征．人文杂志，1958（4）.

吴雁南．辛亥革命研究中的几个问题．重庆师范学院学报（哲学社会科学版），1980（4）.

吴轶群．清代新疆道制建置沿革探析．兰州学刊，2007（3）.

吴轶群．清代新疆镇迪道与地方行政制度之演变．中国历史地理论丛，2007，22（3）.

吴勇军．辛亥革命时期南北议和新论．湘潭师范学院学报，1991，12（5）.

吴虞．康有为"君臣之伦不可废"驳议//赵清，郑城．吴虞集．成都：四川人民出版社，1985.

吴元丰．近百年来满文档案编译出版综述：以中国大陆为中心．满语研究，2011（2）.

吴元丰．满文档案与历史探究．沈阳：辽宁民族出版社，2015.

吴元丰．清代军机处满文月折包及其史料价值．满语研究，2007（1）.

吴元丰．清代内阁满文档案述略．满语研究，1997（1）.

吴兆清．袁世凯练新军改军制及其历史地位．历史档案，1987（1）.

吴志良，金国平．西方文献对雍正继位的记载．国际汉学，2009（2）.

吴宗慈．"太后下嫁考实"驳议．史学专刊，1937，2（1）.

伍福佐．伍廷芳在南北议和中的斗争艺术．文史杂志，2000（5）.

伍优政．清雍正朝台谏合一之研究．台北：台北大学，2003.

伍跃．中国的捐纳制度与社会．南京：江苏人民出版社，2013.

武红薇，张杰．略论清代在新疆设置军府制的历史作用．石河子大学学报（哲学社会科学版），2003，3（2）.

武红薇，张杰. 论清代伊犁将军府的地位、人选与兴衰. 石河子大学学报（哲学社会科学版），2002，2（4）.

武晓华. 略论清代监察制度. 山西大学学报，1989（3）.

西达·斯考切波. 国家与社会革命：对法国、俄国和中国的比较分析. 何俊志，王学东，译. 上海：上海人民出版社，2007.

郗鹏，李新. 试论清代捐监制度. 聊城大学学报（社会科学版），2008（5）.

细谷良夫.《八旗通志·旗分志》的编纂及其背景：雍正朝佐领改革之一. 陈佳华，刘世哲，译. 世界民族，1989（2）.

细谷良夫. 清朝八旗制度的"gūsa"和"旗"//阎崇年. 满学研究：第二辑. 北京：民族出版社，1994.

细谷良夫. 清朝中期八旗汉军的再编组//石桥秀雄. 清代中国的若干问题. 杨宁一，陈涛，译. 济南：山东画报出版社，2011.

细谷良夫. 清代八旗制度之演变. 武永尚子，译. 故宫文献，1972（3）.

细谷良夫. 雍正朝汉军旗属牛录的均齐化. 冬哥，大鹏，译. 社会科学战线，1986（2）.

夏东元. 关于辛亥革命时期的社会主要矛盾及其主要方面的问题. 文汇报，1961-01-06.

夏东元. 论辛亥革命的胜利与失败. 历史教学问题，1959（1）.

夏冬波. 淮军名将吴长庆. 北京：中国文史出版社，2007.

夏劲，陈昕. 论近代科学技术对武汉成为辛亥革命首义之区的影响. 自然辩证法通讯，2011，33（5）.

夏斯云. 辛亥革命时期革命党人拥袁反清策略新论. 上海师范大学学报（哲学社会科学版），2008，37（5）.

夏维奇. 晚清电报的引入对清代谕旨奏折制度的影响. 历史档案，2009（1）.

夏卫东. 论清代翰林官的出路问题. 石油大学学报（社会科学版），2003，19（6）.

夏益赞. 新疆建省的总检视. 边铎半月刊，1934，2（1）.

衔仇. 白莲教的产生与其盛衰史. 青年画报，1945，1（12）.

向中银. 晚清外聘人才的奖赏制度. 近代史研究，1996（5）.

向中银. 晚清外聘人才管理制度初探. 社会科学研究，1997（4）.

萧一山. 清代通史：卷上. 北京：中华书局，1986.

萧一山. 清代通史：卷下. 北京：中华书局，1986.

萧一山. 天地会起源考. 中山文化教育馆季刊，1935，2（3）.

萧一山. 湘军与淮军之别. 子曰丛刊，1948（1）.

萧致治，聂文明. 黄兴与辛亥革命. 武汉大学学报（人文科学版），1986（5）.

小横香室主人. 清朝野史大观：清宫遗闻. 石家庄：河北人民出版社，1997.

肖光辉. 清末民初关于责任内阁制的理解、运用与争论. 江苏社会科学，2005（2）.

肖守库. 甲午战争前后捐纳舆论的宏观情势. 河北师范大学学报（哲学社会科学版），2006，29（4）.

肖宗志. 1994年以来晚清幕府研究述评. 贵州大学学报（社会科学版），2006（3）.

肖宗志. 候补文官群体与晚清政治. 成都：巴蜀书社，2007.

肖宗志. 论晚清时期文官保举的基本特征. 湖北大学学报（哲学社会科学版），2014，41（5）.

谢飞云. 慈禧太后与江青. 贵阳师院学报（社会科学版），1977（1）.

谢国桢. 清开国史料考. 北京：北京出版社，2014.

谢浩. 漫谈翰林的沧桑与荣宠. 台北文献，1976（35）.

谢健. 帝国之裘：清朝的山珍、禁地以及自然边疆. 关康，译. 北京：北京大学出版社，2019.

谢景芳，赵洪刚. 明清兴替史事论考. 长春：吉林人民出版社，2008.

谢景芳. 八旗汉军的建立及其历史作用. 社会科学辑刊，1987（3）.

谢景芳. 八旗汉军的名称及含义沿革考释. 北方文物，1991（3）.

谢景芳. 清初八旗汉军的地位和作用：兼论清初政权性质. 求是学刊，1986（3）.

谢景芳. 清代八旗汉军的瓦解及其社会影响：兼论清代满汉融合过程的复杂性. 中央民族大学学报（哲学社会科学版），2008，35（3）.

谢俊美. 捐纳制度与晚清吏治的腐败. 探索与争鸣，2000（4）.

谢俊美. 一部全方位阐述百年来辛亥革命研究和纪念活动的力作：罗福惠、朱英主编《辛亥革命的百年记忆与诠释》一书读后. 近代史学刊，2012（9）.

谢如程. 清末检察制度及其实践. 上海：上海人民出版社，2008.

谢霞飞. 清末督抚与官制改革. 湖北大学学报（哲学社会科学版），1996（3）.

谢云飞. 慈禧太后与江青. 贵阳师院学报（社会科学版），1977（1）.

心史. 董小宛考. 小说月报，1915，6（9/10）.

心史. 清太后下嫁摄政王事考. 时事汇报，1914（3）.

辛亥革命与大陆浪人. 赵军，译. 北京：中国大百科全书出版社，1991.

辛欣，薛莲. 清代内阁大库档案，图书馆学刊，2008（4）.

新疆社会科学院历史研究所. 新疆地方历史资料选辑. 北京：人民出版社，1987.

兴中会革命史要. 陈少白，口述. 许师慎，笔记. 台北："中央"文物供应社，1956.

邢誉田. 论道光西北绿营马政：以杨忠武公（遇春）年谱为中心的考察. 伊犁师范学院学报（社会科学版），2012（3）.

邢早忠. 清代监察制度的特点. 贵州社会科学，1985（3）.

熊剑平. 权力的掌控：军机处. 北京：中华书局，2015.

熊剑平. 雍正帝兄弟相争与军机处的设立及发展. 文史天地，2014（12）.

熊剑平. 雍正平叛与军机处的设立. 文史天地，2014（11）.

熊克. 清初《皇父摄政王起居注》原本题记. 四川师院学报，1981（1）.

熊英. 浅析湘军兴起于湖南的经济原因. 军事历史研究，1999（3）.

熊英. 湘军裁撤的经济原因. 军事历史研究，2000（3）.

熊英. 湘军与近代湖南社会. 重庆：重庆出版社，2007.

熊元彬. 历史的再审视：清末“皇族内阁”研究. 理论月刊，2018 (4).

熊元彬. 论清末官绅在筹建政党与责任内阁中的活动. 暨南学报（哲学社会科学版），2016，38 (7).

熊元彬. 论清末责任内阁“筹划试行”中的奕劻. 暨南史学，2018 (1).

熊元彬. 论中国宪政发展之路：以清末“满族内阁”向“完全责任内阁”之嬗变为例. 天府新论，2013 (2).

修晓波. 清代监察制度的最后强化与衰败（上）. 中国监察，2006 (22).

修晓波. 清代监察制度的最后强化与衰败（中）. 中国监察，2006 (23).

修晓波. 清代监察制度的最后强化与衰败（下）. 中国监察，2006 (24).

秀明. 雍正与江青. 厦门大学学报（哲学社会科学版），1977 (Z1).

徐炳宪. 清代县官的社会救济. 中华文化复兴月刊，1976，9 (10).

徐炳宪. 清代县官的社教工作. 中国地方自治，1976 (9).

徐炳宪. 清代知县职掌之研究. 台北：台湾私立东吴大学中国学术著作奖助委员会，1974.

徐炳宪. 清代知县之出身及其在地方行政上之地位. 大陆杂志，1974，49 (6).

徐春峰. 清代督抚制度的确立. 历史档案，2006 (1).

徐丹俍. 八旗汉军制度始设诸说议//赵志强. 满学论丛：第一辑. 沈阳：辽宁民族出版社，2011.

徐道邻. 清代考试与任官制度//张其昀，等. 中国政治思想与制度史论集（三）. 台北：“中华”文化出版事业委员会，1954.

徐法言. 金川“番目”入旗：清代中后期八旗制度的开放与封闭//四川大学中国藏学研究所. 藏学学刊. 北京：中国藏学出版社，2015.

徐法言. 内务府汉姓包衣的社会地位及其族属认定. 社会科学研究，2008 (3).

徐广源. 清朝帝后妃谥号浅议. 清史研究，1997（4）.

徐恒晋. 八旗都统在清朝政治机构中的地位和作用. 满族研究，1985（2）.

徐佳伟. 清稽察内务府御史衙门略考. 北京文博文丛，2014（4）.

徐建. 曾国藩对清代选将制度的改革. 北京大学学报（哲学社会科学版），1993（3）.

徐凯. 论金简//朱诚如. 清史论集：庆贺王锺翰教授九十华诞. 北京：紫禁城出版社，2003.

徐凯. 清初摄政、辅政体制与皇权政治. 史学集刊，2006（4）.

徐凯. 清代八旗制度的变革与皇权集中. 北京大学学报（哲学社会科学版），1989（5）.

徐凯. 清代史籍中满名汉释的演变. 清史研究通讯，1987（1）.

徐莉.《内阁满票签部通本式样》概略及其价值. 历史档案，2016（4）.

徐立亭，熊炜. 中国近代史论文资料索引 1949—1979. 北京：中华书局，1983.

徐明一. 清代六科行政监控机制研究. 天津：南开大学，2009.

徐启宪. “御赏”、“同道堂”章与慈禧篡权. 故宫博物院院刊，1979（3）.

徐善福. 辛亥革命与越南民族解放运动. 东南亚研究资料，1963（2）.

徐式圭. 中国监察史略. 北京：中华书局，1937.

徐松荣. 论己亥建储与义和团运动. 求索，2001（1）.

徐万民，周兆利. 刘铭传与台湾建省. 福州：福建人民出版社，2000.

徐绪典. 辛亥革命与资产阶级民主革命派的对外态度. 山东大学学报（历史版），1959（2）.

徐一士. 一士类稿. 古今出版社，1944.

徐永斌. 奕䜣与慈禧太后失和原因探析. 安徽史学，2000（4）.

徐勇. 言官与清末新政：以“清末三霖”为中心. 上海：东华大学，2012.

徐中舒. 徐中舒历史论文选辑. 北京：中华书局，1998.

许崇灏. 新疆志略. 南京：正中书局，1944.

许大龄. 明清史论集. 北京：北京大学出版社，2000.

许大龄. 清代捐纳制度. 燕京大学哈佛燕京学社，1950.

许会娟. 简论清代旗人出旗. 黑龙江史志，2010 (9).

许纪霖. 为何权力代替了权威：辛亥革命百年反思. 天津社会科学，2011 (5).

许鲲. 清初有关法令与“太后下嫁”传说. 满族研究，1995 (1).

许森. 荆州八旗驻防婚丧习俗比较研究. 内蒙古电大学刊，2016 (5).

许山河. 曾国藩是爱国者. 湘潭大学学报（社会科学版），1989 (1).

许世英. 奉天行政公署训令（第 89 号）. 1913 (624).

许雪姬. 班兵与台湾治安. 台湾风物，1982，32 (4).

许雪姬. 绿营中的台湾兵：附台勇. 史原，1982 (12).

许雪姬. 明清两代国人对澎湖列岛的认识和防戍. 台北：台湾大学，1978.

许雪姬. 清代澎湖的防戍政策. 史原，1978 (8).

许雪姬. 清代台湾武备制度的研究：台湾的绿营. “中央研究院”近代史研究所专刊，1987 (54).

许雪姬. 台湾的马兵. 台湾风物，1982，32 (2).

许毓良. 清代台湾的海防. 北京：社会科学文献出版社，2003.

许毓良. 清代台湾的军事与社会：以武力控制为核心的讨论. 台北：台湾师范大学，2004.

许曾重. 清世宗胤禛继承皇位问题新探//中国社会科学院历史研究所清史研究室. 清史论丛：第四辑. 北京：中华书局，1982.

许曾重. 太后下嫁说新探//中国社会科学院历史研究所清史研究室. 清史论丛：第八辑. 北京：中华书局，1991.

许曾重. 雍正得位前后. 文史知识，1983 (3).

薛柏成. 叶赫那拉氏家族史研究. 长春：吉林文史出版社，2005.

薛瑞录，郝艳红. 清廷镇压太平天国期间中央官员的捐输活动. 清史研究，1996（2）.
雅路. 谈清代宗室封爵等级. 满语研究，1990（2）.
闫团结. 论清末的官制改革. 唐都学刊，1997，13（3）.
闫学仁. 雍正并非篡权：雍正即位考辨. 河北大学学报，1983（2）.
严文郁. 清代翰林和翰林院. 东方杂志，1980，13（10）.
严中平. 一八六一年北京政变前后中英反革命的勾结. 历史教学，1952（4）.
严中平. 一八六一年北京政变前后中英反革命的勾结（续）. 历史教学，1952（5）.
阎崇年. 论努尔哈赤. 中央民族学院学报，1977（4）.
阎崇年. 满洲八旗定制考析//支运亭. 八旗制度与满族文化. 沈阳：辽宁民族出版社，2002.
阎崇年. 评康熙. 北京师院学报（社会科学版），1975（2）.
晏爱红. 乾隆九年福建捐监案研究. 清史研究，2007（3）.
晏一立. 雍正朝内阁三法司档案中的词汇研究. 成都：四川大学，2006.
晏子友. 清朝世爵世职制度//中国社会科学院历史研究所清史研究室. 清史论丛. 沈阳：辽宁古籍出版社，1996.
晏子友. 清朝外藩封爵制度. 社会科学战线，1999（3）.
晏子友. 清朝宗室封爵制度初探. 河北学刊，1991（5）.
燕北老人. 满清十三朝宫闱秘史. 上海：上海春明书店，1936.
杨昂. 清帝《逊位诏书》在中华民族统一上的法律意义. 环球法律评论，2011（5）.
杨策. 辛亥革命在亚洲打落了第一个皇冠. 社会科学辑刊，1981（5）.
杨春君. 钦差与清代政治变迁（1644—1850）. 天津：南开大学，2014.
杨公道. 多尔衮轶事. 上海：中华书局，1920.
杨公道. 雍正帝轶事. 上海：大华书局，1918.
杨国强. 捐纳、保举与晚清的吏治失范. 社会科学，2009（5）.
杨红伟，欧麦高. 清代甘肃省循化厅歇家研究. 青海民族研究，

2013（4）.

杨津涛．袁世凯“窃国”：误解一百年．文史天地，2010（11）.

杨军，周湘荣．论清代监察体制的三重性．湖南工程学院学报，2005，15（4）.

杨军民．“边塞”与“旗员”：清代陕甘总督迁进路径考论．青海民族大学学报，2015（1）.

杨军民．“甘、凉兵为天下劲卒”：清代甘肃驻防绿营考论．兰州文理学院学报（社会科学版），2015（1）.

杨军民．从吏治到兵政：清代巡抚军事权力演变的历史考察：以巡抚绿营兼辖权为中心．社科纵横，2015（2）.

杨军民．清代甘肃行省建置形成过程略考．青海民族大学学报（社会科学版），2016（4）.

杨军民．清代陕甘总督与新疆军政治理：以陕甘总督与新疆各军府关系为视角．鲁东大学学报（哲学社会科学版），2014（4）.

杨立．清代文官升转制度研究．上海：上海师范大学，2018.

杨猛．“争权”抑或“卸责”：再论皇室亲贵与皇族内阁的出台．人文杂志，2019（8）.

杨念群．超越“汉化论”与“满洲特性论”：清史研究能否走出第三条道路?．中国人民大学学报，2011（2）.

杨念群．为什么要重提“政治史”研究．历史研究，2004（4）.

杨念群．中国历史学如何回应时代思潮（1978—2008）//山西大学中国社会史研究中心．中国社会史研究的理论与方法．北京：北京大学出版社，2011.

杨念群．重估“大一统”历史观与清代政治史研究的突破．清史研究，2010（2）.

杨启樵．揭开雍正皇帝隐秘的面纱．上海：上海书店出版社，2002.

杨启樵．清代密折制度探源//朱诚如，王天有．明清论丛：第四辑．北京：紫禁城出版社，2003.

杨启樵．雍正帝及其密折制度研究．香港：三联书店，1981.

杨启樵．雍正帝及其密折制度研究．增订本．长沙：岳麓书社，2014.

杨曙光. 管窥清朝的监察制度. 四川行政学院学报，2005（5）.

杨树藩. 清代中央政治制度. 台北：台湾商务印书馆，1982.

杨树森. 关于清政权入关后战争性质问题的商榷：兼说康熙个人和人民群众的作用. 中国民族，1961（1）.

杨涛. 清末北洋集团的赈灾救济政策：以直隶赈抚局为考察中心. 兰州学刊，2011（6）.

杨天宏. 袁世凯与清廷的矛盾. 四川师范大学学报，1990（3）.

杨天宏. 中国的近代转型与传统制约. 贵阳：贵州人民出版社，2000.

杨文刚. 浅谈清代军机处的档案管理. 兰台世界，2011（7）.

杨学琛，周远廉. 清代八旗王公贵族兴衰史. 沈阳：辽宁人民出版社，1986.

杨亚雄. 论清政府对新疆维吾尔地区伯克制度的政策演变. 青海师范大学学报（哲学社会科学版），2016（4）.

杨奕青. 咸丰初年的湘乡县团练及其对湘军崛起的影响. 求索，1987（1）.

杨益茂. “新清史”背后的学风问题. 中国社会科学报，2015-07-07（A01）.

杨益茂. “新清史”难以立论. 沈阳故宫博物院院刊，2015（2）.

杨益茂. 以旧充新 罔顾事实：“新清史”若干观点辨析. 北京日报，2018-09-17（15）.

杨永康. 《钦定古今储贰金鉴》与乾隆帝之立储思想. 史学月刊，2006（12）.

杨珍. “皇父摄政王”考辨//清前期宫廷政治释疑. 北京：中国社会科学出版社，2018.

杨珍. “皇父摄政王”新探. 清史研究，2017（1）.

杨珍. 后金八王共治国政制研究. 中国史研究，2000（1）.

杨珍. 康熙晚年的秘密建储计划. 故宫博物院院刊，1991（1）.

杨珍. 历程 制度 人：清朝皇权略探. 北京：学苑出版社，2013.

杨珍. 满文档案中所见允禵皇位继承人地位的新证据. 中国史研究，1990（3）.

杨珍. 满文史料在清史研究中的局限. 光明日报，2016-06-01（14）.

杨珍. 清朝后妃母家的抬旗//中国社会科学院历史研究所清史研究室. 清史论丛 2014 年号. 北京：中国广播电视出版社，2014.

杨珍. 清朝皇位继承制度. 北京：学苑出版社，2001.

杨珍. 清前期宫廷政治释疑. 北京：中国社会科学出版社，2018.

杨珍. 再谈满文史料在清史研究中的价值与局限. 中国社会科学报，2018-04-10.

姚大力. “新清史”之争背后的民族主义：可以从“新清史”学习什么//葛兆光，徐文堪，汪荣祖，等. 殊方未远：古代中国的疆域、民族与认同. 北京：中华书局，2016.

姚大力. 不再说“汉化”的旧故事//葛兆先，徐文堪，汪荣祖，等. 殊方未远. 古代中国的疆域、民族与认同. 北京：中华书局，2016.

姚大力. 西方中国研究的“边疆范式”：一篇书目式述评. 文汇报，2007-05-07（6）.

姚念慈. 定鼎中原之路：从皇太极入关到玄烨亲政. 北京：生活·读书·新知三联书店，2018.

姚念慈. 多尔衮与皇权政治//中国社会科学院历史研究所清史研究室. 清史论丛. 沈阳：辽宁古籍出版社，1996.

姚念慈. 皇太极入关机缘与得失：明金己巳之役若干问题考辨//中国社会科学院历史研究所清史研究室. 清史论丛. 北京：社会科学文献出版社，2017.

姚念慈. 康熙初年四大臣辅政刍议//中国社会科学院历史研究所清史研究室. 清史论丛 2006 年号. 北京：中国广播电视出版社，2006.

姚念慈. 康熙盛世与帝王心术：评“自古得天下之正莫如我朝”. 北京：生活·读书·新知三联书店，2015.

姚念慈. 略论八旗蒙古和八旗汉军的建立. 中央民族大学学报，1995（6）.

姚念慈. 论满族八旗制国家的建立//中国社会科学院历史研究所清史研究室. 清史论丛. 沈阳：辽宁古籍出版社，1993.

姚念慈. 满族八旗制国家初探. 北京：燕山出版社，1996.

姚念慈. 清初政治史探微. 沈阳：辽宁民族出版社，2008.

姚永森. 台湾建省概述. 历史教学，1984（11）.

叶斌. 中国近现代史研究中的国家构建问题. 史林，2016（2）.

叶高树. 清朝统治中国成功的代价：以八旗子弟的教育为例//汪荣祖. 清帝国性质的再商榷：回应“新清史”. 台北：“国立中央”大学出版中心，2014.

叶恭绰. 辛亥宣布共和前北京的几段逸闻//中国史学会. 辛亥革命（八）. 上海：上海人民出版社，1957.

叶林生. 论光绪. 社会科学，1981（3）.

叶玉琴. 关于辛亥革命的阶级基础问题：与郭世佑先生商榷. 中国社会经济史研究，1994（1）.

叶志如. 康、雍、乾时期辛者库人的成分及人身关系. 民族研究，1984（1）.

义和团暴动. 中国现代史常识，1939（10）.

义和团又将出现. 东方杂志，1904（11）.

义和团与八国联军（常识）. 风下，1947（99）.

易锐. 疆土理念转型与藩部体制变革：晚清新疆建省的观念因素. 西域研究，2018（4）.

奕赓. 侍卫琐言//奕赓. 佳梦轩丛著. 北京：北京古籍出版社，1994.

尹传刚. 清末监国摄政王爱新觉罗·载沣. 文史天地，2011（11）.

尹福庭. 关于湘军的产生与曾国藩办团练的关系. 历史教学，1981（8）.

尹航. 晚清捐纳制度研究. 长春：吉林大学，2005.

尹立芳. 清末新政时期八旗团体的参政活动. 满族研究，2010（1）.

尹树国. 盛衰之界：康雍乾时期国家行政效率研究. 合肥：黄山书社，2008.

永莉娜. 从王公包衣佐领的调整看雍正帝初政. 清史研究，2018（4）.

尤志安. 清末刑事司法改革研究：以中国刑事诉讼制度近代化为视角. 北京：中国人民公安大学出版社，2004.

于逢春. 中国国民国家构筑与国民统合之历程：以 20 世纪上半叶东北边疆民族国民教育为主. 哈尔滨：黑龙江教育出版社，2006.

于福顺. 清代新疆卡伦述略. 历史研究，1979 (4).

于泉胜. 乾隆朝西北地区官员选任探析. 乌鲁木齐：新疆师范大学，2016.

余光弘. 澎湖移民与清代班兵. 澎湖县立文化中心季刊，1996 (3).

余瑞华. 清朝八旗户籍制度研究. 郑州：郑州大学，2012.

余瑞华. 清朝八旗社会户口登记制度及其特征浅析. 满族研究，2015 (4).

余同元. 清朝通史：光绪宣统朝. 北京：紫禁城出版社，2003.

俞炳坤. 军机处初设时间新证：兼与七年说和八年说商榷（上）. 历史档案，1991 (3).

俞炳坤. 军机处初设时间新证：兼与七年说和八年说商榷（下）. 历史档案，1991 (4).

俞颂华. 富有热情的王芸生：为什么他对诸葛亮和曾国藩有严酷的批评. 人物杂志，1946 (4).

虞和平. 辛亥革命与中国经济近代化的社会动员. 社会学研究，1992 (5).

喻大华.《清室优待条件》新论：兼探溥仪潜往东北的一个原因. 近代史研究，1994 (1).

袁灿兴. 军机处：第一部. 北京：民主与建设出版社，2015.

袁灿兴. 军机处二百年. 武汉：华中科技大学出版社，2016.

袁昌顺. 试论清代铨选回避制度. 华中师范大学学报（哲社版），1990 (1).

袁定中. 那拉氏反动的一生. 历史研究，1958 (10).

袁定中. 天地会究竟是什么性质. 文汇报，1961-11-10.

袁飞. 困境中的挣扎：嘉庆朝政治与漕运治理研究. 北京：中国社会科学出版社，2019.

袁剑. "新清史"与清代中国的"边疆性"问题. 中国社会科学报，2010-10-19 (13).

袁良义. 论康熙的历史地位：对刘大年同志《论康熙》一文的商

榷. 北京大学学报，1962 (2).

袁闾琨，蒋秀松，滕绍箴，等. 清代前史：上卷. 沈阳：沈阳出版社，2004.

袁伟时. 还袁世凯一些公道. 南方周末，2003-05-08.

袁伟时. 辛亥革命的是是非非. 二十一世纪，2001 (12).

袁野. 晚清变革视域下的咸同朝军机大臣研究. 北京：人民出版社，2014.

苑书义. 李鸿章与维新运动. 历史研究，1984 (5).

臧廷秋，吴丽华. 光绪朝与雍正朝奏折制度之比较研究. 齐齐哈尔大学学报（哲学社会科学版），2010 (6).

臧廷秋，周彦. 光绪朝奏折制度考察：以《清德宗实录》为例. 理论观察，2012 (2).

臧廷秋. 雍正朝奏折文书运行轨迹. 历史档案，2008 (4).

曾国荃. 湘军记叙//王安定. 湘军记. 朱纯，点校. 长沙：岳麓书社，1983.

曾纪蔚. 清代之监察制度论. 兴宁书店，1931.

曾坚，李雪华. 中国古代言谏制度探究. 河北法学，2006 (6).

曾问吾. 中国经营西域史. 上海：商务印书馆，1936.

曾宪义，郑定. “中学为体，西学为用”：沈家本与清末法制变革再评说. 法律学习与研究，1991 (1).

翟志勇. 透过《临时大总统宣言书》看清帝《逊位诏书》. 环球法律评论，2011 (5).

张保成. 清代监察制度概况及其特点. 法学探索. 贵州警官学院学报，1995 (3).

张兵，侯冬. 清代幕府研究述评. 西北师大学报（社会科学版），2011，48 (3).

张纯明. 清代的幕制. 岭南学报，1949，9 (2).

张德泽. 清代国家机关考略. 北京：中国人民大学出版社，1981.

张德泽. 清军机处的文书处理与档案工作. 档案工作，1956 (12).

张芳霖. 市场环境与制度变迁：以清末至民国南昌商人与商会组织为视角. 北京：人民出版社，2013.

张凤丽. 雍正与清朝军机处档案管理工作研究. 兰台世界，2013（5）.

张公政. 乾隆朝八旗诸臣封爵述论. 贵州民族研究，2013（6）.

张广余，徐川一. 从“巢湖盐枭”到记名提督：淮军将领郑国魁生平评述. 安徽史学，1990（2）.

张海鹏，李细珠. 新政、立宪与辛亥革命（1901—1912）. 南京：江苏人民出版社，2006.

张海鹏. 20 世纪中国近代史学科体系问题的探索. 近代史研究，2005（1）.

张海鹏. “告别革命”说错在哪里?. 当代中国史研究，1996（6）.

张海鹏. 近年来中国近代史若干问题的讨论. 思想理论教育导刊，2008（6）.

张海鹏. 辛亥革命是推动中国历史大踏步前进的重要动力. 河北学刊，2017（1）.

张海鹏. 再论现代化与历史教科书. 中国青年报·冰点周刊，2006-03-01.

张海荣. 政治联姻的背后：载沣娶妻与荣禄嫁女. 近代史研究，2017（3）.

张灏. 对唯物史观中历史进步思想的反思：以义和团运动评价为例. 西南大学学报（社会科学版），2011，37（6）.

张虎生. 清代驻藏防军析. 西藏研究，1996（3）.

张焕宗. 唐绍仪与清末民国政府. 石家庄：河北人民出版社，1998.

张篁溪. 清室让国始末记. 进步日报，1951-05-25.

张季. 清季铨选制度流变. 广州：世界图书出版广东有限公司，2015.

张季. 咸同时期的捐纳与铨选. 河北经贸大学学报（综合版），2011（1）.

张季. 咸同之际保举破格及其对铨选制度的冲击. 山东师范大学学报（人文社会科学版），2012（5）.

张继格，高俊. 载沣军事集权论略. 安庆师范大学学报（社会科学版），2017（1）.

张健甫. 中国近百年史教程. 香港：文化供应社，1946.
张晋藩，郭成康. 清入关前国家法律制度史. 沈阳：辽宁人民出版社，1988.
张晋藩. 清朝法制史. 北京：中华书局，1998.
张晋藩. 试论沈家本的法律思想（下）. 法学研究，1981（5）.
张靖. 晚清选官制度变革研究. 北京：中国检察出版社，2010.
张娟，高娜. 辛亥革命与中国现代国家的肇建. 湖北社会科学，2011（12）.
张军华. 清乾隆时期奇台地区军屯探析. 黑龙江史志，2010（7）.
张君劢. 立国之道//黄克剑，吴小龙. 张君劢集. 北京：群言出版社，1993.
张莉. 清代上驷院简论. 清史研究，1991（1）.
张礼恒. 己亥建储评析. 聊城师范学院学报（哲学社会科学版），1990（3）.
张敏. 论晚清幕府中的“洋人”. 史林，1993（3）.
张敏. 晚清的幕府与官僚制度. 上海社会科学院学术季刊，1994（1）.
张鸣. 辛亥：摇晃的中国. 桂林：广西师范大学出版社，2011.
张朋园. 立宪派与辛亥革命. 上海：上海三联书店，2013.
张其昀. 两千年来我国之兵役与兵制. 思想与时代，1942（13、14）.
张瑞威. 谁是满洲人?：西方近年满洲史研究评述. 历史人类学学刊，2006（1）.
张世闯，程天权. 清代“科道合一”得失之再认识. 北方法学，2015（5）.
张世闯. 清代“科道合一”的历史镜鉴. 法学杂志，2015（9）.
张双志. 雍正继位新解. 清史研究，2007（4）.
张涛. 辛亥革命：传统政治现代化的方式. 河南大学学报（社会科学版），1996（3）.
张闻天. 中国现代革命运动史. 北京：中国人民大学出版社，1987.
张小路. 美国与辛亥革命. 历史档案，1990（4）.

张小也. 官、民与法：明清国家与基层社会. 北京：中华书局，2007.

张晓宁. 明朝的内阁制度. 新疆教育学院学报，1988（2）.

张孝若. 南通张季直先生传记. 上海：中华书局，1930.

张兴伯，张昔非，杨回，等. 谈谈白莲教襄阳起义军的布告与口号. 文献，1980（2）.

张学继. 袁世凯幕府. 北京：中国广播电视出版社，2005.

张学强. 清代官学教师捐纳制度研究. 西北师大学报（社会科学版），2005，42（3）.

张延举. 辛亥革命运动中各个阶级的具体表现. 历史教学，1953（9）.

张研. 对清代州县佐贰、典史与巡检辖属之地的考察. 安徽史学，2009（2）.

张研. 清代县级政权控制乡村的具体考察：以同治年间广宁知县杜凤治日记为中心. 郑州：大象出版社，2011.

张研. 清代县以下行政区划. 安徽史学，2009（1）.

张研. 清代知县的“两套班子”：读《杜凤治日记》之二. 清史研究，2009（2）.

张彦. 清朝治理西部地区的军事政策探析. 西南民族大学学报（人文社科版），2005，26（2）.

张耀杰. 是谁起草了清帝逊位诏书. 文史参考，2012（4）.

张耀杰. 袁世凯的是非功过. 经济观察报，2011－01－31（48）.

张荫麟，李鼎芳. 曾国藩与其幕府人物. 大公报·史地周刊，1935（63）.

张永江. 清代藩部研究. 哈尔滨：黑龙江教育出版社，2001.

张玉法. 辛亥革命史论. 台北：三民书局，1993.

张玉芬. 乾隆建储始末. 辽宁师范大学学报（社科版），1988（2）.

张玉芬. 清朝皇嗣制度. 大连：大连出版社，1991.

张玉田，陈崇桥. 中国近代军事后勤史资料选编（公元1840—1927）. 北京：金盾出版社，1993.

张玉兴. 包衣汉姓与汉军简论：八旗制度兴衰的一个历史见证. 辽宁大学学报（哲学社会科学版），2003，31（4）.

张运君. 晚清书报检查制度研究. 北京：社会科学文献出版社，2011.

张振国. 从优升到久任：清代边疆缺之演变：以云贵二省文官历俸为中心的探讨. 中国边疆史地研究，2019（2）.

张振国. 论清代“冲繁疲难”制度之调整. 安徽史学，2014（3）.

张振国. 论清代“苗疆缺”的演变：以贵州省所属文官为中心. 清史研究，2017（2）.

张振国. 清代海疆缺考论. 史学月刊，2015（9）.

张振国. 清代前期文官选任制度之演变. 史学集刊，2009（2）.

张振国. 清代文官选任制度. 历史教学（高校版），2008（2）.

张振国. 清代文官选任制度研究. 天津：南开大学，2010.

张振国. 现任、候选与候补：清代文官之分类. 廊坊师范学院学报（社会科学版），2016（1）.

张志强. 超越民族主义：“多元一体”的清代中国：对“新清史”的回应. 文化纵横，2016（2）.

张仲礼. 中国绅士：关于其在19世纪中国社会中作用的研究. 李荣昌，译. 上海：上海社会科学院出版社，1991.

章健. 满族汉化：对新清史族群视角的质疑. 深圳大学学报（人文社会科学版），2013，30（3）.

章开沅，陈祚津，陈辉. 武昌起义与湖北革命运动. 江汉学报，1961（3）.

章开沅，刘望龄. 从辛亥革命看民族资产阶级的性格. 江汉学报，1961（2）.

章开沅. 50年来的辛亥革命史研究. 近代史研究，1999（5）.

章开沅. 就辛亥革命性质问题答台北学者. 近代史研究，1983（1）.

章开沅. 开拓者的足迹：张謇传稿. 北京：中华书局，1986.

章开沅. 辛亥革命史研究的几个问题. 华中师院学报（哲学社会科学版），1979（1）.

章太炎. 訄书//章太炎全集：第三册. 上海：上海人民出版社，1984.

章太炎. 讨满洲檄//章太炎全集：第四册. 上海：上海人民出版社，1984.

章太炎全集：第三册. 上海：上海人民出版社，1984.

章永乐. 多民族国家传统的接续与共和宪政的困境：重审清帝逊位系列诏书. 清史研究，2012（2）.

昭梿. 啸亭杂录. 何英芳，点校. 北京：中华书局，1980.

赵春萍. 清代地方监察制度初探. 福州：福建师范大学，2015.

赵刚. 新清史可以无视史学规范吗：评柯娇燕对清代皇帝中国观的新说. 中国社会科学报，2016－10－13（2）.

赵光贤. 清初诸王争国记. 辅仁学志，1943，12（1/2）.

赵虎. 仿行内阁：清末会议政务处述论. 西北大学学报（哲学社会科学版），2017（3）.

赵虎. 新瓶装旧酒：改设政务处与丙午内官改制. 学术研究，2011（9）.

赵蕙蓉. 清廷军机处与军机章京. 故宫博物院院刊，1986（3）.

赵金鹏. 美国政府与中国的辛亥革命. 齐鲁学刊，1994（3）.

赵凯. 清代旗鼓佐领考辨：兼论有关清代包衣的若干问题. 故宫博物院院刊，1988（1）.

赵立人. 后党、帝党和康党：戊戌政变新析. 开放时代（广州），1998（5/6）.

赵琦. 试论后金时期蒙古八旗的形成. 内蒙古大学学报（人文社会科学版），1997（3）.

赵绮娜. 清初八旗汉军研究. 故宫文献，1973（3）.

赵世瑜. 吏与中国传统社会. 杭州：浙江人民出版社，1994.

赵维玺. 魏光焘与新疆建省. 青海民族大学学报（社会科学版），2017（2）.

赵维玺. 湘军集团与西北回民大起义之善后研究：以甘宁青地区为中心. 上海：上海古籍出版社，2014.

赵希鼎. 清代各省的政治制度. 历史研究，1980（3）.

赵希鼎. 清代内阁与军机处. 开封师院学报，1962（3）.

赵希鼎. 清代内阁制的变迁//中国古代史论丛：第一辑. 福州：福建人民出版社，1981.

赵希鼎. 清代总督与巡抚. 历史教学，1963（10）.

赵小平，胡永刚. 军机处与清朝的封建专制制度. 阴山学刊，

2004，18（2）.

赵晓华. 清代赈捐制度略论. 中国政法大学学报，2009（3）.

赵晓华. 晚清的赈捐制度. 史学月刊，2009（12）.

赵晓华. 晚清讼狱制度的社会考察. 北京：中国人民大学出版社，2001.

赵彦昌，唐莹. 从《枢垣记略》看清代军机处的文书管理工作. 文化学刊，2009（1）.

赵艳玲. 清末民初的代议制：从顺直咨议局到直隶省议会的案例考察. 北京：社会科学文献出版社，2012.

赵晔. 明朝的内阁首辅制度考证. 兰台世界，2014（9）.

赵轶峰. 八旗、保甲与清前期社会结构. 吉林大学社会科学学报，2017（1）.

赵翼. 檐曝杂记：第一卷. 北京：中华书局，1982.

赵玉敏. 清代后妃与宫女研究. 北京：中国人民大学，2010.

赵云田. 清代东北的军府建置. 清史研究，1992（2）.

赵云田. 中国治边机构史. 北京：中国藏学出版社，2002.

赵珍. 道光朝陕甘总督杨遇春变革马政的环境史考察. 中国边疆史地研究，2014（2）.

赵志强. 军机处成立时间考订. 历史档案，1990（4）.

赵志强. 论议政处与清代前期之决策. 历史档案，1992（4）.

赵志强. 清代前期的军国议政与满洲贵族//阎崇年. 满学研究：第一辑. 长春：吉林文史出版社，1992（1）.

赵志强. 清代中央决策机制研究. 北京：科学出版社，2007.

赵志强. 清入关前的烽燧制度//朱诚如，王天有. 明清论丛：第一辑. 北京：紫禁城出版社，1999.

赵志强. 雍正朝军机大臣考补. 历史档案，1991（3）.

赵治国. 清朝绿营兵役制度的特点研究. 前沿，2010（8）.

赵中孚. 绿营积弊与所谓名粮问题. “中央研究院”近代史研究所集刊，1980（9）.

真水康树. 明清地方行政制度研究. 北京：北京燕山出版社，1997.

真水康树. 戊戌维新与对督抚制度的新思维. 江苏社会科学，

1998 (6).

郑川水. 辛亥革命与八旗制度的崩溃：略论辛亥革命对满族的影响. 辽宁大学学报（哲学社会科学版），1982 (1).

郑春奎. 论甲午战后帝党集团的觉醒. 宁夏大学学报（社会科学版），1999 (2).

郑翠斌. 清末政治漩涡中的御史（1894—1911). 石家庄：河北师范大学，2013.

郑大华. 试论湘军崛起于湖南的社会原因. 学术论坛，1988 (4).

郑大华. 辛亥革命与中国近代民族国家的初步建立. 教学与研究，2011 (9).

郑旦. 清朝内阁票拟制度研究. 北京：中国人民大学，2018.

郑莉，等. 民国清史研究史料三种. 北京：全国图书馆文献缩微复制中心，2004.

郑伦班. 军机处与清末中枢机构改革初探. 北京：北京师范大学，2008.

郑秦. 清代司法审判制度研究. 长沙：湖南教育出版社，1988.

郑秦. 清代县制研究. 清史研究，1996 (4).

郑天挺. 多尔衮称皇父之臆测. 国学季刊，1936 (1).

郑天挺. 清代八旗兵和绿营兵. 历史教学，1955 (1).

郑天挺. 清代的八旗兵和绿营兵. 历史教学，1955 (1).

郑天挺. 清代的八旗制度//郑天挺. 及时学人谈丛. 北京：中华书局，2002.

郑天挺. 清代的包衣制度与宦官//郑天挺. 探微集（修订本). 2 版. 北京：中华书局，2009.

郑天挺. 清代的幕府. 中国社会科学，1980 (6).

郑天挺. 清代皇室之氏族与血系//郑天挺. 探微集（修订本). 2 版. 北京：中华书局，2009.

郑天挺. 清代幕府制的变迁. 学术研究，1980 (6).

郑天挺. 清史：上编. 天津：天津人民出版社，2011.

郑天挺. 探微集（修订本). 2 版. 北京：中华书局，2009.

郑维宽. 论明清时期广西的历史进程与政区响应：以“道”的演变

为中心. 广西师范大学学报（哲学社会科学版），2012，48（3）.

郑小悠. 核心—边缘：乾隆朝“出旗为民”研究. 文史，2016（4）.

郑小悠. 雍正朝奏折制度对督抚权力的影响. 历史档案，2014（3）.

郑炎. 湖湘传统学风与湘军. 湖南师范大学社会科学学报，1990，19（4）.

郑焱. 武昌起义后袁世凯与清廷关系析. 湖南师范大学社会科学学报，1991，20（4）.

郑永华. 清代宗室世子考. 清史研究，2013（1）.

郑玉英. 试论清初八旗蒙古问题. 辽宁大学学报（哲学社会科学版），1983（1）.

郑云波. 论清末新政中都察院改革之争. 长白学刊，2016（6）.

郑云波. 言官与光绪朝政研究. 长春：吉林大学，2012.

郑振铎. 晚清文选. 上海：生活书店，1937.

支振锋. 民族团结与国家统一的法律确认：辛亥革命中的清帝《逊位诏书》. 理论视野，2011（10）.

织田万. 清国行政法. 陈与年，梁继栋，郑篪，译. 上海：广智书局，1906.

中共中央宣传部办公厅，中央档案馆编研部. 中国共产党宣传工作文献选编：1915—1937. 北京：学习出版社，1996.

中国第一历史档案馆. 康熙朝汉文朱批奏折汇编. 北京：档案出版社，1984.

中国社会科学院近代史研究所. 中国近代史稿：第一册. 北京：人民出版社，1978.

中国社会科学院近代史研究所政治史研究室. 清代满汉关系研究. 北京：社会科学文献出版社，2011.

中国社科院近代史所，等. 孙中山全集：第1集：军政府宣言. 北京：中华书局，1981.

中国史学会. 中国近代史资料丛刊：太平天国. 上海：神州国光社，1952.

中国现代史研究委员会. 中国现代革命运动史. 香港：新民主出版社，1947.

"中央研究院"近代史研究所. 近代中国初期历史研讨会论文集. 台北:"中央研究院"近代史研究所,1982.

钟安西. 清代内务府初探. 北京:北京大学,1985.

钟焓. "新清史"学者构建的历史命题平议:从族性晚生论到东北亚本位论//钟焓. 清朝史的基本特征再探究:以对北美"新清史"观点的反思为中心. 北京:中央民族大学出版社,2018.

钟焓. 北美"新清史"研究的基石何在:是多语种史料考辨互证的实证学术还是意识形态化的应时之学?(上)//达力扎布. 中国边疆民族研究:第7辑. 北京:中央民族大学出版社,2014.

钟焓. 从学术与政治的交集看"新清史"学者的意识形态倾向//钟焓. 清朝史的基本特征再探究:以对北美"新清史"观点的反思为中心. 北京:中央民族大学出版社,2018.

钟焓. 简析明帝国的内亚性:以与清朝的类比为中心. 中国史研究动态,2016(5).

钟焓. 君权总是选择特定的语言来发声:对"共时性君权"理论的反思与批评//钟焓. 清朝史的基本特征再探究:以对北美"新清史"观点的反思为中心. 北京:中央民族大学出版社,2018.

钟焓. 清朝史的基本特征再探究:以对北美"新清史"观点的反思为中心. 北京:中央民族大学出版社,2018.

钟焓. 如何从非汉文史料的角度回应"新清史学派"?//钟焓. 清朝史的基本特征再探究:以对北美"新清史"观点的反思为中心. 北京:中央民族大学出版社,2018.

钟启华. 试论清末法制改革. 社会科学,1983(7).

周保明. 清代地方吏役制度研究. 上海:上海书店出版社,2009.

周镐. 上制军条陈利弊书//魏源全集:第十四册. 长沙:岳麓书社,2004.

周戈. 反帝的义和团(国耻讲座). 少年世界,1936,1(1).

周国瑞. 近代清鲜护照制度之确立述论. 求索,2012(8).

周海生,宋希斌. 乾隆朝军机处与奏折的处理:以《乾隆朝上谕档》为核心的考察. 齐鲁学刊,2007(3).

周力农. 清朝的"议政大臣". 辽宁师院学报,1981(6).

周群. 牢牢把握清史研究话语权. 人民日报，2019-01-14 (9).

周荣德. 中国社会的阶层与流动：一个社区中士绅身份的研究. 上海：学林出版社，2000.

周汝昌，严中. 江宁织造与曹家. 北京：中华书局，2006.

周伟洲. 清驻藏兵制考. 清史研究，2009 (1).

周晓梅. 避暑山庄军机处寻踪：以避暑山庄为例谈军机处职能转变. 明清论丛，2014 (2).

周新国. 辛亥革命与中国服饰的近代化：以孙中山服饰改革思想与实践为例的个案研究//纪念辛亥革命 90 周年论文集编委会. 孙中山与辛亥革命：纪念辛亥革命 90 周年论文集. 南京：江苏古籍出版社，2002.

周询. 清代的川省武职. 四川文献，1969 (9).

周彦. 日本与辛亥革命时期的“南北议和”. 北方论丛，1994 (3).

周勇进. 清代道员职衔考述. 清史研究，2012 (2).

周勇进. 清代地方道制研究. 天津：南开大学，2010.

周勇进. 清代五城察院职官吏役构成及其选任. 兰州学刊，2009 (6).

周勇进. 清代直隶道员设置小考. 历史档案，2013 (3).

周育民. 己亥建储与义和团运动. 清史研究，2000 (4).

周远廉. 关于八旗制度的几个问题//中国社会科学院历史研究所清史研究室. 清史论丛：第三辑. 北京：中华书局，1982.

周远廉. 后金八和硕贝勒“共治国政”论//中国社会科学院历史研究所清史研究室. 清史论丛：第二辑. 北京：中华书局，1980.

周远廉. 清朝兴亡史：第二卷. 北京：北京燕山出版社，2016.

周增光. 失败的集权与立威：载沣驱袁事件再研究. 北京社会科学，2016 (10).

周增光. 奕劻与清帝逊位. 清史研究，2013 (1).

周振鹤. 行政区划史研究的基本概念与学术用语刍议. 复旦学报（社会科学版），2001 (3).

周振鹤. 中国地方行政制度史. 上海：上海人民出版社，2005.

周振鹤. 中国行政区划通史：清代卷. 上海：复旦大学出版社，

2013.

朱诚如，白文煜. 清朝前史：第三卷. 大连：辽宁师范大学出版社，2016.

朱诚如. 明代的封藩与清代封爵制之比较研究//恭王府管理中心. 清代王府及王府文化国际学术研讨会论文集. 北京：文化艺术出版社，2006.

朱诚如. 乾隆建储与训政述评. 故宫博物院院刊，2000（4）.

朱诚如. 清康雍朝宫廷内部矛盾与皇嗣制度改革. 故宫博物院院刊，1999（3）.

朱东安. 关于清代的道和道员. 近代史研究，1982（4）.

朱东安. 评曾国藩在近代史上的作用和影响. 求索，1988（1）.

朱东安. 曾国藩幕府研究. 成都：四川人民出版社，1994.

朱方. 中国法制史. 上海：上海法政学社，1932.

朱关城. 明清监察制度及其历史借鉴. 资料通讯，2001（12）.

朱洪梅. 浅论清代宗室封爵制度//邹爱莲. 清代档案与清宫文化：第九届清宫史研讨会论文集. 北京：中国档案出版社，2010.

朱家溍. 研究清代宫史的一点体会//清代宫史研究会. 清代宫史求实. 北京：紫禁城出版社，1992.

朱金甫. 论康熙时期的南书房. 故宫博物院院刊，1990（2）.

朱金甫. 明清内阁票拟制度的来历与演变. 历史档案，1981（1）.

朱金甫. 清代奏折制度考源及其他. 故宫博物院院刊，1986（2）.

朱金甫. 清代奏折制度探略. 历史档案，1981（2）.

朱来常. 淮军始末. 合肥：黄山书社，1984.

朱楞. 江苏建省时间辨析. 东南文化，1990（4）.

朱榕. 论辛亥革命的实质：从清末官制改革、立宪运动谈起. 江汉论坛，1989（2）.

朱师辙. 清军机处设置沿革考（未完）. 庠声，1933（18）.

朱师辙. 清军机处设置沿革考（续）（未完）. 庠声，1933（19）.

朱师辙. 清军机处设置沿革考（续十九）. 庠声，1933（24）.

朱维铮. 梁启超论清学史二种：清代学术概论·中国近三百年学术史. 上海：复旦大学出版社，1985.

朱文亮. 清末皇族内争与袁世凯复出. 历史研究，2017（5）.
朱文亮. 辛亥“宫廷政变”计划考辨. 广东社会科学，2019（3）.
朱文亮. 辛亥鼎革之际“民军”称谓考略：兼论清帝逊位诏书的性质. 近代史研究，2014（2）.
朱曦.《雍正朝内阁六科史书·吏科》中官员请假制度执行研究. 上海：华东师范大学，2007.
朱晓博. 清流派与甲申政潮. 河南科技大学学报（社会科学版），2018（5）.
朱谐汉. 曾国藩的幕府及其“功业”. 历史档案，1994（2）.
朱扬善. 顺治皇帝是汉人. 少年，1931，21（2）.
朱耀斌. 湘军与晚清社会转型研究. 湖南大学学报（社会科学版），2015（6）.
朱荫贵. 辛亥革命与近代中国市场经济的发展. 学术月刊，2012，44（7）.
朱英. 清末商会与辛亥革命. 华中师范大学学报（哲学社会科学版），1988（5）.
朱英. 唐绍仪与辛亥南北议和. 广东社会科学，1989（2）.
朱英. 辛亥革命与近代中国社会变迁. 武汉：华中师范大学出版社，2001.
朱永杰. 清代满城历史地理研究. 北京：知识产权出版社，2017.
朱永杰. 清代驻防城时空结构研究. 北京：人民出版社，2010.
朱政惠. 海外中国学评论：第 4 辑. 上海：上海辞书出版社，2012.
朱之江. 晚清绿营改革述论. 河北学刊，1995（2）.
朱子彦. 皇权的异化：垂帘听政. 济南：山东教育出版社，2001.
祝曙光. 袁世凯功过辨. 探索与争鸣，2004（1）.
庄吉发. 清初奏折制度起源考. 食货月刊（复刊），1974，4（1/2）.
庄吉发. 清代奏折制度. 台北“故宫博物院”，1979.
庄吉发. 清世宗与办理军机处的设立. 食货月刊，1977，6（12）.
庄林丽. 清代台湾道、台湾道台与台湾社会研究. 福州：福建师范大学，2013.
庄小燕. 是谁起草了清帝逊位诏书. 文史月刊，2010（12）.

庄泽宣，陈学恂. 中国秘密会党之源流及组织. 历史政治学报，1947（1）.

宗烈. 辛亥革命之新评价. 政治训练，1929（12）.

邹长清. 清代翻译庶吉士制度研究. 历史教学，2010（10）.

邹长清. 清代翰林院庶吉士人数考辨. 清史研究，2013（3）.

邹长清. 清代翰林院庶吉士制度研究. 天津：南开大学，2011.

邹鲁. 中国国民党史稿. 上海：商务印书馆，1944.

邹容. 革命军//张枬，王忍之. 辛亥革命前十年间时论选集：第一卷：下册. 北京：生活·读书·新知三联书店，1960.

邹亚莎. 清末民国时期典权制度研究. 北京：法律出版社，2013.

祖善. 义和团：大众读物选辑之一. 民间文艺，1935，3（3）.

左步青，章鸣九. 评戚本禹的《爱国主义还是卖国主义?》. 历史研究，1979（12）.

左平，蔡东洲. 从《南部档案》看清代州县衙役充任. 历史教学，2010（6）.

左平，孔令帆. 从档案看清代前期典史衙门设置. 四川档案，2007（2）.

左平. 清代县丞初探：以《清代南部县衙档案》为中心. 史学月刊，2011（4）.

左舜生. 辛亥革命史. 上海：中华书局，1934.

左玉河. 论清季学堂奖励出身制. 近代史研究，2008（4）.

K. E. 福尔索姆尔. 朋友·客人·同事：晚清幕府制度研究. 刘悦斌，刘兰芝，译. 刘存宽，校. 北京：中国社会科学出版社，2002.

Adam Yuen-chung Lui. The Hanlin Academy：Training Ground for the Ambitious，1644－1850. Archon Books，1981.

Beatrice Bartlett. Monarchs and Ministers：The Grand Council in Mid-Ching's China，1723－1820. University of California Press，1991.

Evelyn Rawski. Reenvisioning the Qing：The Significance of the Qing Period in Chinese History. Journal of Asian Studies 55，1996（4）.

Gang Zhao. Reinventing China Imperial Qing Ideology and the Rise of Modern Chinese National Identity in the Early Twentieth Century. Modern China，2006，32（1）.

James A Millward，Ruth W Dunnell，Mark C Elliott，Philippe Forêt. New Qing Imperial History：The Making of Inner Asian Empire at Qing Chengde. London：Routledge Curzon，2004.

James A Millward. Beyond the Pass：Economy，Ethnicity and Empire in Qing Xinjiang，1759－1864. Stanford University Press，1998.

James Z Lee and Cameron Campbell. Fate and Fortune in Rural China：Social Organization and Population Behavior in Liaoning，1774－1874. Cambridge University Press，1997.

Joanna Waley-Cohen. The New Qing History. Radical History Review，2004（88）.

Jonathan Porter. Tseng Kuofans Private Bureaucracy. Center for Chinese Studies. Berkeley：University of California，1976.

Kenneth E Folsom. Friend，Guests and Colleagues：the Mufu System in the Late Ching Period. Berkeley：University of California，1968.

Mark C Elliott. The Manchu Way：The Eight Banners and Ethnic Identity in Late Imperial China. Stanford University Press，2001.

Mary Clabaugh Wright. China in Revolution：The First Phase 1900—1913. New Haven and London：Yale University Press，1968.

Pei Huang. The Grand Council of the Ching Dynasty：A Historiographical Study. Bulletin of the School of Oriental and African Studies，University of London，1985（3）.

R Kent Guy. Who Were the Manchus? A Review Essay. The Journal of Asian Studies，Vol 61，No 1.

Rowe William T. China’s Last Empire：The Great Qing（History of Imperial China）. the Belknap Press of Harvard University Press，2009.

Silas H L Wu. Communication and Imperial Control in China. Cambridge，Massachusetts：Harvard University Press，1970.

后 记

清朝作为中国历史上最后一个封建王朝，在其覆灭后，它的方方面面逐渐进入了中外史家的研究视野，在分科治史理路的指引下，近百年来诸如政治、经济、社会、思想文化等各种专题研究层出不穷。正如梁启超所言，“社会骨干之部”乃在“政治之部”，唯有政治组织及其运作得到确立，国家和社会才有可能成立。准此而论，欲明了清代的整体历史，必以厘清政治的来龙去脉为其必需。百年来，清代政治专史在发掘资料、实证研究和理论阐发等方面，形成了数量可观的研究成果，这一过程以及在这其中所形成的成果已经成为另外的一部历史，很值得令人全面梳理，认真体会。一是对清代百年政治史研究成果进行全面总结梳理，有助于明了清史研究学术史的渊源流变的历史脉络；二是在清代整体历史视角下梳理政治史的发展演进，有助于明了清史研究在中国断代史书写中的地位和作用；三是客观评价百年来的进展得失，以此作为进一步推进清代政治史研究的起点，资鉴当今后世。这是本书的学术旨趣，也是笔者努力追求的学术目标，虽不能至而心向往之。

对百余年来的政治史研究内容的编排，有两个方式可以参照：一是按照时间顺序，分时段归纳。二是仿效古代“志书”的“横排竖写”做法，先把问题分类，再按照时间顺序进行梳理。两种方法各有利弊，前者可以反映每一时段的学术史成就、热点与不足，但显得散乱，且不容易形成对每一个问题在学术史层面的宏观认识。后者有助于理解每一学术问题长时段的发展演变，但又失去了对每一时段横断面上的学术特点的把握。后来，在整理文献目录的过程中，人们发现学术史的分期问题非常不好解决，我们可以把百年来的学术史分为民国时期、“文化大革命”时期，但自20世纪80年代以后到现在就不好分了，问题不同，其学术活跃时段也就不同，很难找到一个对每个问题都适用的标志性时间。于是，笔者决定还是采取横排竖写的办法，这样相对更容易把事情梳理得清楚些。

清代政治史的研究还受到学科划分问题的影响。一般一个朝代的断代史都可以通下来，唯独清代，以1840年为界，被划分到古代史和近代史两个不同的学科之中，两者在研究视角、研究对象、研究范式方面都大相径庭。对于清前期的政治史，学者们能够从“王朝”的视角进行研究；而对于晚清史，则更多地进入到革命史、近代史的研究范畴。在梳理过程中，我们尽力想把王朝的整体性在所涉及问题中表现出来。

本书作为“百年清史研究史”丛书中的一部，在从策划到撰写的过程中，清史研究所多次召开专题会议，对本书的内容结构、编写体例等问题给予了很多指导。黄兴涛教授在审读初稿时给出了具体的建设性意见，我们非常感激上述专家学者的支持和帮助。

在本书的写作过程中，河北师范大学历史文化学院的硕士研究生吴硕、张天君、左秋玲、王丽莎、刘新阳、王海月等帮助查阅了大量的目录索引和相关文献资料，博士研究生曹丽莉在初稿撰写中也付出了辛勤劳动。中国人民大学清史研究所的研究生张一驰、何永智、张卓群、郑腾、王科杰、刘云、杨菊丽、梅嘉妮、李以清、姜海若、陶志鑫等都为本书的资料收集和初稿撰写做出了重要贡献，而其中屈成在对这些成果进行整体归纳方面贡献尤为突出，在此一并致谢！

中国人民大学出版社对这套丛书的出版高度重视。学术出版中心的副主任兼本书的策划编辑王琬莹为本书的出版进行了精心的组织与安排，责任编辑吴冰华、刘健煊不但对本书的审校工作一丝不苟，而且在内容修改、结构调整方面也提出了很多有益的意见。出版社各方面的辛苦工作保证了本书的顺利出版，我们在此特致谢意。

当然，由于资料数量庞大，工作量艰巨，而时间相对有限，在这其中难免挂一漏万。再者，由于作者水平有限，错漏自难避免，待有机会修订时一并纠正。

作者

2020年10月7日

图书在版编目（CIP）数据

百年清史研究史．政治史卷/刘文鹏，杨瑞著．--北京：中国人民大学出版社，2021.4

ISBN 978-7-300-28871-0

Ⅰ．①百…　Ⅱ．①刘…　②杨…　Ⅲ．①中国历史-研究-清代　②政治制度史-研究-中国-清代　Ⅳ．①K249.07　②D691.21

中国版本图书馆CIP数据核字（2020）第271555号

国家出版基金项目

黄兴涛　夏明方　杨念群　主编

百年清史研究史·政治史卷

刘文鹏　杨瑞　著

Bai Nian Qingshi Yanjiu Shi • Zhengzhi Shi Juan

出版发行	中国人民大学出版社		
社　　址	北京中关村大街31号	**邮政编码**	100080
电　　话	010－62511242（总编室）		010－62511770（质管部）
	010－82501766（邮购部）		010－62514148（门市部）
	010－62515195（发行公司）		010－62515275（盗版举报）
网　　址	http://www.crup.com.cn		
经　　销	新华书店		
印　　刷	北京联兴盛业印刷股份有限公司		
规　　格	160 mm×230 mm 16开本	**版　　次**	2021年4月第1版
印　　张	35.5　插页3	**印　　次**	2021年4月第1次印刷
字　　数	541 000	**定　　价**	169.00元